Bush ve Saddam'ın Gölgesinde

ENTRİKALAR SAVAŞI

Tuncay Özkan

ALFA

Yayın No: 1257
Dizi No: 39

Bush ve Saddam'ın Gölgesinde
ENTRİKALAR SAVAŞI

Tuncay Özkan

1- 2. Baskı : Şubat 2003
ISBN : 975-297-276-4
Yayıncı ve Genel Yayın Yönetmeni : M. Faruk Bayrak
Yayın Koordinatörü ve Editör : Rana Gürtuna
Kapak Tasarımı : Mithat Çınar
Pazarlama ve Satış Müdürü : Vedat Bayrak

ALFA Basım Yayım Dağıtım Ltd. Şti.
Ticarethane Sk. No: 41/1 34410 Cağaloğlu, İstanbul
Tel : (212) 511 5303-513 8751-512 3046 Fax : (212) 519 3300
www.alfakitap.com
E-mail : info@alfakitap.com

ALFA/AKTÜEL KİTABEVİ
Burç Sinema Pasajı No: 34
Altıparmak / BURSA
Tel : (224) 223 60 16

Baskı ve Cilt

MELİSA MATBAACILIK
Çiftehavuzlar Yolu Acar Sanayi Sitesi
No: 8 Bayrampaşa-İstanbul
Tel/Fax : (212) 501 97 57

TEŞEKKÜR

Bu kitap her ne kadar benim imzamı taşıyorsa da bir kollektif bilincin ürünüdür. Yayıncıdan yazara kadar her aşamasında eklemeler ve yeni bilgiler ile güncellenen kitap yaklaşık altı aylık bir yazım çalışmasının sonucunda ortaya çıkmıştır. Özellikle İngilizce çeviriler ve literatür taramasında katkıları bulunan dostlarıma, iki yıldır her gördükleri bilgiyi bana aktaran arkadaşlarıma teşekkürü borç bilirim.

Bu çalışma için bildiklerini benimle paylaşmaktan bir an olsun geri durmayan değerli usta Cüneyt Arcayürek'e ayrıca teşekkür ederim.

Kitapta anlatılmak istenen şey, dün, bugün ve yarınıyla bir savaşın nedenleri, gelişimi ve sonucu değildir. Kitap bunlarla birlikte tarihin gizli belgelerini göz önüne çıkararak okuyucuya dünyanın yeni paylaşımında geçerli olan kuralları ve koşulları aktarma çabasıdır. Kitabın ana teması da bu zenginlik ve düzen paylaşımı savaşının sonrasında ortaya çıkacak tabloyu gözler önüne sermektedir. Bu amaçla yola çıkılmış ve kitabın okuyucuya aktaracağı bilgiler de bu kapsamda seçilmiştir. Bu çalışmalarım sırasında sabırlarını zorladığım bütün sevdiklerime sağ olsunlar diyorum.

Tuncay ÖZKAN

İÇİNDEKİLER

GILGAMIŞ'TAN BUGÜNE

Tarih, insanlığa çoğu zaman diyalektiği de kullanarak mesajlar verir. Bazılarını oldukça ironik bir üslûpla iletir. En çok da göz önünde olanı görmekte zorlanan insanoğlu, bu ironik üslubu her zaman algılayamayabiliyor. Yoksa tarih bir paradigma değildir. Tekerrür etmez.

Aslında, tarihin fısıldadığı öykülere, destanlara ve savaşlara daha fazla kulak kabartmak gerekiyor!

Tarih, bize Irak'ın ihtişamın ve gücün merkezi olduğunu gösteriyor. İhtişam ve gücün hüküm sürdüğü her yer gibi topraklarının gözyaşlarıyla, kanla sulandığını anlatıyor.

Bir anlamda, tarihsel diyalektik yine yanılmıyor. En azından M.Ö. 4000 ile 500 yılları arasında hüküm sürmüş, merkezi bugünkü Bağdat olan Babil'in hikâyesi ve bu topraklarda yazılan destanı bugünün aynası gibi. O zamanlar katran denilen savaş nedeni ile bugünkü petrol aynı şey. Kahramanlar da aynı mı? Karar sizin!

Gılgamış destanına bu gözle baktığımızda bakalım, belki de -ironik ama mümkün- günümüz öykülerini ve onların kahramanlarını buluruz karşımızda...

Destan bir zamanlar Güney Babil sınırları içinde olan eski kentlerden Uruk'un, halkı tarafından sevilmeyen beyi Gılgamış'ın öyküsünü aktarıyor:

Güzel bıyıkları vardı. Başındaki saçlar gürdü. Bedeni her bakımdan ölçülüydü.

Onda, üçte iki tanrılık, üçte bir insanlık vardı. Gövdesi pek iriydi.

Bütün ülkeleri dolaştıktan sonra Uruk kentine vardı. Uruk caddelerinde kurumundan kafasını dik tutuyordu. Caddelerde yabanıl bir boğa gibi böğürürdü. Eşsizdi. Silahları kalkıktı. İnsanlara dirlik vermemek için eli durmazdı. Dirliksizliği yüzünden Uruk halkı gittikçe eksildi.

"Gılgamış, oğulu babaya bırakmaz, gece gündüz kudurup sağa sola çatarı. Gılgamış ağılı bol Uruk'un ne biçim çobanıdır?

Öylesine güçlü, üstün, bilgiç, bilge olan bir kral, oğulu babaya, sevileni sevene, kocayı karıya hiç bırakır mı?"

Gılgamış'ın savaşçılarının kızları, erlerin karıları, bundan ötürü tanrıların huzurunda ağlayıp sızlandılar. Bunların ağlayıp sızlanmalarını tanrılar dinlediler. Gökyüzünün tanrıları da, Uruk kentinin baştanrısı Anu'ya başvurarak şöyle dediler:

"Sen, ipe gelmez, yabanıl, vahşi boğayı, Uruk halkını tedirgin etmek için mi yarattın? Eşsizdir. Silahları kalkıktır. İnsanlara dirlik vermemek için eli durmaz. Gılgamış, oğulu babaya bırakmaz. Gece gündüz kudurup sağa sola çatar. Gılgamış ağılı bol Uruk'un ne biçim çobanıdır?"

[Uruk beyi Gılgamış da bugünkü Saddam gibi sağa sola saldırır...] Bir gün Gılgamış'ın ülkesine ejder yapılı Humbaba bela olur. Gılgamış dostu Engidu ile Humbaba'ya savaş açmaya karar verir:

Gılgamış, ağzını açıp Engidu'ya dedi:

"Ejder yapılı Humbaba ormanda oturuyor. Sen ve ben onu öldürüp şu belayı ülkeden kaldıralım. Kendimize katran ağaçları devirelim."

Engidu, ağzını açıp Gılgamış'a dedi:

"Dostum, ben dağlarda deneyimliyim; yabanıl hayvanlarla oralarda dolaştım. Ormanın uzaklığı iki kez on bin saat çeker. Yukarıya, onun içine dalacak kimdir? Humbaba... Onun böğürtüsü tufandır, evet, onun soluğu ateş, saldırısı ölüm. Neden ötürü böyle şeyleri yapmaya yelteniyorsun?

"Humbaba'nın oturduğu yer için savaşan hiçbir kimse ona karşı dayanamaz."

Gılgamış, ağzını açıp Engidu'ya dedi:

"Katransa, ben bunun dağına çıkmak istiyorum. Bu dağ geniş ormanın ortasında bulunuyor.

"Humbaba'nın bulunduğu ormana gitmek istiyorum. Savaşta bir balta bana yeter. Sen burada yalnız kal, ben oraya gideceğim."

Engidu, ağzını açıp Gılgamış'a dedi:

"Oraya nasıl gidebiliriz... Katran ormanına? Gılgamış, onun bekçisi bir savaşçıdır. Hiçbir zaman ımızganmaz. Enlil onu, katranları korusun diye insanların başına belâ kılmıştır. Her kim yukarı, ormana çıkarsa, kötürüm olur."

Gılgamış da Körfez Savaşı'ndan önce Saddam'ın yaptığı gibi dönemin en güçlü silahlarını edinir. Bilgeler, Gılgamış'ı savaştan vazgeçirmek için uğraşırlar. Humbaba'nın silahlarının karşısına kimsenin çıkamayacağını anlatırlar. Neden böyle şeylere heves ettiğini sorarlar. Ama onu vazgeçiremezler... [O da Saddam gibi kimseyi dinlemez...]

El ele verip silahçı ustasına gittiler. Ustalar oturup birbirlerine danıştılar. Büyük baltalar dövdüler. Üç okkalık nacaklar dövdüler. Yalımı iki okkalık büyük kılıçlar dövdüler. Kabzaların başı on beş okkalık, kılıçların kını on beşer okkalık; altından. Gılgamış ve Engidu, her biri 300 okkalık silahlar taşıdılar.

Adamlar, Uruk kentinin yedi sürgülü kapısına vardılar; halk bir araya birikti; Uruk sokaklarına neşe saçıldı. Gılgamış, Uruk sokaklarında halkın neşesine tanık oldu. O, karşısında oturan halka seslendi:

"Ben, ejder yapılı Humbaba'ya gitmek istiyorum. O söylenen şeyi, ben Gılgamış, görmek istiyorum. Onun adı ülkelere yayılmıştır. Katran ormanına koşmak istiyorum. Uruk çocuğunun nasıl güçlü olduğunu bütün ülkeye anlatayım. Katranları devirmek için elimi bulaştırayım. Kendim için sonsuzlaşacak bir ad yapayım!"

Uruk mahallesinin yaşlıları dönüp Gılgamış'a dediler:

"Gılgamış, sen genç olduğundan, gönlün seni böylesine ileri götürdü. Sen burada ne yaptığını bilmiyorsun. Bizim işittiklerimiz, Humbaba'nın çok acayip olduğudur. Onun silahının karşısına çıkacak olan kimdir? Orman iki kez on bin saat uzaklık çekiyor. Yukarı çıkıp onun içine girecek olan kimdir? Humbaba, onun böğürtüsü tufandır, evet, onun soluğu ateş, onun saldırısı ölüm. Neden dolayı böyle şeyleri yapmaya heves ediyorsun? Humbaba'nın oturduğu yer için savaşan hiçbir kimse ona dayanamaz."

Gılgamış, dostu Engidu ile birlikte Humbaba'ya karşı savaşır ve onu Tanrı Şamaş'ın yardımıyla yener.

Göksel Şamaş, Gılgamış'ın yalvarmasını dinledi ve Humbaba'nın önüne büyük fırtınalar çıkardı: Büyük fırtına, poyraz, kasırga, kum fırtınası, bora fırtınası, kırağı fırtınası, rüzgâr, çam fırtınası! Ona karşı sekiz fırtına kalktı ve bunlar Humbaba'nın gözlerine savruldu. İleri gidemedi, geri dönmedi. Humbaba savaştan vazgeçti. Bunun üzerine Humbaba, Gılgamış'a seslendi:

"Gılgamış, beni bırakmalısın! Sen benim efendim olmalısın, ben senin kölen olmalıyım. Ben sana dağlarımın çocukları olan ağaçları devireyim ve onlardan senin için evler yapayım."

Engidu, Gılgamış'a dedi:

"Humbaba'nın dediklerini dinleme! Humbaba'yı öldürmelisin!"

[Bunu izleyen boşlukta, Humbaba'nın öldürülmesi ve iki yiğidin geri dönmesi anlatılmaktadır; tabletin son satırı şöyle tamamlanmaktadır:]

Gılgamış, Humbaba'nın kesilen başını sırığa dikti.

Gılgamış'ın bu zaferi dönemin Tanrıçası İştar'ı etkiler. Tanrıça, Gılgamış ile evlenmek ister...

Gılgamış krallık tacını giyince, Gılgamış'ın güzelliği İştar'ın güzel gözlerini kamaştırdı:

"Gel Gılgamış! Benim güveyim ol! Bana meyveni armağan et, armağan etsene! Sen benim kocam ol, ben senin karın olayım! Sana altından ve lacivert taşından yapılmış koşu arabaları koşturayım! Tekerlekleri altın, boynuzları ayna gibi parlayan madenden olsun! Buna ruhlar, dev gibi katırlar koşulsun!

"Sen evimize girince seni katran kokuları karşılasın. Büyük rahipler ve soylular ayaklarını öpsünler! Krallar, büyükler ve beyler ayaklarının altına diz çöksünler! Dağların ve ülkelerin ürünlerini sana vergi olarak getirsinler!"

Ama Gılgamış, Tanrıça İştar'ın teklifini reddeder. Gılgamış, Tanrıçayı aşağılar. Ona bugüne kadar sevdiği kimseye mutluluk getirmediğini hatırlatır.

[Bir bakış açısına göre; İştar zayıf müttefiklerini sürekli kullanan ama sonunda onlara mutluluk vermeyen ABD gibidir...]

"Sen, soğukta ısıtmayan bir örtüsün! Sen rüzgâra ve fırtınaya engel olmayan uydurma bir kapısın! Sen, üstüne örtüleni altında ezen bir fil derisisin! Sen, içinde toplantı yapan yiğitlerin üstüne çöken bir saraysın, sen taşıyıcısının üstünde eriyen bir ziftsin! Sen, taşıyıcısının üstünde boşalan bir kırbasın! Sen taş duvarı çatlatan bir kireçsin! Sen, düşman ülkesini çeken bir yemişsin. Giyeni sıkan bir ayakkabısın!

"Dostlarından hangisini sonsuz olarak sevdin? Çobanlarından hangisini sürekli olarak beğendin? Hadi sevgililerinin adlarını sayayım!

"Sen gençliğinin sevgilisi olan Tammuz'a, yıldan yıla ağıtı yazgı kıldın. "

Sen, renkli çoban kuşunun aşkına düştün; ama ona da vurup kanadını kırdın; şimdi o, ormanlarda 'kappi' diye bağırıp duruyor!

"Sen, gücü üstün olan aslanın aşkına düştün; ama sonra ona yedi ve yedi tuzak çukurları kazdın.

"Sen, savaşa alışkın olan atın aşkına düştün; ama sonra ona kırbaç, bizlengiç ve kamçıyı yazgı kıldın; iki kez yedi saat koşmayı yazgı kıldın; ona suyu bulandırıp içirmeyi yazgı kıldın; anası Silili'ye sürekli yası yazgı kıldın!

"Sen, koyun çobanının aşkına düştün; o, sana durmadan köz yığıp, günü gününe oğlaklar getirdi; ama sonra ona vurup kurda dönüştürdün, şimdi de kendi küçük çobanları onu kovalıyorlar; dahası, kendi köpekleri bacaklarını ısırıyorlar. "

İştar, Gılgamış'ın kendini reddetmesini gururuna yediremez ve onu öldürmeye karar verir. Babası Anu'dan Gılgamış'ı öldürmek için gökyüzünün boğasını ister.

[Anu, ABD'nin zorla savaş kararı çıkartmaya çalıştığı BM gibidir.] Babası, boğayı vermek istemez. Ama İştar, babası Anu'yu tehdit ederek boğayı alır... Artık önünde hiçbir engel yoktur.

Anu konuşmak için ağzını açıp görkemli İştar'a dedi:

"Önce sen kavgaya başlamadın mı ki? O, sana kokmuş şeyleri saydı. Kokmuş, çürümüş şeyleri!"

İştar, konuşmak için ağzını açıp babası Anu'ya dedi:

"Babam, Gılgamış'ı öldürmesi için bana gökyüzünün boğasını ver!

(...)

"Fakat sen gökyüzünün boğasını bana vermezsen, o zaman ben, cehennemin kapılarını kırar, direklerini fırlatır, kapıları ardına dek açarım. Yaşayanları yemeleri için ölüleri kaldırırım, dirileri yesinler diye. O zaman dünyada ölüler dirilerden çok olur!"

Anu, konuşmak için ağzını açıp görkemli İştar'a dedi:

"Kızım, benden istediğini yaparsam, yedi kavuz yılları olur. İnsanlar için buğday biriktirdin mi? Hayvanlar için ot bitirdin mi?"

İştar, konuşmak için ağzını açıp babası Anu'ya dedi:

"Baba, insanlar için buğday yığdım, hayvanlar için de ot sağladım! Onların yedi kavuz yıllarında doymaları için insanlara buğday topladım; hayvanlara ot yetiştirdim."

Anu, onun bu sözünü duyunca, gökyüzünün boğasının zincirini İştar'ın eline teslim etti.

Boğayı alan İştar, bütün Uruk'a korku salar, yüzlerce insanı öldürür.

O, boğayı yere indirmek için alıp aşağı götürdü ve onu Uruk ağılına sürdü.

Gökyüzünün boğası korku salarak aşağı indi. O, birinci solumasında yüz kişi devirdi; iki yüz devirdi; üç yüz kişi...

İkinci solumasında yüz daha devirdi. İki yüz daha, üç yüz kişi daha.

O, üçüncü solumasıyla Engidu'ya saldırdı. O, Engidu'yu süseceği anda, Engidu gözetleyip, birdenbire boynuzlarını yakaladı. Hırsından gökyüzünün boğasının ağzından köpükler savruldu. Kuyruğunun kalın tarafıyla Engidu'ya çarpıp onu yere attı.

Artık İştar'ın boğası; Gılgamış ve dostu Engidu için tehdittir.

Engidu, konuşmak için ağzını açıp Gılgamış'a dedi:

"Eskiden biz kendi kendimize övündük. Şimdi bunu gösterelim!

"Bunu nasıl yapacağımızı sana öğreteyim: Sen ve ben ayrılmalıyız, ben boğayı kuyruğundan yakalayayım.

"Kılıcın, onun boğazıyla boynuzlarının arasına insin."

Engidu, gökyüzünün boğasını tutmak için, kovalayıp sımsıkı kuyruğundan yakaladı. Engidu, onu iki eliyle tuttu ve Gılgamış, usta bir kasap gibi, kılıcını güçlü ve güvenli bir vuruşla onun boğazıyla boynuzlarının ortasına indirdi...

Onlar orada gökyüzünün boğasını öldürdükten sonra, yüreğini çıkarıp Şamaş'ın önüne koydular. Onlar Şamaş'ın huzurunda saygıyla eğilip geri çekildiler; sonra her iki kardeş oturdular.

Gılgamış ve dostu Engidu ganimetleri silahçı ustalarına ve tanrılarına armağan etti...

İştar, Uruk duvarının üstüne çıkıp bir çığlık kopardı:

"Yuh olsun Gılgamış'a! Beni rezil etti; gökyüzünün boğasını öldürdü!"

Engidu, İştar'ın bu sözünü duyunca, gökyüzünün boğasının budunu koparıp ona fırlattı:

"Seni elime geçirseydim, seni de böyle yapardım! Onun sakatatını koluna asardım!"

İştar, kadın sevgililerini, tapınağın hizmetçilerini ve orospularını başına toplayıp gökyüzünün boğasının budu için ağlayıp yakındı.

Gılgamış, bütün silahçı ustalarını çağırdı. Ustalar boynuzların kalınlığına şaştılar. Her boynuzun dökümü altmış okkalık lacivert taşındandı. Bu boynuzların kabuğu iki parmak kalınlığındaydı. Her ikisinin içi yedi kova yağ alıyordu. Gılgamış, bunları yağ koyması için, tanrısı Lugalbanda'ya armağan etti. Bunları içeri götürdü. Tanrı sarayının içindeki kutsal yere astı.

İki kafadar, zafer sonrası Uruk şehrinde gururla dolaşır. Tüm Uruk sakinleri onlara biat eder...

Fırat'ta ellerini yıkadıktan sonra el ele verip Uruk kentinin sokaklarından geçtiler. Uruk halkı onları görmek için toplandı. Gılgamış kendi saray cariyelerine şu sözleri söyledi:

"Erkekler arasında en görkemli olan kimdir? Yiğitler arasında en güçlü olan kimdir?"

"Erkekler arasında en görkemli olan Gılgamış'tır. Gılgamış, yiğitler arasında en güçlü olandır."

Gılgamış, sarayında bir utku şenliği yaptı. Yiğitler, gece karanlığında rahatça uykuya daldılar.

Bush ve Saddam'ın Gölgesinde

ENTRİKALAR SAVAŞI

GİRİŞ

Dünya neredeyse son bir yıldır Irak'la yatıp, Irak'la kalkar hale geldi. ABD, Irak'la savaş için geri saymaya başlamış durumda. Bütün dünyanın konuştuğu tek konu Irak. Savaş kaçınılmaz gözüküyor ve ABD her geçen gün Basra Körfezi ve çevresine asker yığıyor.

Aslında Bush'un başkan seçilmesinden sonra Irak, muhafazakâr-şahinlerden oluşan yeni Amerikan yönetiminin her zaman ilk gündem maddelerinden biri oldu. İktidara gelen kişilerin Irak konusundaki sert görüşlerini bilen uzmanlar, ABD'nin bu defa ne pahasına olursa olsun Saddam Hüseyin'i ve rejimini devirmeye kararlı olduğunu söylüyordu.

1991'de Körfez Savaşı'nda ABD, Irak'ı ağır şekilde cezalandırdı. Ancak başladığı işi yarım bıraktı; kendi ayaklanma çağrısına uyan

Kürt ve Şiileri de desteklemeyerek yıllarca sürecek bir tartışmaya yol açtı. ABD'nin Körfez Bölgesi'nde yüz binlerce askeri varken ve bütün dünya arkasındayken Saddam Hüseyin'i neden devirmediği yıllarca tartışılan bir konu oldu.

11 yılda ABD'de iki başkan değişti. Körfez Savaşı'nın 'muzaffer' komutanı I. Bush, 1993'te yerini Clinton'a, o da baba Bush'tan devraldığı başkanlığı 2001'de oğul Bush'a devretti. Irak'ın komşularında da önemli değişiklikler yaşandı. Ürdün'de Kral Hüseyin öldü, oğlu Abdullah kral olarak başa geçti. Suriye'nin despot diktatörü, Saddam Hüseyin'in can düşmanı; "Düşmanımın düşmanı dostumdur," diyerek yıllarca PKK'ya kucak açan Hafız Esad öldü, yerini oğlu Başşar Esad aldı. İran'da Cumhurbaşkanlığı, Haşimi Rafsancani'den 1997'de Muhammed Hatemi'ye geçti. Türkiye'de de iki cumhurbaşkanı, sayısız Hükümet ve altı başbakan değişti. Körfez Savaşı'nın 'bir koyup üç alma' heveslisi cumhurbaşkanı Özal 1993 yılında vefat etti. Yerine geçen Süleyman Demirel yedi sene sonra istemeyerek de olsa makamını şimdiki Cumhurbaşkanı Ahmet Necdet Sezer'e devretti. Suudi Arabistan'da Kral Fahd yatalak oldu, kâğıt üzerinde süren krallığa Veliaht Prens Abdullah vekâlet etmeye başladı. Değişmeyen tek şey ise, BM ambargosuna, Uçuşa Yasak Bölgelere, darbe girişimlerine, suikast planlarına ve ABD'nin bitmek tükenmek bilmeyen tehditlerine, saldırılarına rağmen Saddam Hüseyin'in Irak'taki iktidarı oldu.

ABD, ilk önce yaptırımlar ve silah ambargosu yoluyla Saddam Hüseyin'in içerden ve Sünni elitten gelecek bir darbeyle devrilmesini ve Irak'ta yumuşak bir geçiş yaşanmasını ümit etti. Bu darbe hiçbir zaman gelmedi...

ABD, Irak dışında yaşayan Saddam Hüseyin muhaliflerini topladı. CIA, bu grupla birlikte Ürdün'ün de desteğini alarak darbe planlamaya çalıştı. Daha eylem aşamasına gelmeden Irak istihbarat örgütü 'muhaberat' darbeye karışan kim varsa ortaya çıkardı. Saddam Hüseyin'in idam ettiği şahısların listesine yenileri eklendi...

Kimi muhalefet grupları -INC ve KYB- Saddam Hüseyin'e karşı birlikte ayaklanmayı denediler; ancak bu defa desteklemek ABD'nin işine gelmedi. INC ve KYB, Irak birliklerine birkaç kurşun sıktıktan sonra başladıkları yere geri döndüler...

ABD, Kürtleri koruması altına aldı. Saddam Hüseyin birliklerini bölgeden çekti, Kürtler aralarında anlaşıp devletleşme yoluna gittiler. Parayı paylaşamayıp kavga edince biri İran'ı, diğeri Kürtlerin can düşmanı Saddam Hüseyin'i yardıma çağırdı. Korumak için senede 1 milyar dolar harcadığı Kürtler arasındaki savaşta kimi kime karşı koruyacağına şaşıran ABD, olaylara seyirci kaldı. Saddam Hüseyin, Kuzey Irak'a girdi, CIA'in yıllardır kurduğu istihbarat ağı bir anda yerle bir oldu...

Saddam, kimi zaman sınırı aştı, ABD füze ve hava saldırılarıyla ona 'gereken dersi' verdi. BM silah denetçileri yıllarca Irak'ta kimyasal ve biyolojik silahlar aradı. Kendileri bulamayınca, Saddam Hüseyin rejiminden kaçanlar itirafçı oldu. Irak'ın neye sahip olduğu ancak böyle anlaşıldı...

Saddam Hüseyin'i damatları bile terk edince, herkes, "Saddam'ın devrilmesi yakındır," dedi. Bildiklerini anlatıp, artık ABD'nin işine yaramaz hale geldiklerinde ise yalnızlığa terk edildiler. Saddam Hüseyin'in davetine inanıp Irak'a döndüklerinde onları cezalandıran Saddam değil, kendi akrabaları oldu; linç edildiler.

ABD, Petrol Karşılığı Gıda Programı'yla havuç, BM yaptırımları ve hava saldırılarıyla sopa taktiği kullandı. Saddam, ABD'ye ve dünyaya meydan okumaktan vazgeçmedi.

"Saddam Hüseyin gelirinden mahrum kalsın, kitle imha silahları yapamazsın, ordusunu besleyemezsin" diye konulan BM yaptırımları ve 'çevreleme' siyaseti yıllarca devam etti.

Geçen 11 yılda Saddam Hüseyin çevrelendi, ama acısını masum Irak halkı çekti.

1
ABD VE ORTADOĞU

Petrol

Dünya petrol rezervinin % 65'ine sahip Ortadoğu'da, ABD politikasının temel unsurlarından biri, Körfez'deki petrol kaynaklarının güvenliğinin sağlanmasıdır. ABD, petrolün uluslararası piyasalara makul fiyatlarla kesintisiz akışının devam etmesini hayati çıkarları arasında görmektedir.

Irak, dünya petrollerinin % 11'ine sahiptir. Saddam Hüseyin'in 1990'da Kuveyt'i işgal etmesiyle Körfez'deki bütün petrol kaynaklarının tek bir gücün elinde toplanması ihtimali, ABD'yi harekete geçirmiş ve Saddam Hüseyin dönemin ABD Büyükelçisi ile yaptığı görüşmede edindiği 'yanlış' izlenimin faturasını, ABD ve uluslararası toplum tarafından ağır şekilde cezalandırılarak ödemiştir. Bu 'yanlış' izlenim aslında 'sırt sıvazlama' olarak da algılanabilecek bir tutumdur.

Çifte Çevreleme Stratejisi

Bush yönetimi, Saddam Hüseyin'in darbeyle devrileceğini hesaplamıştı. Bu gerçekleşmeyince, BM ambargosu, silah denetimleri, ABD'nin bölgede caydırıcı sayıda asker bulundurmasıyla Irak'ın çevrelenmesi siyasetine yöneldi. Ancak Bush, 1992'deki seçimlerde sürpriz bir yenilgi alarak yerini Clinton'a bıraktı. Bush'u yenen, Saddam'ın sarsılmaz iktidarı oldu.

Clinton Yönetimi, İran ve Irak'ın uluslararası politikadan tecrit edilmesini sağlamak amacıyla 'çifte çevreleme' *(dual containment)* siyaseti güttü. Amaç, İran ve Irak'ın tecrit edilmesiyle Suudi Arabistan ve Körfez İşbirliği Konseyi ülkelerindeki monarşilerin güvenliğinin sağlanması; bu arada 1947'den beri süren Arap-İsrail çatışmasına çözüm getirmekti. Kısacası, 'Bağdat'a giden yol Kudüs'ten geçmekte'ydi. Clinton yönetimi'nin ilk yıllarında ABD'nin yaklaşımı, yerine daha iyi birisi bulununcaya dek; çevreleme siyaseti başarıyla sürdüğü ve kitle imha silahları elde etmesi engellendiği müddetçe Saddam Hüseyin'in iktidarda kalmasında bir sakınca olmadığı yönündeydi.

ABD, bu siyaseti 1995'e kadar başarıyla uyguladı. Ancak, 1995'ten itibaren ABD'de bu stratejinin yararı ve daha ne kadar sürdürülebilir oldugu tartışılmaya başladı. 1996'nın sonunda, ABD'nin etrafındaki uluslararası koalisyon dağılmaya yüz tuttu. ABD yönetimi, uluslararası desteğin devamını sağlamak için yaptırımları esnetmeye yöneldi; Petrol Karşılığı Gıda Programı devreye girdi. BM silah denetimleri devam etti.

Darbe Girişimleri

ABD bir yandan da Saddam Hüseyin'i darbeyle devirmeye çalıştı. Amaç, Saddam Hüseyin'den kurtulmaktan çok, ikinci defa seçilmek isteyen Başkan Clinton'a seçim kampanyası için malzeme sağlamaktı. Bush'u gönderen Saddam, Clinton'u da rahatlıkla yenilgiyle tanıştırabilirdi.

Darbe girişimleri başarısız oldu, ancak Clinton seçimi kazandı. Zamanla, yaptırımları aşındı, silah denetimlerinde sorunlar çıktı, ABD'nin Irak politikasına daha az ülke destek verir hale geldi. Bunun sonucunda geniş bir uluslararası koalisyon desteğine dayanması gereken çevreleme siyasetinin etkinliği azaldı. Saddam kazanıyordu.

Çifte Çevreleme+Rejim Değişikliği

Bu defa devreye Cumhuriyetçi Parti'nin 'muhafazakâr-şahin'leri girdi. Muhafazakâr-şahinlere göre, *"Clinton yönetimi Irak karşısında acz içindeydi. Yaptırımlarla birlikte ABD'nin Irak politikası da çökmekte"*ydi. Bu grubun çabalarının sonucu 'Irak Kurtuluş Yasası' oldu. Yasanın amacı Saddam Hüseyin rejiminin devrilmesi ve ABD'nin bu amaçla Irak muhalefetine destek sağlamasıydı. Böylelikle, ABD'nin Irak politikası 'çevreleme+rejim değişikliği'ne dönüştü. Ancak değişen bir şey olmadı, Saddam iktidarını sürdürdü, hatta BM silah denetçilerini ülkeden atacak cesareti kendinde buldu. ABD, Irak'ı birkaç gün füzelerle bombaladı. Ortadoğu'da halkların Amerika nefreti büyüdü.

Bundan sonraki iki yıl ABD'nin Irak politikasında rejim değişikliği söylem olarak kaldı, ancak uygulamada değişen bir şey olmadı.

II. Bush Yönetimi ve Askeri Harekât Planları

Kasım 2000'deki Başkanlık seçimleri Cumhuriyetçi George W. Bush'u başkanlığa taşıdı. Irak'ta rejim değişikliği stratejisinin mimarları olan 'muhafazakâr-şahinler' iktidarı ele geçirdi.

Irak, yeni yönetimin ilk gündem maddelerinden biriydi. Ancak 11 Eylül 2001'deki terör saldırıları ABD'nin hedef ve önceliklerini temelden değiştirdi.

11 Eylül saldırılarının ilk şokunun atlatılması ve Afganistan'da Taliban rejiminin devrilmesiyle Irak yeniden ABD'nin gündemine oturdu. ABD'deki şahinlere göre, ABD düşmanları Afganistan'da cezalandırılmışlardı, sıranın artık Irak'a ve Saddam Hüseyin'in iktidardan düşürülmesine gelmesi gerekmekteydi. Çünkü petrol artık daha da önemliydi.

Şahinler, Irak'ta rejim değişikliğinin sadece askeri harekâtla gerçekleşeceğini savundular. Ilımlılar ise ABD'nin uluslararası toplumun desteğiyle hareket etmesi gerektiğini düşünüyordu. Irak politikası, daha ilk günden itibaren Amerikan yönetimini ikiye böldü. Şahin kampın önderliğini, Başkan Yardımcısı Cheney ve Savunma Bakanı Rumsfeld'in desteğine sahip Savunma Bakan Yardımcısı Paul Wolfowitz, Savunma Politikaları Danışma Kurulu Başkanı Richard Perle; ılımlı kanadın başını ise Dışişleri Bakanı Powell çekti. Bir ara Ortadoğu ve Irak politikasında görüşleri dikkate alınmayan Dışişleri Bakanı Powell'ın istifa edeceği söylentileri bile yayıldı.

2002'nin ilk aylarından itibaren, Amerikan yönetiminin Irak'a askeri harekâta meylettiği, ancak Başkan Bush'un masasında askeri harekât planı bulunmadığı söylenmeye başladı. Ancak askeri harekât planlarının basına sızmasıyla, harekâtın olup olmayacağı tartışmaları bir kenara bırakıldı. Artık tek soru harekâtın ne zaman ve ne şekilde gerçekleşeceğiydi.

Bush Yönetimi, Irak meselesini, Irak'ın kitle imha silahlarına sahip olduğu ve bu konudaki BM kararlarına uymadığı gerekçesiyle, BM Güvenlik Konseyi'ne götürdü. Fransa ve Rusya sıkı pazarlıklar sonucunda ikna edildi. Ortaya BM Güvenlik Konseyi'nde oydaşmayla kabul edilen 1441 sayılı karar çıktı. Saddam Hüseyin bu defa işin ciddi olduğunu anlayınca, silah denetimleri yeniden başladı.

Askeri Harekâtın Hedefleri

Irak'a yönelik bir askeri harekâtın Amerika açısından iki yönü olacaktır. Bunlardan birincisi Saddam Hüseyin'in devrilmesi; ikincisi ise kitle imha silahlarından ve Baas rejiminden arındırılmış, çoğulcu ve komşularıyla barış içinde yaşayan bir rejim kurulmasıdır. Bunun iyi anlatılamaması nedeniyle Amerika çok zor durumda kaldı. Savaş başlatmak noktasındaki çabalar, bu iki kavramın delillendirilememesi nedeniyle AB ülkelerinin direnciyle karşılandı. Petrol konusu ise herkesin bildiği ama dillendirmediği bir 'gerçek' olarak öylece kalakaldı.

Irak'ta rejim değişikliği gerçekleştirmeye yönelik herhangi bir askeri harekâtın veya stratejinin, istikrarlı ve komşularıyla barış içinde yaşayan bir Irak yaratma hedefi gütmesi gerekmektedir. Çünkü ötesi barbarlık olur.

Bugün dünyanın en güçlü ve donanımlı ordusuna sahip ABD'nin, büyük ölçekli bir askeri harekâta girişmesi halinde Saddam Hüseyin'i devireceğinden hiç kimse kuşku duymamaktadır. Saddam Hüseyin ve rejimi devrildikten sonra ABD ve müttefiklerinin karşılarında bulacakları en ciddi iş, sırasıyla Irak'ın parçalanmasını önlemek, istikrarını ve siyasi birliğini yeniden tesis etmek olacaktır. Bunlar gerçekleşmez, Irak bölünürse Amerika, Suudi Arabistan dahil bölgesel bütün güç dengelerini ve haritaları yeniden çizme sorumluluğuyla karşı karşıya demektir. Bu, Ortadoğu'nun Amerika açısından büyük bir yanılgı olmasına yol açabilecektir.

Saddam Sonrası Irak

ABD'nin Irak'a karşı bir askeri harekât düzenlemesine özellikle bölge ülkelerinin muhalefet etmesinde, bu ülkelerin Saddam Hüseyin liderliğindeki Irak'tan algıladıkları tehdidin, ABD'nin tehdit değerlendirmeleri ile örtüşmemesi kadar, Saddam Hüseyin sonrası dönemin getireceği belirsizliklerden duyulan endişe de önemli rol oynamaktadır.

Saddam Hüseyin sonrası döneme ilişkin belirsizlikler, etnik ve dinsel farklılıkların Irak'ta bir parçalanmaya veya kargaşaya yol açmasıyla bağlantılı görülmektedir. Bugüne kadar, Bağdat'a entegre edilememiş bulunan Kürtler ile Araplar arasındaki etnik farklılığın yanı sıra, Irak'ın Arap halkı da kendi içinde Sünni Arap-Şii Arap olarak ikiye ayrılmıştır. Tarihi ve siyasi nedenlerle bu farklılıklar, etnik ve dini bir mozaiğin parçaları değil, potansiyel istikrarsızlık unsurları oluşturmaktadır. Kürtlerin 1919-1991 arasında Bağdat'la zaman zaman kesintiye uğrasa da hiç sona ermeyen mücadeleleri, tarihsel nedenlerin en tipik örneğini teşkil etmektedir.

'Saddam sonrası Irak' sorunu, temelde üç ana nokta üzerinde yoğunlaşmaktadır: Irak'ın parçalanması önlenerek, toprak bütünlüğü korunabilecek midir? Irak'ta istikrar tesis edilebilecek midir? Irak'ta ne tür bir rejim ve yönetim yapısı kurulacaktır?

Türkiye başta olmak üzere bütün bölge ülkeleri, bu soruların yanıtlarının bir askeri harekâttan önce, bugünden verilmesi gerektiğini düşünüyorlar.

Bu sorulara bugün herkes kendi vizyonuna göre bir yanıt vermektedir. Ancak ABD'nin Saddam sonrası Irak'ta çoğulcu, bütün etnik ve dinsel grupların eşit olacağı, insan haklarına saygılı, komşularıyla barış içinde yaşayan bir Irak yaratmak için ortaya koyduğu vizyonun, Irak düzleminde nasıl uygulanacağı, Irak halkının dokusuna uyup uymayacağı gibi ABD'nin kontrol edemeyeceği birçok değişken bulunmaktadır.

KÜRT DEVLETİ

Irak savaşında bölge ülkelerini en çok kaygılandıran konu, Kuzey Irak'ta bir Kürt devleti kurulmasıdır. Irak Kürtlerinin tarihi, aslında büyük ölçüde Bağdat'a karşı ayaklanmaların tarihidir. Kürtler, Bağdat'ın zayıf düştüğüne inandıkları her dönemde ayaklanmış, ancak Bağdat'a ne kadar zorluk çıkartmış olsalar da, nihayetinde bütün bu çatışmalar Bağdat'ın ezici üstünlüğüyle son bulmuş, Bağdat ayaklanmaları kanlı şekilde bastırmış, sivil Kürt halkı da çatışmalardan nasibini kan, gözyaşı ve ölüm olarak almıştır.

Kürtlerin ayaklanmalarının hepsinde, bir 'dış faktör' devrede olmuştur. Ancak, bu 'dış faktör' her seferinde Kürtlerin mücadelesini Irak'a yönelik farklı hedefleri için bir araç olarak görmüş, mücadelenin amacıyla hiçbir şekilde ilgilenmemiştir. Bunun Kürtler açısından her defasında büyük bir trajediye yol açan sonucu, 'dış faktör'ün hedefine ulaştığını düşündüğü anda, desteğini geri çekmesiyle Bağdat karşısında tek başlarına kalmaları olmuştur. Bağdat her seferinde intikamını sıradan Kürtleri katlederek almıştır. Kürt Beyleri ise Bağdat'a biat etmiştir.

Körfez Savaşı'ndan sonra ise Kürtler, Türkiye'nin isteğiyle ABD ve İngiltere'nin 'Çekiç Güç'le sağladığı koruma şemsiyesi altında tarihlerinde ilk defa kendi bölgelerinde tam egemenlik kurabilmiş, Irak'ın geleceğinde hiç olmadığı kadar söz sahibi olmuşlardır.

Kuzey Irak Kürtlerinin hedefi bağımsızlıktır. Nitekim, KDP ve KYB, bugünkü bölgesel ve uluslararası şartlarda bağımsızlığı gerçekçi bulmadıklarını, bu nedenle geleceklerini federal ve demokratik bir Irak'ta gördüklerini söylemektedirler. Bu cümle tersten okunduğunda, bölgesel ve uluslararası şartlar elverdiği takdirde, bağımsızlık Kürtler açısından gerçekçi hale gelecek demektir.

Irak Kürtlerinin bağımsızlık özlemleriyle yanıp tutuşmaları kadar, Türkiye başta olmak üzere, bölge ülkelerinin ve özellikle de Arap dünyasının, bağımsız Kürt devletine son derece karşı oldukları da bir gerçektir. Türkiye, böyle bir gelişmeyi "*casus belli*" (savaş nedeni) saydığını açıkladı. Ancak Irak Kürtlerinin bağımsız bir devlet kurup kuramayacaklarının asıl belirleyicisi, bölge ülkelerinin değil, ABD'nin tutumu olacaktır. ABD'nin bir Kürt devleti kurmak istemesi durumunda, hiçbir bölge ülkesi bu gelişmeyi önleyecek güce sahip değildir.

Genelkurmay Başkanlığı ve siyasi kadrolar, bağımsız bir Kürt devleti kurulmasını "casus belli" savaş nedeni olarak görmektedirler ve bu algılama, "*Türkiye'nin bağımsız bir Kürt devletine hiçbir şekilde müsaade etmeyeceği*" açıklamalarında somutlaşmaktadır. Ancak bu açıklamalarda, bu 'müsaade etmeme'nin ne şekilde gerçekleşeceği açıkça belirtilmemektedir. Hemen herkesin bu açıklamalardan çıkarttığı ortak sonuç, Türkiye'nin gerekirse bölgenin işgaliyle veya tamamen ilhakıyla sonuçlanacak bir askeri müdahalede bulunacağıdır.

Bu değerlendirme karşımıza, Kürtlerin bağımsızlık ilan etmelerine karşı çıkmasının gerekçelerinin, böyle bir ihtimalin vuku bulması halinde Türkiye'nin izleyeceği stratejilerin, iç ve dış faktörlerin izlenecek stratejilere etkilerinin neler olacağı ve nihayetinde bu stratejinin amaca ne ölçüde hizmet edeceği sorularını çıkartmaktadır.

2
TÜRKİYE NEDEN VE NASIL BU NOKTAYA GELDİ?

Türkiye bugün ABD yönetimine vereceği her desteğin kendisi için bir açmaz olarak, hatta kötü sonuç doğurarak yine kendisine döneceğini çok iyi biliyor. İçinde bulunduğu sıkıntıyı da zaten ortaya koyuyor. Irak'ta bir savaş istemiyor.

Türkiye'yi bugünkü açmazına sokan en önemli gelişme PKK terör örgütü ve I. Körfez Savaşı sırasında izlediği politikalar oldu.

Öncelikle terör olgusunu ele almakta yarar var. PKK terörü Kürt sorununu bölgesel etkinlikle birleştirmekle kalmamış, dünyanın sorunu haline dönüştürmüştür. Sonuçta 35 bin Kürt ve Türk vatandaşın öldüğü, 100 milyar dolar zararın ortaya çıktığı bir terör olayı, siyasette ve ekonomide yarattığı sonuçların ötesinde dış politikada da zayıf bir Türkiye ortaya koymuş, Türkiye sorunlarla boğuşurken bölgesel gelişmeleri etkileyememiş, onlardan etkilenmiştir. I. Körfez Savaşı sonrasında PKK lehine gelişmeler olmuş, Türkiye'de iç çatışma noktasına gelinmiştir.

Buna örnek Kürt kökenli milletvekilleri ile dönemin Başbakanı Süleyman Demirel'in yaptığı görüşmedir:

11 Kasım 1992

10 Kasım 1992 Salı Günü 18:00-19:00 Arası Konut'ta Sayın Ahmet Türk ve Arkadaşlarını Kabulde Yapılan Konuşmaların Özeti

Sayın Başbakanımızın 10 Kasım 1992 - Salı Günü
Saat: 18:00 - 19:00'da Konut'ta Kabul Ettiği HEP Milletvekilleri:

- Sayın Ahmet Türk (Hep Genel Başkanı ve Mardin Milletvekili)
- Sayın Mahmut Uyanık (Diyarbakır Milletvekili)
- Sayın Mehmet Emin Sever (Muş Milletvekili)
- Sayın Zübeyir Aydar (Siirt Milletvekili)
- Sayın Orhan Doğan (Şırnak Milletvekili)
- Sayın Mehmet Sincar (Mardin Milletvekili)

Veya
Sayın Selim Sadak (Şırnak Milletvekili)

Ahmet Türk: *Kan dökülüyor. Bunun durdurulması için yapabileceğimiz bir şey varsa, yapmaya hazırız. Bunu konuşmaya geldik.*

Süleyman Demirel: *Bundan memnuniyet duydum. Bu sene, 500'den fazla vatandaşımızın hayatını kaybettiğini biliyorsunuz. Çoluk-çocuk, kadın-erkek, genç-ihtiyar demeden, bölgedeki insanlar öldürülüyor.*

Devlet ise, bu cinayetleri durdurmak için vardır.

Devlet, sınırını, toprağını, halkını koruyacaktır.

Devlet, bunu yapmaya çalışıyor.

Devlet, hukukun içinde kalarak, halka müşfik ve adaletli davranarak, huzur ve sükunu tesise uğraşıyor.

8-9 senedir devam eden bir olaydır.

Devlet, bu olayı bitirmeye kararlıdır ve mutlaka bitirecektir. Yani, kan dökenleri etkisiz hale getirecektir.

Hiç kimse devlete, "Bunu neden yapıyorsunuz?" diyemez.

Devlet olmanın icabıdır.

Dünyanın hangi ülkesinde olsa, devlet, bizim devletin yaptığını yapacaktır.

Sizin yapabileceğiniz çok önemli bir görev vardır.

Ancak, ne kadar serbestsiniz?

HEP olarak sizi Türkiye, 'PKK'nın siyasi temsilcisi ve uzantısı' sayıyor. Bu damgadan kurtulmanız lazım. Kan dökülmesine karşı olduğunuzu ilan etmeniz lazım. PKK'nın devamı olmadığınızı söylemeniz lazım. Halka, "Bu adamlara yataklık yapmayın!.." demeniz lazım. Temsilcisi olduğunuz halkın ve illerin bir sorumlusu varsa, bunun çözümünü, kan dökerek elde etmenin mümkün olmadığını söylemeniz lazım. Halkı devlete ısındırmak için yardımcı olmanız lazım.

Bakınız; daha dün akşam Hani'de askerlik dairesi basıldı, 12 kişi öldürüldü. Bunu yapanlara bir diyeceğiniz yok mu?..

Hep susuyorsunuz. Sanki kan dökülmesini tasvip ediyor veya kan dökenlerden korkuyorsunuz.

***Ahmet Türk:** Biz, kan dökülmesini istemediğimizi söyledik. Biz gerekirse, PKK'nın karşısında da yer alırız. Ancak halka, bir şeyi elde edebileceğimizi söylememiz lazım.*

***Süleyman Demirel:** Kan dökülmesi başka, 'Kürt Sorunu' dediğimiz olay başkadır. Hem, kan dökerek bir şey elde etmenin mümkün olmayacağını kabul ediyorsunuz, hem de bu sayede bir şeyler koparmanın peşinde gibisiniz. Kan dökülmesi durmadan hiçbir şey olmaz.*

***Ahmet Türk:** İspanya'da birtakım gelişmeler oldu ve kan dökülmesi de geniş çapta durdu.*

***Süleyman Demirel:** Devlet, silahlı harekete taviz vermez. O anlama gelecek hiçbir işin içinde de olmaz. "Ne yapabiliriz?" diye soruyorsunuz. Halkı, devlete yaklaştırmada yardımcı olmak, görevinizdir.*

***Mehmet Emin Sever:** Halk, PKK'ya söz söyletmiyor.*

***Süleyman Demirel:** Yani halk; Bitlis'in Cevizdalı Köyü'nde 38 kişiyi, Van'ın Çatak Yaylası'nda 7 çocuklu kadını öldürenleri, yol* *kesip, otobüsten, minibüsten adamları indirip kurşunlayanları tasvip mi ediyor? Bunu düşünmek istemiyorum.*

Ahmet Türk: Devlet de bu çeşit işler yapıyor.

Süleyman Demirel: Bunu kabul edemem, şayet, bir bildiğiniz varsa, üstüne gidelim.

Ahmet Türk: Evet. Bu hususları getireceğiz...

Süleyman Demirel: Güvenlik kuvvetleri, dünyanın her tarafında, bir büyük olayı bastırmaya yöneldiği vakit, o görevleri yapan kişinin eğitiminden, yaradılışından, ruh halinden doğabilecek birtakım hoşa gitmeyen olaylara sebep olabilirler. Bunu tasvip ediyor değilim. Sadece gerçeği ortaya koyuyorum. Sadece, hiçbir şikâyetim olmaması için olayın durması ve normal nizama dönülmüş olması lazımdır. Buna yardımcı olursanız, şikâyetler kalkar.

Ahmet Türk: Alanya'da, Fethiye'de bazı olaylar oldu. Bunlardan endişe ediyoruz.

Süleyman Demirel: Güneydoğu'da şehit olan insanların cenazeleri, ülkenin diğer köşelerine gönderiliyor. Bunlar orada, büyük bir infial yaratıyor. Bu infialin, Türk-Kürt ayrımına sebep olmaması için beyanlar verdim, çağrılar yaptım. Cinayeti işleyenlere, "Kürt'üz' diyenleri ayırın," dedim. Devletin de altından kalkamayacağı bazı olaylarla karşılaşmaması için fevkalade tetikteyiz.

Ülkenin diğer kesimlerinde yaşayan bazı doğu kökenli vatandaşlara yönelebilecek husumetten endişe ederim.

Devlet, bu işi olağanüstü hal ile bitiremezse, daha sert tedbirlere gitmek mecburiyetinde kalır.

Nihayet, HEP olarak size karşı, meclis içinde ve meclis dışında büyük tepkiler doğar. Bu tepkiler halen vardır. Benim grubumda da vardır. Partiniz kapanır. Mesele oraya kadar varır.

Sizi tehdit ediyor değilim. Bizi de aşabilecek bazı durumların hasıl olmasından duyduğum endişeyi belirttim.

Bölgedeki sözü geçen insanlara, size, bölge dışındaki muteber kişilere; 'Bu PKK işinin bir çıkmaz olduğu'nu halka anlatmakta görev düşüyor.

Türkiye içinde kalacaksanız, Türk Devleti idaresinde yaşayacaksanız, bu görevlerinizi yapın.

Devlet, nasıl olsa bu işi bitirecektir. Bu iş bittiği zaman, bölgenin ve halkın mutluluğu için talepleriniz olacaksa, bu talepleri yapmaya yüzünüz olsun.

Şu anda devlet, elinde silah olan adamla veya onun temsilcisi durumunda bulunan adamla, hiçbir şeyi görüşmez.

Sizin temsilcisi olduğunuz bölge halkı, bizim de vatandaşlarımızdır ve kardeşlerimizdir.

Devlet olarak biz, onların hukukunu çiğniyor değil, o hukuku koruyoruz. Ayrıcalığa karşıyız. Aynıcılığı savunuyoruz.

Sizinle her zaman görüşmeye hazırım.

Devlete yardımcı olmak, kanı dökülen halka yardımcı olmak anlamını taşır.

Bölgenize gidiniz.

"Türkiye'nin bölünmez bütünlüğünü, huzur ve güven içerisinde yaşayan bir Türkiye'nin yararını" anlatmaya çalışınız.

Aynı günlerde TBMM Başkanı Hüsamettin Cindoruk, PKK terörünün yaşandığı bölgede olanları Başbakan Demirel'e şöyle aktarmıştı:

"Başbakan SÜLEYMAN DEMİREL'in 20 Eylül 1992 - Pazar Günü Saat: 11.30 - 13.00 Arasında, TBMM Meclis Başkanı HÜSAMETTİN CİNDORUK ile Yaptığı Görüşmenin Tepe Notları

1) *Bölgede karayolu emniyeti kalmamış.*
2) *Devlet var ama altı kaynıyor.*
3) *Partiler kalmamış.*
4) *Öğretmen ve imam, görev yapamaz durumda veya kendilerine söylenildiği şekilde görev yapar durumda.*
   - *Kürtçe eğitim,*
   - *Kürtçe hutbe.*
5) *Halk, terörün yumuşak olduğu yerde bizim halkımız, hani her yerdeki halk, sert olduğu yerde korku içinde. 'Vietnam Sendromu' yaşanıyor.*
6) *İstihbarat iflas etmiş.*

7) *Devlet, koruyabildiği kadar kendini koruyabilir.*
8) *Asker, polis, idare ve halk başka şeyler söylüyor.*
9) *Halk, devletten kopmuş. Kazanmaya çalışmak lazım.*
10) *Bölge, olağanüstü hal valisi için çok büyük. Valilere yetki ve imkân vermek ve olağanüstü hal bölge valisinin görev alanını daraltmak lazım.*
11) *Güvenlik kuvvetleri, bölgenin her yerinde, dağında taşında var.*
12) *Güvenlik kuvvetleri için geçici iskânı kalıcıya çevirmek ve kıştan evvel mutlaka buraların terk edilmeyeceği intibaını vermek gerek.*
13) *Kış şartları fevkalade ağır. Bazı karakollarda kışın barınılamaz. Bazı karakolların yerlerini yeniden düşünmek gerek.*
14) *Dedeören ve Taşdelen Karakolları'nın şartları ağır.*
15) *'Dağdakiler' ve 'Milisler' tabiri yerleşmiş. Dışardan adam getirmekten ziyade, içerden adam bulabiliyorlar.*
16) *Halka iyimserlik vermek lazım. Buraları adeta valilere ve komutanlara terk edilmiş.*
17) *Olağanüstü hal valisi dışında, orada bir otoriteye ihtiyaç var.*
18) *Kapanmış, yarım kalmış veya hiç başlanmamış sınai tesislerin hayata geçirilmesi ile bazı hizmetleri götürmek lazım.*
19) *Terörün şiddetli olmadığı yerlerde, halk hizmet istiyor.*
20) *"Türkçe bilmeyenler için televizyon bir şey ifade etmiyor," diyorlar.*
21) *Şırnak'taki tahribat albüm haline getirilip, dünyaya dağıtılmış. Ve buradan, güvenlik kuvvetlerine suçlama çıkarıyorlar.*
22) *Anti-tez'i anlatmak lazım. Silah sesi durunca iyileşmenin geleceğini izah etmek lazım.*
23) *Gaziantep ve Ağrı, hedef görünüyor.*
24) *İşsizlik şikâyetleri, had safhada.*
25) *Şırnak'ın ve Çukurca'nın bir an evvel tamiri, iyi olacaktır.*
26) *Pişmanlık yasasının çıkarılması, "Dağdan inenlere ceza verilmeyeceği"nin beyan edilmesi, bilhassa dağa çıkanlar için yararlı olabilir.*
27) *Pek çok silaha ruhsat verilmiş. Bunlar satın alınabilir.*

28) Devlet hizmetleri için, mesela Batman'da bir merkez meydana getirilebilir.

29) Batman Havaalanı'na terminal lazım.

30) Muş Havaalanı kullanılmalı ve terminal yapılmalı.

31) "Karakolların etrafına manyetik tel konabilmesi, işi kolaylaştırır," diyorlar.

32) Oralara giden komutanların, halkın içine girmesinde yarar var.

TÜRKİYE'DEN GÖRÜNEN IRAK

Bu dönemde Irak, Türkiye konusunda incelemeler yapıyordu. Takvimler 25 Şubat 1992'yi gösterdiğinde Türkiye Cumhuriyeti Devleti'nin Irak raporunda şunlar yazılıydı:

IRAK'TA DURUM

Irak'la ilgili olarak, raporumuzun kapsadığı dönem itibariyle, kayda değer görülen başlıca hususlar şöyle özetlenebilir/değerlendirilebilir:

Ülkenin iç ekonomik sıkıntıları ve darlıklar ciddiyetini korumaktadır. Bununla birlikte Bağdat yönetimi, geçen dört hafta zarfında da, gıda, ilaç ve mübrem ihtiyaç maddeleri ithalat finansmanı amacıyla kendisine tanınan 1,6 milyar dolar tutarında petrol satma olanağını değerlendirmeye yanaşmamış; bu konuda BM ile koparttığı diyaloğu resmen canlandırmamıştır.

Körfez Savaşı'nı sonuçlandıran ateşkes hükümlerine tam olarak uymamakta direnç göstermektedir. Bu çerçevede, BM Güvenlik Konseyi'ne, gelecekteki silah alımlarının da denetimine ilişkin ateşkes kurallarını kaale almayacağını bildirmiştir.

Ülkenin kuzeyindeki güçlerle merkezi yönetim arasındaki diyalog kopukluğu ve kuzeye yönelik ambargo devam etmektedir. Bu konuda ABD'nin, Washington'daki Irak Çıkarlarını Koruma Bürosu nezdinde girişimde bulunarak ambargonun devamının kabul edile-

meyeceğine dikkat çektiği ve sözü edilen uygulamaya son verilmesini istediği bildirilmiştir. Irak'la ilgili konularda danışmalarda bulunmak üzere çeşitli bölge ülkelerini ziyaret eden Ortadoğu işleriyle görevli ABD Dışişleri Bakan Yardımcısı Djerejian'ın 20-21 Şubat tarihlerinde Ankara'da vaki temasları sırasında bu konuya da değinilmiştir.

ABD Hükümeti, ekonomik yatırımların ve Irak'ın diplomatik yalnızlığının sürdürülmesinin sağlanması için Türkiye'nin desteğinin devam etmesini beklemekte, Irak Hükümeti'nin siyasi meşruiyetten yoksun olduğu inancını korumakta ve Bağdat'taki rejimin giderek pervasızlaşan tutumuna karşı daha kararlı bir hareket tarzına da yönelebileceği izlenimini canlı tutmaya özen göstermektedir. Bağdat Büyükelçiliğimizin yeniden faaliyete geçirilmesi gibi bir olasılıktan hoşnutluk duymayacaklarını tarafımıza bildirmişlerdir. Öte yandan, İngiltere'nin Ankara Büyükelçiliği yetkilileri de, İngiliz Hükümeti'nin Saddam Hüseyin yönetimi üzerindeki baskıların yoğunlaştırılması gereğine inandığını, bu amaçla, zamanı geldiğinde, PC II'nin süresinin uzatılması talebinde bulunabileceğini ifade etmişlerdir.

İran'ın Güney Irak'taki Şiiler'i kışkırtma çabalarını durdurduğu veya asgari düzeye indirdiği, bunun yerine Kuzey'deki Kürtler'e destek sağlamaya öncelik verdiğine dair bilgiler intikal etmektedir. İran'la Kuzey'deki Kürtler arasındaki temasların, mal ve malzeme alışverişinin arttığına dair duyumlar alınmıştır.

Saddam Hüseyin yönetimine muhalif grupların bir 'sürgünde hükümet' ve 'sürgünde parlamento' oluşturma çabalarının devam ettiği, böyle bir hükümet teşkil olunabildiği takdirde, bu hükümetin, savunma, dışişleri, petrol politikası konularında Merkez'e bağlı olmak kaydıyla, Kuzey Irak'ta bir Kürt devleti tesisini kabul edeceği, 'sürgünde hükümet'in' Suudi Arabistan, İran, Suriye ve Mısır'da kurulması şıkları üzerinde durulduğu bildirilmiştir. Türkmenlerin sürgünde hükümetin Beyrut, Kahire veya Londra'da kurulmasını tercih ettikleri, İran alternatifine karşı oldukları kaydedilmiştir.

Kuzey Irak'taki Kürtler'in 3 Nisan'da bölgede seçimler düzenleyecekleri, Celal Talabani liderliğindeki KYB'nin çoğunluğu kazan-

ması halinde Irak Kürdistanı'nı yönetmek üzere, bağımsız bir Yürütme Kurulu oluşturacaklarını belirttiği haber verilmiştir.

Irak Kürdistan Demokratik Partisi lideri Mesut Barzani'nin 20-25 Şubat tarihlerinde Ankara'ya vaki ziyareti sırasında, raporumuzun bu bölümünde değinilen konular üzerinde, adı geçenle de görüş teatisinde bulunulmuştur. Barzani'yle resmi temaslar 21 Şubat'ta başlamış; 22-23 Şubat tarihlerinde Ankara'daki bazı yabancı diplomatik temsilcilikler yetkili ve/veya ilgilileriyle de istişarelerde bulunan KDP lideri, 24 Şubat günü bir basın toplantısı düzenleyerek, Türkiye ziyareti hakkında kamuoyuna bilgi vermiştir.

Koalisyon üyesi başlıca ülkelerin yetkilileri, (ABD, Mısır, Türkiye dahil) Irak'ın toprak bütünlüğünün korunmasına verdikleri önemi Şubat ayı içerisinde de, muhtelif temaslar vesilesiyle vaki beyanlarında dile getirmeye ve vurgulamaya devam etmişlerdir."

Türkiye'nin Talabani ve Barzani ile İlişkileri

İçerde bu karmakarışık durum ve terör devam ederken Türkiye hep I. Körfez Savaşı'nda yapılan hataların bedelini ödemek durumunda kaldı. Örneğin Turgut Özal bile Talabani ile Barzani'ye karşı ayrı, devlete ayrı konuşmak zorunda kalıyordu. Özal, bütün karşı çıkmalara rağmen Talabani ile de görüştü. Bu görüşmeleri sırasında bazı gazetecileri aracı olarak kullandı. Bu gazetecilerden bazıları daha sonra şirketleri aracılığıyla iş de yapmaya başladı. Bunlar arasında *Turkish Daily News*'un o dönemki sahiplerinden İlnur Çevik de bulunuyordu. Çevik daha sonra Talabani ile ticareti geliştirdi. Talabani'nin AKP iktidarı sırasında yaptığı Türkiye ziyaretinde onun çevirmenliğini üstlendi.

Talabani'nin Türkiye'ye ilk gelişi, olaydı. Ankara'da devlet bu ziyaretten rahatsızdı. Çünkü düne kadar birkaç ajan ile görüştürülen bu 'Kürt aşiret' lideri, Turgut Özal sayesinde 'Kürt lider' statüsüne geçiyordu. Ankara bu ilk görüşmeye direndi. Ama ABD politikalarının şaşmaz temsilcisi Özal direnemedi.

Talabani'nin Kehanetleri

Tarih 26 Haziran 1992. Yer Ankara, Balgat. Dışişleri Bakanlığı ana binası. Kürdistan Yurtsever Birliği (KYB)'nin lideri Celal Talabani binadadır. 25 Haziran 1992 tarihinde Ankara'ya gelmiştir ve 26 Haziran 1992 tarihinde bakanlık koridorlarını aşarak girdiği toplantı salonunda İstihbarat Araştırma Dairesi Başkanı Büyükelçi Cenk Duatepe ve diğer üst düzey dışişleri mensupları Burhan Ant, Türkekul Kurttekin ile bir toplantı halindedir. Talabani'ye Ankara'daki İrtibat Görevlisi Serchill Kazzaz da eşlik etmektedir. Görüşme tutanaklara şöyle yansımıştır:

Talabani: Viyana'da düzenlenen Irak muhalif gruplarının toplantısı başarıyla sonuçlandı. Toplantıda çeşitli muhalif gruplardan oluşan heyetlerin temaslarda bulunmak için bazı ülkeleri ziyaret etmeleri kararlaştırıldı. İlk ziyaret edilecek ülkenin Türkiye olmasında ısrar ettik ve bu isteğimizi size ilettik. Ziyaretimin nedenlerinden biri de bu konudaki cevabınızı öğrenmek.

Kurttekin: Devlet erkânının halen Ankara dışında bulunduğunu biliyorsunuz. Biz Viyana'daki Büyükelçiliğimizin heyetle görüşmesini öngördük. Ancak anladığımız kadarıyla grup Londra'ya geçmiş. Dolayısıyla görüşme Londra Büyükelçiliğimizle yapılabilir.

Talabani: Heyet Londra'da değil, üyeleri Kahire, Riyad gibi bulundukları ülke başkentlerine döndüler. Önemli bir adım olarak gördüğümüz bu girişim için heyetin gidilen ülkede üst düzeyde kabul edilmesini istiyoruz. Oysa sizin bu cevabınız önerimizin reddi gibi bir mahiyet arz ediyor.

Kurttekin: Talebinizi üst makamlarımıza ilettik. Pratik olacağı gerekçesiyle belirttiğim usulün izlenebileceği talimatını aldık. Ancak grup dağılmış ise, üyeleri bulundukları ülkedeki Türk Büyükelçiliği ile görüşebilirler.

Talabani Açıklıyor: PKK, İran ve Ermenistan'ı Üs Yaptı

Talabani: Esasen biz ziyaret edilecek ilk ülke olarak Türkiye'yi önerdiğimizde birçoğu buna karşı çıktı. Sizin bu tavrınız bu çevrelerin işini kolaylaştırıyor. Heyetin ABD'de Baker ve Kongre üyeleri ile görüşmesi öngörülüyor. Belki de Başkan Bush'un da kabulü söz konusu olabilir. İngiltere'de Major ve Hurd kabul edecek. Türkiye'de de üst düzeyde bir kabul beklerdik. Ben bu cevabınızı önerimizin reddi şeklinde kabul ediyorum. Heyete, ziyaretlerine Arap ülkelerinden başkalarını telkin edeceğim.

Kurttekin: Pek tabii, ziyaretlerine istedikleri yerden başlayabilirler. Biz de bu ifadelerinizi üstlerimize aksettiririz.

Talabani: Ziyaretimin birinci nedeni bu durumu size aktarıp, cevabınızı öğrenmekti. İkincisi ise, PKK ile ilgili bazı yeni gelişmeler konusundaki fikirlerimi sunmak olacak. PKK şu anda İran ve Ermenistan'ı üs olarak kullanıyor. Öte yandan bu örgütün Suriye tarafından dışlanmış olduğu konusunda tereddütlerim var. Suriyeliler oyunlarının bir parçası olarak belki şimdilik bu rolü oynuyorlar, ancak PKK'nın bu ülkeden çıktığına inanmak güç. Bir diğer izlenimleri de PKK'nın Türkiye'deki etkisinin giderek kaybolmasıdır. Buna Abdullah Öcalan'ın deliliklerinin de büyük katkıda bulunduğunu söylemeliyim. Kürtler Abdullah Öcalan'ın davalarına zarar verdiğini kabul etmeye başladılar. Bu hem sizin, hem de bizim için çok olumlu bir gelişme. Bundan bir yıl evvel Mehdi Zana ile görüşürken kendisi bana Abdullah Öcalan'ı desteklememiz gerektiğini kararlı bir ifadeyle söyledi. Ben de kendisine, "Şam'a gidip Öcalan'la bir görüş, döndüğünde aynı fikirdeysen bundan böyle senin her sözünü dinlerim," dedim. Gitmiş görüşmüş, döndükten sonra kendisini gördüğümde, "Haklıymışsın," dedi.

"Öcalan'ı Serbest Bırakırsanız Kürtler Ondan Kurtulmanın Çaresini Arar"

Diyeceğim o ki, Öcalan'ı Türkiye'de serbest bıraksanız Kürtler ondan bir an evvel kurtulmanın çaresini ararlar. PKK'ya yaklaşım konusunda aramızda bir fark var. Ben siyasetçiyim, bir devleti de temsil etmiyorum. Benim PKK ile kavgam siyasi düzeyde olur. Ben PKK'yı Kürt milletinin gözünde afişe etmek için caniliğini, barbarlığını, Kürt milletine verdiği zararı, Saddam'la yaptığı işbirliğini herkese açıklayan siyasi bir kampanya sürdürürüm, ama onunla savaşamam. Sizi de anlayışla karşılıyorum. Siz bir devletsiniz ve PKK'ya karşı yumuşak davranamazsınız. Ama silahla da her şeyin halledileceğine inanmak zordur. İngiltere gibi tüm imkânları olan bir ülke IRA'yla baş edemiyor. Kanaatimce İçişleri Bakanınızın teslim olan PKK'lı militanların hoşgörüyle karşılanacağı yolundaki açıklaması çok olumlu bir tutum. PKK'yı tecrit etmek istiyorsak daha siyasi davranmak gerektiğini ve onların silahını ellerinden almak gerektiğini düşünüyorum.

Ben PKK'ya daha farklı yaklaşabiliyorum, çünkü ben Kürdüm ve onların anlayabileceği lisan ve üslûpla düşünüyorum. HEP'lilerle burada yaptığım görüşmelerde hata yaptıklarını söylüyorum. Önceleri bana inanmıyorlardı. Şimdi ise ne kadar haklı olduğumu teslim ediyorlar. Onlara SHP'den ayrılmalarının hata olduğunu söyledim. Şimdi bana hak veriyorlar. Zaten bizde Türkmenler tarafından söylenen bir atasözü vardır: "Bir Kürdün beyninin ancak olaydan sonra çalıştığı" tasvir ediliyor. Diğer taraftan PKK'nın işlediği cinayetlere ilişkin olarak hazırlanan kasetler de çok faydalı, bunların televizyonlardan yayınlanması halkı etkiliyor. Biz Kuzey Irak'ta bunu yapıyoruz ve netice alıyoruz.

Talabani: "Belki Bağımsız Bir Devlet Kurarız"

Duatepe: Yeri gelmişken söyleyeyim. Talebiniz üzerine PTT ve TRT teknisyenlerinden oluşan bir ekibi Kuzey Irak'a gönderdik. Ancak adı geçenler Kuzey Irak'ta bizim anladığımız tarzda bir televizyon yayın şebekesi bulunmadığını, kısıtlı ve bölgesel yayın kapasitesi olan 3 verici bulunduğunu, TV yayın şebekesinin tam anlamıyla kurulmasının ise büyük bir proje hazırlanması, bunun da yüklü bir bütçeyle desteklenmesiyle mümkün olabileceğini bildirdiler. Bu görevliler ayrıca, kendilerine yakın ilgi gösterilmediği gibi, tecrit dahi edildiklerini bildirdiler.

Talabani: Kuzey Irak'ta 4 istasyon ve her biri 1 kw/s gücünde dört vericimiz var. Bunlar Kerkük'teki Irak vericisinden daha güçlü ve 200 km^2'lik bir alana yayın yapabiliyor. Bizim sorunumuz bunlardan üçünün devre dışı bulunması. Bunların yedek parçalarının karşılanmasını istiyoruz. Büyük projeye gerek yok. Bu yedek parçaların bedelini de ödemeye hazırız. Bu teknisyenlere ilgi gösterilmediği, tecrit edildikleri iddiasına gelince, ben kendilerine evimde yemek verdim. Gittikleri her yerde de yakın ilgi gördüklerini söyleyebilirim.

Kurttekin: Benim dikkatinizi çekmek istediğim bir husus da Avrupa'daki gazetecilere verdiğiniz demeçlerle ilgili. Bu demeçleriniz belki de basın organlarınca tam yansıtılmıyor ve tutumunuzda dalgalanmalar olduğu izlenimi yaratıyor. Örneğin İtalyan 'La Republica' gazetesine verdiğiniz demeçten (Roma Büyükelçiliği'nin 740 sayılı açık teli) Irak'ta sadece Kürtler ve Arapların yaşadıkları gibi bir netice ortaya çıkıyor. Yine bu demecinizde yarın bir gün Kürdistan'ın bağımsızlığına kavuşabileceğini söylüyorsunuz. (Sayın Kurttekin daha sonra makalenin metnini okumuştur.)

Talabani: Bu makalede yer alan her şeyi söyledim ve bugün bana aynı sorular sorulsa aynı şeyi söylerdim. Her şeyden önce benim Irak'ta sadece Kürt ve Arapların yaşadığı gibi fikir öne sürmem imkânsız. Ben Türkmenler'in talebi üzerine onların da sözcülüğünü yapıyorum. Bunu Türkmenler'e sorabilirsiniz. Kürdistan'ın bağımsızlığı konusuna gelince; cümleyi tam okursanız benim, "Eğer bir gün Araplar birleşirse Kürdistan bu ülkenin bir parçası olmayacaktır," dediğimi göreceksiniz. Biz Irak'ın bölünmesini istemiyoruz, ayrıca gerçekten de yarın bir gün Araplar birleşirse, Kürtler Arapların bir kolonisi olmayacaktır. Belki Türkiye'yle birleşmeye karar verir, belki bağımsız bir devlet kurarız, ama artık hiçbir zaman Arap sultasında yaşamak istemiyoruz. Samimi olarak ifade edeyim ki, şimdi Irak'ın bölünmesi için en müsait vakit. Buna rağmen biz Irak'ın bütünlüğünün korunmasına taraftarız. Eğer bölünmeyi isteseydik çoktan harekete geçerdik. Bizim tavrımız çok açık. Bu bakımdan makalede yazılanların hepsinin doğru olduğunu ve bizi anlayışla karşılamanız gerektiğini düşünüyoruz.

Irak ile Suriye Birleşir mi?

Kurttekin: Söylediğiniz çerçevede evet. Ancak gazetelerde yayınlanan demeçler bazen çarpıtılabiliyor. Bu bakımdan sizi uyarmak istedim.

Talabani: Açıkça söyleyeyim, artık biz Araplarla mücadele edeceğiz. Bugün Irak için bir komplo hazırlandığını, buna göre, Irak Baas partisinin yapısının değiştirilerek Irak'ın Suriye'yle birleşmesinin öngörüldüğünü biliyoruz. Zaten bu tür planlar yıllardır tatbik edilmek isteniyor. Biz Araplarla iç içe yaşadığımız için Arap meseleleri ve Arapların birleşmeleri yönünde el altından sarf edilen gayretleri bilmiyor değiliz. Zaten biraz evvel bahsettiğiniz demecimde de bunu vurgulamak ve bu tür bir olasılık halinde Arap dünyasının dışında kalacağımızı belirtmek istedim.

Duatepe: Musul Vilayet Konseyi ile ilgili girişimin arkasında kimin olduğunu biliyor musunuz?

Talabani: Biz bunun Türk askeri çevreleri tarafından desteklendiği izlenimini edindik. Musul Vilayeti Projesinin hukuki temelini hazırlamış olan Bay Keller[1] bana, projenin üst düzeyde bazı askeri makamlarınızla görüşüldüğünü söyledi. Türkiye tarafından desteklendiğini düşündüğümüz için de karşı çıkmadık. Doğru söylemek gerekirse bunu Türkiye'nin kara kaşı, kara gözü için değil, bizim işimize de geldiği için destekledik. Musul, Türkiye ile birleşirse bu bizim de Türkiye ile birleşmemiz için bir ön adım teşkil eder. Bakın size samimi olarak fikirlerimizi söylemek istiyorum. Biz gerçekçiyiz. Bağımsızlık peşinde değiliz. Eğer bir ül-

1) Keller, Cenevre'deki "Good Offices Group of European Lawmakers" isimli kurulun Genel Sekreteri.

ke ile beraber yaşamamız gerekiyorsa bunun Türkiye olmasını istiyoruz. Musul, Türkiye'ye geçerse Türkiye'nin petrol sorunu kalmaz. Biz de Türkiye ile birleşirsek, PKK sorunu da ortadan kalkar. Biz de sizinle aynı parlamentonun çatısı altında konuşuruz. Ben bunu Sayın Başbakan'a dahi söyledim ve Sayın Başbakan bu fikrime güldü. Bizim içten dileğimiz bu, demokratik bir ülke olan Türkiye sadece bizim için değil, başkaları için de çekici bir ülke olmaya başladı.

Duatepe: Musul Vilayet Konseyi girişiminin arkasında Türkiye yok. Bunun Türk askeri çevrelerince desteklendiği yolundaki görüşü ilk defa duyuyorum. Bu kişiler filhakika önce askeri yetkililerimizle temas etmişler, onlar da bize gönderdiler. Mesele bundan ibaret.

KYB Temsilcisi Kazzaz: Buradaki otel masrafları olan 128.000.000 TL.'sını kimlerin ödediğini merak ediyorum.

Talabani: Bu işin arkasında Almanlar ve petrol işinden büyük kazanç sağlamayı uman Avrupalılar olduğunu düşünüyorum. Yanlarındaki Keller adlı şahıs bunları yönlendirip idare ediyor. Ancak tekrar ifade edeyim ki, Musul Vilayet Konseyi ile ilgili olarak sunulan proje son derece iyi hazırlanıyor. Çok iyi bir çalışmanın ürünü. Bunu kimin hazırladığını merak ettim. Amerikalılar da, İngilizler de bunu bilmediklerini söylüyorlar. Ben zaten Türkiye ile birleşme fikrimizi üst düzey Amerikan yetkililerine açmak, işe karışmak istemiyorum. "Bu Türkiye'nin meselesidir," dediler ama menfi bir tepki de göstermediler.

"Her Şey Amerika'nın Tutumuna Bağlı"

Kurttekin: Bizim 70 yılda gerçekleştirdiklerimizi, üstelik bunları petrolsüz gerçekleştirdiğimizi dikkate aldığınızda bu tür projelerin bizim için önemli olmadığını takdir edersiniz.

Talabani: Çok diplomatça davranıyorsunuz. Artık eski politikalarınızı bırakın. Musul'u alın ve biz de sizinle birleşelim. Beni üst düzey askeri yetkililerinizle de görüştürmenizi istiyorum.

Jandarmayla pratik önlemler için görüşüyorum, ancak ben askerlerle görüşmek istiyorum.

Duatepe: Sayın Başbakan burada olmadığı için bu talebinizi daha sonra değerlendirebiliriz. Muhalefet grupları olarak Viyana'da ne kararlar aldınız?

Talabani: Ana fikir bir hükümetin kurulması oldu. Erbil'de kurulmasına karar verilen hükümeti, Suudi Arabistan gibi bazı ülkelerin de tanıyacaklarını ümit ediyoruz. Ancak her şey ABD'nin tutumuna ve bu işe ne diyeceğine bağlı. Heyet ABD'ye gittikten sonra fikirlerin netleşeceğini umuyoruz. Bu arada bizim ihtiyaç duyduğumuz bazı maddelerin Kuzey Irak'a geçirilmesi için yardımlarınızı bekliyoruz. Örneğin sigara fabrikası için getirdiğimiz kâğıt, Kapıkule'de bekliyor. Sayın Başbakan buna müsaade edileceğini söylemişti.

Duatepe: Bu konuda Sayın Ant size cevap verecek. Ancak Sayın Başbakan'ın bu sigara kâğıtları için özellikle bir talimat vermeden, genelde Kuzey Irak için neler yapılabileceğini sorduğunu hatırlatmak isterim.

Ant: Kuzey Irak'a mal sevkiyatı için Birleşmiş Milletler Yaptırımlar Komitesinin müsaadesi gerekli. Eğer söz konusu sigara kâğıtları için bu müsaade verilmemiş ise Kuzey Irak'a gitmesini sağlamamız söz konusu olamaz. Biz elimizden gelen kolaylığı göstermeye çalışıyoruz. Örneğin bir İsveç NGO'su tarafından Kuzey Irak'a gübre ve tahta sevkiyatı için yapılan başvuruları Yaptırımlar Komitesi kabul etmiş. Ama takdir edersiniz ki kararları biz almıyoruz. Bu konuda BM çok hassas davranıyor.

Talabani: Yaptırım Komitesinin kararları zaten ihlal edilmiyor mu? Kuzey Irak'tan getirilen ihtiyaç dışı mazota göz yumulmuyor mu?

Ant: Bunu bizden herkes talep etti ve başta BM istedi. Çünkü size sağladıkları insani yardım projeleri için gerekli malzemeyi taşıyacak kamyon bulamıyorlardı. Biz de zararımıza olmasına rağmen kabul edilebilir bir miktarın sevkine izin verdik.

Talabani: O halde bize yardımcı olamayacaksınız. Biz de bu malzemeyi İran üzerinden geçiririz. Bir seneden beri sizden talep ettiğimiz hiçbir şeyi sağlayamadık. Bundan üzüntü duyuyoruz.

Görüşmenin sonunda Talabani, Muhalif Grupları temsilen bir heyetin Türkiye'yi ziyaretinin, ABD ziyaretinden sonra gerçekleştirebileceğini düşündüğünü söylemiştir.

Bölgede kimin sözünün nereye kadar geçerli olduğunun bu tutanaklardan daha iyi kanıtı olabilir mi? Amerika o zamanlardan ağlarını örüyordu.

Aslında o dönemde Talabani'nin söyledikleri bugün de geçerli. Türk kamuoyunda 'yalancı', uluslararası alanda 'tilki' diye bilinen Talabani doğruları söylemiş ama, Türkiye ne yazık ki bir şey yapamamış. Türkiye, içinde yaşadığı Avrupalı mı olalım, Amerikalı mı çatışmasında arada sıkıştı. Bunda Türkiye'nin içten yıpratılmasını sağlayan ayrılıkçı PKK terörü en etkili unsurdur. Türkiye'nin ekonomik kaynaklarının yönelimi, askeri mekanizmaların iç politikadaki etkin kullanımı ve bunların PKK terörü ile destekli, siyasal İslamın yükselişiyle geldiği iç denge arayışları, tercihlerini yapmakta olan Türkiye'yi zorladı. Buna bir de Avrupa'nın Kürt kartını ezici ve Türkiye'yi yıkıcı anlamda kullanmaya kalkması eklenince, Amerikan politikalarının siyasetimizin belirleyeni durumuna geçmesi kendiliğinden oldu da bitti bile. Öcalan'ın yakalanmasına kadar geçen süreçte Avrupa'nın tutumu inanılır gibi değildi. Amerika bu noktada da Avrupalıları yendi. Öcalan'ı ortak bir operasyonla Türkiye'ye verdi.

Çiller, Clinton'a, "Sınırları Değiştirelim," Dedi

ABD Başkanı Bill Clinton 1995 yılında Tansu Çiller ile yaptığı baş başa görüşmede 'Saddam'ın gitmesini' istediklerini söyledi. Amerikan tarafı direniyordu. Çiller bunu 24 Nisan 1995'te Ankara'daki MGK toplantısında da aktardı. Ama Clinton'ın ne dediğinden daha önemlisi, Çiller'in neler söylediğiydi. Çiller, aslında o görüşmede bugünkü operasyonun temelini oluşturacak şeyler söylemişti. Ankara'da bu sözler dalga dalga yayılıyordu. Özal, Çekiç Güç'ü isterken ne yaptıysa Çiller de aynını yapmıştı. Amerikalılardan bir sınır değişikliği istiyordu.

Amerikan kaynakları Ankara'dan Çiller'in bu görüşmeyle ilgili olarak şunları dile getirdiğini Washington'a kriptoladılar.

> *Kuzey Irak'a ilişkin olarak, Clinton ile yalnız yaptığım görüşmede bana bunu açıklıkla söyledi, ne istiyorsunuz, çözüm olarak bizden bir destek isteğiniz var mı, onu daha sonra büyük toplantıda da ele aldık herkesle birlikte. Yalnız bana şunu ifade etti, dedi ki, seçimden önce bu işin bitmesi için Saddam'ın gitmesi lazım, Saddam'ı götürecek geniş kapsamlı bir operasyon seçim öncesinde gündemde değil dedi. Seçim sonrasında gündemde olur mu dedim, güldü ve benim aldığım izlenim seçim sonrasında radikal birtakım işler yapmak isteyeceği doğrultudaydı. Clinton yönetiminin aklında seçim sonrası için Saddam'ın olmadığı bir formül vardı. Yalnız, Bush ile konuşurken, Bush'un ne düşündüğü de çok önemli, çünkü Kongre'de onların milletvekilleri ağırlıkta etkileyebilirlerdi. Bush ise bu işin çözümünün, sadece ve sadece ambargonun yoğun biçimde uygulanması şeklinde olduğunu söyledi. Yani bunu Fransa, Almanya deliyor ve hatta Rusya deliyor ambargoyu, oraya tüccarlarını vs. yolluyorlar ve buna ABD bir şey yapmıyor, yani burada günlük bir politika izlemek lazım, bunu yapabilseydik eğer Saddam çökerdi ve Saddam'ı çökertmenin yolu budur, şeklinde bir görüşü var. Yine üzerinde durmamız gereken şey çözüm nedir? Yani siz ne istiyorsunuz Kuzey Irak'ta? Biz, "Irak'ın toprak bütünlüğünü istiyoruz, ondan başka da hiçbir çözüm yoktur, bizim buradaki meselelerimize yumuşak bakın," dediğimiz zaman, buna sıcak bakıyorlar, ancak somut bir çözümü, ne istediğimizi ortaya koymakta sıkıntımız var, bütün dünyanın da var. Uluslararası boyutta oraya bir müdahale istemiyoruz. Hatta sizinle birlikte bir müdahale istemiyoruz şeklindeki yaklaşımımızı da anlayış ile karşılıyorlar, hiçbir talepleri yok orada. Yalnız bir konuda bize destek vereceklerini gördüm, sınırların düzeltilmesi lazım dedim. Yani, sınırlar yanlış çizilmiş burada. Bu konuda bize herhalde yar-*

dımcı olursunuz, çünkü netice itibariyle Körfez Krizi'nin yükü bizim üzerimizde kaldı. Hem boru hattını kapattık, Saddam'ın bundan sonra o boru hattını kapatıp kapatmayacağı doğrultusunda destek veriyorsunuz ama çok büyük sıkıntılarımız oldu, ticaret kaybımız oldu ve terörist meselemiz var ve bu bir günde de bitmeyecek. İşte Suriye'de, İran'da diyorsunuz, sizler bize bu konuda bilgi verdirtmek ihtiyacını hissediyorsunuz. Onun için bu sınır değişikliğini yapmamız lazım. Radikal sınır değişikliği şeklinde bir talebimiz olmadı ama makulü bulmak lazım buna. Onlara somut bir öneri vermemiz şekliyle ABD tarafından destekleneceğini, ama sadece ABD'nin desteğinin tek başına bu konunun çözümü için yeterli olmayacağını, ama bizim hazırladıklarımızı görmeye hazır olduklarını ve prensipte yardıma hazır olduklarını ilettiler. Bu sözü aldım kendilerinden. Onun için bu tip bir radikal olmayan sınır değişikliği için ABD'nin desteğini alacağımızı görüyorum, kendi desteklerinin tek başına yeterli olmayabileceğini de ifade ettiler, ama destekleyecekleri doğrultusundaki görüşleri açık, onun için bu hazırlıkları yaparak, şudur makul isteğimiz şeklinde bir şeyde etkin bir başlangıç noktası bulabileceğimizi görüyorum.

O sırada Türkiye, Kuzey Irak'ta Çekiç operasyonunu düzenliyordu. 331 km'lik dağlık arazide, 37 bin asker kullanmak üzere çok geniş kapsamlı bir harekât vardı. Amaç bölgede bulunan 2800 teröristi etkisizleştirmekti. Bunların büyük bir kısmı harekâtın bazı şartlara bağlı olması durumundan, özellikle hava şartlarının, bir de gümrük birliğinin etkilenmemesi için harekâtın geciktirilmesinden dolayı kaçmıştı. Yani haberdar olmuşlardı. AB ülkeleri operasyonlara karşıydı. Suriye'ye kaçanları vardı. 504 teröristin cesedi bulunmuştu. Ele geçen PKK silahlarının 1995 tarihiyle tutarı 555 Milyar TL. idi. Asker bundan rahatsızdı. Silahlar Rus, AB ve ABD menşeiliydi.

Türkiye'de MGK üyeleri dışında kimse Tansu Çiller'in sınır değişikliği isteğini bilmiyordu. Konuşmuyordu, konuşmak istemiyordu. Ama o, bu konuda Amerikalılarla konuşmuştu bir kere.

KÜRTLERİN SAVAŞI

25 Şubat 1995'de Ankara'da kaygı veren bir olay da Kuzey Irak'ta Barzani ile Talabani arasında yaşanan çatışmalardı. Cumhurbaşkanı Demirel bunun sıkıntılara yol açacağını düşünüyordu. Dışişlerine talimat vermişti, onlar iki tarafla da görüşerek sorunu çözmeye çabalayacaktı. Bu kapsamda Türkiye taraflara para ve silah yardımında da bulundu. Daha sonra bu politikanın ne kadar yanlış olduğu, bölgede çatışmakta olan bu iki gücü birleştirerek Türkiye'nin çıkarlarına nasıl sekte vurulduğu yıllar sonra ortaya çıktı.

Suriye'nin Barzani'ye yaklaşımı Türk Genelkurmayı'nda dikkatle izleniyordu. 1996'da Hafız Esad çok açık bir şekilde radyo, TV ve diğer yayınlarda şunları söylemekten çekinmiyordu: "*Kuzey Irak'ta Kürt halkı varsa, devleti de vardır, er geç bu devlet kurulacaktır.*"

Türk Genelkurmayı, Amerika'nın da işi biraz ağırdan alması veya görmezlikten gelmesinin, Suriye'yi cesaretlendirdiğine inanıyordu.

Para Türkiye'den-Kürt Beylerine

Talabani ve Barzani'nin yaşamasını sağlayan en önemli ekonomik kaynak Türkiye idi. Örneğin 1994 yılı 28 Ağustos'tan 22 Kasım tarihine kadar Türkiye'den Kuzey Irak'a çıkış yapan araç sayısı 53.478'di. Bu araçlar 163 bin ton mamul gıda maddesi vs. taşıdılar. Buna mukabil yasal olarak Türkiye'ye gelen mazot miktarı 85 bin ton oldu. Bu rakam 1,5-2 tonluk izinli mazot miktarıydı. 10 tona kadar getirilen illegal mazot buna dahil değildi. Devletin bu geçişten sağladığı gelir 106 milyar TL. idi. Buna karşılık Barzani ve Talabani'nin ortak yönetiminin sağladığı gelir 102 Milyar TL. Bu, Barzani için önemli bir gelirdi. Bu nedenle de stratejik önemi olan HAYDİ-ZAHO arasındaki yolu mümkün olduğu ölçüde kontrol altında tutmaya çalıştıkları biliniyordu. Ayrıca bu yoldan illegal her şey geçiriliyordu. PKK'nın kayıtsız kalamayacağı miktarda paralar dönüyordu. O da kayıtsız kalmıyordu. Bölgede üçüncü güç olmuştu. Türkiye de bu olayları izliyor, ama bir türlü çaresini bulamıyordu. Terör Türkiye'yi paralize etmişti.

21 Kasım 1996'da Talabani ile Barzani, daha önce Paris'te varılan mutabakatı bir hayli sulandırarak, aralarında yeni bir mutabakata vardılar. Türk Dışişleri bunu yakından izliyordu. Dışişlerine göre, Kuzey Irak'ta 1974'te kurulmuş bulunan ve Irak Anayasası'na girmiş olan otonom belgenin gereklerinin yerine getirilmesini Türkiye kabul etmek durumundaydı. Ama her iki lidere de çeşitli kereler 1974 sistemini aşacak bir tutumun içine girmemeleri yönünde ikazlarda bulunuluyordu. Oysa onlar bir federasyona doğru gitmek istiyorlardı. Bunun tüm Irak halkının müşterek iradesi ile en azından Bağdat'ta mevcut bulunan yönetimin iradesi ile mümkün olabileceğini söyleyen Türk Dışişlerini de geçiştiriyorlardı. Ama Paris anlaşmasıyla kurmuş oldukları 15 kişilik hükümette 5 Talabani, 5 Barzani partisine mensup üye yanında, 5 üyenin de burada bulunan güçlere (İslam Partisi, Asurlular, Komünist Partisi, Türkmen Partisi) teklif edilmiş olması, Milli Türkmen Partisi'nin ilk defa bir belge içinde yer alması, Türkiye için olumlu bir gelişme olarak değerlendirilmişti Türk Dışişlerince. Türkiye federasyona giden iki liderin de durdurulması gerektiğine inanıyordu. Irak'ın toprak bütünlüğünü bütün Batı istiyordu, ama Irak parçalanıyordu! Türkiye ne yapacaktı?

Kuzey Irak Çıbanbaşı

Kuzey Irak Türkiye için bir çıbanbaşıydı. Amerika'nın 1996 seçimi için gayretleri vardı. Türkiye bu gayretleri dikkatle izliyordu. Bunlar Bosna'daki savaşı bitirebilme, Kuzey Irak'taki durumu bitirmeye yönelme, Kıbrıs'a yönelme ve Ortadoğu Barış Süreci olacaktı. 1996 da PKK, Kuzey Irak'ta bir kurtarılmış bölge veya kendisine bir yeni bölge yapma faaliyetine girişmişti. Türkiye bu noktada PKK karşısında Barzani'ye destek olmayı kararlaştırmıştı. PKK'nın elinden Barzani'yi Türkiye kurtardı. Gerçi yukarısı bıyık, aşağısı sakal bir kurtarmaydı bu. Bu sırada Amerika, Dublin'de bir toplantı düzenleyerek Kürt grupları bir araya getirmişti.

Amerika Dublin'de Kürtlerle

Toplantıda Kuzey Irak'ta kurulacak yerel yönetimlere yabancıların dahil edilmesi öngörülüyordu. Türkiye'nin sınır kapısı olan Habur gelirlerinin toplanmasına İngilizlerin dahil edilmesi isteniyordu. Habur Türk değil Kürt kapısı olacaktı. Garantör de İngilizlerdi. Erbil'in silahsızlandırılmasına yabancıların dahil edilmesi öngörülüyordu. Burada amaç Türk askerlerini ve Türkmenleri etkisizleştirmekti. Türkiye bunlara şiddetle karşı çıktı. Amerika, Türkiye'nin tutumunu sertleştirmesi üzerine bunların metinden çıkarılmasını sağladı ama aklında tuttu. Türk Dışişleri, Amerikan diplomatlara, "*Sizin Kuzey Irak'a ulaşabileceğiniz yegâne yer Türkiye'dir. Ne İran'dan, ne Irak'tan, ne Suriye'den ulaşmanız düşünülemez. O bakımdan Türkiye ile işbirliği yapmak Amerika'nın menfaatinedir,*" demişlerdi. Amerika da sıkıntıyı görünce kerhen "*olur*" yanıtını vermişti. Ama toplantı sonrasında Amerika'nın Kuzey Irak'ta PKK'yı da anlayışla karşılayacak gibi göründüğü ortaya çıkmıştı. Öyle de oldu. Ve Amerika bölgesel bir tutum değişikliğine gitti. Amerika, Irak'ın 'toprak bütünlüğü' kavramını kullanıyordu, ama artık 'egemenlik' lafından söz etmiyordu. Ankara kaygılıydı. Amerika acaba Bosna Hersek'teki gibi bir modele mi kayıyordu? Türkiye 1996'da Kuzey Irak'ta Amerika'nın bir Kürt Federe Devleti planladığına artık inanmıştı. Ama çaresizdi. Dönemin bir kuvvet komutanı şöyle anlatacaktı Türkiye'nin çaresizliğini:

> *Belki de bu konuda bizim için müttefik olabilecek tek ülke Irak. Ama nasıl? Aşiret bazında liderliğin uzun sürmeyeceği de artık emare olarak görünmeye başlamıştır. Belki de Irak'ta Kürt Sosyalizmi doğacaktır. Bunun da emareleri 4-5 sene evvel başlamıştır. Mesut Barzani, özellikle Urumiye'de İran Cumhurbaşkanı ile görüştükten sonra, KDP yetkilileri son bir haftadır DOHUK ve ZAHO merkezlerinde ilişkilerini asgari seviyeye indirmişler, artık bizimle görüşmüyorlar. Gene kanaat o ki, çatışmalarda KDP giderek işi zayıflatıyor, yani bölgeyi terke hazırlanıyor. Gene çatışmaların sonunda önemli*

bir bölümün PKK kontrolüne geçtiğini raporlar gösteriyor bize. Bir yandan bizim KDP ile temaslarımız var. Bizimle temaslarında, yazılı veya sözlü, üslûpları terbiyeli değil, bölgedeki komutanlara veya diğer kurumlara fevkalade mütecaviz bir üslûp kullanıyorlar. Hatta yardımı az buldukları için reddettikleri oldu. Yardım verdik ellerine almadılar, reddettiler, bu azdır almayız diye. Ondan sonra karşımıza bu temasta çeşitli tipler çıkıyor. Bakıyorsunuz siyasi sorumlu diye bir zat geliyor başka şeyler söylüyor, askeri sorumlu diye gelen bize başka, dışarıda başka şeyler söylüyor. Herhalde siyasi olayların siyasiler tarafından, askeri olayların askerler tarafından yürütülmesinde fayda var.

Başbakan Tansu Çiller ise farklı düşünüyordu. Çiller'e göre Amerika, Kürt devletinden yana değildi:

Amerika'nın önceliği federe bir devlet kurdurmaktan daha çok, Saddam'ın ne olacağı konusunda düğümleniyor. Herkes görüyor ki orada de facto, fiili bir durum var. Hatta eğer bu petrol krizi vs. olmasa idi orada bir federe devlet belki bugün kurulmuş olacaktı. Saddam çünkü bunu kabul etmişti. Kendi aralarındaki ilişkilerde bu vardı. Şimdi önemli olan, bana göre, seçimlere kadar ne yapabiliriz; ayrı bir strateji olarak almamız, seçim sonrasında ne yapılacağının da mutlaka düşüncesi içinde olmamızdır. Seçim sonrasında Amerika buraya bir çözümle gelecektir. İtilecektir veya itilmeyecektir, ama gelecektir. Bunu bizzat Sayın Clinton da bana söyledi. Aslında burada bir bağımsız Kürt Devleti'ni istemiyor. Kendi ilişkileri belirlemeyecek, Batının ne düşündüğü belirleyecek, daha fazla. Onun için Türkiye Batının içinde kalarak buradaki gücünü uzun vadede etkin kılabilir. Ben Saddam'ın statükosunun devam ettirilmesinden yana olduğu intibasındayım. Amerika açısından bu böyle, belki Batı için de böyle. Yani ne gitsin, ne kalsın, ama erisin gitsin. O olduğu müddetçe çözüm olmasın. Barzani ve Talabani ile ciddi temasları sürdürmek, Talabani'ye daha fazla yardım değil, Barzani'ye daha çok ekonomik yardım sağlamak ve güç dengesini devam ettir-

mek, bu siyasi oluşumun içinde Öcalan'ın olmamasını sağlamak, ama orada bir toprak bütünlüğü içinde bir yapılanmada en az bağımsız türde bir oluşumun olması için azami bir güç ve baskı kurmak ve bu oluşum içinde Türkiye'yi etkin kılmak, bence gerçekçi bakış budur.

3
TÜRKMENLER VE TARİHÇESİ

Türkiye bölgedeki Türkmenlerin ne olacağının önemini Dublin'den sonra daha da bir anladı. Türkmenler olmazsa, onların yok edilmesine sessiz kalınırsa bölgesel gelişmelerde elde önemli bir koz kalmayacaktı.

Türkiye ile Irak'ta bulunan Türkmenlerin ilişkisi eskiye dayanıyordu. 28 Şubat 1920 tarihinde kabul edilen Misak-ı Milli hudutları içerisinde yer alan ve Erbil-Kerkük-Musul-Süleymaniye, Hanekin bölgelerinden oluşan Musul Vilayeti sorunu, Lozan konferansında çözülememiş ve konu Cemiyeti Akvam'a intikal ettirilmişti. Bu çerçevede yapılan konferansta Türk heyeti meselenin sınır tespitinden ziyade Musul Vilayeti'nin geleceği ile ilgili olduğunu vurgulayarak, burada bir plebisit yapılmasında ısrarlı olmuştu. Ancak İngiltere buna yanaşmamış ve bölgede sürekli karışıklıklar çıkartarak konferansın dağılmasını sağlamıştı (15 Haziran 1924).

Daha sonra Milletler Cemiyeti Meclisi 30 Eylül 1924'te toplanarak, soruna tarafsız devletlerin uyruklarından oluşacak bir komisyonun bakmasını kararlaştırmıştı. Komisyon üyeleri (Macar, İsviçreli, Belçikalı) İngilizlerin baskısı altında hazırladıkları raporda, Musul halkının bağımsız bir devlet olmak istediklerini belirtmişlerdi. Türkiye tarafından reddedilen söz konusu rapor, İngiltere tarafından kabul edilince, konu bu kez Milletlerarası Adalet Divanına aktarılmış ve Üçlü Komisyonun raporundaki kararların bağlayıcı olduğu yolunda bir görüş Divan tarafından benimsenerek açıklanmıştı. Divanın bu görüşü 16 Aralık 1925'te Milletler Cemiyeti Meclisinde kabul edilmiş ve karar 11 Mart 1926'da kesinleşmişti. Milletler Cemiyeti Meclisi, Irak'taki Manda yönetiminin 25 yıl daha uzatılması için Irak ile İngiltere arasında yeni bir anlaşma yapılmasına ilişkin bir de Tavsiye Kararı almıştı. Bu çerçevede Türkiye'nin bazı istekleri de kabul edilmiş ve Musul vilayetinde, eğitimde ve resmi daireler arasındaki yazışmalarda kullanılacak dilin Türkçe olması kabul edilmişti.

O tarihlerde Erbil'in etrafında Arap nüfusu bulunmamakta, Kürtler ise, Erbil'in kuzeyindeki dağlık bölgelerde çoğunluğu teşkil etmekteydiler. Erbil'i saran verimli ovalık arazilerin tümü ise Türkmenlere aitti. Erbil'i Kürtleştirmek, Musul'u ise Araplaştırmak çabaları daha o tarihlerde başlamıştı. Ve birkaç yıl sonra Musul vilayetinde eğitim dili Arapça ve Kürtçe'ye çevrilmişti. Halk bu değişikliğe büyük tepki gösterdi. Erbil bölge sorumlusu bir İngiliz subayı suikaste kurban gitmişti. Sonunda 30 Ekim 1932'de İngilizler Irak'ın bağımsızlığını tanıdılar. Daha sonraki yıllarda Irak'ta Türkmenlere karşı uygulanan politika gittikçe sertleşti. General Kasım döneminde Kuzey Irak'ta Türkmenlere karşı zalimce uygulama sürdürüldü. Ve 14 Temmuz 1959'da Türkmenlere karşı girişilmesi planlanan katliamı önlemeye yönelik olarak Musul'da başlatılan ihtilali bastırmak için bu kent acımasızca bombalandı.

Musul ve Kerkük'te müthiş bir katliam başlatıldı ve binlerce Türkmen öldürüldü. Toprakların büyük bir bölümü Kürtlere verildi. 1961 Anayasası ile Irak'ta yalnızca Kürtlerle Arapların devlet yönetiminde ortak oldukları hususu konuldu. 1963 Şubatında General Kasım'ı deviren Baas iktidarında Türkmenler yine en çok ezilen kesim oldu. İdamlar, sürgünler, suikastlar, kaçırmalar bu dönemle birlikte günlük olaylar haline geldi. 1970'lerde Kürtlerle yeni bir anlaşma yapmak zorunda kalan Baas iktidarı, Kuzey Irak'ın iki Zap arası ve Süleymaniye bölgesini Kürt otonom bölgesi olarak Anayasa'ya yerleştirdi.

Kürtlerin baskıları üzerine, General Kasım döneminde başlatılan toprak reformu yeniden ele alındı. Kürtler lehine, Türkmenler aleyhine yeni düzenlemeler yapıldı. Türkmen ailelerin sahip olabilecekleri toprak büyüklüğü 1000 dönümden 300 dönüme düşürüldü. Böylece K. Irak'ta hemen hemen tüm Kürt aileleri toprak sahibi yapıldı. Musul'un Türkiye'den tam anlamı ile coğrafi bağlantısını koparmak üzere Musul'un kazası Dohuk vilayet yapıldı. Otonom bölgeye dahil edildi. Daha sonra iktidarı eline geçiren Saddam Hüseyin döneminde de Türkmenler acı çekmeye devam ettiler. Devrim Komuta Konseyi'nin aldığı bir kararla (20.10.1981) Türkmenlerin bir bölümü güneyde Kadisiye, Zikar, Enbar gibi Arap yerleşim bölgelerine göçe zorlandı.

Saddam zamanında daha önceki yıllarda (1975-1976) silinmiş bulunan istimlak kararları yeniden uygulanmaya başlandı. Türkmenlerin elindeki arsa, tarla, evler istimlak edilerek Araplar ve Kürtlere yok pahasına satıldı. İstimlak kararları Erbil'de, Kerkük'te ve Musul'da acımasızca uygulandı. Bir Türkmen'in diğer bir Türkmen'e gayrimenkul satması yasaklandı. Alınan yeni bir kararla üniversite mezunu Türkmen gençlerin tayinleri güneydeki Arap bölgelerine yapılmaya başlandı. Kendi doğum yerlerinde istihdam edilmeleri yasaklandı. Benzeri uygulamalar halen sürdürülmektedir.

Körfez Savaşı sonrasında Kuzey Irak'ta ortaya çıkan yeni koşullar içinde diğer etnik gruplar ve Türkmenler de çeşitli adlar altında örgütlenme yoluna gittiler. O tarihe kadar Türkiye Türkmenlerinin kurduğu ve merkezi Ankara'da olan Irak Milli Türkmen Partisi (IMTP) dışında önemli bir siyasi yapılanma mevcut değildi. Irak'ın içindeki bazı örgütlenmeler ise, Saddam'ın kontrolünde göstermelik dernekler olmaktan öte işlevleri bulunmayan kurumlardı. Körfez Savaşı ertesinde IMTP dışında Kuzey Irak'ta şu Türkmen kurumları oluştu:

Irak Türkmen Birlik Partisi (ITBP)
Türkmen Birlik Partisi (TBP)
Türkmen Kardeşlik Partisi (TKP)
Irak Türkmenleri İslami Birliği Partisi (ITİBP)
Kahraman Türkmen Partisi (KTP)
Türkmen Milli Demokratik Hareketi (TMDH)
Türkmen Kardeşlik Ocağı (TKO)

Ancak bu kuruluşların hepsi ayrı gaye ve ilintilerle kurulmuş, ortak bir amaçtan yoksun ve çoğunluğun ilgisini çekmeyen, toplayıcı unsur olmaktan uzak bir yapılanma içinde kaldılar uzunca bir süre. ITBP'ye gelince, bölgeden kopuk olarak çalışmalarını sürdürmesi, Türkmen toplumu nezdinde tam bir birleşme merkezi işlevini yerine getirememesi ve yalnızca Türkiye'den aldığı yardımlarla yaşamını sürdürmesi bu partiyi istenen konuma bir türlü getiremedi.

Körfez Krizi sonunda Kuzey Irak'a yapılan insani yardımları düzenleyen BM'ye bağlı veya hükümetler dışı kuruluşların hiçbirisinin Türkmenlere yönelik bir faaliyetleri olmadığını da hatırlatmakta fayda var. Onlara Türkiye'nin bakması öngörülüyordu. Ama Türkiye 900 bin Türkmen'i epey sonra fark etti.

Bu çerçevede, Kuzey Irak'ta belli bir ağırlığı olan IMTP (Irak Milli Türkmen Partisi) ile Türkmen Birlik Partisi ve Türkmen toplumunun ileri gelenlerinin (Bağımsız) bir araya getirilmesi sonucunda 'Türkmen Cephesi' oluşturuldu. Türkmen kökenli Türkiye Cumhuriyeti vatandaşlarından oluşan bir grubun, 28 Şubat 1995 tarihinde Şura adı altında yaptığı toplantının sonucunda kurulması kararlaştırılan Cephe, 24 Nisan 1995 tarihinde Erbil'de ilan edildi.

Türkmen Cephesi'nin amacı, Irak'ın toprak bütünlüğü içinde Türkmenlerin, Araplar ve Kürtlerle eşit haklara sahip olmaları, yerel ve merkezi idarede temsil hakkı kazanmaları ve Türkmen toplumunun şu an içinde bulunduğu güçlüklerin aşılması yönünde çaba gösterilmesi olarak tespit edildi.

Türkmen Cephesi Şurası Koordinasyon Kurulu Başkanlığı'na Prof. Dr. İhsan Doğramacı, Cephe'nin Erbil'de faaliyet gösteren Yürütme Kurulu Başkanlığı'na ise Dr. Turhan Ketene seçildi. Cephe Tüzüğünde Yürütme Kurulu'nun en üst icra organı olduğu ve Türkmen toplumunun siyasi alandaki tek ve yasal temsilcisi olduğu hususları yer aldı. Tüzükte ayrıca, Kurul'un, Siyasi ve Dış İlişkiler Dairesi, Güvenlik Dairesi, Enformasyon Dairesi, Kültür ve Eğitim Dairesi, Sağlık Sosyal Yardım Dairesi, Araştırma ve Planlama Dairesi gibi alt birimlerinin ve bunların faaliyetlerinin nasıl olacağı da yer alıyor. Yani bu oluşum ilerde Türkmen gelişiminin çekirdeğini oluşturmak için atılmış bir adım gibi gözüküyordu.

Ama bir de kavga vardı Türkmenler arasında. Türkmen Cephesi, Irak Milli Türkmen Partisi ile Türkmen Birlik Partisi'nden ibaretti. Bunun dışında ikinci bir grup Irak Bağımsızlık Hareketi adını almıştı. Onun başında Ferit Çelebi adında bir kişi vardı. Çelebi, Prof. Dr. İhsan Doğramacı'nın akrabasıydı. Bu iki grup güç mücadelesi veriyordu. İkinci grubun mevcudu 50 bin, diğerinin mevcudu 750 bin civarında idi. İddialara göre Doğramacı'nın etkinliği Türkiye'den giden yardımları 50 bin kişi tabanlı grubun almasını sağlıyordu. Dönemin MİT müsteşarı Sönmez Köksal, Ankara'nın nabzını iyi tutmuş ama Kuzey Irak'ı elinden kaçırıvermişti. Askerler devreye girince durum eşitliğe doğru dönmüştü. Türkiye karar mekanizmalarını geç işleterek zamanı doğru kullanamıyordu.

4
ABD'NİN ORTADOĞU-BASRA KÖRFEZİ POLİTİKASI VE PETROL

BİRAZ TARİH

Petrol 'ün tarihi modern zaman entrikalarının da tarihidir. Ortadoğu petrollerinin paylaşımı hakkında birkaç tarihsel tespit bugünü anlamada yardımcı olacaktır bize. Ham petrole kaynağında sahip olmanın önemi, petrol şirketlerini Ortadoğu'da geniş ve keşfedilmemiş alanlar aramaya yöneltmiştir. 1920'den önce Amerikan petrol şirketleri Ortadoğu petrol imtiyazları ile ilgilenmemişlerdir. ABD, I. Dünya Savaşı sonuna kadar dikkatini öncelikle yurtiçi rezervlerin geliştirilmesinde yoğunlaştırmıştır. Ayrıca o dönemde ABD, Avrupalı devletlerin ve Avrupa kökenli petrol şirketlerinin doğu yarıkürenin petrol rezervleri üzerinde sürdürdükleri sömürgeci politikalar nedeniyle bu bölgede fazla etkin bir konumda da değildir.

---

*) Bu bölüm, Dr. Cenk PALA'nın 1996 yılında yayınlanan, ancak hak ettiği ilgiyi bir türlü göremediğine inandığım "20. Yüzyılın Şeytan Üçgeni: ABD-Petrol Dolar" isimli kitabından yararlanarak hazırlanmıştır.

Ancak bir yandan 1920 yılında ülkede yaşanan enerji krizi ile birlikte gelecekte petrolün biteceği korkusu yaygınlaşınca, öte yandan dış rezervlerde olası bir İngiliz-Hollanda tekeli gündeme gelince ABD, Amerikan petrol şirketleri vasıtasıyla Ortadoğu'ya yönelmiş ve burada etkin olmaya gayret etmiştir.

Ortadoğu'nun petrol endüstrisine tam anlamıyla girişi, özellikle Amerikan şirketlerinin bu bölgede faaliyetlerini yoğunlaştırması ile başlamıştır. Amerikan şirketlerinin bölgeye girmesi, önceleri rekabeti arttırmış, daha sonraları hükümetlerin de devreye sokulmasıyla bölge "Yedi Kız Kardeşler" (7KK) olarak bilinen büyük petrol şirketleri arasında tamamen paylaştırılmıştır.

Endüstrinin Ortadoğu'ya kaymasının en önemli nedeni, varil başına üretim maliyetinin diğer alanlara oranla çok düşük düzeyde kalmasıdır. Örneğin, 1946-51 yılları arasında varil başına ortalama üretim maliyeti Venezuela'da 0.50 dolar, Uzakdoğu'da 0.77 dolar ve ABD'de 1.01 dolar düzeyindeyken; Orta Doğu'da 0.23 dolar civarındaydı. Orta Doğu'nun bir diğer avantajı da kuyu başına günlük üretim miktarında göze çarpmaktadır. Örneğin 1949'un sonunda kuyu başına günlük üretim, üretken 10 kuyusu olan Irak'da 11.200 varil, 73 kuyuya sahip Iran'da 8.192 varil, 76 kuyusu bulunan Suudi Arabistan'da 6.084 varil ve 61 kuyuya sahip Kuveyt'te 4.447 varildir. Dünya çapında kuyu başına ortalama günlük üretim, aynı yıl, sadece 21 varil düzeyindeyken, bu ölçüm ABD için 11 varil, Venezuela içinse 201 varil düzeyindedir.

Sonuç olarak Orta Doğu hem düşük üretim maliyeti hem de kuyu başına üretim ve rezerv miktarları nedeniyle petrol şirketleri bakımından en cazip bölge haline gelmiştir. Üstelik Orta Doğu, sadece diğer üretim sahaları karşısında değil, o dönemde herhangi bir enerji kaynağı ile karşılaştırıldığında da önemli bir **maliyet avantajına** sahiptir. Özetle, Orta Doğu petrolünden sağlanan ekonomik rant çok yüksek düzeyde bir kâr marjını da beraberinde getirince, petrol şirketleri **hummalı** bir şekilde bu bölgede etkin olmaya gayret sarf etmişlerdir.

Gerçekte, 1950 yılına kadar petrol endüstrisinin temel çalışma kuralı, topraklarında petrol bulunan azgelişmiş ülkelerle çok uluslu petrol şirketleri arasında yapılan ayrıcalık (concession) anlaşmaları ile sağlanan imtiyazlar olmuştur. Yoğun bir şekilde 1901 ile 1935 yılları arasında değişik tarihlerde verilen ve 1960'lara kadar uzanan imtiyazların bazı ortak noktaları vardır :

- İmtiyazlar 60-75 yıl veya daha uzun süreler (99 yıl gibi) için verilmekteydi.
- Petrol şirketlerini üretici ülke hükümetlerine petrolün varili başına 0.20-0.25 dolar düzeyinde sabit bir **royalty (şerefiye)** ödemek durumunda bırakıyordu.
- İmtiyazlar üzerindeki özel ve siyasal kısıtlamalar önemsiz düzeydeydi.

Ayrıcalık sistemi nedeniyle üretici ülke hükümetlerinin, petrolün işletilmesi ve endüstrinin yönetimi konularında hiç bir söz hakları bulunmuyordu. Çünkü petrol şirketleri, ödedikleri royalty karşılığında gümrük vergisi de dahil olmak üzere tüm vergilerden muaf tutulmuşlardı. Ayrıcalık sistemi ile daha başlangıçta eli kolu bağlanan üretici ülke hükümetleri karşısında giderek güçlenen petrol şirketleri, bu sayede üretim ve fiyat politikasına karar verme konularında tam ve etkin bir kontrol elde etmişlerdir. Petrol üreten devlet ile şirket arasında yapılan ayrıcalık anlaşmasıyla imtiyaz sahibi **(concessionaire)** şirkete; petrolü araştırma, eğer keşfedilirse, geliştirme ve pazarlama hakkı da verilmiştir.

Ortadoğu'daki ayrıcalık mücadelesi, petrol kartelinin Ortadoğu'ya girişi, Irak ve İran (ya da Mezopotamya) ayrıcalıklarının ele geçirilmesi süreci ise oldukça ilginçtir.

1890'ların başında Jacques de Morgan başkanlığındaki, Fransız Hükümeti'nce görevlendirilen bilimsel bir ekip, petrol araştırmalarını içeren çok olumlu bir raporla İran'dan dönmüşlerdi. Ekip Şubat 1892'de, bu araştırmanın sonuçlarını Annales des Mines (Maden Yıllığı) de yayınlamış; fakat gene de İran bölgesi 1900'den önce yatırımcıların ilgisini çekememiştir.

Ortadoğu'daki ilk ayrıcalık 28 Mayıs 1901'de Iran Şahı tarafından İngiliz vatandaşı (aslında Kanadalı bir Fransız asili) olan William Knox D'Arcy'e tanınmıştır. Bu ayrıcalık, D'Arcy'e 60 yıl süreyle bugünkü Iran'ın 5/6'sını kapsayan bir bölgede "**doğal kaynakların aranması, çıkarılması, işletilmesi, üretilmesi, ticarete elverişli duruma getirilmesi, başka yerlere taşınması**" hakkını vermiştir.

Bu ayrıcalık, 15 Nisan 1909'da 2 milyon pound sermaye ile kurulan Anglo-Persian Oil Company'nin (APOC, önce AIOC sonra BP olacaktır) eline geçmiştir. Aslında şirket sermayesinin önemli bir bölümü İngiliz destekli Burmah Oil'in elindedir. Fakat kullandığı enerjiyi kömürden petrole çeviren İngiliz Donanması'nın, petrol gereksinimini karşılayabilmek amacıyla petrol kaynağını garantilemek isteyen Winston Churchill, 1914'de Ingiliz Hükümeti'ni APOC'a 2 milyon pound daha yatırmaya ikna etmiştir. Böylece şirketin % 51 hissesi İngiliz Hükümeti'ne ait olmuş ve 1954 yılına kadar İngiliz şirketi olarak kalmıştır.

Aynı dönemde İngiltere, Almanya ve Hollanda, Osmanlı İmparatorluğu'nun bir parçası olan Mezopotamya'da (bugünkü Irak) ayrıcalıklar için kıyasıya rekabet halindelerdi. Sonuçta bu üç Avrupa ülkesi uzlaşmış ve Ermeni C.S.Gülbenkyan'ın aracılığıyla Türk Hükümeti'ni de etkileri altına alarak Ekim 1912'de kurdukları **Turkish Petroleum Company (TPC)** yoluyla Mezopotamya imtiyazını elde etmişlerdir. Şirketteki hisseler şu şekilde dağılmıştır: National Bank of Turkey (Ingiliz) % 50, Deutsche Bank of Germany (Alman) % 25 ve Anglo-Saxon Petroleum Company (Royal Dutch/Shell'in bir kolu) % 25. Türk Hükümeti ile taraf ülkeler arasında arabuluculuk yapan Ermeni C.S. Gülbenkyan'a, Padişah nezdindeki başarılı çalışmaları (!) nedeniyle İngiliz payından % 5 verilmiştir. İşte bu nedenle, petrol tarihinde Gülbenkyan'ın **Bay Yüzde Beş (Mr. Five Percent)** adıyla anılmasının kökeni, adından başka hiç bir şeyi Türk olmayan TPC'de yatmaktadır.

TPC'nin kuruluşunu takip eden dönemde donanmasının enerjisini petrole çeviren İngiltere, yeni stratejik çıkarlarına uygun olarak D'Arcy grubu ve APOC'un da TPC'ye alınması için baskı yapmaya başlamıştır. Nihayet TPC ortakları, bu yeni üyeleri de şirkete ortak olarak almışlardır: 19 Mart 1914'de Osmanlı Başveziri'nin de imzaladığı "**Foreign Office**" anlaşmasıyla, APOC için çalışan D'Arcy grubuna TPC'den % 50'lik bir hisse verilmiştir. Böylece hayalleri gerçekleşen İngiltere, İran'ın ardından Irak'da da söz sahibi olmuştur.

I. Dünya Savaşı petrol imtiyaz mücadelesini bir ölçüde kesintiye uğratmıştır. Ancak savaş sonrasında petrol talebi hızla artınca tüm dikkatler, hükümetleri tarafından da desteklenen Büyük Şirketler aracılığıyla yeniden Orta Doğu'ya çevrilmiştir. Üstelik Osmanlı'nın savaştan yenik çıkması, Mezopotamya bölgesini eskisinden daha çekici hale getirmiştir. 25 Nisan 1920'de yapılan **San Remo Anlaşması** ile Fransızlar, bir nevi savaş ganimeti olarak Almanlar'ın TPC'deki % 25'lik payının sahibi olmuşlardır. Ancak bu anlaşma hiçbir zaman yürürlüğe girmemiştir. Birçok tarihçi tarafından da belirtildiği üzere; eğer anlaşma gerçekleşmiş olsaydı, gerek Amerikan menşeli gerekse diğer petrol şirketleri tüm Orta Doğu bölgesinin dışında bırakılacak ve bölge sadece İngiliz ve Fransız kontrolünde kalacaktı.

ABD, 1920'den sonra hızla Ortadoğu'ya yönelmiştir. Özellikle bölgedeki İngiliz, Alman ve Fransız etkinliği ABD'yi rahatsız etmişti..Bu amaçla ABD Hükümeti, Orta Doğu'da İngiliz mandası altındaki bölgelere Amerikan şirketlerinin girmesine izin verilmesi hususunda Ingiliz Hükümeti'ne baskı yapmaya başlamıştır. ABD, bölgede hiçbir tekele izin vermeyen ve herhangi bir İngiliz şirketinin bölge dışında kalmasına yol açmayacak bir **Açık Kapı Politikası (Open Door Policy)** üzerinde ısrar etmiştir.

Açık Kapı Politikası'nın başlatıldığı 1922 - 1928 yılları arasında geçen oldukça tartışmalı bir dönemin ardından İngiliz Hükümeti, Orta Doğu'da Büyükler'in ilk ortak teşebbüsü (joint venture) olan TPC'den Amerikalı iki şirketin de (Exxon ve Mobil) pay almasını onaylamıştır. Böylece TPC'deki yeni hisse dağılımı şöyle olmuştur:

Royal Dutch/Shell % 23.75, APOC (BP) % 23.75, CFP % 23.75, Near East Development Company (Exxon ve Mobil'in ortaklığı) % 23.75 ve arabulucu/komisyoncu C.S.Gülbenkyan % 5. Bu tarihi anda, Amerikan petrol şirketleri Orta Doğu petrol alanlarına girmiş ve hemen ardından kapı yeniden kapanmıştır.

1920'lerin sonlarında dünya petrol piyasasında bir bolluk meydana gelmiştir. Böyle olunca, ucuz ham petrol fazlasının TPC üyelerini tehdit edebilecek boyutlara ulaşmasını önlemek amacıyla 31 Temmuz 1928 tarihinde, tüm ortaklar tarafından meşhur "**Kırmızı Hat (Red Line) Anlaşması**" imzalanmıştır.

Anlaşma uyarınca, ortaklardan hiçbiri diğer ortakların izni veya katkısı olmaksızın eski Osmanlı İmparatorluğu topraklarında bulunacak petrol yataklarını işletemeyeceklerdir. Anlaşmanın **Kırmızı Hat** adını almasının nedeni; 1914 Foreign Office Anlaşması sırasında hiç kimsenin sınırlar hakkında bilgi sahibi olmaması dolayısıyla Gülbenkyan'ın bir **kırmızı kalemle** belirlediği alanın Osmanlı İmparatorluğu toprakları olarak kabul edilmesi ve bu sınırların TPC ortaklarınca da benimsenmesidir.

Kırmızı Hat ile eski Osmanlı İmparatorluğu toprakları içine giren bugünkü Türkiye, Suriye, Irak, Suudi Arabistan, Bahreyn, Katar ve Basra Körfezi boyunca sıralanmış Emirlikler'i kapsayan ancak Kuveyt, Israil, Ürdün ve imtiyazı BP'nin elinde bulunan Iran'ı dahil etmeyen bir alanda; TPC ortakları arasında özetle imtiyaz elde etme, ham petrol üretimi, satın alma ve işlenmesi konularındaki mevcut rekabet ortadan kalkmış olmaktadır.

Kırmızı Hat, TPC üyelerine Orta Doğu'da üretim ve imtiyaz tekeli sağlamıştır. Bu anlaşma, 17 Eylül'de yapılan Achnacarry anlaşmasıyla birlikte, Büyükler'in dünya petrol endüstrisindeki kontrollerini daha da sağlamlaştırmalarına olanak tanımıştır.

Kırmızı Hat, 1929 yılında adı **Iraq Petroleum Company (IPC)** olarak değiştirilen TPC ortaklarını bağlayıcı bir nitelik taşısa da, anlaşma dışındaki şirketlerin Kırmızı Hat alanında imtiyaz elde etmelerini hiç bir şekilde engelleyememiştir.

Aslında 12 Haziran 1930 tarihinde anlaşma taraflarından olmayan SoCal'ın (**Chevron'un atası**); ABD Hükümeti'nin desteğini de arkasına alarak İngiliz kontrolünde bulunan ve aynı zamanda Kırmızı Hat içinde yer alan Bahreyn Adası'ndan bir ayrıcalık elde etmesiyle IPC kontrolüne çok esaslı bir darbe indirilmiştir. SoCal, ayrıcalığı kullanarak 1931 yılı sonunda Bahreyn'de petrol bulmuş ve 1933 yılında ihraç etmeye başlamıştır. Bu, Kırmızı Hattın başına gelen ilk ve en önemli sarsıntıdır.

Bahreyn'de petrol bulunması S.Arabistan Kralı Ibn-i Suud'u ülkesinde de saklı petrol yatakları olabileceği düşüncesine sevketmiştir. Kral, bu düşünceden hareketle Amerikalı jeolog Karl Twitchell'in bölgede araştırma yapmasına izin vermiştir. Twitchell'in yörede petrol olduğunu belirten olumlu bir rapor hazırlamasının ardından Kral, Twitchell aracılığıyla Amerikan petrol şirketlerine ülkesindeki petrol haklarıyla ilgili bir teklif götürmüştür.

Ancak gerek 1929 Bunalımı gerekse Kırmızı Hattın bağlayıcılığı nedeniyle Amerikan şirketlerinin pek çoğu bu teklifi geri çevirmek zorunda kalmışlardır. Bu kez devreye IPC girmiş ve Kral'a imtiyaz için 45 bin dolar önermiştir. Fakat Kral, SoCal'ın 1933'de imtiyaz için teklif ettiği 250 bin dolarlık altın karşılığında, 360 bin mil^2'lik Suudi imtiyazını 66 yıl süreyle bu şirkete açmayı tercih edecektir. Pek çok tarihçi, Suudi rezervlerini göz önüne alarak bu anlaşmayı, 17. yüzyılda Hollandalılar'ın Manhattan adasını Kızılderililer'den sadece 24 dolar değerindeki süs eşyası karşılığında satın almalarıyla denk tutmaktadır.

"PETROL İŞLERİ YAĞLIDIR, YA ELİNİZE BULAŞIR YA AYAĞINIZI KAYDIRIR !"

Aslında, gerek Ortadoğu'daki gerekse Afganistan'daki çatışmalara ve güç çekişmelerine tarih penceresinden bakıldığında, bundan 100 yıl önce sergilenen petrol oyunu nedeniyle Osmanlı İmparatorluğu'nun ve bugün her biri ateş topuna dönüşmüş eski Osmanlı coğrafyasının başına gelenleri hatırlamamak elde değildir! Gülbenkyan'ın o sihirli kırmızı kalemi, Orta Doğu'nun ve petrolün Osmanlı'dan koparılmasına, Osmanlı İmparatorluğu'nun da petrol rezervlerine göre emperyalist güçler arasında paylaşılmasına yol açtı. Tıpkı Fransa gibi Almanya da, bir yüzyıl önceki oyunda, İngiltere ve ABD tarafından Orta Doğu petrollerinden mahrum edilmiş olmasını hiç bir zaman unutmamıştır. Peki, sizce, "kırmızı kalem", bu kez kimin elinde?

PETROLÜN ÇİZDİĞİ SINIRLAR

"Fosil yakıtlarla dünya kapitalist siteminin evliliği katolik bir evliliktir. 50-100 yıl bunlarla beraber yaşayacağız... Koskoca bir yüzyılı petrolle birlikte yaşadık. Tabii burada 20. yy'ı en acı şekilde yaşayan da biz olduk. Biz çok büyük bir imparatorluktuk, petrol açlığı nedeniyle bölünmemiz gerekiyordu ve bu nedenle topraklarımızdan pek çok petrol devleti çıktı. Türkiye'nin sınırları 25 Nisan 1920 San Remo Anlaşması'ndan başlamak üzere petrole göre bölünmüştür. Eğer, gerçekten çok büyük bir petrol potansiyelimiz olsaydı sınırlarımız böyle olmazdı biraz daha değişik olurdu. Çünkü içinde petrol olduğu İngiliz jeologlarca tespit edilmiş her bir alana göre bugünkü sınırlarımız çizildi. Osmanlı İmparatorluğu, İtalyanlar ve İngilizler gibi petrolün çok stratejik bir madde olacağını anlayamadı. İngiliz Konsolosluk raporlarını okuduğunuz zaman en büyük ithalat kalemlerinden bir tanesi petroldür. 19. yy sonunda Osmanlı'da petrol, İstanbul'da bazı sokakların aydınlatılmasında ve daha çok da gut hastalığının tedavisinde kullanılıyordu. Oysa, İtalyanlar ve İngilizler donanmalarının yakıtını kömürden petrole çoktan dönüştürmüş vaziyettelerdi. Orta Doğu'da "Open Door Policy" adıyla bilinen bir açık kapı politikası başlatılmış ve sadece İngiltere ve Amerika bu kapıdan Orta Doğu'ya daldıktan sonra ise geriye kalanların suratına kapatılan bir kapı yaratılmıştır...

Böylece, İngiltere ve ABD Orta Doğu'ya giriyorlar; kendi planları gereğince bugünkü Frankestein'larını yaratıyorlar ondan sonra da İkiz Kulelere uçak çarptığında -uçaklar aslında Orta Doğu'ya da çarptı- doğuyu biz oradan atalım onun yerine Asya'yı koyalım diyorlar. Orta Doğu gidiyor Orta Asya geliyor önümüze... Petrol diyorsanız ABD diyorsunuzdur. Çok önemli bir söz vardır: "Petrol işleri yağlıdır ya elinize bulaşır ya ayağınızı kaydırır". Çok dikkatli hareket etmek gerekiyor...

Aslında rezerv oranlarını karşılaştırmak her zaman tehlikelidir, muhtemel rezervlerle ispatlanmış rezervleri karşılaştırmanın bir anlamı olmasa da yine de bir fikir vermesi açısından yararlıdır. İran ve Irak'ın "ispatlanmış" doğal gaz+petrol rezervleri, Hazar'ın "muhtemel" rezervlerine eşittir. Denkleme böyle baktığımız zaman, denklemden çıkan ve denkleme giren olarak, o zaman anlıyorsunuz Hazar'ın neden ön plana çıkarılmaya çalışıldığını veya Hazar'dan ne geleceğini. Hazar'ın önemi konusunda altını tam olarak çizmemiz gereken nokta şudur: "Kuzey Denizi". Kuzey Denizi bitiyor. Kuzey Denizi'ndeki kaynaklar pahalı. Batı ekonomilerinin, kendi enerji arz güvenliğini sağlayacak başka bir yer de yok. Bu nedenle Batı, Hazar'a, Orta Asya'ya yatırım yapıyor. Orta Asya'yı Rusya'dan koparmak için elinden geleni yaptı, yapmaya da devam ediyor...

Hiç kimse dünya petrolünde Irak'ı ve İran'ı dışlayamaz. Ama kanımca bu iş sadece Irak'la bitmeyecek. Arkasından İran ve Suudi Arabistan gelecek, bunun arkasından da tüm Orta Asya'da çok ciddi değişiklikler beklemek gerekiyor. Anlaşılan o ki, önümüzdeki 10-15 yıl boyunca haritacılara inanılmaz bir iş düşecek, sürekli yeni sınırlar çizecekler. Umarım Türkiye bundan en az zararla çıkar da biz o sıralarda sınır tartışmaları içinde olmayız...

Alman etkisini de hiç bir zaman unutmamak lazım. Yüzyıl önceki büyük oyunda Almanlar'ı hiç kimse bilmez. Herkes Arabistanlı Lawrence'ı tanır. Arabistanlı Lawrence Orta Doğu petrollerini Osmanlı'nın elinden kurtardı. Bir de Alman Lawrence'ı var. Binbaşı

Wilhelm Wasmuss diye bir adam. İki buçuk yıl boyunca bugünkü Pakistan, Belucistan, Afganistan civarlarında gezinmiş, Hindistan'daki İngiliz İmparatorluğu egemenliğine son vermekle görevlendirilmiş bir ajandır. Buraya Almanya'nın ve Fransa'nın duyduğu ilgiyi de hiç bir zaman unutmamak lazım. Çünkü oradaki oyuncular arasında en büyük iki güç onlar olacaklar. Afganistan Hükümeti'nin yeniden belirlendiği ilk toplantı Bonn'da yapıldı. Ne alakası var Afganistan Hükümeti'nin Bonn'da belirlenmesinin. İkincisi de yine Bonn'da yapılacak. Bu mesajı iyi algılamak lazım...

Fransa'ya gelirsek, Fransa; İngilizler ve Amerikalılar'dan Orta Doğu petrollerinde yemiş olduğu kazığı hiç bir zaman unutmadı. San Remo Antlaşması'ndan dolayı kendisine savaş ganimeti olarak verilen TPC'deki Alman payı, hiç bir zaman Fransızlara yedirilmediği için Fransızlar her zaman İngilizler'den de Amerikalılar'dan da nefret ettiler. Kendilerine has bir politika geliştirdiler ve nükleer enerjiden en yaygın elektrik üreten ülke oldular. Hiç kimseye de bağımlı değiller.

Son söz olarak, ne yazık ki, koskoca bir 20. yüzyılı, petrolü ve stratejisini öğrenemeden geçirdik. Umarım bu yüzyıl Türkiye olarak elimizdeki bu kadar fırsatla petrolü öğreniriz, stratejisini de öğreniriz; "elimize bulaştırarak, fakat ayağımızı kaydırtmayarak".

IRAK SAVAŞI PETROL ŞİRKETLERİNİN GELECEĞİNİ BELİRLEYECEK

ABD'nin Irak'a yönelik düzenleyeceği olası bir askeri operasyonunun başlıca "gizli nedeninin" Irak'ta bulunan petrol kaynakları olduğu yönünde uluslararası kamuoyunda yaygın bir inanç bulunuyor. İngiliz halkının yüzde 55'i bu kanıda örneğin. Bu inanç BM ile bağlantılı faaliyetleriyle tanınan sivil toplum kuruluşu "Global Policy Forum"un yöneticisi James A. Paul tarafından da dile getirilmekte.

Paul, farklı platformlarda özetle şu noktalara dikkat çekiyor:

Irak bugün kanıtlanmış petrol rezervleri açısından 112.5 milyon varil ile Suudi Arabistan'dan sonra dünyanın 2. ülkesidir. Birçok uzman Irak'ta buna ilave keşfedilmemiş rezervler bulunduğunu belirtmektedir. Bu nedenle Irak'taki petrol rezervinin 250 milyon varile kadar yükselebileceği iddia edilmektedir. Bunun yanında Irak'ın petrolü yüksek kalitededir ve üretiminin kolay olması nedeniyle karlılığı çok yüksektir.

Dünyadaki petrol şirketleri bu zengin petrol yatakları üzerinde üretim hakkı almayı hedeflemektedir. Dünyanın birçok bölgesindeki rezervlerin önümüzdeki 10-15 yıl içersinde tükeneceği iddiası dikkate alındığında bu rezervlerin önemi daha da artmaktadır. Petrol endüstrisinin gözünde Irak "patlamaya yakın bombadır". Yine endüstri uzmanları "Dünyada, Irak üzerinde gözü olmayan petrol şirketi bulunmamaktadır" sözleriyle Irak'ın endüstri için önemini vurgulamaktadır.

Bugün dünyanın en büyük beş petrol şirketinin dördü ABD ve İngiltere merkezlidir. Bu çerçevede bu iki devletin izlediği politikanın, bu güçlü şirketlerin çıkarlarıyla ilgilisi olmadığı söylenemez.

ABD ve İngiliz şirketleri geçmişte uzunca bir süre Irak petrol üretiminin 0.75'ini ellerinde tutmuşlardır. Bu durum Irak Petrol Şirketi'nin millileştirilmesiyle 1972 yılında sona ermiştir. Bu uygulamayı izleyen 10 yıl boyunca Irak ile bu şirketler arasında büyük sorunlar yaşanmıştır. Bu süreçte Irak, Fransız şirketleri ve SSCB ile işbirliğine gitmiştir. Bugün ABD ve İngiliz şirketleri geçmişteki pozisyonlarına tekrar kavuşmak için son derece isteklidir çünkü petrol pazarındaki liderliklerini sürdürebilmeleri buna bağlıdır. Bunun yanında diğer bazı ülkeler ve petrol şirketleri de gelecekte Irak'ta önemli bir rol almayı planlamaktadır. Irak'taki petroller tekrar özelleştirildiğinde uluslararası şirketler Irak'ı büyüyebilmek için kullanmayı planlamaktadırlar. Uzunca bir süre petrol endüstrisi açısından Irak'ta bulunan Rusya ve Fransa; önümüzdeki dönemde büyük bir Anglo Sakson hakimiyeti tehlikesiyle karşı karşıyadır. Ancak Çin, Alman ve Japonya da özelleştirmeden pay almak istemektedir.

Rus Lukoil, Çin Ulusal Petrol Kuruluşu, Fransız TotalFinaElf şirketleri 90'lı yıllar boyunca Irak yönetimiyle; ambargonun gevşetilmesi durumunda Irak'ta yeni petrol bölgelerinin geliştirilmesi konusunda görüşmeler yaptı. Lukoil şirketi 1997 yılında Irak'ın Batı Qurna bölgesinde çalışma yapmak üzere anlaşmaya vardı. Aynı yıl Çin Ulusal Şirketi Kuzey Rumailah bölgesinde arama yapmak üzere anlaşma imzaladı. Körfez'den 1997 yılında günde 0.5 milyon varil petrol ihraç eden Çin'in 2020 yılında bölgeden 5.5 milyon varil petrol ihraç edeceği öngörülmektedir. Bu durum konunun ne kadar stratejik olduğunu göstermektedir. Yine Fransız Total firması ise gelecekte bazı petrol bölgelerinde çalışma yapmak üzere anlaşmaya vardı.

Bu gelişmelerle birlikte rakiplerinin uzun vadede dünya petrol piyasasında avantajlı duruma geçeceğini gören ABD ve İngiliz firmaları büyük bir endişeye kapıldı. Chevron şirketinin CEO'su Kenneth T. Derr, 1998 yılında ABD'de yaptığı konuşmada "Irak büyük petrol rezervlerine sahiptir ve ben Chevron'un bu rezervlere erişiminin olmasını isterim" diyordu. Derr, bu konuşmasında Irak'a yaptırımları hararetli bir şekilde destekliyordu çünkü yaptırımlar rakiplerini köşeye sıkıştırmaktaydı. ABD-İngiliz firmaları Irak'taki rejimin devrilmesini ve Saddam sonrası oluşacak yönetimin kendilerine büyük imtiyazlar vermesini ummaktadır.

ABD ve İngiltere'nin Irak'a doğrudan müdahalesi bu ülke petrol şirketleri için cazip ama aynı zamanda tehlikeli bir oyundur. Şirketler, Irak petrollerinin kontrolünü ellerine geçirebilirler ancak öte yandan oluşabilecek bölgesel politik patlamalar bu şirketler aleyhine sert bir tepki oluşturabilir.

ABD'li komutan General Anthony Zinni, 1999 yılında yaptığı açıklamada sahip olduğu büyük petrol rezervleri dolayısıyla Körfez Bölgesi'nde ABD'nin hayati ve uzun vadeli çıkarları bulunduğunu belirtiyordu. Zinni, "ABD'nin bölgedeki petrol kaynaklarına serbest erişimi olmalıdır" diyordu. "Serbest erişim" kavramı bu petrol kaynakları üzerinde askeri ve ekonomik kontrolü ifade ediyordu. Bu yaklaşım, ABD'nin II. Dünya Savaşı'ndan sonrası oluşan stratejik doktrininin ana hedefidir. Dönemin koloni gücü İngiltere 1971 yılı öncesine kadar bölgenin ve bölgedeki kaynaklarının güvenliğini sağlıyordu. Bu dönemden sonra bu görevi ABD üstlenmiştir.

Ufukta beliren ABD'nin Irak'a yönelik askeri müdahalesi ancak bu çerçevede anlaşılabilir. Terörizm, Kitle İmha Silahları ve insan hakları ihlalleri ABD politikasını belirleyen ana sorunlar değildir. Irak petrollerine serbest erişim ve ABD-İngiliz petrol şirketlerinin ülkenin kaynakları üzerinde kontrol sağlaması olası bir operasyonun ana gerekçesidir.

Basra Körfezi, ABD açısından büyük öneme sahip birkaç bölgeden birisidir. Körfez petrolünün makul fiyatlarla Batı pazarlarına akmaya devam etmesi, görünür gelecekte sanayileşmiş ülkelerin refahı bakımından hayati derecede öneme sahip olmaya devam edecektir.[2]

Bu bölgedeki muhtemel gelişmelerin, Arap-İsrail ihtilafından, dinsel fanatizme, terörizme ve nükleer silahların yayılmasının önlenmesine kadar birçok meseleye doğrudan etkileri olacaktır. Richard Nixon'dan bu yana bütün ABD Başkanları, Basra Körfezi'nin güvenliğini ve istikrarını korumanın, ABD'nin hayati çıkarları arasında yer aldığını kabul etmiştir.[3]

İngiltere'nin 1971'de Basra Körfezi'nden çekilmesi tamamlandıktan sonra, ABD bölgedeki önemli tek yabancı güç konumunda kalmıştır. Yaklaşık 30 yıl boyunca ABD'nin temel amacı bölgesel petrol istikrarını korumak olmuştur.

ABD bu amaçla, bölgede istikrarı sağlayacağını düşündüğü Şah yönetimindeki İran'ı baş jandarması olarak desteklemiştir. Bu politika, 1979'da gerçekleşen İran İslam devrimiyle çökmüş, İran bölgede ABD'nin temel müttefiki olmaktan çıkarak, amansız düşmana dönüşmüştür. Amerika bunu engelleyememiştir.

ABD, 1980'de ilan ettiği ve Başkan Carter'ın ismiyle anılan 'Carter Doktrini'yle, herhangi bir dış gücün Basra Körfezi'ne egemen ol-

---

2) Zbigniew Brzezinski, Brent Scowcroft ve Richard Murphy, "Differentiated Containment," **Foreign Affairs**, Mayıs/Haziran 1997, s. 20, F. Gregory Gause II, "The Illogic of Dual Containment", **Foreign Affairs**, Cilt 73, No 2, Mart/Nisan 1994, s. 59, Graham E. Fuller ve Ian O Lesser, "Persian Gulf Myths", **Foreign Affairs**, Cilt 76, No 3, Mayıs/Haziran 1997, s. 42, Kenneth M. Pollack, **The Threatening Storm**, Random House, New York, s. 36.
3) Zbigniew Brzezinski, Brent Scowcroft ve Richard Murphy, a.g.m., s. 20.

maya kalkışmasının, ABD'nin hayati güvenlik çıkarlarına saldırı anlamına geleceğini ve bu saldırıya karşı koymak için ABD'nin askeri güç de dahil olmak üzere gereken her türlü önleme başvuracağını açıklamıştır.[4]

İran'daki İslam Devrimi, Sovyetler'in Afganistan'ı işgali ve 1979-1981 yılları arasında petrol fiyatlarının iki katına çıkması, ABD'nin Basra Körfezi'nde daha doğrudan bir rol üstlenmesine yol açmış, bu dönemde Körfez'deki ABD askeri gücü giderek artmıştır.[5]

ABD, 1980'ler boyunca, İran ve Irak arasında fiili bir güç dengesinin sürmesini sağlamaya çalışmış, böylelikle bu ülkelerden herhangi birisinin Amerikan çıkarlarını tehdit edecek şekilde bölgeyi hegemonyasına almasını önlemeyi hedeflemiştir. İran-Irak savaşında (1980-1988), İran destekli İslami aşırılığın yayılmasını engellemek amacıyla bir yandan Irak'a destek vermiş, kimi zaman rehineleri kurtarmak maksadıyla İran'a silah satmıştır.[6]

İran-Irak Savaşı'nın sona ermesinin ardından ABD, İran'ın dengelenmesi bakımından Irak'ı bir denge unsuru olarak görmüştür.[7] Amerika iki tarafı keskin bir bıçaktır.

ABD ve Basra Körfezi Petrolü

Bugün, dünya GSYMH'sının üçte birine sahip bulunan ABD, dünya petrolünün dörtte birini tüketmektedir.[8]

ABD kullandığı petrolün % 52'sini ithal etmektedir. Halihazırda ülkede bulunan ispatlanmış rezervler, dünya petrolünün sadece % 2'sine tekabül etmektedir. Bu durum, ABD'nin enerji güvenliğini, üretici ülkelerin siyasi ve ekonomik güvenliğine bağlı kılmaktadır.

---

4) Nawaf E. Obaid, **The Oil Kingdom at 100**, The Washington Institute for Near East Policy, Washington DC, 2000, s. 98.
5) F. Gregory Gause II, a.g.m., s. 59.
6) Zbigniew Brzezinski, Brent Scowcroft, and Richard Murphy, a.g.m., s. 21-22.
7) F. Gregory Gause II, a.g.m., s. 59.
8) **"Oil Diplomacy: Facts And Myths Behind Foreign Oil Dependency"**, Hearing Before the Committee on International Relations, House of Representatives 107th Congress, US Government Printing Office, Washington (Haziran 2000).

2001 itibariyle, ABD'nin net petrol ithalatının % 47'si OPEC ülkelerinden, % 53'ü ise OPEC üyesi olmayan ülkelerden yapılmaktadır. Bugün ABD'nin petrol ithal ettiği ülkeler, Kanada, Suudi Arabistan, Venezuela ve Meksika'dır. ABD'nin toplam petrol ithalatının, % 25'i Körfez ülkelerinden yapılmaktadır.

ABD'nin 2001'de Ülkeler İtibariyle Petrol İthalatı (günlük milyon varil)

ÜLKELER	TOPLAM	HAM PETROL	RAFİNE ÜRÜN
Kanada	1.83	1.36	0.47
Suudi Arabistan	1.66	1.61	0.05
Venezuela	1.55	1.29	0.26
Meksika	1.44	1.39	0.05
Nijerya	0.89	0.84	0.04
Irak	0.80	0.80	0.00
Norveç	0.34	0.28	0.06
Angola	0.33	0.32	0.01
İngiltere	0.32	0.24	0.08
Cezayir	0.28	0.01	0.27
Virjin Adaları	0.27	0.00	0.27
Kuveyt	0.25	0.23	0.02
TOPLAM İTHALAT	11.87	9.33	2.54

1985'ten bu yana ABD ekonomisi % 63 oranında büyümüş, aynı dönemde petrol tüketimi ise % 25 oranında artmıştır. ABD Enerji Enformasyon Ajansı'nın tahminlerine göre, ABD'nin günlük petrol tüketimi 2002'deki 19.7 milyon varilden, 2020'de 26 milyon varile çıkacaktır; aynı dönemde ülke içi petrol üretiminde ise bir artış beklenmemektedir. Bu durumda, bugün ABD'nin petrole olan % 52 oranındaki dış bağımlılığı, 2020'de % 62'ye yükselecektir. ABD'nin petrol ithalatında günlük yaklaşık 6 milyon varillik bu artışın, 2 milyon varilinin Basra Körfezi petrolünden sağlanacağı belirtilmektedir.

Aslında, 1973'teki petrol krizinden sonra ABD'nin Körfez bölgesindeki petrole bağımlılığı giderek azalmıştır. Bunda, Kanada, Meksika ve Venezuela gibi yeni üreticilerin eklenmesi etkili olmuştur.

Bununla birlikte, Ortadoğu petrolü küresel ölçekte büyük önem taşımaktadır. Dünyadaki ispatlanmış petrol rezervlerinin % 67'si bu bölgededir ve bölgedeki üretim kapasitesi, halihazırdaki küresel üretim kapasitesinin % 35'ini oluşturmaktadır. Dünyadaki mevcut petrol üretiminin % 30'u da Ortadoğu petrolünden oluşmakta, günlük 7 milyon varil üretim fazlası petrolünün % 83'ünü Ortadoğu petrolü sağlamaktadır. Ayrıca, üretim maliyeti en düşük petrol Ortadoğu'da bulunmaktadır.

Bölgelere Göre Dünya Ham Petrol ve Doğalgaz Rezervleri (Ocak 2001)[9]

Bölgeler	Ham Petrol (Milyon Varil)	Doğal Gaz (Trilyon Feet3)
Kuzey Amerika	55.0	268.8
Orta ve Güney Amerika	94.5	244.6
Batı Avrupa	17.4	161.8
Doğu Avrupa ve Eski Sovyet Cumhuriyeti	58.9	1,999.2
Ortadoğu	683.5	1,854.8
Afrika	74.9	394.2
Asya ve Okyanusya	44.0	365.1
Toplam	1,028.1	5,288.5

Basra Körfezi petrolünün dünya petrol üretimindeki payından daha çok dünya ihraç piyasasındaki payı önem taşımaktadır. Basra Körfezi petrolünün kesintiye uğramasıyla doğacak arz açığı, artık bölge petrolüne bağımlılığı azalmış olan ABD'yi ilk anda doğrudan etkilemeyecektir. Bununla birlikte, Basra Körfezi petrolünün piyasalardan çekilmesinin dünya petrol piyasalarında ani ve doğrudan etki yaratacağı açıktır, zira dünyanın herhangi bir bölgesinde petrol ar-

9) Kaynak, US Energy Information Agency, http://www.eia.doe.gov/emeu-/iea/table81.html

zında yaşanan kesinti, diğer bölgelerdeki petrol arzını ve fiyatları hemen etkilemektedir.

Petrol Rezervleri, 200 yılı sonu

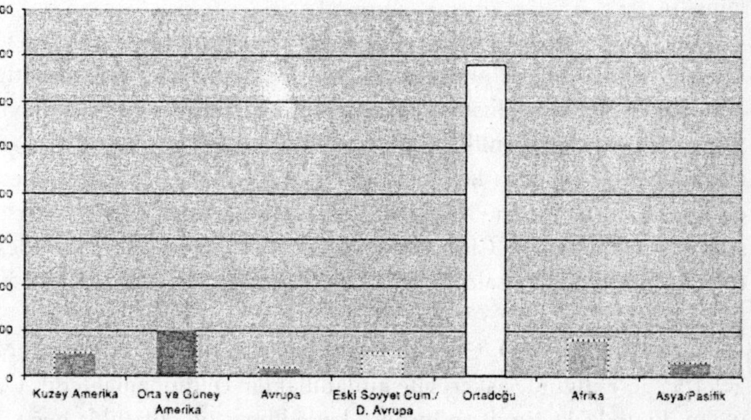

Örneğin, 1974 yılındaki OPEC krizi sırasında dünya petrol üretiminin % 55'ine tekabül eden günde 18 milyon varillik azalma sırasında petrol fiyatları varil başına 4 dolardan 12 dolara çıkmıştır. 1990'da Irak'ın Kuveyt'i işgaliyle ortaya çıkan ve dünya petrol üretiminin % 13'ünü oluşturan günlük 4.3 milyon varillik azalma, petrol fiyatlarının Temmuz-Ekim 1990 döneminde varil başına 16.5 dolardan 33 dolara yükselmesine neden olmuştur.[10]

Bu durum çerçevesinde; Basra Körfezi'ndeki petrol kaynaklarına tek bir ülkenin veya ABD'ye karşı bir rejimin hükmetmesi, petrol sevkiyatının kesintiye uğraması ABD'nin tahammül edemeyeceği bir durumdur. Son dönemdeki bütün iniş-çıkışlarına ve dünyada ABD karşıtı radikal dini hareketlerin Suudi/Vahhabi sermayesiyle beslenmesine rağmen ABD'nin Suudi Arabistan ile ilişkilerinde gösterdiği özenli tutumun arkasında da petrol faktörü önemli ölçüde etkili olmaktadır.

10) James M Kendell, "*Measures of Oil Import Dependence*", US Energy Information Agency, http://www.eia.doe.gov/oiaf/archive/issues98/oimport.html

İran-Irak Savaşı'nın son dönemlerinde (1987-1988), İran'ın Körfez'deki petrol tankerlerine saldırması üzerine ABD, bölgeye büyük bir filo göndermiştir. İran'ın petrol tankerlerine saldırıları sona ermeyince, birçok İran askeri gemisini batırmış, petrol sahalarını bombalamıştır.

Körfez'deki petrolün güvenliği, ABD'de, Cumhuriyetçi veya Demokrat olsun ABD halkının büyük bir kesiminin üzerinde anlaştığı konulardan birisini oluşturmaktadır. Bu bağlamda, ABD kamuoyu, 'Körfez'de hayati güvenlik çıkarlarının bulunduğuna' inanmakta, Yönetimlerin bu çıkarları korumak için alacağı önlemlere büyük ölçüde destek vermektedir. Nitekim, Körfez Savaşı'ndan itibaren geçen süre zarfında, Bush ve Clinton yönetimlerinin, Irak'a karşı gerçekleştirdikleri sınırlı hava saldırılarına ABD kamuoyunun desteği yüksek olmuştur.

Diğer yandan ABD, Ortadoğu gibi önemli çıkarları bulunan bölgelerde, gerektiğinde askeri güç kullanmaktan çekinmemektedir. Örneğin, Ruanda'da 2 milyon insanın katledilmesine rahatlıkla göz yuman, Bosna'da yıllarca kılını kıpırdatmayan ABD, Irak Kuveyt'i işgal etmeye kalktığında üstelik saldırıya göz kırpmasına rağmen, çekinmeden askeri güç kullanmakta ve buna uluslararası meşruiyet de kazandırabilmektedir.

Bunda Amerikan yönetiminin petrol ve silah sanayisini daha iyi anlamasının büyük rolü vardır. Bugün Amerikan yönetiminin Irak politikasını belirleyen dört önemli adamı; ABD Başkanı George Bush, yardımcısı Dick Cheney, Savunma Bakanı Donald Rumsfeld, Ulusal Güvenlik Danışmanı Condoleezza Rice, bu görevlere gelmeden önce petrol ve savunma sanayi sektöründe önemli görevlerde bulunmuşlardır.

Kimin Eli Kimin Cebinde?

Savaş taraftarı bu isimlerin aslında hangi işlerden geldiklerini görmek, neden savaş taraftarı olduklarını algılamamıza yardımcı olacak. Çünkü onlar birbirleriyle iç içeler ve birbirlerinin kurdukları işlerden para kazanıyorlar.

- ABD Başkanı George W. Bush, Arbusto petrol firmasının kurucularındandır.
- Salem Bin Ladin (11 Eylül saldırılarının sorumlusu ilan edilen Usame Bin Ladin'in kardeşi), Arbusto petrol firmasının ilk yatırımcılarındandır.
- ABD Başkan Yardımcısı Dick Cheney, Halliburton enerji firmasının eski CEO'su; ayrıca Kazakistan petrolleri danışmanlık kurulunun eski üyesidir. Petrol sektöründeki büyük firmalara teknolojik altyapı ürünleri sunan Halliburton firmasının, bir aralar Unocal Petrol Firmasının işbirliğiyle, Burma'da petrol hattı inşa etme projesi olmuştur. Bu firma, Unocal, Chevron, Exxon, Shell gibi önemli petrol devi şirketlerle iş ilişkisini sürdürmüştür.
- ABD Ulusal Güvenlik Danışmanı Condoleezza Rice, Chevron petrol firmasında üst düzey yöneticilik yapmıştır.
- Başkan Bush'un Ulusal Güvenlik Konseyi'nde Yakındoğu ve Güney Asya konularından sorumlu danışmanlığını ve Afganistan Özel temsilciliğini yapan ve bir ay önce 'Irak Koordinatörü' olarak atadığı Zalmay Khalilzad, Unocal petrol firmasına danışmanlık hizmeti vermiştir.
- ABD Dışişleri eski Bakanlarından Henry Kissinger, Unocal için danışmanlık yapmıştır.
- ABD'nin 43. Başkanı George W. Bush'un babası ve 41. Amerikan Başkanı, Körfez Savaşı'nın mimarı George Bush, 'Carlyle Group' isimli çok büyük bir özel yatırım firmasının Yönetim Kurulu'nda yer almıştır. 'Carlyle Group'un en çok yatırım yaptığı alanlardan birisi savunma sanayii. Yani silah üretiyorlar. Carlyle Group'un Başkanı Frank Carlucci, Amerikan Savunma eski Bakanlarından. Aynı zamanda CIA'de üst düzey yöneticilik yapmış biri. Frank Carlucci, şimdiki ABD Savunma Bakanı Donald Rumsfeld'in üniversite yıllarından oda arkadaşı. Carlyle Group 160'tan fazla firmaya hissedar. Eski ABD Genelkurmay Başkanı Orgeneral John

Shalikashvili, Carlyle Group'un sahip olduğu firmalardan birisinin başkanı. ABD Dışişleri eski Bakanlarından James Baker, Carlyle Group'ta üst düzeyde danışman olarak çalışıyor. ABD'nin en yakın ve sadık müttefiki İngiltere'nin eski başbakanı John Major, Carlyle Group'un Avrupa ofisinin başkanlığını yaptı.

- ABD Savunma Bakanı Donald Rumsfeld, ABD tarihinin en büyük yolsuzluk skandallarından birine sahne olan Enron enerji firmasının hissedarları arasındaydı. Aralık 2001'de iflas bayrağını çeken Enron'un, bir önceki yılki cirosu 100 milyar dolardı. Firmanın iflası Amerikan tarihinin en büyük iflası oldu. İflasın arkasındaki usulsüzlükler halen araştırılıyor. Amerika'da 11 Eylül saldırılarından önce, Başkan Yardımcısı Cheney ve Savunma Bakanı Rumsfeld'in Enron'la ilişkileri, Bush yönetimini neredeyse bir krizin eşiğine getirmiş, 11 Eylül durumu kurtarmıştı.
- ABD Kara Kuvvetlerinden sorumlu en üst düzey yetkili olan (Secretary of the Army) Thomas White, Pentagon'da çalışmaya başlamadan önce Enron'da başkan yardımcısı ve milyonlarca dolarlık Enron hissesi sahibiydi. Beyaz Saray'da Başkan Bush'a ekonomi danışmanlığı yapan ve ekonomideki kötü gidişat nedeniyle görevinden ayrılmak zorunda kalan Larry Lindsay ve ABD Ticaret Temsilcisi Robert Zoellick daha önce Enron'da görev yapmış diğer yetkililerdi.
- *Eisenhower Exchange Fellowship* isimli kuruluş, değişik alanlarda dünya liderleri arasında bilgi alışverişini teşvik eder. Kuruluşun eski başkanlarından birisi George Bush (baba Bush). Kuruluşun mevcut ve geçmiş bazı tanınmış üyeleri: Donald Rumsfeld (şimdiki ABD Savunma Bakanı), Süleyman Demirel (eski Cumhurbaşkanımız), Kenneth Derr (Chevron'un başkanı ve CEO'su), John F. Imle (Unocal'ın başkanı), Kenneth Lay (Enron'un Başkanı ve CEO'su). Carlyle Group'a yatırım yapanlar arasında Bin Ladin ailesinin üyeleri de var. ABD Dışişleri Bakanı ve Genelkurmay eski Başkanı Collin Powell, 2000 yılında Carlyle Group tarafından sözcü olarak işe alındı. Firmaya sözcülük yapan diğer

ünlü bir isim ise AOL Time Warner'ın başkanı Steve Chase idi. Collin Powell, milyonlarca dolarlık AOL hissedarıydı. Dünyanın en büyük medya birleşmesi olarak bilinen AOL/Time Warner firmalarının birleşmesini onaylayan ABD Ulusal Haberleşme Komisyonu'nun (Federal Communications Commission) başkanı Collin Powell'ın oğlu Michael Powell idi.

5
ABD'NİN IRAK POLİTİKASI

KÖRFEZ SAVAŞI VE SONRASINDA IRAK'IN ÇEVRELENMESİ

Irak'ın, Kuveyt'i işgal ederek, Basra Körfezi'ndeki güç dengesini temelden değiştirecek bir girişimde bulunması, ayrıca sıranın Suudi Arabistan ve diğer Körfez ülkelerine de gelmesi ve dolayısıyla Körfez'deki bütün petrol kaynaklarının tek bir gücün elinde toplanması ihtimali, ABD'nin hayati çıkarları açısından kabul edilemez bir saldırganlık olarak görülmüş ve bu algılama Körfez Savaşı'nın itici gücünü oluşturmuştu.

Irak'ın Kuveyt'i işgali, ABD'nin, bölgedeki güç dengesinin muhafazası için, Irak veya İran'ı birbirine karşı kullanma stratejisinin de sonunu getirmişti.[11]

---

11) Zbigniew Brzezinski, Brent Scowcroft ve Richard Murphy, a.g.m., s. 22.

ABD'nin Vietnam'dan sonra yaptığı en büyük savaş olan Körfez Savaşı'yla, Irak'ın Kuveyt'i işgali sona erdirilmişti; ancak Irak, mevcut askeri gücü ile halen Basra Körfezi ve Ortadoğu'da önemli bir tehdit konumundaydı. I. Bush Yönetimi, Irak'ın askeri gücünün denetim altında tutulması amacıyla BM Güvenlik Konseyi ile işbirliği halinde yaptırımlar ve silah denetimleri sistemini uygulamaya koymuştu. Temel hedef Irak'ın 'çevrelenmesi'ydi.[12]

Ulusal Güvenlik Danışman Yardımcısı Robert Gates, 7 Mayıs 1991'de yaptığı açıklamada, "*Saddam'ın güvenilmez ve iflah edilemez bir vaka*" olduğunu, liderliğinin uluslararası toplum tarafından hiçbir şekilde kabul edilmeyeceğini ve bu nedenle iktidarda kaldıkça bedelini Irak halkının ödeyeceğini, yaptırımların Saddam'ın iktidardan düşeceği ve Irak'ta yeni bir hükümetin işbaşına geleceği ana kadar süreceğini söylüyordu.

Ancak Bush yönetimi, sadece yaptırımlara güvenmiyordu. Dönemin Başkanı Bush, Mayıs ayının sonunda imzaladığı Başkanlık Direktifiyle, CIA'ye "*Saddam Hüseyin'in iktidardan düşürülmesi amacıyla gerekli koşulları hazırlamak için örtülü faaliyetlerde bulunma*" talimatı verdi. Yönetim, beş ay zarfında bu operasyonlar için tahsis ettiği kaynağı 15 milyon dolardan, 40 milyon dolara çıkarttı. CIA, Saddam Hüseyin'in devrilmesi için istediğini yapmaya yetkili kılınmıştı. CIA'in Saddam'a alternatif olarak bulduğu isim ise, İngiltere'de yaşayan Irak asıllı Ahmed Çelebi'ydi.[13]

I. Bush yönetimi, büyük bir hata yaparak, Saddam Hüseyin'in uzmanı olduğu örtülü operasyonlar oyununu oynamaya karar vermiş-

---

12) İlk defa *Foreign Affairs* dergisinin Temmuz 1947 nüshasında Mr.X imzasıyla yayınlanan bir makalede yer alan "çevreleme" (containment) stratejisinin temel unsuru, Sovyet yayılmacılığının önlenmesi amacıyla, ABD'nin Sovyetlere komşu ülkelerde ittifaklar kurmasıydı ve bu stratejinin mimarı o dönemde Sovyetler Birliği'nde görevli Amerikalı diplomat George Kennan'dı. Sovyetler Birliği karşısında başarılı olan bu strateji, uzun yıllar boyunca ABD dış politikasının temel unsurlarından birisi olarak kabul görmüştür.

13) Çelebi hakkında sonraki bölümlerde ayrıntılı bilgi yer almaktadır.

ti. Saddam Hüseyin, 1991 ve 1992 yılları boyunca kendisine yönelik darbe girişimlerini daha plan aşamasında çökertmekle kalmadı, aynı zamanda Şiilere karşı büyük bir baskı kampanyası başlattı. Saddam Hüseyin'in, güneydeki Şiilere yönelik baskıları; ABD, İngiltere ve Fransa'yı, 32. paralelin güneyinde de uçuşa yasak bölge ilan etmek zorunda bıraktı.[14]

ÇİFTE ÇEVRELEME STRATEJİSİ

Irak Politikasında 'Şahinler' ve 'Güvercinler'

Kasım 1992'deki seçimlerden sonra Ocak 1993'te iktidara gelen Clinton yönetimi, Körfez'de 'istikrarı' oluşturma açısından yeni bir durumla karşı karşıyaydı. Sovyetler Birliği'nin dağılmış olması, ABD'ye olabildiğince geniş bir hareket serbestisi tanımaktaydı. I. Bush yönetiminin inisiyatifiyle gerçekleştirilen 1991 Madrid Konferansı, Ortadoğu Barış Sürecinde yeni bir aşama olmuş, Arap-İsrail ihtilafının çözülebileceğine ilişkin umutlar yeşermişti.

Clinton yönetimi, Körfez Savaşı sonrasında ABD'nin Irak politikasında Saddam Hüseyin meselesiyle ne şekilde ilgilenilmesi gerektiği tartışmalarını da devralmıştı. Tartışmaların odak noktasını, ABD'nin dış politika önceliklerinde Irak meselesine ne kadar önem verilmesi, ne kadar zaman ve kaynak ayrılması gerektiği oluşturmaktaydı. Bu çerçevede, Irak politikasında üç farklı eğilim göze çarpmaktaydı.

Bunlardan birincisi, 'güvercinler' (ılımlılar) olarak nitelendirilen kesimdi. Soğuk Savaşın sona ermesinin ABD açısından büyük fırsatlar yarattığını düşünen bu kesim, küçük ve göreli olarak zayıf bir üçüncü dünya ülkesi olarak gördükleri Irak'ı, NATO'nun genişlemesi, Sovyetler Birliği'nin dönüşümünün gerçekleştirilmesi, Doğu Av-

---

14) Kenneth M. Pollack, **The Threatening Storm**, Random House, New York, s. 58-60.

rupa'nın yeniden imarı ve Çin ile ilişkilerin geliştirilmesi gibi ABD'nin uzun vadeli güvenlik ve refahı bakımından önemli dış politika konuları arasında öncelikli bir mesele olarak algılamamaktaydı. Nihayetinde Irak, 'çevreleme' stratejisi ile kontrol altında tutulabilirdi.

Ilımlı kesimin karşısında ise kendi içinde iki gruba ayrılmış bulunan sertlik yanlısı 'şahinler' yer almaktaydı.

Yönetim içinde sayıları diğerlerine kıyasla sınırlı kalan 'aşırı şahinler', daha ilk andan itibaren Irak'ta rejim değişikliği politikasını savunmaktaydı. Bu grup içinde yer alan bazı askerler, Saddam Hüseyin yönetimindeki Irak ile yeni bir askeri çatışmanın kaçınılmaz olduğunu ve bu nedenle başlanan işin bitirilmesi gerektiğini ileri sürmekteydiler. Irak'ın kitle imha silah programlarının denetlenmesi konusuyla ilgili çevreler de, Saddam Hüseyin'in bu programlardan vazgeçmeyeceğini ve Irak'ın nükleer silah üretmesinin kaçınılmaz olduğunu ve bu nedenle rejim değişikliğinin gerektiğini savunmaktaydı.

Ağırlıklı olarak yönetimdeki Ortadoğu ve Irak uzmanlarından oluşan 'ılımlı şahinler' ise, Saddam Hüseyin'in çevreleme siyasetine direneceği ve sadece askeri güç dilinden anlayacağı değerlendirmesinden hareket etmekteydi. Bu kesime göre, çevreleme siyaseti, uzun soluklu bir mücadeleydi ve başarılı olması bakımından Irak'ı öncelikli bir dış politika meselesi haline getirmek ve Saddam'ın oluşturacağı yeni tehditlere askeri güçle karşılık vermek gerekmekteydi. Uzun vadede Saddam Hüseyin'den kurtulmanın en iyi çözüm olacağına inanan ılımlı şahinler, gerek örtülü operasyonlar, gerekse Irak muhalefetinin desteklenmesi suretiyle Irak'ta rejim değişikliğini savunmaktaydı.

Aslında, 'ılımlı şahinler' ile 'aşırı şahinler' arasındaki tek ciddi yaklaşım farkı, ılımlı şahinlerin, Irak'ta rejim değişikliğinin büyük zorluklarla ve yüksek maliyetlerle gerçekleştirileceğine ve Başkan Clinton'ı bu konuda ikna etmenin mümkün olamayacağına inanmaları ve rejim değişikliği hedefini de güden aktif bir çevreleme siyasetini savunmalarıydı.

Clinton yönetiminde, daha ilk günden itibaren temelde ılımlılar ağırlıktaydı. Ulusal Güvenlik Danışmanı Anthony Lake'in başını çektiği bu grupta, Dışişleri Bakanı Warren Christopher ve Dışişleri Bakan Vekili Strobe Talbott gibi yönetimin önemli isimleri yer almaktaydı. Bununla birlikte, Clinton yönetiminde de Saddam Hüseyin'e karşı daha sert tedbirler alınmasını savunan, Ulusal Güvenlik Konseyi'nde Yakındoğu ve Güney Asya işlerinden sorumlu Martin Indyk, yardımcısı Bruce Reidel ve Dışişlerinde Ortadoğu'dan sorumlu Bakan Yardımcı Vekili Mark Parris gibi yetkililer de bulunmaktaydı ve bu ekip, zaman zaman Başkan Yardımcısı Al Gore, Gore'un Ulusal Güvenlik Danışmanı Leon Fuerth ve ABD'nin BM nezdindeki Daimi Temsilcisi Madeleine Albright gibi Irak konusunda 'şahin' sayılan önemli isimler tarafından desteklenmekteydi.[15]

Nisan 1993'te Kuveyt'i ziyaret eden eski Başkan Bush'a karşı düzenlenen başarısız suikast girişimi, Clinton yönetimindeki Irak'a karşı sertlik yanlısı 'şahinler'e önemli bir fırsat vermişti. Yapılan araştırmada, saldırının arkasında Irak istihbaratının bulunduğunun tespit edilmesi üzerine Başkan Clinton, Irak istihbarat örgütü 'Muhaberat'ın Bağdat'taki karargâhına 23 Cruise füzesi saldırısı düzenledi.[16]

Çifte Çevreleme

Clinton yönetimi bu ortamda Ortadoğu'da iki yönlü bir strateji izlemeye koyuldu. Bunlardan birincisi, Ortadoğu Barış Sürecini desteklemek; diğeri ise İran ve Irak'ın uluslararası politikadan tecrit edilmesini sağlamak amacıyla çifte çevreleme (dual containment) siyaseti gütmekti. Çifte çevreleme stratejisinin mimarı, Ulusal Güvenlik Konseyi'nde Başkan Clinton'ın Yakındoğu ve Güney Asya işlerinden sorumlu özel danışmanı Martin Indyk'ti.

---

15) Kenneth M. Pollack, a.g.y., s. 57-58
16) Sandra Mackey, **The Reckoning: Iraq and the Legacy of Saddam Hussein**, W.W. Norton Company, New York, 2002, s. 357.

Çifte çevreleme stratejisinin temel varsayımı, İran ve Irak'ın, ABD'nin bölgedeki çıkarlarını tehdit ettiği varsayımına dayanmaktaydı. Bu varsayıma göre, ABD'nin, bölgede güç dengesi gözetmek için bir ülkeyi diğerine karşı denge unsuru olarak kullanma siyaseti gütmesi artık mümkün değildi. Ayrıca, ABD'nin buna ihtiyacı da bulunmamaktaydı.

Saddam karşıtı koalisyonun devamının sağlandığı, ABD'nin bölgedeki askeri mevcudiyetinin sürdüğü, Irak ve İran'ın askeri gözlemlerinin kontrol altında tutulduğu, Ortadoğu'da ABD lehindeki güç dengesinin devamı bakımından Mısır, Türkiye, İsrail, Körfez İşbirliği Konseyi üyeleri gibi müttefik devletlerin desteği sürdüğü müddetçe, ABD, İran ve Irak rejimlerini dengelemek için yeterli imkânlara sahip demekti ve birini diğerine karşı kullanmaya ihtiyacı olmayacaktı.[17]

Çifte çevreleme stratejisiyle, İran ve Irak bölgesel politikalardan uzak tutulacak, böylelikle Suudi Arabistan ve Körfez İşbirliği Konseyi ülkelerindeki monarşilerin güvenliği sağlanacak, İsrail ve ılımlı Arap ülkeleri barış yolunda ilerleyecekti.

Ancak çifte çevreleme stratejisi, Basra Körfezi'ndeki sorunlara uzun vadeli bir çözüm getirmeye yönelik bir siyaset olmaktan öte, Amerika'nın dizayn ettiği bölgesel düzene karşı çıkan iki ülkenin geçici bir süre izole edilmesine dayanan bir yaklaşımdı.[18]

Irak bağlamındaki hedef, bu ülkenin BM kararlarına uymasını sağlamak ve bölgeye yeniden askeri tehdit oluşturmasını önlemekti. Ancak, Clinton yönetimi, doğrudan Saddam Hüseyin'i hedef olarak görmemekte, bu yaklaşımda Saddam'dan daha iyi bir alternatifin bulunmadığı değerlendirmesi önemli rol oynamaktaydı.

ABD, çevreleme stratejisiyle, Irak'ın yeni bir bölgesel saldırıya kalkışmasını engelleme amacının ötesinde, konvansiyonel gücünü yeniden inşa etmesini önleyerek, yeni bir saldırıyı tasavvur dahi et-

17) Dr. Martin Indyk, "*The Clinton Administration's Approach to the Middle East*", Soref Symposium, Mayıs 18, 1993, The Washington Institute for Near East Policy.
18) Zbigniew Brzezinski, Brent Scowcroft, and Richard Murphy, a.g.m., s. 23.

mesini engellemek istemekteydi. ABD, Irak'ın girişeceği yeni bir işgale karşı koymak zorunda kalmaktansa, bu tür bir tehdidi daha başlamadan önlemeyi hedeflemekteydi.[19]

Ancak, bu siyasetin mimarı Indyk, çifte çevreleme stratejisinin uluslararası destek sayesinde Irak'a karşı başarılı olmasının zararını da kestirmişti. Aynı başarının İran karşısında elde edilememesinin, Körfez'deki güç dengesini İran lehine değiştirmesinden ve bunun yaratacağı tehlikeli sonuçlardan da endişe duymaktaydı.[20]

Indyk'in gündeme getirdiği bu kaygı aslında çifte çevreleme siyasetine karşı çıkan çevrelerin de en güçlü argümanını oluşturmaktaydı. Bu çevreler, İran ve Irak'ın aynı anda çevrelenmesinin mümkün olamayacağını ve Saddam'ın iktidardan düşmesiyle Irak'ta doğacak bir güç boşluğundan, Irak'taki Şiiler üzerinden kaçınılmaz olarak İran'ın istifade edeceğini ve bölgede İran'ın nüfuzunun artmasına yol açacağını ve sonuçta ABD'nin daha büyük bir problemle karşılaşacağını ileri sürmekteydiler.[21]

Çifte Çevrelemenin Uygulama Araçları

Çifte çevreleme siyasetinin, Irak düzlemindeki uygulama araçlarını -her biri bu stratejinin kabulünden daha önce devreye girmiş bulunan- BM kararları kapsamında uygulanan ekonomik yaptırımlar, BM silah denetimleri, farklı amaçlarla yürürlüğe koyulmuş olmakla birlikte 36. paralelin kuzeyindeki ve önce 32. paralelin güneyinde uygulanan ve daha sonra 33. paralele genişletilen uçuşa yasak bölgeler (UYB), nihayetinde de ABD'nin Basra Körfezi'nde büyük bir askeri güç bulundurması teşkil etmekteydi.[22]

---

19) Kenneth M. Pollack, a.g.y., s. xxv.
20) Dr. Martin Indyk, a.g.m.
21) F. Gregory Gause II, "*The Illogic of Dual Containment*", Foreign Affairs, Cilt 73, No 2, Mart/Nisan 1994, s. 60.
22) Çevreleme siyasetinin BM Yaptırımları Boyutu Ek-1ve BM Silah Denetimleri boyutu Ek-2'de ayrıntılı şekilde ele alınmaktadır.

Yaptırımların temel amacı, Irak'ı ekonomik açıdan zayıf tutmaktı. Ekonomik imkânlardan yoksun kalacak Saddam rejimi, konvansiyonel kuvvetlerini yeniden eski konumuna getiremeyecek, kitle imha silahlarına maddi kaynak ayıramayacak, dolayısıyla ABD'nin bölgedeki ulusal çıkarlarını ve bölge ülkelerinin güvenliğini tehdit edemeyecekti. Irak'ın petrol satışlarından elde edeceği gelirin, Saddam Hüseyin'in kasasına girmesi önlendiği müddetçe, ekonomik olanaklardan ve ayrıcalıklardan mahrum kalacak olan önemli askeri ve güvenlik birimlerinin Saddam'a karşı sadakatlerinin azalacağı değerlendirilmekteydi.

BM silah denetimleriyle ise, Saddam Hüseyin'in sahip olduğu kitle imha silahlarının, balistik füzelerinin ve bunlara ilişkin programların bertaraf edilmesi amaçlanmaktaydı. Bu gerçekleşmediği müddetçe, Irak'ın Körfez bölgesinin istikrarına ve dolayısıyla ABD'nin hayati çıkarlarına oluşturduğu tehdit ortadan kalkmış olmayacaktı.

Uçuşa Yasak Bölge uygulamaları, aslında kuzeydeki Kürtleri ve güneydeki Şiileri Saddam'ın saldırısından korumak amacıyla oluşturulmuştu. Ancak, zamanla, Kürtleri ve Şiileri korumak amacıyla sınırlı kalmayarak, Bağdat rejimini askeri açıdan kontrol etme amacına da yönelmişti. Nitekim uçuşa yasak bölgeler, çevreleme siyasetinin Bağdat'taki rejime karşı caydırıcılığı ve dolayısıyla başarısı yüksek öğelerinden biri olacaktı.

Çevreleme siyasetinin diğer bir önemli öğesi, ABD'nin Basra Körfezi'nde bulundurduğu askeri güçtü. Körfez İşbirliği Konseyi üyesi ülkelerde ve Suudi Arabistan'da konuşlandırılmış bulunan ve ağırlıklı olarak hava ve deniz unsurlarından oluşan, göreli olarak küçük bir kara unsuruyla da desteklenen ABD askeri mevcudiyeti, Saddam Hüseyin karşısında caydırıcılık işlevi görecekti.

Çifte çevreleme stratejisinin en zayıf yönünü, yaptırımlar ve silah denetimleri boyutu itibariyle uluslararası desteğin sürekliliğinin sağlanmasındaki güçlük; uçuşa yasak bölge uygulamaları ve bölgede askeri güç bulundurma boyutu itibariyle de, bölge ülkelerinin üslerinden yararlanma zorunluluğu oluşturmaktaydı.

UÇUŞA YASAK BÖLGELER: ÇEVRELEME SİYASETİNİN ASKERİ BOYUTU

ABD'nin, Irak'ı çevreleme siyasetinin askeri boyutunu, 36. paralelin kuzeyinde ve 33. paralelin güneyinde uygulanan uçuşa yasak bölgeler (UYB), Basra Körfezi'nde konuşlandırılan ve yaptırımların denetlenmesini sağlayan Deniz Denetleme Gücü (Maritime Interception Force) ve bölge ülkelerinde konuşlandırılmış bulunan ve ağırlıklı olarak hava kuvvetlerinden oluşan, ABD askeri mevcudiyeti oluşturmuştu.

ABD, uçuşa yasak bölge uygulamalarını BM Güvenlik Konseyi'nin 688 sayılı kararına dayandırdı. 688 sayılı karar, Saddam Hüseyin'in Kuzey Irak'taki ayaklanmayı bastırması ve Türkiye, İran sınırına kaçan yüz binlerce mültecinin sorununa çözüm bulunması amacıyla, özellikle Türkiye'nin talebi üzerine 5 Nisan 1991'de BM güvenlik Konseyi'nde kabul edilmişti.

688 sayılı kararın ana hatları şunlardı:

- Irak'ın sivil halkına birçok bölgede ve son olarak da Kürtlerin yaşadığı bölgede yapılanlar, bölgede uluslararası barış ve güvenliği tehdit etmektedir. Irak bu baskıyı derhal durdurmalı ve tüm Iraklılar'ın siyasal ve insan haklarını güvenceye alacak bir diyalog başlatmalıdır.
- Irak, uluslararası insani örgütlerin bu insanlara ulaşmasına ve yardım eli uzatmasına derhal izin vermeli ve bu kuruluşların faaliyetlerine her türlü kolaylığı sağlamalıdır.
- BM Genel Sekreteri, Irak'ın sivil halkının ve özellikle Kürtlerin içinde bulunduğu kötü koşulların iyileştirilmesi amacıyla insani yardım çalışmalarını gözetecek ve sığınmacılar ile yerlerinden edilmiş insanların hayati ihtiyaçlarını acilen karşılamak için elindeki bütün imkânları kullanacaktır.
- Tüm üye devletler ve insani örgütler, bu insani yardım çabalarına katkıda bulunmaya çağrılmaktadır.

Kararda, yalnızca insani yardımdan söz edilmekteydi ve giriş kısmında Irak'ın toprak bütünlüğüne ve egemenliğine saygı teyit edilmekte, ayrıca Irak devletinin ulusal yetkilerine karışılmayacağı belirtilerek, BM Anlaşması'nda 'içişlerine karışmama' ilkesinin yer aldığı 2/7 maddesine atıfta bulunulmaktaydı.[23]

Aslında 688 sayılı karar, BM Anlaşması'nın VII. bölümü kapsamında alınmamasına, yani üye ülkelere kararın hükümlerini uygulamak konusunda askeri önlem alma yetkisi vermemesine rağmen, ABD'nin önderliğinde uluslararası askeri bir insani yardım operasyonu başladı.[24]

ABD, 10 Nisan'da 36. paralelin kuzeyinde 'Uçuşa Yasak Bölge' uygulaması başlattı. Yasak, sadece askeri uçakları değil, helikopterleri de kapsamaktaydı. Amaç, Kürt mültecilere sınırın Irak tarafındaki düzlüklerde bir güvenli bölge oluşturulması ve Kürt mültecilere bu bölgede insani yardım yapılmasıydı. Nisan sonunda Kuzey Irak'ta Kürt mülteciler için doğu-batı genişliği yaklaşık 160 millik, kuzey-güney derinliği yaklaşık 50 millik bir güvenli bölge tesis edildi. Bölgenin güvenliği, ABD önderliğinde İncirlik üssünde konuşlandırılmış, İngiliz ve Fransız askeri uçaklarıyla, Silopi'deki karargâhta görevli kara birlikleri tarafından sağlanmaktaydı. Kuzey Irak'ta Zaho'da ise bir irtibat bürosu niteliğindeki Askeri Eşgüdüm Merkezi kurulmuştu.

36. paralelin kuzeyindeki uçuş yasağı, Türkiye'deki İncirlik üssünde konuşlandırılan ve ABD, İngiltere ve Fransa'nın liderliğindeki koalisyon ülkelerinin uçaklarından oluşan 'Birleşik Görev Kuvveti' tarafından denetlenecekti.

Çifte Çevreleme Siyasetinin Geçirdiği Evreler

ABD, çifte çevreleme siyasetinin Irak boyutunu, en azından 1995'e kadar başarıyla uyguladı. 1993-1995 arasında bütün eleştirilere rağ-

---

23) Baskın Oran, Kalkık Horoz: Çekiş Güç ve Kürt Devleti, II. Baskı, Bilgi Yayınları, Ankara, 1998, s. 58.
24) Kenneth M. Pollack, a.g.y., s. 51.

men, yaptırımlar etkin bir şekilde uygulandı, silah denetimlerine uluslararası destek kerhen de olsa devam etti. ABD, Saddam Hüseyin'in Ekim 1994'te Kuveyt sınırına asker yığması karşısında arkasında güçlü bir koalisyon desteğiyle askeri caydırıcılığını hemen devreye soktu ve Saddam'a bir kez daha diz çöktürmeyi başardı.

Saddam'ın Kuveyt sınırına asker yığması, Clinton Yönetimi içindeki 'ılımlılar' ve 'sertlik yanlıları' arasındaki görüş farklılıklarını bir kez daha ortaya çıkardı. Sertlik yanlısı kesim, bu girişimi, Saddam Hüseyin'i devirmek ya da en azından iktidarını zayıflatmak bakımından ilave tedbirler almak için bir fırsat olarak kullanmak eğilimindeydi. Bağdat'ın Güney Irak'taki bütün askeri güçlerini geri çekmeye zorlanmasını istemekteydi. Ilımlılar ise, ABD'nin 1991'deki Kürt ve Şii ayaklanmalarını desteklememesinin başlıca nedeni olan gerekçeye başvuruyor ve Irak'ın tamamen güçsüz bırakılmasıyla doğacak bir güç boşluğundan en fazla İran'ın istifade edeceğini ileri sürüyorlardı. Neticede, İran faktörünün etkisiyle bir kez daha ılımlıların görüşleri kabul görüyordu.[25]

Darbe Siyaseti

Ocak 1995'e gelindiğinde, Clinton yönetimi içinde, çevreleme siyasetinin daha ne kadar sürdürülebileceği tartışmaları başladı. Üst düzey yetkililerin katılımıyla gerçekleştirilen toplantıda, Dışişleri Bakanlığı Müsteşarı Peter Tarnoff, çevreleme siyasetinin daha fazla devam ettirilemeyeceğini ve bu nedenle altında ezilmeden önce ABD'nin kendiliğinden bu stratejiyi terk etmesi düşüncesindeydi. Ilımlılar, Fransa'nın değişen tutumuna ve Rusya'da iktidara gelen ekibin Irak'la özel ilişkilerine dikkat çekmekteydi. Sertlik yanlısı Martin Indyk ve Mark Parris, bu görüşe karşı çıkıyor ve Yönetim Irak'a öncelik verdiği takdirde, çevreleme siyasetine sağlanan uluslararası desteğin sürdürülmesinin mümkün olduğunu ileri sürüyorlar-

25) Kenneth M. Pollack, a.g.y., s. 70.

dı. Toplantıda alınan karar doğrultusunda, ABD'nin BM nezdindeki Büyükelçisi M. Albright, Parris ve Reidel ile birlikte altı Ortadoğu ülkesini kapsayan bir seyahate çıktı. Amaç, çevreleme siyasetine desteğin sürmesini sağlamak ve bölge ülkelerinin tepkilerini öğrenmekti. Albright'ın ziyaret ettiği ülkelerden aldığı güçlü destek mesajları üzerine, Clinton yönetimi bir yandan çevreleme siyasetini sürdürme, diğer yandan da rejim değişikliğine matuf örtülü operasyonlara devam etme kararı aldı.

Mart 1995'te ABD Ulusal Güvenlik Konseyi'nin aksi yöndeki telkinlerine rağmen INC ve KYB'nin Kuzey Irak'ta yaptıkları başarısız ayaklanma girişimi; Irak muhalefeti yoluyla rejim değişikliği görüşünü savunan çevrelerin etkinliklerinin ciddi bir şekilde sarsılmasına yol açtı.[26]

1996'dan itibaren ise, ABD'nin çevreleme siyasetini sürdürmesi giderek zorlaştı. Yaptırımlardan zarar gören bölge ülkeleri, Irak'la ambargo dışı ticari ilişkiler kurmaya hız vermişlerdi.

Bu arada, Irak, ambargonun sivil Irak halkı üzerindeki etkilerini azaltmak amacıyla BM Güvenlik Konseyi'nin Nisan 1995'te kabul ettiği 986 sayılı kararı uygulamaya hazır olduğunu bildirdi. ABD Yönetimi, önemli bir ikilem içindeydi. Irak'a uygulanan yaptırımlara uluslararası desteğin devamını sağlamanın tek yolu, yaptırımların esnetilmesi ile mümkün olacaktı. Ancak Petrol Karşılığı Gıda Programı, uzun vadede çevreleme siyasetini sürdürmeyi zorlaştıracak bir nitelik kazanabilirdi.

Clinton Yönetimi'ndeki sertlik yanlıları bu ikilemi aşmak açısından Irak'ta rejim değişikliği hedefine yönelik kararlı adımlar atılması gerektiğini; Dışişleri Bakanı Christopher önderliğindeki ılımlılar ise, yönetimin Irak politikasının, bu politikanın amacına tam olarak hizmet ettiğini ve bu çerçevede, Saddam Hüseyin'in bölge istikrarını tehdit etmesinin çok düşük bir maliyetle engellendiğini düşünüyorlardı. Bu durumda yönetimin Balkanlar ve Ortadoğu Barış Süreci gi-

---

26) Kenneth M. Pollack, a.g.y., s. 71-72.

bi daha önemli dış politika konularına yoğunlaşabildiğini söylüyorlardı. Ulusal Güvenlik Konseyi toplantısından çıkan sonuç, dönemin CIA Başkanı John Deutsch'un Irak'ta darbe hazırlıklarını sürdürmesi kararıydı.[27] Ancak, Saddam Hüseyin, CIA'in Irak Ulusal Birliği (Vifak) ile sürdürdüğü darbe hazırlıklarını Haziran 1996'da ortaya çıkarınca, darbe planları da desteğini kaybedecekti.

Ağustos-Eylül 1996'da Saddam'ın askeri birliklerinin Erbil'e girmesi karşısında, yönetim içindeki sertlik yanlılarının görüşü ağır bastı ve Irak'ın saldırılarına karşılık verilmesi kararı alındı. ABD Savunma Bakanı William Perry, destek sağlamak üzere bölge ülkelerini ziyaret etti. Ancak bu defa, Türkiye, Suudi Arabistan ve Ürdün; ABD'nin, askeri üslerini kullanmasına izin vermediler. Böylelikle, ABD'nin askeri caydırıcılığı derin bir yara aldı.

BM Güvenlik Konseyi'nin 986 sayılı kararıyla devreye giren Petrol Karşılığı Gıda Programı'nın, Aralık 1996'da uygulanmaya başlamasıyla Irak, bu programı Irak'la iş yapmak isteyen ülkeleri kendi yanına çekmek ve dolayısıyla diplomatik yalnızlıktan kurtulmak amacıyla önemli bir manivela olarak kullanmaya yöneldi. Irak'ın bu taktik girişimleri, özellikle Rusya ve Fransa üzerinde etkilerini gösterdi ve neticede BM Güvenlik Konseyi içinde bölünmeye yol açtı. Irak bu bölünmeden ince diplomatik manevralarla sonuna kadar yararlandı. Kitle imha silahlarından ve balistik füzelerinden arınmasını gerektiren BM kararlarına diretmeye yönelik tavrında Güvenlik Konseyi içindeki bu bölünme başrolü oynadı.

İKİNCİ CLİNTON DÖNEMİ: ÇEVRELEME+REJİM DEĞİŞİKLİĞİ

Kasım 1996'daki seçimlerden yeniden Başkan olarak çıkan Clinton, kabinesinde önemli değişiklikler yaptı. Dışişleri Bakanlığı'na Irak konusunda ılımlı tutumuyla bilinen Christopher'ın yerine sert-

27) Kenneth M. Pollack, a.g.y., s. 77-78.

lik yanlısı Medeleine Albright, Ulusal Güvenlik Danışmanlığına ise sertlik yanlısı ekibe daha yakın duran Samuel Berger getirildi. Ancak bu ekip de, Irak'ı ABD'nin dış politikasında temel bir sorun olarak görmüyordu.[28]

Nitekim, 1997-1998 yıllarında silah denetimleriyle bağlantılı olarak yaşanan UNSCOM krizlerinde, ABD'nin iki defa askeri güç kullanmaktan son anda vazgeçmesi, ABD'nin kararlılığına ilişkin soru işaretlerinin artmasına yol açacaktı.

Çevreleme siyasetinin, belirli hedeflere ulaşmada etkili olduğu bütün kesimlerce kabul edilmekteydi. Bu bağlamda; Irak'ın, askeri gücü ciddi şekilde denetim altına alınmış, konvansiyonel gücünü yeniden kurması engellenmiş, UNSCOM denetimleri sayesinde Irak'ın kitle imha silah programları kontrol altına alınabilmiş ve nükleer bomba sahibi olmasının önüne geçilebilmiş, Saddam'ın yeni bir maceraya kalkışması önlenmişti.

Ancak, yaptırımların zamanla aşınmaya maruz kalmış olması, kitle imha silah denetimlerinde yaşanan sorunlar ve nihayetinde ABD'nin Irak'a ilişkin politikalarına daha az ülkenin destek vermesi, geniş bir uluslararası koalisyon desteğine dayanması gereken çevreleme siyasetinin de etkinliğini azaltmıştı. Petrol Karşılığı Gıda Programı'nın etkisiyle Irak yeniden uluslararası politikanın bir aktörü haline gelmeye başlamıştı.

Nitekim 1997'nin son günlerinden itibaren, bir yandan Clinton Yönetimi içindeki sertlik yanlıları ve ılımlılar arasındaki görüş farklılıkları devam ederken, diğer yandan çevreleme stratejisinin yararı ABD kamuoyunda tartışılır hale gelecekti.

Çevreleme stratejisinin başarısızlığını ileri süren kesimin öncülüğünü ise, Başkan Clinton'ı Irak politikalarında etkisiz kalmakla suçlayan, sertlik yanlısı Cumhuriyetçi 'muhafazakâr-şahin' kesim yapmaktaydı.

Bu kesime göre, 'Clinton Yönetimi Irak karşısında acz içindeydi. Yaptırımlarla birlikte ABD'nin Irak politikası da çökmekte'ydi:

28) Kenneth M. Pollack, a.g.y., s. 85-86 .

Saddam rejiminin siyasi hedefleri hiçbir zaman değişmeyecektir. Irak, bölgede hakimiyet peşinde koşacak ve Saddam iktidarda kaldığı müddetçe kendi halkına ve komşularına saldırmaya devam edecektir. Yaptırımlar ve münferit ABD askeri harekâtları, Saddam'ın kitle imha silahları ve uzun menzilli balistik füzeler edinmesini engelleyebilir ve Irak'ın konvansiyonel güçlerini yeniden inşa etme kabiliyetini sınırlandırabilir. Ancak bu önlemler, kendi başlarına Saddam rejiminin yıkılmasını sağlamak için yeterli olmayacaktır.

Yaptırımlar, Irak'ın askeri açıdan yeniden canlanmasını durdurmak için gerekli olmakla birlikte, ABD bakımından siyaseten ayak bağıdır. Yaptırımların sonsuza kadar devam edemeyeceğini ve ABD'nin Saddam rejimini devirme planı olmadığını gören Ortadoğu'daki ABD müttefikleri ve diğer ülkeler, ABD ile Irak arasında süren çatışmanın sonunda Irak'ın üstün geleceğine inanmaktadırlar. Bunun sonucunda, Saddam rejimine yönelik politikalarını değiştirerek, Bağdat'la ilişkilerini geliştirmenin yollarını aramaktadırlar.

ABD'nin mevcut Irak politikası, daha büyük askeri güçler ve askeri harekâtlarla desteklense bile, uzun vadede Saddam ve rejimi karşısında üstün gelmemizi sağlamaya yetmeyecektir. Saddam liderliğindeki Irak'tan kaynaklanacak tehdidin engellenmesi, ABD'nin tehdit ve söylemlerini, sürdürülmesi zaten imkânsız hale gelmiş bulunan statükoyu devam ettirmeye yoğunlaştırmak yerine, belirli bir amaca yöneltilmesi halinde mümkün olabilecektir. Politikamızın odak noktası olarak yaptırımları devam ettirmek yerine, Saddam'ı devirmeye yönelmediğimiz takdirde, Irak karşısında yenilgiye uğramamız kaçınılmazdır."[29]

Clinton yönetimi ise, 'şahinler'in bütün eleştirilerine rağmen, Saddam Hüseyin rejiminin devrilmesini Irak politikasının mihenk taşı haline getirmeye yanaşmıyordu. Aslında, Saddam Hüseyin'in ABD'nin çıkarlarına ciddi tehdit oluşturduğu ve iktidardan uzaklaştırılmadığı takdirde, Irak meselesinin sona ermeyeceği birçok yönetim yetkilisince de kabul edilmekteydi. Ancak, Clinton yönetimi,

---

29) David Wurmser, Tyranny's Ally: America's Failure To Defeat Saddam Hussein, Washington D.C, The AEI Press, 1999, s. 1-2.

Saddam rejiminin devrilmesinin ABD açısından maliyetinin yüksek olacağını değerlendirmekteydi.

Yakındoğu konularından sorumlu Dışişleri Bakan Yardımcılığı görevini üstlenmiş bulunan, 'çifte çevreleme' siyasetinin mimarı Martin Indyk, Kongre'de Irak konusunda düzenlenen bir oturumda, ABD'nin Irak politikası bağlamında üç temel hususa vurgu yapmaktaydı: Birincisi, yaptırımların ve silah denetimlerinin sıkı bir şekilde uygulanmasını sağlamak için askeri güç kullanılmasına uluslararası destek yoktu. İkincisi, ABD'nin, Bağdat'ı işgal ve ele geçirmek amacıyla girişebileceği bir askeri harekâtta uluslararası alanda yalnız kalması ve bunun sonucunda yaptırımların tamamen çökmesi kaçınılmazdı. Nihayetinde ise, ABD'nin, yaptırımların devamını sağlamak açısından diplomatik çabalarını sürdürmesi gerekliydi.[30]

Şahinlerin Zaferi: Irak Kurtuluş Yasası

'Muhafazakâr-şahin' kesim ise Clinton yönetimi'nin, rejim değişikliğini Irak politikasının odak noktası haline getirmeyeceğinden hareketle; özellikle Kongre'deki etkinliği sayesinde, yönetim üzerinde giderek artan bir baskı kurmaya başladı. Neticede, ABD'nin Irak politikasında, Saddam Hüseyin'in devrilmesi görüşünü destekleyen Kongre mensupları tarafından 'Irak Kurtuluş Yasası' (Iraq Liberation Act) başlıklı bir taslak Kongre'ye sunuldu. Tasarıya göre, "*ABD'nin politikası, Saddam Hüseyin liderliğindeki rejimin iktidardan uzaklaştırılması ve yerine demokratik bir yönetimin gelmesini sağlamak,*" olmalıydı.

Irak muhalefetine ABD'nin askeri ve maddi yardım sağlanmasını öngören tasarıdan hoşnut olmayan Clinton yönetiminin bütün çabalarına karşın, tasarı Kongre'nin Temsilciler Meclisi kanadında 38'e karşı 360, Senato kanadında ise oydaşma ile kabul edildi.

Başkan, yasada yer alan şartlara sahip Irak muhalefet gruplarının tespitinde ve tahsis edilen 97 milyon doların bu gruplara dağıtımın-

---

30) David Wurmser, a.g.y., s. 35.

da yetkili kılınıyordu. Başkan Clinton'ın 31 Ekim 1998'de imzalamasıyla yasa yürürlüğe girdi.[31]

Böylelikle, Mart 1991'den Ekim 1998'e kadar 'çevreleme' stratejisiyle açıklanan ABD'nin Irak politikası 'çevreleme+rejim değişikliği' olarak nitelendirilmeye başladı. Irak'ta rejim değişikliği, artık ABD'nin örtülü operasyonlarla gerçekleştirmeye çalıştığı bir hedef olmaktan çıkmış ve açıktan telaffuz edilen resmi politika haline gelmişti.

Nitekim, Ekim 1998'de, silah denetimleri konusunda üçüncü defa çıkan UNSCOM kriziyle, ABD bu defa Irak'a karşı güç kullanmaya karar verdi. Askeri harekât konusunda Güvenlik Konseyi'nde Fransa, Rusya ve Çin'in itirazlarıyla karşılaşan Clinton yönetimi, askeri harekâtın gerçekleştirilmesi ve ABD'nin tek başına hareket etmesi bakımından yeterli yasal dayanağın bulunduğunu düşünmekteydi.[32] Başkan Clinton, ABD'nin, Irak politikasının 'rejim değişikliği' olduğunu ve Irak Kurtuluş Yasası'nı uygulamak için harekete geçeceğini açıklıyordu.

Kriz, Irak'ın BM'nin şartlarını kabul edeceğini açıklamasıyla son anda çözüldü. Ancak Cumhuriyetçi Parti, Başkan Clinton'ı, 'irade zayıflığı ve ABD'nin dış politikasını BM'ye havale etmek' eleştirisiyle topa tutmaktaydı.

Aslında Clinton yönetiminin de, Irak'ın uzlaşmaz tutumu karşısında sabrı taşmıştı, ancak karşılarında çok az kişinin yanıtlayabileceği bir ikilem durmaktaydı: ABD, ya güç kullanarak Güvenlik Konseyi'nde bölünmeyi derinleştirecek; ya da güç kullanmaktan vazgeçerek Saddam'ın denetimleri 'baltalamasına', Güvenlik Konseyi'nin otoritesini sarsmasına ve ABD'yi acze düşmüş göstermesine izin verecekti.

Bu sırada, yönetim içindeki "şahinler" de, ABD'nin daha saldırgan bir strateji izlemesine yönelik girişimlere başlamışlardı. Yakındoğu

---

31) Kenneth Katzman, "*Iraq's Opposition Movements*", CRS Report For Congress, Washington DC, Library of Congress, 27 Haziran 2000, s. 5.
32) Sandra Mackey, a.g.y., s. 356-363.

konularından sorumlu Dışişleri Bakan Yardımcısı Martin Indyk ve Ulusal Güvenlik Konseyi'nde Başkan Clinton'ın Yakındoğu ve Güney Asya konularından sorumlu danışmanlığı görevine atanan Bruce Reidel'in başını çektiği bu ekip, Saddam Hüseyin'in silah denetçilerine bir kez daha engel çıkartması halinde, ABD'nin Irak'a karşı 'zorlayıcı' (coercive) hava saldırısı gerçekleştirilmesini savunmaktaydı. Hava saldırısı, uzun süreli ve Saddam Hüseyin'in iktidarının temel unsurları olan iç güvenlik kuvvetlerini cezalandırmaya yönelik olmalıydı. Ancak, yönetimdeki diğer yetkililer, bu görüşe karşı çıkmakta, sonucu belli olmayan bir hava saldırısının Vietnam benzeri bir bataklığa yol açacağını ileri sürmekteydi.[33]

Irak bir ay sonra yeni bir kriz çıkarttığında ise Clinton yönetimi, Çöl Tilkisi Harekâtı'na girişti. Ancak, bu harekât da Saddam Hüseyin'in devrilmesini sağlamak hedefinden ziyade cezalandırmaya yönelikti ve bu niteliği itibariyle 'muhafazakâr-şahinler'i tatmin etmekten bir hayli uzaktı.

Clinton yönetimi, bundan sonraki iki sene zarfında Irak Kurtuluş Yasası kapsamında ABD'nin Irak politikasının rejim değişikliği olduğunu sürekli açıklamakla birlikte, bu hedefe yönelik herhangi ciddi bir girişimde de bulunmadı.

II. Bush Dönemi: Irak Askeri Harekâtı

Kasım 2000'deki Başkanlık seçimlerini Cumhuriyetçi Parti adayı George W. Bush'un kazanmasıyla, ABD'de II. Bush dönemi başladı. Bush yönetiminin oluşmasıyla, Irak'ta rejim değişikliği stratejisinin mimarları olan 'muhafazakâr-şahinler' işbaşına geldi.

Daha ilk günden itibaren, Irak'ta rejim değişikliğinin ABD'nin öncelikli dış politika hedeflerinden biri haline gelmesi beklenmekteydi. Nitekim Bush yönetimi, çok geçmeden ABD'nin Irak politikasında kapsamlı bir gözden geçirme başlatıldığını ve konunun bütün yönleriyle değerlendirilmekte olduğunu açıkladı.

---

33) Kenneth M. Pollack, a.g.y., s. 91-92.

Ancak, Irak konusundaki gözden geçirme sürecinin devam ettiği bir aşamada, 11 Eylül terör saldırılarının gerçekleşmesi, ABD'nin hedef ve önceliklerini kökünden değiştirdi. Artık, ABD'nin hedef tahtasında, terörle mücadele ve saldırıları gerçekleştirdiğine inanılan El-Kaide örgütü ve bu örgüte yataklık eden Afganistan'daki Taliban rejimi vardı. ABD, terörle mücadele kapsamında büyük bir uluslararası destek alarak 'Sürekli Özgürlük' Harekâtı'nı gerçekleştirdi ve Kuzey İttifakı'nın da yardımıyla Taliban rejimini yıktı.

Bununla birlikte, 11 Eylül terör saldırılarından bir gün sonra ABD'deki 'muhafazakâr-şahinler', Irak'ın saldırılarla bağlantısı olup olmadığını araştırdılar. Hatta ABD basınında, Irak istihbarat örgütü Muhaberat'tan bir yetkilinin, New York'taki ikiz kulelerden birine çarpan uçağı kaçıran teröristlerden Muhammed Atta ile yaklaşık 1 yıl önce Prag'da görüştüğüne dair bilgiler yer aldı. Ama bunların doğru olmadığı ve CIA'in yalan haber yaydığı ortaya çıktı.

ABD Yönetimi, yaptığı açıklamalarda, Bağdat'ın 11 Eylül hadiseleri ile doğrudan ilişkisi olmadığını bildirdi, ancak bu açıklamalara rağmen 'muhafazakâr-şahin'ler 11 Eylül'ün de yarattığı ortamdan istifadeyle 'II. Aşama' (Phase II) olarak nitelendirilen bir kavram geliştirdiler. Buna göre, Afganistan terörle mücadelenin birinci aşamasıydı, ikinci aşama ise Saddam Hüseyin'in devrilmesiydi.

Bu durumu ABD'de inandırıcı bulamayan çevreler bu konuda daha farklı bakış açıları getirdiler.

Ocak 2003'e gelindiğinde ise Irak'a yönelik bir askeri harekâtın en geç Şubat'ın ikinci yarısında veya Mart ayında başlayacağı konuşuluyordu.

Güneyde Bir Yasak Bölge Daha

Irak'ın güneyindeki uçuşa yasak bölge ise Ağustos 1992'de ilan edildi. ABD, Bağdat'ın, ülkenin güneyindeki Şiilere yaptığı baskı ve kitlesel insan hakları ihlallerinin uluslararası alanda yarattığı tepki karşısında Ağustos 1992'de, 32. paralelin güneyinde de uçuşa yasak bölge ilan etti. Başlangıçta 32. paralelin güneyinde uygulamaya konulan, ancak Irak askeri birliklerinin Ağustos-Eylül 1996'da Erbil'e girmesinden sonra 33. paralele genişletilen UYB, Güney Irak'ta çoğunluğu Şiilerden oluşan Irak halkını, Saddam Hüseyin'in zulmünden korumak hedefinin yanı sıra, Irak'ın Kuveyt'e muhtemel saldırı hazırlıklarını önceden tespit etmek hedefi de bulunmaktaydı. 33. paralelin güneyindeki UYB'nin kuzeydekinden önemli bir farkı, Bağdat'ın 33. paralelin altındaki birliklerinin 949 sayılı Güvenlik Konseyi kararından önceki seviyenin üzerine çıkartmasının yasaklanması teşkil etmekteydi.[34]

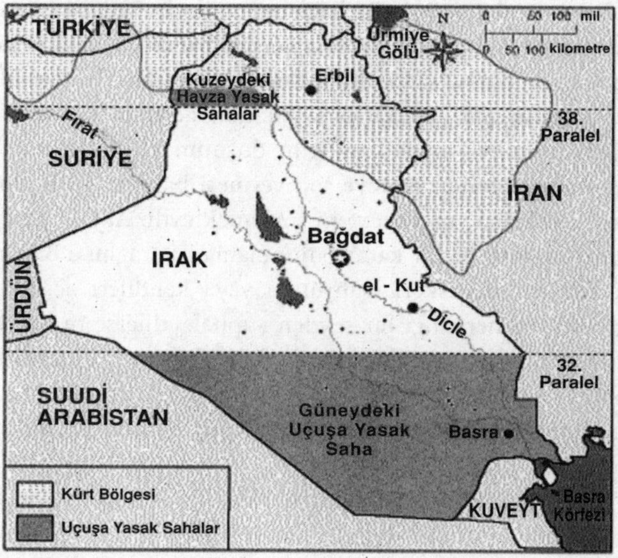

34) "United States Policy Toward Iraq", Hearing Before the Committee on International Relations United States House of Representatives, 106th Congress, Us Government Printing Office (Mart 23) 2000, s. 63.

Irak'taki Uçuşa Yasak Bölgeler

ABD'ye göre, UYB uygulamaları, Saddam Hüseyin'in Kuzey ve Güney Irak halkına karşı yaptığı baskının önlenmesi amacına matuftu.

UYB'ler Irak ile koalisyon kuvvetleri arasında sürekli gerginlik kaynağı oldu. Irak, daha ilk andan itibaren bu yasakları tanımadığını açıkladı. ABD'nin büyük ölçekli tepkisine yol açacak davranışlardan da kaçınmakla birlikte, sistematik bir şekilde UYB'leri ihlal etti. Örneğin Amerikan kaynaklarına göre 1999'da Irak'ın gerçekleştirdiği ihlal sayısı 600'dü ve bu ihlaller, uçuş yasağına uyulmaması, koalisyon uçaklarına uçaksavar ve yerden havaya füzelerle ateş açılmasından oluşmaktaydı. ABD Savunma Bakanlığı, bu tür ihlallere karşı ilave önlemler getirdi. Bu bağlamda, pilotlar sadece kendilerini korumak değil, kendilerinden sonraki uçuşların güvenliğini sağlamak açısından tehdit kaynaklarını imha etmek yetkisiyle donatıldı. ABD Savunma Bakanlığı, UYB'lerde sıklıkla görülen çatışmaların, Irak'ın tahriklerinden kaynaklandığını düşünmekte, Irak'ın pilotların can güvenliğini tehdit etmeye son vermesi halinde, ABD'nin Irak askeri hedeflerinden vazgeçeceğini söylemekteydi. Ancak Amerikan ve İngiliz uçakları hiçbir karar bulunmamasına rağmen Bağdat dahil Irak içinde nerede askeri faaliyetten veya kendileri açısından tehlikeli gördükleri herhangi bir şeyden şüphelendilerse orayı vurarak imha ettiler. Bu operasyonlar aslında daha sonra gerçekleştirilecek büyük operasyon için girişilen küçük operasyonlar olarak da adlandırılabilir. Bu askeri operasyonlar için de aslında hiçbir gerekçe ve onay aramadılar.

UYB'ler Pentagon açısından ilave askeri operasyon demekti. Bu çerçevede, yasağın uygulandığı bölgelerde Irak'ın hava savunma imkân ve kabiliyetleri ile Irak hava kuvvetlerinin etkinliği sınırlandırılmış, böylelikle Irak'a karşı girişilecek muhtemel bir askeri harekât sırasında Irak hava kuvvetlerinin ABD uçakları karşısında dayanması imkânsız hale getirilmiş oldu. Irak hava sahasının yaklaşık % 60'ını kapsayan UYB'ler, Irak'ın bütün askeri fonksiyonlarını sonlandırmakta kullanılmış oldu. UYB'ler Irak'ın başta Kuveyt olmak üzere komşularına karşı kalkışacağı bir askeri maceranın önceden izlenmesi bakımından da önemli bir üstünlük sağlamaktadır.[35]

Deniz Denetleme Gücü (Military Interception Force-MIF)

ABD'nin Irak'ın çevrelenmesi siyasetinin askeri boyutunun ikinci unsuru, Basra Körfezi'nde konuşlandırılan ve Irak'a yönelik BM yaptırımlarının Körfez'den denetlenmesinden sorumlu Çokuluslu Deniz Denetleme Gücü'ydü.

Bu güç, kuzeydeki ve güneydeki uçuşa yasak bölge uygulamalarının aksine, BM Güvenlik Konseyi'nin Irak'ın Kuveyt'i işgali üzerine 1990'da aldığı ve BM üyesi ülkelere, Irak'a giden ve Irak limanlarından ayrılan bütün gemi seferlerinin engellenmesi yetkisi veren 665 sayılı karara dayanmaktaydı.

BM yaptırımlarının delinmesini önlemek konusunda başarılı olmakla birlikte, bu güç Irak petrolünü taşıyan tankerlerin doğrudan İran karasularına geçmesine engel olamamaktaydı. Uluslararası hukuka göre karasuları, ülkelerin münhasır egemenlik alanı olarak kabul edilmekteydi ve ABD liderliğindeki koalisyon gemilerinin İran karasularına girmeleri uluslararası hukukun ihlali anlamına gelecekti.

ABD'nin önderliğindeki güce İngiltere, Arjantin, Avustralya, Kuveyt, Hollanda, Yeni Zelanda, BAE katıldı. Kuveyt, Umman ve BAE, ülke içi muhalefete rağmen Çokuluslu Denetleme Gücü tarafından rotaları zorla değiştirilen gemilerin limanlarına girmelerine izin verdiler.[36]

---

35) "United States Policy Toward Iraq", s. 52.
36) "United States Policy Toward Iraq", s. 52.

ABD'nin Körfez'deki Askeri Gücü

ABD'nin Irak'ın çevrelenmesi siyasetinin askeri boyutunun üçüncü unsuru, Basra Körfezi'ndeki müttefik ülkelerdeki askeri üslerde konuşlandırılan ve ağırlıklı olarak hava unsurlarından oluşan askeri güçtü. 1991'den itibaren, ABD Basra Körfezi'nde 17 bin-25 bin asker, 30 savaş gemisi, 175 askeri uçak bulundurdu. Irak'ın Kuveyt sınırına asker yığması örneğinde olduğu gibi, ABD gerek gördüğü her durumda bölgedeki askeri gücünü artırma yoluna gitti.

Pentagon, bölgede bu denli büyük bir askeri gücün bulundurulmasını üç temel gerekçeye dayandırmaktaydı:

- Yaptırımlar ve uçuşa yasak bölgeleri denetlemek,
- Irak'ın, koalisyon güçlerine, komşularına ve BM personeline yönelik tehditlerini savuşturmak ve caydırmak,
- Bağdat'ın Kuzey Irak, Irak halkına karşı girişebileceği bir saldırıya ve kitle imha silah programlarını sürdürmesine kuvvetli biçimde askeri karşılık vermek.[37]

ABD'nin bölgede büyük ölçekli askeri güç bulundurması, Saddam Hüseyin rejimini yeni maceralara girmekten büyük ölçüde caydırdı.

ABD'nin bölgede bulundurduğu askeri güç bağlamında karşılaştığı en büyük sorun, yerel halkın Irak'ın Kuveyt'i işgaline son verilmesinin ardından ABD askerlerinin ülkelerinde kalmalarına gösterdikleri tepkiydi. Hatta zaman zaman bu tepkiler, kendisini ABD askeri birliklerinin bulunduğu binalara yapılan terör saldırılarıyla da gösterdi. Aslında Ortadoğu'da halklar Amerika'dan ve bölgesel politikalarından nefret ettiklerini sık sık gösterdiler.

37) "United States Policy Toward Iraq", s. 53.

6
ÇEKİÇ GÜÇ

Türk kamuoyunun 'ABD'nin Kürt Devleti kurmaya yönelik gizli hedefinin aracı' olarak göreceği ve yıllarca büyük tartışmalara neden olacak Birleşik Görev Kuvveti, Türkiye'de 'Çekiç Güç' ismiyle anılmaya başlandı. Aslında bu gücü göreve çağıran Turgut Özal'dı. Özal bu kararı alırken ve Amerika'yı bu konuda göreve çağırırken sonrasında olacakları hiç düşünmemişti.

Birleşik Görev Kuvveti ya da Türkiye'deki meşhur ismiyle Çekiç Güç, 1996'da Irak birliklerinin Erbil'e girmesinin ardından Kuzey Irak'ta meydana gelen gelişmeler ve Türkiye'nin ısrarlı talepleri karşısında 'Kuzeyden Keşif Harekâtı'na dönüştü. Buna göre, Uçuşa Yasak Bölge uygulaması aynen muhafaza edilmekte, sadece bu uygulamayı denetleyen Çekiç Güç, kara unsurlarından arındırılmakta ve bu bağlamda Kuzey Irak'taki Askeri Koordinasyon Merkezi lağvedilmekteydi. 1991'den itibaren güçte yer alan Fransa'nın 1996'da çekilmesiyle, Çekiç Güç sadece ABD ve İngiliz uçaklarından oluşur hale geldi.

Çekiç Güç Tartışmaları

Türkiye, Çekiç Güç konusunda, Turgut Özal'ın ısrarıyla oluşturulan, iyi hesaplanmamış, hatta üzerinde düşünülmemiş bir derdi aldığını sonradan anladı. Bu konuda Çekiç Güç'ün görev süresinin uzatılması her an problem oldu. Muhalefetteyken Çekiç Güç'e karşı çıkanlar iktidara geldiklerinde Çekiç Güç'ü müdafaa etmek zorunda kaldı.

Çekiç Güç, Türk parlamentosunda da sürekli tartışmalar yarattı. Bugünkü Başbakan Abdullah Gül, 24 Aralık 1999'da Çekiç Güç'ün görev süresinin uzatılması için TBMM'de yapılan görüşmelerde Refah Partisi grubu adına yaptığı konuşmada şunları söylüyordu:

> *Sayın milletvekilleri, nedir bu Çekiç Güç ve nasıl bugünlere gelinmiştir? Körfez Savaşı'nın üzerindeki sis perdeleri bugün artık yavaş yavaş yükselmekte, senaryonun nasıl yazıldığı ortaya çıkmaktadır. İran ve Irak'ı senelerdir birbirine düşüren emperyalist güçlerin, Irak'ı nasıl Kuveyt'i işgale teşvik ettikleri Irak'a Kuveyt'e nasıl saldırttıkları da bugün ortaya çıkan belgelerle, gün gibi ortadadır...*
>
> *Çekiç Güç denen çok uluslu askeri gücü oluşturan Amerikan, İngiliz ve Fransızların, Ortadoğu bölgesiyle ilgileri, Osmanlı devrinin son günlerinde başlamıştır. Bu sebeple, Çekiç Güç'ün başından beri bölgedeki işlevi, Sevr Anlaşması'nın o zaman gerçekleştirilemeyen hükümlerinin, bugün gerçekleştirilebilmesi için ortam açmaktır, meydan yaratmaktır. Evet, geniş bir tarihi perspektiften baktığınızda, Batı'nın yüz sene önce ortaya attığı şark meselesinin devam ettiğini göreceksiniz. Sevr Anlaşması'nın Üçüncü Kısmı'nın 62, 63, 64'üncü maddelerindeki Kürdistan sınırlarını ve yine aynı Anlaşma'nın Altıncı Kısmı'nın 89 ila 93'üncü maddelerindeki Ermenistan*

sınırlarını bir kere daha gözden geçirirseniz, Sevr Anlaşması'nda çizilen Ermenistan, Kürdistan ve bugünkü İsrail haritalarının birbiri üzerine nasıl oturduğunu gayet açıklıkla göreceksiniz. O zaman, Osmanlı'dan, İngiliz marifetiyle alınan toprakların nasıl bugün Yahudilere teslim edildiğini göreceksiniz.

İşte, bu Çekiç Güç vasıtasıyla uzun vadede yapılmak istenen de, bugünkü Kürt kardeşlerimizin bulunduğu toprakların, ileride büyük Ermenistan'a verilme çabalarının bir başlangıcıdır; aynı, elli sene önce Filistin topraklarında yapıldığı gibi...

Kim ne derse desin, bugün, Çekiç Güç kuvvetleri bir ana rahmi gibi sınırlarımızda yeni bir devletin doğuşuna, oluşumuna yataklık yapmaktadır. Siz bir taraftan bu oluşumu kabul etmediğinizi -biraz önce grubu adına arkadaşımın konuştuğu gibi- ilan edeceksiniz, "Biz orada bir bağımsız Kürt Devletinin kurulmasını kabul etmeyeceğiz, etmiyoruz" diyeceksiniz, öbür taraftan da adım adım bu oluşumu gerçekleştiren yabancı güçleri destekleyeceksiniz, görev süresini uzatacaksınız!..

Arkadaşlarım, Sayın Başbakan Londra'ya gittiklerinde, İngiliz Başbakanı Major'ın sözlü olarak taahhütte bulunduğunu söylüyor.

Türkiye'nin güvenliğini, Türkiye'nin geleceğini, bölgenin güvenliğini, İngiliz Başbakan'ın sözlü taahhütlerine nasıl bağlayabilirsiniz, nasıl güvenebilirsiniz?!..

Çekiç Güç-PKK ilişkileri saklanamaz hale gelmiştir. Türkiye'nin kontrolünün artırıldığı, her defasında söylenilmesine rağmen, yeni bir skandal ortaya çıkmış, yardımlar yapıldığı ortaya çıkmış ve gazeteler devamlı olarak Çekiç Güç-PKK ilişkileri üzerinde haberler vermiş olmasına rağmen, bu hususlar hakkında ikna edici hiçbir açıklama yapılmamıştır, ama bazen, teknik hata olduğu, bazen helikopterlerin yollarını kaybettiği ve bazen de bilinmeyen nedenlerle bu tip yanlışlıkların olduğu söylenerek olaylar hep geçiştirilmiştir. Son Irak operasyonu sırasında ortaya çıkan deliller, PKK'nın kullandığı silahlar, ortaya çıkan pistler, hep PKK-Çekiç Güç ilişkilerini ortaya çıkaran gerçekler olmuştur...

Sayın milletvekilleri, bu ikiyüzlülük, bu çifte standart, sizce hiçbir şey ifade etmiyor mu? Hiçbir şüpheye yol açmıyor mu; hiçbir kaygı uyandırmıyor mu sizde? Milli menfaatlerimiz söz konusu olduğunda, bu kadar kolay ikna edilebilir miyiz? Beş dakikalık, on dakikalık brifinglerle "evet" mi diyeceğiz; kanaatlerimizi değiştirecek miyiz?..[38]

Çekiç Güç PKK'ya Yardım Etti

Türkiye'de iktidarlar değişti, ancak Çekiç Güç Türkiye'de kalmaya devam etti. Türkiye kendi isteğiyle oluşturulan gücün, sonlandırılmasında söz sahibi olamadığı gibi, bu gücün aleyhine kullanımının önlenmesinde -PKK ve Türkiye karşıtı Kürt grupların silahlandırılması ve diğer noktalarda desteklenmesi gibi- başarılı olamadı. Dönemin Genelkurmay Başkanı Orgeneral Doğan Güreş PKK'ya silah indirdiği saptanan Amerikan helikopterlerinin vurulması emrini verdiğini daha sonra açıkladı. Ancak en son Aralık 2002'de yeni meclis bu gücün görev süresini istemeye istemeye bir 6 ay daha uzatmak zorunda kaldı. Üstelik uzatma için TBMM'de kabul oylarını AKP milletvekilleri verdi. Uzatma yazısını da AKP iktidarının başbakanlığı hazırladı. Yani siyasi düşüncesi ne olursa olsun Türkiye'de hiçbir güç Çekiç Güç'ten daha güçlü olamadı.

Çünkü Türkiye, 688 sayılı kararı aldırdıktan ve Çekiç Güç Türkiye'ye geldikten sonra olanları hep acı bir şekilde anımsadı. Güç üzerinde kontrol kuramadı. 27 Aralık 1995'te Ankara'da görülen tablo inanılmazdı. Dönemin Dışişleri Bakanı ve Başbakan Yardımcısı Deniz Baykal durumu Türkiye'nin önde gelen devlet yöneticilerine şöyle anlatıyordu:

Kuzey Irak'ta, Körfez olayından sonra maalesef ortaya çıkan iktidar boşluğu önce uluslararası sorun halinde kendini gösterdi. Son-

38) Türkiye'nin Irak politikasında kritik bir karar vermekle karşı karşıya olduğu bugünlerde, Başbakan Abdullah Gül'ün o dönemde Çekiç Güç ve Irak konusundaki görüşlerini içeren bu konuşmasının tam metni için bkz. Ekler-3.

ra Türkiye'yi yakından ilgilendiren bir boyut kazanmaya başladı. Körfez harekâtının çeşitli nedenlerle amacına ulaştırılmamış olması, sonucuna götürülmemiş olması, erken bitirilmesini zorunlu kılan siyasal müdahalelerin askeri operasyonu engellemiş olmasının yarattığı belirsizlik tablosu, ne yazık ki bütün bölgenin güvenliğini, huzurunu, dengesini allak bullak etmiştir. Hâlâ Körfez'de bitirilmemiş olan savaşın ölü dalgaları bu bölgenin istikrarını sarsmaya devam etmektedir. Şimdi Kuzey Irak'a, Irak'a uygulanacak ambargo ile ekonomik baskılarla, petrol boru hattının kapatılmasıyla savaşta ulaşılmayan sonuç elde edilmek isteniyor. Bu çok ağır bir maliyet ve bu maliyeti ödemesi gereken, olaya doğrudan taraf olmayan komşu ülkeler. Maalesef bunların arasında da Türkiye ortaya çıkıyor. Kuzey Irak'taki bu tabloyu bizim bireysel şikâyetlerimiz ve takiplerimizle, ısrarımızla sonuçlandırmamız, maalesef dünyanın bugün bölgede kendisini gösteren dengesi karşısında çok mümkün gözükmüyor. Bu Amerika için düşünülenin çok ötesinde önem taşıyan bir konu olarak ortaya çıkıyor. Amerika Saddam'ı uluslararası sistem içine almamakta kararlıdır, hatta buna kendisini mecbur saymaktadır. Bu konuda bir yumuşamanın Saddam rejimini uluslararasılaştırmaya, sistemin, dünyanın içine sokmaya yönelik gayret ve çabalarımızın bizi de olağanüstü güç bir noktaya getireceği görülmektedir. O nedenle bu konu çok hassas bir konudur. Maalesef Türkiye çok ciddi bir açmazın içine bu noktada girmiştir. Tabii Kuzey Irak'taki Barzani ve Talabani'ye bağlı Kürt toplumları bu boşluğu, bir siyasi örgütlenme fırsatı olarak görmekte, bu konu teşvik de edilmektedir. Bir siyasal oluşum, devlete doğru giden bir mekanizma, bir süreç orada yürümektedir. Tabii taraflar ısrar karşısında daima Irak'ın toprak bütünlüğüne saygı duyduğunu defaatle ifade etmektedir, ama bunun bir dudak ifadesi düzeyinde kalmış olması, fiilen Irak'ın toprak bütünlüğünün yeni bir siyasal oluşumla tehdit edilmekte olduğu da açık bir gerçektir. Bu uluslararası planda yaratılan sıkıntı. Türkiye'ye dönük sıkıntı şu oldu. PKK artık Türkiye içinde etkinlik sergileyemez bir noktaya gelince Irak'ta yerleşme şansını aradı. Bu ciddi bir tehlike idi. Eğer Irak'ta kök salabilmiş, bir mekân tutabilmiş ve Türkiye'nin uzantısı konumundaki bir terör örgütü olarak Irak'ta konuşlanabilmiş, yerleşebilmiş olsaydı, bu Türkiye'deki sorunun çok daha vahim bir hale gelmesine davetiye çıkarmak anlamına gelecekti. Memnuniyetle şunu görüyorum, son zamanlarda Silahlı Kuvvetlerimizin çok ciddi çabaları ve Dışişleri Bakanlığımızın dikkatli politikası ile Kuzey Irak'ta PKK'nın yerleşmesine, mekân tutmasına dönük çabaları etkisiz kılınmıştır. Barzani Türkiye için fevkalade önemli bir askeri harekâtı, Türkiye adına ve Türkiye'yi oraya doğrudan sokmadan götürme durumunda olmuş ve PKK'yı Kuzey Irak'ta etkisiz kılmak konusunda çok olağanüstü bir hizmeti yerine getirmiştir. Silahlı Kuvvetlerimiz silah, malzeme, cephane temin ederek, gerekli desteği sağlayarak Barzani'nin PKK'ya karşı verdiği mücadelenin başarıya ulaşmasının koşullarını yaratmıştır. Şimdi 10 Aralık'ta ortaya çıkan, PKK ile Barzani arasındaki silah bırakışması konusunu bu çerçeve içinde olağanüstü önemli saymamız ve dikkatle izlememiz lazım. En kısa zamanda tekrar bizim, Barzani'nin PKK'yı o bölgede tamamıyla etkisiz kılacak bir kararlılık içinde ve Türkiye'den sağlanan desteklerle mücadele sürdürme noktasına getirilmesinde yarar vardır. Barzani'yi PKK'ya karşı mücadele eden bir güç konumunda orada tutmamız lazım. Talabani'nin Türkiye ile Barzani arasındaki yakınlaşmanın ortaya çıkmasından sonra tedirginliğe düşerek, Türkiye ile benzer bir ilişki içine girme arayışına yönelmiş olması da çok önemlidir. Talabani'ye gereken açıklamalar yapılmıştır. Türkiye için önem taşıyan noktanın PKK'ya dönük tavır olduğu, Barzani'nin bu konuda çok kararlı olması nedeniyle kendisine gerekli desteğin sağlandığı, Talabani'nin bu konuda yeterince berrak bir tutumda olmamasının bizim için tereddüt nedeni olduğu, kendisinin de o tavra girmesi halinde gereken desteğin kendisine de verilebileceği ifade edilmiştir. Talabani'nin bu girişimleri hakkında Barzani'ye bilgi verilirken Barzani'nin PKK'ya karşı verdiği mücadelenin Türkiye bakımından büyük önem taşıdığı, Talabani ile kuracağımız bir ilişkinin kendisini daha elverişsiz bir konuma sokmaması için gere-

ken dikkatin daima gözetileceği konusunda güvence verilmiştir. Ama mücadelede Barzani daha ağırlıklı bir rol oynamıştır. Şimdi bunu çok önemli değerlendirmemiz lazım. Bu çerçeve içinde HABUR Kapısı büyük önem taşıyor. Barzani'ye yönelecek desteğin nereden finans edileceği konusu, bütçe sistemimiz içinde, Genelkurmay ve Milli Savunma Bakanlığımızın olanakları içinde yer almadığı göz önünde tutularak bir fon yaratma ihtiyacı ortaya çıkmıştır. Bu çerçevede, geçen MGK toplantısında verilen talimat doğrultusunda Dışişleri Bakanlığı olarak bir kararname taslağı hazırlayıp Başbakanlığa sevk ettik. Eğer bu karar uygun görülürse, Irak'tan Türkiye'ye eşya ve yük taşıyan her araç için 10 dolardan 30 dolara kadar bir kesinti yapılacak, bir fonda toplanacaktır. Bu fon Dışişleri Bakanlığı eliyle birlikte kararlaştırılacak amaçlara dönük olarak kullanılabilecektir. Bunun büyük önem taşıdığı kanısındayım. Tabii olay sadece bu çerçevede bitmiyor. Uluslararası planda konu önümüze giderek daha çok geliyor. Bundan sonra da gelecektir. Avrupa Parlamentosu'nda alınan kararla ilgili durum aydınlığa kavuşturuldu. Orada bir siyasi çözüm talep ediliyor. Bu çözüm bizden ve PKK'dan talep ediliyor. Bundan önceki şekli ile PKK Kürtlerin, Kürt halkının temsilcisi addediliyor, PKK'nın ve diğer temsilcilerin siyasi çözüm konusunda gayret göstermeleri söyleniyordu. Bunun Türkiye için kabul edilemez olduğu, üyesi olmadığımız, resmen temsil edilmediğimiz o platformda, özel kaynaklar aracılığı ile anlatıldı ve daha sonra iş yumuşatıldı ama, gene de siyasi çözüm talebi ortada duruyor. NATO içinde PKK konusunda bir tereddüde biz Dışişleri Bakanlığı olarak tanık olmadık. Yani NATO, PKK'yı tam anlamıyla bir terör örgütü, bölücü terör örgütü, uluslararası bir terör örgütü sayma anlayışı içindedir.

Ankara kafaların karışık, ilişkilerin farklı olduğu zamanlar yaşamaktadır. Baykal bunları dile getirirken aynı dönemde MİT Müsteşarı ve Türkiye'nin eski Bağdat Büyükelçisi olarak Irak uzmanı sayılan Büyükelçi Sönmez Köksal şu kanıları taşımaktadır, görüşlerini aynı çevrelere şöyle aktarır:

Terörizm ve NATO içindeki çalışmalar konusunda şunları söylemek istiyorum. Yılda iki defa yapılan İstihbarat Başkanları toplantıları çerçevesinde Türkiye'de kaynaklanan terör olayları ayrıntılı bir şekilde tartışılmakta ve NATO İstihbarat komitesi düzeyinde PKK bir terörist örgüt olarak tanınmaya devam edilmektedir. İkinci konu; PKK'nın Kuzey Irak'a kayması hususu. Doğrudur. PKK her kış döneminde Kuzey Irak'a kaymış, orada hazırlığını yapmış, bahar ayları ile beraber geriye dönmüştür. Ayrıca bazen savaş nedeniyle kadro aktarımı da yaptığı tespitler arasındadır. Bir diğer husus; Kuzey Irak'ta toprak kazancı olup olmadığı. PKK'nın Kuzey Irak'ta etkin olduğu bölgeler var. Ayrıca finans kaynakları konusunda geçen sene Başbakanımızın (Tansu Çiller) talimatları ile başlatılan bir çalışma şekillendi. Birtakım tedbirler idari açıdan yürürlüğe konuldu, diğer bir kısmı Bakanlar Kurulu kararına sunuldu. Bazı önlemlerin de yasal olarak alınması için hazırlıklar yapıldı. Silah temini konusunda özellikle son dönemde Doğu Avrupa ülkelerinden ve Kafkaslar üzerinden bir akım olduğuna dair tespitimiz var. Suriye'nin PKK'ya yoğun bir şekilde hem para, hem silah yardımı yaptığı ve hatta önümüzdeki dönemde özellikle silah açısından daha ağır silah verme konusunda tasavvurları olduğuna dair tespitlerimiz de vardır. Bunun dışında personel temini hususunda, bütün aktarmaları Atina, Tahran, Moskova üzerinden yaptıklarına dair gayet kesin tespitlerimiz var. Bu arada, dün yapılan PKK-Barzani görüşmeleri hakkında elimde gayet somut bir bilgi var. Bu görüşmelerde, PKK'nın istekleri son derece enteresan. O bakımdan kısaca arz etmek istiyorum. Birinci talebi geniş çaplı bir siyasal anlaşma. Diğeri Kürdistan ile ilgili olarak partiler arasında istişarelerin yapılması isteği. Bir diğeri bütün kararların yine bütün parti ve grupların iştiraki ile alınması. En önemlisi de ulusal birlik kongresinin toplanması için ön görüşmelere süratle başlanması. Buna mukabil, bu aşamada Barzani'nin ortaya koyduğu tavır, bizim açımızdan gayet olumlu bir tavır. Bütün bu talepleri reddetti. Daha çok kendi istekleri, PKK'nın Kuzey Irak'tan çekilip gitmesi, Kuzey Irak'ı Türkiye'ye yönelik bir taarruz noktası olarak kullanmaması yolunda talepleri var. Bugün öğleden sonra görüşmeleri devam edecek. Bu konuda elimizde henüz bir bilgi yok.

Bu dönem Türkiye'de UYB uygulaması nedeniyle Habur sınır kapısının denetimlerinin bir türlü sağlanamadığı zamanlardır. Bu konu da Ankara'da olağanüstü bir dikkatle izlenmeye çalışılmaktadır. Ama Habur'dan Barzani ve Talabani ile PKK'ya giden paraların bir türlü kesilemediği yıllardır.[39] Türkiye bölgede kendisine ve doğal olarak da Amerika'ya yakın olan Barzani'yi destekliyordu. UYB uygulamaları en çok da Barzani'yi kolluyordu. Ama Ankara'da bazı askeri çevreler Barzani konusunda sıkıntılarını da dile getiriyorlardı. Dönemin bir kuvvet komutanı şunları ifade ediyordu:

Elbette Barzani'ye yardımlarımızın, Barzani'nin buradaki faaliyetlerinin önemli faydası olmuştur, ama vaziyet o kadar da parlak değildir. Kuzey Irak hududunda Barzani bölgesinin yüzde 20'sinin PKK kontrolünde olduğu belirleniyor. Yüzde 5'inde ikili otorite olduğu söyleniyor. Fakat bu toplam yüzde 25, bizim Kuzey Irak hududumuzun tamamıdır. Yani şu anlam çıkıyor ki, Irak hududunda belli bir kuşak üzerinde bütünüyle PKK söz sahibidir. Ancak, bunun güneyinde Barzani'nin bazı faaliyetleri vardır veya hakimdir. Şimdi bu bölgenin enteresan bir tarafı daha var. Bu bölge eskiden de Saddam'a yakın bölge idi. Burada Saddam'ın Kürtlerden oluşturduğu Ruhsan Müsteşarlığı adını verdiği tabur çapında sınır birlikleri vardı. Bu Kürtler diğerleri ile de iyi bir ilişki içinde değildi. O zaman da Barzani'nin tam kontrolü altında değildi, Saddam'a, Irak Hükümeti'ne daha yakındı. Irak Hükümeti de burada bu insanları elde tutmak için birtakım alışveriş merkezleri dahil, birtakım işleri sübvanse eder durumda idi. Dolayısıyla şimdi bölge hem Barzani'nin tam kontrolünde değil, hem de ilerde Saddam'a daha yakın pozisyon alabilir.

39) Gerçi 2003'te de bu kesilebilmiş, hatta kontrol altına alınabilmiş bile değildi. Habur konusunda başarılı olamayan Türkiye ikinci bir sınır kapısı açma girişiminde bulundu. Ama bu kapının açılmasına da Amerika izin vermedi.

Barzani'nin içinde tam bir disiplin yok. General Ba Bekir denilen bir komutan var, ondan sonra Nezirvan Barzani var siyasi komite sorumlusu, DOHUK Valisi, bir de Adil Bervari var. Bunlar PKK ile mücadelede önemli rol oynayan insanlardır. Bunların tamamı PKK'ya en müzahir kişilerdir, hatta Saddam'la yakınlıkları var. Dolayısıyla Mesut Barzani'ye yakın değiller. Ondan sonra, bütün Irak'ta, 3500 civarında bir terörist miktarı sayılıyor. Bunun 800'ü Talabani Bölgesinde, bize yakın değil. Hatta PKK'ya karşı icra ettikleri harekâtla, General Ba Bekir ve Bervari, Rivarisin Çayını Doğuya geçecekti, 3500 kişi ile geçtik diye haber verdiler. Bizzat Barzani gitmiş, bakmış ki 350 kişi ile geçmişler. Yanıltıyorlar ve aldatıyorlar. PKK'nın büyük bir maddi kaynağı var. Dolayısıyla PKK halka maddi olarak yaklaşıyor ve her geçen gün halkın sempatisi artıyor. Aksine Barzani'ye de azalıyor. Şimdi eğer Barzani'nin başarısını istiyorsak, ki bizim menfaatimize de geliyor, biraz bu mücadeleyi iyi değerlendirmek zorundayız.

Türkiye uzun yıllar hem Barzani'ye hem de Talabani'ye yardımlarda bulundu. Bunlar zaman zaman para, zaman zaman askeri, zaman zaman da ayni yardım şeklinde oldu. Hatta bir dönem Talabani ve adamları maaşlara bile bağlandı. Ama bu çevrelerde hiçbir zaman etkin olamadı. Uzun süreli stratejilerine (olup olmadığı da belli değil) bunları dahil edemedi. Çekiç Güç uygulaması bu anlamda Türkiye için çok büyük sorunlara ve güç kaybına neden oldu. Barzani ve Talabani bu uygulama nedeniyle kendilerini asıl koruyup kollayanın Amerika olduğunu düşündüler. Gücü Amerika'da görüp ilişkilerini ona göre saptadılar.

Bir Görüşme Tutanağının Anlattıkları

Türkiye'nin Çekiç Güç konusunda nasıl bir durumla karşı karşıya olduğunu anlatan en iyi belge aslında bir görüşme tutanağı. Dönemin Amerikan, İngiliz ve Fransız Büyükelçileri, Türk Dışişleri Bakanlığı yetkilileriyle Çekiç Güç'ü konuşuyorlar. Tutanak söylenemeyenleri de anlatıyor:

30 Aralık 1992

1) MÇİY Sayın Büyükelçi Ünal Ünsal, bugün (30 Aralık), ABD, İngiltere ve Fransa Büyükelçileriyle ayrı ayrı görüşerek, Türkiye Büyük Millet Meclisi'nin 'Provide Comfort II (PC II)' Harekâtı'nın 30 Haziran 1992 tarihine kadar uzatılmasına ilişkin 24 Aralık 1991 tarihli kararını resmen duyurmuş ve bu konudaki örneği ilişik Nota'yı (Ek 1) vermiştir. Görüşmelerin özet tutanağı aşağıda sunulmuştur.

2) MÇİY Ünsal Büyükelçilere, ayrı ayrı, örneği Ek 2'de sunulan Konuşma Notu çerçevesinde açıklamalarda bulunduktan sonra, her şeyden önce, önümüzdeki dönemde, Irak'taki koşulların düzelerek Provide Comfort Harekâtı'nın uzatılmasına olan gereksinmenin ortadan kalkmasını temenni ettiğimizi, ancak, bu gerçekleşmediği takdirde, Hükümetimizin yeni bir uzatma önerisiyle TBMM'ne gitmesinin güç olacağının değerlendirildiğini, ayrıca, Siyasi Partilerin de 6 ay sonra tekrar bu konuyla karşılaşmak istemediklerinin görüldüğünü, bu durumda, Provide Comfort'ın Birleşmiş Milletler veya NATO çerçevesine alınması şeklindeki bir düzenlemeye gidilmesinin sorunu çözebileceğini düşündüğümüzü, bu konunun önce ikili düzeyde ele alınmasının uygun olacağını, daha sonra, danışma mekanizması çerçevesinde görüşülebileceğini ifade etmiştir. MÇİY Ünsal, TBMM'nin 24 Aralık 1991 tarihli son uzatma kararında, önceki kararlardan farklı olarak, Hükümete mevzuat çıkarma yetkisinin verildiğini, Anayasamızın 92. maddesine göre, Türkiye'nin taraf olduğu uluslararası anlaşmalar uyarınca yapılacak kuvvet konuşlandırmaları için, ayrıca TBMM izninin alınmasına gerek bulunmadığından, tatminkar bir düzenleme yapılabildiği takdirde, Hükümetimizce, yeni bir uzatma için, TBMM'ne gidilmesine gerek duyulmayabileceğini, ancak, doğal olarak, bu hususta şimdiden kesin bir şey söylenemeyeceğini, 6 ay sonraki siyasi koşullara bağlı olarak, Hükümetimizin konuyu TBMM'ne götürmek isteyebileceğini de belirtmiştir.

Üç Büyükelçi de, önümüzdeki 6 ay içinde Irak'ta şartların düzelmesinin ve 'Provide Comfort'a ihtiyaç bırakmayacak bir durumun ortaya çıkmasının muhtemel olmadığını ifade etmişlerdir.

3) *ABD BÜYÜKELÇİSİYLE GÖRÜŞME:*

ABD Büyükelçisi Richard Barkley, yapılacak danışmaların hangi konuları kapsayacağını sormuştur. MÇİY Ünsal, danışmaların, TBMM'nin kararı ışığında düşünülen yeni düzenleme dahil, bütün konuları içereceğini ifade etmiştir. Barkley, Körfez Savaşı'ndaki tutumu ışığında, Almanya'nın PC-II'nin NATO şemsiyesi altına alınmasına nasıl tepki göstereceğini bilemediğini söylemiştir. MÇİY Ünsal, iki durumun farklı olduğunu, Körfez Savaşı'nda, İncirlik'in koalisyon kuvvetlerine açılmasının Türkiye'yi tehdit altına soktuğunu, bu nedenle, talebimiz uyarınca, Almanya'nın çıkardığı güçlüklere rağmen, AMF'nin Türkiye'ye gönderildiğini, bu itibarla, Körfez Savaşı sırasında NATO'nun olaya müdahil olmasının doğrudan doğruya tehditle bağlantılı olduğunu ifade etmiştir. MÇİY Ünsal, büyük ölçüde ABD katkılarıyla yürütülen PC'nin NATO çerçevesine alınmasına, ABD'nin NATO içindeki rolünün vurgulanmasını ve NATO'nun uluslararası sorunlarda rol almasını istemeyen Fransa'nın güçlük çıkarabileceğini; ayrıca, harekât NATO çerçevesine girdiği takdirde, doğal olarak, bütün müttefiklere söz hakkı verilmiş olacağını, NATO çerçevesinde bir düzenlemeye gidilmesi incelenirken bu hususların da göz önünde tutulması gerekeceğini belirtmiştir. Büyükelçi Barkley, Fransızların göstereceği tepkilerin asla kestirilemeyeceğini ifade etmiştir.

Büyükelçi Barkley, harekâtın uzatılmasından büyük memnuniyet duyduklarını, bu konudaki güçlüklerin ve yükün ağırlığının Sayın Bakanımızca üstlenildiğinin bilincinde olduklarını; Meclis toplantısından sonra kendisini telefonla arayan Sayın Başbakanımızın, kamuoyundaki yanlış izlenimlerin giderilmesi gerektiğini ifade ettiklerini, kamuoyunu aydınlatmak için daha aktif faaliyet gösterilmesi gerektiği görüşüne katıldıklarını, gazeteciler için düzenlenen gezinin başarılı geçtiğini, belki bu gezilere milletvekillerinin de katılmasının düşünülebileceğini, her halükârda, bu alanda Türk tarafının telkinleri uyarınca hareket edeceklerini kaydetmiştir.

Büyükelçi Barkley, yeni yönetim işe başlayıncaya kadar, fazla bir şey yapılamayacağını, bununla birlikte, askeri makamların aralarında görüşebileceklerini, ABD Avrupa Hava Kuvvetleri Komutanı Orgeneral Oaks'ın 10-12 Ocak'ta, Güney Avrupa Müttefik Kuvvetleri Komutanı Oramiral Boorda'nın da 19 Ocak'ta Türkiye'ye geleceğini, anılan ziyaretlerin tüm bu konuların görüşülmesi için yararlı bir fırsat oluşturacağını söylemiştir.

Siyasi/Askeri İşler Müsteşarı Connell, Genelkurmay Başkanlığı tarafından yayınlanan 'Uygulama Esasları Belgesi'yle ilgili sorunlar bulunduğunu, bilindiği gibi, Provide Comfort'a katılan güçlere NATO/SOFA'nın uygulanması gerektiğine inandıklarını, buna yer vermeyen bir belgeyi kabul etmelerinin güç olduğunu söylemiştir. MÇİY Ünsal, harekât NATO çerçevesine alındığı takdirde, bu konuda düzenleme yapılmasının da kolaylaşacağını ifade etmiştir. Connell, PC konusundaki yeni düzenlemenin, 11 Aralık'ta kurulmuş bulunan danışma mekanizmasında ele alınabileceğini belirtmiştir. MÇİY Ünsal, belirli hususlarda, evvela ikili düzeyde bir mütabakata varılmasının yararlı olacağını ifade etmiştir. ABD Büyükelçisi bu görüşe katılmıştır.

4. *İNGİLİZ BÜYÜKELÇİSİYLE GÖRÜŞME:*

Büyükelçi Peter John Goulden, öngörülen yeni düzenlemenin içeriğini sormuş, MÇİY Ünsal, bunun henüz genel bir kavram olduğunu, mevcut sorunların aşılması için bir çözüm yolu teşkil edilebileceğini belirtmiştir. Büyükelçi Goulden, müttefikler arasında oluşturulan danışma mekanizmasının mümkün olduğunca kullanılması gerektiğine inandıklarını, önemli bir olay olmasa bile, düzenli toplantılar yapılarak bilgi alışverişinde bulunulabileceğini belirtmiştir. MÇİY Ünsal, bunun yararlı olabileceğini, bu çerçevede, basında çıkan yanlış haber ve yorumların da ele alınarak, bunların süratle düzeltilmesi yollarının araştırılabileceğini ifade etmiştir.

Büyükelçi, Genelkurmay Başkanlığının hazırladığı 'Operational Guidelines'ın bazı veçheleri üzerinde mutabakat sağlanamadığının bilindiğini, dolayısıyla, bu belgenin herkesçe kabul edildiğinin söylenemeyeceğini, söz konusu hususlar üzerinde danışmalara gerek bulunduğunu belirtmiştir.

Büyükelçi bilahare, Meclis'te harekâta yönelik olarak dile getirilen eleştiriler ve mevcut yanlış izlenimler konusunda şunları söylemiştir:

"Kamuoyunda harekât konusunda ifade edilen bazı hususların gerçeği yansıtmadığı bilinmektedir.

"Irak'ın toprak bütünlüğünün korunması gereğini vurgulayan bir politika izlemesi gerektiğine katılıyoruz.

"Iraklı Kürtlere bu hususun öneminin söylenmesine devam edilecektir.

"Terörizme karşı kararlı tutumumuz bilinmektedir.

"Danışmaların sürdürülerek, yeterli ölçüde eğilinmemiş hususların çözüme kavuşturulması önem taşımaktadır.

"Irak'taki gelişmelere ilişkin danışmalara önem veriyoruz. Nitekim, yapılan her hususta müttefiklerimizi bilgilendiriyoruz. Doğal olarak, bu konuda Türk tarafının da bize bilgi vermesini arzu ederim. Örneğin, Türkiye'nin Kuzey Irak'taki temasları, Kürt liderlerle güvenlik düzenlemeleri konusunda yapılan görüşmelerle ilgili olarak bilgilendirilmemiz, sizin yaklaşımlarınızı anlamamıza yardımcı olacaktır. Zaho'daki müttefik ülkeler temsilcileri arasında daha yakın bilgi alışverişi yapılmasından memnuniyet duyarız. Buradaki personelimiz, yapılan temaslar konusunda münferit raporlar hazırlıyor. Bu raporlar, MCC durum raporlarında da kullanılıyor. 5-10 Ocak tarihlerinde muhalefetteki İşçi Partisi liderlerinden Michael Meacher, 'Westminster Foundation For Democracy' adına Kuzey Irak'ı ziyaret edecek. Kendisi, dönüşte Ankara'ya uğrayarak, temasları hakkında bana da bilgi verecek. Bu bilgileri size de iletmek isterim.

"Bosna-Hersek konusunda, hiçbir ülke İngiltere ve Fransa kadar çaba göstermiyor. Yardımın aksamadan sürmesi, güvenli bölgeler

kurulması ve sözlü tehditler, yaptırım uygulamaları yoluyla Sırplara baskı yapıyoruz."

MÇİY Ünsal, Meacher'ın, Irak'a gitmeden önce, Türkiye için hassasiyet taşıyan konularda aydınlatılmasının önem taşıdığını ifade etmiş, Goulden, bunun yapılacağı yanıtını vermiştir. MÇİY Ünsal, Bosna-Hersek konusunda ise, önemli olanın alınan sonuç olduğunu, saldırıların sürdüğünü, insanların katledilmesine devam edildiğini belirtmiştir. Büyükelçi Goulden, bu hususu kabul ettiğini söylemiştir.

Goulden, Bağdat'a Büyükelçi atandığına ilişkin basın haberlerine değinmiştir. MÇİY Ünsal, düzelterek, çok yakında Maslahatgüzar göndereceğimizi, Sayın Başbakanımızın defalarca belirttiği gibi, uluslararası toplumla birlikte hareket etmek yönündeki politikamızın sürdüğünü, her vesile ile Irak'a BM kararlarını uygulaması gerektiğinin anlatıldığını, öte yandan, Türkiye'nin durumunun diğer müttefiklerden farklı olduğunu, Irak'ın komşu bir ülke olduğunu, bu itibarla, Türkiye'nin Irak'ta olup biten hakkında ilk elden bilgi almasının ve mümkün olduğunca Irak yönetimini etkilemeye çaba harcayabilecek bir konumda bulunmasının önem taşıdığını belirtmiştir. Büyükelçi Goulden, bu konuda bazı riskler olabileceğini, Saddam Hüseyin'e, ABD yönetimini sınadığını, sorunlar çıkardığı, Türk kamyonlarının bombalandığı bir dönemde, yanlış bir mesaj verilebileceğini söylemiştir. MÇİY Ünsal, Irak'a yanlış bir mesaj verilmeyeceğini, Türkiye'nin tutumunu yumuşattığı konusunda bir izlenime kapılmasının sağlanacağını ifade etmiştir. Goulden, bu beyan karşısında memnuniyetini dile getirmiş ve Maslahatgüzarımızın gidiş tarihi belirlendiğinde, Koalisyon ülkelerine bilgi verilmesinden müteşekkir kalacaklarını kaydetmiştir.

5. FRANSA BÜYÜKELÇİSİYLE GÖRÜŞME:

Fransa Büyükelçisi François Dopffer, MÇİY Ünsal'ın açıklamaları konusunda, hemen bir yorumda bulunamayacağını, bu hususları Paris'teki diplomatik ve askeri makamlara ileteceğini belirtmiştir. Bü-

yükelçinin, düşünülen yeni düzenleme bakımından sadece BM veya NATO çerçevesinin mi öngörüldüğüne ilişkin sorusuna cevaben MÇİY Ünsal, bunların bizim hatırımıza gelen seçenekler olduğunu, müttefiklerimizin başka yararlı fikirleri olursa, bunları da incelemeye hazır bulunduğumuzu ifade etmiştir.

Büyükelçi Dopffer, Cumhurbaşkanı Mitterand'ın ziyaretinin çok yararlı geçtiğini, Cumhurbaşkanının özel bir ziyaret için Sayın Başbakanımızla görüşmesinde, -ki bu görüşme, resmi ziyaret sırasında yapılandan çok daha muhtevalı olmuştur- Irak'ın toprak bütünlüğünün korunması gereğini çok kuvvetli ifadelerle vurguladığını, dün de Fransız Dışişleri Sözcüsünün Irak'ın 32'nci paralelin Güneyindeki uçuş yasağını ihlaline ilişkin açıklamasında (Ek 3), Irak'ın toprak bütünlüğünün korunması gereğine yer verdiğini söylemiştir. MÇİY Ünsal'ın görüşmenin tutanağını okuduğunu söylemesi üzerine, Dopffer, tutanağın Sayın Demirel ve Mitterand arasında kurulan kişisel 'rapport'u yansıtamadığını, bu kişisel ilişkinin çok iyi şekilde kurulmuş bulunduğunu ifade etmiştir.

Büyükelçi Dopffer, bilahare, ABD'nin Kıbrıs'a silah satışlarını yasaklaması konusundaki görüşümüzü sormuş, MÇİY Ünsal, bunun yeni bir uygulama olmadığını ve pratikte bir etkisi olmayacağının sanıldığını belirtmiştir."

Türkiye açısından UYB uygulaması bir krize dönüşmüştür. Bunun siyaseten sorumluluğu Turgut Özal'ındır.

TÜRKİYE'NİN KARARSIZLIĞI

Çekiç Güç konusunda Türkiye'nin kafası hep karışık kaldı. Bu karışıklık kimi zaman çatışmalar noktasına kadar ulaştı. Türkiye'de devletin en tepesinde hep bu konular konuşuldu. Mart 1996'da yaşanan tartışmalı bir toplantının da konusu Irak idi. Toplantıda ele alınanlar Türkiye'de kafaların ne kadar karışık olduğunu gösteriyordu.

MİT Müsteşarı: (Sönmez Köksal)

İki nokta üzerinde durmak istiyorum. Birincisi Amerikan yönetiminin son dönemde, özellikle Saddam'ın devrilmesi istikametinde yeni bir plan hazırlığı içinde olduğuna dair elimizde önemli ipuçları var. Şunu ifade etmek istiyorum: Türkiye'de mesele tartışılırken bir husus ifade ediliyor. Provide Comfort (PC) ortadan kalktığı takdirde devletleşme sona erecektir. Nasıl sona erecektir? Çünkü Bağdat oraya egemen olacaktır. Ayrıca, benim biraz önce ifade ettiğim Saddam'ın devrilmesine yönelik meselenin ele alınmasında fayda var. PC Türkiye'siz de devam edecekse ve amaç Saddam'ı zayıf dahi olsa iktidarda tutmaksa ve en uygun şartlarda devirmek ise, o takdirde Saddam'ın Kuzey Irak üzerinde egemenlik kurmasına herhalde PC koalisyon hükümetleri hiçbir zaman izin vermeyeceklerdir. Nitekim Ürdün'e son defa F-15, F-16 ve tanker uçakları geldi. Yani hemen hemen bütün Kuzey Irak üzerinde faaliyet gösterebilecek hava gücünü Amerika Amman'a getirdi. Bunun PC'ye bir alternatif olup olmaması açısından da üzerinde durulmasında fayda vardır.

Ürdün'e getirilen Hava Kuvvetlerinin gerektiğinde Saddam'a yönelik bir harekât başladığında Irak Hava Kuvvetinin hava alanında fikse edilmesi amacıyla da getirildiği yolunda bize verilen bilgiler var.

Dışişleri Bakanı: (Emre Gönensay)

MİT Müsteşarı meselenin odak noktasına siyasi açıdan parmak bastı. PC'nin oradaki varlığı Saddam'ın otoritesinin Kuzey'e, oradaki boşluğa gelmesini önlemek içindir. PC'nin uzatılması konusunda parlamentoda karşımıza çıkan muhalefetin önemli bir bölümünün, tam bir konsensus halinde olmasalar bile kafalarının arkasında esas olan, Saddam'ın otoritesinin Kuzey Irak'a teşmil edilmesi suretiyle boşluğun ortadan kaldırılmasıdır. Temel nokta burada düğümleniyor. Mesele bu açıdan güç bir mesele. Saddam'ın otoritesinin geldiği bir ortamda Kuzey Irak'taki PKK tehlikesi hiçbir şekilde bertaraf edilmeyecektir. Binaenaleyh operasyonlarımızda Bağdat Kuvvetleri, Saddam Kuvvetleri ile karşı karşıya kalınacaktır. PC veya başka bir uluslara-

rası gücün, başka bir şekilde orayı bizim dışımızda kontrol ettiği durumda ise bu sefer içinde olamadığımız bir uluslararası güçle karşı karşıya gelme durumunda olacağız. Veyahut da Bağdat'ın, Saddam'ın oradaki insanlara yaptığı bir operasyonda hudutlarımıza doğru bir muhaceret olduğu zaman gene doğrudan doğruya defansif olarak bu kuvvetlerle karşı karşıya gelmiş olacağız. O bakımdan PC'nın kaldırılması bütün bu riskleri beraberinde getirecektir. O açıdan çok büyük tehlikeler içerdiği kanaatini bir de izhar etmek istiyorum.

Cumhurbaşkanı: (Süleyman Demirel)

Aşağı yukarı 5 seneye yakın süre içerisinde her defa bu mülahazalar hakim oldu. Sonra bir mülahaza daha hakim oldu. Şöyle; acaba Saddam, Kuzey Irak'a gelse Saddam olarak, Irak Devleti olarak değil de, hakimiyetini kursa, Türkiye'ye hayır dua okur mu? Saddam'ın bir numaralı düşmanı Türkiye'dir. Saddam Türkiye'ye karşı fevkalade kızgındır. Elinden gelse Türkiye'yi bir kaşık suda boğmaya hazırdır. Müthiş kindardır, bunu da söylüyor zaten. Saddam Kuveyt'i işgal ettiği zaman Türkiye'nin politikası, takındığı tavır ve mağdurlarla beraber hareket etmesi politikalarından fevkalade rahatsız olmuştur. Eğer Saddam bugün Kuzey Irak'a gelirse PKK'yı ortadan kaldırmak değil Türkiye'nin içini daha fazla karıştırmanın yollarını arayacaktır. Zaten PKK'nın silahlarının önemli bir kısmı, Kuzey Irak'ta, Irak'ın depolarından vs.den elde edilmiştir. Yani Saddam'ın oraya gelmesi oradaki boşluğu falan ortadan kaldırmaz. Bizim arkadaşlarımızın, yani parlamentomuzdaki bir kısım insanların böyle düşüncesi varsa bunlar yanlış. Tabii bunlara rağmen, politika netice almak sanatıdır. Şimdi önümüzde bir mesele duruyor. Hadiseyi bütün çıplaklığı ile mülahaza ediyoruz. Bunda kimsenin Türkiye'nin menfaatleri dışında bir şey düşünmesi söz konusu olamaz. Türkiye'nin menfaatlerine ters düşen şeyler varsa bunları elimine edelim. Ama Türkiye'nin menfaatlerini koruyalım. Hareket noktası bu olsun. Yine dönüp geliyorum, yani, "Kuzey Irak'ı devletleştirmeye yardımcı oluyor," diyorsak, ona mani olacak tedbirleri bulmamız lazım. Öyle değilse, öyle olmadığını anlatmak lazım, o zaman mesele daha kolaylaşır.

Başbakan: (Mesut Yılmaz)

Burada iki varsayımdan hareket ediliyor. Birincisi, biz Türkiye'deki faaliyetlerine son versek dahi, PC faaliyetine devam edecektir. Aynı etkinliği başka bir ülkede, başka bir coğrafyada sürdürecektir. Bunun doğru olup olmadığı konusunda mutabakat yok. İkincisi biz koalisyonun içinde olmazsak Irak topraklarında PKK'ya karşı operasyon yapamayız, bizi engellerler. Bu iki varsayım da doğruysa biz zaten uzatmaya mecburuz, mahkûmuz. Ama bu varsayımların doğru olup olmadığı bence araştırılmaya muhtaçtır.

Cumhurbaşkanı: (Süleyman Demirel)

Evet bu zamana kadar bu iki varsayımın da bir ölçüde doğru olduğu, daha doğrusu bu iki varsayımın da yanlış olmadığı kabul edildi.

Başbakan:

Doğruluğu da teyit edilmedi.

Cumhurbaşkanı:

Hayır ama, hareket noktası o oldu. Eğer bu iki varsayımın ikisinin de yanlış olduğu kanaatine varılırsa mesele yok. Türkiye'nin menfaatleri ihlal ediliyor demektir. Ama bundan dolayı Türkiye'nin siyasi münasebetlerinin de zarar göreceği kesindir. Adamların halet-i ruhiyesini biliyoruz. Hiçbir şey demeseler dahi yine birtakım menfaatlerimizi şu veya bu biçimde baltalarlar. Onlarla anlaşarak yapılabilse kolay. Yani, "Beraber yaptık, beraber bundan vazgeçiyoruz," diyerek, yapabilirsek gayet iyi. Ben bu bakımdan söylüyorum. Ülke bizimdir, istediğimiz kararı veririz. Karar vermeye mani hiçbir şey yok. Bir tek şey var. Acaba bu kararın şöyle veya böyle olması milli menfaatlerimiz bakımından hangi ölçüde doğrudur onu arayarak. Aşağı yukarı beş senedir hep bunu böyle konuşuyoruz, milli mülahazalarla. Şimdi tabii, bu zamana kadar korudukları Kuzey Irak'ı şimdi korumaktan vazgeçerler mi bunlar? Geçmezler diyoruz. Bu bir varsayımdır. Onlara gidip soracak halimiz yok, vazgeçer misiniz diye.

Jandarma Genel Komutanı: (Teoman Koman)

Saddam'ı devirmek üzerine yüzlerce plan yapılmıştır. Her üç-beş günde bir Saddam'ı devirme planı ile gelirler bunlar. Hakikatte Saddam'ı devirme diye bir niyetleri yoktur. Çünkü Saddam onlar için kullanılabilecek çok güzel bir bahanedir. Batılı modelleri, demokrasiyi asla düşünmezler. Aslında bölgede bir devletleşmeyi sağlamaya da niyetleri yoktur. Çünkü bölgede birbiri ile anlaşamayan birçok unsur vardır. Barzani, bir yandan Saddam'la alakayı sürdürüyor, bir yandan PKK ile görüşmeyi sürdürürken, bir yandan bizimle görüşmeyi sürdürüyor. MİT Müsteşarlığının takdiminde görüldü, bir anlamda sanki Barzani PKK ile anlaşmaya gidiyor. Ama bunun aksi kanaatler de var. Bugün gelip verdikleri bir bilgi var. PKK ile katiyen birleşemediklerini, Türkiye ile müşterek operasyonlara her zaman hazır olduklarını söylüyorlar ve Türkiye ile birtakım taleplerde bulunuyorlar ve "20 bin silahlı güç çıkaracağız, bu güçle Nisan'ın 2'nci yarısında sizinle müşterek harekâta girebiliriz, bölgedeki hava ve iklim şartları, akarsuların durumu ve 20 bin kişiyi teçhiz etmek bakımından böyle bir zamana ihtiyacımız var," diyorlar. Eğer Barzani, Saddam'la bir anlaşma yolunu seçerse, vaktiyle verilmiş otonomi şartlarından da daha azına razı olursa veya aksi olursa, ki Saddam bunlara tam vatandaşlık şartları da verir veya başka şeyler de verir. Çünkü Irak'ta daima Saddam'a müzahir bir Kürt Grubu vardır. Şimdi hiçbir devlet, hiçbir bölge ülkesi, zannetmiyorum ki orada bir Kürt Devleti'nin kurulmasına razı olsunlar. Bunun bir ayağı mutlaka kendilerine sıçrayacaktır. PKK'nın bölgede 3'ncü güç olmasının sebebi, öbürleri gibi aşiret bazında değil, Kürt Sosyalizmi bazında bir güce dayanmak istiyor olmasıdır. Yani ilerde Kürt Baas'ı da diyebiliriz buna. Böyle bir oluşum içinde olmak istiyor. Bizim için tehlike olan budur. Ama iş bu raddeye geldiği zaman ne İran'ın, ne Suriye'nin, ne de başkalarının buna pek heveskâr bakacağını zannetmiyorum. Amerika için de, diğer koalisyon güçleri için de, bu durum en iyi durumdur. Bu Barzani-PKK anlaşmasında birtakım şart da öne sürülüyor. Bunların içinde boru hatlarına yapılacak tecavüzler de var. "Türkiye'de yapın, bizim bölgemizde yapmayın," derler mesela. Ama bunun yanında da bize yanaşmaları var. Yani şimdi bir yerde istedikleri önemli ölçüde mühimmat, silah var. Tabii hepsini bir hamlede vermeyeceğiz, vermeye karar verirsek, küçük yardımlarla vereceğiz. Onların tepkilerini, bize ne vereceklerini göreceğiz. Bu huzur Harekâtı'na gelince; Zat-ı âlinizin bir sorusundan gireceğim gündeme. Eğer bize fırkateyn vermezlerse, ne yapalım? Verirlerse de nasıl olsa kullandırtmayacaklar, çünkü kullandırmadılar verdiklerini bugüne kadar. Onun için bu zararları, ziyanları, iyi bir hesap etmek lazım. Onun dışında işin bir siyasi bir de askeri veçhesi var tabii. Meclisimiz eğer siyaseten kalkmasına karar verirse söyleyeceğimiz şey, onların yönetiminin bize söylediği şeydir. Ama eğer kalkmaz da devam ederse o zaman işin askeri veçhesi askerler arasında halledilir, şartlar hafifletilir veya ağırlaştırılır.

Cumhurbaşkanı: (Süleyman Demirel)

Öyle görünüyor ki, bir süre daha bu işi götürmek lazım. Kazanılacak zaman içerisinde Türkiye'deki zihinler böyle karışık olmaya devam ederse, ona göre tedbir düşünülmesi lazım. PC'nin devamını biz istemiyoruz. Meclisimiz istemedi veya kamuoyumuz istemediğinden ziyade bizim neyi istemediğimiz önemli. Niçin istemiyorsunuz? Bunun cevabını iyi vermemiz lazım. Efendim, bu devlet teşkiline yönelmiştir. Adam size soracaktır. Nasıl yönelmiştir? Gelin o kısımlarını kaldıralım onun. Yani bu çeşit bir tartışmayı bizim kendi içimizde iyi yapmamız lazım. Ondan sonraki kısmı, evet öyle ise hakikaten devlet kurulmasına yönelmiştir, bunun için bizim elimizde çok önemli şeyler vardır, çok önemli deliller var dediğiniz zaman, adam eğer iyi niyet sahibi ise, bunları kabul edecek ve o delillerin tedbirini alacaktır. İyi niyet sahibi değilse, biz o zaman istediğimizi yaparız, yani biz zorluk içerisinde kalmayız. Böyle dedik, size söyledik, siz kabul etmediniz. Şimdi biz tam onu diyemiyoruz. Meselenin teferruatını biraz tartışıyoruz. Şöyle şöyle şunları yapın diyoruz. Bunları yaptığı takdirde bizim endişemiz orta yerden kalkıyorsa, onu, o meseleyi çözmesi lazım. Ama tabii ki bu hadise sadece bun-

dan ibaret değil. Bu hadisenin içinde bizim bilhassa siyaseten zorluğumuz, bir miktar siyasi yargılar var. Bunlara isterseniz önyargı da diyebilirsiniz, yargı da diyebilirsiniz. Kâfi derece bilgili olmadan yapılmış birtakım tartışmalar da diyebilirsiniz. Kamuoyu önünde yapılmış siyasi partilerin beyanları var, hepimizin olduğu gibi. Böyle siyasi yargılar, önyargılar, siyasi beyanlar meselenin, benim kanaatime göre, çok sağlıklı bir tartışmasını güçleştirmiştir. Yani bir saate yakın zamandır da acaba bir ipucu bulup da meseleyi sağlıklı bir tartışma zeminine oturtabilir miyiz diye uğraştırır.

***Başbakan:* (Mesut Yılmaz)**

91 yılında bizim hükümette olduğumuz zaman bu hadise oldu. Biz Çekiç Güç'ün Türkiye'ye gelmesi için yalvar yakar olduk. Gittik, Güvenlik Konseyi'nde karar çıkarttık, ondan sonra üye ülkeler nezdinde girişim yaptık. Bunlar Türkiye'ye bin bir nazla geldiler. O tarihte bunların süresinin uzatılması hükümet kararı ile oluyordu. Benim Başbakanlığım döneminde biz bu kararı alırken kendilerini uyardık. Dedik ki: "Türkiye kamuoyu yabancı askeri birliklerin konuşlandırılması konusunda fevkalade duyarlıdır. Hele böyle NATO gibi bir anlaşmaya dayanmayan, süresi, geleceği belirsiz olan bir askeri gücün Türkiye'de konuşlandırılması kamuoyunda ve Meclis'te tepki çekecektir. Biz bunu ancak bir defa uzatabiliriz." Ve son defa kaydıyla uzattık 91 sonuna kadar. Fakat sonra biz hükümetten ayrıldık, koalisyon hükümeti geldi. Koalisyon hükümeti, bunu 6 ay uzatırken Bakanlar Kurulu kararından çıkardı, Meclis kararına bağladı. Şimdi Meclis kararına bunu bağladığımız zaman, şu anda bu işin Meclis'in takdirine bağlı olduğunu da kabul etmek durumundayız. Ama zannediyorum, hükümetler olarak bu dönemde yaptığımız en önemli hata, Çekiç Güç'ü biz hiçbir zaman bir koz olarak kullanmadık. Bu varsayımlarımızın doğruluğuna o kadar inandık ki, Çekiç Güç bize onlardan daha çok lazımmış gibi mütalaa ettik meseleyi. Ben bu varsayımların ikisinin de doğruluğundan şüpheliyim. Biz orada Barzani'nin güvenliğini sağlamak üzere Çekiç Güç'e ülkemizde konuşlanma hakkı veriyoruz, Barzani gidiyor bizim düşmanımızla işbirliği yapıyor. Biz Çekiç Güç'ü kaldırma, Türkiye'den gönderme silahımızı Barzani'ye karşı bile kullanamıyoruz, böyle politika olmaz. Biz Çekiç Güç'ü uzatmayabileceğimizi en başta orada güvenliğini sağladığımız, jandarmalığını yaptığımız o peşmergeler üzerinde kullanmamız lazım. Onlara dememiz lazım ki, bakın PKK ile mücadelede bizimle işbirliği yapmazsanız biz Çekiç Güç'ü uzatmayacağız. Ondan sonra Ürdün'e mi giderler, GKRY'den mi (Güney Kıbrıs Rum Yönetimi) operasyon yaparlar onu kendileri düşünsünler. Amerikalıların bizim yalvar yakar olmamıza karşılık, başlangıçta nazla gelmelerine karşılık her Amerika'ya gittiğimizde, buraya her Amerikalı yetkilinin gelmesinde Türkiye ile ABD arasında en önemli ikili konu imiş gibi bu mesele ile konuşmaya girmesini hep hayretle karşılıyorum. Bunu doğrusu pek iyi niyetle de bağdaştırmıyorum. Bunun altına ciddi rezervlerim var. Ama devlet olmak, oradaki bir devletleşmenin gerçekleşmesi sadece bizim müttefiklerimizin niyetlerine bağlı bir husus değil, bu bir süreç meselesi. Orada bir devlet doğuyor, birisinin ebelik yapması lazım, o ebeliği şimdi Çekiç Güç yapıyor, ona dahil devletler yapıyor. Biz de onun içinde yer alıyoruz. Saddam konusunda hiçbir somut politika önerileri yok, bir perspektifleri yok. Irak'ın geleceği için ne düşünüyorlar, ne kadar zaman sonra Çekiç Güç kalkacak? Ben Başbakan iken, Amerikalılar dediler ki: "Sizden üç ay süre istiyoruz, son defa olarak, 1991 yılı sonuna kadar." Zat-ı âliniz hükümete gelince ben size bu bilgileri aynen aktardım. Bizden son defa diye istediler. Provide Comfort 1 operasyonu bitti, adamlar salimen evlerine döndüler, şimdi Provide Comfort 2 başladı, belirsiz bir süre, belki 10 sene daha devam edecek, orada bir devlet kurulana kadar, Saddam hakkın rahmetine kavuşana kadar belki devam edecek. Biz bu konuda bir politikadan mahrumuz. Yani biz kendi kendimize birtakım varsayımlar koymuşuz, onlara inanıp her sefer Meclis'e gidiyoruz, aman bunu uzatalım, bir üç ay, altı ay daha uzatalım. Ama bu süre bizi nereye götürüyor, bizim politikalarımıza acaba hizmet mi ediyor, yoksa ters mi gelişiyor, biz bunu değerlendirmiyoruz. Bugün beş sene öncesine baktığımız zaman Kuzey Irak'ta devletleşme yönünde çok daha ileri bir aşamanın gerçekleşmiş olduğunu da biz, hepimiz gerçekçi bir şekilde kabul etmek zorundayız, teslim etmek zorundayız.

Cumhurbaşkanı: (Süleyman Demirel)

O kadar bir şey yok. Netice itibariyle Barzani yine Barzani, Talabani yine Talabani. Beş sene evvel PKK yoktu, şimdi bir de PKK geldi işin içine. Yani beş seneye nazaran devletleşme istikametinde öyle uzun boylu bir şey yok. Tabii sizin mülahazalarınızı, katılmasam bile, saygı ile karşılıyorum. Yalnız, biz Çekiç Güç'ün süresi ile ilgili müzakereleri yaparken uzaması için Meclis'e tavsiye ederken veya Meclis'e giderken, sağduyumuza dayanarak bazı değerlendirmeler yaptık, bütün hükümetler de öyle geldiler, geçtiler. Başlangıçta onlara karşı olan pek çok siyasetçi de netice itibariyle işin içini gördüğü zaman, evet bunun başka türlü çaresi yok, dikkatli olalım ama, bunu böyle devam ettirelim mülahazasında oldu. Ve buraya kadar geldik. Şimdi bu noktada, olayı daha şumullü düşünmek lazım. Öyle bir zamanda bulunuyoruz ki, başkaları ile olan münasebetlerimizi düzgün tutmak bir ihtiyaçtır. Yani biz tek başımıza değiliz dünyada. Bu bölgede de tek başımıza değiliz. Başka devletlerle olan mülahazalarımızda sadece bizim menfaatlerimiz söz konusu da, başkalarınınki değil, o da olmaz. Ama ben yine açıklıkla söylüyorum, yani hakikaten o kanaatte iseniz ve bunu karşı tarafa yani herkese söylediğimiz zaman haklılık kazanabilirsek hiç düşünmemek lazım, yani Kuzey Irak'ta bir devlet meydana gelmesine bu iş hizmet ediyorsa hiç düşünmemek lazım bence, hemen bundan vazgeçmek lazım. Yalnız bu ne kadar doğru? Yani buradan hareketle varacağımız bir yerde, bu yanlışsa Türkiye çok zarar görür. Ama bütün bunlardan sonra yine varacağımız yer, ne kadar süre ile olursa olsun, bunu uzatmakta yarar var. Bizim bunu Meclis'e götürüşümüzün sebebi, o zaman hükümet değişti, siyaset yeni baştan değişti, bu masanın etrafına gelen hükümet üyeleri, Başbakan olarak ben şahsen, baktık bunun devamında Türkiye için yarar var. Vaktiyle aleyhinde birçok şeyleri biz de söylemiştik, bizim koalisyon ortağımız da söylemişti. Ama geldik devletteki bilgilere baktık, doğrusunu bunu devam ettirmek olarak gördük. Parlamentonun karşısına giderken şey olmamış gibi gitmedik, dedik ki, bu işi parlamentonun rızasına bağlıyoruz, siz bunu eğer istemezseniz zamanı gelince kaldırırsınız. Sonra görülmüştür ki Meclis'in rızasına her 6 ayda bir defa gidildi, fakat bir yerde Meclis'in rızasına değil de hükümetin rızasına bağlı olsa, hükümet daha eli kuvvetli olur. Yani şimdi müzakere ederken vs. ederken hükümet diyebilir ki; arkadaş buna razı olursan olursun, yoksa ben bunu kaldırıyorum. O güç karşı tarafça hükümette görülürse iyi olur diye düşündük. Ama bugün o yapılmaz.

Bunları okuduktan sonra bir süre sessiz kalmakta yarar var sanıyorum.

7

IRAK MUHALEFETİ VE SADDAM HÜSEYİN'İ DEVİRMEK İÇİN YAPILAN ÖRTÜLÜ OPERASYONLAR

ABD'NİN ÇAĞRISIYLA SADDAM'A BAŞKALDIRI: 1991 OLAYLARI

ABD'nin Irak muhalefeti ile ilişkilerini, 1975 yılına kadar Kuzey Irak Kürtlerinin KDP aracılığıyla Bağdat'a karşı verdiği mücadele belirledi. ABD'nin Ortadoğu'daki jandarması olan Şah Pehlevi iktidarındaki İran ile Sovyetler Birliği destekli Baas Partisi yönetimindeki Irak arasında Şattül-Arap konusunda yaşanan gerginlikte, İran'a destek olmak isteyen ABD, Bağdat'a başkaldıran Kürtlere İsrail ve İran aracılığıyla silah sağladı. İran ve Irak'ın 1975'te imzaladığı Cezayir Anlaşması'ndan sonra Kürtlere desteğini çekti. Dönemin ABD Dışişleri Bakanı Henry Kissinger, ABD'nin bu yaklaşımını, "*Örtülü operasyonlar, misyonerlik faaliyeti değildir,*" diye açıklıyordu.

1979'da İran'da gerçekleşen İslam devriminden sonra, bu defa İran karşısında Irak'ı dengeleyici bir unsur olarak gören ABD, Irak muhalefeti ile görüşmelerini sınırlandırdı. Ancak 1988'deki Halepçe katliamından sonra bir ABD'li yetkilinin KYB lideri Celal Talabani'yle görüşmesini Bağdat'ın protesto etmesi üzerine, o dönemde İran'ı dengelemek üzere Irak'a meyleden ABD yönetimi, Amerikan görevlilerin Iraklı rejim aleyhtarları ile temaslarına yasaklama koydu. Kararın altında dönemin Dışişleri Bakanı George Schultz'un imzası vardı.

Irak'ın 2 Ağustos 1990'da Kuveyt'i işgal etmesinden 28 Ağustos 1991'de ateşkes imzalanıncaya kadar geçen süre zarfında ABD görevlileri bu yasağa uyarak, Saddam muhalifleri ile herhangi bir temasta bulunmadı.[40]

ABD askeri güçleri, Körfez Savaşı'nda Bağdat'a kadar ilerlemedi. Başkan Bush, 15 Şubat'ta yaptığı konuşmada, "*Irak ordusuna ve Irak halkına, ülke idaresine el koyarak, bir diktatör olan Saddam Hüseyin'i kenara çekilmek zorunda bırakmalarını ve Irak'ın yeniden uluslar ailesine katılmasını sağlamaları,*" çağrısında bulundu. Mart ayında güneyde Şiiler ve kuzeyde Kürtler Bush'un bu çağrısına uyarak ayaklandılar. Ayaklanma hızla yayıldı. Birkaç gün zarfında 18 ilden 14'ünde Saddam karşıtı güçler denetimi ele geçirmişti.[41]

Ancak ABD'nin gerçek beklentisi, bir halk ihtilali değildi. Washington, Saddam'ın halk ayaklanması sonucunda devrilmesinin, Irak'ta yıllarca sürecek bir kargaşaya yol açmasından korkmaktaydı. Üstelik, Irak'ta kontrolün Şiilerin eline geçmesi ihtimali, ABD'nin yakın müttefiki ve Çöl Fırtınası Harekâtı'nın başlıca finansörlerinden Suudi Arabistan'ı da endişeye sevk etmişti. Sonuçta, ABD, ayaklanmalara destek vermedi.

Hatta, Körfez Savaşı'nın komutanı General Schwarzkopf, Safwan'da Iraklı yetkililerle imzalanan ateşkes anlaşmasında, Irak hava

---

40) Ancak Mart ayında Irak'ın güneyindeki ve kuzeyindeki ayaklanmaların kamuoyuna yansımasından bir gün sonra, yasak kaldırılmıştır. Laurie Mylroie, "*The United States and the Iraqi National Congress*", **Middle East Intelligence Bulletin**, Cilt.3 No.4, Nisan 2001.

41) David Wurmser, a.g.y., s. 10.

sahasında Irak uçaklarının bütün uçuşlarının yasaklanmasına rağmen, helikopter uçuşlarına istisna getirilmesini kabul etmişti.[42]

Saddam, helikopterlerin de yardımıyla ayaklanmaları bastırmakta gecikmedi. İzleyen üç haftada, 250 bin Şii öldü, yüz binlerce Kürt, Türkiye ve İran sınırlarına yığıldı.

Başkan Bush'un bir yandan Irak halkını Saddam'a karşı ayaklanmaya davet ederken, ABD'nin diğer yandan Irak'ın helikopter kullanımına izin vermesi, ABD'nin gerçek hedefinin ne olduğu konusunda yıllarca sürecek ve bugün de devam eden tartışmalara yol açtı.

Bir yoruma göre, ABD helikopter kullanımına kasıtlı izin vermişti. Irak'ın kargaşaya sürüklenerek parçalanmasından;[43] ve dolayısıyla İran-Irak dengesinin bozulmasından;[44] ABD'deki hayati güvenlik çıkarlarının tehlikeye girmesinden endişe duyuyordu ve Saddam'ın ayaklanmayı bastırmasını istiyordu. ABD'nin amacının Saddam'ın devrilmesi olduğuna şüphe yoktu, ancak bunun Saddam'ın çevresindeki üst düzey subaylar tarafından gerçekleştirilmesini istemekteydi.[45] Yani hamamcı gidecek ama hamam aynı kalacaktı.

Bir diğer yoruma göreyse, ayaklanmalar, Saddam'a karşı darbe girişimi hazırlıkları yapanları korkutmuş ve Saddam'ın etrafında kenetlenmelerine yol açmıştı. Saddam ayaklanmaları bastırabildiği takdirde, darbe yanlıları yeniden hazırlıklara başlayacaktı.[46]

Dönemin ABD Başkanı George Bush ve Ulusal Güvenlik Danışmanı Brent Scowcroft'un, daha sonra birlikte kaleme aldıkları anı kitabında, Kürt ve Şii ayaklanmalarına ABD'nin destek vermeyişi şöyle açıklanıyordu:

---

42) Alfred B. Prados, "*Iraq. Post War Challanges and U.S. Responses, 1991-1998*", **CRS Report for Congress**, Mart 31, 1999, s. 1.

43) **"Iraq: Can Saddam Be Overthrown"**, Hearing Before the Subcommittee on Near Eastern and South Asian Affairs of the Committee on Foreign Relations United State Senate", US Government Printing Office, 1998, s. 21.

44) Dan Byman and Matthew Waxman, **Confronting Iraq: US Policy and the Use of Force Since the Gulf War**, Santa Monica, RAND, 2000, s 46.

45) David Wurmser, a.g.y., s. 10.

46) Mylroie, a.g.m..

Saddam'ın yenilgiye uğramasının iktidardan düşmesine yol açacağına dair çoğu Arap müttefiklerimizin tahmin ettiği, bizim de inanmaya başladığımız beklentimizin gerçekleşmemesinden hayal kırıklığına uğradık. Şiilerin güneyde, Kürtlerin kuzeyde başlattıkları başarısız ayaklanma, Bağdat'ın merkezindeki Sünni halka yayılamadı ve Irak ordusu (Saddam'a) sadık kaldı. Ayrılıkçı Şiileri ve Kürtleri ayaklanmaya cesaretlendirdiğimiz ve ayaklanmaları halinde kendilerini destekleyeceğimiz yolundaki sözümüzü tutmadığımız iddiasıyla eleştiriler var. Başkan Bush, defalarca Saddam Hüseyin'in kaderinin Irak halkı tarafından belirlenmesi gerektiğini açıklamıştı. Nadiren de, Saddam'ın devrilmesinin memnuniyet yaratacağını söylemişti. Ancak çok gerçekçi nedenlerle hiçbir zaman böyle bir söz verilmedi. Saddam'ın bir halk ayaklanması veya darbe ile devrilmesini arzulamakla birlikte, ne ABD, ne de bölge ülkeleri, Irak'ın parçalanmasını istiyordu. Körfez'de uzun dönemli güç dengesinden de endişe duyuyorduk. Irak'ın parçalanması istikrarsızlıklara yol açacaktı. Türkiye ve İran, bağımsız bir Kürt devletine karşıydı. Kürtler ve Şiiler'e kendi kaderlerini tayin hakkı tanınması ne kadar cazip gözükse de, politikayı durumun gerekleri dikte ediyordu. Bu nedenlerle, ayaklanmalar bizi sıkıntıya soktu, aynı zamanda Saddam'a ordusunu toplamak ve kendisini yeniden göstermek fırsatı sağladı. Irak ordusu, onur kırıcı mağlubiyetin müsebbibi olan Saddam'ı devirmek yerine, ayaklanmaları bastırmaya yöneldi. Bu, ciddi bir hayal kırıklığıydı.

Saddam'ı devirmeye çalışmak ve kara harekâtını genişleterek Irak'ı işgal etmekle, yolun ortasında hedeflerimizi değiştirmeme yönündeki kararımızı ihlal etmiş olacak, hadsiz insan kaybına ve siyasi kayıplara sebebiyet verecektik. Saddam'ı ele geçirmek neredeyse imkânsızdı. Panama'da Noriega'yı bulamamıştık. Bağdat'ı işgal etmek ve fiilen Irak'ı idare etmek zorunda kalacaktık. Koalisyon ânında dağılacak, Araplar öfke kusacak ve diğer müttefiklerimiz bizden uzaklaşacaktı. Bu şartlar altında, uygulanabilir bir 'exit' stratejimiz yoktu ve bir diğer ilkemizi daha ihlal etmiş olacaktık. Dahası, kendimizden emin bir şekilde Soğuk Savaş sonrası dönemde saldırganlıklara nasıl karşı koyulacağının emsalini yaratıyorduk. Irak'a girerek, ülkeyi işgal etmemiz, kısacası BM'nin verdiği yetkiyi aşmamız, saldırganlığa karşı uluslararası tepki verilmesi için oluşturmaya ça-

lıştığımız örneği yok edecekti. İşgal yolunu seçseydik, ABD karşıtlığının halen sınırlı da olsa sürdüğü bu bölgede 'işgalci güç' olarak algılanabilirdik. Sonuç, çok daha farklı gerçekleşebilirdi...

Safwan'daki ateşkes anlaşmasında Saddam'ın helikopter kullanmasına izin vermemizin yarattığı tartışmalara gelince, Irak tarafı, savaştan harap olmuş ülkenin çeşitli bölgelerine tek ulaşım aracının helikopterler olduğunu iddia etti. (General) Schwarzkopf'un bu konuda herhangi bir talimatı yoktu ve Irak tarafının talebini kabul etti. Saddam, zaman kaybetmeksizin helikopterleri ayaklanmaları bastırmak için kullandı. Scowcroft, konuyu (Savunma Bakanı) Cheney ile ele alarak, (Irak'ın) helikopter uçurma yetkisinin geri alınmasını önerdi. Cheney ve (Genelkurmay Başkanı) Powell, bunun Schwarzkopf'u baltalamak olacağını düşündüler ve helikopterleri kullanmamasının, Saddam'ın biraz daha fazla çaba harcaması gerekse de ağır silahlarla aynı şeyleri yapmasını engellemeyeceğini söylediler. Scowcroft konuyu takip etmedi ve mesele hiçbir zaman Başkan Bush'a intikal ettirilmedi. Geriye bakıldığında, helikopterler Irak tarafından ulaşım için değil saldırı amaçlı kullanıldığı için, (yasak getirilseydi) Schwarzkopf zayıflatılmış olmayacaktı...[47]

1992-1995: ABD'NİN MUHALEFET ÖRGÜTLEME VE DARBE DENEMELERİ

Darbe Beklentisi

ABD, Beyaz Saray, Pentagon, Dışişleri ve CIA, BM yaptırımlarının Saddam'ın elini kolunu bağlayacağına ve nihayetinde içeriden düzenlenecek bir darbeyle devrilmesine yol açacağına inanmaktaydı.[48] Beklenti, Irak'ta yumuşak bir geçiş olmasıydı.

Saddam'a karşı suikast düzenlenmesi konusu ise hukuki açıdan karmaşık bir nitelik arz etmekteydi. ABD kanunlarında, yabancı ül-

---

47) George Bush-Brent Scowcroft, **A World Transformed**, New York, Alfred A. Knopf, 1998, s. 487-490

48) Örtülü operasyonlara ilişkin bundan sonraki bölümler, aksi belirtilmedikçe şu kaynaktan alınmıştır: Andrew Cockburn and Patrick Cockburn, **Out of the Ashes**, Harper Perennial, New York, 1999, s. 31-57 ve 211-230.

ke devlet başkanlarına suikast düzenlenmesini engelleyen bir hüküm bulunmamaktaydı. Ancak, CIA'in 1960 ve 1970'li yıllarda karıştığı, birçoğu fiyaskoyla sonuçlanan ve her biri Beyaz Saray'ın talimatıyla düzenlenen, suikast girişimlerinin açığa çıkması üzerine dönemin Başkanı Gerald Ford, 18 Şubat 1978'de yayınladığı 11905 sayılı 'ABD'nin Dış İstihbarat Faaliyetleri Konusunda Başkanlık Emri'yle ABD görevlilerinin suikasta karışmasına yasak getirmişti.[49]

Yürütme organlarına talimat niteliğindeki 11905 sayılı Başkanlık emrinin 'İstihbarat Faaliyetlerine Kısıtlamalar' başlıklı 5. bölümünün (g) fıkrasında, ABD Hükümetine mensup hiçbir görevlinin, siyasi suikaste karışamayacağı bildirilmekteydi. [50]

Bu yasağın kapsamı, bir sonraki Başkan Jimmy Carter'ın 24 Ocak 1978'de yayınladığı aynı başlığı taşıyan 12036 sayılı Başkanlık Emrinin 2-305 maddesiyle biraz daha genişletildi. Bu defa yasak, sadece ABD Hükümet görevlilerine değil, 'ABD adına hareket eden kişilere' de getirilmekte ve 'siyasi suikast' tanımı 'suikast' olarak değiştirilmekteydi.[51]

Başkan Reagan tarafından ABD'nin İstihbarat Faaliyetleri konusunda 4 Aralık 1981'de yayınlanan 12333 sayılı Başkanlık Emrinde suikast yasağının kapsamı biraz daha genişletildi. Başkanlık Emrinin 'Suikast Yasağı' başlıklı 2.11. fıkrasında Carter dönemindeki yasak tekrarlanıyor, ancak 2.12. madde olarak eklenen 'Dolaylı Katılım' başlıklı fıkrayla bu defa ABD İstihbarat Örgütlerinden hiçbirisinin Başkanlık Emriyle yasaklanmış faaliyetlere katılamayacağı veya başka bir kimseden bu yönde bir talepte bulunamayacağı belirtiliyordu.[52]

Aslında teknik olarak Başkanlık Emirlerinin, yine bir Başkanlık Emriyle değiştirilmesi mümkündü. Ancak, 12333 sayılı Başkanlık

49) Kenneth M. Pollcak, The Threatening Storm, Random House, New York, 2002, s. 283.
50) http://www.fas.org/irp/offdocs/eo11905.htm
51) http://www.fas.org/irp/offdocs/eo/eo-12036.htm
52) http://www.odci.gov/cia/information/eo12333.html

Emri ABD'nin yabancı devlet başkanlarını öldürme girişimlerine engel olmadı. ABD, 1986'da Libya Devlet Başkanı Muammer Kaddafi'ye, 1993'te Somali Devlet Başkanı Muhammed Farah Aidid'e ve 1991'de Saddam Hüseyin'e yönelik doğrudan askeri saldırılar düzenledi.

Dahası, Beyaz Saray, CIA'ye yabancı devlet başkanlarının öldürülmesiyle de sonuçlanacak örtülü operasyonlar talimatı vermekten de geri durmadı. Reagan döneminde CIA'in görevi Kaddafi'yi ortadan kaldırmaktı, gerekirse öldürülebilirdi. CIA, I. Bush döneminde Panama Devlet Başkanı Manuel Noriega'yı devirmekle görevlendirilmişti. Bush ve Clinton döneminde ise talimat Saddam Hüseyin'i devirmekti. Ancak bütün bunların hepsinde, CIA Başkan'ın talimatıyla hareket etmiş, suikast olarak yorumlanacak eylemlerden kaçınmıştı.

Kısacası, Saddam'ın içeriden darbeyle devrilmesi en makul çözüm yolu olarak görülüyordu.

Irak Muhalefetinin Doğuşu

Körfez Savaşı başlayıncaya kadar CIA, Başkan Bush'un emriyle, Saddam Hüseyin'e karşı yıpratma kampanyası yürütmüştü. Amaç, Saddam'ın ABD askeri harekâtına gerek kalmaksızın Kuveyt'ten kendiliğinden çekilmesini sağlamaktı. CIA, bu amaçla, Mısır ve Suudi Arabistan'daki gizli istasyonlardan Irak'a kaçak radyo yayını yapıyordu. Masraflar CIA tarafından karşılanıyor, radyo yayınlarının kontrolü Suudi ve Mısır istihbaratlarınca yapılıyordu.

Suudi Arabistan'dan yapılan yayınlar, 'Irak Ulusal Birliği' (INA/Al-Wifak) isimli, Irak Baas Partisi'nin iki eski mensubu Salih Ömer Ali el-Tıkriti ile Ayad Alawi önderliğindeki Saddam muhalifi örgüt tarafından hazırlanmaktaydı.

El-Tıkriti'nin, Irak'ta parlak bir kariyer geçmişi vardı. Irak'ın BM nezdindeki Daimi Temsilcisi olarak görev yapmış, 1982 yılında İran-Irak Savaşı'nın Irak açısından kötü gitmekte olmasının Saddam'ın devrilmesine yol açacağını ve Tıkrit kasabasından bir Sünni olarak şansın kendisine güleceğini düşünerek bu görevinden istifa etmiş ve Bağdat'a dönmüştü. Beklentisi gerçekleşmemiş, ancak Saddam'la arasını düzelterek, Irak Hükümetinin uzantısı olan bir nakliye şirketinin Londra'daki ofisinin başına geçmişti. 2 Ağustos 1990'da Irak'ın Kuveyt'i işgal etmesinin ardından BM'nin Irak'a ait bütün hesapları dondurması ve dolayısıyla işini kaybetmesi üzerine, Saddam muhalifliğine geçmiş, bir süre sonra Suudi istihbaratının davetiyle Riyad'a taşınmıştı.

Ayad Alawi, 1968'deki darbeden önce Baas Partisi'nin gençlik kollarının başında çalışmış ve büyük öğrenci gösterileri düzenlemişti. 1970'li yıllarda tahsiline devam etmek üzere Londra'ya gönderilmiş ve Irak istihbarat örgütü Muhaberat açısından önemli bir görev olan 'Avrupa Irak Öğrenci Birliği'nin başına getirilmişti. Alawi, 1978 yılında, Londra'daki Arap öğrenci toplumu hakkında bilgi toplamak isteyen İngiliz istihbarat servisleriyle ilişkiye geçmişti. Bu ilişkiyi öğrenen Muhaberat, Londra'ya bir suikast timi göndermiş, Alawi saldırıdan şans eseri ağır yaralı olarak kurtulmuştu.

Saddam Hüseyin'in devrilmesi için 50 milyon dolarlık bir ödenek ayıran Suudi istihbaratının ilgisini fark eden Alawi, el-Tıkriti ile birlikte 'Özgür Irak'ın Sesi' isimli radyoyu ve INA'yi kurmuştu. Bu ikili, Suudi istihbaratının verdiği 40 bin dolarlık bir çek yüzünden ihtilafa düşmüş, el-Tıkriti'nin ayrılmasıyla INA Alawi'nin kontrolüne geçmişti.

Bölgedeki bütün ülkelerin istihbarat örgütleri yoğun bir faaliyete geçmiş, kendi güdümlerindeki muhalefet örgütleriyle ilişkilerini yoğunlaştırmıştı. İran, Tahran'da yaşayan Muhammed Bekir el-Hakim liderliğindeki 'Irak İslam Devrimi Yüksek Konseyi'ni (SCIRI) kullanıyordu. ABD, İran'ın güneydeki Şiiler aracılığıyla Irak'ta nüfuz tesis etmesini istememekle birlikte, Saddam'ın devrilmesi için SCIRI'yı işbirliği yapılabilecek bir araç olarak görmekteydi.

Irak Muhalefeti ve Arap İstihbarat Örgütleri

Sahnede Suriye de vardı. Saddam Hüseyin'in baş düşmanı Suriye Devlet Başkanı Hafız Esad, Körfez Savaşı'nda ABD önderliğindeki koalisyonu desteklemişti. Saddam Hüseyin'in 1979'da Irak'ta iktidara geçer geçmez, kendisine karşı Suriye destekli bir darbeyi açığa çıkardığını ilan etmesinin ardından Şam, Saddam muhalifi Iraklı eski subayları ve Baasçıları misafir etmeye başlamıştı. Hatta, Körfez Savaşı başlamadan önce dahi, Aralık 1990'da Saddam Hüseyin'i devirmek isteyen muhaliflerin düzenlediği toplantıya ev sahipliği yapmıştı.

Suudi istihbaratı, Körfez Savaşı'ndan hemen sonra, Beyrut'ta geniş katılımlı bir Irak muhalefeti toplantısı düzenlemek istiyordu. Ancak böyle bir toplantıyı düzenleyecek nitelikli elemanlardan ve bağlantılardan yoksundu. Suudilerin imdadına Suriye istihbaratı yetişti. Suudilerin bu toplantı için tahsis ettiği 27 milyon dolarlık kaynağı alan Suriye istihbaratı, o güne değin en geniş katılımlı muhalefet toplantısını gerçekleştirdi.

Bütün bu gelişmeler olurken, ABD, Irak muhalefetine mensup kişilerle görüşmüyordu. 1988'deki Halepçe katliamından sonra bir ABD'li yetkilinin KYB lideri Celal Talabani'yle görüşmesini Bağdat'ın protesto etmesi üzerine, o dönemde İran'ı dengelemek üzere Irak'a meyleden ABD yönetimi, Amerikan görevlilerin Iraklı rejim aleyhtarları ile temaslarına yasaklama koymuştu.

Ahmed Çelebi'nin Ortaya Çıkışı

Bu yasağın 2 Mart'ta kalkmasıyla, ABD istihbarat örgütlerinin ve devlet kurumlarının Irak muhalefetiyle doğrudan temaslarının da önü açılmış oldu. 16 Nisan 1991'de ABD Dışişleri Bakanlığı'nın Irak muhalefetine mensup misafirleri arasında o güne kadar ismi pek fazla duyulmamış, iyi İngilizce konuşan Ahmed Çelebi isimli Londra'da yaşayan bir Iraklı da vardı.

Ahmed Çelebi, muhalefetin diğer isimlerinden farklı bir geçmişe sahipti. Oldukça zengin Şii kökenli bir bankacı aileden gelmekteydi ve babası, 1958 yılındaki General Kasım darbesine kadar Irak Hükümetinde bakan olarak görev yapmış, darbeden sonra Lübnan'a taşınmışlardı. Lübnan'da her geçen gün zenginlikleri artan Çelebi ailesi, Lübnan'daki Şii toplumuyla yakın ilişkiler kurmuştu.

Ahmed Çelebi, yükseköğrenimini ABD'nin meşhur MIT Üniversitesi'nde Matematik alanında yapmış, daha sonra Chicago Üniversitesi'nde aynı alanda doktorasını tamamlamıştı. Ürdün Kraliyet Ailesi'ne yakın olan Çelebi, 1977 yılında Ürdün'e taşınarak, 'Petra Bank'ı kurmuştu. 1980'lerde büyük atılım gösteren Petra Bank, Ürdün'ün üçüncü büyük bankası haline gelmişti. Çelebi, Ağustos 1989'da beklemediği bir sürprizle karşılaşmış ve Ürdün Merkez Bankası Başkanı, döviz alım-satım işlemlerinde usulsüzlük yapıldığı gerekçesiyle bankaya el koymuştu. Hakkında sahtecilik ve dolandırıcılık suçlamalarıyla dava açılan Çelebi, bir kamyonun arkasında Şam'a kaçmış ve gıyabındaki yargılamasında 60 milyon dolarlık yolsuzluk yaptığı gerekçesiyle 22 yıl ağır iş görme cezasına çarptırılmıştı. ABD'de Ahmed Çelebi'yi destekleyen çevrelere göre, Çelebi'nin kurduğu Petra Bank, Ürdün'ün nüfusunun çoğunluğunu oluşturan Filistinlilerin, Ürdün ekonomisindeki ağırlıklarını azaltmış, 1989'da Saddam Hüseyin'in Ürdün Kralı üzerindeki baskısıyla göreve gelen Filistin asıllı ve Irak yanlısı Başbakan ve Bakanlar, Çelebi'yi elimine etmek istemişlerdi.

Petra Bank'a el konuluncaya kadar Çelebi'nin Irak siyasetiyle de pek fazla ilgisi olmamış, 1991'den sonra ise muhalefet konularına bütün enerjisiyle sarılmıştı.

Beyaz Saray yetkililerinin Çelebi'yle bir araya gelmelerinde ABD Kongresi'nin baskısı etkili olmuştu.[53]

CIA ve Çelebi

Çelebi'nin sahneye çıkması CIA'in Virginia'daki Langley karargâhını da ikiye bölmüştü. Çelebi karşıtı gruba göre; Çelebi politikaya yeniydi, diğer muhalif gruplardan farklı olarak Irak'ın içi bir yana, Irak dışında da desteği yoktu. Şiiydi ve Petra Bank skandalı nedeniyle Ürdün tarafından aranmaktaydı. Diğer gruba göreyse, Şiiliğinden önce Irak milliyetçisiydi, örgütçü bir kişiliği vardı; işadamı olmasının

53) Laurie Mylroie, a.g.m.

da avantajları bulunmaktaydı, CIA'in vereceği kaynakların nereden geldiğini açıklamak zorunda kalmayacaktı. Hiçbir grupla ilişkisi olmadığından herkese eşit mesafedeydi ve düşmanı yoktu.

Ancak, Saddam Hüseyin'in devrilmesi için propaganda faaliyetlerinin yeterli olacağına inanmayan Ahmed Çelebi'nin aklında, bütün grupları kapsayacak yeni bir muhalefet örgütü kurmak vardı. 'Irak Ulusal Kongresi' (INC) adı verilecek örgüt, birbirleriyle yıllardır çekişme içinde olan muhalefet gruplarının üzerine şemsiye görevi yapacak ve Irak'ta demokrasiye geçilmesini savunacaktı.

Çelebi, Washington'da yoğun lobi faaliyetlerinden sonra Aralık 1991'de Dışişleri Bakanlığı'ndan Richard Haas ile görüştü ve düşüncesini açtı. Haas, Çelebi'nin önerilerini inceleyeceklerini söyledi. Ancak bunu yeterli gören Çelebi'nin ilk işi uçağa atlayarak Ortadoğu ülkelerini ziyaret etmek ve ABD'nin kendisini desteklediğini bildirmek oldu.

ABD'nin gözünde Çelebi Irak muhalefeti adına konuşmaktaydı; muhalefetin gözünde ise Amerika ile muhalefet arasında arabulucuydu.

Bush yönetimi, Iraklı muhalif grupların birleşik bir cephe kurmalarını ve birlikte hareket etmelerini şart koşmaktaydı. Muhalif gruplar, ABD'nin bu çağrısına yanıt verdi. Çelebi'nin girişimleriyle Iraklı muhalifler 1992 Haziran'ında Viyana'da bir araya gelerek Irak Ulusal Kongresi'ni kurdular. Toplantının ve katılımcıların masrafları CIA tarafından ödenmişti. Ancak INC ile CIA arasındaki ilişkinin gizli tutulmasına özen gösterilmekteydi.

Ay sonunda Washington'a giden INC heyetini, Ulusal Güvenlik Danışmanı Brent Scowcroft ve Dışişleri Bakanı James Baker kabul etti.[54]

INC'yi oluşturan muhalif gruplar Ekim ayında, Kuzey Irak'ta, KDP ve KYB'nin kontrolündeki Selahaddin'de liderlik yapısını belirlemek üzere bir araya geldiler.

54) Laurie Mylroie, a.g.m.

Saray Darbesi

Bu sırada, Beyaz Saray'da Saddam'ın bir 'altın kurşun'la öldürüleceği beklentisi hakimdi. Başkan Bush, Mayıs ayında CIA'ye gönderdiği talimatta, Saddam Hüseyin'in devrilmesi için gerekli koşulların yaratılması emrini verdi. Operasyondan, Teşkilatın Operasyonlar Başkanlığına bağlı Yakındoğu Dairesi Başkanı Frank Anderson sorumlu olacaktı.

Ortadoğu'da görevli CIA ajanları, bir 'saray darbesi' planlamak için gece-gündüz Irak ordusunda veya güvenlik birimlerinde bağlantısı olan kişileri araştırmaya başladı. CIA'in maddi kaynak sıkıntısı da yoktu. Genelde CIA'ye zorluklar çıkartan ABD Kongresi, Irak'a yönelik örtülü operasyonlarda kullanılmak üzere 40 milyon dolar tahsis etmişti.

CIA, bir yandan da Saddam Hüseyin aleyhinde yoğun bir propaganda çalışması başlattı. Kampanyayı yürütmek üzere profesyonel bir halkla ilişkiler uzmanı görevlendirildi.

CIA Türkiye'ye Ne Dedi?

Bu günlerde Türkiye'ye gelen CIA görevlileri dönemin MİT Müsteşarı Sönmez Köksal'ı ziyaret ettiler. Bu ziyaret sırasında Türkiye'nin eski Bağdat Büyükelçiliğini yapmış olan Köksal'ın değerlendirmeleri şöyleydi:

> *14 Kasım 1992 akşamı ABD Heyeti ile yapılan toplantıda Irak konusundaki özellikle ilgimi çeken bazı ifadelerle bunlara ilişkin bazı kısa yorumlarımı bilginize sunuyorum:*
>
> *1. "The only unacceptable Tikriti is Saddam." (Kabul edilemeyecek tek Tıkriti Saddam'dır.) Bu ifadeyle Saddam'ın etrafındaki Tıkriti ailesine mensup olanlara, Saddam'ın devrilmesinden sonra bir halel gelmeyeceğinin ve Saddam'ın politikalarından sorumlu tutulmayacaklarının mesajı verilmektedir. Yakın çevresine devirme daveti çıkarılmaktadır.*

2. *"INC şimdilik bir iktidar alternatifi değildir. Sadece Saddam üzerinde bir baskı aracıdır ve Saddam sonrası için iktidara yardımcı olabilir." INC 63 ayrı gruptan oluşmaktadır. Saddam'ın devrilmesine yol açabilecek bir halk hareketini başlatması mümkün görülmemektir. Yukarıdaki davetiyenin muhatap bulması ve başarılı olması halinde Bağdat'taki otoritenin INC ile ya iktidarı paylaşması ya ona devretmesi veya, hiç olmazsa, halk tabanı oluşturması gibi bir senaryo üzerinde durulduğu izlenimi edinilmektedir.*
3. *Aslında Saddam sonrasında Irak'ı uzun ve kanlı bir iç kavgaya ve dolayısıyla büyük bir 'destabilization'a (düzensizlik) sürükleme ihtimali olan INC yerine, ülkede saygınlığı olan ve süratle merkezi otoriteyi ve ülke bütünlüğünü tesis edecek tecrübeli birisinin iktidara talip olmasının ülkemiz açısından teorik olarak ideal gelişmeyi oluşturacağı söylenebilir. Bu adaylardan birisi, 1988'de İran'a karşı FAO savaşını kazanan o zamanki 7'nci Ordu Komutanı General Raşid olabilir. FAO yarımadasının 1988 baharında İran'dan geriye alınışında bütün başarı Irak Silahlı Kuvvetlerininken, Saddam'ın, bu zaferi Cumhuriyet muhafızlarına mal etmesi üzerine General Raşid madalyalarını iade ederek çiftliğine çekilmiştir. Kızı, Saddam'ın küçük oğluyla evliyken bu olaydan sonra ayrılmışlardır. General'in kardeşi iki dönem Sanayi Bakanlığı yapmış ve ülkemize çok yakındır. Daha sonra o da görevden ayrılmıştır. Bu aileyle temas imkânlarının araştırılmasının yararlı olabileceği akla gelmektedir.*
4. *Kuzey Irak'taki gelişmelerle ilgili olarak özellikle dikkati çeken ifadeler ise şöylece sıralanabilir:*

    - *"We are as uneasy as you with the federalism." (Federalizm konusunda biz de sizin kadar rahatsızız.)*
    - *"PKK içine sızamadık."*
    - *"Irak'ın toprak bütünlüğünün muhafazası gereğine inanıyoruz."*
    - *"Seperatism will be a suicide." (Ayrımcılık intihar olur.)*

- *Bağımsız Kürt devletinin "viable" (yaşayabilir) olamayacağını Iraklı Kürt liderlere ısrarla belirtiyoruz.*

5. *"Doların değeri bu yaz bir ara 20-25'den 40-45 dinara çıkmıştır." Savaş öncesinde 1 dolar karaborsada 4-5 dinar idi.*
6. *"Petrol alanında Irak savaşın bütün tahribatını gidermiştir." Ham petrol fiyatında son dönemde görülen düşüşün birçok nedenleri (günlük OPEC petrol üretimin 1980'den bu yana ilk kez 25 milyon varil/gün'e çıkması, Kuveyt'in 2 mvg, İran'ın 4 mvg, Suudi Arabistan'ın 8.8 mvg üretime çıkabilecekleri tahmini ve ABD stoklarının artması) yanında Clinton'dan kaynaklanabilecek politika değişikliği nedeniyle, Irak'ın da yakında petrol piyasasına girebileceği varsayımının rol oynadığı anlaşılmaktadır. Piyasanın gösterdiği tepki de yukarıdaki beyanı doğrulamaktadır.*

CLİNTON İKTİDARI

Bu arada ABD'de yönetim değişikliği oldu. Körfez Savaşı sonrasında halk desteği % 90'lara ulaşan ve uluslararası kahraman haline gelen George Bush, ekonomideki kötü gidişat nedeniyle, ABD tarihinin en büyük kamuoyu desteğini on ay gibi kısa bir sürede kaybetmiş ve Arkansas'ın Demokrat Valisi William (Bill) Clinton karşısında seçimleri kaybetmişti.

ABD'nin Irak'ı çevreleme siyaseti ve Irak muhalefeti ile işbirliği politikası, Demokrat Partili Cliton yönetiminin 20 Ocak 1993'te görevi devralmasından sonra da devam etti.

Nisan 1993'te Washington'ı ziyaret eden Ahmed Çelebi başkanlığındaki INC heyetiyle, Dışişleri Bakanı Warren Christopher ve 'çifte çevreleme' (dual containment) stratejisinin mimarlarından biri olan yeni Ulusal Güvenlik Danışmanı Anthony Lake görüştü. Başkan Yardımcısı Al Gore'un INC heyetini kabulü, yeni yönetimin Irak muhalefetiyle ilişkilere verdiği önemin en üst düzey göstergesiydi.

INC Kuzey Irak'ta

Bu arada, Selahaddin toplantısında alınan kararlar uyarınca INC, Selahaddin'de karargâhını kurdu ve hemen psikolojik harekât faaliyetlerine geçti. Bir gazete yayınlamaya ve Irak geneline radyo ve televizyon yayını yapmaya başladı. Ülke genelinde önemli konumlarda bulunan görevlilerle irtibata geçti ve istihbarat ağı kurdu.

ABD, İngiliz ve Fransız uçaklarının Türkiye'deki İncirlik üssünden gerçekleştirdikleri Huzur Harekâtı'nın (Çekiç Güç) güvenlik şemsiyesi altında olan bölge, ülke içi muhalefetin merkezi haline gelmişti.

Kasım 1993'te Washington'a gelen Çelebi, ABD istihbarat dünyasının tercih ettiği Key Bridge'deki Marriot Otelinde CIA, Pentagon ve Dışişleri yetkililerine verdiği brifingde, Saddam Hüseyin'i devirmek için hazırladığı planı anlattı. 'Üç Şehir Planı' isimli eylem planına göre kuzeyde KDP ve KYB, INC güçleri ile Musul ve Kerkük'e saldıracak; Muhammed Bekir al-Hakim liderliğindeki SCIRI ise güneyden Basra'ya saldırıya geçecekti. INC, Irak ordusundaki taraftarları ile ilk önce ülkenin dış bölgelerinde bir isyan başlatacak, bu isyan merkeze doğru genişletilerek Bağdat'a yayılacak ve neticede ordunun isyanı Saddam'ın devrilmesiyle sonuçlanacaktı.

Washington açısından Çelebi'nin planındaki en önemli sorun, isyan eden birliklere Saddam'a bağlı birliklerin saldırmasıyla, ABD'nin devreye girmek zorunda kalması ihtimaliydi ve Washington, Irak'ta bir iç kargaşaya müdahil olmak istemiyordu. Bu nedenle ABD yönetimi, muhalefetin Saddam ile çatışmasını istemiyordu. Aslında, ABD, INC'nin finansmanını sağlamakla birlikte, Clinton yönetimi, Amerikan maddi yardımlarının silah alımlarında kullanılmasını yasaklamıştı. Ancak Çelebi, kendi maddi imkânlarını kullanarak 8 milyon dolarlık silah satın almıştı.

Beyaz Saray ve CIA Halk Ayaklanması Değil, Darbe İstiyor

Çelebi'nin planına bir başka itiraz da CIA Yakındoğu Dairesi'nden gelmişti. Daire Başkanı Anderson'a göre, INC'nin bu planının uygulamaya konulması, Saddam için sadece ciddi bir baş ağrısı olmaktan öteye gitmeyecekti.

Kısacası, Beyaz Saray ve CIA, INC'nin faaliyetlerinin başlangıçta öngörüldüğü şekilde 'siyasi' olarak kalmasını istiyordu.

Diğer taraftan, Amerikan yönetiminin önceliği farklıydı. Ulusal Güvenlik Konseyi'nde Başkan Clinton'a istihbarat konularında danışmanlık yapan George Tenet, Irak'ta bir darbe organize edebileceğine inanıyor ve bu amaçla Ulusal Güvenlik Danışmanı Lake ile işbirliği yapıyordu. Lake, Bağdat ile çatışma yaşanmasını istemiyordu, hatta UNSCOM Başkanı Rolf Ekeus'a denetimler sırasında kriz çıkartılmaması telkininde bulunmuştu.

ABD Yönetimi, Saddam Hüseyin'in içeriden saray darbesiyle devrilmesi peşindeydi ve bu amaçla eski Baasçılardan ve subaylardan oluşan, INC'de de yer alan Irak Ulusal Birliği'yle temas halindeydi.

Lake ve Tenet, 1994 ilkbaharında Amman'daki CIA istasyon şefliğinden, CIA Yakındoğu bölümüne atanan Steve Richter ile işbirliği yaparak, CIA Direktörü James Woolsey'i 'by-pass' ettiler. Tenet'in girişimleriyle, Haziran 1994'te, Richter, Irak Ulusal Birliği (INA) yetkilileri ve Iraklı diğer eski subaylar ile bir araya geldi. CIA, darbe seçeneğini, INC liderliğindeki halk ayaklanması planlarına tercih etmişti.[55]

CIA'in Irak Operasyonlar Grubu'nda çalışan bir görevliye göre, Saddam'ın belirli bir takvim kapsamında suikastla devrilmesi için yukarıdan baskı vardı.

1994'ün son aylarında, kısmen İngiltere'nin de desteğiyle, CIA Londra Ofisi, Irak'ta darbe yapabileceklerini ileri süren INC içindeki bir grup eski subayla çalışmaya başladı. Bu işbirliğinin merkezinde General Adnan Nuri ve Ayad Alawi bulunmaktaydı.

---

55) Laurie Mylroie, a.g.m.

INA'nin, ağzı iyi laf yapan ve karizmatik lideri Ayad Alawi, uzun yıllardır yakın ilişkiler içinde olduğu İngiliz istihbarat servisi MI-6 tarafından değerli, eski bir eleman olarak görülmekteydi. Alawi, 1994'ten itibaren MI-6'daki dostlarıyla Londra'da ve İngiltere'nin güney sahillerindeki otellerde birçok defa bir araya geldi. Irak'taki iltisaklarından aldığı bilgiye göre, üst düzey subaylar arasında bir hareketlilik başlamıştı, tek lazım olan destekti ve özellikle de maddi yardımdı.

MI-6 bu haberi CIA Londra istasyonuna bildirmekte gecikmedi. CIA'in Londra İstasyonundan gelen bilgiler, Washington'ı harekete geçirmiş, kurumlar arası bir değerlendirme toplantısı yapılması kararlaştırılmıştı.

10 Ekim 1994'te Beyaz Saray'da önemli ve gizli toplantıların yapıldığı Durum Odası'nın konukları, siyasi konularla ilgili Dışişleri Müsteşarı Peter Tarnoff, Ulusal Güvenlik Konseyi'nde istihbarat konularından sorumlu direktör George Tenet, ABD'nin BM daimi temsilcisi Büyükelçi Madeleine Albright ve Genelkurmay Başkanı David Jeremiah'tı. CIA'yi tüm örtülü operasyonlardan sorumlu CIA Direktör Yardımcısı Ted Price ile Yakındoğu Dairesi Başkanı Frank Anderson temsil etmekteydi.

CIA'in hazırladığı ve katılanlara önceden yazılı örneği verilen brifingde, Saddam Hüseyin'in etrafının darbe yapmak isteyen subaylarla çevrildiği ve yıkılmasının an meselesi olduğu ileri sürülüyordu. Ancak, herkesin bu iyi haberin ayrıntılarını duymak istediği toplantıda brifingi sunacak Frank Anderson'ın gündemi ise farklıydı.

Anderson'la, CIA Direktör Yardımcısı Price'ın ilişkileri oldukça kötüydü. 1994'te Operasyonlar Direktörlüğünde kontrespiyonaj bölümünde görevli Aldrich Ames'in yıllardır Rus istihbaratına çalıştığı ortaya çıkmıştı. CIA Başkanı James Woolsey, teşkilatın Rusya'daki hemen hemen bütün ajanlarının çizimlerini sızdıran alkolik Ames'in davranışlarından şüphelenmeyen bütün üst düzey amirlerinin işine son verilmesi baskısı altındaydı. İşine son verilmesi istenenler arasında, burnunun dibindeki Ames'in Ruslara çalıştığını tespit edemeyen, kontrespiyonajdan da sorumlu Direktör Yardımcı Ted Price da bulunmaktaydı. Price, kınama cezası almış, ancak işine son verilmemişti. CIA Direktörü Woolsey, Ames'in amiri olarak çalışan hiçbir CIA görevlisine takdirname veya teşkilat ödülü verilmemesi emri yayınlamıştı.

Frank Anderson'ın ise Ames'la hiçbir mesaisi olmamıştı. Ancak 1980'lerde Sovyetlere karşı savaşan Afgan mücahitlerine büyük miktarlarda silah ve para sevkiyatını büyük ustalıkla yöneten yakın dostu Milt Bearden emekliye ayrılacaktı. Anderson ve operasyonlar dairesinin bir başka emektarı olan John MacGaffin, Afgan zaferlerinin mimarı Bearden'ın teşkilattan bir ödül almadan ayrılmasını istememiş ve mesai arkadaşları olarak resmi niteliği olmayan bir plaket vermişlerdi. Bu gelişme Ted Price'ın kulağına gitmiş ve Price haberi anında Woolsey'e yetiştirmişti. Emrinin dinlenmemesine kızan Woolsey, Price'ın hazırladığı rapor üzerine Anderson ve MacGaffin'e rütbe tenzili cezası vermiş, ancak her ikisi de teşkilattan ayrılmaya karar vermişti.

Kısacası Anderson Beyaz Saray'daki toplantı salonuna girdiğinde, meslek hayatının sona erdiğini ve bunda Price'ın önemli rol oynadığını biliyordu. İntikam sırası kendisine gelmişti.

Brifingi sunan Frank Anderson, gündemin dışına çıkarak, CIA'in büyük maharetle hazırladığı brifing notlarında darbe hazırlıklarıyla ilgili hususları tek tek çürüttü. Anderson, Saddam'ın güvenlik birimleriyle, bölge ülkelerindeki istihbarat istasyonlarının haberleştiği iddialarının söylentiden ibaret olduğunu ve haberleşenler varsa bile, bunların büyük ihtimalle Muhaberat tarafından kontrol edilen iki taraflı casuslar olduklarını belirtti. Anderson'a göre Saddam'a karşı bir darbe gerçekleştirilmesi bu aşamada hayalden ibaretti.

Toplantıya iyi haberler dinleme ümidiyle katılan üst düzey yetkililerin hepsi afallamış ve bir hayli de kızmışlardı. Albright, Anderson'ın sunuşundan sonra "*Neden buradayız*" diyordu. Ancak Anderson'ın olağanüstü performansına rağmen Tenet ve Ulusal Güvenlik Danışmanı Lake, darbe seçeneğinin izlenmesini istemeye devam etmekteydi.

1994'ün sonunda Irak Operasyonlar Grubu'nu dağıtan CIA, INA ile teması özel bir kanaldan yürütmeye başladı. INC'nin normal faaliyetlerinden sorumlu CIA görevlilerine, bu operasyondan uzak durmaları talimatı verildi. Bu özel kanalın amacı, eski subayların, Irak ordusu içindeki bağlantıları aracılığıyla ABD'de 1996'da yapılacak Başkanlık seçimlerinden önce Irak'ta darbe gerçekleştirmesiydi.[56]

Darbe hazırlıkları ABD Dışişleri Bakanlığı'nca da desteklenmekteydi. Yakındoğu konularından sorumlu Dışişleri Bakan Yardımcısı R. Pelletrau, sonraları bir televizyon kanalında katıldığı programda, yönetimde Irak'taki mevcut rejimini devrilmesinin tek yolunun içerden gerçekleştirilecek bir askeri darbe olduğuna inananların bulunduğunu, kendisinin de bu grup içinde yer aldığını açıklayacaktı.

Çelebi, Washington'daki bu girişimlerden habersiz bir şekilde halk ayaklanması planları üzerinde çalışmaya devam ediyordu. CIA direktörü Woolsey, Kuzey Irak'ta faaliyet gösteren INC'ye yardımcı olmak üzere bir CIA ekibinin bölgeye gönderilmesini istemekte, ancak bunun için Senato İstihbarat Komitesi'nin onayı gerekmekteydi. Komitede görevli iki danışman Chris Straub ve Don Mitchell'ın, Kuzey Irak'a yaptıkları ziyaretten sonra hazırladıkları raporda CIA'in bir ekip gönderme kararını hararetle desteklemesiyle, Komite onayını verdi ve Warren Marvik başkanlığında 4 kişiden oluşan ilk CIA timi 1994 Ekim'inin ilk günlerinde Kuzey Irak'ta göreve başladı. Ekibin görevi, Kürtler ve INC aracılığıyla Irak'tan istihbarat toplamak ve gelen bilgileri değerlendirmekti.

INC'nin faaliyetlerinin merkezi haline gelen Selahaddin şehrinde CIA'in yürüttüğü faaliyetlerin ölçeği, neredeyse CIA'in Küba'da 1961'de yaptığı Domuzlar Körfezi Operasyonu'yla aynı düzeye çıkmıştı.

Çelebi'ye göre, Amerikan istihbarat görevlilerinin mevcudiyeti ABD yönetimi'nin muhalefete desteğinin bir göstergesiydi. ABD, Saddam Hüseyin'i devirmek ve bu amaçla INC'den yararlanmak istiyordu. Ancak bölgeye CIA ekibi gönderilmesini sağlayan CIA Yakındo-

---

56) Jim Hoagland, "*How the CIA's War on Saddam Collapsed*", Washington Post, 26 Haziran, 1997, s. A21.

ğu Masası Başkanı Anderson'ın aklında başka bir düşünce vardı. Anderson'a göre, askeri açıdan güçsüz olan ve Saddam'ın yerine başka güçlü bir Baasçı askeri diktatörün gelmesini istemeyen INC, Saddam'dan kurtulmak için iyi bir araç değildi ve CIA görevlileri bölgede sadece INC ile çalışmak için bulunmamaktaydı. CIA görevlilerinin Langley'den aldıkları talimatta, INC'nin içinde yer alan INA ile INC'yi atlayarak doğrudan çalışmaları emredilmekteydi.

INA'nın Kuzey Irak'taki ofisinin başında ise eski bir general olan Adnan Nuri bulunmaktaydı. CIA General Nuri'yle doğrudan ilişki sürdürmekteydi. General Nuri, 1992'de INC'nin Viyana'da yapılan kuruluş toplantısından hemen sonra CIA tarafından gizli bir görüşme yapmak için Washington'a götürülmüş ve Washington'ın ünlü alışveriş merkezi Tyson's Corner'daki Sheraton Premiere Otelinde CIA ajanlarıyla bir araya gelmişti. CIA görevlileri, Nuri'ye INC'den bağımsız çalışmasını, ancak INC içinde kalmasını telkin etmişlerdi. Amaç, CIA güdümlü bir darbeyi kolaylaştırmaktı.

Kısacası, KDP ve KYB kontrolündeki Selahaddin kentindeki CIA ajanları bir yandan INC ve Kürtlerle istihbarat faaliyetleri yürütüyor, diğer yandan INA aracılığıyla bir darbe girişiminin hazırlıklarını yapıyorlardı.

Irak Askeri İstihbaratının eski Başkanı ve 1992'den itibaren Saddam'ın sarayındaki istihbarat biriminde görevlendirilen Vefik el-Samarrai, 2 Aralık 1994'te KDP'nin yardımıyla Irak'tan kaçarak Kürt bölgesine sığındı. Samarrai'nin katılması, INC'nin planlarına yeni bir heyecan getirdi.[57]

Ancak INC'nin ve CIA ajanlarının bölgedeki mevcudiyeti, bölgenin istikrarlı olmasına bağlıydı. INC lideri Çelebi'nin arabuluculuğuyla sona eren 1994'teki KDP ve KYB çatışmasından sonra ilişkiler gergin kalmaya devam etmişti. 1995'in ortalarında KDP ve KYB arasındaki gerginlik yeniden su yüzüne çıkmıştı. Çelebi, 1994'teki ateşkesin devamını ve kontrolünü sağlamak için INC askerlerinin iki

57) Laurie Mylroie, a.g.m.

parti arasındaki bölgede gözlemci olarak görev yapacağını söylemiş, ancak ABD bunun için gerekli olan 1 milyon doları vermemişti. Aslında bu durum, INC'ye olan ilginin azaldığının da ilk sinyaliydi.

Çelebi'nin 'İki Şehir Plan'ı

Bu sırada CIA'in kendisine yönelik ilgisinin azaldığını gören ve KDP-KYB arasında süren çatışmalar nedeniyle sorunlar yaşayan Çelebi, INC'nin profilini yükseltmek amacıyla 'İki Şehir Planı' başlıklı bir strateji geliştirdi. Planda, Kerkük ve Musul'un ele geçirilmesi hedeflenmekteydi. Böylelikle Saddam'a büyük bir darbe indirilecekti.

Plana göre, Musul ve Kerkük'teki garnizon komutanları, rüşvetle ikna edilecek, INC ve Kürt peşmergelerinin Musul ve Kerkük'e çarpışmasız girmesi sağlanacak; Saddam öfkelenerek bölgedeki generalleri görevden alacak ve Bağdat'a dönmekten korkacak generaller aileleriyle birlikte INC saflarına geçecekti. Generaller rüşvetle kandırılamadığı takdirde, INC güçleri ve Kürt peşmergeleri saldırıya geçecekti. Moral olarak zaten çökmüş Irak ordusunun karşısında üstünlük sağlanması zor olmayacaktı.

El-Samarrari, planı hararetle destekliyor, INC ve Kürt peşmergelerinin saldırısı başlar başlamaz, Irak ordusu içindeki taraftarlarının ayaklanacağını söylüyordu. INC ise, Saddam Hüseyin'in kuzeye saldırmasının ABD'nin askeri harekâtına yol açması beklentisindeydi.

Ancak Çelebi'nin altındaki zemin kaymaktaydı, Kürtler çarpışıyordu ve CIA darbe planlarıyla fazlasıyla meşguldü.

Çelebi'yi harekete geçiren gelişme Ocak 1995'te gerçekleşti. Selahaddin'deki CIA İstasyonuna, 'Bob' isimli, daha önce Afganistan'daki CIA operasyonlarında görev yapmış ve vasat düzeyde Arapça bilen bir ajan tayin edilmişti.[58] Bob, Suriye gibi Irak'a komşu ülkelerde görev yapmıştı ve bölge hakkında iyi bilgi sahibiydi. Görevi, kendisin-

---

58) 'Bob' isimli ajanın adı Robert Baer'di. Baer anılarını, "See No Evil" adlı kitapta yayınlamıştır.

den önceki CIA ekipleriyle aynıydı, Irak'taki gelişmeler hakkında istihbarat toplayacak ve çeşitli kaynaklardan gelen duyumları süzgeçten geçirecek, aynı zamanda INA ofisinden Adnan Nuri'yle hazırlıkları gizlice yürütüldüğü sanılan darbe planları üzerinde çalışacaktı.

Aynı dönemde ise, Clinton yönetimi, açıktan açığa yapılacak bir halk ayaklanması yerine, gizli bir darbe seçeneğini kararlılıkla uygulamaya koymuştu.

Bush yönetiminden kalma CIA Direktörü James Woolsey'in ayrılmasıyla CIA Direktörlüğüne, Ulusal Güvenlik Konseyi'nde Başkan Clinton'ın istihbarat konularında danışmanlığını yapan George Tenet atanmıştı. Darbe yanlısı ekibin ipleri tamamen ele aldığı anlaşılıyordu. Ancak Kuzey Irak'taki CIA ajanları, eski Baasçı subaylarla yürütülen darbe hazırlıklarının, ABD'nin politikasında önemli bir değişikliğe yol açtığından habersiz olarak faaliyetlerine devam etmekteydi.[59]

12 Şubat 1995'te CIA ajanı Bob'u heyecanlandıran bir gelişme yaşandı. İran destekli Irak İslam Devrimi Yüksek Konseyi'ne (SCIRI) bağlı birlikler, İran sınırından saldırıya geçmiş ve sınırda görevli 426. tümen ağır kayıplar vermişti. Bob, Irak ordusunun dökülmekte olduğunu ve Çelebi'nin İki Şehir Planı'nın, hem kuzeyden hem de SCIRI'nın desteğiyle güneyden aynı anda gerçekleştirilmesinin, Saddam'ın devrilmesiyle sonuçlanacağına hükmetmişti.

El-Samarrai bu sırada, kendisinin doğduğu Samarra kasabasını ziyaret edecek Saddam Hüseyin'e karşı bir suikast hazırlayabileceğinden söz etmekteydi. Bob, bu düşünceyi, her ihtimale karşı Ulusal Güvenlik Konseyi dağıtımlı olarak CIA karargâhına kriptoladı ve İki Şehir Planı'nın İran destekli SCIRI'yla gerçekleştirilmesine yöneldi. Ancak önünde ciddi bir engel vardı. SCIRI İran istihbaratının kontrolündeydi ve CIA ajanlarının İranlı resmi görevlilerle ilişki kurması kesinlikle yasaktı. Bu engeli aşmak isteyen Bob, Çelebi'yi aracı koy-

59) David Wurmser, a.g.y., s. 21.

mak istedi. Çelebi'ye, Beyaz Saray'dan aldığı talimatta, Irak'ın toprak bütünlüğünün korunmasına saygı gösterildiği takdirde, İran'ın Saddam Hüseyin'e karşı girişilecek bir askeri saldırıya katılmasına ABD'nin karşı çıkmayacağı bildirilmişti. Çelebi şüphelenmişti. Ancak Bob'un ısrarı üzerine Şubat ayının son günlerinde Selahaddin'deki gelişmeleri yakından izleyen İran'ın etkili istihbarat örgütü Pasdaran'a mensup iki ajanla bir araya gelerek, Bob'un mesajını iletti. Ancak, mesajın doğruluğuna kefil olamayacağını söylemekten de geri kalmadı. Mesajın içeriğinden heyecanlanan Pasdaran ajanlarının toplantıdan sonraki ilk işleri, durumu Pasdaran'ın Kürt konularına bakan en üst düzey yetkilisi General Muhammed Caferi'ye iletmek oldu.

Selahaddin'deki entrikalar zinciri giderek içinden çıkılmaz hale gelmekteydi, herkes diğerlerini manipüle ettiğine inanmaktaydı. Ancak, 'Bob'un mu Çelebi'yi, Çelebi'nin mi 'Bob'u manipüle ettiği belirsizdi. Kesin olan bir şey varsa, Washington'ın, INC'nin ayaklanma planını uygun gördüğünü, harekete geçilmesini istediğini ve ABD'nin saldırıya hava desteği sağlayacağını söyleyen CIA ajanı Bob'un başından büyük işlere kalkıştığıydı.

Amerika'nın planın uygulanması konusunda olumlu sinyalini gözleyen INC, CIA görevlisinin sözüne hemen inanma eğilimine girdi. Ancak KDP lideri Mesut Barzani'nin tereddüdü vardı.

Barzani, Bob'un ABD'nin hava desteği sağlayacağına ilişkin ifadelerinin doğruluğundan kuşkulanmıştı. 1975'te babası CIA'in ihanetine uğramıştı ve binlerce KDP'li hayatını kaybetmişti, bu defa aynı hatanın tekrarlanmasını istemiyordu. Şubat'ın son günlerinde, INC lideri Çelebi'nin de bulunduğu bir toplantıda Bob'a ABD'nin destek vaadine ilişkin birçok soru yöneltti. Bob'un bütün sorulara duraksamaksızın yanıt vermesi de Barzani'yi ikna etmeye yetmedi. Barzani, ABD'nin, INC ve KDP-KYB'nin Musul ve Kerkük'e ortak saldırısına hava desteği sağlayacağı iddiasını pek makul bulmadığını, zira bu durumda ABD'nin politikasının 180 derece değişmiş olması gerektiğini ve Kuzey Irak'ı ziyaret eden bütün ABD'li yetkililerin söz birliği etmişçesine KDP'ye Bağdat'ı tahrik edecek davranışlardan özenle kaçınması gerektiği uyarısında bulunduklarını söylemekteydi.

İhtiyatı elden bırakmayan Barzani, yardımcısı ve KDP'nin dış ilişkilerinden sorumlu yetkilisi Hoşyar Zibari'yi, Bob'un söylediklerinin doğruluk derecesini araştırması için Londra'ya gönderdi. Zibari, Londra'daki CIA istasyonu ve Washington'daki bağlantılarıyla da görüştükten sonra, Bob'un, ABD'nin saldırıya hava desteği vereceğine ilişkin ifadelerinin doğru olmadığını, hatta hiç kimsenin böyle bir senaryodan haberi bile bulunmadığını öğrenerek, durumu Barzani'ye bildirdi. Barzani, bu gelişme üzerine kararını verdi: KDP saldırıya kesinlikle katılmayacaktı.

ABD, INC ve KYB'yi Hüsrana Uğratıyor; Çelebi'nin CIA Karargâhına Girmesi Yasaklanıyor

Bütün bunlara rağmen, INC'nin halk ayaklanması planı son hızıyla ilerlemekteydi. Bob'un CIA'deki amirlerinin plandan haberleri olup olmadığı veya ne zaman haberdar oldukları bir yana, planın duyulmasıyla Washington'daki Çelebi aleyhtarları da hemen devreye girdi. Ancak, ayaklanmanın başlamasının hemen öncesinde, diğer kanallardan yürütülen darbe hazırlıklarının merkezinde yer alan General Adnan Nuri, 3 Mart'ta başlaması öngörülen saldırıdan iki gün önce Washington'a giderek, gelişmeleri CIA'ye aktardı. Adnan Nuri'ye göre, INC'nin planı, ABD'yi Saddam Hüseyin ile yeni bir askeri çatışmaya sürüklemek isteyen Vefik Samarrai'nin sinsi bir komplosuydu.

Adnan Nuri'nin verdiği bilgiler ve iddiaları, bir anda Washington'ı karıştırdı. INC'nin ve Kürt peşmergelerinin, büyük çaplı bir askeri operasyonu karşısında Saddam Hüseyin'in karşı saldırıya geçmesi kuvvetle muhtemeldi. Beyaz Saray, Pentagon ve CIA'in istediği son şey, Kuzey Irak'ı korumak için Saddam'la yeni bir askeri çatışmaya girmek zorunda kalmaktı.

ABD'nin yeni bir savaşa sürüklenmesinden ve halk ayaklanmasının darbe stratejisini tehlikeye sokmasından endişe duyan Beyaz Saray'daki üst düzey yetkililer ve özellikle de Ulusal Güvenlik Danışmanı Anthony Lake, ayaklanmanın durdurulmasını istiyordu. Yönetim içinde Lake'ın başını çektiği grup, INC'yi sadece Irak rejimini zayıflatmak için bir propaganda aracı olarak kullanmayı istemekteydi. Ayaklanma başlatmasını hiçbir zaman öngörmemişlerdi. Bir grup yetkili, ayaklanmada işlerin sarpa sarmasıyla ABD'nin de olayların içine sürüklenmesinden korkuyordu. Diğerleri ise, geniş çaplı bir ayaklanmanın Irak'ta parçalanmaya veya anarşiye yol açmasından endişe etmekteydi. Hepsinin üzerinde uzlaştığı husus ise, INC'nin girişiminin, kendilerinden darbe girişimi beklenen Bağdat'taki mevcut rejimin Sünni çekirdek kadrosunu tehdit ederek Saddam'ın etrafında kenetleyeceğiydi.[60]

Saldırının başlayacağı 3 Mart 1995 gecesi, Selahaddin'deki CIA istasyonuna çok acil başlığı taşıyan bir kripto geldi. Kripto, normal uygulamanın aksine CIA merkezinden değil Beyaz Saray'dan gelmişti.[61] Altında Ulusal Güvenlik Danışmanı Antony Lake'in imzası bulunan ve Çelebi, Talabani ve Barzani'ye muhatap kriptoda; ayaklanmanın başarısız olma ihtimalinin yüksek olduğu, buna rağmen plan uygulamaya konulacaksa, ABD'nin ayaklanmaya hiçbir şekilde destek vermeyeceği bildirilmekteydi. CIA istasyon görevlileri, kriptonun içeriğini INC liderliğine açıkladı.[62]

Çelebi, bu mesajı dikkatle dinledi, ancak ok yaydan çıkmıştı. Ayaklanma planlarını CIA görevlileri ile birlikte hazırlayan INC'nin lider kadrosu, ABD'nin destek vermeyeceğini bildirmiş olmasına rağmen harekete geçmeyi tercih etti. Harekât planları çoktan yapılmış ve insanlar bilgilendirilmişti. 1995 Mart'ında düğmeye basıldı ve INC-KYB saldırısı başladı.

Plana göre, KYB Kerkük'e, INC ve KDP birlikleri Musul'a saldıracaktı. Ancak, KDP saldırıya katılmadığı gibi, INC birliklerinin Musul'a açılan kontrol noktasından geçişine de izin vermedi. Geceyarısı büyük bir kızgınlıkla Barzani'nin karargâhına giden Çelebi, karşısın-

60) David Wurmser, a.g.y., s. 15-21
61) David Wurmser, a.g.y., s. 15
62) Laurie Mylroie, a.g.m.

da Barzani yerine, Barzani'nin yeğeni Nezirvan Barzani'yi buldu. Çelebi'nin bütün dil dökmeleri Nezirvan'ı iknaya yetmedi, Barzani Türkiye'ye gitmişti ve Nezirvan kendisinin karar vermeye yetkisi olmadığını söylüyordu.

Bütün bu olumsuzluklara rağmen, KYB ve INC açısından çatışmalar şaşırtıcı bir şekilde iyi geçmekteydi. Irak ordusu karşı koymadığı için her iki tarafın da kayıpları azdı. Ancak, çatışmalar sırasında kendi saflarına iltica eden yüzlerce insana barınak ve gıda sağlama imkânı olmayan INC, istemeyerek de olsa harekâtı durdurmak zorunda kaldı.

KDP, çatışmaların başlamasıyla, KYB güçlerinin yokluğundan istifade ederek, Erbil'de üstünlük kurmaya çalıştı. Durumun hassasiyetini gören KYB ise Irak ordusu ile çarpışan güçlerini geri çekti.

INC, harekâta katılmayan KDP'nin kontrolündeki Selahaddin'de bulunan karargâhını KYB'nin denetimindeki Erbil'e taşıdı.[63]

Ancak, saldırıyı ABD'ye rağmen gerçekleştiren INC, Washington'ı iyice sinirlendirmişti. Mayıs 1995'te Londra'ya davet edilen Çelebi, CIA istasyonu tarafından ciddi bir şekilde azarlanmış ve bundan sonraki davranışları konusunda ikaz edilmişti. Beyaz Saray'ın kızgınlığı bununla da kalmamış, Çelebi'nin Langley'deki CIA karargâhına girmesi yasaklanmıştı.

CIA'de Görev Değişimi ve Ürdün'ün Darbe Planlarına Katılması

KDP ile KYB arasındaki çatışmalar ve bunun INC içinde yarattığı bölünme, ABD'nin INA'ya daha fazla yönelmesine yol açtı. 1991-1992 yıllarında, INC'nin henüz kurulmadığı dönemde, ABD ve Suudi Arabistan, INA'yi destekliyordu. Eski Baasçılardan ve subaylardan oluşan bu grubun, Irak içinde güçlü bağlantıları olduğuna inanılıyordu.

CIA'de ise Başkan Clinton'ın John Deutch'u Mart ayında CIA Direktörlüğüne atamasıyla yeni bir dönem başlamıştı. Deutch, yardım-

---

63) Laurie Mylroie, a.g.m.

cılığına Ulusal Güvenlik Konseyi'nde istihbarat konularından sorumlu George Tenet'i getirmişti. Saddam'ın CIA güdümlü bir darbeyle devrilmesi düşüncesinin en hararetli savunucusu Tenet'in CIA'in ikinci adamı haline gelmesiyle, darbe planları öncelik kazanmaya başladı.

Körfez Savaşı sırasında ülkesindeki iç dengeler itibariyle Saddam Hüseyin'in safında yer alan Ürdün Kralı Hüseyin, 1995 yazında Saddam karşıtlığına geçerek, ABD saflarına katıldı. Kral Hüseyin, İsrail ile imzaladığı barış anlaşmasının ardından tutumunu değiştirmeye başlamış ve Saddam'ın karşısında yer almıştı. ABD ile Saddam'ın devrilmesi amacıyla işbirliği yapıyordu.[64]

Darbe hazırlıkları için yeni bir üs bulunmuştu. Bu üs, Bağdat'a nüfuz etmek için çok daha elverişli bir bölge olan Ürdün'ün başkenti Amman'dı.

Mart 1995'te Saddam'ın damadı Hüseyin Kamil'in Ürdün'e kaçması ile INA yeniden ön plana çıkmaya başladı. Kamil'in kaçışı, Saddam'ın etrafındaki halkanın çözüldüğünün bir işareti olarak algılandı ve INA Ürdün'de faaliyet göstermeye başladı.[65]

Washington'ın yeni gözdesi artık Irak Ulusal Birliği'ydi.

Ancak Kral Hüseyin, Irak'tan kaçan üst düzey eski subaylara çifte ajan gözüyle bakıyordu. Kralın gözünde, Saddam'ın devrilmesiyle yerine yeni bir diktatörün gelmesi ve Baas rejiminin devam etmesi Irak sorununa çözüm getirmeyecekti. CIA'in eski Baasçılarla yakın işbirliğinden rahatsızlık duyan Kral Hüseyin, INC ile işbirliğini tercih etmekteydi. Irak'ın siyasi açından tamamen farklı bir yönetim yapısına kavuşturulmasını, bu bağlamda Irak'ın ademi merkeziyetçi bir yapıya dönerek, federal yönetime kavuşturulmasını arzulamaktaydı.[66]

Ürdün, INC'nin Saddam Hüseyin'den kurtulmak için hazırladığı Irak vizyonunu kabul ettiğini, INC ve Kuzey Irak'taki gruplar da dahil olmak üzere INC'ye üye gruplarla temaslar gerçekleştirdiğini açıkladı. Eylül 1995'te Kral Hüseyin Londra'ya giderek INC Başkanı

---

64) Laurie Mylroie, a.g.m.
65) Kenneth Katzman, a.g.m., s. 3-4
66) David Wurmser, a.g.y., s.22

Ahmed Çelebi ile görüştü. Kral Çelebi'ye, ABD'nin Irak'ta bir subay aracılığıyla darbe planladığını, ancak böyle bir kişinin mevcut olmadığını söyledi.

Bu süreçte, Kral Hüseyin, Ürdün'e sığınan Saddam Hüseyin'in damadı Hüseyin Kamil ile de işbirliği içindeydi. Ancak, zamanla Kral Hüseyin ile Saddam'ın damadı Hüseyin Kamil arasında Irak'ın geleceği konusunda beliren görüş farklılıkları, ilişkilerinin bozulmasına yol açtı. Kral Hüseyin, INC'nin federal Irak görüşünü desteklemekte, Hüseyin Kamil ise Irak'ın kendi kontrolünde ve merkeziyetçi yapıda olmasını arzulamaktaydı. Gerginlik Şubat 1996'da iyice su yüzüne çıktı ve Hüseyin Kamil'in Saddam'ın çağrısına uyarak Irak'a geri dönmesinde önemli ölçüde etkili oldu.

Ancak, Kamil'in Amman'a gidişi ABD'nin Irak politikasını birçok açıdan etkilemiş oldu. Öncelikle, Washington'ın dikkati Bağdat'taki rejimin sünni çekirdeğine odaklandı, Irak'ta gerçek bir değişiklik ancak bu sünni ekipten gelebilirdi. İkincisi, darbeyi hedefleyen ABD, Ürdün-Filistin idare sınıfı ile Bağdat'taki sünni elit arasındaki geleneksel ilişkilere, ayrıca Ürdün ve Irak istihbaratı ve askeri organları arasındaki yakın bağlara konsantre oldu. Son olarak, ABD, geniş tabanlı ve temsile dayanan muhalefet hareketleri yerine, Amman'da bulunan eski Baasçılardan oluşan topluluğa öncelik vermeye başladı. Bu nedenlerle ABD, dikkatlerini muhtemel bir halk ayaklanmasının çıkış noktası olacak Kuzey Irak'tan, darbe için daha elverişli Ürdün'e ve INA'ya yöneltti.

Nitekim, Başkan Clinton'ın davetlisi olarak Eylül 1995'te Washington'a gelen Kral Hüseyin, Clinton'la yaptığı görüşmeden sonra beraberindeki Dışişleri Bakanı Kabarati'yle birlikte brifing için Langley'deki CIA karargâhına davet edildi. Brifingin konusu Saddam Hüseyin'e yönelik darbe hazırlıklarıydı ve darbe planlarında INA'nın ve Alawi'nin adından sıklıkla bahsedilmekte, ABD'nin, darbe hazırlıklarına Ürdün'ün tam destek vermesini beklediği belirtilmekteydi.

Clinton'ın ricasını geri çevirmeyen Kral Hüseyin'in kapıyı açmasıyla, Amman bir anda darbe hazırlıklarının merkezi oldu. CIA'in Amman İstasyonunun başına yeni bir görevli ve sadece darbe üzerinde çalışacak bir CIA ekibi gönderildi. Muhaberat'ın hemen her kademesine sızdığı Ürdün istihbaratı bünyesinde de CIA ekibiyle çalışmak üzere, Ürdün istihbaratının başına yeni getirilen eski Başbakan Sami Batikhi'ye doğrudan bağlı olacak özel bir birim kuruldu.

Bu dönemde INC'nin işleri ise giderek sarpa sarmaktaydı. 31 Ekim 1995'te, INC'nin Selahaddin'deki karargâhında bomba patladı. 28 kişinin öldüğü bombalama hadisesiyle ilgili olarak CIA, INC, KDP ve KYB birbirlerinden bağımsız soruşturma başlattı. CIA soruşturmanın sonuçlarını hiçbir zaman açıklamadı. KDP'nin yakaladığı üç kişi ifadelerinde, saldırının INA'dan General Adnan Nuri'nin emriyle gerçekleştirildiğini itiraf etti. Saddam'ın devrilmesi amacı güden ve CIA tarafından finanse edilen INC ve INA arasındaki bu güç mücadelesi aslında CIA'in içindeki kavganın da bir işaretiydi. CIA'deki Çelebi yanlılarıyla INA ve Alawi'nin destekçileri iki kampa bölünmüştü. Alawi'nin baş destekçileri, CIA Londra İstasyonuydu. Çelebi yanlılarıysa Langley'deki CIA karargâhında görevli bir gruptu. Kuzey Irak'taki dağlık bölgelerdeki güç mücadelesi, Washington'a da sıçramıştı.

Ocak 1996 ortasında Suudi İstihbaratının başındaki Prens Faysal Türki'nin ev sahipliğinde Riyad'da yapılan üst düzey istihbarat yetkilileri toplantısının konukları, MI-6, Ürdün ve Kuveyt istihbarat birimlerinin Irak'tan sorumlu yetkilileriydi. Irak'ta darbe hazırlıkları konusundaki toplantıya CIA'den Operasyonlar Başkan Yardımcısı David Cohen ve Yakındoğu Dairesi Başkanı Steve Richter katılmaktaydı. Toplantının ikinci gününde, bütün katılımcılar, Saddam Hüseyin'in devrilmesi için INA'ya destek verme kararı aldı. ABD 6 milyon dolar tahsis edecek, Suudi Arabistan da aynı miktarda katkıda bulunacaktı. Kuveyt de maddi destek vaat etmişti.

CIA'in darbe hazırlıklarının hız kazanmasının bir diğer önemli sebebi daha vardı. ABD'de Başkanlık seçimleri yaklaşmıştı ve Clinton ikinci defa seçilme peşindeydi. Irak'ta bir darbe Clinton'ın prestijini zirveye çıkartacaktı.

Başında CIA'in Operasyon eski Başkan Yardımcısı Tom Twetton ve eski Başkan Yardımcısı Vekili Jack Devine'ın bulunduğu CIA

Londra İstasyonu gelişmelerin merkezinde yer almaktaydı. Alawi'nin Ürdün Kralı Hüseyin ile çok yakın ilişkiler sürdürmesi, INA yetkililerinin Baas rejiminde önemli görevlerde bulunmuş şahsiyetler olması, Ürdün'ün ABD'nin safına geçmesi INA'nın darbenin odağı olma şansını artırmıştı. Amman, II. Dünya Savaşı'ndaki Kazablanka görünümüne bürünmüştü.

2 Şubat 1996'da Amman'da siyasi ofisini açan INA, ayrıca bir askeri konsey kurdu. General Nuri, Alawi, General Abdullah el-Shawani, General Bara Necip el-Rubai, Albay Muhammed Ali Ghani ve Selahaddin Ömer Ali el-Tıkriti bu konseyin üyeleriydi. Askeri Konsey ile CIA arasındaki temas noktası General el-Shawani'ydi.

Ancak, Ürdün Kralı Hüseyin, INA'nın ülkesinde faaliyette bulunmasına izin vermekle birlikte, INA'nın planlarını desteklediğini de açıklamadı. INA'ya sadece 'siyasi örgüt' olarak destek verdiğini belirtmekle yetindi.[67]

1996 yılının ilk aylarında, CIA'in Irak'ta darbe planlarını kolaylaştırmak için Ürdün'de hükümet değişikliğine gidildi. Abdül Kerim Kabariti Başbakanlığa atandı, CIA ile yakın ilişkileri bulunan Başbakan Semih Batikhi ise Ürdün istihbaratının başına getirildi. Washington'da planlanan darbe, Ürdün üzerinden uygulamaya konulacaktı.

Irak istihbaratı Muhaberat'ın, Ürdün istihbaratı içindeki etkinliği dikkate alınarak, özel bir birim oluşturuldu. David Manners'ın başında olduğu CIA Amman İstasyonuna çok sayıda CIA görevlisi tayin edildi.[68]

Ürdün, INA'dan hoşnut olmamakla birlikte, Irak'ın doğusundaki el-Azrak yakınlarında bir tesis kurarak, Irak'tan kaçan eski Baasçıları sığınmacı olarak almayı kabul etti. INA tarafından planlanan darbenin merkez üssü artık bu bölgeydi. 1996'nın ilkbaharından, yazın ilk günlerine kadar Ürdün'e sürekli olarak Irak'tan kaçan Baasçılar akın etti. Bunların arasındaki en tanınmış sima, INC'nin ve Kral Hü-

---

67) David Wurmser, a.g.y., s.22-24
68) Laurie Mylroie, a.g.m.

seyin'in bütün çekincelerine rağmen INA'ye alınan Saddam'ın eski Genelkurmay Başkanı General Nazar Hazreci'ydi.

INA'nın darbe planlarındaki kilit isim, Irak Özel Kuvvetleri'nden emekli general Muhammed Abdullah el-Shawani'ydi. Musullu bir aileden gelen el-Shawani, emekli olduktan sonra Amman'da yaşamaya başlamakla birlikte, Bağdat'la bağlarını kopartmamıştı. El-Shawani, 1994 yıllarında Alawi'yle temasa geçmiş ve Cumhuriyet Muhafızlarında binbaşı, yüzbaşı ve teğmen rütbesindeki üç oğlunun aracılığıyla bir darbe hazırlayabileceğini bildirmişti. Plana göre, el-Shawani'nin oğulları güvenlik birimlerinin dikkatini çekmeden kendi rütbelerindeki arkadaşlarını darbe için örgütleyecekti.

Alawi, el-Shawani'nin bu mesajını MI-6'daki bağlantılarına bildirmiş, MI-6 bu bilgiyi anında CIA'ye iletmişti. CIA Londra İstasyonu, Langley ve Beyaz Saray'ı darbe konusunda heveslendiren de bu plan olmuştu. CIA, el-Shawani'nin planını hararetle desteklemiş, bir yıl içinde Shawani kardeşlerin Irak ordusu ve güvenlik birimlerindeki darbe için kurdukları bağlantılar, CIA'in iştahını kabartmıştı. Bir özel CIA ekibinin Amman'a gelişini de bu gelişme hızlandırmıştı.

Muhaberat, CIA Darbesini Haber Alıyor

Darbe planlarındaki başlıca sorun, Amman'dan yaklaşık 1000 km. uzaktaki Bağdat'taki elemanlarla bağlantı kurmaktı. Muhaberat, Bağdat'tan yapılan bütün telefon görüşmelerini dinliyordu. Hüseyin Kamil'in Ürdün'e kaçışından sonra, 1995'in son aylarından itibaren Bağdat'a ve Bağdat'tan dışarıya yapılan bütün uluslararası telefon görüşmelerini dinlemeye almıştı. Bu durumda, darbecilerle haberleşmenin tek yolu, Amman-Bağdat arasında sefer yapan şoförlerden yararlanmaktı, ancak Muhaberat şoförleri de takibe almıştı. Amman'a gelen CIA ekibinin ilk işi, INA'yı kriptik haberleşme yapılabilecek son model uydu haberleşme cihazlarıyla donatmak oldu.

CIA gizlilik için bu kadar özen gösterirken, ün kazanma sevdasına düşen INA lideri Alawi, neredeyse darbe planlarını ifşa edecek faaliyetlere başladı. 18 Şubat 1996'da, INA'nın Amman ofisinin resmi açılışı için bir tören düzenledi. Törende gazetecilerin sorularına verdiği yanıtta, INA'nın gizli kalması gereken faaliyetlerinin olduğundan bahsetti.

Muhaberat ise boş durmuyordu. INA'yı yakın takibe almıştı ve Şubat 1996'da, Amman'dan Bağdat'a mesaj ve CIA'in verdiği son model kriptik uydu haberleşme sistemi taşıyan şoförü yakalamış, malzemelere el koymuştu. CIA'in yıllardır büyük özen gösterdiği ve Washington'da heyecan uyandıran darbe, daha hazırlık aşamasında çökmüştü, ancak CIA ve INA, haberleşme cihazının Muhaberat'ın eline geçtiğinden habersiz hazırlıkları sürdürüyordu.

Muhaberat, ince bir taktik izliyordu. Polis gibi davranıp suçluları hemen yakalamak yerine, her etkin istihbarat örgütünün yaptığı gibi ağlarını atmış, avını beklemeye başlamıştı. Amaç, darbe hazırlıklarına karışan herkesi tespit etmekti.

Aslında Muhaberat'ın darbe hazırlıklarından haberdar olması için CIA'in tahsis ettiği haberleşme cihazını ele geçirmesine de ihtiyacı yoktu. INA'ya birçok ikili ajan sızdırmıştı.

Ancak, Muhaberat'ın içinde de ikili çalışanlar vardı. INC'nin irtibatta olduğu bir istihbarat görevlisi, Selahaddin'deki INC karargâhına geçtiği mesajda, Bağdat'ın darbe hazırlıklarına karışan bütün görevlilerin isimlerini bildiğini, ele geçirilen CIA'in uydu haberleşme cihazının Muhaberat'ın karargâhındaki bir odada olduğunu ve INA'nın Bağdat'taki bağlantılarıyla yaptığı bütün görüşmelerin Muhaberat tarafından dinlendiğini bildirmişti.

Haberi alan Çelebi, Mart ayının sonunda Washington'a gitti. Bu defa Langley'deki CIA karargâhına kabul edilmişti ve karşısında CIA Direktörü John Deutch ve darbe operasyonundan sorumlu Yakındoğu masasının başkanı Steve Richter vardı. Çelebi, Muhaberat'ın darbe hazırlığından haberdar olduğunu ve bütün isimleri tespit ettiği bilgilerini ayrıntılarıyla anlattı. Çelebi'yi dikkatle dinleyen Deutch ve Richter şaşkınlıklarını gizleyememiş, ancak bir yorumda bulunmamışlardı.

Çelebi Langley'den ayrılır ayrılmaz, CIA karargâhından Amman'daki CIA istasyonuna gönderilen kriptoda, Çelebi'nin verdiği bilgiler aktarılıyor ve Muhaberat'ın darbe hazırlıklarından haberdar olma ihtimalinin bulunup bulunmadığı soruluyordu. Amman istasyonu, operasyonun yürütülmesinde gösterdikleri bunca özen ve gizlilikten sonra, Muhaberat'ın bütün operasyona bu kadar çabuk ve kolay bir şekilde sızmasının imkânsız olduğunu düşünüyordu. Muhaberat plandan haberdarsa, vazgeçmek yerine, hızlanmak gerekti. Aynı uyarılar Ürdün tarafından da yapıldı. Ancak, CIA, bu uyarılara kulak asmadı. Langley operasyona devam kararı aldı.

Darbe Haziran ayının üçüncü haftasında gerçekleştirilecekti. Darbenin başarısından son derece emin olan Alawi, bu sırada Washington Post'a verdiği mülakatta, INA'nın bir halk ayaklanmasını değil, kontrollü bir askeri darbeyi desteklediğini açıklıyordu. Alawi'nin mülakatı anında bütün haber ajanslarına duyuruluyor ve INA ile CIA'in yakında Irak'ta bir darbe gerçekleştirecekleri yorumları yapılıyordu.

Alawi, şöhret peşinde koşarken, Saddam kararını vermiş ve darbe hazırlıklarına karışan herkesin tutuklanması emrini vermişti. İlk aşamada 120 kişi tutuklanmış, 20-26 Haziran arasında tutuklamalar devam etmişti. Yakalananlar, Özel Cumhuriyet Muhafızları ve Güvenlik Kuvvetleri'nde görevli sünni subaylardı. Bazıları ise, doğrudan Saddam'a bağlı olarak çalışan ve Saddam'ın ülkedeki askeri birliklerle güvenli haberleşmesini sağlamaktan sorumlu B32 isimli özel haberleşme biriminden görevliler de bulunmaktaydı. B32'nin başındaki Tümgeneral Ata Samaw'al da tutuklanarak idam edilmişti.

Saddam, darbe hazırlıklarına doğrudan veya dolaylı karışan herkesin yakalanması için özel bir birim kurdu ve başına küçük oğlu Kusay'ı getirdi. Tutuklamalar ve idamlar birbirini izledi. Öldürülenler arasında el-Shawani kardeşler de vardı.

CIA'in Amman istasyonunda Bağdat'la haberleşmeyi sağladıkları uydu cihazının başında büyük bir hevesle darbe haberini bekleyen CIA ajanlarını acı bir sürpriz bekliyordu. Bağdat'tan gelen mesajda, "Bütün elemanlarınızı tutukladık, valizlerinizi toplayıp evinize dönebilirsiniz," diyordu. İmza Muhaberat'a aitti.

Operasyon sırasında CIA ekipmanı da ele geçirilmişti.[69] Yakalananlardan 30'u aynı anda idam edildi.[70] General Nuri'ye göre, yüzlerce kişi idam edilmişti.

Darbe operasyonunda görevli bütün CIA ekibi 24 saat zarfında Amman'ı terk etti. INA ise, birliğe mensup onlarca görevlinin Bağdat'ta sorgu sırasında öldüklerini açıklıyordu. Baba el-Shawani Londra'da güvenli bir eve yerleştiriliyor, Alawi CIA'in ödeme listesinde yer almaya devam ediyordu.

CIA'in, Fidel Castro'yu devirmek için Domuzlar Körfezi operasyonu, Enver Sedat'a zehirli mendille suikast gibi başarısız girişimlerine bir yenisi daha eklenmiş, Saddam'ın darbeyle devrilmesi hayalleri suya düşmüştü. Saddam, CIA'in darbe planlarından güçlenerek çıkmıştı ve bundan sonraki yıllarda bir daha darbeye bu kadar yaklaşılamayacaktı...

SADDAM'IN DÖNÜŞÜ: AĞUSTOS 1996 ERBİL OLAYLARI

1996'nın ilk yarısında KDP ile KYB arasındaki ateşkes sürmekle birlikte, taraflar henüz anlaşamamışlardı. İran'ın özellikle 1995 sonlarından itibaren Bedir Tugayları ile Kuzey Irak'ta kurduğu etkinlik ve KYB ile yakın ilişkilerinden rahatsızlık duyan ABD'nin Kürt gruplar arasında arabuluculuk çabaları sürmekteydi.

Ancak, taraflar arasındaki gerginlik yeniden tırmanışa geçti. 17 Ağustos'ta bir yıldır süren ateşkes sona erdi. Bu defa, devrede KYB'ye silah yardımında bulunan İran vardı.[71]

---

69) Laurie Mylroie, a.g.m.

70) Kenneth Katzman, a.g.m., s. 4.

71) Baskın Oran, a.g.y., s. 212. David Wurmser, çabalarını Irak'ta darbeye odaklayan Clinton Yönetimi'nin, INC'nin de faaliyet gösterdiği Kuzey Irak'ı bu dönemde tamamen ihmal etmekle suçlamakta, hatta Dublin Anlaşması ile taraflar arasında kurulması öngörülen ateşkes denetleme gücü için gerekli 1 milyon doları ABD'nin söz vermiş olmasına rağmen, tahsis etmediğini, kısacası ABD'nin ilgisinin Kuzey Irak'tan uzaklaşmasının, İran'ın devreye girmesine yol açtığını ileri sürmektedir. David Wurmser, a.g.y., s. 25-26.

ABD, 22 Ağustos'ta çatışmalara derhal son verilmesi ve Londra'da Kürt liderlerin katılacağı bir toplantı yapılması çağrısında bulundu. Bu çağrıya yanıt veren taraflar Londra'da buluştular, ancak toplantının sürdüğü sırada İran destekli KYB'nin çatışmalarda KDP'ye üstünlük sağlayarak Erbil'i ele geçirdiği haberi geldi. Mağlubiyetten kaçış olmadığını anlayan KDP, Saddam Hüseyin'i yardıma çağırdı.[72] Aslında, Barzani, zaman zaman kesintiye uğrasa da, Saddam'la temaslarını sürdüregelmişti. Baas rejiminin Erbil'e saldırmasını istemesinin ise kendine göre haklı sebepleri vardı. Sorchi kabilesinin bazı liderlerinin desteğinin Talabani'ye kayması ve İran'ın KYB'ye sağladığı sınırlı destek, askeri dengenin açık bir şekilde KYB lehine değişmesine yol açmış, çatışma Barzani için ölüm-kalım meselesine dönüşmüştü.[73]

Saddam, Barzani'nin davetine olumlu cevap verdi. Başbakan Birinci Yardımcısı Tarık Aziz, 31 Ağustos'ta yaptığı açıklamada, Barzani'nin 22 Ağustos günü Saddam Hüseyin'e bir mesaj göndererek, İran ve Talabani güçlerinin ortak saldırısına karşı yardım istediğini, Bağdat'ın da Barzani'nin bu yanıtını kabul ettiğini bildirdi. Aziz, Irak ordusunun sınırlı müdahalesinin, 'İran'ın Kuzey Irak'ı denetleme girişiminin engellenmesini ve Irak'ta ulusal diyaloğu gerçekleştirmeyi amaçladığını,' söyledi.[74]

Aslında, ülke içinde itibarı aşınan Saddam, subaylarına Amerika'ya karşı çıkma cesareti olduğunu göstermeliydi ve Celal Talabani'nin peşmergelerinin ve INC karşısında Mart 1995'te alınan mağlubiyetin hesabını görmeliydi.[75] Mesut Barzani'nin daveti, Saddam açısından iki hedefine de ulaşma imkânı yaratıyordu.

ABD, 28 Ağustos günü, Irak'a askeri güç kullanmama uyarısında bulundu. Ancak Irak, ABD'nin uyarılarına kulak asmadı ve 40 bin asker, 400 civarında tank ve yüzlerce ağır silahla birkaç bin kişiden

---

72) Dan Byman and Matthew Waxman, a.g.y., s 46.
73) Amatzia Baram, **Building Toward Crisis: Saddam Hussein's Strategy For Survival**, Washington D.C, The Washington Institute For Near East Policy, 1998, s. 50-51.
74) Baskın Oran, a.g.y., s. 216-218.
75 Amatzia Baram, a.g.y., s. 50 ve Dan Byman and Matthew Waxman, a.g.y., xvi.

oluşan Irak güçleri, peşmergeleri yenerek, 31 Ağustos'ta Erbil'e girdi.[76] Irak ordusunun ve istihbaratının ilk işi, 200 muhalifi idam etmek, 2 bin kişiyi de tutuklamak oldu.[77]

Bu gelişmelere ABD'nin tepkisi gecikmedi. ABD, ilk olarak Irak'taki uçuşa yasak bölgeyi 32. paralelden 33. paralele genişletti. Böylelikle, Saddam, Kuveyt sınırından Bağdat'ın dış mahallelerine kadar olan hava sahasının kontrolünü kaybedecek, bölgede saldırı harekâtları yapması ciddi şekilde kısıtlanacaktı.

3-4 Eylül'de ABD, 33. paralelin güneyindeki yerden havaya, füze bataryalarına, komuta ve kontrol merkezlerine, hava savunma kontrol tesislerine, Basra Körfezi'ndeki uçak gemilerinden Cruise ve Tomahawk füzeleriyle, B-52 bombardıman uçaklarından Cruise füzeleriyle saldırıya geçti. Harekâta, 'Operation Desert Strike' adı verildi.

986 sayılı Güvenlik Konseyi kararının uygulanmasına ilişkin çalışmaları durdurdu.[78]

Saddam, ABD'nin saldırısı karşısında hemen harekete geçti, birliklerini KYB'nin karargâhının bulunduğu Süleymaniye kenti üzerindeki 'Çemçamal' isimli Kürt kasabasında topladı. Ardından, Cumhuriyet Muhafızlarını ve askeri birliklerini ateşkes hattına geri çekti.

Saddam kuzeye saldırmıştı, ama ABD, 'Operation Desert Strike' adı verilen bu operasyonda, 33. paralelin güneyindeki hedefleri vurmayı yeğlemişti. Bir yoruma göre, Türkiye ve Suudi Arabistan'ın, 'Desert Strike' için üslerini kullandırmamaları, ABD'nin daha kapsamlı harekât yapmasını engellemiş, Basra Körfezi'ndeki uçak gemilerinden kalkan uçaklardan, menzil sorunu nedeniyle Kuzey Irak'a hava harekâtı yapılamamıştı.[79]

KYB'nin olaylara bakışı ise farklıydı. KYB kaynakları, saldırıyı ABD makamlarına önceden bildirdiklerini ve Yakındoğu konularından so-

---

76) "**Status on Iraq: Communication From The President of the United States**", Washington D.C., U.S. Government Printing Office, (5 Eylül) 1996, s. 1-2.
77) Kenneth Katzman, a.g.m., s. 4.
78) "**Status on Iraq...**" s. 1-2.
79) Dan Byman and Matthew Waxman, a.g.y., s. 61.

rumlu ABD Dışişleri Bakan Yardımcısı Robert Pelletreau'nun Talabani'ye güvence verdiğini ileri sürüyorlardı. Pelletreau, KYB Yönetimine, ABD'nin Saddam'ı açıkça uyardığını ve Kuzey Irak'a girmesi halinde sonuçlarına katlanması ve güçlü bir tepkiyle karşılaşacağını söylemiş, KYB bu ifadeleri güvenlik garantisi olarak yorumlamıştı ve Irak'ın askeri saldırısına ABD'nin karşılık vermesini beklemişti.[80]

Pelletreau ise, KYB lideri Talabani ile yaptığı görüşmedeki ifadelerini kelime kelime hatırlayamamakla birlikte, Irak'ın saldırısına ABD'nin askeri müdahalede bulunacağına dair bir söz vermediğini, bu tür bir söz verecek konumda da olmadığını, çünkü bu konuda alınmış bir kararın bulunmadığını, ancak ABD'nin bölgeden çekip gitmeyi de düşünmediğini söylemekteydi.[81] ABD Savunma Bakanı William Perry de, "(Kuzey Irak'taki) Kürtlere yönelik ilgimiz, hayati ulusal güvenlik çıkarımız değildir. İnsani mülahazalardan kaynaklanmaktadır... Hayati çıkarlarımız Irak'ın güneyindedir," demekteydi.[82]

Aslında ABD, 'Operation Desert Strike' harekâtında uluslararası alanda yalnız kalmış, gerek bölge devletlerinden, gerekse Batılı ülkelerden destek bulamamıştı. ABD'nin Arap müttefiklerinin Kürtlere sempatisi zaten yoktu. Suudi Arabistan, İran destekli KYB'ye Saddam karşısında destek olunmasının Tahran'ın Irak'taki nüfuzunun artmasına yol açmasından endişe ediyordu. Mısır, Irak askerlerinin ülke içinde hareket etmelerini engelleyen bir BM kararı olmadığını söylüyordu. Kısacası, bölge ülkeleri, Saddam ile Kürtler arasındaki çatışmaları ABD'nin saldırısını gerektirmeyen bir gelişme ve Irak'ın iç işi olarak görmekteydiler.[83]

ABD'nin saldırısını İngiltere, Kanada, Almanya, Japonya ve NATO destekledi. Ancak bazı NATO üyeleri destek kararında çekimser oy kullandılar.

---

80) David Wurmser, a.g.y., s. 27-28
81) Amatzia Baram, a.g.y., s. 56
82) "*Evolution of U.S. Policy on Iraq, the Iraqi Opposition, and Northern Iraq*" **Policy Watch**, No.219, Washington D.C., Washington Institute for Near East Policy, Eylül 19, 1996
83) Dan Byman and Matthew Waxman, a.g.y., s. 61

Rusya, ABD'yi açıkça eleştirdi ve İngiltere tarafından Güvenlik Konseyi'ne sunulan ve Irak'ın Kürtlere karşı askeri harekâtını kınayan bir karar tasarısını veto eti. Çin Halkı Cumhuriyeti de aynı yönde tutum izleyerek, Saddam'ın saldırısını kınamayı reddetti ve ABD'nin saldırısını açıktan eleştirdi. Arap basınına ve Avrupa gazetelerine göre, Başkan Clinton, saldırıyı yaklaşan Başkanlık seçimlerine yönelik propaganda aracı olarak gerçekleştirmişti.

Fransa, Güvenlik Konseyi'nde ABD'nin saldırılarını eleştirdi. Bununla birlikte, ABD ve İngiltere'yle beraber uçuşa yasak bölge ve koalisyon pilotlarının güvenliğinin korunacağına dair Irak'a yapılan uyarıya katıldı. Aslında, ABD ve İngiltere dozajı daha sert ve güç kullanma tehdidi içerecek bir açıklama yapılmasını talep etmişlerdi, Fransa ise ancak bu kadarına razı olmuştu.[84]

Neticede, Saddam'ın Kuzey Irak'a girmesi ABD, Kürt gruplar, INC ve Saddam açısından çok önemli sonuçlar doğurdu.

ABD Kaybetti

ABD'nin Kuzey Irak'taki istihbarat faaliyetleri çöktü, Çekiç Güç operasyonlarına karşı güvenin sarsılmasına neden oldu.[85]

ABD'nin 5.5 yıldır sürdürmekte olduğu, özelde Kuzey Irak, genelde Irak politikası büyük darbe aldı.[86]

Irak'ın Erbil'i ele geçirmesi sırasında, Çekiç Güç uçakları devreye girmedi. ABD, Kuzey Irak'taki istihbarat altyapısının, INC karargâhının ve büyük zorluklarla tesis edilen muhalif direnişin dağılmasına göz yummak zorunda kaldı ve bölgedeki 6500 kişiyi Türkiye üzerinden GUAM adasına tahliye etti.

Çekiç Güç (Huzur Harekâtı), Kuzeyden Keşif Harekâtı'na (Operation Northern Watch) dönüştü, Fransa güçten çekildi.[87]

---

84) Dan Byman and Matthew Waxman, a.g.y., s. 61-62.
85) Amatzia Baram, a.g.y., s. 46 ve 50.
86) Baskın Oran, a.g.y., s. 224.
87) Alfred B. Prados, a.g.m., 22.

Saddam Hüseyin Kazandı

Saddam bu olaydan güçlenerek çıktı. Ülke içinde ve Cumhuriyet Muhafızları'nın nezdindeki itibarı arttı. ABD'nin Kuzey Irak'taki istihbarat altyapısını çökerten, Talabani'den 1995'in rövanşını sağlayan, sınırlı, ancak Irak ordusu için önemli bu zafer, Saddam'a Irak'ın egemenliğini ihlal edeceği gerekçesiyle 1991 yılından beri direndiği BM kapsamındaki 'Petrol Karşılığı Gıda' programını, içeride herhangi bir tepkiyle karşılaşmadan kabul etme imkânı tanıdı.[88]

Saddam, her ne kadar Kuzey Irak'ta fiili olarak askeri denetimi elinde bulundurmasa bile, bölgenin esas sahibinin kendisi olduğunu gösterdi. İran'ın bölgeden kovulması ile Irak içindeki itibarını yükseltti ve ABD'nin 'çifte kuşatma' stratejisinin en önemli uygulama aracı olan uçuşa yasak bölge uygulamasını ve Çekiç Güç'ü anlamsız hale getirdi.[89]

INC Değildi

Saddam'ın 1996'da Erbil'i ele geçirmesi INC'ye büyük darbe indirdi. INC kadroları dağıldı, örgüt parçalandı, lider kadrosu gözden düştü ve Irak içindeki statüsü ciddi şekilde sarsıldı. Lider kadrosu ülkeyi terk eden INC'nin, Irak içinde tesis ettiği sınırlı şebeke yerle bir oldu. Sonuçta, INC'nin Irak içinde ne desteği, ne de mevcudiyeti kaldı.

İddia ettiğinin aksine INC, Irak silahlı kuvvetleri karşısında varlık gösteremedi.

INC, Irak halkı ve silahlı kuvvetlerinin desteğini sağlayamadı. Aslında 1992-1996 yılları arasında Kuzey Irak'ta faaliyet gösterdiği dönemde, sadece birkaç yüz asker toplayabilmiş ve Irak ordusundan INC saflarına katılan subayların sayısı birkaç kişiyi geçmemişti.

---

88) Amatzia Baram, a.g.y., s. 51-52.
89) Baskın Oran, a.g.y., s. 224-225.

Daha da önemlisi, Sünni Arapların çoğu INC'yi desteklemedi. INC'nin içinde Kürtlerin ve Şiilerin ağırlıklı yer alması, Irak Sünnilerinin Saddam'ın etrafında kenetlenmelerine neden oldu.[90] Bu gelişmeden sonra INC, marjinal bir muhalefet örgütü olarak anılmaya başlandı.

INC lideri Çelebi, Senato Dış İlişkiler Komitesi, Yakındoğu ve Güney Asya Alt-Komitesi'nde katıldığı bir oturumda, ABD'nin Kuzey Irak'ta yaşayan insanları Saddam'ın saldırısından koruyacağına dair INC'ye en üst düzeyde güvenlik garantileri vermiş olduğunu, bu güvencelere istinaden tanksavarlar satın almadıklarını, hatta Amerikan yetkililerinin kendilerini bu silahları almaktan da caydırmaya çalıştıklarını söyleyecekti.

Çelebi bununla da kalmayacak, Başkan Yardımcısı Al Gore'un kendilerine yolladığı 4 Ağustos 1993 tarihli mektubu alt-komiteye sunacaktı:

Başkan Yardımcısı,

Washington, DC,
4 Ağustos 1993

Sayın Ahmed Çelebi
Irak Ulusal Kongresi İcra Konseyi Başkanı
Trevor House, 100 Brompton Road,
London, SW3, 1E8, United Kingdom

Sayın Çelebi,
Irak Ulusal Kongresi'nin (INC) değerli liderliği adına gönderdiğiniz 12 Mayıs 1993 tarihli mektuba teşekkür ederim. Baskılara maruz kalan milyonlarca Irak vatandaşının sözcüsü olan bu insanlarla

90) Patrick L. Clawson, a.g.y., s. 64-65

görüşmek ve ülkemin saygılarını, takdirlerini ve desteğini sunmak benim için ayrıcalıktı. Başkan ve ben mektubunuzda yer alan endişeleri paylaşmaktayız ve ABD'nin, Kürtlere veya Saddam Hüseyin rejiminin zulmüne maruz kalan Irak halkının diğer kesimlerine arkasını dönmeyeceğine sizi temin ederim.

Irak politikamız gayet açıktır. Irak'ın BM Güvenlik Konseyi'nin bütün kararlarına eksiksiz uyması gerektiğinde ısrarcıyız. Irak'ın kendi halkına ve Kürtlere zulmetmesine son vermesini isteyen BM Güvenlik Konseyi'nin 688 sayılı kararı da buna dahildir. 1991 Nisanından itibaren koalisyon askeri güçleri Kuzey Irak halkını Bağdat'ın baskısından korumuştur ve (ABD) yönetim bu çabanın devam etmesi konusunda kararlıdır.

Yönetim aynı zamanda Irak'ta insani yardım çabalarını ve BM görevlilerinin bölgede bulunmasını desteklemektedir. Kısa bir süre önce, Kuzey Irak'taki insani yardım çabalarına yardımcı olmak amacıyla Cenevre'de düzenlenen donörler konferansının düzenlenmesine öncülük yaptık. Irak'taki BM faaliyetlerinin finansmanının sağlandığı BM hesabından ilave uluslararası kaynak sağlamanın yollarını da araştırmaktayız.

Dışişleri Bakanı Christopher, Ulusal Güvenlik Danışmanı Lake ve ben, INC temsilcileri ile görüşmemizde güçlü bir taahhütte bulunduk ve Saddam Hüseyin rejimine alternatif demokratik bir rejime destek sözü verdik. ABD'nin bu taahhütlerine sadık kalmak ve demokratik Irak mücadelenizi teşvik etmek için gerekli makul çizgideki bütün ilave destekleri vermek niyetinde olduğu hususunda sizi temin ederim.

Saygılarımla.

Al GORE[91]

Kürtler Hüsrana Uğradı

Kürtlerin bağımsız devlet kurma özlemleri ağır bir darbe aldı. Birbirleri arasındaki güç mücadelesinde KYB'nin İran'ı, KDP'nin ise Bağ-

91) "**Iraq: Can Saddam Be Overthrown**", Hearing Before the Subcommittee on Near Eastern and South Asian Affairs of the Committee on Foreign Relations United States Senate", Washington D.C., US Government Printing Office, 1998, s. 15.

dat'ı devreye sokması, ABD'nin Kürt gruplara olan güvenini büyük ölçüde yitirmesine neden oldu.

Her iki grup da, bundan sonraki dönemde ABD'nin kendilerine verdiği güvenlik garantilerinin ciddiyetini sorgulamaya ve ABD'nin taahhütlerini daha temkinli karşılamaya başladı.

Saddam'ın Dönüşüne Artçı Tepkiler

Erbil olayları ile Saddam karşısında aciz kalan ABD, 'caydırıcılığa' yöneldi. ABD, bölgedeki askeri güçlerini tahkim etmek üzere, 1996 Eylül'ünde, Kuveyt'te iki ağır teçhizatlı tabur, bir Patriot füzesi bataryası ve 8 F-117 stealth uçağı, Bahreyn'de 23 F-16 ve Suudi Arabistan'da ise bir Patriot füze bataryası konuşlandırdı. Eylül başında, Basra Körfezi'nde bulunan USS Carl Vinson Uçak gemisinin yanına USS Enterprise Carrier uçak gemisi eklendi.[92]

ABD, diğer yandan Kürt gruplar arasındaki çatışmalara son vermek amacıyla devreye girdi. Dışişleri Bakan Yardımcısı R. Pelletreau, KDP lideri Barzani ile 18 Eylül ve 21 Ekim 1996'da Türkiye'de görüştü. KYB lideri Talabani ile de 22 Ekim'de bir araya geldi. Bu toplantılar, KYB ve KDP temsilcilerinin katılımıyla 30-31 Ekim 1996'da Ankara'da yapılan toplantılarla devam etti. ABD, Kürt gruplara, 'Her iki taraf için öldürücü sonuçlara yol açan çatışmaların sadece Saddam Hüseyin'e yarar sağlayacağı' uyarısında bulunmaktaydı. Bu süreç, Kuzey Irak başlıklı bölümde açıklanacağı üzere daha sonra 'Ankara Süreci' olarak adlandırılacaktır.[93]

Erbil olayları sonrasında, ABD'nin diğer bir girişimi, Zaho'da bulunan Askeri Koordinasyon Merkezi'ni tahliye etmek oldu. ABD Başkanı'nın, Kongre'ye Irak konusunda sunduğu iki aylık periyodik raporda, Eylül ve Ekim aylarında, Türkiye'nin de yardımıyla,

---

92 "Status on Iraq: Communication From The President of the United States", U.S. Government Printing Office, Washington, (4 Kasım) 1996, s. 1-2.
93) "Status on Iraq ...", (4 Kasım) 1996, s. 2.

'ABD ve Irak muhalefeti ile yakın ilişkiler içinde oldukları gerekçesiyle hayatları doğrudan Bağdat rejiminin tehdidi altında olan' 2700 *Kuzey* Iraklının bölgeden tahliye edildiği belirtilmekteydi.[94] Beyaz Saray, Eylül ortasında gerçekleştirilen 'Operation Quick Transit' (Hızlı Transit Harekâtı) ile tahliye edilen 2100 kişiden, 'Kuzey Irak'ta bulunan ABD Hükümetine bağlı kuruluşlarda çalışan işçiler ve onların aileleri' olarak söz etmekteydi. 19-21 Ekim tarihlerinde ise Irak muhalefetine mensup 600 kişi Türkiye üzerinden tahliye edildi. Bütün mülteciler, 'ABD Göçmen Yerleşim programı uyarınca' GUAM Adasına gönderilmişti. Kuzey Irak'ta kalan ABD tarafından finanse edilen veya ABD merkezli diğer hükümet dışı kuruluşlarda çalışan kişilerin ve ailelerinin güvenliğinden ABD endişe etmekteydi ve KDP ve KYB'den bu görevlilerin güvenlikleri konusunda taahhüt talep etmiş ve almıştı.[95]

KDP ve KYB arasında 23 Ekim'de imzalanan ateşkese rağmen, 'Kuzey Irak'ta insani yardım faaliyetleri alanında faaliyet gösteren ABD ile bağlantılı Hükümet Dışı Kuruluşlarda (NGO) çalışanlara Bağdat'ın tehditlerinin sürmesi üzerine' ABD Yönetimi yine Türkiye'nin yardımıyla, üçüncü bir tahliye harekâtı gerçekleştirdi ve bu defa yaklaşık 3780 kişiyi yine GUAM adasına tahliye etti. Eylül ayındaki tahliye operasyonlarında GUAM'a götürülen Kuzey Iraklılar ise artık ABD'de yaşamaya başlamışlardı.[96]

---

94) Başkan Clinton, ilk önce Kuzey Irak'taki ABD istihbarat görevlilerinin Habur'dan Türkiye'ye geçmeleri konusunda Türkiye'den talepte bulunmuş, CIA görevlileri Saddam güçlerinin Erbil'e girmesinden 24 saat önce Türkiye'ye ulaşmışlardı. Clinton, daha sonra, bölgede ABD için çalışan 2500 yerel Iraklının Türkiye üzerinden ABD'ye nakli konusunda dönemin Başbakanı Necmettin Erbakan ve Başbakan Yardımcısı Tansu Çiller'den mektupla ricada bulunmuş, Türkiye belirli şartlar karşılığında bu talebi kabul etmişti. Clinton'ın Erbakan'a ve Çiller'e mektupları Ek-4 olarak yer almaktadır.

95) "Status on Iraq ...", (4 Kasım) 1996, s. 2.

96) "Status on Iraq...", (7 Ocak) 1997, s. 2.

1996-1997 Muhalefetsiz Yıllar

Kuzey Irak'taki INC organizasyonunun dağılması, INA vasıtasıyla gerçekleştirilmeye çalışılan darbe girişiminin akim kalması, ABD'nin Irak muhalefetine ilgisinin azalmasına neden oldu.

1996 yılının son aylarından sonra ABD ile Irak arasında BM silah denetçilerinin Irak'taki faaliyetlerine ilişkin sorunlar başlamış, ABD bütün ilgisini bu alana yönlendirmişti. Irak muhalefeti gündemdeki yerini ve ABD makamları nezdindeki önemini kaybetmişti. ABD, KDP ve KYB'yi barıştırmaya gayret ediyordu. INC ile temaslarını ise yok denecek kadar azaltmıştı.

Ancak, bu durum uzun sürmedi, 1997'nin son aylarında başlayan UNSCOM krizi Cumhuriyetçi Parti'ye mensup 'muhafazakâr-şahin' kesimleri harekete geçirdi. Bu kesim, Clinton yönetiminin Irak politikasına ağır eleştiriler getirmeye başladı. Eleştirilerin odak noktası ise Başkan Clinton'ın, Irak'ın BM kararlarını ihlallerine göz yummasıydı.

Ocak 1997-Ekim 1998: Muhafazakârlar Devrede

ABD'nin Irak'a ve bölgeye yönelik tutumundaki 'tehlikeli gidişattan' endişe duyan 'American Enterprise Institute'[97] (Amerikan Girişimciler Enstitüsü) Irak konusunda bir çalışma grubu kurdu. Bu grup, ilk toplantısından sonra Clinton yönetimine Irak'ta açık bir ayaklanma stratejisi izleme tavsiyesinde bulunmaya karar verdi. Çalışma grubu bu karar çerçevesinde, Başkan Clinton'a, politika değişikliği önerecek ve Saddam Hüseyin'in devrilmesi için ilkeler, taktikler ve hedefler içerecek bir mektup kaleme aldı. Cumhuriyetçi Parti ve Demokrat Parti'li ondan fazla yetkili tarafından imzalanan mektubu, Ulusal Güvenlik Danışmanı Sandy Berger'e eski Kongre üyesi Stephen Solarz ve Richard Perle elden sundu. Grubun beklentisi,

97) 1943'te kurulan AEI, ABD'nin en saygın düşünce kuruluşları arasında yer almaktadır ve muhafazakâr olarak tanımlanmaktadır. Heritage Foundation ile birlikte Cumhuriyetçi Parti üzerinde büyük ağırlığı bulunan düşünce kuruluşlarındandır.

Başkan Clinton'ın, bu mektubu, 'içine sürüklendiği, Saddam'ın ancak örtülü bir darbe ile devrilebileceği saplantısından kurtulmak için fırsat olarak göreceğini' umuyorlardı.

Yönetimin, mektupta yer alan önerileri dikkate almaması üzerine, çalışma grubu 20 Şubat 1998'de mektubu basına verdi. Mektubun basında yer alması, Kongre'de ABD'nin mevcut Irak politikasının başarısızlığa mahkum olduğu ve alternatif bir stratejinin düşünülmesi gerektiği konusunda yönetimi ikna etmeye yönelik bir girişimin başlamasına neden oldu.[98]

Dışişleri Bakanı Madeleine Albright, 26 Şubat 1998'de katıldığı, Senato Tahsisler Komitesi oturumunda, Irak muhalefetinin bölük pörçük durumda olduğunu, ABD'nin muhalefete vereceği desteğin getirileri konusunda yanlış beklentiler yaratılmasının sakıncalı olacağını söylemekteydi.

Senato Dış İlişkiler Komitesi'nin 3 Mart'ta düzenlediği *Saddam'ın Devrilmesi Mümkün mü?* konulu oturuma katılan Ahmed Çelebi ise, *"ABD'nin, örtülü değil, açık desteğini talep ettiğini, Saddam'ın, sadece bir halk ayaklanması ile devrilebileceğini, INC'nin, CIA'in eski subaylardan oluşan küçük bir grubu Irak muhalefetinin ana örgütü olarak nitelendirmesini reddettiğini, CIA destekli yayınlarda Irak'ta askeri yönetimin teşvik edilmesini kınadığını ve Irak'ın yönetimini belirlemenin CIA'e düşmeyeceğini, Irak halkının bileceği bir iş olduğunu"* söylüyordu. Çelebi, *"Irak muhalefetine mensup hiçbir grubun, Irak'ın bölünmesi çağrısında bulunmadığını, Kürt liderlerin bağımsız bir Kürdistan talebini gündeme getirmediklerini, ülkenin çoğunluğunu oluşturan Şiilerin Irak'tan ayrılmak istemeleri için bir sebep görmediğini"* kaydediyordu.[99]

ABD Kongresi, Irak'ta rejim değişikliği politikası konusunda yönetim üzerinde baskıya başladı. Mayıs 1998'de kabul edilen ilave tahsisat kanununda, Irak muhalefetine, Ekonomik Destek Fonu'ndan

---

98) Bu kitabın giriş bölümünde yer alan mektubun bu hikâyesini, bizzat Richard Perle, David Wurmser'ın "Tyranny's Ally" isimli kitabına yazdığı ön sözde anlatmıştır. David Wurmser, a.g.y., s.xi-xv

99) "Iraq: Can Saddam Be Overthrown", ...1998.

(ESF) 5 milyon dolar doğrudan yardım, *Radio Free Europe/Radio Liberty* radyosuna bağlı faaliyet gösterecek ve Irak'a yayın yapacak *Radio Free Iraq* isimli muhalefet radyo kanalı kurulması için de 5 milyon dolar kaynak ayrılıyordu.

ABD Dışişleri Bakanlığı farklı muhalif gruplar arasında eşgüdümü sağlamak, muhalif liderler arasında anlaşmayı teşvik etmek ve Irak'ın BM Kararlarını ihlallerine dikkat çekmek üzere ESF yardımının 3 milyon dolarını aldı. Diğer 2 milyon dolar, Saddam rejiminin savaş suçları işlediği konusunda başlatılan kampanya için kullanılacaktı.[100]

Ancak, Clinton yönetiminin attığı bu sınırlı adımlar, Bush yönetiminde ve Cumhuriyetçi Parti iktidarlarında görev yapmış muhafazakâr-şahinler tarafından yeterli bulunmuyordu. 26 Ocak 1998 tarihli mektubun altında imzası bulunan Richard Perle, Donald Rumsfeld, Paul Wolfowitz, Robert Zoellick, Zalmay Khalilzad, James Woolsey ve diğerleri bu defa Temsilciler Meclisi Başkanı Newt Gingrich ve Senato Çoğunluk Lideri Trenet Lott'a bir mektup gönderdiler.

29 Mayıs 1998 tarihli mektupta, Başkan Clinton'a muhatap 26 Ocak 1998 tarihli mektupta da yer alan öneriler sıralanmaktaydı:

- *ABD'nin Saddam Hüseyin'i çevreleme siyaseti başarısızlığa sürüklenmektedir. Önlem alınmadığı takdirde, ABD'nin ve ABD'nin Ortadoğu'daki müttefiklerinin hayati çıkarları büyük tehlike altına girecektir. Bu itibarla, ABD'nin Irak'a yönelik politikasında kökten değişiklik yapılması gerekmektedir.*
- *Çevreleme siyasetinin yerine, Saddam Hüseyin'in ve rejiminin iktidardan uzaklaştırılmasını sağlayacak politikalar oluşturulmalıdır.*
- *BM yaptırımları aşınmakta, silah denetimleri ise etkisiz kalmaktadır.*
- *Yönetim gerekli liderliği sergileyememiştir, bu nedenle Kongre devreye girerek ABD'nin Irak politikasını düzeltmelidir.*

---

100) Kenneth Katzman, a.g.m., s. 5.

- *ABD'nin Irak politikasının temel hedefi Saddam Hüseyin'in iktidardan uzaklaştırılması olmalıdır. Bu bağlamda öncelikle Saddam'ın Irak'ın meşru lideri olduğu iddiasını çürütmek için elden gelen yapılmalı, Irak'ın Saddam'ın kontrolünde olmayan bölgelerinde geçici ve temsili bir hükümet kurulmasına yardımcı olunmalı ve bu hükümet ekonomik, siyasi ve askeri vasıtalarla desteklenmeli, kuzey ve güneyde kurtarılmış bölgelerin güvenliği sağlanmalı, Körfez'deki hayati güvenlik çıkarlarımızı koruyacak ve gerektiği takdirde Saddam'ı devirmeye yardımcı olacak şekilde bölgede güçlü bir ABD askeri mevcudiyeti bulundurulmalıdır.*

Clinton yönetimi, bu dönemde Irak muhalefetini bütün muhalif grupların üzerinde anlaşabilecekleri programlar yoluyla buluşturmaya yöneldi. Başkan tarafından Kongre'ye sunulan raporda, muhalefet liderleri ile yapılan yoğun temaslar neticesinde, bazı ortak görüşler ortaya çıktığı belirtilmekteydi. Bu bağlamda, diktatörlükten çoğulculuğa geçiş konusunda oydaşma doğmuştu. Raporda, Irak'ın etnik, dini ve kültürel açılardan bir mozaik olduğu, Irak muhalefetinin bu farklılıkları yansıttığı, muhalefet arasında geçmişte bölünmelere yol açan çekişmeleri önlemek ve birlikteliği teşvik etmek amacıyla, yönetimin şahıslar ve gruplar yerine, konular ve programlara ağırlık verdiği raporda yer almaktaydı. Geçmiş yıllarda ortak çaba sergileyen birçok muhalif grubun artık faaliyetlerini bağımsız sürdürmek istediği, yönetimin bu gruplarla, grupların kendi şartları çerçevesinde daha büyük birliktelik sağlamak için çalışacağı, herhangi bir grubun başı çekmesini istemeyeceği de ifade edilmekteydi.[101]

Clinton'ın Kongre'ye raporundaki bu ifadeler, yönetimin Irak politikasını yerden yere vuran 'muhafazakâr-şahin' kanadın, Washington'da, özellikle Kongre içinde Ahmed Çelebi ve INC lehinde yarattıkları desteğe yönelik bir tepkiydi. Bu kesim, özellikle Kong-

---

101) "Status on Iraq...", (3 Eylül) 1998, s. 8-9.

re'deki etkinliği sayesinde INC'nin açıktan ayaklanma stratejisinin kabul edilmesi için yönetim üzerinde giderek artan bir baskı kurmuştu. Ahmed Çelebi'nin, Kongre'nin her iki kanadında da Irak konusunda düzenlenen oturumların sürekli konuğu olmaya başlaması, muhafazakâr-şahin ekibin Kongre'deki etkinliğini de göstermekteydi.

Mayıs 1998'den itibaren, muhafazakâr-şahin ekibin etkisiyle, INC lideri Ahmed Çelebi, Kongre'de yoğun temaslara başladı. Senato Dış İlişkiler Komitesi'nin muhafazakâr Cumhuriyetçi Başkanı Senatör Jesse Helms, Senatör Trent Lott, Senatör Bob Kerry, Senatör Joseph Lieberman, Senatör Sam Brownback, Çelebi'nin görüştüğü bazı yetkililerdi.

Yaz aylarına gelindiğinde, INC, Washington'da, Clinton Yönetimi'ni zorlayacak lobi gücüne kavuşmuştu.

Irak Kurtuluş Yasası

Saddam Hüseyin'in devrilmesi görüşünü destekleyen Kongre mensupları tarafından hazırlanan 'Irak Kurtuluş Yasası' (Iraq Liberation Act) taslağı uyarınca, Irak muhalefetine ABD'nin askeri ve maddi yardım sağlanması öngörülüyordu.[102]

Yönetim yetkilileri, Irak'ta bir ayaklanmayı teşvik etmenin zorlukları ve yaratacağı riskler hakkında Kongre üyelerini bilgilendirmeye başladı.[103]

CENTCOM[104] komutanı General Anthony Zinni, Çelebi'nin ayaklanma stratejisinin uygulanmasına açıkça karşı çıkmaktaydı. Zinni, muhalefetin, Saddam Hüseyin'in iktidarını zorlayacak kadar güçlü

---

102) Kenneth Katzman, a.g.m., s. 5.

103) Walter Pincus, "Bill Tries to Shift U.S. Policy on Iraq", **Washington Post**, 1 Ekim, 1998

104) Ortadoğu ve G. Asya'dan sorumlu olan, merkezi Florida/Tampa'da bulunan karargâhtır. Afganistan'da karşı yürütülen askeri harekâtın da merkez karargâhı CENTCOM'dur.

olmadığını, ayaklanmaya katılacak güçlerin desteklenmesi veya kurtarılması için ABD'nin doğrudan bir askeri çabaya girmesi gerekebileceğini düşünmekteydi.[105]

Yönetimin bu yaklaşımına en çok tepki gösteren kişi ise yasanın gizli mimarı ve muhafazakâr-şahin kanadın önde gelen isimlerinden Richard Perle'dü. Perle, ABD'nin önde gelen muhafazakâr kuruluşlarından AEI'nın 14 Ekim'de düzenlediği *Ortadoğu'yu Yeniden Düşünmek* panelinde, CIA'in Yakındoğu Bölümünü alabildiğine sert bir şekilde eleştiriyor, bu bölümün birçok yanlış saplantıları bulunduğunu, bunların başında da Saddam Hüseyin'in iktidarına son vermenin tek yolunun darbe olduğu düşüncesinin geldiğini, CIA'in başka hiçbir alternatif öneriyi dinlemeden başından reddedecek kadar bu saplantıya boğulduğunu, CIA Yakındoğu Bölümü Başkanı'nın istifa etmesi gerektiğini, Kongre'nin bütün çabalarına rağmen, yönetimin her türlü yönteme başvurarak Saddam Hüseyin karşıtı muhalif grupların harekete geçmesini engellemeye çalışacağını söylüyordu.[106]

Tasarı, Kongre'de oylanarak kabul edildi ve Başkan Clinton'ın imzalaması ile yürürlüğe girdi.[107]

Clinton, yasayı onaylaması vesilesiyle yaptığı açıklamada, bu yasanın, Kongre'nin, Irak muhalefetinin unsurlarının ABD tarafından desteklenmesi yönündeki hissiyatını açıkça yansıttığını söyledi. Clinton, ABD'nin politikasının başka unsurlar da içerdiğini, bu unsurlar arasında, Irak'ın kitle imha silahlarının imha edilmesi, füze programlarının sona erdirilmesi ve ekonomik yaptırımların devamına BM Güvenlik Konseyi'nin desteğinin devamını sağlamanın da bulunduğunu, ABD'nin Irak muhalefetine desteğinin bu siyasi hedeflerle uyumlu bir şekilde yürütüleceğini, aynı zamanda muhalefetin

---

105) Kenneth Katzman, a.g.m., s. 6.
106) **"Rethinking the Middle East"**, AEI Conference, 14 Ekim, 1998.
107) Kenneth Katzman, a.g.m., s. 5.

zamanla ne işe yarayacağı konusunda da duyarlı olunması gerektiğini belirtti. [108]

31 Ekim 1998'de "Radio Free Iraq" yayınlarına başlandı.

CLİNTON YÖNETİMİNİN SON YILLARI: MUHALEFETE SÖZDE DESTEK

Clinton yönetimi, en başından itibaren ILA Yasasından memnun olmadı. Bu memnuniyetsizlik, yasanın uygulanmasında yönetim yetkililerinin isteksizliğiyle iyice belirginleşti.

Clinton yönetiminin bu yaklaşımında etkili olan unsurlar şunlardı:

- Her şeyden önce, diaspora muhalefeti, Irak'ta rejim değişikliği için önemli bir vasıta olamazdı.
- ILA, muhalefetin Saddam rejimine karşı silahlı ayaklanmasını sağlamaya yönelik hükümler içermekteydi. Ancak, Irak ordusu karşısında muhalefetin etkili bir silahlı güç olması mümkün değildi. Irak muhalefetine verilecek destek, nihayetinde ABD'nin Irak ile askeri bir çatışmaya sürüklenmesine yol açabilirdi.[109] Bu durumda, ABD, Irak politikasında uluslararası alanda yalnızlığa sürüklenebilirdi.
- ABD'nin Irak'ta rejim değişikliğini ön plana çıkartması, Saddam Hüseyin'in BM Güvenlik Konseyi Kararları'na uymaması için yeni bir bahane yaratmaktaydı.[110]

Bununla birlikte, yönetim, Kongre'nin baskısını gözardı edemezdi. Başkan Clinton, 15 Kasım 1998'de, uzun vadede en iyi çözümün

---

108) "*Statement By the President*", Beyaz Saray Basın Sözcüsü, 31 Ekim, 1998 ve **"Status on Iraq..."** (5 Kasım) 1998, s. 8.
109) Alan Makovsky, "*U.S. Policy and the Iraqi Opposition: A Cautious Start*", **Policy Watch**, Washington D.C, The Washington Institute for Near East Policy, 8 Mart, 1999, s. 2-4.
110) Nicholas Arons, "*U.S.-Supported Iraqi Opposition*", **Foreign Policy in Focus**, Vol.6, No.10, Nisan 2001.

Bağdat'ta yeni bir hükümet kurulması olacağını, ABD'nin bu hedef doğrultusunda Irak'ta değişim isteyen güçlerle temaslarını yoğunlaştıracağını açıkladı.[111]

17 Kasım 1998'de, Yakındoğu konularından sorumlu Dışişleri Bakan Yardımcısı Martin Indyk, Londra merkezli 17 Iraklı muhalif örgütün temsilcileriyle buluştu. Indyk, muhalefet temsilcilerine, ABD'nin yeni politikasını ana hatlarıyla açıklayarak, Bağdat'ta "*yeni bir hükümet*" kurulmasına yönelik "*ortak hedef*" konusunda işbirliği yapmaları tavsiyesinde bulundu, ABD'nin, kendilerine yardımcı olacağını, ancak işin başını muhalefetin çekmesi gerektiğini söyledi. Indyk, Saddam Hüseyin'in alternatifi olduğuna dair mesajın Irak halkına ulaştırılması için muhalefetin elinden geleni yapmasını tavsiye etti, ABD'nin Saddam'ın savaş suçlusu olarak yargılanmasına yönelik muhalefet kampanyasını destekleyeceğini bildirdi.

Irak Dışişleri eski Bakanı Adnan Paçacı ise, muhalefetin üzerinde uzlaştığı hususları Indyk'e açıkladı:

- Muhalefet, ABD'nin yeni politikasını memnuniyetle karşılamaktadır.
- Muhalefet, Irak'ta demokratik bir hükümetin kurulmasına çalışacaktır.
- Bütün grupların işbirliği yapması için mevcut çabalar iki katına çıkartılacaktır.
- Muhalefet, Irak halkı adına uluslararası toplumun muhatabı olmak istemektedir.
- Muhalefet, Kürtler arasındaki çatışmaların sona ermesi için ABD'nin oynadığı role müteşekkirdir.[112]

ILA'nın yürürlüğe girmesiyle, önemli bir başarı elde eden muhafazakâr-şahin kesim ve bu kesimin Kongre'deki bağlantıları, ILA'nın uygulanmasını yakından izlemeyi bırakmadı. Aslında ger-

---

111) Alan Makovsky, a.g.m., s. 1.
112) "Status on Iraq...", (3 Mart) 1999, s. 10.

çek hedef INC'yi ön plana çıkartmaktı. Nitekim Senato çoğunluk lideri Senatör Trent Lott, Senato Dış İlişkiler Komitesi Başkanı Jesse Helmes, Senato İstihbarat Komitesi Başkanı Richard Shelby, Senatör John Kyl, Senatör Richard Lugar ve Senatör Sam Brownback, 16 Aralık 1998'de Başkan Clinton'a bir mektup gönderdiler. Mektupta, CENTCOM Komutanı General Zinni'nin muhalefete ve ILA Yasasına ilişkin ifadeleri eleştirilmekte, Bağdat'ta rejim değişikliğine sadece bir yasanın imzalanmasının yol açmayacağı belirtilerek, Başkan Clinton'ın, INC'yi yasa kapsamında ABD yardımı alacak muhalefet örgütü olarak tespit etmesi talebinde bulunulmakta, diğer muhalif grupların da INC şemsiyesinde bir araya gelebilecekleri kaydedilmekteydi.

Ancak Clinton yönetimi, Irak muhalefeti ile temaslarını artırmakla birlikte, INC ve ABD'deki destekçilerinin; Washington'ın INC'ye Irak muhalefetinin ana örgütü ve muhalefete yönelik çabaların merkezi olarak davranması talebine olumlu bakmamaktaydı. Nitekim yönetim yetkilileri açıklamalarında, INC yerine "*muhalefet grupları*"ndan bahsetmeye özen göstermekteydi. Ayrıca, Clinton yönetiminin birçok yetkilisi Ahmet Çelebi'ye şüphe ile bakmaktaydı. Bu yetkililerin gözünde, Çelebi, güvenilmez, etkisiz, Irak içinde ve diasporadaki muhalefet grupları arasında desteği bulunmayan bir şahıstı.

Dışişleri Bakanı Albright 20 Aralık'ta, Irak'ta rejim değişikliği için, ABD'nin çeşitli muhalefet gruplarına daha fazla destek sağlayacağını açıkladı.[113] Bu açıklamayı, Ulusal Güvenlik Danışmanı S Berger'ın, Irak muhalefetinin ülke içinde rejim değişikliği arayışlarını güçlendirmek için ABD'nin elinden geleni yapacağı açıklaması izledi.[114]

1998'in sonlarına gelindiğinde, basında yer alan bir habere göre Clinton yönetimi, ILA stratejisine bir alternatif olarak, Saddam'ın gizli bir darbe ile devrilmesi için CIA'in hazırladığı bir plana Kong-

---

113) Alan Makovsky, a.g.m., s. 4.
114) "*U.S. Seeks to Oust Hussein, Helps Iraqi Opposition*", **Bloomberg**, Washington, 23 Aralık, 1998.

re'den onay ve kaynak tahsisi istedi.[115] Ancak, Ocak 1999'da yayınlanan haberlere göre, Senato İstihbarat Komitesi, yönetimin darbe planını reddetmişti.[116]

ILA'nın uygulanmasının takibinde Kongre'nin ısrarcı olduğunu gören Clinton yönetimi, 21 Ocak 1999'da, ABD'nin Ankara Büyükelçiliği'nin ikinci adamı olan Frank Ricciardone'u "Irak'ta Değişim Özel Temsilcisi" olarak atadı.[117] Ricciardone, muhalefetle ilişkileri ABD adına yürütmekten sorumlu olacaktı.

Ocak ayının son günlerinde, Irak muhalefeti ve INC yeni bir sürprizle karşılaştı. CIA Ulusal İstihbarat Konseyi Başkan Yardımcısı Ellen Laipson, "*Saddam'dan sonra Irak demokratik olacak mı? Kesinlikle hayır... Irak halkının çoğunluğu, Batı demokrasilerinin standartlarına uymayacak bir yönetim ve liderliği istemektedir,*" demişti. INC, bu açıklamaya sert tepki gösterdi.[118]

Clinton yönetiminin muhalefete bakışı değişmemişti.

Başkan Clinton, ILA Yasası uyarınca, 5 Şubat 1999'da yayınladığı Başkanlık Kararnamesinde, ABD yardımı alacak 7 muhalif örgütü açıkladı:

Irak Ulusal Kongresi (INC-Ahmet Çelebi)
Irak Ulusal Birliği (INA-Ayad Alawi)
Kürdistan Demokratik Partisi (KDP)
Kürdistan Yurtsever Birliği (KYB)
Anayasal Monarşi Hareketi (MCM)
Irak Kürdistan İslami Hareketi (IMIK)
Irak İslam Devrimi Yüksek Konseyi (SCIRI)[119]

---

115) David Rogers, "*Congress Passes $250 Billion Budget for Pentagon With Anti-Iraq Funds*", The **Wall Street Journal**, 30 Eylül, 1998.
116) Kenneth Katzman, a.g.m., s. 6.
117) "**Status on Iraq...**" (3 Mart) 1999, s. 10.
118) "*Iraqi Opposition Responds to US Official's Comments*", INC, London, 30 Ocak 1999.
119) Presedential Determination 99-13.

Bu kararla, INC muhalefetin şemsiye örgütü olarak değil, diğer önemli muhalefet hareketleri ile birlikte mütalaa edilmekteydi.

ABD, Mart ayının son günlerinde, ILA kapsamında INC'ye ilk maddi kaynak tahsisini gerçekleştirdi. 267.000 dolarlık bu yardım, INC'nin yeni ofis açması için kullanılacaktı.[120]

7-8 Nisan 1999'da Irak Ulusal Kongresi İcra Konseyi Windsor/İngiltere'de toplandı. Toplantıdan üç önemli sonuç çıktı:

- Yedi üyeli geçici bir Başkanlık Komitesi kuruldu.
- INC'nin bölge ülkeleri ile ilişkilerini tesis etmek ve üye sayısını artırmak amacıyla iletişim komitesi oluşturuldu.
- 7 Temmuz'dan geç olmamak kaydıyla yeri daha sonra tespit edilecek Irak Ulusal Kongresi Ulusal Meclisi toplantısı yapılması kararlaştırıldı.

Bu toplantıya, Senato Dış İlişkiler Komitesi'nden Nebraska Senatörü Bob Kerrey ve Özel Temsilci Frank Ricciardone, ayrıca Dışişleri Bakanlığı ve Senato Dış İlişkiler görevlileri ABD adına gözlemci olarak katıldılar. Clinton, toplantıya "*Yürütmenin ve Kongre'nin ortak heyetle katılmasını, bu önemli konuda ABD Hükümeti içinde gelişen işbirliğinin bir göstergesi,*" olarak nitelendirmekteydi.[121]

Senatör Trent Lott, Senatör Jesse Helmes, Senatör Robert Kerrey ve Temsilciler Meclisi üyesi Benjamin Gilman, INC İcra Başkanlığına gönderdikleri mektupta, Londra toplantısında alınan sonuç dolayısıyla INC'yi tebrik etmekte ve INC liderliğini Washington'a davet etmekteydiler.

Ancak, yönetimin ILA'nın uygulanışında sergilediği tutum, Yasanın çıkartılmasında öncü rol oynayan Kongre mensupları tarafından beğenilmiyordu. Yönetim 97 milyon doların muhalefete tahsisinde ayak diremekteydi.

---

120) Kenneth Katzman, a.g.m., s. 5.
121) "Status on Iraq..." (19 Mayıs) 1999, s. 6-7.

Senato Dış İlişkiler Komitesi'nde 23 Haziran 1999'da Irak konusunda düzenlenen oturumda, yönetim adına konuşan Yakındoğu konularından sorumlu Dışişleri Bakan Kıdemli Yardımcısı Elizabeth Jones, "*Saddam'ın gitmesinin zamanı çoktan gelmiştir... Bu nedenle, Başkan Clinton, Kasım 15'te Bağdat'ta yeni bir hükümet için Irak halkı ile çalışacağımızı açıklamıştır. Bunun gerçekleşmesi için Irak halkını desteklemeye sımsıkı kararlıyız. Bu hedefe ulaşmaya çalışırken, ABD iki önemli ilkeye bağlı kalacaktır. Birincisi, Irak'ın toprak bütünlüğünü koruyacağız, ikincisi Irak halkına kendisini yönetecek lider ve hükümet konusunda dışarıdan dayatmada bulunmayacağız... Başarılı olması için, değişimin Irak'ın içinden gelmesi gerekmektedir. Özellikle güvenlik güçleri ve halk birlikte hareket etmelidir. INC, bize hedeflerini açıklamıştır: Birincisi rejimin değiştirilmesi için güvenlik güçlerini halkın yanına çekmek, ikicisi mevcut rejimin yıkılmasından sonra Irak'ın yeniden imarı ve iç barış sağlanması bakımından Irak halkıyla birlikte hareket etmektir... Birçok kişi, Irak muhalefetinin silahlandırılması ve Saddam Hüseyin'e karşı silahlı ayaklanmanın desteklenmesi için Başkan'a çağrıda bulunmuştur. Irak muhalefetine silah yardımı yapmamızın rejim değişikliği hedefimizde, daha fazla Iraklı gereksiz yere öldürülmeden ilerleme sağlayacağına inanmamızdan önce çözüme kavuşturulması gereken birçok konu mevcuttur... Yönetim bu aşamada Irak muhalefetine silah yardımı yapılmasına toptan karşı değildir. Bu aşamadaki temel hedefimiz, Irak içindeki muhalefetin sindiremeyeceği bir şey yapmadığımızdan emin olmaktır. Esasında, mesele silah değildir. Irak içinde çok miktarda silah vardır. Mesele, Irak halkını bu silahlar sayesinde kendi aralarında birlik oluşturmalarını sağlayacak bir duruma getirmek ve Saddam Hüseyin karşısında Irak halkının ve güvenlik güçlerinin aynı safta yer almalarını sağlamaktır,*" dedi.

Ahmed Çelebi ise, ABD'nin zaman kaybetmeksizin atması gereken adımları, "*Irak halkını Saddam'ın kitlesel zulmünden korumak ve Bağdat'taki mevcut rejimi by-pass edecek şekilde Irak halkına doğrudan insani yardım sağlamaya yönelik büyük ölçekli bir program başlatmak, uçuşa yasak bölge uygulamasını denetleyen ABD uçaklarının angajman kurallarını Saddam'ın askeri güçlerini hedef alacak şekilde genişletmek, mevcut rejime alternatif oluşturmak konusunda INC'ye yardımcı olmak ve INC'nin yanı sıra, ülke içinde Saddam'a karşı mücadele veren Iraklılara da yardım etmek,"* olarak sıralamaktaydı. Çelebi, "*Saddam sonrası gündemi belirleme çalışmalarının, Irak'taki diktatörlüğü yıkmayı amaçlayan aktif programların alternatifi olarak görülmemesi gerektiğini,"* de söylüyordu.

Washington Institute uzmanlarından Dr. Patric Clawson'a göre, "*Rejim değişikliği, ABD'nin bu yöndeki çabaların arkasında durması durumunda gerçekçi bir hedefti, Washington'ın hiçbir şey yapmayarak bu değişikliği başkalarından beklemesi durumunda ise gerçekçi olamazdı... Muhalefetin, ABD'nin hava desteği olsa da yakın zamanda Saddam Hüseyin'i askeri açıdan yenilgiye uğratabilecek bir kapasiteye ulaşması mümkün değildi.*"[122]

Senatör Trent Lott, Senatör Jesse Helmes, Senatör Robert Kerrey, Senatör Joseph Lieberman, Senatör Richard Shelby, Senatör Sam Brownback ve Temsilciler Meclisi üyesi Benjamin Gilman, Başkan Clinton'a 11 Ağustos 1999'da bir başka mektup daha gönderdiler. Mektupta, Irak'a yönelik ABD politikasındaki başıbozukluktan duyulan endişe vurgulanıyor, muhalefetin Saddam Hüseyin'e karşı ciddi mücadele vermesi için gerekli siyasi, maddi ve özellikle silah desteğinin yönetim tarafından verilmediği, yönetimin ayrıca Irak içindeki muhalefete de yardım sağlamadığı ve Kürtler ve Şiiler de dahil olmak üzere Saddam karşıtı Iraklılara gerekli güvenlik garantilerini vermediği belirtiliyordu. Mektupta, INC'nin, ülke içindeki muhalefet için güvenlik garantilerini talep ettiği 7 Temmuz 1999 tarihli mektuba yönetimin verdiği yanıt eleştiriliyor ve yönetimin ivedilikle muhalefete maddi yardım ve askeri eğitim vermesi, ayrıca INC'nin Ulusal Meclis

---

122) "U.S. Policy Toward Iraq: Mobilizing the Opposition" Hearing Before the Subcommittee on Near Eastern and South Asian Affairs of the Committee on Foreign Relations United State Senate", Washington D.C., US Government Printing Office, (23 Haziran) 1999.

Toplantısı yapabilmesi için toplantının Washington'da düzenlenmesi de dahil olmak üzere, gerekli yardımı sağlaması isteniyordu.[123]

INC, Eylül ayında yeni bir adım daha attı ve Eylül'ün ikinci yarısında düzenlenecek olan BM Genel Kurulu yıllık toplantılarına bir heyet göndereceğini açıkladı.

New York'a giden Ahmed Çelebi'nin başkanlığındaki heyette, KYB lideri Talabani, KDP'den Hoşyar Zebari ve Nezirvan Barzani, INA Genel Sekreteri Ayad Alawi, Anayasal Monarşi Hareketi'nin lideri Şerif Ali Bin Hüseyin ve Irak Türkmen Cephesi Başkanı Mustafa Ziya ve diğer yetkililer yer aldı.

ABD Dışişleri Bakanı Albright, 20 Eylül'de INC heyeti ile buluştu ve diğer hükümetlerin de Irak'ın cesur ve özgür temsilcilerini dinleyecek olmasından duyduğu memnuniyeti dile getirdi.[124]

INC heyetinin bir bölümü daha sonra Washington'a geçerek Kongre üyeleri ve yönetim yetkilileriyle temaslarda bulundu. Görüşmelerin ana konusu, 29 Ekim-1 Kasım 1999 tarihlerinde New York'ta yapılacak olan INC Ulusal Meclisi toplantısıydı.[125]

Aslında ABD, toplantının Avrupa'da (Viyana veya Lahey) düzenlenmesini arzulamış, INC ise tercihini bir Ortadoğu ülkesinden yana kullanmış, neticede toplantının yeri New York'a kaydırılmıştı.[126]

1992'deki Selahaddin toplantısından sonra ilk INC Ulusal Meclisi toplantısı 29 Ekim-1 Kasım 1999'da New York'ta gerçekleştirildi. Toplantıda, 65 üyeli Merkez Konseyi kuruldu ve Ahmed Çelebi dışında 6 ayda bir rotasyona tabi olacak 7 üyeli Başkanlık Konseyi oluşturuldu. Toplantıya, Irak İslam Devrimi Yüksek Konseyi (SCIRI)

---

123) Kaynak: http://www.pbs.org/newshour/bb/middle_east/julydec99/letter.-html

124) "*Statement on Free Iraqi Leaders*", U.S. Department of State Office of the Spokesman, New York, 20 Eylül, 1999.

125) "*Iraqi National Congress Delegation Holds High Level Meetings in Washington D.C*" Press Statement by the INC, London, 29 Eylül, 1999.

126) Simon Henderson, "*Desert Talk-The New Offensive Against Iraq*", **Policy Watch**, The Washington Institute for Near East Policy, 20 Eylül 1999, s. 2.

katılmadı. Irak Başbakan Yardımcısı Tarık Aziz, INC'nin kendilerine sıkıntı yaratıp yaratmayacağı sorusunu, "*Biz ve dünyadaki diğer akıllı insanlar, Irak muhalefetinin toplantısıyla dalga geçiyorlar,*" şeklinde yanıtlandırmaktaydı.[127]

ABD Yönetimi'ni, toplantıda, Dışişleri Bakanlığı'nın üç numaralı ismi olan siyasi işlerden sorumlu Dışişleri Müsteşarı Thomas Pickering temsil etti.

INC, ABD Kongresindeki desteği ve Ahmed Çelebi'nin muhafazakâr-şahin ekip ile yakın ilişkileri sayesinde yeniden Irak muhalefetinin şemsiye örgütü olma vasfını kazanmıştı.

1999 yılına girildiğinde ise ABD'de 20 Kasım'da gerçekleştirilecek seçimler için geri sayım başlamıştı. INC liderlik konseyi, Demokrat Parti'nin Başkan adayı olan Başkan Yardımcısı Al Gore ve Cumhuriyetçi Parti'nin adayı Teksas Valisi George Bush'a 21 Ocak 1999 tarihinde bir mektup göndererek görüşme talebinde bulundu. Al Gore yanıtında, INC heyetini kabul etmekten memnuniyet duyacağını bildirdi.

ABD'nin "*Irak'ta Değişim Özel Temsilcisi*" Ricciardone, Londra'daki Amerikan Büyükelçiliği'nde 7 Haziran günü düzenlediği basın toplantısında, ABD'nin Irak'ın içinde ve dışında örtülü faaliyetlerinin bulunduğunu, ayrıca Irak muhalefetini birleştirici güç olan INC ile işbirliği yapmaya karar verdiğini açıkladı.[128]

Al Gore ile INC heyetinin görüşmesi 26 Haziran 2000'de gerçekleşti. Görüşme sonrasında INC liderleri ve Al Gore bir ortak bildiri yayınladılar. Bildiride, INC ve Başkan Yardımcısı'nın komşuları ile barış içinde yaşayacak ve halkının ihtiyaçlarına yanıt verecek demokratik ve üniter bir Irak konusundaki ortak arzuları teyit edilmekteydi. Başkan Yardımcısı Al Gore, ABD Yönetimi'nin Saddam Hüseyin'in iktidardan uzaklaştırılması konusundaki kararlılığını vurguluyordu.

---

127 "*A New Era for the Iraqi Opposition*", **Middle East Intelligence Bulletin**, Cilt 1 No. 11 Kasım 1999.
128 "Ricciardone: We Have Covert Activities Inside Iraq", **Azzaman Daily Newspaper**, Cilt. 3, No: 642, 8 Haziran, 2000'den çeviren Iraqi Broadcasting Company.

ABD, INC'yi, Saddam Hüseyin'in zulmünden kurtulma mücadelesi veren Irak halkının yetkili sesi olarak görmekteydi.[129]

Bu görüşmeden iki gün sonra, ABD'nin 140 INC mensubuna eğitim vereceği açıklandı.[130]

Clinton yönetimi ilk defa INC'ye bu denli angaje olmaktaydı. Aslında yönetim son aylarını yaşamakta, Al Gore bütün gücüyle başkanlık seçimleri kampanyasını sürdürmekteydi. ABD kamuoyunun nefret ettiği Saddam Hüseyin'e karşı mücadele veren mazlum Irak halkının temsilcileriyle sergilediği görüntünün basına yansımasını, büyük bir ihtimalle seçim propagandası için bir artı puan olarak değerlendirmişti.

Ancak, bütün bu gelişmelere rağmen, Clinton yönetimi, INC'nin talep ettiği silah ve askeri malzeme yardımında bulunmamakta, maddi yardımın tahsisinde ise ayak diremekteydi. Bu durum ise Kongre'deki INC yanlılarıyla yönetim arasında sürtüşmeye yol açmaktaydı.

Senato Dış İlişkiler Komitesi'nde 28 Haziran günü düzenlenen oturumda, Alt-Komite Başkanı Senatör Sam Brownback, "*Yasanın hükümlerini uygulamaya niyeti yoktu da, Başkan Clinton ILA Yasasını neden imzaladı, anlamıyorum. Başkan Clinton ve Başkan Yardımcısı Al Gore, Saddam'ın devrilmesini istediklerini sürekli söylüyorlar, ancak şimdiye kadar yönetimden hiçbir yetkili bu hedefe yönelik ufak bir adım dahi atmamıştır,*" demekteydi.

Richard Perle ise, "*Yönetimin Irak'a yönelik tutumunu 'politika' olarak nitelendirmek abartmak olur. Muhtemelen felç daha iyi bir tanımlamadır. Yönetim yetkilileri çevreleme siyasetinin, Saddam Hüseyin'i kutuladığını söylemektedir. Kutuda olan Saddam değil, bu yönetimdir... INC uzun yıllar boyunca demokratik ilkeler etrafında hareket*

129) "*Joint Statement By Vice President Al Gore and Leaders of the Iraqi National Congress*", The White House, Office of the Vice President, 26 Haziran, 2000.
130) "**The Liberation of Iraq: A Progress Report**", Hearing Before the Subcommittee on Near Eastern and South Asian Affairs of the Committee on Foreign Relations United States Senate", Waashington D.C., US Government Printing Office, 1998, (28 Haziran) 2000, s. 2.

etmiştir. Irak toplumunun bütün unsurlarını içerecek şekilde organize olmuştur. ABD Kongresi'nin desteğini hak etmiş ve kazanmıştır. Kongre, INC'ye yardımcı olmak için para ve diğer kaynaklar tahsis etmiştir. Ancak bu yönetim, muhalefeti birleştirmekten öte, bölecek şekilde davranmıştır... Bu yönetimde görev alan hiçbir yetkili, kendileriyle konuştuğumda, ILA Yasasının kabul edilmesinin yanlış olmadığını ve uygulanamaması gerektiğini söylemeden geçmedi. Bu kanaatlerini de yasanın uygulanmasına ayaklarını durmadan sürükleyerek ve yasa uyarınca gerçekte yapmaları gerekenleri hiçbir zaman yapmayarak gösterdiler," diyordu.

ABD Senatosu oturumlarının vazgeçilmez siması haline gelen INC İcra Konseyi lideri Ahmed Çelebi, "*ABD ILA Yasası ile ilk defa kendisini gayrı yasal bir diktatörlüğün devrilmesi ve yerine demokratik bir rejim ihdas edilmesine angaje etmiştir... Ancak yönetim, cesur sözlere ve kararlılık iddialarına rağmen, bugüne kadar neredeyse hiçbir şey yapmamıştır. Bu durum, maalesef ABD ile INC arasındaki ilişkilerde hep süregelmiştir... 1996 Erbil olaylarından bu yana, Ulusal Güvenlik Konseyi, CIA, Dışişleri Bakanlığı, Savunma Bakanlığı yetkilileri periyodik olarak INC'yi kötülemişlerdir. ABD'nin ihanetine siyasi kılıf bulmaya çalışmışlardır... Dışişleri Bakanlığı'na Ekonomik Destek Programı kapsamında yaptığımız 8 milyon dolarlık mali yardım talebi, 1999'un Kasım ayından beri yönetimin masasında beklemektedir... Yönetim içinde INC mensuplarına savaş eğitimi vermek konusunda direnç bulunmaktadır. Ayrıca, tanksavar taleplerimizi reddetmiştir ve silah yardımı yapmamaktadır. Sebebini sorduğumuzda, 'Saddamla kendinizi çatışmaya atmanızdan ve öldürülmenizden korkuyoruz,' demektedirler. ILA'nın amacı, bizi Saddam'a karşı savaşa hazır hale getirmek, bu amaçla bizlere eğitim vermek ve ekipman sağlamaktır. Bunun neden gerçekleşmediğini anlamıyoruz... Yönetimin diğer bir argümanı, bölge ülkelerinin buna karşı çıkmakta oluşudur,"* diyordu.[131]

---

131) **"The Liberation of Iraq: A Progress Report"...**, 2000.

ABD Dışişlerinden bir üst düzey yetkilinin Eylül ayında, INC'nin henüz ABD askeri yardımı almak için hazır olmadığını açıklaması, INC'yi çileden çıkarmaya yetti. Ahmed Çelebi, UPI haber ajansına, "*Mevcut Yönetim, açıkladığı politikaya rağmen Irak'ta rejim değişikliği için ihtiyaçlarımızı karşılamak konusunda isteksizdir,*" açıklaması yaptı. Dışişleri Bakanı Albright'ın INC heyeti ile 15 Eylül günü New York'ta yaptığı görüşmeden sonra bir INC yetkilisi, "*ABD'de yönetim değişmedikçe, Irak'ta rejim değişikliği olmaz,*" demekteydi.[132]

Eylül ayının sonunda ABD Dışişleri Bakanlığı ile INC arasında, ILA kapsamında INC'ye 4 milyon dolarlık maddi yardım sağlanmasında mutabakata varıldı. Ancak bu yardıma, silah, askeri malzeme veya askeri eğitim dahil değildi.[133]

Kasım ayında ise ABD'de Başkanlık seçimleri gelmişti. ABD tarihinde ilk defa, bir Anayasal krizin eşiğinden son anda dönülen seçimlerde, sekiz yıldır süren Demokrat Parti yönetimi son bulmuş, Körfez Savaşı'nın uluslararası kahramanı olarak kabul edilen George Bush'un oğlu, Teksas Valisi George W. Bush Başkan seçilmişti. Richard Perle, Bush'a seçim kampanyası sırasında dış politika ve ulusal güvenlik alanında danışmanlık yapmıştı. İktidar, artık Irak'a yönelik sert tutumlarıyla tanınan muhafazakâr-şahinlere geçmişti.

Bush yönetimiyle birlikte muhalefetle temaslar yeniden yoğunlaşacaktı.

---

132) Eli J. Lake, "*State Department Says Iraqi Opposition Group 'Not Ready' for Military Aid*", UPI, 15 Eylül 2000.

133) "*Statement by Deputy Spokesman Philip Reeker on Funding Agreement With Iraqi National Congress*", U.S Department of State Office of the Spokesperson, 2 Ekim 2000.

8
KUZEY IRAK VE KÜRTLERİN TARİHÇESİ

NEDEN 'KUZEY IRAK' DENİYOR

'Kuzey Irak', 1991'den sonra Türk dış politikası terminolojisine girmiş bir terimdir. Başlangıçta, Irak'ın kuzeyinde Kürtlerin denetiminde bulunan Erbil, Dohuk ve Süleymaniye ile Hanakin vilayetlerinin bulunduğu coğrafi alanı tanımlamak amacıyla kullanılan "Kuzey Irak", zamanla siyasi bir terim haline gelmiştir. Aslında, bu bölgenin adı, Bağdat Hükümeti tarafından da 1970 Özerklik Anlaşmasıyla "Irak Kürdistanı" olarak tanımlanmış, ancak "*Kürdistan*" tabirinin Türkiye'de özellikle 1990'lı yıllarda yarattığı tehlikeli çağrışımlar nedeniyle bölge Türkiye'de Kuzey Irak olarak adlandırılmıştır. Kısacası, bir coğrafi alanı ifade etmesi gereken Kuzey Irak, zamanla bir anlam kaymasına uğramış, Irak Kürdistan'ı ibaresine alternatif olarak kullanılan bir siyasi bir terime dönüşmüştür.

40 bin km^2'lik bu bölgenin nüfusu Irak nüfusunun yaklaşık % 18'ini oluşturmaktadır. Irak'taki Kürt nüfusu hakkında genelde 3.5 milyon rakamı telaffuz edilmektedir.

1919'dan 1991'e Kürt Ayaklanmaları

Kuzey Irak Kürtlerinin tarihi, aynı zamanda bir ayaklanmalar tarihidir. Kürtler, I. Dünya Savaşı'nın ardından 1919-1930 yıllarında İngiltere'ye, 1932-1935 arasında Haşimi Hanedanı'na, 1943-1945 yıllarında yine Haşimi Hanedanı'na karşı ayaklanmışlardır.

16 Ağustos 1946'da Irak Kürdistan Demokratik Partisi'ni kuran Molla Mustafa Barzani, 1961-1969'da General Kasım yönetimine ve Baas rejimine karşı ayaklandı.

1968 darbesiyle işbaşına gelen Baas rejiminin ikinci ismi ve güçlü adamı Saddam Hüseyin, 1970'de Kürtlerle anlaşma yoluna gitti. Bağdat'ın Kürtlere özerklik tanımasına ilişkin 15 maddeden oluşan 11 Mart 1970 tarihli "Özerklik Anlaşması"nda; Kürt bölgelerinde resmi dilin Kürtçe olması, Kürt milletinin varlığının ve Kürtçenin anayasaya dahil edilmesi, ekonomik kaynakların Kürtlere de adil bir şekilde dağıtılması, Kürt bölgesinin polis ve güvenlik dahil olmak üzere Kürtler tarafından yönetilmesi, bir Devlet Başkan yardımcısının Kürtlerden atanması, Kürtlerin çoğunlukla olduğu bölgelerin özerklik yönetiminin kapsamına girmesi, özerk bölgenin yasama ve yürütme meclislerinin olması, Kürtlerin Irak parlamentosunda kendi nüfus oranlarına göre temsil edilmeleri, hükme bağlanıyordu.

Bu özerklik anlaşmasının Irak Anayasası'na derç edilmesi için Irak ve Kürtler arasında oluşturulan komite çalışmalarına başladı, ancak iki noktada uyuşmazlık çıktı. Bağdat, KDP tarafından Devlet Başkan Yardımcılığına aday olarak gösteren Habib Kerim'i reddetmiş, Kerkük'ün özerk Kürdistan'da kalıp kalmamasıyla ilgili referandumun yapılmasını belirsiz bir tarihe ertelemişti.

Bağdat ile Kürtler arasındaki ilişkiler, Bağdat'ın 1970 Özerklik Anlaşması'na 1973 yılında getirmek istediği değişikliklerle yeniden gerildi. Kürtler, özellikle Kerkük'ün özerk bölge kapsamı dışına çıkartılmasına karşı çıkıyorlardı. Bağdat, Kürtlerin itirazlarına rağmen, 11 Mart 1974 yılında 1970 özerklik anlaşmasını zayıflatan 33 sayılı yasayı çıkarttı.

Bu gelişme üzerine Molla Mustafa Barzani, Irak ile Şattülarap konusunda anlaşmazlığa düşen İran'ın desteğiyle Bağdat'a karşı yeni bir silahlı ayaklanma başlattı. Ayaklanmaların etkisiyle, Irak, İran'a karşı taviz vermek zorunda kaldı ve 1975 yılında imzalanan Cezayir Anlaşması'yla Irak-İran arasındaki ihtilaf çözüme kavuşturuldu.

Bu anlaşmadan en çok Kürtler etkilendi. İran, Kuzey Irak Kürtlerinden desteğini çekti. Kürtler, bir kez daha Bağdat'a karşı kaderlerine terk ediliyordu. Bağdat, Kürt ayaklanmasını bir hafta içinde bastırdı.[134]

Bu gelişmeler sonucunda, KDP lideri Molla Mustafa Barzani, Mayıs 1975'te silahlı mücadeleyi bıraktığını açıklayacak, 1976'da ABD'ye gidecek ve 1979'da Washington'ın meşhur Georgetown Hastanesi'nde hayata gözlerini yumacaktı.

Ancak, Barzani'nin silahlı mücadeleyi bırakması, Kuzey Irak Kürtlerinin mücadelesini sona erdirmedi. 1975'te KDP'den ayrılan Celal Talabani, Kürdistan Yurtseverler Birliği'ni (KYB) kurdu. KDP'nin başına ise Molla Mustafa'nın oğlu Mesut Barzani geçti. Saddam Hüseyin'in Kürt bölgelerini Araplaştırma politikası, Kürtlerin yeniden ayaklanmasına neden oldu. 1976'da başlayan ayaklanma, özellikle 1979'da etkisini iyice gösterdi.

1980'de başlayan İran-Irak savaşı sırasında, Bağdat ile Kürtler arasında yeni bir düşmanlık dönemi başladı. Bağdat'ın Kuzey Irak'taki askeri birliklerini İran'a karşı cepheye sürmesiyle doğan güç boşluğundan istifade eden peşmergeler ayaklandı. KDP İran'dan ekonomik ve askeri yardım almakta, karşılığında ise İran birliklerine destek olmaktaydı. 1983 yılında stratejik değeri bulunan sınır kasabası

---

134) Barry Rubin, "*Iraq's Anti-Kurdish Campaign: An Analysis of Government Documents*", **Middle East Review of International Affairs (MERIA) Journal**, Cilt 6, Sayı 3, Eylül 2002

Hacı Omran'ın İran'ın eline geçmesi KDP'nin sayesinde olmuştu. Irak, İran karşısında savunmaya geçmek zorunda kalmıştı. Buna sebep olduğunu düşündüğü KDP'yi İran'ın beşinci kolu olarak görmekteydi.

KDP'nin İran'la ilişkisini dengelemek isteyen Bağdat, KDP ile KYB arasındaki anlaşmazlıktan yararlanmaya çalıştı. Saddam Hüseyin, Hacı Omran kasabasının İran'ın eline geçmesinde KDP'nin rol oynamasına muhalefet eden KYB'ye özerklik görüşmeleri teklifinde bulundu. Bağdat ile KYB arasındaki görüşmeler 1985 yılına kadar sürdü, ancak bir netice çıkmadı. Temel sebeplerden birisi, Kürtlerin Kerkük ve Hanakin'i Özerk Kürt Bölgesi'nin sınırlarına dahil etmek istemesiydi.

Bu durum, KYB'nin de İran'a yakınlaşmasıyla sonuçlandı. Savaşın bütün şiddetiyle sürdüğü bir aşamada KYB'nin de kendi saflarına katılması Tahran'ı fazlasıyla memnun etmişti. Saddam Hüseyin ise bir dizi sistematik karşı önlemler almaya başladı.

KYB-İran ilişkisi 1985-1986 yıllarında oldukça gelişti. 1986'da İran ve KYB arasında imzalanan ekonomik ve askeri anlaşmada, iki tarafın da Saddam Hüseyin iktidardan düşeceği güne kadar savaşmaya ve Bağdat'la tek taraflı bir anlaşma yapmamaya kararlı oldukları belirtilmekteydi.

Saddam'ın aldığı bütün karşı tedbirlere rağmen, KDP ve KYB'nin İran'la işbirliği, Bağdat'ın Kuzey Irak'ta şehirler ve ana yollar dışında kontrolü kaybetmesine neden oldu. 1987'de bölgedeki durum Irak açısından daha da zorlaştı. 4 Mart 1987'de İran'ın başlattığı ve Revanduz'a kadar ilerlediği saldırıya KDP ve KYB peşmergelerinin destek vermesi üzerine, Bağdat Kürtlere karşı daha sert tedbirler alınması gerektiğine karar verdi ve Saddam Hüseyin'in kuzeni Ali Hasal el-Macid olağanüstü yetkilerle bölge valiliğine getirildi.

Irak askeri helikopterleri Kürt köylerine karşı kimyasal silahlarla saldırmaya başladı, yüzlerce kasaba ve köy boşaltıldı.[135]

---

135) Barry Rubin, a.g.m., s.2-8

Saddam Hüseyin'in, Irak'ın yıllardır geliştirdiği kimyasal silahlarını İran ordusundan sonra bu defa kendi Kürtlerine karşı kullanmasıyla, 16 Mart 1988'de 5 bin Kürt öldü ve bu olay tarihe Halepçe katliamı olarak geçti.

Mayıs 1988'de sekiz Kürt partisi birleşerek, Kürdistan Cephesi adlı oluşumu kurdular. İran-Irak savaşının en hararetli döneminde, Iraklı Kürtler İran birliklerine yardım ederek, Süleymaniye vilayetinin İran sınırına yakın Halepçe kasabasını almasını sağladılar.

Ağustos 1988'de İran-Irak ateşkesinin imzalanmasıyla Kürtler yine kendi kaderleriyle baş başa kaldı. Saddam Hüseyin, Kürt tarihinin en büyük kıyımına girişti. "Enfal" adı verilen bu kampanyada yaklaşık 200 bin Kürt öldürüldü, on binlercesi Irak'ın güney bölgelerine sürüldü.[136]

Bütün bu ayaklanmalar sırasında, ABD'nin Kürtlere yönelik ilgisi sınırlı kalmıştı. ABD'nin 1970'li yılların başında Irak karşısında İran'ı desteklemek amacıyla yoğunlaşan Kürtlere yönelik ilgisi, 1975'teki Cezayir Anlaşması'yla zaten son bulmuş, 1980-1988 İran-Irak savaşında ABD Kürtlerle herhangi bir alışverişe girmemişti. Zira ABD bu defa, mollalar rejiminin işbaşında olduğu İran karşısında Irak'ı desteklemekteydi.

Saddam'ın 2 Ağustos 1990'da Kuveyt'i işgal etmesi, bütün dünyada şaşkınlığa yol açmıştı. Irak Kürtleriyse, kendileri açısından yeni bir dönemin başladığının henüz farkında değillerdi. Farkına varmaları için Başkan Bush'un Irak'ın Kuveyt'ten çıkartılmasıyla sonuçlanacak Körfez Savaşı'ndan hemen sonra yaptığı ayaklanma çağrısını beklemeleri gerekecekti.

1991 Ayaklanması ve Çekiç Güç

Başkan Bush, 15 Şubat'ta yaptığı konuşmada, "*Irak ordusuna ve Irak halkına, ülke idaresine el koyarak, bir diktatör olan Saddam Hüseyin'i kenara çekilmek zorunda bırakmalarını ve Irak'ın yeniden uluslar*

136) Peter W. Galbraith, "*Protect the Kurds*", The Washington Post, 11 Ağustos 2002

ailesine katılmasını sağlamaları," çağrısında bulundu. 1988-1990 arasındaki enfal kampanyasında binlerce yakınlarını kaybeden Kürtler, Bush'un bu çağrısına, 4 Mart 1991'de Ranya kasabasında başlattıkları ayaklanmayla uydular. Bağdat yanlısı Kürt milislerin de katılmasıyla bir anda büyüyen ayaklanma, hızlı bir şekilde Kürt kent ve kasabalarının yarısından fazlasına yayıldı.

Irak birlikleri, güneydeki Şii ayaklanmasını bastırdıktan hemen sonra Kuzey Irak'a yöneldi. Ateşkes anlaşmasında Irak ordusunun helikopter kullanımına izin vermiş bulunan ABD, Kürtlerin yardım çağrılarına kulak asmıyordu.

Başkan Bush'un ayaklanma çağrısından gerçek beklentisi, bir halk ihtilali değil, Saddam'ın içeriden yapılacak bir darbeyle devrilmesiydi. Washington, Saddam'ın halk ayaklanması sonucunda devrilmesinin, Irak'ta yıllarca sürecek bir kargaşaya yol açmasından korkmaktaydı. Ayaklanmanın Kürtler tarafından yapılmış olması, Bağdat'taki siyasi elitin Saddam'ın etrafında kenetlenmesine yol açmıştı. Sonuçta, ABD, ayaklanmalara destek vermedi.

Kürtler bir kez daha uluslararası konjonktürü ve ABD'nin niyetini yanlış yorumlamış, Bağdat karşısında yine korumasız kalmışlardı.

Irak ordusunun kuzeye girmesiyle, yaklaşık 1.5 milyon Kürt mülteci Türk sınırına yığıldı. Türkiye, uluslararası alandaki bütün baskılara rağmen sınırını açmamakta direndi. 1988 tecrübesinin anıları hâlâ tazeydi. Türkiye, 1988'de Halepçe katliamından kaçan binlerce Kürt mülteciyi yıllarca barındırmakla kalmamış, üstelik Batılı devletler tarafından mültecilere kötü muamele yapmakla itham edilmişti.

Dönemin Cumhurbaşkanı Özal, Kürt mültecilere sınırın Irak tarafındaki düzlüklerde yardım yapılması önerisini ortaya attı. Fransa ve İngiltere'nin desteğiyle BM Güvenlik Konseyi, 5 Nisan 1991'de 688 sayılı Güvenlik Konseyi kararını kabul etti.

İlerleyen yıllarda uluslararası insan hakları alanında çok önemli bir emsal yaratacak ve bir anlamda "insancıl müdahale hukuku"nun da ilk dayanağını teşkil edecek 688 sayılı karar, temelde üç unsurdan oluşmaktaydı:

- Irak'ın sivil halkına, ülkenin birçok bölgesinde ve son olarak da Kürtlerin yaşadığı bölgede yapılanlar, uluslararası barış ve güvenliği tehdit etmektedir. Irak bu baskıyı derhal durdurmalı ve tüm Iraklıların siyasi haklarını ve insan haklarını güvenceye alacak bir diyalog başlatmalıdır.
- Irak, uluslararası insani yardım örgütlerinin bu insanlara ulaşmasına derhal izin vermeli ve yapacakları faaliyetlere her türlü kolaylığı sağlamalıdır.
- Tüm BM üyesi devletler ve tüm insani örgütler, bu insani yardım çabalarına katkıda bulunmaya davet edilmektedir.

688 sayılı karar, BM Anlaşması'nın VII. Bölümü kapsamında alınmamasına, yani üye ülkelere kararın hükümlerini uygulamak konusunda askeri önlem alma yetkisi vermemesine rağmen, ABD'nin önderliğinde bir askeri uluslararası insani yardım operasyonu başladı.[137] ABD, 10 Nisan'da 36. paralelin kuzeyinde "Uçuşa Yasak Bölge" uygulaması başlattı. Yasak, sadece askeri uçakları değil, helikopterleri de kapsamaktaydı. ABD bu uygulamayı BMGK'nin 688 sayılı kararına dayandırmıştı.

Mültecilerin yarattığı baskıdan bunalan Türkiye'nin ısrarlı talepleri üzerine, Başkan Bush devreye girerek, 16 Nisan'da Kürt mültecilere sınırın Irak tarafında yardım yapılması amacıyla Huzur Harekâtı'nı başlattı. Sınırın Irak tarafındaki düzlüklerde bir güvenli bölge oluşturulacak ve Kürt mültecilere bu bölgede insani yardım sağlanacaktı. ABD'nin başlattığı bu operasyona koalisyon kuvvetleri de katıldı ve ilk koalisyon birlikleri 17 Nisan'da kuzey Irak'a girdi. Bağdat bu gelişmeyi protesto etmekle birlikte, 688 sayılı karar uyarınca BM insani yardım ekiplerinin bölgeye girmesine izin veren bir Mutabakat Zabtı imzalamak zorunda kaldı.

Nisan sonunda Kuzey Irak'ta Kürt mülteciler için bir güvenli bölge tesis edilmiş, Türk sınırındaki Kürtlerin bu bölgeye dönmele-

---

137) Kenneth M. Pollack, a.g.y., s.51

ri büyük ölçüde sağlanmış, Türkiye büyük bir baskıdan kurtulmuştu. Güvenli Bölge, doğu-batı genişliği yaklaşık 160 mil, kuzey-güney derinliği yaklaşık 50 millik bir alandan oluşmaktaydı ve Kuzey Irak'ın genelini kapsamaktaydı. Bölgenin güvenliği İncirlik üssünde konuşlandırılmış ABD, İngiliz ve Fransız askeri uçaklarıyla, Silopi'deki karargâhta görevli kara birlikleri tarafından sağlanmaktaydı. Kuzey Irak'ta Zaho'da ise bir irtibat bürosu niteliğindeki Askeri Eşgüdüm Merkezi kurulmuştu.

Türkiye'de yıllarca tartışmaya yol açacak Çekiç Güç, Ankara'nın beklemediği mülteci akını üzerine, yine Ankara'nın ısrarı üzerine Türkiye'ye yardımcı olmak amacıyla kurulmuştu. Çekiç Güç'ün başlangıçtaki bu masum amacından uzaklaşması ise, daha sonra gerçekleşecekti.

Kürtlere ABD Güvenlik Şemsiyesi: Uçuşa Yasak Bölge

ABD'nin Kürt mültecilere yardım çalışmalarının başını çektiği bu sırada, KYB ile Bağdat arasında bir kez daha özerklik görüşmeleri başladı. Mayıs ayındaki görüşmelere ise KDP lideri Barzani de katıldı. Görüşmeler, özerk bölgenin coğrafi sınırları ve özellikle de Kerkük'ün statüsü konusunda baş gösteren uyuşmazlık nedeniyle bir kez daha kesildi. Kürtler, Kerkük'ün Kürt Özerk Bölgesi'nin sınırlarına dahil edilmesi karşılığında, Kerkük'teki petrol sahalarından elde edilecek gelirlerin Bağdat'a bırakılmasına razı olmaya hazırdı.

Irak ile Kürtler arasındaki görüşmeler, kısa bir süre kesintiye uğradıktan sonra tekrar başladı. 20 Ağustos'a gelindiğinde taslak bir anlaşma metni ortaya çıkmıştı.

Ancak, bu defa KDP ve KYB arasında taslak anlaşma metni konusunda görüş farklılıkları çıktı. Bu anlaşmazlığın giderilmesi bir yana, peşmergeler ile hükümete bağlı birlikler arasında yeniden çatışmalar başladı. KDP ve KYB, özerklik anlaşması sonuçlandırılıncaya kadar hükümetle görüşmeme karar aldı. Eylül ve Ekim ayında Bağdat ile Peşmergeler arasındaki çatışmalar yoğunlaştı.

Saddam Hüseyin bu gelişmeler üzerine Ekim ayının son günlerinde, 1970 Özerklik Anlaşması'nın sınırlarına giren bölgedeki bütün sivil idareyi ve askeri birliklerini çektiğini açıkladı ve bu hattın doğusunda Kürtlere ambargo başlattı. Kürt memurların maaşları kesildi, bölgeye girenlerin yanlarındaki yakıt ve yiyeceklere el kondu.

Kürtlere karşı askeri önlem alma imkânından mahrum kalan Saddam Hüseyin, bu defa ekonomik tedbirlere başvurmuş, Kürtleri bu şekilde cezalandırmak yolunu tercih etmişti. Nitekim, ambargonun etkileri kısa zamanda kendini gösterdi, benzinin fiyatı 200 katına, pirincinki 8 katına çıktı. Ambargonun başlamasından üç hafta sonra 12 Kasım'da KDP ve KYB, ambargonun kaldırılması karşılığında, Erbil'in güneyindeki birliklerini çekeceklerini açıkladılar. Hükümet ile Kürtler arasındaki uzlaşma yine kısa sürdü.

Saddam Hüseyin'in Kürtleri cezalandırmak amacıyla giriştiği bu taktik hamle, nihayetinde stratejik bir mağlubiyetle sonuçlanacak ve Kürtler birkaç yıl içinde sadece bölgede denetimi sağlamakla kalmayacaklar, bölge aynı zamanda Bağdat karşıtı Irak muhalefetinin de merkezi haline gelecekti.

Saddam'ın bu taktik hamlesinin, fiili bir Kürt devletinin doğmasına yol açabileceğini ise ne Saddam'ın kendisi, ne de Irak'taki koşulları arızî gören ve Saddam'ın yakın zamanda bir darbeyle devrilmesi ümidini taşıyan ABD ve gelişmelerden endişe duyan bölge ülkeleri görebilmişti.

GÜVENLİ BÖLGEDEN KÜRT DEVLETİNE GİDEN YOL: 1992-1993

Barzani ve Talabani, güçlü bir lider seçilmesi ve bir Kürt Ulusal Meclisi oluşturulması için Ocak 1992'de anlaştılar. Seçim tarihi olarak 3 Nisan tespit edildi.

Kürtlere göre bu seçimin yasal dayanağı 1970 Özerklik Anlaşması'ydı. Barzani'ye göre, amaç bağımsızlık değil, Saddam'ın Kuzey

Irak'taki tüm memurları ve sivil idareyi geri çekmesinden doğan boşluğu doldurmaktı.

Ancak gerçek amaç, Saddam'ın güçlerini çekmesiyle fiilen özerk hale gelen bu bölgede Kürt liderlerin bir meşruiyet inşa etmek istemesiydi.

Seçim 3 Nisan'da yapılamayınca, 19 Mayıs'ta gerçekleştirilebildi. Üç gün sonra açıklanan sonuçlara göre, Barzani'nin KDP'si % 44.58, Talabani'nin KYB'si % 44.33 oy aldı. Her iki partinin Meclis'teki sandalye sayısı 50-50 olarak tespit edildi. 105 üyeden oluşacak meclisin 5 üyeliği ise Süryanilere ayrıldı. Kuzey Irak'ta yaşayan Türkmenler oylamaya "Bu seçime yalnızca Kürdistan vatandaşları katılabilir" koşulu bulunduğundan seçime katılmadılar.

Kürt bölgesinin liderliği için yeni bir seçim yapılması öngörüldü, ancak Barzani ve Talabani, bölgeyi birlikte idare etmeye karar verince liderlik seçimine gerek kalmadı.

Irak, seçimleri yasadışı ilan etti. Yalnızca "yerel işler"le uğraşmayacağı Kürt Ulusal Meclisi'ni ve gelişmeleri, Türkiye başından itibaren kaygıyla izledi. Kürt liderler ise, özellikle Türkiye'yi yatıştırmak ve yabancılaştırmamak için, amaçlarının bağımsızlık olmadığını belirtmeye özen gösterdiler.[138]

19 Mayıs'ta parlamento seçimi yapmış bulunan Kürtler, 4 Temmuz'da Basra Üniversitesi'nde felsefe profesörü olan KYB'den Fuat Masum'un başbakanlığında, 11 Mart 1974 tarihli ve 33 sayılı yasada Özerk Bölge Yönetiminin "merkezi" olarak tanımlanan Erbil'de bir Hükümet kurdular. Başbakan Yardımcısı KDP'den seçildi. 17 kişiden oluşan Bakanlar Kurulu'nun 7'si KYB'den, 7'si KDP'den, diğer 3 bakanlık ise Süryaniler, İslami Kürt Hareketi ve Komünist Parti arasında paylaştırılıyordu. Türkmenler ise, kendilerine önerilen 1 bakanlığı kabul etmeyerek, hükümete girmemişti.

Kürtlerin meşruiyet oluşturma çabalarının sonuç vermesiyle, Talabani ve Barzani'ye ABD yolu açıldı. Ceplerindeki Türk diplomatik

---

138) Baskın Oran, a.g.y., 109-114

pasaportuyla yola çıkan Talabani ve Barzani'nin Ankara'dan sonraki durağı Washington'dı.

Kürt liderler ABD Dışişleri Bakanı James Baker tarafından kabul edildiler. Böylelikle Barzani ve Talabani'nin ilerleyen yıllarda Washington'ı sıklıkla ziyaret etmeleriyle devam edecek bir süreç de başlamış oluyordu.

KDP ve KYB aralarındaki işbirliğini bir adım daha ileriye götürerek, kendilerine bağlı peşmerge birliklerini birleştirme kararı aldılar. İki tarafa bağlı peşmergelerin birleşmesiyle 50.000 kişilik bir ordu kurulacak, daha sonra askere alma yoluyla 50.000 kişinin daha eklenmesiyle, 100.000 kişiden oluşacak "Kürt Ordusu" kurulmuş olacaktı.

Kürtler rüzgârı yakalamıştı. Nitekim Kürt Parlamentosu, 4 Ekim 1992'de bir federal devletin parçası olarak "Kürdistan Federe Kürt Devleti"nin kurulduğunu ilan etti. Barzani yaptığı açıklamada, bu kararın, "*Bağımsızlık ilanı değil, Kürtlerin kendi kaderlerini tayin hakkının, birleşik, demokratik ve bağımsız bir Irak içinde korunması amacıyla federal sistemin benimsenmesi olduğunu,*" belirtti. Barzani'ye göre, Haziran 1992'de Viyana'da toplanan Irak Ulusal Kongresi, Kürtlerin "*Irak'tan ayrılmaksızın kendi kaderlerini tayin hakkını garanti etmişti*".[139]

Türk Hükümeti gelişmelere sert tepki gösteriyor, kamuoyunda ABD'nin bölgede bir Kürt devleti kurmaya çalıştığı iddiaları genel kanı haline geliyor ve Güneydoğu Anadolu'da tırmanan PKK terörünün arkasında Çekiç Güç ve "Batı"nın bulunduğuna hükmediliyordu.

Türkiye, Körfez Savaşı'nın başlangıcında hiç tahmin etmediği bir gelişme ile karşılaşmış, on binlerce Kürt mülteciden kurtulmak amacıyla başlatılan uluslararası yardım operasyonu, Kuzey Irak'ta bir Kürt devletinin fiili oluşumuna yol açmıştı. PKK terörü ise neredeyse kâbusa dönüşmüştü.

---

139) Baskın Oran, a.g.y., s.117-122

Kürtler Arasında Birinci Çatışma Dönemi: 1994-1995

KDP ve KYB arasındaki barış havası çok sürmedi. Geçmişi zaten çatışmalarla dolu KDP ile KYB arasında Mayıs 1994'te düşük yoğunluklu bir çatışma başladı. Çatışmanın nedeni, Habur sınır kapısından geçen kamyonlardan elde edilen gelirin paylaşılamamasıydı.

İnsani malzeme getiren ve Türkiye'ye mazot götüren kamyon trafiğinden Kürtler kamyon başına 20 dolar vergi alıyordu. Kürt bölgesinin tek ciddi geliri Türk kamyonlarından alınan ve yılda yaklaşık 14 milyon dolar tutan bu vergiydi.[140]

KYB, KDP'nin bu geliri Hükümetin kasasına koymak yerine, kendi kasasına koyduğunu ileri sürüyor; KDP ise KYB'nin kurulan Kürt yönetiminin kasasından 14 milyon tutarında bir paraya el koyduğunu iddia ediyordu.

Aslında, Hükümet içinde de sorunlar başlamıştı. Erbil'in kontrolü KYB'nin elindeydi. KDP ise şehirde ortak söz hakkı istemekteydi.

Kuzey Irak'taki çatışmaların yaratacağı boşluğun PKK'nın işine yarayacak olması, Ankara'yı harekete geçirdi. Türkiye'nin, ağırlığını koyarak, Haziran ayında KDP-KYB'yi Silopi'de bir araya getirmesiyle çatışmalar hafifledi. Talabani ve Barzani, Temmuz ayında Paris'te buluşarak, bölgede yeni bir seçim yapma ve silahlı kuvvetlerini birleştirme kararı aldılar. Bu gelişme, toplantıdan dışlanan Ankara'yı ürkütmüştü. Ankara'nın endişesi, gelişmelerin yine bir Kürt devleti oluşumuna yol açmasıydı.

Ancak, KDP ile KYB arasındaki düşük yoğunluklu çatışmalar kesilmedi. Irak muhalefetinin şemsiye örgütü INC'nin karargâhı ve örtülü ABD operasyonlarının merkezi haline gelen Kuzey Irak'ta işlerin

---

140) O dönemde 14 milyon dolar tutan bu gelir bugün 300 milyon dolar civarına ulaşmıştır. Habur sınır kapısından Türkiye ile Irak arasında yürütülen ambargo dışı kamyon trafiği işinde, Saddam Hüseyin'in büyük oğlu Uday Saddam'ın, KDP lideri Barzani'nin yeğeni ve KDP'nin sözde Başbakanı Neçirvan Barzani'nin ve Turkish Daily News isimli gazetenin kurucusu, gazeteci İlnur Çevik'in ortak oldukları ve bu işi Asya Nakliyat isimli bir firma aracılığıyla yürüttükleri yolunda rivayetler bulunmaktadır.

karışması ve Saddam Hüseyin'in bölgeye müdahale ihtimali, ABD'nin devreye girmesine yol açtı.

ABD'nin baskısıyla, KDP ve KYB Kasım ayında yeni bir ateşkes imzaladılar. Ateşkesin mimarı, INC lideri Ahmed Çelebi'ydi. Bu başarı, Çelebi'nin bölgedeki ve ABD'deki itibarını artıracaktı.

Ancak bu ateşkes de başarılı olamadı. Aralık ayında Erbil'i tamamen işgal eden KYB, KDP'li parlamenterleri ve bakanları şehirden çıkarttı. KYB'nin amacı, KDP'yi müzakereye çekebilmekti, ancak KDP'nin silahla yanıt vermesiyle çatışmalar yeniden yoğunlaştı.

ABD'nin yine araya girmesiyle KDP ve KYB yeniden bir araya geldi ve Nisan 1995'te yeni bir geçici ateşkes imzalandı. Ateşkes, Haziran başında 15 Temmuza kadar uzatıldı. ABD, bu defa Kürt grupları barıştırmaya kararlıydı.

ABD'nin Arabuluculuğu: Dublin Görüşmeleri: Ağustos-Eylül 1995

Temmuz ayında ABD Dışişleri Bakanlığı Kuzey Körfez İşleri Daire Başkanı Robert Deutch, Kuzey Irak'ı ziyaret ederek Kürt liderlerle görüştü.

Talabani ve Barzani'nin, ABD'nin Kürt gruplar arasındaki görüş ayrılıklarının giderilmesi önerisini kabul etmeleriyle, 10 Ağustos'ta İrlanda'nın başkenti Dublin'de, çatışmaların sona erdirilmesi ve bölgede huzur ve istikrarın sağlanması amaçlarına yönelik bir toplantı gerçekleşti.

Türkiye'nin gözlemci olarak katıldığı ve KPD ve KYB'nin lider düzeyinde katılmadığı Zirve 11 Ağustos'ta sona erdi. Toplantıda ağırlıklı olarak, KDP ile KYB arasında temel sorunu oluşturan Habur gümrüğü gelirlerinin paylaşılması ve "başkent" Erbil'in durumu görüşüldü. Alınan kararlarda, iki partinin ateşkese uyacağı, medyadaki karşılıklı saldırılara son verecekleri, birbirlerinin haklarına saygı göstereceklerı, tüm tutsakları geri verecekleri, bir barış anlaşmasına varmak amacıyla görüşmelere devam edecekleri belirtilmekteydi.[141]

141) Baskın Oran, a.g.y., s.166-172

Dublin Zirvesi'nden sonra KDP-KYB çatışması, yerini PKK-KDP çatışmasına bıraktı. Kuzey Irak'ı bir üs haline getirmeye çalışan PKK, Dublin kararlarına tepki göstermiş, bölgedeki mevcudiyetini devam ettirmek amacıyla KDP'ye karşı saldırıya geçmişti.

12 Eylül 1995'te, ABD'nin himayesinde II. Dublin toplantısı gerçekleştirildi. Amaç, I. Dublin toplantısında alınan kararların bir anlaşmaya dönüştürülmesiydi. Türkiye yine gözlemciydi, ilk toplantıda bulunmayan İngiltere de bu toplantıya gözlemci olarak katılmıştı.

KYB heyeti, Erbil'in silahsızlandırılmasına karşılık KDP'nin kontrolündeki Selahaddin kasabasının ve diğer bölgelerdeki silahsızlanmanın aynı anda başlaması üzerinde durdu. KDP ise, gümrük gelirlerinin INC denetiminde kurulacak bir komite tarafından denetlenmesi konusunda pürüz çıkardı. Sonuçta 4 gün süren zirveden bir sonuç alınamadı.

ABD arabuluculuğundaki Dublin görüşmelerinin başarısızlığı, sonuçta bir başka dış aktörün devreye girmesine yol açacak gelişmelerin de başlangıcını oluşturdu. Kuzey Irak'taki gelişmelerden dışlanmasından rahatsızlık duyan İran'ın devreye girmesiyle, KDP ve KYB heyetleri bu defa Tahran'da bir araya geldi. 5 gün süren toplantılar sonucunda 10 Ekim'de yayınlanan ortak bildiride, tarafların Erbil'in askerden arındırılması ve anlaşmanın uygulanmasının tarafsız bir heyetçe denetlenmesi konularında anlaşmaya vardıkları ve diğer sorunları görüşmek üzere İran'ın gözetiminde yeniden bir araya gelecekleri belirtilmekteydi.

Irak konusundaki inisiyatifi Tahran'a kaptırmak istemeyen Washington, yeniden devreye girdi. Kasım ayında bir ABD heyeti Kuzey Irak'ı ziyaret ederek, yeni bir girişimde bulundu. Amaç, Tahran'ı devreden çıkartmak ve inisiyatifi yeniden ele geçirmekti. Bu görüşmelerden de bir mutabakat çıkmadı, ancak Dublin'deki ateşkes de uygulanmaya devam etti.

Türkiye açısından en rahatsız edici gelişmeyse, PKK'nın 10 Aralık 1995'te ilan ettiği ateşkesin, ertesi gün KDP tarafından kabul edilmesiydi.[142]

---

142) Baskın Oran, a.g.y., s.176-182

Aktörler aynıydı, ancak dengeler sürekli değişiyordu.

Kürtler Arası İkinci Çatışma Dönemi ve Saddam'ın Dönüşü: Aralık 1995-Eylül 1996

KDP ve KYB arasındaki ateşkes yürürlükteydi, ancak taraflar arasındaki uzlaşmazlıklar sürüyordu. KDP, Habur sınır kapısından ağırlıklı olarak Irak'tan petrol taşımacılığı yapan Türk kamyonlarından sağladığı gelirleri KYB ile, KYB ise Kürt bölgesindeki nüfusun yaklaşık 1/5'inin yaşadığı, bölgenin başkenti konumundaki Erbil'in denetimini KDP ile paylaşmıyordu.[143]

İran'ın özellikle 1995 sonlarından itibaren Bedir Tugayları ile Kuzey Irak'ta kurduğu etkinlik ve KYB ile yakın ilişkilerinden rahatsızlık duyan, ayrıca Kürt gruplar ile Bağdat arasında artan temaslardan rahatsızlık duyan ABD, bir barış anlaşması imzalanması için Nisan 1996'da yeniden bir girişimde bulundu. ABD Dışişleri Bakanlığı Kuzey Körfez İşleri Dairesi Başkanı Robert Deutsch başkanlığındaki ABD heyeti, Dublin kararlarını kalıcı bir barış anlaşmasına dönüştürmek amacıyla 20 Nisan'da Kuzey Irak'a geçti. Üç gün süren temaslardan yine bir sonuç alınamadı.[144]

İSRAİL NE İSTİYOR, MOSSAD NE YAPMIYOR?

Bu dönemde Kuzey Irak'tan İsrail'e götürülüp, eğitilen kişiler olduğu ifade ediliyordu. MİT kaynakları bu konudaki bilgileri Türkiye'nin en üst düzeydeki toplantılarında dile getirdi. Çünkü İran makamları bu konuda bilgiler aktırıyordu. Dönemin MİT Müsteşarı Köksal "*Kendilerine gerekli açıklamayı yaptığını, bu konuda herhangi bir bilginin kendilerine ulaşmadığını, bunu İran'ın İsrail'e yönelik politikasının bir parçası olarak değerlendirdiğini,*" ifade ediyordu. Aslında

---

143) Andrew Cockburn and Patrick Cockburn, a.g.y., 232
144) Baskın Oran, a.g.y., s.195-196

Ankara İsrail'in bir Kürt devletinden yana olan tutumunu biliyor ve değerlendiriyordu. Ama yapılan araştırmalarda İsrail'in Kuzey Irak'ta terörist eğittiğine dair hiçbir bulgu elde edilemedi. Daha çok bölgede etkin olan sivil kuruluşlar üzerindeki faaliyetleri saptanıyordu.

İsrail'in Kürt devleti ve Kuzey Irak'taki faaliyetleri konusunda Türk kamuoyu hep hassas oldu. Bu noktada bir spekülatif senaryo analizi olarak Türkiye'de yayınlanmakta olan bir dergiden Hakkı Öznur'un yazısını alıntı yapmak istiyorum. Bu komplo analizi olaylara Türkiye'den bazı çevrelerin nasıl baktığının yanı sıra, bazı bilgileri okuyucuya aktarmak bakımından da belirli derinlikler yaratabilir:

"Barzani Yahudi kökenli mi?"

Konu Irak'taki Kürtçü hareket olunca, kafalara takılan iki temel soru vardır: "1930'lardan bu yana Irak'taki Kürtçü hareketin liderliğini yapan, Barzan bölgesindeki Barzani aşireti ile İsrail arasındaki ilişki köklü müdür? Irak'ın kuzeyinde yüzyıllardır yaşamakta olan Kürt Yahudileri'nin Barzanilerle ilişkisi var mıdır?" Her iki sorunun cevabı da "evet"tir.

M.Ö. 7. yüzyılın sonlarında Filistin'deki Yahudileri yenen Babil Kralı Nabukkadnassar, buradaki Yahudileri Irak'a sürmüştü. Yahudi tarihinde önemli bir olay olarak kayıtlara geçen sürgünlerin ardından Yahudi dini bölge halkı arasında gelişti. Dr. A. Medyalı ismiyle kaleme alınan *"Kürdistanlı Yahudiler"* adlı eserde, Kürtler ile Yahudiler arasındaki tarihsel ilişkiye dikkat çekilir. Dr. Sinan Marufoğlu'nun Osmanlı arşivlerini tarayarak yazdığı bir inceleme olan *"Osmanlı Döneminde Kuzey Irak 1831-1914"* adlı eserde de Barzan bölgesinin, Yahudi dini önderlerin yetiştiği bir yer olarak zikredilir. Ünlü hahamlardan Salim Barzani, sözü edilen dini liderlerdendir. Dr. Marufoğlu'nun eserinde geçen şu paragraf hayli dikkat çekicidir:

"Kürtlerin Yahudi hahamlarından, Musul'da bulunan 'Haham Salum Barzani', 1855 senesinde bir Müslüman'a hakaret etmesi üzerine, açılan hukuki dava sonucu, adı geçen Kürt Haham'ın önce Dârsaadet'e oradan da Selanik'e uzaklaştırılmasına karar verilmiş ise de, İstanbul Haham başından gelen bir istirham dilekçesinde, adı geçen Haham'ın Selanik havasından rahatsız olduğu, uyum sıkıntısı çektiğini ve Musul'da kalan çocuklarının perişan halde olduklarını, bu yüzden adı geçen Haham'ın ailesi ile birlikte Selanik yerine Kuds-i Şerif'e nef'i edilmesi talebi, Musul Meclis-i Vâlâ tarafından kabul edilmiştir."

Beşikçi'nin Sözleri

...İsmail Beşikçi de *"Kürt Aydını Üzerine Düşünceler"* adlı çalışmasında Kürtler ile Yahudiler arasındaki ilişkiye dair şunları yazar: "Kürtlerin Ortadoğu'da Yahudilere karşı düşmanlık hisleri beslemelerinin hiçbir yararı yoktur. Kürtler Yahudi toplumu ile daha sıcak ilişkiler kurmak durumundadır. Yahudi toplumunun demokratik kurumlarını görmezden gelemezler. Yahudi toplumu Ortadoğu'daki Kürtlerin doğal ittifakçısıdır."

...MOSSAD, 1950'li yıllarda gerçekleştirdiği "Ezra ve Nehemya Operasyonu" ile Kürt Yahudilerinin büyük bir bölümünü İsrail'e getirmiştir. İsrail'de yaşayan Kürt kökenli Yahudilerin kurduğu ulusal örgütün başkanlığını yapmış olan Haviv Şimoni, 1973'te yapmış olduğu bir açıklamada bu ülkede 90 bin Kürt bulunduğunu belirtmişti. Kürt Yahudileri Irak'taki Kürtlerle ilgili konularda da oldukça hassastır. İsrail'deki KYUH'nin başkanı Şimoni, 1991'de İsrail Dışişleri Bakanı David Levy ile görüşerek ABD'nin Kürt yanlısı politikalar yürütmesini istemiştir.

Yahudi Kürtler Barzani Aşiretinden

Daha da ilginç olanı, Kürt Yahudilerin Barzani aşiretinin bir kolu olması ve bu aşiretten yüzlerce haham çıkmasıdır. *"Kürdistanlı Yahudiler"* adlı kitapta, Barzani hahamları şöyle anlatılır:

"16. ve 17. yüzyıllarda Kürdistanlı hahamlar tarafından yazılmış olan çeşitli belgeler ve elyazması kitaplar, genel olarak Kürdistanlı Yahudilerin başta dinsel olmak üzere, sosyal ve ekonomik yaşantıları hakkında ayrıntılı bilgilerin yanı sıra Kürdistan'la ilgili bazı dolaylı bilgiler de içermektedir. Bu dönemlerde kimi Yahudi toplulukları

Kürdistan halklarının genel yoksulluk tablosu içinde yer alırlarken, öte yandan özellikle ünlü Barzani Ailesi'nden gelen hahamlar Kürdistan'ın birçok yerinde dinsel çalışmalar ve eğitim için merkez kurmuşlardı. Bu dini merkezler Mısır ve İsrail gibi uzak yerlerden bile öğrenci kabul ediyorlardı."

1975'teki yenilgiden sonra İsrail'in müdahalesiyle birçok Kürt Yahudisi İsrail'e göç etmiştir. IKDP içinde 30 kadar Kürt Yahudisi'nin görev yaptığı da bilinmektedir. *Haber Extra* dergisinin 9 Nisan 1998 tarihli sayısında bu üst düzey yöneticiler arasında KDP genel başkan yardımcısı Sami Abdurrahman, KDP Dohuk kenti sorumlusu Fazıl Miran, Asayiş sorumlusu Franso Hariri ve Kerim Sincari'nin adlarını vermektedir. 16 Nisan 1996'da Ankara'da MİT ve Dışişleri yetkilileriyle görüşmeler yapan Mesut Barzani'nin sağ kolu Evair Barzani'nin İsrail pasaportlu bir Kürt Yahudisi oluşu oldukça dikkat çekicidir.

Moskova'ya Karşı Kürt Kartı

Irak Kürtleri, tarihi ve kültürel bağlarının yanı sıra, İsrail açısından stratejik öneme sahiptirler. 1961-1975 döneminde Irak'taki Kürt hareketinin bölgedeki en önemli destekçileri, İran ve ABD'den sonra İsrail'dir. Arap milliyetçiliğine karşı, ayrılıkçı Kürt hareketi bölgedeki kaos açısından önemlidir ve ABD-İsrail ikilisi, Moskova'nın da Ortadoğu'daki emellerine karşı bölgede "Kürt kartını" oynamak zorundadırlar. Mısır'da Abdül Nasır Cemal'le başlayan, ardından da Irak ve Suriye'yi de etkileyen "ABD-İsrail karşıtı" politikalara Moskova'nın verdiği destek de göz önüne alınırsa, bölgedeki emperyalist mücadele daha bir netlik kazanır.

Paris'te önemli Görüşme

MOSSAD'ın bir ajanı, 1963 baharında "Paris'ten gelen gazeteci" sıfatıyla Barzani'nin hakim olduğu bölgeye gitti ve KDP genel sekreteri İbrahim Ahmet'e İsrail'in görüşme talebini iletti. Teklifi kabul eden Barzani'nin Paris'e gönderdiği İbrahim Ahmet, İsrail büyük elçisi Walter Eytan ile görüştü. Görüşme sırasında İsrail tarafı her türlü isteklerinin karşılanacağını vaad ederken, KDP yetkilisi İbrahim Ahmet, para ve silah yardımı istedi. Kısa bir sürede 20 bin dolar ve ilk parti silahlar Barzani'nin eline ulaşmıştı. Paranın azlığıyla hayal kırıklığına uğrayan Barzani, silahların gelmesiyle memnun kaldı.

SAVAK-MOSSAD İşbirliği

İsrail ile Molla Mustafa Barzani arasındaki temaslar sıcak bir şekilde devam etti. 1963 yazında MOSSAD başkanı General Meir Amit, İran gizli istihbarat teşkilatı SAVAK'ın başkanıyla görüşerek, Kürtlere yardım etmek için izin istedi. SAVAK bu teklifi, silahları KDP peşmergelerine kendisinin ulaştırması ve denetlemesi şartıyla kabul etti.

1964 yılında İsrail Savunma Bakan yardımcısı Şimon Peres, Kürtlerin Avrupa'daki temsilcisi sıfatını taşıyan Dr. Kamuran Ali Bedirhan ile bir araya gelerek işbirliği önerdi. Bedirhan, İkinci Dünya Savaşı ve sonrasında İsrail adına bölgede casusluk yapmıştı. Peres-Bedirhan görüşmesinde peşmergelerin İsrail tarafından askeri eğitimden geçirilmesi de ele alındı.

Peşmergeli İsrail Subayları Eğitti

"Merved (Halı)" adı verilen bir operasyon ile Ağustos 1965'te İsrail'e gelen peşmergeler üç ay bu ülkede askeri eğitim gördüler. Öte yandan İsrail, 1965 sonlarında MOSSAD'ın en önemli elemanlarından Tuğgeneral Tsuri Saguy, Yarbay Haim Levakov ve Albay Arik Regev'i Irak'a gönderdi. İstihbaratçı bu üç subayın görevlileri, KDP'li peşmergeleri eğitmekti.

MOSSAD'ın Irak'taki çalışmalarından sadece birkaç KDP'linin dışında kimsenin haberi yoktu. Bölgede peşmerge kıyafetiyle dolaşan MOSSAD ajanları, Barzani'nin isteğiyle gerçekleştirdikleri "Omenet Tova (İbranicei iyi dadı)" operasyonu sırasında, peşmergeleri Hayfa'ya götürerek ağır silahlar ve Sovyet yapımı uçaksavar füzelerinin kullanımı konusunda eğittiler. MOSSAD ajanlarının eğittiği peşmergeler ilk sınavlarını, 12 Mayıs 1966'da Rewanduz yakınındaki Hendren Dağı'nda bir Irak Tugayını yok ederek verdiler. Bu çatışmada en önemli katkıyı, Kürtlerin "gayr-ı resmi genelkurmay başkanımız" diye nitelendirdikleri Albay Tsuri Saguy sağladı.

Barzani'nin İsrail Ziyaretleri

Irak ordusunun 1966 Mayıs'ında Barzanilere karşı giriştiği harekât sonrasında yaralanan birçok peşmerge, MOSSAD'ın gönderdiği doktorlar tarafından tedavi edildi. Molla Mustafa Barzani, Irak'a karşı verdiği mücadeleden dolayı silah, mühimmat ve aylık 100 bin ABD Doları'yla ödüllendirilmeye başlandı. İsrail ile Barzani arasındaki ilişkiler öylesine yoğunlaşmıştı ki, ünlü ABD'li gazeteci Jack Anderson, Washington Post'ta yayınlanan bir makalesinde MOSSAD'ın Şefi Zvi Zamir'in Barzani'yi Kuzey Irak'taki kampında ziyaret ederek Bağdat hükümetine karşı mücadelesini daha da şiddetlendirmesini istediğini anlatır.

Barzani'yle ilişkilerini iyice geliştiren İsrail, 1967'deki meşhur "6 Gün Savaşları"nda Arap ordularından ele geçirdiği çok sayıda Sovyet silahını Barzani'nin peşmergelerine gönderir. Bir dönem Moskova hayranı olan Barzani, artık Batı'nın yanındadır. Verdiği destekten ötürü İsrail'e teşekkür etmek amacıyla bu ülkeye giden Molla Mustafa Barzani, 1967 Eylül'ünde ziyaret ettiği Moşe Dayan'a Kürt hançeri hediye eder.

Barzani'nin İsrail'e ikinci ziyareti 1973'te gerçekleşir. Bu ziyaretinde de, ilkinde olduğu gibi 1950 ortalarında İsrail'e göç eden Kürt Musevisi David Gabay'ın evinde kalan Barzani, Moşe Dayan'ın eşine hediye olarak altın bir kolye getirir.

Oğul Barzani de MOSSAD'ın Emrinde

İsrail Başbakanı Menachem Begin, 28 Eylül 1980'de İsrail'in Kürtlere para, silah ve eğitim sağlandığını açıklayan ilk İsrailli yetkili oldu. Bu açıklamanın ardından, 29 ve 30 Eylül tarihli gazeteler, Molla Mustafa Barzani'nin 1960'lı ve 1970'li yıllarda İsrail'e birkaç gizli ziyaret gerçekleştirdiğini yazdılar.

İsrail-IKDP ilişkisi sonraki yıllar da sürdü. Molla Mustafa Barzani'nin 1979'da ölümünden sonra yerine geçen Mesut Barzani de babasının izinden gitti. Bu tezi doğrulayan cümleler, Gazeteci Turan Yavuz'un *"ABD'nin Kürt Kartı"* adlı eserinde çarpıcı tespitlerle ortaya konur:

"İdris ve Mesut bir aralar sık sık Tahran, Tel-Aviv ve Washington'da görülüyordu. İran pasaportu ile kimlik değiştirerek seyahat eden İdris ve Mesut bu başkentlerdeki CIA, SAVAK ve MOSSAD genel merkezlerinden çıkmıyordu."

Körfez Savaşı ve Sonrası...

Saddam'ın yenilgisiyle sona eren Körfez Savaşı sonrasında, İsrail'in yanı sıra ABD'nin de desteğini alan Barzani, diğer Kürt lider Talabani'yle birlikte, Irak'ta bir Kürt devleti kurmak için kolları sıvadı. Başkaldırının perde arkasında yine İsrail vardı. 1975'lerde ABD'nin kendilerini yarı yolda bırakmasıyla bu ülkeye düşmanlık besleyen Kürt örgütlerle Washington arasında yeniden sıcak temaslar başlamıştı. Barzani, MOSSAD ve CIA'den Saddam'a karşı kullanmak üzere silah ve mühimmat desteği istiyordu. Körfez Savaşı'nın hemen ardından MOSSAD'ın İsrail'deki merkezini ziyaret eden Mesut Barzani, daha çok destek istiyordu.

Hayfa Üniversitesi'nden Dr. Amatzia Baram, Kuzey Irak'taki ayrılıkçı Kürt hareketine destek veren İsrail'in Talabani ve Barzani'yle yürüttüğü ilişkiye dair şu çarpıcı tespitleri yapıyordu:

"1991-92'den bu yana Kürt kampının en güçlü iki bloğunun liderleri Mesut Barzani ve Celal Talabani İsrail ile en azından dolaylı olarak diyalog kurmaktadırlar. 1992 yılından beri her iki Kürt liderinin de bölgelerinde ufak bir İsrailli ekibi barındırdıkları yolunda birtakım söylentiler vardır."

Kürt-Yahudi ilişkileri, Kudüs'te 1994 Nisan'ında kurulan "İsrail Kürdistan Dostluk Derneği" aracılığıyla daha da yoğunlaştı. ABD'de yayınlanan "*The Kurdistan Review*" adlı dergi, derneğin amacını, "İsrail kamuoyunda Kürt örgütlerin bağımsızlık mücadelesine destek sağlamak," olarak açıkladı.

ANKARA'DA "KÜRDİSTAN" SKANDALI

İsrail'in Ortadoğu'ya dair hedefleri ve bunlara ulaşmak amacıyla kullandığı "Kürt kartı", yakın dönemde Türkiye'nin de başını ağrıtmaya başladı. 24-26 Ocak 1994'te Başbakanlığa bağlı "Politik Psikoloji Merkezi" tarafından organize edilen "Türkiye Terörizm Olgusunun Psikolojik Açıdan Değerlendirilmesi" toplantısına katılan ABD'li iki Yahudi akademisyen, Türkiye'nin Güneydoğusu'nu "Kürdistan" olarak nitelendirerek büyük bir skandala sebep oldular. Bu skandalın ardından Türkiye'yi ziyaret eden İsrail Cumhurbaşkanı Ezer Weizmann, Güneydoğu bölgesini dolaşarak "bölücü gruplara" dolaylı bir destek verdi.

Atatürk'e suikast girişimi

İsrail ile Barzani arasındaki ilişkilerde önemli roller oynayan ve peşmergelerin İsrail subaylarınca eğitilmelerini sağlayan Dr. Kamuran Ali Bedirhan, İstiklal Savaşı yıllarında Atatürk'e suikast planlayanlar arasındaydı.

1964'te İsrail Savunma Bakan yardımcısı Şimon Peres ile "Kürtlerin Avrupa'daki temsilcisi" sıfatıyla görüşen Dr. Kamuran Ali Bedirhan, İkinci Dünya Savaşı'nda siyonistler ve 1948 sonrasında İsrail

---

145) Bir ihanet portresi: Dr. Kamuran Ali Bedirhan.

adına bölgede casusluk yapmıştı. Bu görüşmenin ardından İsrail subaylarının peşmergeleri eğitmesini sağlayan Bedirhan, ateşli bir Kürt şovenistidir.

Soyu, Osmanlı'ya ihanet eden Bedirhanlara dayanan Dr. Bedirhan, istihbarat işlerinin yabancısı değildi. Birinci Dünya Savaşı'nda Osmanlı'nın yenilmesinden sonra Britanya'nın Kürt uzmanı, İngiliz istihbaratçı, Türk düşmanı Edward W.C. Noel'in rehberi ve tercümanı olarak hareket etmişti. Birinci Dünya Savaşı'nın bitiminden sonra, ağabeyi Celaleddin ve çeşitli Kürt aşiretlerine mensup birkaç yüz kişiyle Sivas kongresini basıp Mustafa Kemal'i tutuklamak istemişlerdi.

Nutuk'ta Bedirhan

Kâzım Karabekir Paşa'nın bu çabayı öğrenmesi üzerine suikastten kurtulan Atatürk, *Nutuk*'ta bu konuyu şöyle anlatır:

"Daha temmuz başlarında, Erzurum'da bulunduğum sırada, Celadet ve Kamuran Ali adında iki kişinin yabancılarca, pek çok para ile İstanbul'dan Kürdistan'a gönderileceği, bize karşı halkı kışkırtmakla görevlendirildikleri haber alındı. Bunların sessizce gözetlenmeleri ve yakalanmaları gereğini 3. Kolordu Komutanı'na ve ayrıca Kurmay Başkanı Halit Bey'e ve Canik Mutasarrıfı'na bildirdim.

Mister Noel isminde bir İngiliz binbaşısı Bedirhanilerden Kamuran, Celadet ve Cemil Beylerle (Cemilpaşazade) beraberinde maiyetinde on beş kadar Kürt atlısı olduğu halde Malatya'ya gelmiş ve mutasarrıf Bedirhani Halil Bey tarafından istikbal edilmişlerdir... Maksatlarının Kürtleri Kürdistan teşkil vaadi ile aleyhimize ve bize karşı suikast icrasına sevk etmek olduğu anlaşılmış ve mukabil tedabire de tevessül edilmiştir."

HOYBUN'un Kurucusu

Osmanlı'nın son dönemlerinde ve Cumhuriyet'in ilk yıllarında gıyabında ölüme mahkûm edilen Bedirhan, Fransa'nın himayesinde Beyrut ve Şam'da Kürtçe dergiler çıkarıyordu.

Ermeni ve Kürtlerin birlikte kurduğu bölücü Hoybun cemiyetinin kuruluşunda da yer alan Bedirhan, 1947'de Fransız oryantalistlerinin girişimleriyle Paris'e gitti ve burada Sorbonne Üniversitesi "Yaşayan Doğu Dilleri" bölümünde Kürtçe dersler verdi. Burada Lescot Fransız istihbaratı için çalışmaya başlayan Bedirhan, Avrupa'daki istihbarat örgütlerinin Kürt meselesine dair konularda başvurdukları isimlerden biri haline geldi. MOSSAD da Bedirhan'ın bu özelliklerini bilerek ilişkiye geçmişti. 1948'de İsrail devletinin kurulduğu aylarda, Ortadoğu'yu dolaşarak İsrail'in taleplerini bu ülkelerin yöneticilerine ileten Bedirhan, 1978'de Paris'te vefat etti.

KYB İran'a, KDP Barzani'ye Yanaşıyor

Bu sırada, Kuzey Irak'ta yeni bir çatışmanın habercisi olan bir gelişme yaşandı.

Erbil'den Irak sınırına uzanan ve 1920'li yıllarda İngilizler tarafından inşa edilen ve Kuzey Irak'ı ikiye bölen Hamilton yolu KDP açısından büyük öneme sahipti. KDP, KYB birliklerine karşı savaşan birliklerini sadece bu yoldan takviye edebilmekteydi. Yolu, 1995 ateşkes anlaşmasından sonra Barzani'nin denetimindeki bölgede kalan Sorçi aşireti kontrol etmekteydi.

KDP ve KYB arasındaki gerginlik her geçen gün artıyordu. Sorçi aşireti ise bu gerginlikte taraf tutmamaya özen gösteriyordu. Ancak, KDP, Sorçi aşiretinin lideri Hüseyin Ağa al-Sorçi'nin yeğeni Zaid Ömer Ağa'nın, KYB ile ilişkilerinden kuşkulanmıştı.

Zaid Ömer Ağa, KYB ile telsiz haberleşmesi yapmakta, KDP birliklerinin mevzilendikleri bölgeler hakkında KYB'ye bilgi vermekteydi. Barzani, Zaid Ömer ile KYB arasındaki ilişkiye son verilmesi için aşiret lideri Hüseyin Ağa'ya temsilci göndermiş, ancak Zaid Ömer KYB ile ilişkisine devam etmiş ve denetiminde bulunan bölgeye KYB birliklerinin girmesine izin vermişti.

KDP'nin ültimatom niteliğindeki uyarılarına karşı koyan Hüseyin Ağa'nın, Barzani ile görüşmeyi reddetmesi, kaderini de belirlemiş oldu. Barzani'nin emriyle KDP birlikleri, 16 Haziran 1996 günü sabaha karşı Sorçi aşiretinin lideri Hüseyin Ağa'nın villasını kuşattı. Çıkan çatışmada Hüseyin Ağa ve korumaları öldürüldü.

Barzani, Sorçi aşiretiyle arasına kan sokmuşu, ancak bir kez daha ayakta kalmak için her türlü yönteme başvuracağını göstermişti.[146]

Sorçi saldırısından sonra bölgede bir süre sessiz, ancak gergin bekleyiş hakimdi. Bölgede denetimi ele geçirmek isteyen Talabani ise boş durmuyor ve KDP'ye karşı yine bir dış gücü, İran'ı devreye sokuyordu. Aslında KDP karşısında bunalan KYB açısından İran'ın desteğinin önemi giderek artmış ve vazgeçilmez duruma gelmişti.

KYB ile İran arasındaki işbirliği karşılıklı çıkar ve beklentilere dayanmaktaydı. İran, KYB'ye silah sağlayabilir veya silah sağlamasa da, KYB birliklerinin sınırın kendi kesimi içinden KDP bölgesine saldırmalarına izin verebilir, böylelikle KYB, KDP karşısında ciddi bir üstünlük kazanabilirdi. Talabani ise karşılığında, İran Kürdistan Demokratik Partisi'ne (İ-KDP) karşı İran ile işbirliği yapabilirdi.

Nitekim, Talabani, 28 Temmuz 1996'da, yaklaşık 2000 kişiden oluşan İran Devrim Muhafızları birliklerinin Köy Sancak'taki İ-KDP kamplarına saldırı düzenlemesine izin verdi.[147]

KDP'ye göre, bu kamplar KDP birliklerinin kontrolündeydi ve kamplarda KDP'nin himayesindeki mülteciler yaşamaktaydı. KDP, KYB'yi Kürt ulusuna ihanet etmekle ve iç çatışmaya bir dış gücü müdahil etmekle suçlamaktaydı.[148]

Ağustos ayında KYB ile İ-KDP arasında varılan anlaşmaya göre, İ-KDP İran'a karşı bütün askeri eylemleri durduracağını açıkladı.

Talabani, kendi payına düşeni yapmış, İran'ın isteklerini yerine getirmişti. Sıra Tahran'a gelmişti.

KYB ile İran arasındaki işbirliğinin sinyallerini alır almaz Barzani, Washington ile temasa geçti. Barzani, KDP-KYB çatışmasında İran'ın

---

146) Andrew Cockburn and Patric Cockburn, a.g.y., s. 233-235 ve KDP'nin 1 Temmuz 1996 tarihli Basın Açıklaması, http://www.kdp.pp.se
147) Andrew Cockburn and Patric Cockburn, a.g.y., s.235
148) KDP'nin 28 Temmuz 1996 tarihli basın açıklaması, http://www.kdp.pp.se

devreye girdiğini bildirerek, ABD'nin yardımını istedi. Ancak Washington, KDP'nin İran kartını kullanarak ABD'yi Kürtler arasındaki güç mücadelesinin içine çekmeye çalıştığını düşünmekteydi. Bu nedenle de KDP'nin çağrılarına kulak asmamayı tercih etmişti.[149]

KYB, 17 Ağustos'ta stratejik öneme sahip Hamilton yolunun kontrolünü ele geçirmek için saldırıya geçti. Saldırı günü özellikle 17 Ağustos olarak seçilmişti. 17 Ağustos KDP'nin 50. kuruluş yıldönümüydü ve parti yönetimi muhtemelen kutlamalara katılıyor olacaklardı.

Her iki taraftan da yaklaşık 7-8 bin peşmergenin katıldığı çatışmaların ilk günleri Talabani'nin beklediği gibi geçti. KYB, Hamilton yolunun kuzeyini kontrol eden KDP birliklerini yerlerinden püskürtmüştü. KDP'ye göre, KYB, İran'ın top ve roket ateşi desteğiyle üstünlük sağlamıştı.

Kuzey Irak'taki çatışmanın şiddetine rağmen, ABD kayıtsız kalmaya devam ediyordu. Daha henüz iki ay önce CIA'in darbe hazırlıkları açığa çıkartılmıştı, ABD'de Başkanlık seçimlerinin arifesine girilmişi. ABD yönetiminde hiç kimse, Irak konusunu yeniden ön plana çıkartmak istemiyordu.

Aslında, çatışmaların başlamasından bir gün sonra, ABD Dışişleri Bakan Yardımcısı R. Pelletreau, KDP lideri Barzani ve Talabani'ye bir mektup göndererek, çatışmalara son vermeleri çağrısında bulunmuştu. KDP lideri Barzani, Pelletreau'ya dört gün sonra verdiği yanıtta, ABD'nin devreye girerek, İran'ın Kuzey Irak'ı karıştırmaya son vermesi konusunda açık bir mesaj vermesini istiyordu. Barzani, mektubunda net bir mesaj daha vermişti: "*Seçeneklerimiz sınırlı ve ABD siyasi olarak dahi devreye girmediğinden tek alternatifimiz Irak'tır,*" demekteydi.

Aslında Barzani, ABD'nin 1991'den bu yana kendilerine verdiği destek sözlerinin, babası Molla Mustafa Barzani'ye verilen sözler kadar değersiz olduğuna inanmaya başlamıştı. 22 Ağustos'ta, üç kardeşini, aşiretinin 8 bin ferdini ve daha 8 yıl öncesinde 200 bin Kürdü öldüren Saddam Hüseyin'e müracaat ederek, İran tehdidinin azaltılması için yardım talep etti.

149) Andrew Cockburn ve Patric Cockburn, a.g.y., s. 235-236

Saddam bu daveti memnuniyetle kabul etti. İki ay öncesinde ABD'nin darbe hazırlıklarını açığa çıkartmış, ABD'nin UNSCOM denetimlerinin Irak tarafından engellendiği için BM Güvenlik Konseyi'nden "maddi ihlal" tanımını içeren bir karar çıkartma girişimi Rusya, Fransa ve Çin tarafından engellenmişti.

Karargahı KYB birliklerinin bombardımanı altında olan ve hemen yardım gelmediği takdirde yenilgiyi kaçınılmaz gören Barzani, çoktan Bağdat'ı yardıma çağırmakla birlikte, Washington'a sürekli olarak Bağdat'ı yardıma çağırmak zorunda kalacağına yönelik mektuplar gönderiyordu. Aslında, amacı gelişmeleri Amerikalılardan saklamaktı.

Kendisini devreye girmek zorunda hisseden ABD, KDP ve KYB'yi ateşkes görüşmelerine başlamak üzere 30 Ağustos'ta Londra'ya davet etti. Her iki parti de davete olumlu yanıt verdi. Bu sıra, 1994'teki çatışmaları arabulucu olarak sona erdiren Ahmed Çelebi de Kuzey Irak'tan Londra'ya gelmiş ve INC'nin yeniden ateşkes sağlamak için devreye girebileceğini, ancak bunun için KDP-KYB arasındaki ateşkes hattını denetlenmesinin gerektiğini, bunun için de ABD'nin 1995 Anlaşması'nda taahhüt ettiği 1 milyon doları tahsis etmesinin gerekli olduğunu söylemekteydi.

Ancak, ne KDP karşısında zaferi yakın gören Talabani, ne de gizli bir şekilde Irak'ın desteğini sağlamış olan Barzani artık bir ateşkesle ilgilenmekteydi.

KDP'nin Bağdat'la bir anlaşmaya vardığı ve Irak birliklerinin kuzeye bir saldırıya hazırlandıkları haberini alan Çelebi, konuyu Amerikalı diplomatlara iletti. 30 Ağustos'ta Londra'daki ABD Büyükelçiliği'nde yapılan toplantıda, ABD heyeti, KDP heyetine, KDP ile Irak arasında neler olduğunu sordu. KDP heyetinin cevabı hiçbir şeyin olmadığı ve her şeyin normal mecrasında ilerlediğiydi.

Ancak, bu arada, gidişattan endişe duyan ve INC'nin Irak ordusunun bir saldırıya geçmesinin an meselesi olduğu istihbaratını dikkate alan Selahaddin'deki CIA ekipleri, 27 Ağustos'ta arabalarına atlayarak Türkiye sınırına doğru yola çıkmışlardı. Bölgede, İran destekli

KYB, Bağdat destekli KDP ile kendi başına kalmış INC, Irak ordusunu bekliyordu.

Aslında, Barzani, zaman zaman kesintiye uğrasa da, Saddam ile temaslarını sürdüregelmişti. Baas rejiminin Erbil'e saldırmasını istemesinin ise kendine göre haklı sebepleri vardı. Sorchi kabilesinin bazı liderlerinin desteğinin Talabani'ye kayması ve İran'ın KYB'ye sağladığı sınırlı destek, askeri dengenin açık bir şekilde KYB lehine değişmesine yol açmış, çatışma Barzani için ölüm-kalım meselesine dönüşmüştü.[150]

Saddam, Barzani'nin davetine olumlu cevap verdi. Başbakan Birinci Yardımcısı Tarık Aziz, 31 Ağustos'ta yaptığı açıklamada, Barzani'nin 22 Ağustos günü Saddam Hüseyin'e bir mesaj göndererek, İran ve Talabani güçlerinin ortak saldırısına karşı yardım istediğini, Bağdat'ın da Barzani'nin bu talebini kabul ettiğini bildirdi. Aziz, Irak ordusunun sınırlı müdahalesinin, "*İran'ın Kuzey Irak'ı denetleme girişiminin engellenmesini ve Irak'ta ulusal diyaloğu gerçekleştirmeyi amaçladığını,*" söyledi.[151]

Aslında, ülke içinde itibarı aşınan Saddam, subaylarına Amerika'ya karşı çıkma cesareti olduğunu göstermeliydi ve Celal Talabani'nin peşmergeleri ve INC karşısında Mart 1995'te alınan mağlubiyetin hesabını görmeliydi.[152] Mesut Barzani'nin daveti, Saddam açısından iki hedefine de ulaşma imkânı yaratıyordu.

Irak ordusu 31 Ağustos günü sabaha karşı saldırıya geçti. İlk hedef Erbil'in hemen doğusundaki Kuştepe'deki INC kampıydı. Kampı rahatlıkla ele geçiren Irak birlikleri hemen idama başladı, 96 INC üyesi olay mahallinde idam edildi. Kuştepe'deki katliam sırasında 35.000-40.000 kişiden oluşan Irak birlikleri, 3.000 KYB peşmergesi tarafından savunulan Erbil'i kuşatmıştı.

Bu sefer panikleme sırası, KYB lideri Talabani'deydi. Telefona sarılmış ve ABD Dışişleri Bakan Yardımcısı Pelletreau'yu arayarak, ABD'nin müdahalede bulunmasını istemişti. Pelletreau, Saddam'ın kuzeye saldırması halinde ciddi sonuçlarla karşılaşacağı taahhüdün-

---

150) Amatzia Baram, a.g.y., s. 50-51
151) Baskın Oran, a.g.y., s. 216-218
152) Amatzia Baram, a.g.y., s. 50 ve Dan Byman and Matthew Waxman, a.g.y., s. xvi.

de bulunmuştu. Talabani, Pelletreau'nun sözlerini ABD'nin güvenlik garantisi olarak yorumlamış, KYB birliklerine ABD'nin yardımının an meselesi olduğu mesajını iletmişti.

Irak ordusu, Erbil'i ihtiyatlı şekilde yavaş yavaş ele geçirdi, KYB peşmergelerine canlarını kurtarmak için kaçmaktan başka yol kalmamıştı. 2 Eylül 1996'da Erbil'deki Kürt Parlamentosu'nda Irak bayrağı dalgalanmaktaydı.

Bu gelişmelere ABD'nin tepkisi gecikmedi:

İlk olarak ABD, Irak'taki uçuşa yasak bölgeyi 32. paralelden 33. paralele genişletti. 3-4 Eylül'de ABD, 33. paralelin güneyindeki yerden havaya füze bataryalarına, komuta ve kontrol merkezlerine, hava savunma kontrol tesislerine, Basra Körfezi'ndeki "Carl Vinson" gemisinden Cruise, Tomahawk füzeleriyle, B-52 bombardıman uçaklarından cruise füzeleriyle saldırıya geçti. Harekâta, "Operation Desert Strike" adı verildi.

Saddam, ABD'nin saldırısı karşısında hemen harekete geçti, birliklerini KYB'nin karargâhının bulunduğu Süleymaniye kenti üzerindeki "Çamçamal" isimli Kürt kasabasında topladı. Ardından, Cumhuriyet Muhafızlarını ve askeri birliklerini ateşkes hattına geri çekti.

Saddam kuzeye saldırmıştı, ama ABD, "Operation Desert Strike" adı verilen bu operasyonda, 33. paralelin güneyindeki hedefleri vurmayı yeğlemişti. Bir yoruma göre, Türkiye ve Suudi Arabistan'ın, "Desert Strike" için üslerini kullandırmamaları, ABD'nin daha kapsamlı harekât yapmasını engellemiş, Basra Körfezi'ndeki uçak gemilerinden kalkan uçaklardan, menzil sorunu nedeniyle Kuzey Irak'a hava harekâtı yapılamamıştı.[153]

Ancak KYB farklı düşünmekteydi. KYB kaynakları, saldırıyı ABD makamlarına önceden bildirdiklerini ve Yakındoğu konularından sorumlu ABD Dışişleri Bakan Yardımcısı Robert Pelletreau'nun Talabani'ye güvence verdiğini ileri sürüyorlardı. Pelletreau, KYB Yönetimi'ne, ABD'nin Saddam'ı açıkça uyardığını ve Kuzey Irak'a girmesi

153) Dan Byman ve Matthew Waxman, a.g.y., s..61

halinde sonuçlarına katlanması ve güçlü bir tepkiyle karşılaşacağını söylemiş, KYB bu ifadeleri güvenlik garantisi olarak yorumlamıştı ve Irak'ın askeri saldırısına ABD'nin karşılık vereceği beklemişti.[154]

Pelletreau ise, KYB lideri Talabani ile yaptığı görüşmedeki ifadelerini kelime kelime hatırlayamamakla birlikte, Irak'ın saldırısına ABD'nin askeri müdahalede bulunacağına dair bir söz vermediğini, bu tür bir söz verecek konumda da olmadığını, çünkü bu konuda alınmış bir kararın bulunmadığını, ancak ABD'nin bölgeden çekip gitmeyi de düşünmediğini söylemekteydi.[155] ABD Savunma Bakanı William Perry de, *"(Kuzey Irak'taki) Kürtlere yönelik ilgimiz, hayati ulusal güvenlik çıkarımız değildir. İnsani mülahazalardan kaynaklanmaktadır... Hayati çıkarlarımız Irak'ın güneyindedir,"* demekteydi.[156]

Neticede, Saddam'ın Kuzey Irak'a girmesi ABD, Kürt gruplar, INC ve Saddam açısından çok önemli sonuçlar doğurdu.[157] Bölgedeki 6500 kişiyi Türkiye üzerinden GUAM adasına tahliye etti. Çekiç Güç (Huzur Harekâtı), Kuzeyden Keşif Harekâtı'na (Operation Northern Watch) dönüştü, Fransa güçten çekildi.[158]

Bu gelişmenin Kürtler açısından en ağır sonucu ise, bağımsız devlet kurma özlemlerinin ağır bir darbe alması oldu. Birbirleri arasındaki güç mücadelesinde KYB'nin İran'ı, KDP'nin ise Bağdat'ı devreye sokması, ABD'nin Kürt gruplara olan güvenini büyük ölçüde yitirmesine yol açtı.

Her iki grup da, bundan sonraki dönemde ABD'nin kendilerine verdiği güvenlik garantilerinin ciddiyetini sorgulamaya ve ABD'nin taahhütlerini daha temkinli karşılamaya başladı.

Bu gelişmenin tartışmasız galibi ise, 1991'den bu yana ilk defa ABD'ye karşı büyük bir zafer kazanan Saddam Hüseyin'di.

---

154) David Wurmser, a.g.y., s. 27-28
155) Amatzia Baram, a.g.y., s. 56
156) "Evolution of U.S. Policy on Iraq, the Iraqi Opposition, and Northern Iraq" **Policy Watch**, No.219, Washington D.C., Washington Institute for Near East Policy, 19 Eylül, 1996
157) Bu sonuçlar "Irak Muhalefeti" başlıklı bölümde ayrıntılı şekilde incelenmektedir.
158) Alfred B. Prados, a.g.m., s. 22.

Ankara Süreci: Ekim 1996-Haziran 1997

ABD, bütün bu gelişmeler karşısında ipleri yeniden ele almaya karar verdi. ABD Dışişleri Sözcüsü Burns, 3 Eylül tarihli basın toplantısında, ABD'nin KDP ve KYB ile çalışmaya devam edeceğini, iki partinin işbirliği yapamamalarının bir trajedi olduğunu, ABD'nin her iki grubun da Saddam Hüseyin'e karşı birleşmelerini ve Kuzey Irak'tan kesinlikle uzak durması gereken İran'ın girişimlerine karşı koymaları amacıyla diplomatik çabalarını sürdürmeye devam edeceğini, ayrıca Kuzey Irak'tan uzak durması için Tahran'ı güçlü şekilde uyardığını, KDP ve KYB'nin Saddam Hüseyin'e ya da İran'a güvenmelerinin yersiz olduğunu açıklıyordu.[159]

ABD Dışişleri Sözcüsünün bu açıklamasına, ilk olumlu tepki Barzani'den geldi. ABD Dışişleri Bakanı W. Christopher'a 4 Eylül tarihinde bir mektup gönderen Barzani, sözcünün açıklamalarından duyduğu memnuniyeti dile getiriyor, ABD'nin arabuluculuk girişimlerine açık olduklarını söylüyordu.[160]

KDP, 9 Eylül'de Talabani'nin merkezi durumundaki Süleymaniye kentini de ele geçirdi. Talabani, peşmerge birlikleriyle İran'a sığınmak zorunda kaldı.

Barzani, 11 Eylül'de KYB'nin merkezi Süleymaniye'de yaptığı konuşmada, KDP'nin KYB'ye karşı sağladığı üstünlüğün meşruiyetin bir zaferi olduğunu, KYB yeni gerçekleri kabul ettiği takdirde, KDP'nin KYB de dahil olmak üzere bütün partilerin siyasi özgürlüğüne saygılı olacağını, KDP'nin parlamentonun meşruiyetine ve federal Irak hedefine sadık kalacağını açıklıyordu.[161]

Erbil'le birlikte, Süleymaniye'nin de kontrolünü kaybeden, ancak kısa zamanda toparlanan Talabani'ye bağlı peşmergeler, Süleymaniye'yi yeniden ele geçirmek için 10 Ekim'de karşı saldırıya geçti. KYB'nin saldırısı neticesini verdi ve 13 Ekim'de Süleymaniye'deki

159) http://www.hri.org/docs/statedep/96-09-03.std.html
160) KDP'nin 4 Eylül 1996 tarihli basın açıklaması, http://www.kdp.pp.se
161) KDP'nin 11 Eylül 1996 tarihli basın açıklaması, http://www.kdp.pp.se

KDP birlikleri şehri terk etmek zorunda kaldı. KDP, İran Devrim Muhafızlarının ve SCIRI'ya bağlı Bedir Tugaylarının KYB peşmergelerini desteklediğini ileri sürüyordu.

ABD, Kürt gruplar arasındaki çatışmalara son vermek ve Tahran ve Bağdat faktörlerini devreden çıkartmak amacıyla bir kez daha insiyatif aldı.

Dışişleri Bakan Yardımcısı R. Pelletreau, KDP lideri Barzani ile 18 Eylül'de ve 21 Ekim 1996'da Silopi'de görüştü. KYB lideri Talabani ile de 22 Ekim'de Ankara'da bir araya geldi.

ABD, Kürt gruplara, *"Her iki taraf için öldürücü sonuçlara yol açan çatışmaların sadece Saddam Hüseyin'e yarar sağlayacağı,"* uyarısında bulunmaktaydı.[162] Clinton yönetimi, KDP'nin Bağdat'la, KYB'nin ise Tahran'la ilişkisinden rahatsızlık duyduğunu da taraflara bildirmişti.

KDP ile KYB arasında barış sağlanması ve bölgede istikrarın temin edilmesi amacıyla 30-31 Ekim'de, Türkiye, ABD ve İngiltere'nin katılımıyla KDP, KYB ve Türkmen Cephesi temsilcileri Ankara'da bir araya geldi. Böylece, Ankara Süreci olarak adlandırılan yeni bir görüşmeler süreci başlamış oluyordu.

Zaman zaman kopma noktasına gelen ve sıkı pazarlıklara sahne olan toplantılar sonucunda 31 Ekim'de bir Sonuç Bildirisi yayımlandı. Tarafların 15 Kasım 1996'da Ankara'da tekrar toplanacaklarını söyleyerek son bulan 22 maddelik bu bildiride, tarafların Irak'ın toprak bütünlüğü vurgulanıyor, KDP ve KYB'nin kalıcı bir ateşkes sağlamak ve Kuzey Irak'ta siyasal uzlaşmayla başlayacak bir barış ve istikrar ortamı tesis etmek istedikleri, ateşkes yükümlülüklerinin izlenmesi amacıyla tarafsız bir Barış İzleme Gücü oluşturulacağı belirtiliyordu.

Metinde, Türkiye'nin Kuzey Irak'taki PKK mevcudiyetinden kaynaklanan meşru güvenlik endişeleri de gündeme getirilmekte, tarafların PKK'nın ve diğer terörist unsurların Kuzey Irak'ta faaliyette bulunmalarını ya da varlık tesis etmelerini önlemeye çalışacakları da belirtilmekteydi.

---

162) ""Status on Iraq: Communication From The President of the United States", Washington D.C., U.S. Government Printing Office, (4 Kasım) 1996, s.2

Ancak KDP kısa bir süre sonra yaptığı açıklamada, 22 maddelik sonuç bildirisinin sadece ateşkesle ilgili hükümlerini kabul ettiğini açıkladı. Açıklamada, KDP temsilcisi Sami Abdurrahman'ın, partinin görüşlerini ve yanıtlarını beklemeden belgeye imza koyduğu ileri sürülmekteydi.

KDP'nin bu açıklamasına rağmen, sonuç bildirisinde yer alan ilkelerin uygulanmasının gözden geçirilmesi amacıyla taraflar 15 Kasım'da Türkiye ve ABD'nin eş-başkanlığında Ankara'da yeniden bir araya geldi. Toplantı sonucunda yayımlanan ve toplam beş paragraftan oluşan "Eş-başkanlık Bildirisi"nde, 31 Ekim tarihli Sonuç Bildirisi'nde yer alan Güven Artırıcı Önlemler tekrarlanıyordu.

Bu arada Clinton yönetimi, 11 Aralık'ta tarafsız Barış İzleme Gücü'nün giderlerinin karşılanması amacıyla Savunma Bakanlığı bütçesinden 4, Dışişleri Bakanlığı bütçesinden 3 milyon dolar kaynak tahsis etti.[163]

Ankara Süreci'nin üçüncü toplantısı, 14-15 Ocak 1997'de Ankara'da yapıldı. Toplantıda yine önemli bir ilerleme kaydedilemedi. Görüşmelerin tek olumlu yanı, taraflar arasındaki ateşkesin devam etmesiydi. Ateşkesi denetleyecek ve Türkmenler, Süryaniler ve KDP-KYB çatışmasına taraf olmayan gruplardan oluşacak Barış İzleme Gücü'nün kurulması konusundaki kararlılık bir kez daha teyit edilmişti.[164]

Ankara Süreci'nin dördüncü toplantısı 14 Mayıs'ta Ankara'da yapıldı. Aynı gün, Türk Silahlı Kuvvetleri, PKK'ya karşı Kuzey Irak'ta büyük çaplı bir sınır ötesi askeri harekâta girişti. Bu defa, önceki operasyonların aksine Türk ordusu Kuzey Irak'ta bir ay kaldı.

KDP'nin de lojistik destek sağladığı operasyonda, Zab, Mateen, Gara, Amadya, Haftanin, Senat, Kaşan, Pierbella, Beyaz Dağ, Bekher, Siedara, Kafya, Babolla, Lolan, Bradost, Meori'deki PKK kampları temizlendi ve Erbil ve Dyan'daki PKK ofisleri kapatıldı. PKK teröristleri, çareyi KYB bölgesine kaçmakta buldu.[165]

---

163) "Status on Iraq ...", (7 Ocak) 1997, s.2
164) Baskın Oran, a.g.y., s.242-261
165) KDP'nin 20 Haziran 1997 tarihi basın açıklaması, http://www.kdp.pp.se

KÜRTLER ARASI DÖRDÜNCÜ ÇATIŞMA DÖNEMİ: ARALIK 1997

Ankara Süreci kapsamında kurulmasına karar verilen Barış İzleme Gücü, Nisan ayının ortasında yaklaşık 200 kişiyle göreve başladı. Gücün en önemli işlevi, ateşkes ihlallerini incelemek ve sorumlu tarafı tespit etmekti. Gücün daha ilk andan itibaren karşılaştığı en önemli sorun, KDP-KYB arasındaki ateşkes hattında PKK teröristlerinin eylemleriydi. KDP, PKK unsurlarının ateşkes hattından KDP'ye karşı saldırılar düzenlediğini, hatta bu saldırıların bazılarına KYB birliklerinin de katıldığını ileri sürüyor, KYB bu iddiaları yalanlıyordu.

Temmuz ayından itibaren KDP ile KYB arasındaki ateşkes hattında belirli bir hareketlilik göze çarpmaya başladı. KYB, bölgesindeki PKK unsurlarıyla birlikte ateşkes hattını ihlal etmeye yönelmişti. Ancak sıcak bir çatışma çıkmadı, yer yer sürtüşmeler olduysa da taraflar birbirlerini ateşkes hükümlerine uymamakla itham etmekle yetindi.

Temmuz ayının son günlerinde Washington'a giden Talabani, Ulusal Güvenlik Danışmanı Sandy Berger, Dışişleri Bakanlığı Müsteşarı Thomas Pickering ve ABD'nin BM nezdindeki Daimi Temsilcisi Bill Richardson ile görüştü. Talabani, Ankara Sürecine bağlılığının devam ettiğini söylemekteydi.[166]

31 Ağustos'ta Erbil'in KYB'den alınması vesilesiyle Kürt Parlamentosu'nda düzenlenen oturumda konuşan Barzani, Talabani'yi Erbil'de Parlamento'nun ve halkın önünde görüşmeye davet ettiğini açıkladı. Barzani, Talabani ile "Kürdistan" dışında hiçbir yerde görüşmeyeceğini vurgulamakta, Talabani'nin Erbil ve Habur sınır kapısı gelirleri konusunda KDP'den alacağı şeyleri başka hiçbir ülkeden sağlayamayacağını, Kürtlerin birbirlerini öldürmesine ve Kürdistan'ın tarumar edilmesine artık bir son verilmesi gerektiğini, Talabani'nin Erbil'e gelmesini ve aralarındaki sorunları çözerek bir anlaşmaya varmalarını istediğini kaydetmekteydi.[167]

---

166) "**Status on Iraq ...**", (23 Eylül) 1997, s.3
167) KDP'nin 31 Ağustos tarihli açıklaması, http://www.kdp.pp.se

ABD'nin yeniden devreye girmesiyle, KDP ve KYB heyetleri 6-7 Ekim'de Londra'da İngiliz Dışişleri Bakanlığı'nda barış görüşmeleri için bir araya geldi. ABD, İngiltere ve Türkiye'nin eş-başkanlık yaptığı toplantının gündeminde, KYB liderlerinin KDP bölgelerinde seyahat edebilmelerine izin verilmesi, Türk kamyon trafiğinin bir bölümünün KYB'nin gelirlerini artırmak üzere Süleymaniye'ye yönlendirilmesi ve KYB ve PKK'nın KDP kontrolündeki bölgelere ateşkes hilafına yaptığı saldırılar bulunmaktaydı.

KYB gündem dışına çıkarak bölgede yeni bir koalisyon hükümeti kurulmasını talep etmiş, KDP ise bu konunun daha sonra ele alınabileceğini, öncelikle güven artırıcı önlemler üzerinde durulması gerektiğini ileri sürmekteydi. Aslında KYB'nin bütün derdi, Erbil'i tekrar kontrol edemese de, dengeli bir güç paylaşımına gitmek ve parlamento ve hükümet işlerinde eşit sorumluluk üstlenmekti. KDP ise yakaladığı avantajı kolaylıkla bırakmak istemiyordu. Görüşmelerden yine bir sonuç alınamadı. Her an yeni bir çatışma bekleniyordu.

KYB'nin, 13 Ekim'de KDP mevzilerine birçok noktadan başlattığı saldırı KDP açısından sürpriz değildi. ABD, İngiltere ve Türkiye eş-başkanlar olarak bir açıklama yayınlayarak, 17 Ekim'den itibaren taraflara ateşkes çağrısında bulundu. KDP ve KYB arasında geçici bir ateşkes oldu, ancak 21 Ekim'de KYB, bu defa PKK unsurlarının da desteğiyle yeni bir saldırı başlattı. KYB, aynı zamanda Süleymaniye'de yaşayan KDP yanlısı 2017 kişiyi de şehirden sürmüş, Erbil'e sağladığı elektriği kesmişti.

KYB, 28 Ekim'de iki ayrı koldan Erbil'e saldırı başlattı. Barzani'nin karargâh konumundaki Selahaddin kasabası da tehdit altına girmişti.

KYB-PKK ortak saldırısı üzerine Barış İzleme Gücü ateşkes hattından çekildi.

Taraflara yönelik bütün ateşkes çağrılarına rağmen çatışmalar şiddetlenerek devam etti. 8 Kasım'da KDP'nin karşı saldırısı başladı. KDP saldırısına Türk ordusu hava desteği vermekte ve Türk kara birlikleri eşlik etmekteydi.[168]

---

168) "Status on Iraq ...", (26 Kasım) 1997, s.6

KDP ve Türk ordusunun saldırısı etkisini hemen gösterdi ve KYB 13 Ekim'den önceki mevzilerine çekilmek zorunda kaldı. 10 Kasım'da ise Hamilton yolundaki üç köprü KYB tarafından havaya uçuruldu. 6 Kasım'da başlayan KDP'nin ikinci büyük saldırısı sonucunda Hamilton yolu tamamen KDP'nin kontrolüne geçti.

KDP, Ankara Sürecine bağlı olduğunu ve KYB'nin ateşkes hattının gerisine çekilmeyi kabul etmesi halinde görüşmelere başlamaya hazır olduğunu açıkladı. KYB, KDP'nin önerisini reddetmekte gecikmedi. Talabani, KDP'yi Türkiye'den destek almakla suçluyor, KDP ise Türk ordusunun çatışmalara PKK unsurlarını imha etmek amacıyla katıldığını savunarak, KYB'nin PKK'yla ilişkisini kesmesi uyarısında bulunuyordu.

Washington Anlaşması

Çatışmalar, ABD'nin, "*Bağdat'ın ve Tahran'ın çatışmalara müdahil olmasından ve bölgedeki Irak vatandaşlarının güvenliğini tehdit etme fırsatlarını en aza indirmek,*" amacıyla Kürt gruplar arasında yeni bir arabuluculuk girişimi başlatması üzerine imzalanan ateşkes anlaşmasıyla Kasım ayında son buldu.[169]

Barzani, 31 Aralık 1997'de yeni yıl ve Ramazan vesilesiyle KDP teşkilatlarına ve birliklerine gönderdiği talimatta, KYB'ye karşı bütün medya propagandasına son verilmesini, savaş esirlerinin serbest bırakılmasını, herkese seyahat özgürlüğü tanınmasını istedi. 6 Ocak 1998'de 61 KYB'li savaş esiri tahliye edildi.

Barzani'nin bu açılımına Talabani olumlu bir yanıt verdi ve 31 Aralık'ta KDP'ye bir barış önerisi sundu. Barzani, 14 Ocak'ta, Talabani'ye güven artırıcı önlemler içeren ve Ankara Süreciyle uyumlu olduğunu bildirdiği 14 maddelik mukabil bir barış planı gönderdi ve kendisiyle Erbil'de görüşmeye hazır olduğunu belirtti.

---

169) "Status on Iraq ...", (26 Kasım) 1997, s.6

KDP ve KYB heyetleri bir kez daha barış görüşmeleri için 12 Şubat'ta Şaklava'da buluştu. Dört saat süren görüşmelerden sonra, tarafların ateşkese uyacakları, aralarındaki sorunları çatışmayla değil, diyalogla çözmeye gayret edecekleri açıklandı.

İzleyen dönemde taraflar ateşkese uymakla ve birçok görüşmeler yapmakla birlikte, bir barış anlaşması da imzalanamadı. Bu arada Irak da, her iki gruba Bağdat'la görüşmelere başlamaları için baskı yapıyordu.[170]

ABD Dışişleri Bakan Yardımcısı David Welch 17-20 Temmuz'da Kuzey Irak'ta Barzani ve Talabani'yle görüştü. ABD'nin bölgeye yönelik ilgisinin ve taraflar arasındaki sorunların çözüme kavuşturulmasına önem verdiğini bildirdi. Görüşmelerde, yeni bir Kürt koalisyon hükümetinin kurulması da gündeme geldi. Welch, Washington'ın bu defa tarafları barıştırmaya kesin kararlı olduğunu ve yönetimin her iki lideri de resmen Washington'a davet ettiğini bildirdi.[171]

29 Temmuz'da Kuzey Irak'taki 18 parti, PKK'nın bölgede sivil halka yönelik terörist saldırılarını kınadıklarını açıklayan bir bildiri yayımladı.

Washington'ın bütün ağırlığıyla devreye girmesi, etkisini hemen gösterdi ve 24 Ağustos'ta Barzani, Talabani'yle görüşmelerde bulunmak ve mektubunu sunmak üzere bir KDP heyetini Süleymaniye'ye gönderdi. KDP heyeti Talabani tarafından sıcak bir şekilde karşılandı. Görüşmelerden sonra KDP ile KYB'nin barış anlaşması konusundaki görüşlerinin aynı olduğu açıklandı.

Talabani ve Barzani'ye artık Washington yolu gözükmüştü.

Barzani 7 Eylül'de, Talabani 10 Eylül 1998'de ABD Dışişleri Bakanı M. Albright'ın konuğu olarak Washington'a geldi. Her iki lideri de yoğun bir görüşme trafiği bekliyordu. Görüşülecek üst düzey yetkililer arasında, Dışişleri Bakanı M. Albright, Ulusal Güvenlik Danışmanı Sandy Berger başı çekiyordu.

ABD'nin himayesinde yaklaşık 1 hafta devam eden görüşmelerden sonra KDP ve KYB heyetlerinin bir mutabakata varmalarının ardın-

170) "Status on Iraq ...", (26 Kasım) 1997, s.6
171) "Status on Iraq ...", (3 Eylül) 1998, s.8

dan, Barzani ve Talabani 1994'teki çatışmalardan sonra ilk defa 16 Eylül 1998'de ABD Dışişleri Bakanlığı'nda bir araya geldi. Görüşme, her iki liderin de "Sonuç Bildirgesi" isimli, daha sonra Washington Anlaşması olarak anılacak anlaşmayı imzalama kararıyla sonuçlandı.

Sonuç Bildirgesi, 17 Eylül'de Dışişleri Bakanı Albright'ın ev sahipliği yaptığı bir törenle Talabani ve Barzani tarafından imzalandı.[172]

ABD, yıllardır arzuladığı bir başarıyı elde etmişti. Başarının mimarı Albright, Barzani ve Talabani'yi yanına alarak basının önüne çıktı.

Barzani, KDP'nin Irak'ın bütünlüğüne ve birliğine ilgisinin devam ettiğini, KYB ile varılan bu anlaşmanın, bölge içindeki sorunları çözüme kavuşturmaya yönelik olduğunu ve bölgedeki hiçbir ülkenin çıkarlarına karşı olmadığını açıkladı. Talabani ise, Kuzey Irak halkının birleşik, demokratik ve federal bir Irak görmeyi arzuladığını, kendilerinin ayrılıkçı değil, Irak'ın ulusal birliğini kuvvetlendiren bir güç olduğunu belirtti.

Sonuç Bildirgesi'nin ana hatları şöyleydi:

- "KDP ve KYB, Irak'ın toprak bütünlüğüne ve siyasi birliğine sadıktır. Kuzey Irak'taki üç vilayet, Dohuk, Erbil ve Süleymaniye, Irak'ın parçasıdır.
- Her iki parti de, Irak Kürtlerinin insan haklarının ve siyasi haklarının garanti altına alınacağı birleşik, çoğulcu ve demokratik bir Irak oluşturulması için çalışacaklardır.
- Her iki parti de, Irak'ın, ulusal birliği ve toprak bütünlüğü korunacak şekilde federatif bir ülke olmasını istemektedir.
- Taraflar arasındaki anlaşmazlıkları gidermek, bölgedeki insani yardım çalışmalarını yürütmek, 1992'deki seçim sonuçlarına uygun bir hükümet ve meclis oluşturmak, bölgenin bütün gelirlerini kontrol etmek ve yerel seçimleri düzenlemek üzere bir Yüksek Koordinasyon Konseyi kurulacaktır.

---

172) "Status on Iraq ...", (5 Kasım) 1998, s.6-7

- Yüksek Koordinasyon Konseyi, İran ve Türkiye sınırlarının ihlal edilmesini önlemek üzere KDP ve KYB arasında işbirliği yapılmasını sağlayacaktır.
- Yüksek Koordinasyon Konseyi, üç ay zarfında yerel parlamento tarafından onaylanacak bir yerel hükümet oluşturacaktır.
- Yüksek Koordinasyon Konseyi, bölgede PKK mevcudiyetine ve PKK'nın Türk sınırını ihlal ederek barış ve istikrarı bozmasına izin vermeyecektir.
- Yerel meclis, üç ay zarfında Erbil'deki binasında toplanacaktır. Bu meclisin üyeleri 1992'deki seçimlerde tespit edilen üyeler olacaktır. Bu meclis, görevi, seçimlerin yapılmasından sonra yeni Hükümete devredecektir."

Belgede, bu hedeflere ulaşılması için bir takvim de öngörülmekte ve bütün aşamaların Temmuz 1999'a kadar tamamlanacağı belirtilmekteydi.

Washington Anlaşmasından Bugüne: Tek Bölge, İki Ayrı İdare

Barzani ve Talabani, bölgeye dönüşlerinden önce 27 Eylül'de Londra'da İngiliz yetkililerle buluştu.

Kasım ayının ilk günlerinde ise Ankara'yı ziyaret ederek, Başbakan Mesut Yılmaz ve Başbakan Yardımcısı Bülent Ecevit ile görüştüler.

İki parti 8 Ocak 1999'da Selahaddin'de bir araya geldi. Yüksek Koordinasyon Konseyi oluşturuldu ve göreve başladı. Ancak, Washington Anlaşması'nın özellikle yeni bir koalisyon hükümeti oluşturulması, meclis seçimlerinin yenilenmesi ve gelir paylaşımı hükümleri yine uygulanamadı. KDP ve KYB arasında bir kez daha medya savaşı başladı. Her iki taraf da Anlaşmanın uygulanmamasından diğerini suçlamaktaydı.

ABD'nin müdahalesiyle KDP ve KYB heyetleri 16-25 Haziran 1999'da Washington'da bir araya geldi. Toplantıların açılış ve kapanış oturumlarına Türk ve İngiliz diplomatları da iştirak eti. Görüşmelerde, gelir dağılımı ve Meclisin yeniden faaliyete başlaması, ayrıca ortak bir geçici yönetim kurulması ve seçmen kayıtlarının yapılması konuları ele alındı. Ancak, anlaşmazlıklar giderilemedi.

Yıl sonuna gelindiğinde, Washington Anlaşması'nın hayata geçirilmesinde karşılaşılan zorluklar iyice su yüzüne çıktı. Neticede, KYB, Süleymaniye'de ayrı bir Kürt Yönetimi kurduğunu ve bu yönetimin liderinin Talabani olduğunu açıkladı.

KDP bu gelişmeye ilk önce sert açıklamalarla tepki gösterdi, ancak birkaç gün geçtikten sonra yeni koşullara hemen uyum sağlayarak, bu defa sadece KDP'nin denetimindeki bölgeyi idare etmek üzere "Kürdistan Bölgesel Hükümeti"ni kurdu. Neçirvan Barzani'nin başkanlığındaki Hükümet 23 üyeden oluşmakta, KDP'lilerin yanı sıra Süryani Demokratik Hareketi, İslam Birliği, Kürdistan Bağımsız İşçi Partisi ve Türkmen Kültür Toplumu da birer üyeyle temsil edilmekteydi.

KDP, 20 Aralık'ta kendi güdümündeki "Kürt Ulusal Meclisi"ni topladı. Barzani, Meclisin açılış töreninde yaptığı konuşmada, Washington Anlaşması'na sadık kalmakla birlikte, Anlaşmanın yanlış yorumlanmasına da razı olamayacaklarını, KYB'nin iddia ettiğinin aksine Meclis seçimleri düzenlemeye her zaman hazır olduğunu kaydetti.[173]

1991'den sonra Irak'tan ayrı bir bölge haline gelmiş, 1994'te başlayan çatışmalarla kendi içinde fiilen ikiye bölünmüş Kuzey Irak, bu defa idari açıdan da KDP'nin kontrolündeki Dohuk ve Erbil ile KYB'nin kontrolündeki Süleymaniye olarak iki ayrı bölgeye ayrılmıştı.

ABD'nin bundan sonraki dönemde KDP ve KYB arasındaki sorunların çözümü için yaptığı girişimler netice vermedi, ancak çatışma da olmadı. Hatta iki parti de yönetim ve meclis konusu dışındaki çeşitli alanlarda işbirliği de sergiledi.

Örneğin Ekim 2000'de, Kandil Dağı'nın yakınlarında İran tarafından desteklenen PKK teröristleriyle KYB arasında büyük bir çatışma çıktı. Yüzlerce KYB peşmergesi çatışmalarda hayatını kaybetti. KYB'nin yardımına KDP koştu.

---

173) KDP'nin 20 Aralık 1998 tarihli basın açıklaması, http://www.kdp.pp.se

Zamanla, Kuzey Irak'taki Kürt bölgesinin iki ayrı idari yapıya bölünmüşlüğü ABD tarafından da kanıksanan bir olgu haline geldi.

Bush yönetiminin işbaşına gelmesinden sonra ise, KDP ve KYB, Irak muhalefetinin iki güçlü grubu olarak yeniden ön plana çıktı. Kuzey Irak'ta fiilen egemenliği elinde bulunduran KDP ve KYB, muhalefet grupları arasında giderek ön plana çıktı.

Kürtlerin kendi aralarında, Kuzey Irak'ın idaresinde bir kez daha işbirliğine yönelmeleri ise ancak ABD'nin Irak'a bir askeri müdahale düzenlemesi ihtimalinin giderek güç kazandığı 2002 yazında gündeme geldi.

Muhtemel bir askeri harekât sonrası yapıda bugünkü konumlarını muhafaza etmek isteyen ve bu bağlamda dış dünyaya karşı birlik mesajı vermeye çalışan KDP ve KYB, ortak Meclis toplantısı düzenlemeye karar verdi.

KDP'nin dış ilişkiler sorumlusu Hoşyar Zibari, "*Bu toplantı, Bağdat'a ve komşularımıza Kürt Cephesinin sağlam, birleşik olduğunu ve böyle devam edeceğini güçlü bir şekilde gösterecektir... ABD'de bazı kimseler Kürtlerin rolünü marjinalize etmeye çalışıyorlar. Bu toplantı, Kürtlerin birliktelikleri hakkında şüphesi olan Amerikalı dostlarımız varsa, onları da ikna edecektir,*" demekteydi.[174]

4 Ekim 2002'de Kuzey Irak'taki Kürt Parlamentosu 1994'ten sonra ilk defa toplandı. Aslında, bu tarih kasıtlı olarak seçilmişti, zira Kürt parlamentosu, 10 yıl önce aynı gün yapılan toplantıda, oy birliğiyle federalizm kararı almıştı.

Kürt parlamentosunun ilk oturumunun şeref konuğu, Fransa eski Devlet Başkanı Mitterand'ın eşi Danielle Mitterand'dı. Toplantıya, ABD Dışişleri Bakanı C. Powell da bir tebrik mesajı göndermişti:

> *Meclisinizin tarihi ortak toplantısı nedeniyle sizleri tebrik ediyorum. Bu noktaya gelebilmek için uzun ve bazen de zahmetli yollardan geçtiniz. Aynı Meclis odasını yeniden paylaştığınıza göre, anayurdunuzda ve Irak'ın genelinde yaşayan bütün Iraklıların güvenlik,*

---

174) Scott Peterson, "*Kurdish Groups Unite as Turkey Watches, Warily*", The Christian Science Monitor, 4 Ekim 2002

gönenç ve özgürlüğü konusunda ortak iradeyi paylaşacağınızı da biliyorum.

Temsili hükümet kolay değildir. Fedakârlık ve taviz gerektirir. Meclisinizin bu tarihi oturumu bu temel olguyu anladığınızın bir işaretidir. Bugün tek vücut olarak hareket etmek için, özverilerde bulundunuz, fedakârlıklar sergilediniz ve geçmiş acıların üstesinden birlikte geldiniz.

Bölgeniz ve Irak'ın daha iyi bir geleceğe kavuşması için arayışlarınızda yolunuz zorlu olacaktır. Bu önemli görevi, sizi bugün bir araya getiren aynı birlik ruhu ve özveriyle sürdürmenizi teşvik ediyorum. Zulüm ve terörle mücadelede ABD'nin müttefiki olmanızdan ve demokratik, çoğulcu, toprak bütünlüğü korunmuş, hukukun üstünlüğüne ve bütün Irak vatandaşlarının haklarına saygı gösterecek bir hükümetle idare edilecek bir Irak'ın oluşturulması bakımından aynı hedefleri paylaşmamızdan gurur duymaktayım. Sizin yarattığınız bu emsalin yayılmasını ve böylelikle bir gün bütün Irak halkı, birleşik ve özgür olarak, çoktan hak ettikleri özgürlük ve gönence kavuşmasını diliyorum.
Collin Powell[175]

Kürtler, amaçlarına ulaşmış, bütün dünyaya birlikteliklerini göstermişlerdi.

Kuzey Irak'ta Diğer Partiler

Kuzey Irak'ta, Kürt halkının genel desteğine sahip KDP ve KYB dışında da çeşitli siyasi oluşumlar da faaliyet göstermektedir. Mayıs 1992'de gerçekleştirilen meclis seçimlerinde Kürdistan İslami Hareketi % 6 oy almıştır.

Bu tarihten sonra Kürdistan İslami Hareketi çeşitli dönüşümler yaşamakla birlikte, KDP ve KYB açısından baş ağrısı olmamıştır. Bölgede, Kürdistan İslam Birliği ve İslami Kürt Birliği isimli, şiddete başvurmayan partiler de bulunmaktadır.

---

175) http://www.krg.org/news/powel-letter-4october2002.asp

Kürdistan İslami Hareketi, kendi içinde birçok gruba bölündü, bu gruplar 2000 yılında "İslami Birlik Hareketi" adı altında yeniden birleşti.

Bugün Kuzey Irak'ta etkinlik gösteren İslami gruplar aşağıdadır:

1) Hamas: İslamın Selefiye ekolünü benimseyen ve Kıfri, Kalar, Darbandikhan, Çemcemal kasabalarında taraftar bulan "Hamas", Kurmal kasabasını ele geçirdikten sonra KYB ile 1993-1994 yıllarında çatışmış, 1997'de Kürdistan İslami Hareketi'nin KYB başkanlığındaki hükümete katılmaya karar vermesi üzerine bu hareketten ayrılmıştır. Temmuz 2001'de "Tevhid" örgütüyle birleşerek, "Tevhid İslam Cephesi"ni kurmuştur.
2) Tevhid: KDP tarafından yasaklanıncaya kadar Erbil'deki camilerde faaliyet göstermiş, Kürdistan İslami Hareketi'nin KDP karşısında kendilerini korumaması üzerine Temmuz 2001'de "Hamas" ile birleşerek, yaklaşık 2000 silahlı mensubu bulunan "Tevhid İslam Cephesi" örgütünü kurmuştur. Birçok üyesinin Afganistan'da Taliban ve El-Kaide kamplarında eğitim gördüğü ileri sürülmektedir. Örgüt, 19 Şubat 2001'de KDP bölgesindeki Kürdistan Yerel Meclisi'nin KDP'li lideri Hıristiyan asıllı Fransua Hariri'yi Erbil'de suikast yaparak öldürmüştür.
3) İkinci Soran Birliği: İyi teçhiz edilmiş 350-400 militanı bulunan örgüt, İran sınırına yakın Biyara kasabasında konuşlanmıştır. KDP ve KYB'ye ideolojik olarak şiddetle muhalefet etmiş, ayrıca Kürdistan İslami Birliği ile de sürekli çatışmıştır. 1 Eylül 2001'de Tevhid İslami Cephesi'yle birleşerek, Cundül İslam (İslam'ın Askerleri) isimli yeni bir örgüt kurmuşlardır. 34 üyesi Afgan kamplarında eğitim almıştır.

Cundül İslam, Eylül 2001'in son haftasında bir KYB birliğine pusu kurmuş, KYB ise Halepçe ve civarında konuşlanan örgüte karşı büyük bir saldırı başlatmıştır. Cundül İslam ile KYB arasındaki çatışmalar bir süre devam etmiş, ancak KYB bu örgüte karşı üstünlük kuramamıştır.[176]

12 Yılın Bilançosu

Kuzey Irak'ta bugün fiili bir Kürt devleti ortaya çıkmış bulunmaktadır. KDP ve KYB kendi bölgelerini idare etmekte, 1991'den bu yana Irak'ın bölgede kontrolü bulunmamaktadır. Kendi içinde ikiye bölünmüş olmakla birlikte bölge, Irak'ın diğer kesimlerine göre belirli bir siyasi özgürlüğe sahiptir. Bölgenin ekonomisi ülkenin diğer kesimlerine göre daha gelişmiş durumdadır.

Kürtler kendilerini yönetmeye ve bölgelerindeki fiili egemenliği 1991'de kazanmışsa da, Kürt bölgesinin Irak'ın diğer kesimlerine göre ekonomik açından çok daha gelişmesinde en önemli rolü, 1996'da kabul edilen 986 sayılı Güvenlik Konseyi kararıyla oluşturulan Petrol Karşılığı Gıda Programı'ndan Kürt bölgesine ayrılan % 13'lük pay teşkil etmiştir. Bu program çerçevesinde, BM denetimindeki özel hesapta toplanan gelirin % 13'ü, Kuzey Irak'a tahsis edilmiş, bu meblağ bölgede faaliyet gösteren BM kuruluşları tarafından yürütülen projelerde kullanılmıştır.

Irak'ın petrol gelirlerinin, Irak'ın satacağı petrol miktarının artması ve nihayetinde petrol satışına getirilen kısıtlamaların kaldırılmasıyla, Kuzey Irak'ın aldığı pay artmış, böylelikle bölgenin ekonomik durumu daha da iyi konuma ulaşmıştır.

Petrol Karşılığı Gıda Programı'ndan Kuzey Irak için % 13'lük pay ayrılmasıyla, aslında ülkenin geneli bakımından dengesiz bir durum ortaya çıkmıştır. Zira, ülke nüfusunun % 15'ini oluşturan Kuzey Irak halkına % 13, ülke nüfusunun % 85'ini teşkil eden merkez ve Güney Irak halkına ise PKG Programı'ndan % 51.5'lik pay ayrılmıştır.[177]

---

176) Michael Rubin, "*The Islamist Threat in Iraqi Kurdistan*", **The Middle East Intelligence Bulletin**, Cilt.3, No.12.
177) "**United States Policy Toward Iraq**", Hearing Before the Committee on International Relations United States House of Representatives, 106th Congress, Us Government Printing Office (23 Mart) 2000, s. 37.

1996'dan Şubat 2002'ye kadar Petrol Karşılığı Gıda Programı'ndan Kuzey Irak'a düşen pay 4.4 milyar dolardır. Diğer bir ifadeyle, bölgenin 1.5 milyar dolar büyüklüğündeki ekonomisinin % 60'ını PKG Programı'ndan sağlanan gelir oluşturmaktadır.[178]

11 yıldır devam eden ve hiçbir ülkenin bu kadar uzun süreceğini tahmin etmediği gelişmelerden en kârlı çıkan taraf Kürtler olmuştur. Irak'ın diğer bölgelerinde yaşayan halk BM ambargosunun ve Saddam'ın zulmünün altında ezilmiş, Ürdün, Türkiye gibi bölge ülkeleri büyük ekonomik kayıplara uğramıştır.

Kürtler, kendi bölgelerindeki siyasi ve ekonomik gelişmeyi önemli bir propaganda malzemesi olarak kullanmaya başlamış, bu propaganda özellikle ABD'de etkisini göstermiştir.

Son 11 yılda peşmerge birliklerini düzenli hale getirmiştir. Örneğin KDP bölgesinin 110 milyon dolarlık bütçesinde birinci sırada eğitim, ikinci sırada 16 milyon dolarla savunma harcamaları gelmektedir.[179]

Kürtler, bütün bu gelişmeleri ne kadar kendi başarıları gibi takdim etmeye çalışsalar da, Saddam Hüseyin iktidarının tahmin edilenden çok daha uzun sürmesi, Saddam'ın halen iktidarda olması nedeniyle devam eden Uçuşa Yasak Bölge'nin ve bu bağlamda önce Çekiş Güç, ardından Kuzeyden Keşif Harekâtı'nın güvenlik şemsiyesinden yararlanmaları ve nihayetinde Irak'ın petrol gelirlerinden aldıkları ekonomik pay ve Türk kamyonlarından Habur sınır kapısında alınan vergiler, Kürtlerin yaşadıkları baharın temel kaynakları olmuştur.

Bugün ABD'nin Irak'a düzenleyeceği bir askeri harekât bağlamında, Kürtlerin başlıca beş endişesi bulunmaktadır:

Bunlardan birincisi, ABD'nin başladığı işi sonuna kadar götürmemesi ve Saddam Hüseyin'in ya da rejiminin işbaşında kalması ihtimalidir. Kendi aralarında anlaşmazlığa sürüklenmiş Kürtlerin üzerinde birleştikleri husus, ABD ve müttefikleri, Saddam Hüseyin'in devrile-

---

178) Hugh Pope, "*Iraqi Kurds, Flush with Aid, Loose Desire to Take On Hussein*", **The Wall Street Journal**, 12 Şubat 2002
179) Nicholas Birch, "*Iraq's Kurds Aren't Looking for a Fight*", **The Washington Post**, 5 Mayıs 2002

ceği konusunda kendilerini bağlayıcı resmi açıklamalar yapmadıkları takdirde, Kürtlerin harekâta katılmayacağıdır.[180] Saddam Hüseyin'in intikamından duydukları korku nedeniyle ne Talabani ne de Barzani, ABD'nin ciddi olduğuna ve güvenliklerini sağlayacağına dair garantiler almadıkça, mevcut konumlarını riske atmak istemektedir.[181] Ancak Başkan Bush'un kararlı tutumunun, Kürtlerin bu yöndeki endişelerini büyük ölçüde izole etmiş olması muhtemeldir.

Kürtlerin ikinci korkusu, askeri harekât sırasında Saddam Hüseyin'in Kuzey Irak'a saldırması ve özellikle kitle imha silahları kullanmasıdır. Bu çerçevede, KDP ve KYB, ABD'den somut ve sıkı güvenlik garantileri talep etmektedir. Aslında, ABD'nin, bir askeri harekât ihtimalinden bağımsız olarak, Kuzey Irak'ın güvenliğinin sağlanması konusunda Kürtlere verdiği sıkı taahhüt devam etmektedir. ABD, bölgenin güvenliğini kırmızı çizgileri arasında saymakta, Saddam'ın Kuzey Irak'taki Kürt bölgelerine saldırması halinde, ABD'nin zamanı ve mahallini kendisinin belirleyeceği şekilde mukabelede bulunacağını da açıklamış bulunmaktadır.[182] Bir askeri harekât söz konusu olduğunda, ABD'nin Kürtlerin güvenliğini sağlamak üzere Kuzey Irak'a birlik sevk etmesi kuvvetle muhtemeldir.

Kürtlerin üçüncü endişesi, Saddam Hüseyin devrildikten ve Irak'ta yeni bir yönetim işbaşına geldikten sonra bugünkü fiili konumlarının sona erecek olmasıdır. Kürtler, Saddam sonrası yapıda, bugünkü konumlarını aynen muhafaza etmek istemekte, bağımsızlık dışındaki her türlü düzenlemeyi kendileri açısından taviz olarak görmektedir. Barzani, "*Elde ettiklerimizi tehlikeye sokacak hiçbir projeye taraf olmayacağız,*" demektedir.[183] KDP'nin Başbakan Yardımcısı Sami Abdur-

---

180) Hugh Pope, "*Iraqi...*", **The Wall Street Journal**, 12 Şubat 2002
181) Peter W. Galbraith, "*Protect the Kurds*", **The Washington Post**, 11 Ağustos 2002
182) "**U.S. Policy Toward Iraq: Mobilizing the Opposition**", Hearing Before the Subcommittee on Near Eastern and South Asian Affairs of the Committee on International Relations United States Senate, 106th Congress, US Government Printing Office (23 Haziran) 1999, s. 15
183) Hugh Pope, "*Iraqi...*" **The Wall Street Journal**, 12 Şubat 2002

rahman ise, "*Biz Kürtler hiçbir zaman bu kadar iyi durumda olmadık ve hiçbir zaman bu kadar çok kaybedeceğimiz şey olmadı... ABD bizi geçmişte birçok defa yüzüstü bıraktı. Aynısının tekrarlanmayacağına emin olmalıyız. Her Kürt, Saddam'ın gitmesinden çok memnun olur, ancak geleceğimizin geçmişte yaşadıklarımızın bir karbon kopyası olmaması gerekir,*" söylemini kullanmaktadır.[184] Kürtler, bu kaygıdan hareketle, mevcut konumlarını daha Saddam devrilmeden tescil etmeye çalışmakta, bu çerçevede özellikle federalizmin Irak'ın istikrar ve bütünlüğünü korumak açısından tek çözüm olduğu tezini işlemektedir. KDP'nin Temmuz 2002'de açıkladığı Federal Irak Anayasası ve Federe Kürt Devleti Anayasası bu durumun en tipik örneğidir.

KDP ve KYB, ABD'nin Saddam Hüseyin ve rejiminin devrilmesinden sonra kendilerine yönelik ilgisinin sona erecek olmasından ve 1975 ve 1991 yıllarında olduğu gibi yeniden kaderlerine terk edilmekten korkmakta, bu çerçevede, istediklerini elde etmek açısından en uygun zamanı askeri harekât öncesi dönem olarak görmektedirler. Bu doğrultuda, ABD'nin mevcut özerkliklerini resmileştirmesine yardımcı olacağını taahhüt etmesini istemektedir.[185] "*Kürtler, savaş sonrası Irak'a ilişkin vizyonlarına ABD'nin destek vermesini de beklemektedir. Son 11 yılda Iraklılık kimliği Kuzey Irak'tan silinmiştir... Saddam sonrası Irak'ta halihazırdaki bağımsızlıklarını korumayı ve kendi ordularını devam ettirmeyi istemektedirler.*"[186]

Kürtlerin bugün başlıca korkularından dördüncüsü, askeri harekât sonrasında Bağdat'ta işbaşına gelecek ABD destekli bir Hükümetin petrol gelirlerinin paylaşımını öngören bu düzenlemeyi sona erdirmesi ihtimalidir.[187]

Kürtlerin beşinci ve belki de en önemli endişesi, askeri harekât sırasında ABD açısından kendilerinden çok daha önemli bir müttefik olacak Türkiye'nin, Kuzey Irak'a askeri müdahalede bulunması, fe-

---

184) Nicholas Birch, "*Iraq's Kurds...*" The Washington Post, 5 Mayıs 2002
185) Hugh Pope, "*Iraqi..*", The Wall Street Journal, 12 Şubat 2002
186) Peter W. Galbraith, "*Protect...*", The Washington Post, 11 Ağustos 2002
187) Nicholas Birch, "Iraq's Kurds...", The Washington Post, 5 Mayıs 2002

deralizme karşı çıkarak ağırlığını güçlü bir merkezi hükümetten yana koyması, ayrıca Kürtlerin Kerkük'ü ele geçirmesini engellemesi ihtimalidir. Nitekim, KDP ve KYB bu yönde yoğun bir propaganda kampanyasına girişmiş bulunmakta, ABD kamuoyunu etkilemek amacıyla Türkiye'nin müdahalesinin İran'ın da devreye girmesine yol açacağı tezini hararetle işlemektedir.

9
BUSH YÖNETİMİ

CLİNTON'A MEKTUP

26 Ocak 1998

Saygıdeğer William J. Clinton
Amerika Birleşik Devletleri Başkanı
Washington, DC

Sayın Başkan,

Size (bu mektubu) yazmamızın nedeni, Irak'a yönelik mevcut ABD politikasının başarısız olması ve yakın bir gelecekte Ortadoğu'da, Soğuk Savaş'ın sona ermesinden bugüne değin gördüklerimizden çok daha ciddi bir tehditle karşılaşmamız ihtimalidir. Yakında yapacağınız Birliğin Durumu[188] *konuşmanızda, bu tehdide yanıt ve-*

---

188) "State of the Union". ABD Başkanlarının Kongre'nin her yasama dönemi başında, Kongre'nin ortak oturumuna yaptığı ve ABD'nin genel iç ve dış siyasi ve ekonomik durumu ve hedefleri hakkında bilgi verdiği konuşmadır. Genelde Ocak ayının son haftasında yapılmaktadır.

recek açık ve kararlı bir eylem planı ortaya koyma fırsatınız bulunmaktadır. Bu fırsatı kaçırmamanızı ve ABD'nin ve (ABD'nin) bütün dünyadaki dost ve müttefiklerinin çıkarlarını koruyacak yeni bir stratejiyi kesin bir dille açıklamanızı ısrarla tavsiye ediyoruz. Bu strateji her şeyden önce Saddam Hüseyin rejiminin iktidardan uzaklaştırılmasını hedeflemelidir. Bu zor, ancak gerekli girişim için gereken her türlü desteği vermeye hazırız.

Aylardır, Saddam Hüseyin'in "çevrelenmesi" stratejisi sürekli aşınmaktadır. Son olayların da gösterdiği üzere, Saddam Hüseyin'in BM denetçilerini engellediği durumlarda, BM yaptırımlarını sürdürmek veya Saddam'ı cezalandırmak için Körfez Savaşı müttefiklerimize bağımlı kalmaya artık devam edemeyiz. Saddam Hüseyin'in kitle imha silahları üretmemesini sağlama imkânımız ciddi şekilde azalmıştır. Sonuçta top yekûn denetim başlasa bile -bugün bu ihtimal çok zayıftır- Irak'ın kimyasal ve biyolojik silah üretimini denetlemenin imkânsız değilse de çok zor olduğu tecrübe ile sabittir. Denetçilerin birçok Irak tesisine uzun zamandır girememiş olmaları, Saddam'ın bütün sırlarını açığa çıkartabilmeleri ihtimalini zayıflatmaktadır. Sonuç olarak, pek uzak olmayan bir gelecekte, Irak'ın bu silahlara sahip olup olmadığı hususunda makul bir yargıya varmamız mümkün olmayacaktır.

Bu belirsizlik, kendi başına, bütün Ortadoğu'da ciddi istikrarsızlık unsuru olacaktır. Saddam'ın kitle imha silahlarını fırlatma imkânına kavuşması durumunda -bu mecrada devam ettiğimiz takdirde bu imkâna kavuşması hemen hemen kesindir- bölgedeki Amerikan birliklerinin, İsrail gibi müttefiklerimizin ve dostlarımızın güvenliğinin ve dünya petrol arzının önemli bir bölümünün tehlikeye sokulacağını ilave etmeye gerek bulunmamaktadır. Sizin tarafınızdan da doğru bir şekilde açıklandığı üzere Sayın Başkan, 21. yüzyılın dünyasının güvenliğini büyük ölçüde bu tehditle ne şekilde başa çıkacağımız belirleyecektir.

Tehdidin büyüklüğü dikkate alındığında, koalisyon müttefiklerimizin sarsılmamaları ve Saddam Hüseyin'in işbirliği yapması temelindeki mevcut politika, tehlike arz edecek ölçüde yetersizdir. Kabul edilebilir tek strateji, Irak'ın kitle imha silahlarını kullanmasını ve-

ya kullanma tehdidinde bulunması ihtimalini bertaraf edecek bir stratejidir. Bunun yakın vadedeki anlamı, diplomasi belirgin bir şekilde başarısız kaldığı için, askeri harekât yapmayı kabullenmektir. Uzun vadedeki anlamı ise, Saddam Hüseyin'in ve rejiminin iktidardan uzaklaştırılmasıdır. Amerikan dış politikasının bundan sonraki hedefi bu olmalıdır.

Bu hedefi ortaya koymanızı ve yönetiminizin (hükümetinizin) dikkatini Saddam Hüseyin'in iktidardan uzaklaştırılmasını sağlayacak bir stratejiye yöneltmenizi şiddetle tavsiye ediyoruz. Bu (strateji), birbirinin tamamlayıcısı olacak diplomatik, siyasi ve askeri çabaların sarf edilmesini gerektirecektir. Bu politikanın uygulanmasının zorluklarını ve tehlikelerini bilmekle birlikte, bunu yapmamanın yaratacağı tehlikelerin çok daha büyük olacağına inanıyoruz. BM Güvenlik Konseyi Kararları'nın, Körfez Bölgesi'ndeki hayati çıkarlarımızı korumak için, askeri seçenek de dahil olmak üzere, ABD'ye gerekli önlemleri alma hakkı tanıdığını düşünüyoruz. Her hal ve kârda, Amerikan politikası, BM Güvenlik Konseyi'nde oydaşma sağlanması hususundaki yanlış ısrarla felce uğratılmamalıdır.

Size (kati ve) kararlı şekilde harekete geçmeyi şiddetle tavsiye ederiz. ABD ve müttefiklerine yönelik kitle imha silahı tehdidini bertaraf etmek için harekete geçtiğiniz takdirde, ülkemizin en hayati ulusal güvenlik çıkarları doğrultusunda hareket etmiş olacaksınız. Zayıflık ve rehavete dayanan bir davranışa sürüklendiğimiz takdirde, çıkarlarımızı ve geleceğimizi riske sokacağız.

Saygılarımızla.

Elliot Abrams	*Richard L. Armitage*	*William J. Bennett*
Jeffrey Bergner	*John Bolton*	*Paula Dobriansky*
Francis Fukuyama	*Robert Kagan*	*Zalmay Khalilzad*
William Kristol	*Richard Perle*	*Peter W. Rodman*
Donald Rumsfeld	*William Schneider*	*Vin Weber*
Paul Wolfowitz	*R. James Woolsey*	*Robert B. Zoellick*[189]

189) The Project for the New American Century

26 Ocak 1998 yılında dönemin ABD Başkanı Clinton'a, Ulusal Güvenlik Danışmanı S. Berger aracılığıyla Richard Perle tarafından sunulan ve daha sonra Başkan Clinton'ın mektup doğrultusunda bir adım atmaması üzerine, anılan grup tarafından basına da açıklanan bu mektup, ABD'de yoğun bir ilgiyle karşılanmıştı. Ancak, o dönemde, çeşitli düşünce kuruluşlarındaki muhafazakâr-şahinlerce ve eski yönetim mensuplarınca kaleme alınmış olarak görülen ve üslûp itibariyle biraz sert bulunan bu mektup, oğul Bush'un (Bush II) Başkan seçilmesi ve kabinesini açıklamasıyla, yönetiminin dış politika yönelimlerini anlamak isteyenler için bir kez daha gündeme gelecekti. Ancak, bu defa ilgi, mektubun içeriğinden ziyade, mektubu kaleme alanların Bush iktidarındaki görevlerine yönelmişti. Donald Rumsfeld Savunma Bakanlığına, Paul Wolfowitz ABD Savunma Bakan Birinci Yardımcılığına, Richard L. Armitage Dışişleri Bakan Birinci Yardımcılığına, Rober B. Zoellick kabine seviyesindeki ABD Ticaret Temsilciliğine, Afgan asıllı Zalmay Khalilzad Ulusal Güvenlik Konseyi Yakındoğu ve Kuzey Afrika Kıdemli Direktörlüğüne, John Bolton Silahsızlanma ve Uluslararası Güvenlik konularından sorumlu Dışişleri Bakan Yardımcılığına atanmış, "Karanlıklar Prensi" olarak tanınan Richard Perle ise Pentagon bünyesinde doğrudan Savunma Bakanına danışmanlık hizmeti veren Savunma Politikaları Danışma Kurulu'nun başkanlığına, CIA eski direktörü James Woolsey ise bu kuruluşun üyeliğine getirilmişti.

Nitekim, bu ekibin işbaşına gelmesiyle, ABD'nin dış politika söyleminde, Irak'ta rejim değişikliği politikası belirgin bir şekilde ön plana çıkmış ve Saddam Hüseyin'in iktidardan uzaklaştırılması bakımından askeri harekât dışında bir seçenek bulunmadığı teması güçlü bir şekilde işlenmeye başlamıştı. 11 Eylül 2001 sabahı New York'taki Dünya Ticaret Merkezi kulelerine düzenlenen terörist saldırı ise yaraya tuz basmıştı.

ABD'de karar alma sürecinin çarkları devreye girmişti ve yönetimde Irak politikasında çatlak seslerden ve kimi zaman kamuoyuna yansıyan anlaşmazlıklardan söz ediliyordu.

Bu kitabın kaleme alındığı Ocak 2003 itibariyle, Irak'a yönelik bir askeri harekât artık kaçınılmaz görülmekteydi.

ŞAHİNLER İKTİDARI

Kasım 2000'de gerçekleştirilen başkanlık seçimleri sonucunda Cumhuriyetçi Parti adayı George Bush, ABD'nin 43. başkanı olarak seçildi.

ABD tarihinde ilk defa bu kadar tartışmalı bir seçim yaşanmış, Florida'daki oy pusulalarının karmaşık niteliğinden kaynaklanan sorun ABD'yi neredeyse bir anayasal krizin eşiğine getirmişti.

Başkan Bush, 20 Ocak 2001'de görevi selefi Clinton'dan devraldı. Başkan Yardımcısı Dick Cheney'di. Cheney, baba Bush yönetiminde Savunma Bakanlığı yapmıştı ve Körfez Savaşı'nın mimarlarından birisiydi.

Başkan Bush tarafından Dışişleri Bakanlığı görevine atanan ilk siyah Amerikalı olan Collin Powell da, Körfez Savaşı sırasında ABD Genelkurmay Başkanlığı yapmış, Ronald Reagan döneminde 1987-1988 yıllarında Ulusal Güvenlik Danışmanlığı görevini başarıyla yürütmüştü.

Savunma Bakanlığı'na getirilen Donald Rumsfeld, Cumhuriyetçi Parti'nin önde gelen isimlerindendi. Başkan Ford döneminde 1975-1976 yıllarında aynı görevde bulunmuştu. 1998-1999 Kıtalararası Balistik Füze (ICBM) Tehdidi Komisyonu Başkanlığını yapmış, hazırladığı ve kendi ismiyle anılan "Rumsfeld Komisyonu" raporunda, ABD'nin ICBM tehditlerine açık hale geldiği sonucuna varılmasıyla 1999 yılında "ABD Füze Savunma Sistemi Yasası" çıkartılmıştı. Rumsfeld'in bir diğer önemli özelliği, daha önceki görevleri sırasında Cheney'e hamilik yapmış olması ve üst düzey görevlere atanmasını sağlamasıydı.

Bush, ABD Yönetimi'nin en önemli görevlerinden biri olan ve savunma ve dış politika konularının eşgüdümünü sağlayan Ulusal Güvenlik Danışmanlığı görevine yine bir siyah Amerikalıyı, Stanford

Üniversitesi'nde Uluslararası İlişkiler Profesörlüğü yapan Condoleezza Rice'ı tayin etti. Rice de, Baba Bush döneminde görev almış ve Ulusal Güvenlik Konseyi'nde Sovyetler Birliği departmanı başkanlığını yürütmüştü. Seçim kampanyası sırasında George Bush'a dış politika ve savunma konularında danışmanlık hizmeti vermişti.

Savunma Bakan Birinci Yardımcılığı'na ise Paul Wolfowitz atandı. Başkan Ford döneminde, Henry Kissinger ve Fred Ikle'ın maiyetinde çalışmış, Ronald Reagan döneminde Dışişleri Bakanlığı Siyaset Planlama Direktörü olarak görev yapmış, daha sonra ABD'nin Endonezya Büyükelçisi olarak atanmıştı. Başkanlık seçimleri öncesinde Washington'daki ünlü Johns Hopkins Üniversitesi "*School of Advanced and International Studies*"in (SAIS) dekanı olan Wolfowitz, seçim kampanyası sırasında C. Rice'la birlikte savunma ve dış politika konularında George Bush'a danışmanlık yapmıştı.

Pentagon bünyesinde doğrudan Savunma Bakanı D. Rumsfeld'e bağlı olarak çalışan Savunma Politikaları Kurulu Başkanlığı'na ise Richard Perle atandı.[190] Perle, Washington'da ve Türkiye'de "*karanlıklar prensi*" unvanı ile tanınmaktaydı. Başkan Reagan ve baba Bush döneminde, Uluslararası Güvenlik Politikaları işlerinden sorumlu Savunma Bakan Yardımcısı olarak görev yapmıştı. Ronald Reagan döneminde, Kasım 1985'te, deniz kuvvetlerine mensup bir istihbaratçı olan Jonathan Jay Pollard, İsrail adına casusluk yaptığı gerekçesiyle tutuklanarak ömür boyu hapis cezasına çarptırılmış, Savunma

---

190) Perle'ün başkanlığını yaptığı Savunma Politikaları Danışma Kurulu'nun üyeleri ise bir hayli önemli isimlerden oluşmaktaydı. Washington'daki yahudi lobisinin önde gelen kuruluşlarından ve Cumhuriyetçi Parti'ye yakınlığıyla bilinen "Ulusal Güvenlik Konuları Yahudi Enstitüsü'nün (JINSA) üyelerinden Temsilciler Meclisi eski Başkanı Newt Gingrich, Fred Iklé, David Jeremiah ve CIA eski Direktörü James Woolsey kurulun üyelerinden bazılarıydı. Kurulun diğer tanınmış üyeleri, ABD Dışişleri eski Bakanlarından Henry Kissinger, Eliot Cohen, Kenneth Adelman, ve James Schlesinger'dı. Bu isimlerden çoğunun ortak özelliği yahudi olmalarıydı. Michael Steinberg, "*Rumsfeld's Feith an Bum Corps: What is Defense Policy Board?*", **The Executive Intelligence Review**, 30 Ağustos 2002, Cilt 29, No 33

Bakanlığı tarafından başlatılan soruşturmada, Pollard'ın işbirliği yaptığı isimler arasında Richard Perle'ün de adı geçmişti.[191] Perle, Savunma Politikaları Danışma Kurulu'ndaki bu görevinin yanı sıra, İngiltere Avam Kamarası üyelerinden, medya imparatoru Conrad Black'in[192] sahibi olduğu, bünyesinde "*Daily Telegraph*" ve İsrail'de yayınlanan "*Jerusalem Post*" bulunan Londra merkezli Hollinger Corporation'da üst düzey görevdedir. Anılan şirketin Uluslararası Danışma Kurulu'nun eş-başkanlığını Henry Kissinger yapmaktadır.

Savunma Bakanlığı'nın üç numaralı görevine ise, Douglas Feith atandı. Feith, 1981-1982'de Ulusal Güvenlik Konseyi'nde uzman olarak çalışmış, 1982-1984 yıllarında Savunma Bakan Yardımcısı olan Richard Perle'ün özel danışmanlığını yapmıştı. İsrail adına casusluk yapan Pollard olayında ismi geçen, ancak herhangi bir soruşturmaya maruz kalmayan Feith, devlet hizmetinden ayrıldıktan sonra, İsrail savunma sanayii ile yoğun iş ilişkisi bulunan Feith & Zell isimli bir avukatlık şirketi kurmuş, ayrıca 1989'da, Türkiye'ye lobi hizmeti veren "*International Advisors, Inc*" isimli şirketin İcra Kurulu Başkanlığını yapmıştı. "*The Wall Street Journal*" tarafından "*Perle'ün zekâsının ürünü*" olarak tanımlanan ve Perle'ün de danışman olarak maaş aldığı firma, özellikle Türkiye ile İsrail arasında askeri ilişkilerin geliştirilmesinde etkili olmuştu. Firmada, ABD'deki en etkili Yahudi kuruluşlarından olan ve İsrail'in Washington'daki resmi lobi kuruluşu niteliğindeki "*American-Israel Public Affairs Committee*" (AIPAC)'ın eski icra direktörü Moris Amitay da çalışmıştı.[193]

---

191) Sözkonusu soruşturmada Savunma Bakanlığı'nda "X Committee" olarak adlandırılan bir grup yetkilinin daha ismi geçmiştir. Bunlar, Frank Gaffney, Steven Bryen ve Fred Ikle'dır. Savunma Bakan Yardımcısı Doug Feith'ın da sözkonusu olayla bağlantılı olduğu ileri sürülmüştür.
192) Conrad Black ve Michael Steinhardt son seçimlerde Demokrat Parti'den Al Gore'un Başkan yardımcısı adayı olan Senatör Joe Lieberman'ın mali destekçileridir ve "New York Sun" isimli bir ortak gazete çıkartmaya başlamışlardır.
193) Washington'da Türkiye aleyhine faaliyetlerde bulunan Washington Kürt Araştırmaları Enstitüsü'nün Başkanlığını Moris Amitay'ın oğlu Mike Amitay yapmaktadır.

Perle'ün, Bush'un yakın çevresine girmesini ve daha sonra Savunma Politikaları Danışma Kurulu'nun başına getirilmesini, Douglas Feith'ın da Savunma Bakan Yardımcılığı görevine atanmasını Wolfowitz'in sağladığı belirtilmekteydi.

Wolfowitz ve Perle ekibinin Beyaz Saray'daki bağlantısı ise Başkan'ın Kontr-terör özel danışmanı emekli Orgeneral Wayne Downing'di. Emekli oluncaya kadar Ortak Özel Operasyonlar Komutanı olan Orgeneral Downing, Başkan Bush'un kontr-terör özel danışmanlığına atanmadan önce, INC lideri Ahmed Çelebi'ye askeri danışmanlık yapmıştı.

Wolfowitz'in Bush yönetimindeki özel konumu, daha önceki görevleri sırasında maiyetinde çalışmış yetkililerin atandıkları görevlerden de anlaşılmaktaydı. Stephen Hadley, Ulusal Güvenlik Danışmanı Rice'ın Yardımcılığına, Zalmay Khalilzad, Ulusal Güvenlik Konseyi Yakındoğu ve Güney Asya Direktörlüğüne, I. Lewis "Scooter" Libby ve Eric S. Adelman, Başkan Yardımcısı Cheney'nin ulusal güvenlik danışmanlığına, James G. Roche ise Hava Kuvvetleri Komutanlığına atanmıştı.[194] Wolfowitz'in kendisi ise, Savunma Bakanı olduğu dönemde Cheney'nin sağ kolu olarak görev yapmış, 1996'da Bob Dole'un başkan adaylığı kampanyasını yürüten Rumsfeld'e dış politika alanında danışmanlık hizmeti vermişti.[195]

ABD Dışişleri Bakanlığı'ndaki ve Kongre'deki bazı görevlilerin "*Wolfowitz-Perle cemaati*" olarak adlandırdıkları bu ekibin[196] akıl hocalığını ise ünlü İngiliz Ortadoğu tarihçisi ve Princeton Üniversitesi Profesörlerinden Bernard Lewis yapmaktaydı.

---

194) "*The Pentagon's Highest-Flying Hawk*", **Business Week**, No: 3764, 31 Aralık 2001

195) "*Paul Wolfowitz, Velociraptor*", **The Economist**, 9-15 Şubat 2002

196) Elaine Sciolino ve Patrick E. Tyler, "*Some Pentagon Officials and Advisers Seek to Oust Iraq's Leader in War's Next Phase*" **The New York Times**, 12 Ekim 2001

Irak Harekâtı Nasıl Gündeme Geldi?

Bush yönetiminin önemli isimlerinin Clinton'ın Irak politikasına ağır eleştiriler yönelten kişilerden oluşması, yönetimin dış politika öncelikleri arasında Irak meselesinin başı çekeceğinin de bir işaretiydi. Nitekim göreve başladıktan sonra yönetimin yaptığı ilk açıklamalardan birisi, dış politikada ilk kapsamlı gözden geçirmenin Irak politikasında olacağıydı.

Ancak Bush yönetimi içinde de Irak politikası konusunda farklı eğilimler mevcuttu. Paul Wolfowitz'in başını çektiği Pentagon'daki sivil kesim, Saddam Hüseyin rejiminin mümkün olduğunca hızlı bir şekilde devrilmesi gerektiği düşüncesindeydi.[197] Bu grup, 1991'deki Körfez Savaşı ölçeğinde bir askeri harekât düzenlenmesi yerine, Ürdün ve Kuveyt'teki Iraklı muhalifleri silahlandırarak askeri eğitim vermeyi, kuzeydeki Kürt grupların da desteğiyle Saddam Hüseyin'e karşı bir ayaklanma başlatılmasını ve ABD'nin ayaklanmaya hava desteği vermesini önermekteydi.

Dışişleri Bakanı Powell ise bu görüşe karşı çıkıyor, Irak'a yönelik çevreleme siyasetinin güçlendirilerek sürdürülmesinin mümkün olacağına inanıyordu. Powell'a göre, her şeyden önce Kürtlerin oynayacağı role Türkiye'nin karşı çıkması kaçınılmazdı, Suudi Arabistan da bu tür bir ayaklanmaya kendi iç dengeleri itibariyle karşı çıkmaktaydı. Ayrıca, Iraklı muhaliflerin Saddam'ın Cumhuriyet Muhafızları karşısında başarılı olması mümkün değildi, Kürtler ise kendi içlerinde bölünmüştü.

Powell'ın bu görüşleri, Savunma Bakanlığı'nın askeri kesimleri tarafından da paylaşılmaktaydı. Savunma Bakanı Rumsfeld'in yönetim

197) Aslında Wolfowitz, Körfez Savaşı sırasında da Saddam Hüseyin'in devrilmesi gerektiğini savunmuş, Sırp diktatör Slobadan Miloseviç'in düşürülmesi gerektiğini en önce gündeme getiren ABD'li yetkililerden biri olmuştur. Wolfowitz, Filipinler'de diktatör Ferdinand Marcos'un devrilmesinde de rol oynamıştır. "The Pentagon's...", **Business Week**, No: 3764, 31 Aralık 2001

içindeki etkinliği ise henüz sınırlıydı ve Pentagon'un sivil kesimine tam destek verebilecek durumda değildi.[198]

2001 ilkbaharında, Bush yönetiminin de Irak politikasında köklü bir politika değişikliğine gitmeyeceği belli oldu. Yönetim, Irak'ta bir rejim değişikliği stratejisini gündeminde tutmakla birlikte, önceliği diğer alanlara vermişti.

11 Eylül ve Irak

11 Eylül sabahı, New York'taki Dünya Ticaret Merkezi'nin ikiz kulelerine yapılan saldırı, ABD'nin ulusal güvenlik konusundaki bütün kavramlarını bir anda altüst etti. ABD, tarihinde ilk defa kendi evinde vurulmuştu.

11 Eylül saldırılarına kadar Bush yönetimi, Irak konusundaki kurumlar arası gözden geçirmeyi sürdürmekteydi. Ancak henüz herhangi bir sonuca varılmamıştı.[199]

Savunma Politikaları Danışma Kurulu, 11 Eylül saldırılarından sonra 19-20 Eylül 2001'de iki gün süren bir toplantı düzenledi. Savunma Bakanı Rumsfeld ve Bakan Birinci Yardımcısı Wolfowitz'in de katıldığı ve 11 Eylül saldırılarının masaya yatırıldığı 19 saat süren toplantıda, Afganistan ve El-Kaide'ye yönelik askeri harekâtın ilk aşamasından sonra sıranın Irak'a gelmesinin gerekliliği konusunda görüş birliği oluştu. Ancak toplantının içeriği hakkında Dışişleri Bakanlığı'na bilgi verilmedi.[200] Toplantının bir bölümüne INC lideri Ahmed Çelebi de katılmıştı.

11 Eylül saldırılarının ilk şokunun atlatılmasıyla, saldırıların arkasında hangi ülkenin veya terör örgütlerinin bulunduğu konusu

---

198) Edward N. Luttwak, "*Goodbye to Doves ve Hello to Hawks on Iraq*", **Los Angeles Times**, 29 Kasım 2001.

199) Carla Anne Robbins ve Jeanne Cummings, "*How Bush Decided That Hussein Must be Ousted form Atop Iraq*", **The Wall Street Journal**", 14 Haziran 2002.

200) Elaine Sciolino ve Patrick E. Tyler, "*Some..*" **The New York Times**, 12 Ekim 2001.

gündeme gelmiş, Irak'ın saldırıyla bağlantısının bulunması ihtimali dile getirilmeye başlanmıştı.

Ancak, CIA Direktörü Tenet'in Usame Bin Ladin'in liderliğindeki El-Kaide örgütünün düzenlediği saldırılarla Irak'ın bir ilgisinin bulunmadığını bildirmesi üzerine Başkan Bush, şahinlerin ABD'nin Afganistan'la birlikte Irak'a da saldırması baskılarına rağmen Irak konusunu gündemin arka sıralarına itti. Başkan Bush'un bu tutumu, Başkan Yardımcısı Cheney tarafından da desteklenmekteydi. Cheney, ABD'nin aynı anda birkaç cephede savaşa girmemesi konusunda Bush'u uyarmıştı.[201]

Bu sırada şahinler El-Kaide ile Irak arasında bağlantı olup olmadığını araştırmaya başladı. Pentagon bünyesinde özel bir gizli birim oluşturuldu. Bu birimin amacı, ABD istihbarat örgütlerinin hazırlamış olduğu raporları geçmişe dönük olarak inceleyerek, Saddam Hüseyin tarafından desteklenen terör örgütlerinin El-Kaide'yle ilişkilerini tespit etmekti. Ayrıca, Irak istihbaratının yurtdışındaki paravan şirketlerinin Bin Ladin ile bağlantıları da araştırılacaktı.[202]

Pentagon'daki sivil ekibe yakınlığıyla bilinen CIA eski Direktörü James Woolsey, Adalet Bakanlığı ve Savunma Bakanlığı yetkilileriyle hükümete ait bir uçakla Pentagon tarafından İngiltere'ye göreve gönderildi. Woolsey'nin görevi, Saddam Hüseyin'in 11 Eylül saldırılarıyla bağlantılarını ispatlayacak delil bulmaktı. ABD Dışişleri Bakanlığı'nın geziden haberi yoktu, ancak Dışişleri yetkilileri gezinin gerçekleştiğini teyit etmişti.[203]

---

201) Carla Anne Robbins ve Jeanne Cummings, "How Bush...", **The Wall Street Journal**, 14 Haziran 2002

202) Rowan Scarborough, "*U.S. Seeks al Qaeda Link to Iraq*", **The Washington Times**, 14 Ocak 2002

203) Elaine Sciolino ve Patrick E. Tyler, "*Some Pentagon...*" **The New York Times**, 12 Ekim 2001; Woolsey, hemen her akşam birkaç televizyon kanalında boy gösterip, ABD'nin terörle mücadele bağlamında Sadam Hüseyin rejimini devirmek zorunda olduğunu söylüyordu. Woolsey, CIA Direktörlüğü'nden ayrdıldıktan sonra Washington'daki "Shea ve Gardner" isimli hukuk firmasının ortakları arasına katılmıştı. Firma lobi faaliyetleriyle de de uğraşmakta ve Irak Ulusal Kongresi'nin resmi lobiciliğini yapmaktaydı. Aslı Aydıntaşbaş, "*Interview With James Woolsey, Salon*", **Salon.com**, 20 Aralık 2001

Bu dönemde, ABD yeni bir kâbusla sarsıldı. İsmi belirsiz kişilerce yollanan mektuplar, ölümcül bir biyolojik ajan olan antrax mikropları içermekteydi. Vücuda temas ettikten sonra birkaç gün içinde ölüme yol açan antrax, ABD Kongresi'nin tatile girmesine neden olmuştu.

Başkan Bush'un, Irak konusunda bir önlem almaya henüz gerek olmadığı yönündeki yaklaşımının değişmesine, Ekim ayının son günlerindeki gelişmeler neden oldu. ABD istihbaratı, 11 Eylül'le kıyaslanamayacak kadar büyük bir saldırının yapılacağına dair bilgiler almaktaydı. ABD istihbaratının dinleme faaliyetlerinde, yeni saldırılar için belirli bir zaman diliminden bahsedilmekte; ancak saldırının hangi silahlarla yapılacağı belirtilmemekteydi. İstihbarat uzmanları, teröristlerin Washington ya da New York'a saldırmayı planladıklarını tahmin etmekteydi. Birkaç hafta önce başlayan antraxlı mektuplar, yeni ve büyük bir saldırı beklentisi içinde olan Washington'da tansiyonların yükselmesine neden olmuştu. Washington'ın en büyük korkusu, yeni saldırının kitle imha silahlarıyla gerçekleştirilmesi ihtimaliydi. İstihbarat raporlarında, El-Kaide'nin iki emekli Pakistan nükleer silah uzmanının yardımıyla kirli bomba adı verilen, radyoaktif maddelere sarılmış bombalara sahip olduğundan söz edilmekteydi.

Yeni bir saldırı ihtimali karşısında, Beyaz Saray'ın aldığı ilk önlem, Başkan Yardımcısı Cheney'nin, mesaisini açıklanmayan ve gizli bir mahalden sürdürmesine karar vermek oldu. Böylelikle, yeni bir saldırıda Başkan Bush'a bir şey olduğu takdire, ülke başsız kalmayacaktı.

CIA Direktörü Tenet, Beyaz Saray'da Başkan Bush'a ve ulusal güvenlikten sorumlu yetkililere verdiği brifinglerde, El-Kaide'nin nükleer silah edinme çabaları hakkında ayrıntılı bilgi sunmaktaydı. Tenet'in brifinglerinde, El-Kaide'ye kitle imha silahları sağlayabilecek ülkelerin adı geçmiş, bu çerçevede Irak'ın ismi ön plana çıkmıştı.

Beyaz Saray'ı ziyaret eden yetkililere göre, ABD'ye nükleer bir saldırı yapılması ihtimali Başkan Bush'u derinden etkilemiş, bir toplantıda, "*11 Eylül saldırılarını düzenleyenlere, bu saldırıları uçak yerine kitle imha silahlarıyla yapmadıkları için minnettar kalmalıyız,*" demişti. Beyaz Saray'daki ulusal güvenlik toplantılarından çıkan sonuç, ne pahasına olursa olsun teröristlerin ABD'ye kitle imha silahlarıyla bir saldırı düzenlemelerini önlemekti.[204]

Antraxlı mektuplarla yaratılan dehşet, ABD kamuoyunun kitle imha silahlarının ne kadar ciddi bir tehdit olduğunu anlamasına yetmişti. Artık Saddam Hüseyin liderliğindeki Irak'ın kitle imha silah programlarına sahip olmasının ABD'nin ulusal güvenliği açısından ne derece büyük bir tehdit olduğunu ABD kamuoyuna anlatmakta kimse zorlanmayacaktı.

Perle, Saddam Hüseyin'in sahip olduğu kitle imha silahlarını doğrudan kullanmasa bile, ABD'ye düşman terörist örgütlere verebileceğini, böylelikle ABD'nin 11 Eylül'den çok daha büyük bir terör hadisesiyle karşılaşabileceğini ileri sürüyordu.[205]

Kasım ayında Washington'a gelen Çek Başbakanı Milos Zeman, Çek istihbaratının, 11 Eylül saldırılarını gerçekleştiren teröristlerden Muhammed Atta'nın 2001'in ilk aylarında Prag'da Ahmad Al-Ani isimli Iraklı bir ajanla görüştüğünü; Atta ve Al-Ani'nin Prag'da bulunan Özgür Avrupa radyosuna saldırı planlamış olduklarını açıkladı.[206] Çek Başbakanı'nın açıklaması ABD'de geniş yankı buldu ve muhtemel Irak bağlantısı gündemin ilk sıralarında yer almaya devam etti.

Ancak, Çek Başbakanı'nın sansasyonel açıklamasına ve Woolsey'nin bütün araştırmalarına rağmen, Irak'ın 11 Eylül saldırılarıyla ilişkisi olduğuna dair hiçbir kanıt bulunamadı. Woolsey, ortada cürmü meşhud yapmayı sağlayacak bir delil olmadığını, ancak Irak'ın saldırıyla bağlantısı olduğunu gösterecek çeşitli emareler bulunduğunu ileri sürüyordu. Woolsey, bu bağlamda, Muhammed Atta ile Ahmad Al-Ani'nin Prag'da görüşmesini; saldırıya katılan iki kişinin Irak istihbaratıyla Birleşik Arap Emirlikleri'nde görüştüğü yolunda İngiliz

---

204) Carla Anne Robbins ve Jeanne Cummings, "How Bush..", **The Wall Street Journal**, 14 Haziran 2002.
205) Richard Cohen, "*...And Now To Iraq*", The Washington Post, 30 Kasım 2001.
206) Alan Sipress "*Czech Leader: Atta Plotted Radio Free Europe Attack*", **The Washington Post**, 10 Kasım, 2001.

basınında çıkan haberleri; Irak istihbaratı ile El-Kaide arasında 1990'lı yıllarda Afganistan'da yapılan ve zaman zaman Muhaberat'ın başkanı Faruk Hicazi'nin[207] de katıldığı görüşmeleri askeri harekât söylemini desteklemek için kullanıyordu. Woolsey, BM silah denetçileri de dahil olmak üzere çeşitli tanıkların, aralarında El-Kaide militanlarının da bulunduğu teröristlere Bağdat'ın güneyindeki Salman Pak'ta eğitim verildiğine ilişkin ifadelerini örnek gösteriyordu.

Irak'ın saldırılarla bağlantısını ispatlayamayan Woolsey, Irak'ın 11 Eylül saldırılarıyla ilişkisini görmek isteyenler için bazı deliller olduğunu, ancak Irak'ın kitle imha silahları edinmeye çalışan terörist bir ülke olduğunu ve bu ülkedeki Baas rejimini değiştirmenin gerektiğini görmek için ABD'nin bu kanıtlara ihtiyaç duymayacağını ileri sürüyordu.[208] Bu sözlerin anlamı, askeri harekâtı Irak-El-Kaide-Terör bağlantısıyla meşrulaştırma girişiminin hakim kaldığıydı.

11 Eylül saldırılarının Irak bağlamındaki temel etkisi, Savunma Bakanı Rumsfeld'in, sivil ekibin görüşlerine yakınlaşması oldu. Dışişleri Bakanı Powell ise hâlâ Irak'a karşı bir askeri harekât düşüncesine karşı çıkmakta, 11 Eylül saldırıları nedeniyle Afganistan'a karşı bir askeri harekâta girişilmesine de şüpheyle bakmaktaydı. ABD'nin Taliban rejimine karşı başlattığı Sürekli Özgürlük Harekâtı'nın kısa zamanda sonuç vermesi, Pentagon'daki sivil ekibe Powell karşısında önemli bir koz sağladı. Powell 1999'da NATO'nun Kosova'ya düzenlediği hava harekâtına da karşı çıkmış, hatta 1991'deki Körfez Savaşı sırasında baba Bush'a karşı da direnmişti.

Powell'ın temel çıkış noktası, hava saldırılarının nihai zafere ulaşmak için yetersiz olduğuydu. Pentagon'daki sivil ekip ise, hava saldı-

---

207) Muhaberettaki görevinden sonra Irak'ın Ankara Büyükelçisi olarak atanan Faruk Hicazi'nin Ankara'daki görevi 30 Kasım 2001'de son bulmuştur. Basında, Hicazi'nin Bagdat tarafindan geri çağrıldığı haberleri yer almış, ancak kendisi Bağdat'a normal görev süresinin bitmesi nedeniyle döndüğünü açıklamıştır. "*Baghdad Recalls Ambassador to Turkey*", 30 Kasım 2001, Reuters

208) Aslı Aydıntaşbaş, "*Interview...*" Salon.com, 20 Aralık 2001

rısının ardından özel kuvvetler aracılığıyla Saddam Hüseyin'in devrilmesinin mümkün olacağı tezini işlemekteydi.[209]

Afganistan'daki savaşın, Kuzey İttifakı'nın da desteğiyle başarıya ulaştığı ve Taliban rejiminin devrildiği günlerde, ABD kamuoyunda "*İkinci Aşama*" denilen bir kavram da ortaya çıkmıştı. Bu kavramla kastedilen, Afganistan'ın ardından sıranın Irak'a gelmesiydi ve tartışmayı sürükleyen ekip yine Pentagon'daki sivil şahinlerdi.

Pentagon'daki sivil ekip, Sürekli Özgürlük Harekâtı'nın Kuzey İttifakı'nın desteğiyle başarıya ulaşmasını baz alarak, Saddam Hüseyin rejiminin devrilmesi için benzeri bir plan üzerinde çalışmaya başlamıştı. Bu plana göre, ABD kapsamlı bir hava saldırısında bulunacak, ABD özel kuvvetlerinin desteğiyle Iraklı muhalif gruplar Saddam rejimini devirecekti. Ancak, sivil ekibin bu planına sadece Dışişleri Bakanlığı değil, Pentagon'un askeri kanadı da muhalefet etmekteydi.[210]

Prof. Dr. Bernard Lewis'in Resme Girişi

Irak'a karşı bir askeri harekât yapılmasını savunan Savunma Bakanlığı'nın sivil kesiminin elini güçlendiren hadise, Başkan Yardımcısı Cheney'nin desteğini sağlaması oldu. 11 Eylül'ün ardından Başkan Bush'a itidalli hareket etmesi tavsiyesinde bulunan ve Irak meselesini geri plana atan Cheney'nin görüşlerinin değişmesinde ünlü tarihçi ve Ortadoğu uzmanı Prof. Dr. Bernard Lewis ile yaptığı görüşmelerin büyük etkisi oldu. Wolfowitz-Perle önderliğindeki şahinlerin akıl hocalığını da yapan ve Irak konusunda sert görüşleriyle bilinen Lewis, ABD'nin 1991 ve 1995 yıllarında ayaklanmaları desteklemeyerek Irak halkına ihanet ettiğini açıklamıştı.[211] Bernard Lewis,

---

209) Edward N. Luttwak, "*Goodbye to Doves and Hello to Hawks on Iraq*", **Los Angeles Times**, 29 Kasım 2001
210) Rowan Scarborough, "*Pentagon Uses Afghan War as a Model for Iraq*", **The Washington Times**, 4 Aralık 2001
211) Carla Anne Robbins ve Jeanne Cummings, "*How Bush...*" **The Wall Street Journal**, 14 Haziran 2002

Ortadoğu ülkelerini üç kategoriye ayırmaktaydı. İran ve Irak gibi, ülke halkı ABD yanlısı olan anti-Amerikan diktatörlükler; Mısır ve Suudi Arabistan gibi ülke halkı ABD karşıtı, ABD yanlısı diktatörlükler, Türkiye ve İsrail gibi hem halkı hem de rejimi ABD'ye dost olan ülkeler. Lewis, Saddam Hüseyin'in konvansiyonel güçlerinin azalmasına göz yumarken, kitle imha silahlarına yatırım yaptığını ve böylelikle iktidarda kaldığı her geçen gün daha büyük bir tehdit haline geldiğini ileri sürüyordu.[212]

Prof. Lewis'in Cheney'i ne şekilde ikna ettiğinin ayrıntıları bilinmemekle birlikte, ABD'nin Ortadoğu'daki temel yanlışının iyi-kötü diktatörlükler ayrımı yapmak olduğunu, Irak'taki meselesinin sadece Saddam Hüseyin'in şahsiyetinden değil, ülkedeki rejimin niteliğinden de kaynaklandığını, ABD'nin Ortadoğu'da demokratik ve çoğulcu bir değişimin önderliğini yapması gerektiğini, bu doğrultudaki ilk adımın Saddam Hüseyin'in devrilmesiyle işe başlamak olduğunu söylediğini tahmin etmek zor olmasa gerektir.[213]

Askeri Harekât Seçeneğinin Güç Kazandığı Dönem

1 Kasım'da ABD Dışişleri Bakanlığı, Irak muhalefetinin askeri unsurlarını The Middle East Institute isimli düşünce kuruluşunun organizasyonuyla Washington'da buluşturdu. Toplantıların konusu Saddam sonrası Irak silahlı kuvvetleriydi.[214] İlginç olan husus, bu tür toplantılar için ABD Dışişleri Bakanlığı'nın daha sonra 5 milyon dolar tahsis etmeyi planlayacağı bu kuruluşun başlıca finansörünün, ABD'nin Irak'a askeri harekât düzenleme planlarına en çok karşı çıktığı görüntüsünü veren Suudi Arabistan olmasıydı.

---

212) Robert L. Batley, "*Thinking Things Over, Liberate Iraq, Unleash Democracy*", **The Wall Street Journal**, 17 Aralık 2001

213) Cumhuriyetçi şahinlerin bu görüşleri, Prof. Lewis'in düşüncelerine de atıfta bulunulmak suretiyle David Wurmser'in "Tyranny's Ally" isimli kitabında ayrıntılı bir şekilde açıklanmaktadır.

214) Jeff Stein, "*Searching for Saddam's Replacement*", **The Washington Post**, 15 Aralık 2001

Pentagon'daki sivil ekiple yakın ilişkiler içinde bulunan INC, Irak Kurtuluş Yasası'yla tahsis edilen 97 milyon dolarlık kaynaktan 23 milyon dolarını, Irak içinde askeri ve istihbarat faaliyetlerinde kullanmak için Dışişleri Bakanlığı'na başvurmuş, ancak Yakındoğu konularından sorumlu Dışişleri Bakan Yardımcısı Ryan Crocker, 8 Kasım'da gönderdiği mektupta, INC'nin Irak içindeki faaliyetlerini ABD'nin desteklemeye hazır olmadığını bildirmişti. Dışişlerine göre, INC Irak içinde bu tür bir misyon üstlenecek durumda değildi.[215]

ABD'de "İkinci Aşama" tartışmalarında yönetimin itidalli ismi Dışişleri Bakanı Powell, ABD'nin önceliğinin El-Kaide terör örgütünün çökertilmesi ve Taliban rejiminin yıkılması olduğunu, ABD'nin ancak bu aşamadan sonra dikkatini dünyadaki diğer terörist faaliyetlere yönelteceğini, Irak gibi kitle imha silahları edinmeye çalışan ülkelerin ABD'nin bu duruma tepki göstermeyeceğini ve dikkatini bu ülkelere yoğunlaştırmayacağını sanmamaları gerektiğini söylemekteydi.[216]

Başkan Bush, göreve geldikten sonra Irak konusundaki en sert açıklamasını 26 Kasım 2001'de yaptı. Bush, Saddam Hüseyin'in, kitle imha silahları geliştirip geliştirmediğinin anlaşılması için BM denetçilerinin ülkeye dönüşüne müsaade etmesi, aksi takdirde çok yakında sonuçlarına katlanması gerekeceğini söyledi.[217]

Aynı akşam CNN kanalındaki "*Larry King*" programına katılan Dışişleri Bakanı C. Powell, Başkan Bush'un bu açıklamasının ne anlama geldiğinin açık olduğunu söylemekle yetiniyor, Irak'a yönelik bir askeri harekât ihtimali konusundaki sorulara kaçamak yanıtlar veriyordu. Şahinlerin baskısını üzerinde hisseden Powell, ABD'nin 11 yıl önce Irak'a girmemekle hata yapmadığını, çünkü amacın Saddam Hüseyin'i Kuveyt'ten çıkartmak olduğunu ve bu amaca ulaşıldıktan sonra da askeri harekâta son verildiğini söylüyordu.

---

215) Steve Stecklow, "*Even as Bush Rattles Saber, U.S. Won't Let Opposition Group Spend Funds Inside Iraq*", **The Wall Street Journal**, 4 Aralık 2001
216) Powell-Al-Ahmad Al Sabah press opportunity, 7 Kasım 2001, http://www.usinfo.state.gov
217) Wendy S. Ross, "*Bush Says Iraq Must Permit Weapons Inspections*", **Washington File**, 27 Kasım 2001

Başkan Bush'un açıklamasıyla, dünya kamuoyunda Afganistan'ın ardından ABD'nin Irak'ın da vurmaya hazırlandığı dile getirilmeye başlandı. Beyaz Saray, Başkan Bush'un açıklamasının yarattığı etkiyi azaltmaya çalışıyor ve Başkan'ın açıklamasının ABD'nin Clinton döneminden beri devam eden politika olduğunu söylüyordu.[218]

ABD Dışişleri Bakan Birinci Yardımcısı Armitage, Irak'a yönelik bir askeri harekâtın an meselesi olmadığını, Başkan'ın Afganistan'da yakalanan ivmeyi Irak'ın BM silah denetçilerini kabul etmesini sağlamaya yönelik olarak kullanmayı tasarladığını açıkladı.

ABD yönetimi içinde Saddam Hüseyin rejiminin değiştirilmesi amacıyla Irak muhalefetinin güçlendirilmesi gündeme gelmiş, ancak bunun zaman alacağı değerlendirmesi yapılmıştı. ABD yönetimi, Irak'a yönelik bir askeri harekât tartışmalarını yatıştırmaya çalışırken Avrupa ülkelerinden ve özelikle de Arap dünyasından itiraz sesleri yükselmeye başlamıştı. Başta Mısır ve Suudi Arabistan olmak üzere Arap ülkelerinin tutumu, Irak'a yönelik bir harekâta kalkışmadan önce, İsrail-Filistin ihtilafında sıcak çatışmalara yol açan gerginliğin muhakkak yatıştırılması gerektiği, Ortadoğu'nun iki ayrı sorunu aynı anda kaldırmasına imkân bulunmadığıydı.[219]

Bu arada Kongre'de Irak'a karşı sertlik yanlısı Senatör John McCain, Senatör Joseph I. Lieberman, Jesse Helms, Senatör Trent Lott, Temsilciler Meclisi Uluslararası İlişkiler Komitesi Başkanı Henry J. Hyde ve Senatör Richard C. Shelby, Başkan Bush'a 5 Aralık tarihinde bir mektup göndererek, Irak'ın kitle imha silahları edinmeye çalıştığını ve iktidarda kaldığı müddetçe Saddam Hüseyin'in bu çabalarından vazgeçmeyeceğini, bu silahların ABD'ye ve müttefiklerine karşı kullanılacağına şüphe bulunmadığını, nihayetinde ABD'nin bir gün muhakkak Saddam Hüseyin'le çatışmaya girmesi ge-

---

218) Bill Sammon, "*White House Downplays Iraq As Target*", **The Washington Times**, 29 Kasım 2001
219) Patrick E. Tyler ve David E. Sanger, "*U.S. to Press Iraq to Let U.N. Inspect for Banned Arms*" **The Washington Times**, 30 Kasım 2001

rekeceğini, dolayısıyla sonradan çatışmaktansa, şimdiden çatışmanın tercih edilmesi gerektiğini bildirdiler.[220]

Aralık ayında yönetim içinde Irak politikasına ilişkin üç görüş ortaya çıkmıştı: Pentagon'un sivil kesimi Afganistan'daki modeli daha büyük ölçekli olarak Irak'a da uygulamaktan yanaydı. Bu çerçevede, yoğun hava saldırısıyla başlayacak harekâtta, örtülü operasyonlar yapılacak, Irak muhalefetine mensup silahlı gruplar ABD özel kuvvetleriyle desteklenecekti. CENTCOM Komutanı Tommy Franks, muhtemel bir askeri harekâtın kara birliklerini de içermesi gerektiğini düşünmekteydi. CIA'in ise savaş yerine örtülü operasyondan yana olduğu, CIA Başkanı Tenet'in bu tür bir operasyonun hazırlıkları için bir yıla ihtiyaç duyulduğunu söylediği ileri sürülüyordu.[221]

Dışişleri Bakanı C. Powell, 16 Aralık günü *NBC* kanalında, Körfez Savaşı sonrasında uygulanan yaptırımlar sayesinde ABD'nin Saddam'ın elini-kolunu bağlayabildiğini, ancak Saddam'ın kitle imha silahları edinme çabalarının engellenemediğini, BM denetçilerinin Irak'a dönmesi gerektiğini, Irak'ta bir rejim değişikliğinin ABD'nin politikası olduğunu, ancak bu hedefe nasıl ulaşılacağı ve bu politikanın nasıl izleneceği hususunun bir imkân meselesi olduğunu ve ABD'nin sürekli düşünce ve planlar geliştirdiğini söylüyordu.

Muhafazakâr tutumuyla bilinen *The Washington Times* gazetesinin başyazısında, Saddam Hüseyin dünya sahnesinden silinmedikçe, terörle mücadelenin bitmeyeceği belirtiliyordu.[222]

ABD'de "Saddam Hüseyin'in devrilmesi gerektiği" görüşü artık genel kabul gören bir değerlendirme haline gelmişti, yanıtı aranan sorular bu değişikliğin nasıl ve ne zaman gerçekleşeceğiydi.

---

220) Patrick E. Tyler, "U.S. Again Placing Focus on Ousting Hussein", The New York Times, 18 Aralık 2001
221) Rowan Scarbough, "*White House Will Deal With Iraq*", The Washington Times, 20 Aralık 2001
222) "*No End to War Untill Saddam Gone*", The Washington Times, 22 Aralık 2001

Şahin kanadın etkili ismi Richard Perle, ABD'nin Saddam Hüseyin'i devirmesi için en az üç gerekçesi olduğunu söylüyordu. Sebeplerden ilki, Saddam Hüseyin'in, Usame Bin Ladin gibi ABD'ye karşı nefret duyguları beslemesiydi. İkincisi, kitle imha silahları edinmeye çalışması ve yakın gelecekte nükleer güce ulaşabilecek olmasıydı, üçüncüsü terörle doğrudan bağlantılı olması ve teröristlere yataklık etmesiydi. Perle, bu gerekçelerin ABD'nin Saddam Hüseyin rejimine karşı bir askeri harekât düzenlemesini gerektirdiğini, aksi takdirde terörle savaşın kazanılmış sayılamayacağını, Saddam'ın devrilmesinin bölge ülkelerinde büyük bir memnuniyetle karşılanacağını savunmakta, ABD'nin Irak Ulusal Kongresi'ne siyasi ve ekonomik destek vermesinin vakti geldiğini ileri sürmekteydi. Perle'e göre, İsrail 1981'de Osirak nükleer santralini imha etmekle büyük bir ileri görüşlülük örneği sergilemişti ve ABD'nin Saddam Hüseyin hakkında sahip olduğu bütün bilgiler, Başkan Bush'un Irak'a karşı önleyici bir tedbir almasını zorunlu hale getirmekteydi. Saddam Hüseyin'in iktidarda kalmasına izin vermek büyük bir hata olacaktı.[223]

Dışişleri-Pentagon Kavgası

ABD yeni yıla, Irak'a yönelik askeri harekât senaryolarıyla girdi. Başkan Bush henüz bir karar almamıştı ve ABD Yönetimi, Irak politikasının gözden geçirilmesi sürecinin devam ettiğini belirtmekle yetinmekteydi. Ancak Yönetim içinde görüş farklılıklarının olduğundan söz edilmekte ve özellikle Dışişleri ile Pentagon arasında zıtlaşma yaşandığı ileri sürülmekteydi.

Dışişleri ile Pentagon arasında kapalı kapılar arkasında devam eden güç mücadelesi, Ocak ayında baş gösteren bir krizle ortaya çıktı. Krizin merkezinde, Clinton döneminden bu yana ABD Yönetimi'ni ikiye bölmüş bulunan INC ve lideri Çelebi vardı. Cumhuriyetçi şahinlerin Kongre'deki etkinlikleri sayesinde 1998 yılında

---

223) Richard Perle, "*The U.S. Must Strike at Saddam Hussein*" The New York Times, 28 Aralık 2001

kabul edilen Irak Kurtuluş Yasası ile Iraklı muhalif gruplara ABD'nin askeri ve ekonomik yardım yapması öngörülmüştü. 97 milyon dolar tahsisat içeren bu yasayı çıkartanların amacı yardımın INC'ye yapılmasıydı, ancak Clinton INC'yle birlikte toplam 7 grubu belirlemişti.

INC, yasa kapsamında Dışişleri Bakanlığı'na çeşitli projeler sunuyor ve Dışişleri Bakanlığı'nın onayıyla bu projelere ABD Yönetimi finansman sağlıyordu. Ancak, yasada askeri eğitimden söz edilmekle birlikte, INC'ye bu yönde bir yardımda bulunulmamıştı.

Bush Yönetiminin işbaşına gelmesiyle, Pentagon'daki şahinlerle çok yakın ilişkiler içinde bulunan INC'nin ön plana çıkacağı beklentisi oluşmuş, ancak Dışişleri Bakanlığı ve CIA'in Çelebi hakkındaki olumsuz yaklaşımları, bu beklentinin gerçekleşmesini engellemişti. Pentagon'daki sivil ekip, Dışişleri Bakanlığı'nı INC'nin önünü kesmeye çalışmakla itham etmekteydi.

Nitekim 3 Ocak'ta ABD Dışişleri Bakanlığı Yakındoğu Dairesinden Tom Krajeski, Çelebi'ye bir mektup göndererek, ABD'ye eğitim için gönderilen INC mensuplarına tahsis edilen kaynakların kullanımındaki usulsüzlükler nedeniyle INC'ye sağlanan ödeneğin serbest bırakılmasını askıya aldıklarını bildirdi. Krajeski, INC'nin kontrolündeki Özgürlük Televizyonu için ayrılan kaynağın etkin ve amaca uygun kullanılıp kullanılmadığının da inceleneceğini bildiriyordu.

INC Sözcüsü Şerif Ali Bin Hüseyin, ABD Dışişleri Bakanlığı Yakındoğu Dairesi'nin bu tutumunun, Başkan Bush'un Irak'ta rejim değişikliği politikasını baltalamaktan başka bir amaca hizmet etmeyeceğini açıkladı.[224]

INC, Dışişleri Bakanlığı'nın, kendilerine yönelttiği soruları 15 Ocak'a kadar yanıtlandırmalarını bildirdiğini, ancak bu kararı INC'nin yanıtını beklemeden aldığını söylemekteydi.

ABD Yönetimi'nin rejim değişikliği politikasını sürekli gündemde tuttuğu ve bir askeri harekât ihtimalinden söz edildiği bir dönemde, Dışişleri Bakanlığı ile INC arasında teknik nitelikteki bir konunun

224) Eli J. Lake, "*Iraqi Rebels Blast State Department*", UPI, 7 Ocak 2002

büyük bir sorun haline dönüşmesi Pentagon ile Dışişleri Bakanlığı arasındaki kavganın da işaretiydi. Şahin kanadın sözcüsü Perle, "*Washington'da bulunduğum 30 yıldır böyle bir olaya şahit olmadım. Irak politikasındaki uzlaşmazlıktan dolayı INC düşman muamelesi görüyor,*" demekteydi.[225]

Yönetim içinde Irak'a askeri harekât yapılıp yapılmaması gerektiği konusunda derin görüş ayrılıkları vardı. Pentagon kaynaklarına göre, Dışişleri Bakanı Collin Powell ve CIA Direktörü George Tenet Irak'a karşı hemen bir askeri harekâta girişilmesine karşı çıkmaktaydı.[226]

ABD basınında yer alan haberlerde, Dışişleri Bakanı Powell'ın Irak'ın BM silah denetçilerinin ülkeye dönüşüne izin vermesi için güçlendirilmiş bir yaptırımlar rejiminin uygulamaya konulmasından yana olduğu, Rumsfeld'in ise bu yaklaşımı etkisiz olarak nitelendirdiği belirtilmekteydi.[227]

Dışişleri Bakanlığı'ndan bir yetkili, "*Rejim değişikliği, yaptırımlar işlemediği takdirde gündeme gelecek B planıdır,*" demişti.[228]

Dışişleri Bakanlığı, askeri harekâta karşı çıkmasının yanı sıra, Pentagon'daki sivillerin gündeme getirdiği Afganistan yaklaşımının Irak'a da uygulanmasına muhalefet etmekteydi.[229] INC lideri Çelebi ise, Dışişleri Bakanlığı ve CIA'in kendileriyle ilgilenmek istememelerinin,

---

225) "*Iraq: State and Saddam*", **The Wall Street Journal**, 10 Ocak 2002

226) Rowan Scarborough, "*U.S. Seeks al Qaeda Link to Iraq*", **The Washington Times**, 14 Ocak 2002

227) Morton Kondracke, "*Plan for Iraq Needed*", **The Washington Times**, Ocak 2002

228) Eli J. Lake, "*The State Department Getting in the Way*", **National Review Online**, 9 Ocak 2002

229) Aslında Irak'ta rejim değişikliğinin INC önderliğindeki silahlı muhalefet gruplarının ABD'nin hava saldırısı ve 5000 kişilik özel kuvvetlerle destekleyeceği bir harekâtla gerçekleştirilmesi planı, daha Clinton Yönetimi sırasında General Wayne A. Downing tarafından INC ile birlikte geliştirilmiş, ancak o dönemde CENTCOM komutanı Antony Zinni tarafından reddedilmişti. Zinni, planı 1961'deki Domuzlar Körfezi fiyaskosuna benzeterek, "Keçiler Körfezi" olarak nitelendirmişti. The Washington Post, 27 Aralık 2001. Downing Bush Yönetiminde Beyaz Saray'da Kontrterör danışmanlığına getirilmiş, Zinni ise Dışişleri Bakanı Powell'ın Filistin-İsrail ihtilafı özel temsilcisi olarak atanmıştı.

"*INC'nin bir şey yapamayacağından değil, Saddam Hüseyin ile bir askeri çatışmaya yol açacağı endişesinden kaynaklandığını,*" söylemekteydi. Bu sırada Irak, ABD içinde INC merkezli görüş ayrılıklarını dikkatle izlemekteydi. Saddam Hüseyin'in sözcüsü, Irak'ın eski Paris Büyükelçisi A. K. Al-Hashemi, "*INC gibi bir muhalifimizin bulunmasından memnunuz,*" demişti.[230]

Bölge Ülkelerin Muhalefeti

Irak'a yönelik bir askeri harekât tartışmalarının giderek yoğunluk kazanması, özellikle Irak'a komşu ülkeleri endişeye sevk etmişti. Her şeyden önce bölge ülkelerinin Saddam Hüseyin liderliğindeki Irak'tan algıladıkları tehdit, ABD'nin tehdit değerlendirmeleriyle örtüşmemekteydi.

Türkiye, askeri harekâtın Irak'ın parçalanmasına ve kuzeyde bir Kürt devletinin kurulmasına yol açmasından endişe etmekteydi. Suudi Arabistan'ın korkusu, güneyde bir Şii devletinin kurulması ve bunun kendisine yansımaları, ayrıca ülke halkının harekâta vereceği tepkiydi. İran da, Irak'ın parçalanmasından endişe etmekle birlikte, temel kaygısı hemen yanı başında yüz binlerce ABD askeri birliğinin bulunacak olması ve Saddam sonrası dönemde ABD'nin Irak'ı kendisine karşı bir üs olarak kullanmasıydı. Ürdün, Saddam'ın Ürdün'de bulunan Filistinlileri kışkırtmasından ve ülkede karışıklığa neden olmasından endişeliydi.

ABD Yönetimi, bölge ülkelerinin kaygılarını, henüz askeri harekât kararı almadığını ve bu kararı almadan önce bölge ülkelerine danışacağını söyleyerek yatıştırmaya çalışıyordu. Nitekim, 19-20 Ocak 2002'de Başkan Bush, konuğu Başbakan Bülent Ecevit'e ABD'nin Irak'a ilişkin planları hakkında Türkiye'yle danışmalarda bulunacağını belirtmişti.[231]

---

230) Christopher Dickey, "*Next Year in Baghdad*" Newsweek, 21 Ocak 2002
231) "*Turkey PM: U.S. Wants Saddam Out, But No Plans For Action*", Dow Jones Newswires, 19 Ocak 2002

11 Eylül saldırılarının ardından Suudi Arabistan ile ABD arasına kara kedi girmişti. Saldırıda Suudi Arabistan vatandaşlarının yer alması, ABD kamuoyunda Suudi Arabistan aleyhinde bir kampanyanın başlamasına yol açmış, dünyadaki İslami radikal terör örgütlerinin Suudi rejimi tarafından beslendiği, dolayısıyla ABD'nin terörle mücadele hedefinde Suudi Arabistan'a da eğilmek gerektiği tezi işlenmeye başlamıştı. Yönetim, kendisini bu tartışmaların dışında tutmaya çalışıyor ve Washington-Riyad ilişkilerinin her zamanki yakınlığıyla sürdüğünü açıklamaya özen gösteriyordu.

Ancak Bush Yönetiminin kamuoyundaki tartışmaların dışında kalmaya gösterdiği özen Suudi Arabistan'ın tepkisini önleyemedi. Suudi Arabistan halkının tepkisi ve ülke içindeki radikal hareketlerin hanedan karşısında koz olarak kullanması nedeniyle, Veliaht Prens Abdullah ABD'nin askeri mevcudiyetine karşı çıkmaktaydı. Prens Abdullah kaygılarında da haklı sayılırdı. 1973'teki Arap-İsrail savaşlarından sonra ilk defa Suudi Arabistan'da bu denli ABD karşıtı bir hava oluşmuştu ve Suudi hanedanı kendisini ABD'ye mesafeli durduğunu göstermek zorunda hissediyordu. Suudi Arabistan'ın, ABD askeri birliklerinin ülkeyi terk etmesini ve bu bağlamda özellikle Irak'a yönelik bir askeri harekât bakımından büyük önem taşıyacak "Prens Sultan Hava üssü"nün boşaltılmasını isteyebileceği ileri sürülmekteydi.[232]

Bu arada Irak da boş durmamaktaydı. Bağdat, Aralık 2001'den itibaren Suudi Arabistan'daki Amerikan üslerini "ihanet üsleri" olarak tanımlamaktan vazgeçmiş, Irak Dışişleri Bakanı 16 Ocak'ta Bahreyn'i ziyaret etmişti. Arap Birliği Genel Sekreteri Amr Musa temaslarda bulunmak üzere 19 Ocak'ta Bağdat'a gitmişti.

ABD ile İsrail Arasında Irak Görüşmeleri

İsrail Savunma Bakanlığı, ABD'nin Irak'a karşı bir askeri harekâta kalkışması durumunda Saddam Hüseyin'in İsrail'e füze saldırısında bulunmasına kesin gözüyle bakmaktaydı. İsrail Savunma Bakanı

232) "*Saudis May Seek U.S. Exit*", The Washington Post, 18 Ocak 2001

Benjamin Ben-Eliezer, ABD askeri harekât yaptığı takdirde köşeye sıkışacak Saddam Hüseyin'in elindeki bütün silahları kullanacağını ve İsrail'e karşı kimyasal başlıklar taşıyan füze saldırılarında bulunacağını açıklamıştı.

ABD ile İsrail Savunma Bakanlıkları arasında da Irak'a yönelik bir askeri harekâta ilişkin temaslar başlamış, İsrail Ulusal Güvenlik Konseyi Başkanı Korgeneral Uzi Dayan başkanlığındaki bir İsrail heyeti, Aralık ayında Washington'ı ziyaret etmişti. İsrail, ABD'nin askeri harekât planlarını, Irak'ın İsrail'e ancak Batı Irak'tan gerçekleştirmesi mümkün olacak füze saldırılarını da önleyecek şekilde yapmasını istemekteydi. Bu bağlamda, İsrail'in talebi, ABD'nin harekât başlar başlamaz Irak'ın füze saldırısında bulunmasını beklemeksizin Batı Irak'ta kara operasyonları gerçekleştirmesiydi.

ABD ile İsrail arasında gerçekleştirilen bu "*Stratejik Diyalog*" toplantısında İsrail Savunma Bakanlığı ve Silahlı Kuvvetleriyle, ABD'nin Avrupa Merkez Komutanlığı (EUCOM) arasında operatif işbirliği yapılması kararlaştırılmıştı.

Ayrıca Başkan Bush, İsrail Başbakanı Sharon'a, Irak'a karşı saldırı yapılmadan önce Tel Aviv'i haberdar edeceğini söylemişti.[233]

Körfez Savaşı sırasında ABD, Arap dünyasının tepkilerini önlemek amacıyla İsrail'in tarafsız kalmasını sağlamak ve özellikle Scud füze saldırılarına karşılık vermemesi için yoğun gayret göstermişti. İsrail'in ikna edilmesi, dönemin Dışişleri Bakanı James Baker ile Wolfowitz'in girişimleriyle ve İsrail'e Patriot füzeleri yerleştirilmesiyle mümkün olabilmişti. İsrail bu saldırılardan sonra kendi füze savunma sistemini geliştirmiş ve patenti kendine ait "*Arrow*" füzeleri üretmişti.[234]

---

233) Amir Oren, "*Israel Asks America to Strike Western Iraq First, If It Decides to Fight Saddam*", Ha'aretz, 2 Ocak 2002

234) Wolfowitz Şubat 2002'de yaptığı bir konuşmada, Körfez Savaşı sırasında kendilerini en çok meşgul eden olayın Irak'ın İsrail'e gerçekleştirdiği SCUD saldırıları olduğunu, SCUD rampalarına sürekli hava bombardımanı gerçekleştirdiklerini, ancak bu bombardımanların etkisinin sıfıra yakın kaldığını, daha sonra SCUD'ların rampalarının bulunduğu Batı Irak'a kara birlikleri gönderdiklerini, ancak bu birliklerin de havadaki pilotlarla bağlantı kuramamalarından başarılı olmadıklarını açıklamıştır.

Baker, diğer yandan, Bağdat'a özel kanallardan ulaştırdığı mesajda, Irak'ın koalisyon güçlerine veya İsrail'e karşı biyolojik veya kitle imha silahları kullanması durumunda, ABD'nin Irak'a nükleer bomba saldırısında bulunmaktan kaçınmayacağını bildirmişi.[235]

Ancak bu sefer İsrail, Irak'ın kendisine karşı bir saldırıya kalkışması halinde karşılık vereceğini net bir şekilde ortaya koymaktaydı.[236] Nitekim ABD ve İsrail askeri birlikleri, Ocak ayı içinde Scud saldırılarına karşı Arrow ve Patriot füzelerinin kullanıldığı bir tatbikat düzenledi.

Başkan Bush'un Şer Ekseni Konuşması

Başkan Bush, ABD'nin Irak politikasına ilişkin yaklaşımını, ABD Kongresi'nin ortak oturumuna hitaben 29 Ocak 2002'de yaptığı "*Birliğin Durumu*" konuşmasında net bir şekilde ortaya koydu. ABD Başkanlarının geleneksel olarak her yıl yasama döneminin başlangıcında yaptığı ve bu defa Afganistan Geçici Yönetiminin Başkanı Hamid Karzai'nin de hazır bulunduğu konuşmasında Başkan Bush, Irak konusunda şunları söylemekteydi:

> *Afganistan'da ele geçirdiğimiz belgeler, terörle savaşımızın sona ermediğini, aksine yeni başladığını teyit etmektedir... Yüce ulusumuz iki hedefe ulaşmak için azim, sabır ve kararlılığını sürdürecektir. Birinci hedefimiz, terörist kampları dağıtmak, teröristlerin planlarını savuşturmak ve teröristleri adalet önüne çıkartmaktır... Teröristlerin ve kimyasal, biyolojik ve nükleer silah edinmeye çalışan rejimlerin ABD'yi ve dünyayı tehdit etmesini mutlaka önlememiz gerekmektedir... İkinci hedefimiz, teröre destek veren ülkelerin ABD'yi ve ABD'nin müttefiklerini ve dostlarını kitle imha silahlarıyla tehdit etmelerini önlemektir. Bu rejimlerden bazıları 11 Eylül'den beri derin*

---

235) James Hackett, "*The Reason to Single Out Iraq*", **The Washington Times**, 24 Şubat 2002

236) Ammon Barzilai, "*It's Not If, But When the Missiles Will Strike*", **Ha'aretz**, 30 Ocak 2002

bir sessizliğe gömülmüşlerdir. Fakat bu rejimlerin gerçek tabiatını biliyoruz. Kuzey Kore, halkı açlık içinde yüzerken füze ve kitle imha silahlarıyla silahlanmak isteyen bir rejimdir. İran halkının özgürlük umutları seçimle işbaşına gelmemiş bir azınlık tarafından bastırılmaktayken, İran saldırgan biçimde bu silahları edinmeye çalışmakta ve terör ihraç etmektedir.

Irak, Amerika'ya düşmanlığını sergilemeye ve terörü desteklemeye devam etmektedir. Irak rejimi, 10 yıldır antrax, sinir gazı ve nükleer silahlar geliştirme komplosu içindedir. Bu rejim, kendi vatandaşlarının binlercesini öldürmek için zehirli gaz kullanmış; uluslararası silah denetimlerini kabul etmiş, ancak sonra ülkeden atmış; medeni dünyadan saklayacak bir şeyleri olan bir rejimdir.

Bu tür devletler ve bunların terörist müttefikleri, 'şer ekseni' oluşturmakta ve dünya barışını tehdit etmektedirler. Bu rejimler, kitle imha silahları elde etmeye çalışarak, ciddi ve giderek büyüyen bir tehdit teşkil etmektedirler. Bu silahları, kinlerini kusmak isteyen teröristlere verebilirler. Bunlar müttefiklerimize saldırabilir veya ABD'ye şantaj yapmaya teşebbüs edebilirler. Bu hallerin hepsinde de kayıtsız kalmanın maliyeti felâkete yol açacaktır... Bütün uluslar bilmelidir ki, ABD kendi halkının güvenliğini sağlamak için gereken her şeyi yapacaktır.[237]

Başkan Bush'un sık sık alkışlarla kesilen bu konuşması ABD kamuoyunda hemen "*Şer Ekseni*" konuşması adını aldı. ABD basınında, Şer Ekseni konuşmasının diğer Birliğin Durumu konuşmaları gibi unutulmayacağı, çünkü savaşı yeniden tanımladığı, konuşmanın yapıldığı ana kadar ABD'nin sürdürdüğü savaşın sadece 11 Eylül'le bağlantılı olduğuna dair bir kanaatin bulunduğu, ancak Başkan Bush'un bu konuşmayla, asıl savaşın yeni 11 Eylül'lerin yaşanmasını engellemek olduğunu açıkça ortaya koyduğu belirtiliyordu.

Bazı yazarlara göre, konuşmanın odak noktası Irak'tı. Irak politikası konusunda Yönetim içi uyuşmazlıkların, bu konuşmayla artık sona erdiği yorumları yapılmaktaydı.[238]

---

237) http://www.whitehouse.gov/news/releases/2002/01/20020129-11.html
238) Charles Krauthammer, "*Redefining the War*", **The Washington Post**, 1 Şubat 2002

ABD'nin tanınmış köşe yazarlarından William Safire da, bu konuşmayla Başkan Bush'un silahını çekip masaya koyduğunu ve gelecek seferinde kullanacağını belirtmekteydi.[239]

Başkan Bush'un konuşması bütün dünyada geniş yankı bulmuş, çoğu halde de tepkiyle karşılanmıştı. Fransız Dışişleri Bakanı Hubert Vedrine Başkan Bush'un "şer ekseni" tanımlamasını "basit" bulduğunu açıklamıştı. Alman Dışişleri Bakanı Joschka Fischer, ABD'nin Avrupa ülkelerine uydularıymış gibi muamele ettiğini söylemişti.[240]

ABD Yönetimiyse, Irak politikasının gözden geçirilme sürecinin devam ettiğini söylemekte, askeri harekâtın yakın zamanda gerçekleşeceğine dair endişeleri yatıştırmaya çalışmaktaydı.

Dışişleri Bakanlığı'nda ve Pentagon'da temaslarda bulunan INC yetkilileri ise, ABD'nin Irak muhalefetine silahlı eğitim vermesini talep etmişlerdi. INC'nin, askeri eğitim konusunun Başkan Bush'un konuşmasından sonra olumlu sonuçlanacağı beklentisine rağmen, Dışişleri Bakanlığı'nın muhalefeti devam etmekteydi.[241]

Başkan Bush'un bu konuşması Bağdat'ta tansiyonun artmasına neden olmuştu. Daha Ocak ayı başlarında Başbakan Birinci Yardımcısı Tarık Aziz, Moskova'yı ziyaret etmişken, Saddam Hüseyin Yardımcısı Taha Yasin Ramazan'ı 2-3 Şubat'ta acilen Moskova'ya gönderdi. ABD ile Rusya arasında uzun süren pazarlıklar sonucunda "*akıllı yaptırımlar*" adı verilen bir güçlendirilmiş yaptırımlar rejiminin BM Güvenlik Konseyi'nden çıkmayacağı belli olmuş, ABD ile RF, Irak'ın Petrol Karşılığı Gıda Programı kapsamında ithal edeceği malların listesini "*çifte kullanıma*" uygun malların kapsamını genişletecek şekilde gözden geçirmeye başlamıştı. Rusya, Bağdat'a Irak'ın silah denetçilerinin ülkeye dönüşüne izin vermesi gerektiğini telkin

---

239) William Safire, "*To Fight Freedom's Fight*", **The New York Times** 31 Ocak 2002

240) R. James Woolsey, "*The Wild, Wild West*", **Wall Street Journal Europe**, 22 Şubat 2002

241) Michael Gordon, "*Iraqi's Seek to Oust Hussein With U.S. Military Training*", **The Washington Post**, 1 Şubat 2002

ediyordu. Irak ise, 1994'ten sonra ekonomik avantajlarla yanına çekmekte başarılı olduğu Rusya'nın ABD ile sürdürdüğü görüşmelerden rahatsızdı. Taha Yasin Ramazan, Irak'a yönelik yaptırımların kaldırılması gereken bir aşamada, Moskova'nın ABD ile gözden geçirilmiş mal listesi üzerinde görüşmeler yapmasının anlamsız olduğunu ileri sürüyordu.[242]

Bağdat bir açılım daha yaparak BM denetçilerinin Irak'a dönüşü konusunu müzakere etmeye hazır olduğunu açıkladı, Moskova'dan sonra Pekin'e de bir heyet gönderdi, hatta BM insan hakları uzmanlarını ülkeye davet etti.

6 Şubat'ta Temsilciler Meclisi Uluslararası İlişkiler Komitesi'nde Irak konusunda düzenlenen oturuma katılan Dışişleri Bakanı C. Powell, Irak'ta rejim değişikliği için Başkan Bush'un önündeki seçenekleri incelemekte olduğunu, altına bakılmadık taş bırakılmadığını açıkladı.[243] Powell'ın bu açıklaması Yönetimin Saddam Hüseyin'in devrilmesine kesin karar verdiği, artık tartışmanın yönünün bunun ne şekilde yapılacağına kaydığını göstermekteydi.

ABD Yönetimi ise Irak stratejisini, Irak'ın kitle imha silahlarına sahip olduğu ve Bağdat'ın BM denetçilerinin ülkeye dönüşüne koşulsuz izin vermesi gerektiği söylemine odaklamaya başladı. Dışişleri Bakanı Powell, Irak'ın BM silah denetçilerinin dönüşünü müzakere etmeye hazır olduğu açıklaması karşısında, "*Denetçilerin Irak'a dönüşü başkalarının değil bizim belirleyeceğimiz koşullarda olmalıdır. Bu şer rejim, yaptıklarından şüphelendiğimiz şeyleri yapmadığını ispatlamakla mükelleftir,*" demekteydi.[244]

Savunma Bakanı Rumsfeld ise silah denetimlerinin, yapıldığı dönemde etkili olamadığını, denetçilerin Irak'ın sahip olduğu kitle im-

---

242) "*Iraq VP: US Policies Could Trigger 'Even More Dreadful' Attacks*", **AFP**, 4 Şubat 2002

243) Nicholas Kralev, "*U.S. Eyes Unilateral Action on Saddam*", **The Washington Times**, 7 Şubat 2002

244) Lawrence F. Kaplan, "Why is Bush Demandin Weapons Inspectors", "The New Republic, 25 Şubat 2002

ha silahlarını ancak ülkeden kaçan Iraklıların itirafları sayesinde öğrenebildiklerini, ayrıca denetçilerin Irak'tan atıldığı Aralık 1998'den bu yana teknolojide birçok yenilik gerçekleştiğini ve Saddam Hüseyin'in sahip olduğu kitle imha silahlarını saklamak için büyük bir ihtimalle yeni yöntemler geliştirmiş olduğunu söylüyordu.[245]

Rumsfeld'in BM silah denetimlerinin etkinliğini sorgulaması, Irak'ın kitle imha silahlarıyla bağlantılı olarak BM silah denetimlerinin ABD'nin söyleminde ön plana çıkartılmasının Pentagon'daki sivil ekibi rahatsız ettiğinin de göstergesiydi.

Bu sırada St. Charles'taki Boeing fabrikası da 24 saat aralıksız çalışmaktaydı. Afganistan'daki Sürekli Özgürlük harekâtı sırasında kullanılan ve yüksek irtifada uçan uçaklardan hedefe lazer güdümlü olarak fırlatılan akıllı bombaları üreten Boeing, harekât sırasında tüketilen bombaların yerine yenilerini üretmekteydi. Basında yer alan haberlerde, ABD'nin Irak'a saldırmaya karar vermesi halinde, yeteri kadar akıllı bomba üretmek için 6 aya ihtiyaç olduğu bildiriliyordu.[246]

Şubat ayının son günlerinde, ABD ve dünya kamuoyu Bush Yönetiminin Saddam Hüseyin'in devrilmesi konusunda kararını verdiğine inanır hale gelmişti.

ABD, INC'ye Yaptığı Yardımı Kesiyor: Dışişleri-Pentagon Çekişmesi

ABD Dışişleri Bakanlığı ve CIA'in gündeminde ise Irak'tan kaçmış eski üst düzey subayları toplamak vardı. Dışişleri ve CIA yetkilileri, farklı tarihlerde Irak'tan kaçan ve her ikisi de Washington'da yaşayan Şii kökenli Tümgeneral Fevzi Şammari ve Sünni kökenli Tümgeneral Necip Salhi ile görüşmüş, Mart 1995'teki INC ayaklanmasının mimarlarından ve Irak askeri istihbaratının eski başkanı Vefik Samarai

---

245) Frank Gaffney Jr., "*Rumsfeld's Now Hear This*", **The Washington Times**, 26 Şubat 2002

246) "*Anti-Iraq Rhetoricc Outpaces Reality*", **The Washington Post**, 24 Şubat 2002

ile Londra'da görüşmüşlerdi. Dışişleri ve CIA, Saddam Hüseyin'in nasıl devrilebileceği ve Irak ordusunun durumu hakkında bilgi almak istiyor, ayrıca muhalefet içinde sesleri pek duyulmayan Iraklı subayları da işin içine çekmeye çalışıyordu.

Dışişleri ve CIA'in bu girişimleri INC'yi destekleyen Pentagon'daki sivil ekibi son derece rahatsız etmişti. Bu ekibe göre, Dışişleri ve CIA, INC'nin altını oymaya çalışmaktaydı. Şahin kanadın sözcüsü Perle, "*Son haftalarda gördüklerim INC karşıtlarının alternatif yaratmak için çırpınmalarından ibarettir. Bu yaklaşım aptalcadır ve ileri görüşlülükten uzaktır,*" demekte, Dışişleri ve CIA'in bölgeye farklı mesajlar gönderdiğini, bunun da akılları karıştırmaktan başka bir işe yaramadığını ileri sürmekteydi. Iraklı eski subaylarla sadece ABD Dışişleri ve CIA görevlileri görüşmemişti. İngiltere Dışişleri Bakanlığı da 2 yıldır ilk defa Iraklı muhaliflerle temaslara başlamıştı.[247]

Başkan Yardımcısı Cheney, Mart ayında aralarında Türkiye'nin de bulunduğu Ortadoğu ülkelerini kapsayan 10 günlük bir ziyarete çıktı. Ziyaretin amacı, ABD'nin Irak'ta rejim değişikliği konusundaki kararlılığını bölge ülkelerine izah etmekti, ancak Cheney beraberinde herhangi bir askeri harekât planı götürmemişti.[248] Ziyaretin bir diğer önemli amacı, Filistinlilerle İsrail arasında artan gerginliğe ABD'nin kayıtsız kalmadığını ve barış sürecine ilgisinin devam ettiğini göstermekti.

Bu sırada Pentagon'daki sivil kanadı ve şahinleri rahatsız eden bir gelişme oldu. *The Washington Post*'ta, 11 Eylül saldırılarına katılan Muhammed Atta ile Al-Ani isimli Iraklı ajan arasında Nisan 2001'de Prag'da yapıldığı ileri sürülen görüşmenin hiçbir zaman gerçekleşmemiş olduğu, hatta bu iddiayı ilk ortaya atan Çeklerin de geri adım atmaya başladıkları gündeme getirilmişti. Irak'a yönelik bir askeri harekâta dayanak olarak, Bağdat'ın 11 Eylül saldırılarıyla bağlantısı olduğunu ispatlamaya çalışan ve bu amaçla Atta-Al-Ani görüşmesine

---

247) Anthony Shadid, "*US Pursues Ex-Generals to Topple Saddam*", **Boston Globe**, 11 Mart 2002
248) Zvi Bar'el, "*The Attack on Iraq Begins in Ramallah*", **Ha'aretz**, 11 Mart 2002

büyük bel bağlamış bulunan şahinler, *Washington Post*'un bu haberine köpürmüşlerdi.[249]

Nisan ayında Başkan Bush'un Teksas Crawford'daki çiftliğinde hafta sonu misafiri, Irak'a yönelik bir askeri harekâtta ABD'nin en önemli müttefiki olacak İngiltere Başbakanı Tony Blair'di. Blair'le birlikte basın mensuplarının sorularını yanıtlayan Başkan Bush, ABD'nin Irak stratejisini, "*Saddam'ın gitmesi gerektiği konusunda kararımı verdim,*" sözleriyle açıklıyor, ancak bunun nasıl gerçekleşeceğine ilişkin soruları, "*Bekleyin, göreceksiniz,*" şeklinde yanıtlıyordu.[250] Bush ve Blair'in aileleriyle birlikte Crawford'da geçirdikleri tatilden çıkan sonuç, Saddam Hüseyin'in devrilmesi kararıydı.[251]

ABD, Körfez'de Alternatif Üs Kuruyor

Washington-Riyad ilişkilerindeki iniş-çıkışlardan endişe duyan ve Suudi hanedanının ABD'nin Ortadoğu'daki en donanımlı üssü olan Prens Sultan üssünün Irak'a yönelik bir askeri harekâtta kullanılmasına izin vermemesi ihtimalini dikkate alan Pentagon, bu üsse olan bağımlılığını azaltmak amacıyla Katar'daki El-Udeyd üssünde alternatif bir komuta-kontrol merkezi inşa etmeye başlamıştı. ABD, "Sürekli Özgürlük Harekâtı" için Prens Sultan hava üssünü kullanmak istediğinde, iç kamuoyu tepkilerinden endişe eden Suudi Arabistan'ın direnciyle karşılaşmış, Katar'daki üssü "Koalisyon Hava Harekât Merkezi"ne dönüştürmeye karar vermişti. Katar, ABD'nin yapacağı askeri harekâtlarda hiçbir angajman kuralları sınırlaması getirmeme taahhüdünde bulunmuştu. ABD ayrıca Kuveyt, Bahreyn, Birleşik Arap Emirlikleri ve Umman'daki üslerini de muhtemel bir harekâtta kullanıma hazır hale getirmeye yönelmişti. Ancak CENT-

---

249) William Safire, "*Protecting Saddam*", **The New York Times**, 18 Mart 2002
250) Karen DeYoung, "*Bush Won't Be Pinned Down on Plans for Attacks on Iraq*, **The Washington Post**, 6 Nisan 2002
251) "*How Saddam Will Go*", **Daily Telegraph**, 9 Nisan 2002; "*Is This Man Leading Us to War With Iraq?*", **The Guardian**, 10 Nisan 2002

COM komutanı Tommy Franks, Suudi Arabistan'daki üsler konusunda Riyad'la gayet iyi ilişkiler sürdürdüklerini söylemeyi ihmal etmemekteydi.[252]

İsrail-Filistin İhtilafı: Cenin Katliamı

Bush Yönetimi, Saddam Hüseyin'i devirmeyi planlamaktayken, İsrail-Filistin gerginliğindeki tırmanma endişe verici boyutlara ulaşmıştı. 1991'deki Madrid Konferansıyla başlayan ve 1993'teki Oslo Anlaşmalarıyla tarihi bir döneme giren Ortadoğu Barış Süreci'nde işler sarpa sarmıştı. Clinton'ın başkanlığının son döneminde, Filistin lideri Arafat ile İsrail Başbakanı Ehud Barak'ı nihai barış anlaşmasını sonuçlandırmak üzere ABD Başkanlarının hafta sonu tatillerini geçirdikleri Camp David'le bir araya getirmesi ve barış sağlanması için ABD'nin bütün ağırlığını koyması yeterli gelmemişti. Aşırı sağ Likud Partisi'nin başkanı Ariel Sharon'ın Kudüs'teki Mescid-i Aksa'yı ziyareti, Filistinlileri kışkırtmış ve İkinci Filistin İntifadası başlamıştı. İsrail, her geçen gün Filistinli canlı bombaların saldırısıyla sarsılıyor, Başbakan Sharon ise teröre karşı genelde ölçüyü aşan misillemelerde bulunuyordu. Bush Yönetimi, İrlanda'daki barış anlaşmasının mimarı eski Senatör George Mitchell başkanlığında, aralarında Dokuzuncu Cumhurbaşkanı Süleyman Demirel'in de bulunduğu önemli uluslararası şahsiyetlerden oluşan 7 kişilik bir komite kurmuştu. Birkaç ay süren çalışmasından sonra komite, Barış Süreci'ni kurtarmak için taraflara bir yol haritası sunmuştu. Ancak "Mitchell Komitesi Raporu" aldığı bütün olumlu tepkilere rağmen uygulanmamış ve çatışmalar daha da yoğunlaşmıştı. Özellikle Arap dünyasında, ABD'nin Barış Süreci'ne angajmanının devam etmeyeceği endişesi başlamıştı. Washington ise barış sürecinin devamına önem verdiğini, ancak görüşmelerin başlaması için taraflar arasındaki şiddet olaylarının sona ermesi gerektiğini ileri sürmekteydi.

---

252) Bradley Graham ve Thomas E. Ricks, "*Contingency Plan Shifts Saudi Base to Qatar*", The Washington Post, 6 Nisan 2002

ABD Yönetimi, Filistin Devlet Başkanı Arafat'ı gözden çıkarmaya karar vermişti. ABD, Arafat'ı verdiği bütün sözlere rağmen şiddet eylemlerini durmamakla ve gerilimi tırmandırmakla suçluyordu. MOSSAD tarafından ele geçirilen bir gemide Filistin Yönetimine İran tarafından gönderildiği ileri sürülen saldırı maksatlı Katyuşa roketleri ve diğer hafif saldırı silahları bulunmuştu. MOSSAD ve CIA'ye göre, sevkiyat Filistin Yönetimi'nin talebi üzere ve Arafat'ın bilgisi dahilinde İran'dan yapılmıştı. Arafat, olayın bilgisi dışında gerçekleştiğini söylemekteyse de, olaya karışanların Filistin Yönetimi'nde görevli ve doğrudan maiyetinde çalışan isimler olmasıyla zor duruma düşmüştü. Neticede Bush Yönetimi Arafat'ı gözden çıkartmış, İsrail Başbakanı Sharon ise Filistin İntifadasını, ABD Yönetimi'nin bütün uyarılarına rağmen bildiği yollardan bastırmaya yönelmiş, Nisan ayında Filistin direnişinin merkezi durumundaki Cenin ve Nablus'taki mülteci kamplarına saldırı emri vermişti.

Cenin katliamında onlarca Filistinli hayatını kaybetmiş, dünyada büyük tepki doğmuş; Başkan Bush'un yarım ağızla yaptığı İsrail'in Batı Şeria'dan çekilmesi çağrıları yanıtsız kalmıştı.

Arap dünyası, Irak'a yönelik bir askeri harekâttan önce Filistin-İsrail meselesinde bir rahatlama sağlanması gerektiğini, Ortadoğu'nun iki büyük krizi aynı anda kaldıramayacağını ileri sürmekteydi. Hatta İngiltere Başbakanı Blair'in, İsrail'in Batı Şeria'daki eylemleri üzerine Saddam Hüseyin'in kitle imha silahları konusunda İngiliz istihbaratı tarafından hazırlanan bir belgeyi kamuoyuna açıklamayı ertelediği söyleniyordu.[253]

İsrail'de yayınlanan bir makalede, İsrail'in en büyük dileğinin Amerika'nın Irak'a saldırması olması gerektiği; halbuki İsrail'in Filistinlilere karşı giriştiği eylemlerin Washington'ın Irak planlarını geciktirdiği, nükleer bombaya sahip Saddam'ın İsrail açısından açık

---

253) Mike Allen, "*Bush Resumes Case Against Iraq*", **The Washington Post**, 18 Nisan 2002

ve yakın tehdit oluşturacağına şüphe bulunmadığı belirtilmekte, "Kudüs'e giden yol maalesef Bağdat'tan geçmektedir," denmekteydi.[254]

Ancak İsrail-Filistin meselesinin kangrenleşmeye başlaması Başkan Bush'u Saddam Hüseyin rejiminin devrilmesine verdiği öncelikten vazgeçirecek gibi gözükmüyordu. Bush, 17 Nisan'da Virginia'daki askeri akademide yaptığı konuşmada, Irak'ın adını belirtmeksizin, kitle imha silahları edinmeye çalışan şer ekseni ülkelere atıfta bulunarak, er geç dünyanın bu ülkelerle çatışacağını söylüyordu.[255]

Irak uzmanları askeri harekâtın tarihinin çok yakın olduğunu ileri sürmeye başlamışlardı. Uzmanların beklentileri gerçeği yansıtmaktaydı. Pentagon, Dışişleri Bakanlığı ve Ulusal Güvenlik Konseyi, Saddam Hüseyin'in mümkün olan en kısa zamanda devrilmesi konusunda mutabakata varmışlardı. Ancak Yönetimde bunun nasıl gerçekleşeceği konusunda görüş birliği oluşmamıştı.

Askeri Harekât Planlarının Ortaya Çıkışı

BM silah denetçilerinin Irak'a dönüşü konusunda da Yönetim içinde farklı görüşler hakimdi. Dışişleri Bakanlığı, BM silah denetimlerine son bir kez daha şans verilmesi gerektiğini savunuyordu. Dışişlerine göre, bu sayede Saddam Hüseyin'in devrilmesi için daha fazla uluslararası destek sağlanması mümkün olacaktı. Pentagon'daki sivil kesim ise denetimlerin gereksiz zaman kaybı olduğuna inanmaktaydı.

CENTCOM Komutanı General Tommy Franks, Başkan Bush'a Irak'a yönelik askeri harekât seçenekleri üzerinde brifing vermiş ve yaklaşık 200.000 askerin katılacağı büyük çaplı bir askeri harekâttan yana tavır koymuştu. Pentagon'daki sivil ekip ise, Afgan yaklaşımı konusundaki ısrarını sürdürmekteydi.

---

254) Reuven Pedatzur, "*Between Jenin and Iraqi Bomb*", **Ha'aretz**, 18 Nisan 2002
255) Mike Allen, "*Bush...*", **The Washington Post**, 18 Nisan 2002

Başkan Bush 20-21 Nisan tarihlerinde Camp David'de askeri harekât seçeneklerini ele almak üzere ulusal güvenlik danışmanlarıyla bir araya gelmişti.[256]

28 Nisan tarihli "*The New York Times*"ın haberi, ABD'nin Saddam Hüseyin rejimini devirmeye yönelik planlarına açıklık getirdi. Habere göre, ABD Yönetimi Saddam Hüseyin'i devirmek için üç seçeneği incelemişti. Bunlardan ilki, Saddam Hüseyin'in bir askeri darbe sonucunda devrilmesiydi. Ancak 1990'lı yıllarda Saddam Hüseyin'e karşı 6 darbe girişimi henüz hazırlık aşamasında ortaya çıkartılmıştı ve darbe başarılı olması neredeyse imkânsız bir seçenekti. İkinci seçenek, Pentagon'daki sivillerin gündeme getirdiği Afgan yaklaşımıydı. Bu stratejide, ABD'nin hava bombardımanı ve sınırlı sayıdaki özel kuvvetlerin desteğine dayanacak Kürtlerin kuzeyden, Şiilerin de güneyden saldırıya geçmesi gerekliydi. Saddam Hüseyin'in askeri birlikleri, Körfez Savaşı'ndaki güçlerinin yalnızca üçte biri oranında güce sahipse de, muhalefet unsurlarının üstesinden rahatlıkla gelebilirdi. Üçüncü seçenek ise 70.000 ila 250.000 askerin katılacağı, hava bombardımanıyla birlikte, kara birliklerinin Irak'ı işgal etmesine yönelik stratejiydi. Bush Yönetimi, ilk iki stratejinin başarısız olması ihtimalinin yüksekliği karşısında, büyük ölçekli askeri harekât seçeneğinin üzerinde durmaya başlamıştı. Bu nitelikteki bir askeri harekâtın yapılması diplomatik, ekonomik ve askeri alanlarda yoğun bir hazırlık gerektirmekteydi. Hazırlıkların tamamlanması için yaklaşık bir yıllık süreye ihtiyaç vardı.

Arap-İsrail ihtilafının bir kaosa dönüşmesi, Irak'a yönelik askeri harekâtın Arap devletlerinin tepkisiyle karşılaşılmaksızın ve bölgede Amerikan karşıtı şiddete yol açmaksızın gerçekleştirilip gerçekleştirilemeyeceği tartışmasını da derinleştirmişti. Başkan Yardımcısı Cheney, Savunma Bakanı Rumsfeld ve yardımcıları, kararlı bir askeri harekât yapıldığı takdirde, Arap liderlerinin kamuoyu önünde tepki göstereceğini, ancak Saddam Hüseyin'in devrilmesini gizliden gizliye

256) Rowan Scarborough, "*Size of Force on Ground Key in Plan for Iraq War*", **The Washington Times**, 26 Nisan 2002

kutlayacaklarını, ayrıca Saddam'ın devrilmesinin İsrail ile Filistinliler arasındaki şiddetin de son bulmasına yol açacağını savunuyordu.

Dışişleri Bakanlığı ve Beyaz Saray'daki bir grup ise, Saddam Hüseyin'e karşı girişilecek bir askeri harekâtın Araplar tarafından İslam'a karşı bir savaş olarak algılanacağını, bölgeyi karmaşaya sürükleyeceğini ve Usame Bin Ladin ve örgütü El-Kaide'ye karşı yürütülen savaşa verilen uluslararası desteğin azalacağını ileri sürüyordu.

Ayrıca, bölge devletlerinin ülkelerindeki üslerin ve topraklarının Irak'a karşı bir askeri harekâtta kullanılmasına izin verip vermeyeceği bilinememekteydi. Suudi Arabistan üslerini kullandırmak konusunda isteksizdi ve Başkan Bush ile Veliaht Prens Abdullah arasında tatsız bir görüşme geçmişti. Suudi Arabistan'ın tutumu bir yana bırakıldığında, Türkiye, Kuveyt ve Katar'daki üslerin kullanılmasına, ayıca Umman ve Bahreyn'in desteğinin sağlanmasına ihtiyaç bulunmaktaydı.

Beyaz Saray, Irak'a yönelik bir askeri harekâtın dünya petrol fiyatlarına etkisini de dikkate alarak, bu alanda bir çalışma yapmıştı. Dünya petrol fiyatlarındaki artışın ABD ekonomisi üzerinde doğrudan etkisini "Stratejik Petrol Rezervleri"ni devreye sokarak sınırlamak mümkündü. Başkan Bush, Kasım 2001'de "Stratejik Petrol Rezervi"nin tam kapasiteye ulaştırılması talimatını vermişti. Ancak en büyük petrol sevkiyatı Eylül ve Ocak ayları arasında yapılmaktaydı ve bu nedenle askeri harekâtın en az 2003 yılının ilk günlerine ertelenmesi gerekmekteydi.[257]

Aslında CIA, Başkan Bush'a bir değerlendirme sunarak, darbe ve Afgan modeli seçeneklerinin başarılı olamayacağı uyarısında bulunmuş, Saddam Hüseyin'i ve rejimini devirmek için tek yöntemin büyük çaplı bir askeri harekât olduğunu bildirmişti.[258]

ABD'nin kararlılığı karşısında fırtınanın yaklaştığının farkına varan Irak ise, BM silah denetçilerinin ülkeye dönmesi ve yaptırımlar konusunda BM ile görüşmelere başlıyordu.

---

257) Tom Shanker ve David A. Sanger, "*U.S. Blueprint to Topple Hussein Envisions Big Invasion Next Year*", The New York Times, 28 Nisan 2002
258) "*CIA Says Iraq Invasion the Only Way to Depose Saddam*", The USA Today, 30 Nisan 2002

Afgan Yaklaşımı

Nisan ayının son günleri Irak konusuna yeni bir boyut getirmişti. Amerikan Yönetimi askeri harekâtın ne ölçekte olması gerektiğine odaklanmıştı.

Saddam Hüseyin devrilecek olduktan sonra, Pentagon'daki sivil kanadın savunduğu Afgan modelinin mi, yoksa CENTCOM Komutanı General T. Franks'in savunduğu büyük ölçekli bir harekâtın mı tercih edileceği marjinal öneme sahip gözükse de, Saddam sonrası Irak'a ilişkin hesapların bir parçasıydı. Pentagon'daki sivil ekip, yıllardır INC ve Ahmed Çelebi ile çok yakın ilişkiler sürdürmüştü. Bu ekibin Saddam sonrası Irak planlarında INC'ye ve lideri Çelebi'ye önemli bir rol biçmek istediği açıktı. Ülke içinde etkinliği bulunmayan INC'nin ve Çelebi'nin, askeri harekâtta muhalefetin şemsiye örgütü olarak oynayacağı rol, askeri harekât sonrasındaki rolünün de belirleyicisi ve meşruiyet kaynağı olacak, ayrıca ülkenin geleceğinde Pentagon'daki sivil ekibe daha fazla söz hakkı sağlayacaktı. Irak bağlamında General Franks'in önerdiği çapta bir askeri harekâta girişilmesi halinde, harekât sırasında INC'ye bir rol verilmesine gerek kalmayacak, INC ve Çelebi marjinalleşecekti. Pentagon'daki sivil ekibin elini güçlendiren olay, General Franks'in daha büyük çaplı bir harekât yapılması düşüncesine rağmen, Pentagon'daki sivil ekibin önerdiği yerel Afgan güçlerinden ve Kuzey İttifakı'ndan yararlanma modelinin Afganistan'da kısa zamanda başarıya ulaşması ve ABD'ye yakınlığıyla bilinen Hamid Karzai'nin Geçici Yönetimin başkanı seçilmesiydi. Orgeneral Franks ise konuya siyasi saiklerden öte askeri harekâtın başarısı açısından bakmaktaydı.

Nitekim Pentagon'daki sivil ekibin sözcüsü Richard Perle'ün yöneticilerinden olduğu ve ABD'deki şahinlere yakınlığıyla bilinen, İsrail'de yayınlanan "*The Jerusalem Post*" gazetesinin 2 Mayıs 2002 tarihli başyazısında, gerçekçi ve makul bir yaklaşım olan Afgan modeli sayesinde ülkenin sadece % 5'ini kontrol eden Kuzey İttifakı'nın birkaç hafta zarfında Kabil'i ele geçirdiği, bu yaklaşımın Irak düzleminde uygulanmasının Afganistan'dakinden çok daha kolay olduğu, INC'nin K. İttifakı örneğinin aksine Irak halkının tamamını temsil ettiği belirtilmekteydi. Başyazıda, ABD'nin askeri harekâtının INC merkezli olmayacağının rahatsız edici olduğu, ancak daha da rahatsızlık verici haberin harekâtın bir yıl sonraya ertelenmesinden bahsedilmesi olduğu ifade edilmekteydi.[259]

ABD Dışişleri Bakanlığı ise, INC'nin Özgürlük kanalına yaptığı yardımı askıya almış, bununla da kalmayıp Irak muhalefetini ABD'de buluşturmak üzere, Suudi Arabistan'dan maddi destek alan, Arap yanlısı "The Middle East Institute" isimli düşünce kuruluşuna 5 milyon dolar tahsis etmek istemişti.[260] INC'nin Dışişleri Bakanlığı tarafından bir kez daha by-pass edilmeye çalışılması şahinleri çileden çıkartmıştı. Artık hedef tahtasında Dışişleri Bakanı Powell vardı. Ancak bir yandan ABD'nin askeri harekât planları basına sızdırılmaya devam ediyordu.

CIA, Barzani ve Talabani'yi Amerika'da Buluşturuyor

Muhalefet cephesinde ise ilginç gelişmeler yaşanmaktaydı. CIA'den üst düzey bir yetkilinin başkanlığındaki bir ABD heyeti Nisan ayının son günlerinde KDP lideri Mesut Barzani ve KYB lideri Celal Talabani ile Almanya'da gizli bir görüşme yapmıştı.[261] Başkan Bush'un kontr-terör danışmanı General Wayne Downing'in de katıldığı görüşmeden sonra Talabani ve Barzani, ABD hava kuvvetlerine ait bir askeri uçakla Virginia'ya götürülmüştü. Virginia'daki görüşmenin yeri, CIA'in Virginia/Williamsburg'daki "*Camp Perry*" isimli, CIA içinde "*Çiftlik*" olarak adlandırılan, CIA'in operasyon birimlerinin eğitim gördükleri merkezdi. "Çiftliğin" bir özelliği örtülü operas-

---

259) "*How to Beat Saddam-and When*", **The Jerusalem Post**, 2 Mayıs 2002
260) Jim Hoaghland, "*The INC vs. The State Department*", **The Washington Post**, 3 Mayıs 2002
261) Alan Sipress, "*US Officials Have Been Stepping Up Discussions With Iraqi Opposition*", **The Washington Post**, 13 Mayıs 2002

yonlar ve gizli görüşmelerde kullanılan özel gizli bir bölümü olmasıydı. Buradaki görüşmelere katılacak yabancı devlet başkanları, ayaklanmacılar ve ajanlar, hiçbir zaman resmi niteliği olmayacak toplantılar için pasaport, vize ve gümrük sorunları olmaksızın doğrudan Çiftlik'te ağırlanıyordu.

Görüşmenin amacı, Barzani ve Talabani'yi ABD'nin Irak'a yapacağı askeri harekâta katılmaya ikna etmek, Kürtlerin harekâta ne şekilde katkı sağlayacağını öğrenmekti. ABD heyeti, Talabani'nin kontrolündeki Süleymaniye'de, Barzani'nin kontrolündeki Erbil'de CIA istasyonları kurulmasını talep etmişti. Barzani ve Talabani, olumsuz yanıt vermişti. Görüşmedeki temel sorun, karşılıklı güven eksikliğiydi. Kürtler, ABD tarafından bir kez daha ortada bırakılmaktan korkuyorlardı. Saddam Hüseyin karşısında güvenliklerinin sağlanacağına dair sıkı garantiler istemişler ve CIA'in düşündüğünden çok daha fazla maddi yardım talep etmişlerdi.

Görüşmenin bir noktasında, Talabani ve Barzani görüşmeye katılan ABD heyetinin, ABD Yönetimi'nin tamamını temsil edip etmediğini sormuşlardı. Kürt liderlerin bu çıkışı üzerine Yakındoğu konularından sorumlu Dışişleri Bakan Yardımcısı Ryan Crocker apar topar Washington'dan Çiftliğe getirilmişti. Ancak Kürtler, güvenliklerinin sağlanacağı konusunda ikna edilememişlerdi.[262]

Askeri Harekât Planları Basına Sızıyor

ABD'nin askeri istihbarat örgütü niteliğindeki Pentagon bünyesindeki Savunma İstihbarat Ajansı[263] tarafından hazırlanan "*Irak-Operasyonel Destek Çalışması*" başlıklı gizli rapor Mayıs ayının ilk haftasında basına sızdı. Irak'ın yolları, rafineleri, haberleşme sistemleri, güvenlik örgütleri ve askeri konuşlandırmaları hakkında ayrıntılı bil-

---

262) Julian Borger, "*Rebel Groups Reject CIA Overtures Down on the Farm*", The Guardian, 10 Haziran 2002
263) Defense Intelligence Agency-DIA

gi yer alan raporda, ABD'nin Saddam Hüseyin'i devirmek için büyük ölçekli bir askeri harekât düzenlemesi gerektiği sonucuna varılmaktaydı. Raporda yer alan harekât planı, General Tommy Franks'in görüşleriyle örtüşmekteydi.

Aslında CENTCOM, 2002'nin ilk günlerinde Irak'a yönelik büyük ölçekli bir askeri harekât planı hazırlamıştı. Planın ilk taslağı Şubat ayında Orgeneral Franks ve CENTCOM bünyesindeki Üçüncü Ordu Komutanı Paul Mikolashek tarafından hazırlanmıştı. Mikolashek, Afganistan'daki harekâtın bütün konvansiyonel ve özel kuvvet operasyonlarından sorumluydu ve Irak'a yönelik bir harekâtta da aynı sorumlulukları üstlenecekti. Plana göre, 150.000 asker, 5 uçak gemisinden kalkan uçaklarla aynı anda güney Irak'tan hava ve kara saldırısına başlayacaktı. Plan iki varsayıma dayanmaktaydı: Savaş kara kuvvetlerinin hava bombardımanıyla destekleneceği kara muharebesi şeklinde gerçekleşecekti ve Suudi Arabistan, ABD askerlerinin ülkesini kullanmasına izin vermeyecekti. Planda, bölgede bulunan hava üslerine yer verilmemişti. ABD'nin son üç büyük askeri harekâtında -Körfez Savaşı, Kosova ve Afganistan- ispatlanmış olan hava hakimiyetine yeterince önem vermeyen plan büyük eleştiriler almıştı. Planın bir diğer önemli eksiği, Irak'ın sahip olduğu kitle imha silahlarını imha etmeye yönelik stratejiler içermemesi, ayrıca Suudi Arabistan'ın yanı sıra bölge ülkelerinde bulunan hava üslerinden yararlanılmayacağı varsayımı sorgulanmıştı.

Franks, Mart ayında gözden geçirilmiş yeni bir plan sunmuştu. Buna göre, hava ve kara saldırıları aynı anda başlamayacak, harekâtın ilk 60 saati hava bombardımanına ayrılacaktı. Plana Kuveyt'teki hava üssünden kalkacak saldırı uçakları da dahil edilmişti.

Nisan ayına gelindiğinde plan üzerinde çalışmalar devam etmekteydi. Ancak Orgeneral Franks'in Savunma Bakanı Rumsfeld ile yakın ilişkileri de ordu içinde rahatsızlığa neden olmaktaydı. Genelkurmay Başkanı Orgeneral Richard B. Myers, Irak harekât planına ilişkin tartışmaların çoğundan dışlanmış durumdaydı. Ayrıca, Savunma Bakanının ve Başkan'ın askeri danışmanları, plana katkıda bulunma imkânından da mahrum bırakılmışlardı.

Ancak Franks'in planı henüz kuvvet komutanlarının çok gizli toplantıları yaptıkları "*tank*" isimli odada ele alınmamıştı.[264]

Irak ile İsrail-Filistin İhtilafı Arasında Kurulan Bağ ve Muhalefet Cephesinde Hareketlenme

Bu sırada, İsrail-Filistin ihtilafıyla, Irak'a yönelik bir askeri harekât arasında Arap devletlerinin başını çektiği ülkeler tarafından kurulan, Irak'a yönelik bir askeri harekâta girişmeden önce İsrail-Filistin meselesine bir rahatlama sağlanması gerektiği yönündeki yaklaşım gündemdeydi. Mart ayında 11 Ortadoğu ülkesini ziyaret eden Başkan Yardımcısı Cheney'nin görüştüğü devlet başkanları bu görüşü gündeme getirmişlerdi. ABD Dışişleri Bakanlığı da bu görüşü desteklemekte, ancak Savunma Bakanlığı'nın sivil kesimi buna karşı çıkmaktaydı. Savunma Bakan Yardımcısı Wolfowitz, bu sorunlardan birini halletmek için diğerinin çözülmesini beklemenin doğru bir yaklaşım olmadığını söylüyordu. İsrail Dışişleri Bakanı Şimon Peres, CNN'de katıldığı bir programda, bu konuyla ilgili olarak kendisine yöneltilen soruya, "*Emin değilim, belki de Irak'ta bir değişim İsrail-Filistin ihtilafında bir çözümü kolaylaştırır,*" demişti.[265]

Irak muhalefeti cephesinde ise önemli gelişmeler olmaktaydı. ABD Dışişleri Bakanlığı, bir Avrupa ülkesinde geniş katılımlı bir muhalefet toplantısı düzenlemeyi öngörmekte, INC ise Pentagon'daki sivil kesimden aldığı destekle Washington'da kendi güdümünde bir konferans yapmak istemekteydi.

INC ile diğer muhalif örgütler arasındaki ilişkiler de gerginleşmekteydi. INC'nin liderlik konseyi içinde yer alan Barzani liderliğin-

---

264) William Arkin, "*Planning an Iraqi War But Not an Outcome*", **Los Angeles Times**, 5 Mayıs 2002; Joyce Howard Price, "*Peres Encourages U.S. Action on Iraq*", **The Washington Times**, 12 Mayıs 2002

265) Susan Baer, "*An Abiding Goal: Topple Hussein*", **Baltimore Sun**, 12 Mayıs 2002

deki KDP, Talabani liderliğindeki KYB, Muhammed Bekir al-Hakim liderliğindeki SCIRI ve Ayad Alawi liderliğindeki INA, Şubat ayında Londra'da bir araya gelerek, Irak muhalefeti olarak birlikte hareket etmeye karar vermişlerdi. "Dörtlü Grup" olarak adlandırılan bu oluşum, Şubat ayının son günlerinde Washington'da General Downing'le, bu tür resmi olmayan görüşmelerde ve örtülü operasyonlarda kullanılan Georgetown'daki bir iş merkezinde CIA tarafından kullanılan bir ofiste görüşmüşler; Nisan ayında Dışişleri Müsteşarı Marc Grossman ile bir araya gelmişlerdi.[266]

BM cephesinde ise önemli gelişmeler yaşanmaktaydı. Bush Yönetiminin Irak'a yönelik BM yaptırımlarının güçlendirilmesi amacıyla gündeme getirdiği "akıllı yaptırımlar"ın RF'nin muhalefeti nedeniyle BM Güvenlik Konseyi'nden geçmeyeceğinin anlaşılmasıyla, ABD ile RF arasında, Irak'ın ithal edeceği ve çifte kullanıma uygun malların listesinin yeniden düzenlenmesi amacıyla yapılan görüşmeler tamamlanmış; BM Güvenlik Konseyi'nin beş daimi üyesi, ABD, Rusya, Fransa, İngiltere ve Çin, "Gözden Geçirilmiş Mal Listesi"ne ilişkin ortak bir karar tasarısı sunmuşlardı. BM Güvenlik Konseyi 1409 sayılı kararıyla bu listeyi oybirliğiyle kabul etmişti. ABD Dışişleri Bakanı Collin Powell, Bağdat rejiminin Irak halkının çektiği sıkıntıların sorumlusu olarak BM yaptırımlar rejimini göstermeye çalıştığını, ancak sıkıntıların kaynağının rejimin kendisi olduğunu, yaptırımlar rejiminin güçlendirilmesiyle, Irak halkına zarar verilmeksizin Irak'ın askeri gücünü yeniden inşa etmek ve kitle imha silahları edinmek çabalarının engellenmesinin amaçlandığını açıklamıştı.

Ancak BM Güvenlik Konseyi'nin bu kararı, askeri harekât seçeneğini geciktireceği iddiasıyla şahin kesimler tarafından tepkiyle karşılanmış, ABD'nin geri adım attığı yorumlarına yol açmıştı.[267]

---

266) Alan Sipress, "*US Officials Have Been Stepping Up Discussions With Iraqi Opposition*", **The Washington Post**, 13 Mayıs 2002
267) "*Retrenching on Iraq*", **The Washington Post**, 17 Mayıs 2002

Askeri Harekât Senaryoları Gelişiyor

Irak konusunda sular durulacak gibi değildi. Üst düzey askeri yetkililerin, ABD ordusunun Afganistan'daki harekât tamamlanmadan önce Irak'ta bir askeri harekâta kalkışamayacağı, hazırlıklar için zaman gerektiği düşüncesinde oldukları iddia edilmekteydi. Pentagon, bu iddiaları hemen yalanlamış, ABD ordusunun bir yandan terörle savaşa devam ederken, diğer yandan dünyanın herhangi bir bölgesinde, herhangi bir zamanda harekâta hazır olduğunu açıklamıştı.[268]

Ancak Pentagon'un bu açıklamalarına rağmen, haberler doğruyu yansıtmaktaydı. Pentagon'daki "tank" odasında yapılan toplantı sonucunda, ABD'nin Saddam Hüseyin'i devirmek için 200.000 askerin katılacağı büyük ölçekli bir askeri harekât yapmasının gerekli olduğu kararına varılmıştı. Bununla birlikte, ABD Genelkurmayı'nın bu tür bir harekâta ilişkin çekinceleri de vardı. Başlıca endişesi, askeri harekâta katılacak bombardıman uçakları için yakıt takviyesi yapacak yeterli sayıda yakıt uçağı bulunmamasıydı. Mevcut yakıt uçaklarının 1/3'ü tamirdeydi. Afganistan'dan Balkanlara kadar dünyanın birçok bölgesinde binlerce ABD askeri görev yapmaktaydı ve orduda 50.000 asker açığı varken, yaklaşık 200.000 askerin Irak'ta uzun süre kalması sorunlara yol açabilirdi. Bu nedenle, askeri harekâtın hazırlıklar tamamlandıktan sonra ancak 2003'ün ilk aylarında yapılabileceği sonucuna varılmıştı.[269]

ABD basınının şahinleri, Başkan Bush'un Irak'a karşı bir önlem almamasının Başkanlığını ve ABD'nin güvenilirliğini tehlikeye düşüreceğini iddia etmekteydi[270] Kongre'deki muhafazakâr-şahin Cumhuriyetçiler de devreye girmiş ve Başkan Bush'un Irak karşısında geri adım atmamasını istemişlerdi.

---

268) "*Pentagon: We Are Ready*", AP, 25 Mayıs 2002
269) "*Overcoming the Forces of Inertia and Timidity*", National Review Online, 29 Mayıs 2002
270) William Kristol ve Robert Kagan, "*Going Wobbly*", The Wekkly Standard, 3 Haziran 2002

Cumhuriyetçi Parti'ye yakınlığıyla bilinen "*The New Republic*" dergisinin "*Silahlı Direniş*" başlıklı başyazısında, Irak'ın işgal edilmesinin ciddi riskler taşıdığı, ancak bu risklerin hiçbirisinin Saddam Hüseyin'in iktidarda kalmasının yaratacağı tehlike kadar önemli olmadığı, Başkan Bush'un askeri harekâttan önce daha önemli bir karar alarak, askeri harekât konusundaki tartışmaları basına sızdıran generalleri görevlerinden alması gerektiği belirtiliyordu. Üst düzey askeri görevlilerin, Başkan Bush'un son sözü söyleyeceği ana kadar askeri harekâta ilişkin çekincelerini ve muhalefetlerini dile getirmelerinin olağan olduğu, ancak Başkan'ın seçeneklerini daraltacak şekilde itirazlarını basın aracılığıyla duyurmaya hakları bulunmadığı, bu davranışın Anayasa ile sivil idareden emir alması gereken Amerikan ordusunun profesyonelliğine gölge düşürdüğü ifade ediliyordu.[271]

Bir süredir basına askeri harekât planlarının sızmasından çok rahatsız olduğunu söylenen Savunma Bakanı Rumsfeld, Pentagon'daki çok gizli toplantının basına yansıtılmasına köpürmekteydi. Ancak harekât planlarının basına sızması, bu defa Irak politikası konusundaki Dışişleri Bakanlığı ile Pentagon arasındaki görüş ayrılıklarının yerini Pentagon içindeki tartışmalara terk ettiğini gösteriyordu.[272]

Almanya'yı ziyaret etmekte olan Başkan Bush da, Şansölye Schroeder ile yaptığı görüşmede, Irak bağlamında masasında askeri harekât planı bulunmadığını açıklamıştı. Bush Yönetiminin Irak'ta rejim değişikliği politikasından geri adım attığı ve askeri harekâttan vazgeçtiği yorumları başlamıştı.[273]

BUSH'UN YENİ GÜVENLİK DOKTRİNİ: ÖNLEYİCİ SAVAŞ

ABD'nin, Irak'a yönelik askeri harekâtı ertelediği tartışmaları Başkan Bush'un, 1 Haziran 2002 günü ABD Harp Akademisi West Po-

271) "*Armed Resistance*", The New Republic, 6 Haziran 2002.
272) Helle Dale, "*Hot and Cold On Iraq*", The Washington Times, 5 Haziran 2002
273) Fred Barnes, "*The Politics of Toppling Saddam are Clear-Cut for President Bush*", The Daily Standard, 29 Mayıs 2002.

int'te düzenlenen mezuniyet töreninde yaptığı konuşmayla yeni bir yöne kaydı.

Başkan Bush, konuşmasında, geçtiğimiz yüzyılın büyük bir bölümünde ABD'nin savunmasının "*çevreleme*" ve "*caydırıcılık*" stratejisine dayandığını, bu stratejilerin halen kısmen geçerli olduğunu, ancak yeni ortaya çıkan tehditlerin yeni stratejiler gerektirdiğini, çünkü caydırıcılığın savunacak vatandaş veya ülkesi olmayan teröristler için bir mana ifade etmeyeceğini, elindeki kitle imha silahlarını füzelerle kullanacak veya gizlice terörist müttefiklerine verecek dengesiz diktatörler karşısında çevreleme stratejisi uygulanmasının artık mümkün olamayacağını söyledi. Başkan Bush, ABD'nin güvenliğinin Amerikan halkının "önleyici eylem"[274] almada kararlı olmasıyla sağlanabileceğini belirtti.[275]

Başkan Bush'un, "önleyici eylem"e konu olacak ülkelerin adını zikretmediği bu konuşma bütün dünyada geniş yankı buldu. Bush, konuşmasında Irak'tan bahsetmemişti, ancak kitle imha silahları edinmeye çalışan ülkeleri hedef almıştı ve bu ülkelerin başında Irak'ın geldiği konusunda hiç kimsenin şüphesi kalmamıştı.

ABD Yönetimi'nin Irak konusundaki kararlılığı, Bush'un bu konuşmasının ardından Başkan Yardımcısı Cheney'nin 6 Haziran günü yaptığı açıklamayla bir kez daha vurgulandı. Cheney, Saddam Hüseyin'in kitle imha silahları elde etmeye çalışan ve bunları kullanma niyeti bulunan bir diktatör olduğunu, bugünün dünyasında güvenliğe çıkan tek yolun tehditler karşısında eyleme geçmek olduğunu ve ABD'nin eyleme geçeceğini söyledi.[276]

Irak muhalefeti cephesinde yeni gelişmeler ortaya çıkmaya başladı. ABD Dışişleri Bakanlığı Müsteşarı Marc Grossman, bu defa "*Dörtlü Grup*"la birlikte, INC ile de görüştü. Pentagon'daki sivil kesim, Dışişleri Bakanlığı'nın, Irak Kurtuluş Yasası kapsamında INC'ye tahsis

---

274) "Pre-emptive action". Bu terim Türkçeye farklı şekillerde tercüme edilmişse de, bu kitapta önleyici eylem olarak kullanılacaktır.
275) http://www.whitehouse.gov/news/releases/2002/06/20020601-3.html
276) "*Iraq Threat Requires 'Decisive Response'-Cheney*", **Reuters**, 6 Haziran 2002

edilen kaynağın serbest bırakılmasında yaşanan sorunun bertaraf edilmesi için ağırlığını koymuştu. Dışişleri Bakanlığı, INC'ye 8 milyon dolar tahsis etmeyi önermiş, ancak INC, Dışişleri Bakanlığı'nın yardımın kullanılmasına birçok sınırlamalar getirdiğini ve özellikle Irak içinde gerçekleştirilmesi planlanan faaliyetler için yeterli olmadığını ileri sürmekteydi. Dışişleri, INC'nin Irak içinde istihbarat faaliyetlerinde bulunmasına karşı çıkmakta, INC ise özellikle kitle imha silah programlarına ilişkin bilgilerin Irak içindeki faaliyetlerle sağlanabildiğini belirtmekteydi.[277]

Haziran ayının ortalarında Bush Yönetimi, Saddam Hüseyin'i devirmeye yönelik bütün stratejileri gözden geçirdi. Ancak Afgan modeli ve büyük çaplı askeri harekât konusunda Pentagon'daki siviller ile askerler arasındaki görüş farklılıkları sürmekteydi. CENTCOM Komutanı Orgeneral Franks, Başkan Bush'a, askeri harekât planı hakkında 19 Haziran günü bir brifing sundu.

Bu sırada CIA tarafından Kongre'ye verilen brifinglerde, Saddam Hüseyin'in CIA güdümlü bir darbeyle içerden devrilmesi ihtimalinin ancak % 10-15 olduğu belirtilmekteydi.[278] Böylelikle Bush'un önünde Saddam Hüseyin'i devirmek için tek seçenek Afgan modeli ya da büyük çaplı bir askeri harekât olarak gözükmekteydi.

Bush'un Ortadoğu Vizyonu: Arafat Gidecek

Başkan Bush'un askeri harekâtın modeli konusundaki tercihi henüz belli değildi. Bush, Saddam Hüseyin ve Irak meselesine bütün ağırlığıyla yüklenmeden önce Arap-İsrail ihtilafı konusunda radikal bir çıkış yapmaya ve Yönetimin görüşlerini açıklamaya karar vermişti.

Başkan Bush, ABD Yönetimi'nin, Arap-İsrail ihtilafı konusundaki tutumunu 24 Haziran tarihinde Beyaz Saray'daki Gül Bahçesi'nde yaptığı konuşmayla açıkladı.

---

277) "*U.S Meets With Anti-Saddam Groups*", AP, 11 Haziran 2002
278) Jim Hoaghland, "*A Flawed Quasi-War*", The Washington Post, 23 Haziran 2002

Bush konuşmasında özetle şu hususları söylemekteydi:

> *Benim vizyonum, yan yana barış ve güvenlik içinde yaşayacak iki devlettir. Bütün taraflar terörle savaşıncaya kadar bu barışa ulaşmaya hiçbir şekilde imkân yoktur. Bu kritik dönemeçte, bütün taraflar geçmişi bir kenara atar ve yeni bir yol seçerlerse, ümit ışığıyla karanlığın üstesinden gelebiliriz. Barış, yeni ve farklı bir Filistin liderliğinin olmasını gerektirmektedir. Filistin devleti ancak böyle doğabilecektir.*
>
> *Filistin halkına yeni liderler seçmeleri çağrısında bulunuyorum... Filistin halkının yeni liderleri olduğunda, Amerika Birleşik Devletleri, Ortadoğu'da nihai bir barışın sağlanacağı ana kadar sınırları ve egemenliği geçici olacak yeni bir devletin kurulmasını destekleyecektir.*

Başkan Bush konuşmasına, Kudüs'le ilgili sorunların, Filistin mültecilerinin acılarının dindirilmesi ve geleceklerinin belirlenmesi ve İsrail-Lübnan ve İsrail-Suriye arasında nihai anlaşma sağlanması gerektiğini söyleyerek devam ediyordu. Bush, bugünkü Filistin Yönetimi'nin teröre karşı gelmek bir yana, desteklediğini ve bunun da kabul edilemez olduğunu belirtiyordu.

Bush, İsrail'e de önemli sorumluluklar düştüğüne değinerek, İsrail'in de işgal ettiği topraklardan çekilmesi gerektiğini söylemekteydi.[279]

Bush'un konuşması, Arap-İsrail ihtilafı bağlamında bir ABD başkanının yaptığı en radikal çıkıştı. Oslo Anlaşması'nın mimarlarından olan ve bu nedenle Nobel Barış Ödülü'ne layık görülen Yaser Arafat, ABD tarafından bir kalemde silinmişti. Konuşmanın önemi, ihtilafın çözümü için belirli bir model sunmasından ve Kudüs'ün statüsüne ilişkin görüşler içermesinden ziyade, ilk defa ABD'nin Ortadoğu'da demokrasi ve özgür kurumları teşvik edeceği yolundaki ifadelerden kaynaklanmaktaydı. ABD yıllardır ehveni şer siyaseti gütmüş, bölge-

---

279) "President Bush Calls For New Palestinian Leadership", www.whitehouse.org

deki askeri üslerinin ve çıkarlarının korunması amacıyla diktatörlüklerle işbirliği yapmıştı. Ancak, Arap-İsrail ihtilafının şiddetlenmesi, geleneksel yaklaşımın ABD'nin bölgedeki çıkarlarının korunmasına hizmet etmek bir yana, istikrarı dahi sağlayamadığını göstermişti. Geleneksel yaklaşım değişmeliydi ve bu görüşün Yönetim içindeki savunucusu Prof. Bernard Lewis'in bu konudaki görüşlerinin hayranı olan Başkan Yardımcısı Cheney'di.

Başkan Bush'un, Arap-İsrail ihtilafındaki tırmanmanın sorumluluğunu, İsrail'in Filistin ayaklanmasını bastırmak için kullandığı aşırı şiddet yöntemlerinden daha çok Filistin tarafına yüklemesi bu yaklaşımın bir ürünüydü.[280]

Bush'un Şahin Danışmanının İstifası

Başkan Bush'un kontr-terör danışmanı General Wayne Downing'in 27 Haziran günü istifa etmesi dikkatleri yeniden Irak konusuna çevirdi. Downing'in istifasında Irak'a yönelik askeri harekât planına ilişkin Yönetim içindeki tartışmanın etkili olduğu ileri sürülmekteydi. Downing, yoğun hava bombardımanının ardından, ABD özel kuvvetlerinin INC önderliğindeki Irak muhalefetinin Bağdat'ı ele geçirmesine yönelik bir harekât planı hazırlamıştı. ABD Genelkurmay Başkanı ve CENTCOM komutanı General T. Franks, askeri güç konuşlandırmanın ve harekât planlarının Genelkurmay Başkanlığı'nın yetkisinde olduğu gerekçesiyle şiddetle karşı çıkmışlardı. Savunma Bakanı Rumsfeld, Bakan olarak Ulusal Güvenlik Konseyi görevlilerine değil, Başkan'a karşı sorumlu olduğunu bildirerek, Genel-

---

280) Yukarıdaki görüşlerin, İngiltere Avam kamarası üyesi, Kissinger ve Perle'ün yönetiminde bulundukları Hollinger isimli firmanın sahibi ve ABD'deki şahinlerin yakın dostu Conrad Black tarafından İngiltere'de yayınlanan "The Daily Telegraph gazetesinin başyazısında yer almış olması, Başkan Yardımcısı Cheney'nin Prof. Lewis'in görüşlerinden etkilendiği iddiasının ciddiyetini de yansıtmaktadır ve bu açıdan bir hayli ilgi çekicidir. Bkz. "*Democracy for the Arabs*", **The Daily Telegraph**, 26 Haziran 2002

kurmay Başkanı'nın ve General Franks'in yanında yer almış, bu gelişme üzerine General Downing istifa etmişti.[281]

General Downing'in istifası, Bush Yönetiminin, Irak harekâtının CENTCOM ve Genelkurmay tarafından önerildiği şekilde büyük ölçekli olmasına karar verdiğinin de bir işareti olarak algılanmaktaydı. ABD ordusunun harekâtın ardından Irak'ta uzun bir süre kalarak ülkeye demokrasi getireceğinden söz edilmeye başlanmıştı.[282]

FBI, Savaş Planlarını Sızdıranların Peşine Düşüyor

4 Temmuz'da *The New York Times* gazetesinde ABD'nin Irak'a yönelik askeri harekât planlarının ayrıntılarını içeren bir haber yayınlandı. Habere göre, CENCTOM tarafından askeri harekât planlarının ayrıntılarını içeren "*Centcom Eylem Planı*" başlıklı bir belge hazırlanmıştı. Pentagon'daki askeri kesim tarafından basına sızdırıldığı anlaşılan belgede, yaklaşık 250.000 askerden oluşacak ABD hava ve kara birliklerinin Irak'a kuzeyden, güneyden ve batıdan saldırması öngörülmekteydi.

Güneyde Kuveyt'ten yapılacak saldırıya 10.000 deniz piyadesi katılacak, Türkiye ve Katar'ın da aralarında bulunduğu sekiz ülkedeki hava üssünden kalkacak ABD uçakları, Irak'taki havaalanları, yollar ve fiber-optik haberleşme sistemlerini bombalayacaktı. Özel kuvvetler ve CIA'in örtülü operasyon birlikleri, Irak'ın kitle imha silahlarının ve bu silahların takılacağı füzelerin bulunduğu şüphelenilen depo ve ambarlara karşı özel operasyonlar gerçekleştirecekti. Belgede, hava bombardımanında yok edilmesi planlanan bütün füze, hava savunma ve komuta-kontrol merkezlerinin listesi ayrıntılı şekilde yer almaktaydı. Belge, Suudi Arabistan'daki Prens Sultan üssünün kullanılmayacağı varsayımıyla hazırlanmıştı.

---

281) Thomas E. Ricks, "*Downing Resigns As Bush Aide*", **The Washington Post**, 28 Haziran 2002

282) Jim Hoagland, "*No Time To Think Small*", **The Washington Post**, 30 Haziran 2002

Başkan Bush'a askeri harekât planları konusundaki son brifing 19 Haziran tarihinde verilmişti. Bush, henüz askeri harekât kararı almamıştı, ancak belgenin varlığı hazırlıkların son sürat devam ettiğini ispatlamaktaydı. ABD'nin Irak'a askeri harekât hazırlıklarının tek işareti bu belge de değildi. Körfez'deki operasyonlar için eğitilmiş bulunan Pendleton/California'daki Birinci Deniz Piyade Tümeni tatbikatlara başlamıştı. ABD, Katar'daki alternatif komuta-kontrol merkezi El-Udeyd hava üssünün inşaatına hız vermişti. Afganistan'daki harekât sırasında azalan akıllı bomba ve diğer kritik cephanelerin üretimine hız verilmiş, ABD ve Ortadoğu ülkelerindeki üslerde bulunan cephaneler, yedek parça ve yedek uçak motorları takviye edilmeye başlanmıştı.[283]

Haşimi Formülü

ABD Dışişleri Bakanlığı tarafından sürekli dışlanan, ancak Pentagon'daki sivillerin tam desteğine sahip bulunan INC, 12-14 Temmuz'da Iraklı 70 eski subayı Londra'da buluşturdu. Başkan Yardımcısı Cheney'nin ofisinden ve Pentagon ile Dışişleri Bakanlığı'ndan yetkililerin gözlemci olarak katıldığı toplantıdan çıkan en önemli karar, Saddam sonrası Irak'ta demokratik bir rejim ihdas edileceğiydi. 15 kişilik bir askeri komitenin kurulduğu toplantının asıl önemli yönü, açılışına Ürdün Prensi Hasan Bin Tallal'ın katılmasıydı.[284] Prens Hasan toplantıya Ahmed Çelebi'yle birlikte gelmişti. Kendisi de bir Haşimi olan ve Hz. Muhammed'in soyundan gelen Prens Hasan konuşmasında, 1958'de darbeyle devrilen Haşimi hanedanına mensup Kral Faysal'la aile bağları ve tarihsel olarak Ürdün ve Irak'ın birbirleriyle ne kadar yakın ilişkiler içinde oldukları üzerinde durmuştu.

---

283) Eric Schmitt, "*US Plan for Iraq Is Said to Include Attack on 3 Sides*", The New York Times, 5 Haziran 2002

284) Kral Hüseyin, 1999 yılında ölümünden iki hafta önce kanser tedavisi gördüğü ABD'den Ürdün'e dönerek, kardeşi Prens Hasan'ı Veliahtlıktan azletmiş ve yerine kendi oğlu Prens Abdullah'ı veliaht olarak atamıştı.

Ancak Ürdün Hükümeti, Prens Hasan'ın toplantıya kendi adına katıldığını ve Ürdün Hükümetinin resmi tutumunu yansıtmadığını açıklamakta gecikmemişti.[285] ABD basınında askeri harekât planlarında Ürdün'e önemli bir rol verileceğine ilişkin haberlere rağmen Ürdün Hükümeti, Ürdün'ün ABD askeri harekâtında kullanılmayacağını açıklamıştı. Prens Hasan'ın INC toplantısına iştiraki, Ürdün'ün resmi tutumuyla çelişkili bir durum yaratmış gözükmekteydi. Bir diğer rivayete göre, Prens Hasan, toplantıya katılarak, kendisinin Kral Abdullah'tan daha çok ABD'nin dostu olduğunu göstermek istemişti.[286]

Ancak bütün bu yorumlar, Pentagon'daki sivil kanat-Çelebi-Prens Hasan arasındaki yakın ilişkileri göz ardı etmekteydi. INC içinde yer alan Anayasal Monarşi Hareketi'nin lideri Prens Şerif Ali bin Hüseyin, Kral Faysal'a en yakın Haşimi hanedan mensubunun kendisinin olduğunu ileri sürmekte olduğu bir aşamada, Prens Hasan'ın resme girmesi, Pentagon'daki sivil kanadın, Saddam Hüseyin sonrası Irak'ta Haşimi formülü üzerinde çalıştığının işaretiydi.[287] Nitekim Prens Hasan, şahinlerin önderi Wolfowitz'le 8 Nisan'da Pentagon'da görüşmüş, görüşmenin içeriği gizli tutulmuştu.[288]

ABD'deki şahinlerin kalesi konumundaki Amerikan Girişimciler Enstitüsü'nün Irak konusundaki uzmanlarından Michael Rubin; Şerif Ali bin Hüseyin'in Irak'ta 1958'de devrilen Kral Faysal'a en yakın hanedan mensubu olduğunu ileri sürse de, Prens Hasan'ın Ortadoğu'daki meselelere Şerif Ali Bin Hüseyin'den çok daha vâkıf olduğunu belirtmekte; Prens Hasan'ın ilgilenmesi halinde, tecrübesi ve Hz. Muhammed'in soyundan olması itibariyle, Saddam Hüseyin sonrası Irak'ı uluslararası toplumun bir üyesi yapabileceğini ve ülkedeki geçiş döneminin sancısız atlatılmasını sağlayabileceğini söylemekteydi.

---

285) "*Iraqi Officers Elect Military Council*", BBC, 16 Haziran 2002

286) John F. Burns, "*With Potential in the Air, Iraqi Exiles Meet*", The New York Times, 14 Haziran 2002

287) Haşimi formülü "Irak'ın Geleceği"başlıklı bölümde irdelenmektedir.

288) Brian Whitaker, "*Jordan Prince Touted to Succeed Saddam*", The Guardian, 19 Haziran, 2002

Rubin, Saddam Hüseyin'in devrilmesinden söz edildiği bir dönemde, Prens Hasan'ın INC toplantısına katılmasının Iraklıların geçmişe kıyasla parlak bir geleceğe sahip olacaklarının bir emaresi olduğunu savunmaktaydı.[289]

Bu arada Savunma Bakanı Rumsfeld, 12 Temmuz'da Yardımcısı Wolfowitz ve Pentagon'daki diğer üst düzey görevlilere gönderdiği talimatta, bütün Pentagon görevlilerinin, profesyonellikten uzak davranışlarda bulunmamaları konusunda uyarılmalarını istemişti. Rumsfeld'in profesyonellikten uzak davranışlarla kastettiği, askeri harekât planlarının basına sızdırılmasıydı. Rumsfeld, bu kişileri tespit etmek ve cezalandırmak amacıyla, Pentagon'da kontrespiyonajdan sorumlu Hava Kuvvetleri Özel Soruşturmalar bölümünü görevlendirmişti. Rumsfeld, bu tür sızmaların insanların hayatını riske soktuğunu, bu kişileri bulmak ve hapse atılmalarını sağlamak istediğini söylemekteydi.[290] Rumsfeld, bununla da kalmamış, planları basına sızdıranların tespit edilmesi için FBI soruşturması başlatılmasını da sağlamıştı.[291]

Irak ile BM arasında, BM silah denetçilerinin ülkeye dönüşü konusunda sürdürülen görüşmelerden sonuç alınamaması üzerine, taraflar 22 Temmuz'da görüşmelere son verdiklerini açıkladı.[292] Ancak ABD'nin askeri harekât konusundaki kararlı tutumundan ürken Irak, 1 Ağustos'ta BM Genel Sekreteri Kofi Annan'a bir mektup göndererek, UNMOVIC Başkanı Hans Blix'i silah denetçilerinin, ülkeye dönüşü konusunu görüşmek üzere Bağdat'a davet etti.

Kongre'den Savaş Yetkisi

Başkan Bush, Irak'ın bu açılımına prim vermedi ve Saddam Hüseyin hakkındaki görüşlerinin değişmediğini açıkladı.[293] BM Genel Sek-

289) Michael Rubin, "*If Iraqis Want a King, Hassan of Jordan Could Be Their Man*" **The Washington Post**, 19 Haziran 2002
290) Robert Burns, "*Pentagon Probes Leak on Iraq Plans*", **AP**, 21 Haziran 2002
291) "*Rumsfeld Wants FBI probe of Iraq Attack Plan Leak*", **AP**, 26 Haziran 2002
292) "*UN Halts Talk With Iraq*", **The New York Times**, 23 Haziran 2002
293) "*Bush Not Moved By Iraq's Offer*", **AP**, 4 Ağustos 2002

reteri Annan, Irak'ın görüşmelerin başlaması için öne sürdüğü koşulların kabul edilemez olduğunu açıklayarak, Bağdat'ın önerisini kabul etmediğini bildirdi.

Ağustos ayına girildiğinde, Bush Yönetiminin Irak'ta rejim değişikliğini bir askeri harekâtla gerçekleştireceğine kesin gözüyle bakılmaktaydı. ABD kamuoyunda bu defa başlayan tartışma, Başkanı Irak'a yönelik bir askeri harekât konusunda ABD Kongresi'nden onay alıp almaması gerektiğiydi. ABD Anayasası'na göre, savaş ilanı münhasıran Kongre'nin yetkisindeydi, ancak ulusal güvenliği ilgilendiren durumlar söz konusu olduğunda Başkomutan konumundaki Başkan askeri güç kullanabiliyordu. Başkan'ın bu yetkisi, 1973 yılında Kongre'nin kabul ettiği Savaş Yetkileri Kanunu ile düzenlenmiş, Başkan'ın ABD askeri güçlerini kullandığı her durumda 48 saat zarfında Kongreye bilgi sunması sınırlaması getirilmişti. Kongre, dilediği takdirde güç kullanımını 60 gün sonunda durdurabilirdi. Kongre üyeleri de Başkan Bush'un Irak'a karşı bir saldırıdan önce Kongre'den onay alması gerektiğini dile getirmeye başlamışlardı.[294]

Diğer yandan, Ağustos'un ilk haftasında, ABD'deki 6 kuvvetin komutanının Saddam Hüseyin'in büyük çaplı bir askeri harekâtla devrilmesine karar verdikleri anlaşılmıştı.[295]

BM'ye Gitmeli mi, Gitmemeli mi Tartışmaları

Ancak Bush Yönetimi Irak'a yönelik askeri harekât stratejisinin ne şekilde izleneceği konusunda ikiye bölünmüştü. Dışişleri Bakanı C. Powell, BM Güvenlik Konseyi'ne gidilerek, Irak'ın sahip olduğu kitle imha silahları konusunda güçlü bir karar alınmasını savunmakta; Başkan Yardımcısı Cheney'nin ofisi ve Savunma Bakanı Rums-

---

294) David B. Rivkin ve Lee A. Casey, "*At War No Declaration Needed*", **The Wall Street Journal**, 2 Ağustos 2002

295) Rowan Scorbough, "*Joint Chiefs Back Saddam Ouster*", **The Washington Times**, 8 Ağustos 2002

feld'in desteğine sahip Pentagon'daki sivil ekip, BM sürecinin askeri harekât planlarını tehlikeye düşüreceği iddiasıyla Powell'ın önerisine direnmekteydi.

Başkan Bush, Teksas'taki çiftliğinde geçireceği yaz tatilinden önce, 5 Ağustos'ta Dışişleri Bakanı Powell'la Ulusal Güvenlik Konseyi Danışmanı C. Rice'ın da katıldığı bir akşam yemeğinde bir araya geldi. Powell, 6 ülkeyi kapsayan Asya ziyaretinden yeni dönmüştü ve basında İsrail-Filistin ihtilafı ve Irak konusundaki görüşlerinin dikkate alınmamasından dolayı istifa edeceğine dair söylentiler yayılmıştı. Powell, yemekte Başkan Bush'a BM'de aktif bir diplomasi başlatılmasının yararlarını anlattı. Bu yöntem izlendiği takdirde BM Güvenlik Konseyi'nden bir karar çıkartılabileceğini, böylelikle bir askeri harekât yapılacaksa ABD'nin yanında daha geniş bir uluslararası koalisyonun yer alacağını açıkladı. Powell, BM sürecine başvurulmaması halinde ABD'nin askeri harekâta uluslararası destek sağlamakta zorlanacağını söyledi.

Başkan Bush, BM'yi 20. yüzyılda kalmış bir uluslararası örgüt olarak görmekle birlikte, uluslararası koalisyonun genişletilmesi konusunu İngiltere Başbakanı Tony Blair'den de son dönemde çok duymuştu. Görüşmenin sonunda, Irak konusundaki ilk stratejik kararını alarak BM sürecine başvurulmasına karar vermişti.[296]

Pentagon Brifingi: Irak Taktik, Suudi Arabistan Stratejik Hedef

Bu arada, Savunma Politikaları Danışma Kurulu, ABD'yi bir kez daha çalkalıyordu. Perle'ün daveti üzerine, 10 Temmuz'da Pentagon'da Savunma Politikaları Kuruluna bir brifing veren, CIA'ye yakın düşünce kuruluşu RAND'in uzmanlarından John Murawiec'in, Suudi Arabistan'ı ABD'nin baş düşmanı olarak nitelendirdiği ortaya çıkmış-

296) Karen DeYoung, "*For Powell, A Long Oath to Victory*", The Washington Post, 10 Kasım 2002

tı. Murawiec, dünyadaki İslami terörün arkasında Suudi Arabistan'ın bulunduğunu, ABD'nin bu ülkeye bir ültimatom vererek, terörü desteklemekten vazgeçmesini, aksi takdirde petrol kuyularına ve ABD'deki Suudi sermayesine el koyacağını bildirmesi gerektiğini belirtmişti. Murawiec'e göre, ABD'nin Ortadoğu stratejisinde Irak taktik, Suudi Arabistan stratejik hedef, Mısır ise ödül olacaktı.

Murawiec'in, Suudi Arabistan hakkındaki görüşlerine toplantıya katılan yaklaşık 25 kişiden sadece Henry Kissinger karşı çıkmıştı. Kissinger, Suudi Arabistan'ın ABD yanlısı olduğunu, ancak zor bir bölgede bulunduğunu, nihai tahlilde ABD'nin Suudi Arabistan'ı istediği şekilde yönlendirebileceğini söylemişti.

ABD'de Suudi Arabistan karşıtı bir kampanya başlatılmıştı. Kampanyada Yahudi lobisi de etkin bir rol oynamaktaydı. Amerikan Yahudi Enstitüsü isimli etkin Yahudi kuruluşu tarafından "Düşmanlarımız, Suudiler" başlıklı bir makale yayınlanmıştı.[297]

Rand, Murawiec'in verdiği brifingin Rand'in görüşlerini yansıtmadığını açıkladı. Dışişleri Bakanlığı, Beyaz Saray Basın Sözcüleri de brifingin ABD Yönetimi'nin görüşlerini yansıtmadığını açıklamakta gecikmedi. Brifingin Yönetimi bağlamadığını açıklayanlar kervanına isteksiz de olsa Savunma Bakanı Rumsfeld de eklenmişti. Dışişleri Bakanı Powell, Suudi Arabistan Dışişleri Bakanı Prens Faysal'ı arayarak, brifingin Başkanı ve ABD Yönetimi'nin görüşlerini yansıtmadığı konusunda garanti verdi. Dışişleri Bakanlığı sözcüsü ise, ABD-Suudi Arabistan ilişkilerini "mükemmel" olarak nitelendirmekteydi.[298]

---

297) Thomas Ricks, "*Briefing Depicted Saudis As Enemies*", **The Washington Post**, 6 Ağustos 2002

298) "*Even Rand Repudiates Anti-Saudi Murawiec*", **Executive Intelligence Review**, Cilt 29, No 31, 16 Ağustos 2002. Bu dergiye göre, Murawiec, Cemnevre'de uyuşturucu parası aklayan bir şirkette çalışmaktaydı. Pentagon'daki siber savaş senaryolarından sorumlu Net Değerlendirme bölümüyle bağlantılıydı ve Fransız Savunma Bakanığına danışmanlık hizmeti vermekteydi.

Pentagon'un Üstünlüğü: INC Yeniden Devrede

Amerikan Yönetimi sadece Perle ekibinin Suudi Arabistan ile ABD arasında yarattığı kriziyle uğraşmıyordu. Dışişleri Bakanlığı ile INC arasında yaşanan sorunlar ve INC'yi destekleyen Pentagon'daki sivil ekibin sert müdahaleleri, Bush Yönetimini Irak politikasında verilen mesajlar bakımından zora sokmaktaydı. Yönetim içinde yapılan kurumlar arası değerlendirme sonucunda, INC'yi oluşturan altı muhalif grubun Washington'da bir araya getirilmesi kararlaştırıldı. Ancak bu defa Pentagon işi sağlam tutuyor ve toplantıyı sadece Dışişleri Bakanlığı'nın kontrolüne bırakmıyordu. Toplantıya, Dışişleri Müsteşarı Grossman ile Savunma Bakanlığı Müsteşarı Doug Feith birlikte ev sahipliği yapacaklardı. ABD Yönetimi, muhalefetle ilişkilerde verilen karışık sinyalleri böylelikle ortadan kaldırmayı hedeflemekteydi.

Irak muhalefetinin üst düzey yetkililerinin katıldığı ve Saddam sonrası Irak konusunun ele alındığı toplantı, Grossman ve Feith'ın ev sahipliğinde 9-10 Ağustos'ta Washington'da gerçekleştirildi. Toplantıya, INC'nin liderlik konseyini oluşturan ve aynı zamanda 1998 tarihli Irak Kurtuluş Yasası kapsamına giren altı muhalif örgüt davet edilmişti. INC'yi Ahmed Çelebi, KYB'yi Celal Talabani, KDP'yi Hoşyar Zebari, INA'yi Ayad Alawi, SCIRI'yı Abdülaziz El-Hakim, Anayasal Monarşi Hareketi'ni ise Şerif Ali Bin Hüseyin temsil etmekteydi.[299]

Muhalif gruplar, ABD Yönetimi'ne, Saddam Hüseyin'in devrilmesi halinde Irak'ın toprak bütünlüğünü, siyasi birliğini ve istikrarını koruyabilecek ve olası bir iç savaşı veya siyasi boşluğu engelleyebilecek konumda oldukları mesajını vermişti. Muhalif gruplara göre, düzenli ordu, Cumhuriyet muhafızları ve diğer güvenlik güçleri de dahil olmak üzere Irak halkının tamamı Saddam Hüseyin'e karşıydı ve Saddam rejiminden kurtulmak istiyordu. Hiç kimse Saddam Hüseyin'i savunmak için canını vermeye hazır değildi. ABD Yönetimi, Saddam Hüseyin'in devrilmesi ve sonrasında Irak muhalefetiyle yakın işbirliği

---

299) "*Meeting of the Iraqi Opposition leaders*" Press Statement, US State Department

yapmalıydı. Saddam'ın başka bir diktatörle değiştirilmesi, Irak halkı ve Irak muhalefeti tarafından kabul edilemezdi. Muhalefet, Irak'ta çoğulcu bir demokrasi inşa etmeyi hedeflemekteydi ve Irak'ın yönetim şekli hususunda son sözü Irak halkı söylemeliydi. Muhalefet içinde görüş ayrılıkları bulunduğu doğruysa da, bütün gruplar Irak'ın geleceğine ilişkin ortak bir perspektif paylaşmaktaydı. Bu ortak hedef, Saddam'ın devrilmesi ve Irak'ta demokrasinin kurulmasıydı.[300]

ABD Yönetimi ise, Saddam Hüseyin'in devrilmesi ve rejim değişikliği hususundaki kararlılığını açıklamış, Irak'ta çoğulcu ve demokratik bir yönetim yapısı tesis edilmesini arzuladığını belirtmişti. ABD Yönetimi, Irak muhalefetinin farklı görüşler taşısa da ortak hedefler doğrultusunda aralarındaki ayrılıkları geri plana atarak, işbirliği yapmaları telkininde bulunmuştu.

Muhalefet heyeti, Başkan Yardımcısı Cheney ile bir telekonferans gerçekleştirmiş, Savunma Bakanı Rumsfeld ve Dışişleri Bakanı Powell tarafından da kabul edilmişlerdi.[301]

Altı muhalif grup, ABD Yönetimiyle yaptıkları temaslar sonucunda bir ortak bildiri yayınladı. Ortak bildiride, muhalefet heyetinin Grossman ve Feith ile önemli ve yapıcı bir görüşme gerçekleştirdiği belirtilerek, heyetin diktatörlük rejiminin yıkılmasına ve federalizm temelinde Irak'ta çoğulcu ve demokratik bir hükümet modeli oluşturulmasına ilişkin ortak vizyonunu ABD Yönetimi'ne açıkladığı bildirilmekteydi. Bu bağlamda, muhalefet heyeti ABD'den şunları istemişti:

> *ABD, 987, 688 ve 949 sayılı BM Güvenlik Konseyi Kararları doğrultusunda Irak halkını Saddam'ın baskısından korumalıdır.*

---

300) "*Iraqi National Congress Leader Reaffirms Commitment to Democracy*", **Reuters**, 12 Ağustos 2002

301) "Cheney Asures Iraqi Opposition of US Resolve", **The Washington Post**, 11 Ağustos 2002; "*Protect the Kurds*", **The Washington Post**, 11 Ağustos 2002; "*US, Iraq Opposition Discuss Government After Saddam*", **Reuters**, 12 Ağustos 2002; Peter Slevin, "*Iraqi Opposition Pledges Anti-Hussein Unity*", **The Washington Post**, 10 Ağustos 2002; Nick Kohen, "*Who Will Save Iraq*", **The Observer**, 11 Ağustos 2002

ABD, hukukun üstünlüğü temelinde, şiddeti reddeden, demokratik bir hükümetin kurulmasını desteklemelidir. ABD, Irak halkının ve muhalif güçlerin Irak'taki diktatörlüğü değiştirmek için ortak çaba gösterdiğini kabul etmelidir.

Bildiride, diktatörlük rejimine karşı bütün muhalif unsurların katılımıyla, Irak halkının tamamının temsil edileceği geniş katılımlı bir muhalefet konferansı düzenlenmesi konusunda mutabık kalındığı belirtiliyordu. Bu amaçla, altı örgütün temsilcilerinden oluşacak bir hazırlık komitesi kurulmasına karar verilmişti.[302]

ABD'nin Irak'a yönelik bir askeri harekâtın hazırlıklarını yaptığı ortamda, Iraklı muhaliflerin Washington'da üst düzey kabul görmeleri, ABD ve dünya basınında büyük ilgiyle karşılanmıştı.

Irak muhalefetiyle yapılan toplantılardan sonra, 12 Eylül'de Başkan Yardımcısı Cheney, Ulusal Güvenlik Danışmanı Rice, Savunma Bakanı Rumsfeld ve Dışişleri Bakanı Powell Beyaz Saray'da yaptıkları toplantıda, Irak bağlamında BM sürecinin nasıl işletileceği konusunu ele aldılar. Başkan Bush'un, 12 Eylül'de BM Genel Kurulu'na hitaben demokratik prensipler konusunda bir konuşma yapması öngörülmekteydi. Ancak heyet, Başkan'ın konuşmasının Irak'a ve 1991'den bu yana Saddam Hüseyin'in BM Güvenlik Konseyi'nin silahsızlanmaya ilişkin kararlarını ihlal etmesine yoğunlaşması kararı aldı.[303]

Baba Bush'un Adamları Şahinlerin Frenine Basıyor

Bu sırada Pentagon Savunma Politikaları Danışma Kurulu'ndaki brifingin Cumhuriyetçi Parti içinde de çalkalanmalara neden olduğu anlaşılmaktaydı. Eski Başkanlardan G. Ford döneminde ve I. Bush döneminde Ulusal Güvenlik Danışmanlığı yapan General B. Scowcroft,

302) "*Statement of the Iraqi Opposition Delegation*", http://www.iraqnet.com
303) Karen DeYoung, "*For Powell...*", The Washington Post, 10 Kasım 2002

Saddam Hüseyin'in ABD'nin ulusal güvenlik çıkarlarına ciddi bir tehdit oluşturduğuna şüphe bulunmadığını, ancak Saddam Hüseyin'i devirmek için bu aşamada girişilecek bir askeri harekâtın, ABD'nin terörle mücadelesine ağır tahribat vereceğini söylemişti. Scowcroft, ABD'nin terörle mücadeleye verdiği önceliğin devam etmesi gerektiğini, Irak harekâtının hayati derecede öneme sahip Ortadoğu'da istikrar ve güvenliği derinden sarsabileceğini ileri sürmekte, Başkan Bush'a askeri harekâttan kaçınması telkininde bulunmaktaydı.[304]

Scowcroft, Bush ailesinin yakın dostuydu ve Cumhuriyetçi Parti'nin akil adamlarından sayılmaktaydı. Ayrıca Başkan Bush'a doğrudan bağlı İstihbarat Danışma Kurulu'nun da başkanlığını yürütmekteydi. Scowcroft'un Başkan Bush'a özel bir ortamda ifade edebileceği düşünceleri kamuoyuyla paylaşmasının özel bir anlamı olmalıydı. Pentagon'daki sivillerin makaleye çok kızdıkları ortaya çıkmıştı. Wolfowitz-Perle ekibine yakın isimler basında Scowcroft'a yönelik ağır eleştiriler içeren makaleler yazmaktaydı: "*Başkan Bush, Irak'a askeri operasyon konusunda sadece Kongreyi değil, Yönetim içindeki yetkilileri de ikna etmekle karşı karşıyadır... Başkan Bush, liderliğine muhalefet edecekleri Yönetimden uzaklaştırmak zorundadır.*"[305]

Scowcroft'un görüşlerinin bir benzeri, Soğuk Savaş döneminde Sovyetler Birliği'yle mücadelenin mimarlarından biri olan Zbigniew Brzezinsky'den de gelmişti. Cumhuriyetçi Parti'nin akil adamlarının Irak'a askeri harekât konusunda bir anda itiraza başlamaları sürpriz değildi. Amaç, Bush Yönetimini ABD'nin Ortadoğu'daki en önemli müttefiki Suudi Arabistan'la karşı karşıya getirmeye çalışan Wolfowitz-Perle ekibinin frene basmalarını sağlamaktı.

---

304) Brent Scowcroft, "*Don't Attack Saddam*", The Wall Street Journal, 15 Ağustos 2002
305) Frank J. Gaffney, ""*To Iraq...or Not To Iraq?*", The Washington Times, 20 Ağustos 2002

Bush, Irak Konusunu BM'ye Götürmeye Karar Veriyor

Beyaz Saray'da 12 Ağustos'ta yapılan toplantıda alınan karar doğrultusunda, Ulusal Güvenlik Danışmanı Rice, 16 Ağustos'ta Teksas'a giderek Başkan Bush'la görüştü. Washington'da kalan yetkililer ise, Başkan Bush'un BM'ye vereceği mesaj üzerinde çalışmaktaydı. Başkan Yardımcısı Cheney'nin ofisi, Savunma Bakanı Rumsfeld ve yardımcısı Wolfowitz, Başkan Bush'un konuşmasında, Irak'ın 1991'den bu yana bütün BM Güvenlik Konseyi Kararları'nın "maddi ihlali" içinde olduğunu, bu durumda ABD'nin Irak'a karşı bir askeri harekât gerçekleştirmek için uluslararası yasal dayanağa zaten sahip olduğu mesajının verilmesini istiyordu. Dışişleri Bakanı Powell ise, BM silah denetimlerine bir kez daha fırsat tanınmasının uygun olacağı düşüncesindeydi.[306]

ABD'de Başkan Bush'un BM konuşmasının hazırlıkları devam ederken, Rusya ile Irak, petrol, elektrik enerjisi ve demiryolu inşası gibi alanları kapsayacak 40 milyar dolarlık 5 yıl süreli bir ekonomik işbirliği anlaşması imzalamaya karar verdiler. Beyaz Saray, henüz sonuçlandırılmamış anlaşmayı pek fazla önemsemediğini göstermeye çalıştı.

Amerikan Yönetimi, Rusya Devlet Başkanı Putin'in terörle mücadelede ABD'nin önemli bir müttefiki olduğunu, ABD'nin, anlaşma sonuçlandığı takdirde Moskova'nın BM Güvenlik Konseyi kararlarındaki yükümlülüklerine uyacağını düşündüğünü söylemekteydi.[307]

Kuzey Irak'ta da ilginç gelişmeler olmaktaydı. Bölgede bulunan ve El Kaide ile bağlantılı olduğu ileri sürülen Al Ansar ül İslam isimli köktendinci örgüt, bölgede biyolojik silah ve toksik gaz denemesi yapmıştı. Yönetimin, bu örgüte karşı CIA ve Özel Kuvvetlerden oluşan bir özel güçle müdahale ettiği belirtilmekteydi. Savunma Bakanı Rumsfeld, Al Ansar ül İslam örgütün bağlantılarına dikkat çekerek Irak'ta El-Kaide'nin olduğunu, ancak askeri operasyon hakkında bir

---

306) Karen DeYoung, "*For Powell..*", **The Washington Post**, 10 Kasım 2002
307) Dan Morgan, "*Bush Aide Plays Down Significance of Russia-Iraq Deal*", **The Washington Post**, 19 Ağustos 2002

yorumda bulunmayacağını belirtti.[308] Pentagon, bu tarihten sonra Al Ansar ül İslam isimli örgütün bölgedeki varlığını sürekli El-Kaide ile bağlantılandıracak ve Irak'ın bu örgütü desteklediğini iddia edecekti. Amaç, Irak'ın teröre destek verdiği imajını kafalara yerleştirmekti. Oysa, Al Ansar ül İslam'ın kampları, Irak'ın denetiminde olmayan Kürt bölgesinde, İran sınırına yakın Halepçe kasabasına yakın bir bölgede bulunmaktaydı. Ancak, ABD'li yetkililer açıklamalarında bu olguya hiçbir şekilde değinmiyorlardı.

ABD, Irak konusunda atağa geçmişti. ABD'nin, Irak politikasına ilişkin olarak yabancı ülkelerde oluşan aleyhte kamuoyunun değiştirilmesi amacıyla, Irak Diplomasi Grubu oluşturulmuştu. Amaç, etkin bir kamuoyu diplomasisi atağı başlatmaktı.[309] Böylelikle, Irak'a yönelik bir operasyonu dünya kamuoyuna haklı göstermek hedefleniyordu.

Bush, tatilini geçirmekte olduğu Teksas'taki çiftliğinde 21 Ağustos günü Başkan Yardımcısı Cheney, Savunma Bakanı Rumsfeld, Genelkurmay Başkanı Orgeneral Myers, Ulusal Güvenlik Danışmanı Rice, Pentagon Füze Savunma Programı Direktörü Tümgeneral Kadish ve Savunma Bakan Yardımcısı Crouch'la bir araya geldi. Beyaz Saray sözcüsüne göre, toplantı Irak'la ilgili değildi, füze savunma sistemi konusu ele alındı. Ancak, gerçekte üzerinde durulan konunun Irak olduğu hususunda kimsenin tereddüdü yoktu.

Birkaç gün sonra ABD Yönetimi'nin üst düzey yetkilileri, Beyaz Saray'daki Durum Odası'nda, Teksas'taki çiftliğinde tatilini geçirmekte olan Başkan Bush ile telekonferans gerçekleştiriyordu. Başkan Yardımcısı Cheney, Savunma Bakanı Rumsfeld ve Dışişleri Bakanı Powell'ın Beyaz Saray'dan katıldığı toplantının konusu, Irak'a ilişkin stratejiydi.

Powell, Irak'ın sahip olduğu kitle imha silahları denetimlerinin bir kez daha denenmesi gerektiğini ve bu amaçla BM sürecinin işle-

---

308) "*Al Qaeda Presence in Iraq Reported*", **The Washington Post**, 21 Ağustos 2002
309) **The Washington Times**, 21 Ağustos 2002

tilmesi gerektiğini savunuyordu. Powell, özellikle Avrupa devletlerinin ABD'nin tek yanlı hareket ettiğine ilişkin eleştirilerine bu şekilde set vurulacağını değerlendirmekteydi. Cheney ve Rumsfeld bu stratejiye karşı çıkıyorlardı. Bu yönteme başvurulduğu takdirde askeri harekât gecikebilir veya tamamen imkânsız hale gelebilirdi. Bununla birlikte, Powell'ın toplantıda gündeme getirdiği gerekçeler üzerine itirazlarını çektiler. Böylelikle Başkan Bush, Powell'ın BM silah denetimlerine bir kez daha fırsat tanınmasının muhtemel bir askeri harekâta daha geniş bir uluslararası destek sağlanacağı gerekçesi üzerine, BM sürecinin bu doğrultuda başlatılması hususunda ikna oldu.[310]

ABD'nin bir askeri harekâta kalkışmadan önce BM sürecine başvurması gerektiği Bush ve Körfez Savaşı döneminin Dışişleri Bakanı James Baker tarafından da dile getirilmekteydi. Baker, Saddam rejiminin sahip olduğu kitle imha silahlarıyla Ortadoğu ve dünyanın diğer bölgeleri için küresel bir tehdit oluşturduğuna şüphe bulunmadığını söylemekteydi. Baker'a göre, ABD, Irak'ta rejim değişikliği hedefinden vazgeçmemeli, ancak bu hedefe ulaşmak için doğru yöntemleri kullanmalıydı. Örtülü operasyonlar ya da iç ayaklanma gibi yöntemler işe yaramayacaktı. Tek seçenek, Irak'ın ABD askerlerinin belirli bir süre ülkede kalacağı şekilde işgal edilmesiydi. Ancak bu süreçte isabetli hareket edilmeliydi. Aksi takdirde, bunun Amerikan dış politikasına ağır maliyetlerinin olması kaçınılmazdı. Bu bağlamda, kendi başına bir askeri harekât yapması mümkün olsa bile, ABD savaşa tek başına girmemek için elinden geleni yapmalıydı. Başkan Bush, danışmanlarının ve üst düzey görüşmelerinin, aralarındaki görüş farklılıklarını kamuoyuna yansıtmalarını önlemeli, Yönetimden tek ses çıkmalıydı. Nihayetinde, BM Güvenlik Konseyi'nden Irak'ın kitle imha silahlarıyla ilgili bir karar çıkartılması sağlanma-

---

310) Steven R. Weisman, "*How Powell Lined Up Votes, Starting With His President's*", The New York Times, 8 Kasım 2002

lıydı, böylelikle uluslararası koalisyonun inşa edilmesi kolaylaşacaktı.[311]

ABD'de Başkan Bush'un bir askeri harekât için Kongre'den yetki alıp almaması gerektiği tartışmaları da sürmekteydi. Özellikle Demokrat Parti yöneticileri, Anayasa ve 1973 tarihli "Savaş Yetkileri Kanunu"na göre, savaş ilanının Kongre'nin yetkisinde olduğunu ve Başkan'ın bu nedenle Kongre'den onay alması gerektiğini savunmaktaydılar. Başkan Bush'un hukuk danışmanlarıysa, askeri harekât için ayrı bir yetki yasasına gerek bulunmadığını, zira bu yetkinin Başkan'ın Başkomutanlık konumunun bir gereği olduğunu, ayrıca Irak'ın 1991 tarihli BM Güvenlik Konseyi Kararları'na hiçbir zaman riayet etmediğini, dolayısıyla savaş durumunun devam ettiğini, bu nedenle 1991 yılında alınan ve Irak'ın BM kararlarına uymasını sağlamak için Başbakan'a askeri güç kullanma yetkisi veren kararın bugün için de geçerli olacağını düşünmekteydi.

Ancak Başkan Bush'un, büyük çaplı bir harekât olması düşünülen Irak operasyonu için en azından siyasi sebeplerle Kongre'den yetki isteyeceği belirtilmekteydi.[312] Başkan Bush ise, ABD kamuoyundaki bu tartışmaları yararlı bulduğunu söylemekteydi.

Bu sırada Pentagon, Irak'ın nükleer, biyolojik ve kimyasal silah programları hakkında bir çalışma yapmıştı. Wolfowitz-Perle ekibinden Savunma Bakanlığı Müsteşarlarından J. D. Crouch'ın gözetimin-

---

311) James A. Baker III, "*The Right Way to Change a Regime*", **The New York Times**, 25 Ağustos 2002. ABD'nin en etkin köşe yazarlarından William Safire, I. Bush Yönetiminde Ulusal Güvenlik Danışmanlığı, Dışişleri Bakanlığı gibi önemli görevler yapmış kişilerin Irak'a karşı askeri bir harekâtın risklerine dikkat çekmelerinin, Başkan Bush'un Saddam Hüseyin'in devrilmesi yönündeki kararlılığına gölge düşürdüğünü, I. Bush ile Başkan Bush'un bu konudaki olası fikir ayrılıklarının Irak politikasında tutarlılık sağlanması amacıyla aydınlığa kavuşturulması gerektiğini belirtmekteydi. William Safire, "*Like Father, Unlike Son*", **The New York Times**, 2 Eylül 2002

312) Mike Allen ve Juliet Eilperin, "*Bush Aides Say Iraq War Needs No Hill Vote Some See Such Support As Politically Helpful*", **The Washington Post**, 26 Ağustos 26, 2002

de yürütülen çalışma Beyaz Saray'a sunulmuştu. ABD, 11 Eylül'le bağlantısını ispatlayamadığı Irak karşısında, mevcut BM kararları kapsamında uluslararası alanda meşru bir hedef olan Irak'ın kitle imha silahlarından arındırılması söylemini kullanmaya başlamıştı.

Başkan Yardımcısı Cheney, Tennesse'de 26 Ağustos'ta yaptığı konuşmada, Irak konusundaki tartışmalara açıklık getirdi. Cheney, ABD'nin Irak'a önleyici eylem niteliğindeki bir askeri harekât düzenlemesi için zorlayıcı nedenler bulunduğunu, Saddam Hüseyin'in nükleer bomba sahibi olacağı ana kadar beklemenin anlamsız olduğunu söylemişti. Cheney, Irak harekâtının ABD'nin terörle mücadelesini zayıflatacağı argümanlarına da karşı çıkarak, harekâtın terörle mücadelenin bir gereği olduğunu belirtmiş, harekâta karşı çıkanları zayıflıkla suçlamıştı.[313] Irak'a yönelik askeri harekât konusunda en kararlı tutumu sergileyen Cheney, bayrağı göstermeye başlamıştı.

Bush, Suudi Arabistan'ın Gönlünü Almaya Çalışıyor

Teksas'taki çiftliğinde yaz tatilini geçiren Başkan Bush ise, Washington-Riyad arasında özellikle Pentagon brifingi sonrasında oluşan soğukluğu gidermek amacıyla, 27 Ağustos günü Suudi Arabistan'ın Washington Büyükelçisi, yakın dostu Prens Bandar bin Sultan'ı ağırladı. Bush, görüşmede Saddam Hüseyin'in dünya barışı için bir tehdit olduğunu söyleyerek, ABD'nin askeri harekâta Suudi Arabistan'ın destek vermesini beklediğini bildirmiş; Suudi Büyükelçi, hükümetinin Irak'a yapılacak bir askeri müdahaleye karşı olduğunu tekrarlamıştı.[314] Bush ailesinin Suudi hanedanıyla ilişkileri eskiye dayanmaktaydı. Baba Bush'un bir dönem başkanlığını yaptığı Carlyle Group'un Suudi Arabistan'la önemli iş bağlantıları vardı.

---

313) David Stout, "*Cheney Presses for Action on Iraq*", The Washington Post, 26 Ağustos 2002

314) Bill Sammon, "*Saudis oppose attack on Iraq*", The Washington Times, 28 Ağustos 2002; "*Bush Moves to Ease Tensions With Saudis*", The Washington Post, 28 Ağustos 2002

Irak tartışmalarına katılan başka bir isim, Dışişleri eski Bakanlarından General Alexander Haig'di.[315] Haig, Saddam Hüseyin ve Irak konusunda geçmişte yapılan hatalara değinerek, benzer yanlışların tekrarlanmaması, bu bağlamda üç noktaya dikkat edilmesi gerektiğini belirtilmekteydi: Yönetimde herkesin Irak konusunda uluorta konuşması, Başkan Bush'un daha önceki açıklamalarıyla oluşturulan ABD'nin Irak konusundaki kararlı görüntüsünü aşındırmaktaydı. Irak'a yönelik bir askeri harekâttan önce İsrail-Filistin meselesinin halledilmesi gerektiği savı bir kenara bırakılmalıydı ve ABD'nin Saddam'la savaşının hiç sona ermediği unutulmamalıydı.[316]

Bush, Kongre'den Savaş Yetkisi Almaya Karar Veriyor

Başkan Yardımcısı Cheney, Amerikan Yönetiminin 29 Ağustos'ta Irak'a yönelik bir askeri harekâtla ilgili olarak Kongre'den onay isteyeceğinin ilk sinyallerini verdi ve Başkan Bush'un Irak konusunda Kongre'yle istişarelerde bulunulması talimatı verdiğini açıkladı.

Bu dönemde Avrupa'da, Amerikan Yönetiminin Irak konusundaki açıklamalarına karşı itiraz sesleri yükselmeye başlamıştı. Fransa, Irak'a yönelik bir askeri harekâtın ancak BM Güvenlik Konseyi kararıyla yapılabileceğini düşünmekteydi. Fransa Cumhurbaşkanı Chirac, ABD'nin tek taraflı önleyici eylem stratejisinin endişe verici bulunduğunu bildiriyordu. ABD'nin yakın müttefiki İngiltere ise, BM

---

315) Türkiye'nin Kıbrıs'ta yaptığı Barış Harekâtı'nın ardından Yunanistan NATO'nun askeri kanadından çekilmiş, dönmek istediğinde Türkiye'nin vetosuyla karşılaşmıştı. 12 Eylül darbesinden sonra Devlet Başkanlığına oturan Kenan Evren, dönemin NATO Müttefik Kuvvetler Komutanı General Haig'in, Türk vetosunun kalkması karşılığında Yunanistan'ın Ege'de bazı tavizler vermeye hazır olduğunu sözlü olarak bildirmesi üzerine, Türkiye'nin vetosunu kaldırmış, ancak Yunanistan NATO'nun askeri kanadına döndükten sonra Ege sorunlarını müzakereye bile yanaşmamıştı. Evren, bu konu kendisine sorulduğunda, "asker sözü almıştım" diyecekti.

316) Alexander Haig, "*On Invading Iraq: Less Talk, More Unity*", The Washington Post, 29 Ağustos 2002

silah denetçilerinin Irak'a yeniden dönmesinin yararlı olacağı görüşünü gündeme getirmekteydi.

ABD Dışişleri Bakanı Powell, 1 Eylül'de İngiltere Dışişleri Bakanı Straw ile Londra'da yaptığı görüşme sonrasında, Irak krizinin aşılmasının ilk adımının Irak'ın sahip olduğu kitle imha silahları yeteneğinin tespit edilmesi için BM silah denetçilerinin Bağdat'a gitmeleri olduğunu açıkladı.[317]

ABD'nin Irak söyleminde 21 Ağustos'tan itibaren önemli bir değişiklik olmuş; Bush başta olmak üzere üst düzey yetkililer, "rejim değişikliği" söylemini geri plana iterek, kitle imha silahlarını öne çıkartmaya başlamışlardı. Powell'ın tutumu ve özellikle İngiltere'nin de BM silah denetimlerine bir şans daha tanınması yönündeki net tavrı, Bush Yönetiminin BM sürecine başvurulması kararı almasına yol açmıştı.

Ancak ABD, kitle imha silahlarına ilişkin mesajının yanlış anlaşılmasını da istemiyordu. Beyaz Saray Sözcüsü Ari Fleischer 3 Eylül'de yaptığı açıklamada, Başkan Bush'un BM denetçilerinin yeniden Irak'a dönmelerini istediğini, ancak Irak'ın denetçilerin ülkede bulunduğu dönemde her türlü hileye başvurarak, denetçileri girme hakkına sahip oldukları yerlere sokmadığını bildirdi. Fleischer, BM denetçileri Irak'a dönsün veya dönmesin, ABD'nin Irak'ta rejim değişikliği politikasının devam edeceğini söylemekteydi.

Başkan Bush, 4 Eylül'de Kongre'nin Cumhuriyetçi ve Demokrat Parti'ye mensup 18 yöneticisini kabul ederek, Irak'a yönelik bir harekâttan önce Kongre'nin onayını alacağını açıkladı. Bush, Irak konusunda müttefik ülkelerle de danışmalarda bulunmaya devam edeceğini, bu çerçevede İngiltere Başbakanı Tony Blair'le 7-8 Eylül'de Camp David'de, Kanada Başbakanı Jean Chretien'le ise 9 Eylül'de bir araya geleceğini açıkladı. Bush, Rusya, Fransa ve Çin devlet başkanlarını da telefonla arayacağını ve 12 Eylül'de Irak'ın kitle imha silah-

---

317) "*Powell: Washington Wants Inspectors Back in Iraq*", The Washington Post, 1 Eylül 2002

larıyla dünya için oluşturduğu tehdit hakkında BM Genel Kurulu'na hitaben bir konuşma yapacağını söyledi. Bush, Irak bağlamındaki temel meselenin silah denetçilerinin ülkeye dönmesi değil, Irak'ın silahsızlandırılması olduğunu ifade etti. Bu görüşmenin ardından, Savunma Bakanı D. Rumsfeld ve Genelkurmay Başkanı R. Myers, Kongre'deki Cumhuriyetçi ve Demokrat liderlerle Kongre'de kapalı bir görüşme gerçekleştirdi.[318] Başkan Bush'un amacı, Irak konusunda Kongre'den yetki kararını, 5 Kasım'da yapılacak Kongre seçimlerinden önce çıkartmaktı.

Rusya, Irak'a askeri harekât konusunda BM'nin veya ABD'nin harekete geçmesine gerek olmadığını açıkladı. BM Genel Sekreteri Annan Irak'a bu aşamada saldırmanın mantıklı olmayacağını söyledi. Fransa Cumhurbaşkanı Chirac ise, Irak konusunda bir değil, iki ayrı karar alınması gerektiğini; bu çerçevede, birinci kararın BM denetimlerinin başlaması, ikinci kararın Irak'ın ilk karara uymaması durumunda alınacak önlemler konusunda olması gerektiğini açıkladı.[319]

ABD, Diplomatik Atağa Geçiyor

Başkan Bush, Irak konusunda bir yandan ABD Kongresi'ni devreye sokuyor, diğer yandan 12 Eylül'de BM Genel Kurulu'na hitaben yapacağı konuşmayla ilgili olarak yoğun bir diplomasi atağı başlatıyordu. Bush, Rusya, Fransa ve Çin Devlet Başkanlarıyla 6 Eylül'de telefonla görüşmüş, ABD'nin Irak konusunda BM Güvenlik Konseyi'nin daimi üyeleriyle danışmalara önem verdiğini iletmiş, 12 Eylül günü BM Genel Kurulu'na hitaben yapacağı konuşmadan sonra bu ülkelerin başkentlerine ABD heyetlerinin gönderileceğini bildirmişti.[320]

---

318) Mike Allen ve Karen DeYoung, "*Bush to Seek Hill Approval on Iraq War, President to Make U.S. Case in Speech To U.N. Next Week*", **The Washington Post**, 5 Eylül 2002;
319) Karen DeYoung, "*For Powell..*", **The Washington Post**, 10 Kasım 2002
320) Wendy S. Ross, "*Bush Wants Congress to Vote on Iraq Before Adjourning in October*", **Washington File**, 6 Eylül 2002

Bush, İngiltere Başbakanı T. Blair'le 8 Eylül'de Camp David'de hafta sonu tatili geçirdi. Bu görüşmeden önce Irak konusunda Başkan Yardımcısı Cheney, Savunma Bakanı Rumsfeld, Ulusal Güvenlik Danışmanı Rice, Dışişleri Bakanı Powell, CIA Direktörü Tenet, Beyaz Saray Genel Sekreteri Card ve Rice'ın yardımcısı Hadley ile Blair'e verilecek mesajı ele aldı.

Bush ve Blair 3 saat süren baş başa görüşmelerinden sonra Irak konusundaki değerlendirmelerinin örtüştüğünü açıkladılar. İngiltere Başbakanı, bir askeri operasyonda ülkesinin ABD'yle birlikte hareket edeceğini, İngiltere'nin birkaç hafta zarfında Irak'ın sahip olduğu kitle imha silahları hakkında bir belge açıklayacağını bildirmişti.[321] Görüşmede ele alınan konulardan birisi, Başkan Bush'un BM Genel Kurulu'na hitaben yapacağı konuşmaydı.

Bush: BM Saddam'ın Meydan Okumalarına Sessiz Kalmamalıdır

Bush, 12 Eylül'de BM Genel Kurulu kürsüsüne çıktığında, bütün dünya nefesini tutmuş, ABD Başkanı'nın Irak konusundaki açıklamalarını bekliyordu:

> *12 yıl önce, Irak Kuveyt'i hiçbir tahrik olmadan işgal etti... 12 yıl önce Saddam Hüseyin'in saldırısı durdurulmak yerine, yatıştırılma politikası izlenseydi, dünya barışı ve güvenliği tehdit altına girerdi. Irak'ın bu saldırısı koalisyon kuvvetlerinin gücü ve BM'nin iradesi sayesinde durdurulabildi.*
>
> *Düşmanlıklara son vermek ve kendini kurtarmak için, Irak'ın diktatörü bir dizi taahhüt altına girdi. Bu yükümlülükler gayet açıktı ve bunların her birine uymak zorunda olduğunu kendisi de kabul etti. Ancak Saddam'ın ispatladığı tek şey, BM'yi ve verdiği bütün*

321) Joseph Curl, "*Nuclear threat from Saddam is 'real issue'*", The Washington Times, 8 September 2002; Karen DeYoung , "*Bush, Blair Decry Hussein*" The Washington Post, 8 Eylül 2002

sözleri hor gördüğüydü. Verdiği bütün taahhütlerden döndü, aldatma taktikleri kullandı ve zulme başvurdu, böylelikle de kendi kendine aleyhindeki davayı hazırladı.

Bush konuşmasının devamında, BM Güvenlik Konseyi'nin Irak'a ilişkin kararlarını sayarak, Irak'ın yaptığı ihlallere dikkati çekiyor; Irak'ın, İran, İsrail ve Batılı devletlere karşı faaliyet gösteren terör örgütlerine yataklık yaptığını ve destek verdiğini söylüyordu. Bush, Irak'ın kitle imha silahlarına vurgu yapıyor, Bağdat'ın BM Güvenlik Konseyi'nin Irak'ın silahsızlandırılmasına ilişkin kararlarını pervasızca çiğnediğini, BM denetçilerini 1998'de ülkeden attığını ve halen bu silahları elde etmek için çırpındığını belirtiyordu.

Bush, konuşmasına aşağıdaki şekilde devam etmekteydi:

> *Burada bir araya geldiğimiz bugün itibariyle, 4 yıldır BM silah denetçileri Irak'a adım atmamış durumdadır. Bu 4 yılda Irak'taki rejim, gizlilik perdesinin arkasına sığınarak, plan, inşa ve test yapma fırsatı yakalamıştır. Saddam Hüseyin'in BM denetçilerinin ülkede bulunduğu dönemde dahi kitle imha silahları peşinde koştuğunu biliyoruz. Denetçiler ülkeden ayrıldıktan sonra vazgeçtiğini mi sanacağız?*
>
> *Tarih, mantık ve olgular bir sonuca işaret etmektedir: Saddam Hüseyin rejimi büyük ve artan bir tehlikedir.*
>
> *Aksini düşünmek, delillere karşı durmaktır. Saddam Hüseyin rejiminin iyi niyetine bel bağlamak, milyonlarca insanın yaşamıyla ve dünya barışıyla kumar oynamak demektir. Bu riski göze almamamız gerekmektedir.*
>
> *Bugüne kadar gereğinden fazla sabrettik. Yaptırımları denedik. Petrol Karşılığı Gıda Programı'yla havuç, koalisyon askeri saldırılarıyla sopa taktiğini kullandık. Fakat Saddam Hüseyin bütün bu çabalara karşı koydu. Bugün de kitle imha silahları yapmaya devam etmektedir.*
>
> *(Saddam Hüseyin'in) Nükleer silaha sahip olduğunu anlayacağımız zaman, Tanrı korusun, kullandığı zaman olacaktır. Halklarımıza karşı, o tür bir gün yaşanmaması için elimizden geleni yapmak sorumluluğumuz bulunmaktadır.*

Irak rejiminin davranışları BM'nin otoritesine meydan okumaktadır ve dünya barışına tehdittir.

Bush konuşmasına, bütün dünyanın önemli bir testle karşı karşıya olduğunu, BM'nin kuruluş gayesine hizmet mi edeceği, yoksa gündem dışı bir örgüt mü haline geleceği sorusuyla karşı karşıya bulunduğunu söyleyerek devam ediyordu. Bush, konuşmasının devamında aşağıdaki şartları sıralıyordu:

Irak rejimi barış istemekteyse, hemen ve şartsız medet getirmeli, bütün uzun menzilli füze, kitle imha silahları ve bunlarla bağlantılı maddeleri açıklamalı, sökmeli ve imha etmelidir.

Irak rejimi barış istemekteyse, teröre verdiği desteğe hemen son vermeli ve BM Güvenlik Konseyi'nin ilgili kararları doğrultusunda bütün ülkelerin yapmak zorunda olduğu gibi terörü bastırmaya yönelmelidir.

Irak rejimi barış istemekteyse, BM Güvenlik Konseyi kararları uyarınca Şii, Sünni, Kürt, Türkmen ve diğerleri dahil olmak üzere ülkenin sivil halkına yaptığı zulme derhal son vermelidir.

Irak rejimi barış istemekteyse, Körfez Savaşı'na katılan, ancak akıbetleri bilinmeyen bütün şahısların akıbetini bildirmeli veya yaşayanları serbest bırakmalıdır.

Irak rejimi barış istemekteyse, Petrol Karşılığı Gıda Programı dışındaki bütün kaçak ticarete derhal son vermelidir. Bu programdan elde edilen gelirin BM tarafından bütün Irak halkının yararına kullanılmasını sağlayacak şekilde idare edilmesine razı olmalıdır.

Bush, konuşmasını, ABD'nin Irak halkıyla bir meselesi olmadığını, Irak halkının özgürlüğe kavuşturulmasının büyük bir ahlaki gerekçe ve stratejik hedef olduğunu; Saddam Hüseyin'in bütün dünya için oluşturduğu ortak tehdide karşı koymak için ABD'nin BM Güvenlik Konseyi'yle birlikte hareket edeceğini, bu çerçevede Güvenlik Konseyi'nden gerekli kararların alınmasına çalışacağını belirtti.[322]

---

322) http://www.cnn.com/2002/US/09/12/bush.transcript/

ABD böylelikle, Irak konusunda BM sürecinin işletilmesi için düğmeye basıyor, özellikle Avrupa ülkelerinin ABD'nin "tek taraflı" hareket ettiği iddialarına da set vurmuş oluyordu.

Bush'un BM Konuşmasına Tepkiler

Başkan Bush'un konuşması, bütün dünyada birinci gündem maddesi haline geldi. Ürdün ve Mısır, 13 Eylül'de Irak'a BM denetçilerinin ülkeye dönüşüne izin vermesi çağrısında bulundu. Ancak Irak Başbakan Yardımcısı Tarık Aziz, aynı gün yaptığı açıklamada, BM silah denetçilerinin Irak'a dönüşü konusunda Başkan Bush'un ileri sürdüğü koşulları Irak'ın kabul etmediğini bildirdi.[323]

Rusya, terörizmle mücadelede esas rolün BM'ye düştüğünü ve mücadelenin uluslararası hukukun ilkelerine uygun şekilde yapılması gerektiğini, Irak konusunda diplomatik yolların henüz tüketilmediğini açıkladı.

Rus Dışişleri Bakanı İvanov, New York'ta bulunan Irak Dışişleri Bakanı Naci Sabri'yle bir araya geldi. Talep Irak tarafından gelmişti. İvanov, görüşme sonrasında, Irak'ın ilgili BM Güvenlik Konseyi Kararları'nın tamamını hiçbir önkoşul olmadan uygulaması, bu öncelikle uluslararası silah denetçilerini kabul etmesi gerektiğini açıkladı. İvanov, Başkan Bush'un Irak meselesinin çözümü için ABD'nin BMGK ile işbirliği yapmak istediğine yönelik ifadelerinden memnun olduklarını, siyasi çözüm için önemli bir fırsat doğduğunu, ancak birçok şeyin Bağdat'ın tutumuna bağlı olduğunu, Irak Yönetimi'nin BMGK kararlarına uymayı ve işbirliğini reddetmesi halinde ortaya çıkması muhtemel sonuçlardan sorumlu olacağını söyledi.

Fransız Dışişleri Bakanın Villepin ise, Fransa'nın BM denetçilerinin derhal Irak'a dönmesiyle ilgili olacak, ancak herhangi bir tehdit unsuru içermeyecek bir karar alınmasını; Irak'ın bu karara uymama-

323) "*Iraq rejects 'Bush's conditions' about arms inspectors*", The Washington Times, 14 Ağustos 2002

sı halinde alınacak önlemleri içerecek ikinci bir karar kabul edilmesini istediğini, Başkan Bush'un yaptığı konuşmanın Fransa'nın bu tutumuyla örtüştüğünü söyledi. Fransız Bakan, Rusya ve Çin'in de mutabık olacağı bu yöntemle, BM Güvenlik Konseyi'nde sürtüşme yaşanmasının da engelleneceğini düşünmekteydi.

BM Güvenlik Konseyi'nde Yeni Irak Kararı Müzakereleri

BM Güvenlik Konseyi üyeleri arasında Irak konusunda yeni bir karar tasarısı hazırlanması için danışmalara başlanması için geniş bir mutabakat oluştu. Güvenlik Konseyi'nin beş daimi üyesinin temsilcileri, 13 Eylül'de BM Genel Sekreteri Kofi Annan'la bir toplantı yaptı.[324]

Bush, konuşmasının ardından, Dışişleri Bakanı Powell'ı Güvenlik Konseyi'nin 15 üyesi nezdinde bir karar tasarısı hazırlanması için girişimlerde bulunmak üzere görevlendirdi. Hedef, BM Güvenlik Konseyi'nden en fazla birkaç hafta zarfında sonuç alınmasıydı.[325]

BM'de yoğun diplomatik girişimlerin başladığı bu dönemde, ABD Yönetimi içinde de BM Güvenlik Konseyi'ne sunulacak karar tasarısının metnini kaleme almak üzere kurumlar arası bir heyet oluşturdu. Heyet ilk olarak tasarıda yer alması gereken "kırmızı çizgileri" tespit etti. Tasarıda, Irak'ın mevcut BM Güvenlik Konseyi Kararları'nın "maddi ihlali" içinde olduğu belirtilmeli, Irak'ın aldatma taktikleriyle sulandırılamayacak sıkı ve güçlü bir silah denetim sistemi oluşturulmalıydı. Bunlardan daha da önemlisi, Irak'ın kararı ihlal etmesi durumunda devreye girecek ve askeri harekâtın yolunu açacak "ciddi sonuçlar"dan bahsedilmeliydi.

Ancak yine her kurum, BM Güvenlik Konseyi'ne sunulacak karar taslağına dahil edilmesini istediği pasajlar konusunda ısrarla kendi

324) *"Bush's Step Toward U.N. Is Met by Warm Welcome"*, The New York Times, 13 Ağustos 2002
325) *"Bush Presses U.N. on Iraq, Calling Action Unavoidable"*, The New York Times, 13 Ağustos 2002

görüşlerini savunmaktaydı. Pentagon tarafından sunulan ana hatlarda, Irak'ta denetimleri icra edecek ekiplerde ABD görevlilerinin ve güçlerinin yer alması isteniyordu. Sertlik yanlısı bu ekip, kararın operatif sonuç bölümünde Irak'ın karara uymaması durumunda BM üyesi bütün ülkelere "gerekli bütün önlemleri" alma yetkisi veren bir ifade kullanılmasını istemekteydi. ABD bu ifadeden yola çıkarak, istediği zaman askeri harekâta karar verebilmeliydi. Dışişleri Bakanı Powell ve İngilizler, bu tür bir karar tasarısının BM Güvenlik Konseyi'nden geçme şansının olmayacağını düşünmekteydiler.

Savunma Bakanlığı'nın üst düzey yetkilileri, ilk taslak karar metninde, müzakere dahi edilemeyecek konularda Başkan Bush'un desteğine sahip olduklarını ileri sürmekteydi. Dışişleri bürokratları ise Bakan Powell'ın başkan Bush'un tam desteğiyle hareket ettiğini söylemekteydi. İngiltere bu noktada etkin bir rol oynadı. Powell İngiliz karşıtı Jack Straw ile her gün defalarca telefon görüşmesi yapıyordu. Ulusal Güvenlik Danışmanı C. Rice da İngiliz muhatabı David Manning ile sürekli temas halindeydi. Bu temaslar sonucunda, İngiltere Başbakanı T. Blair, Başkan Bush ile yaptığı her görüşmede, BMGK kararına "kırmızı çizgiler" dahil edildiği takdirde, üzerinde mutabakata varılmış bir karar alınmasının, kararda yer alan bütün ibareleri müzakere etmekten çok daha anlamlı olacağını söylemekteydi.[326]

Başkan Bush'un, BM sürecine başvurması, I. Bush döneminin önemli isimlerini de memnun etmişti. Dışişleri eski Bakanı James Baker, Bush'un BM yöntemini izlemeye karar vermekle, Amerikan değerleri ve ulusal çıkarları açısından en doğru olanı yaptığını belirtmekteydi. Baker, BM'den alınacak kararın yalın ve kolayca anlaşılır olması gerektiğini, bu çerçevede özellikle kararın "gerekli her türlü önlem" ibaresini içermesi gerektiğini, Fransız yaklaşımına atıfla iki ayrı karar alınması düşüncesinin makul olmadığını söylemekteydi.[327]

---

326) Karen DeYoung, "*For Powell..*", **The Washington Post**, 10 Kasım 2002
327) James A. Baker III, "*The U.N. Route*", **The Washington Post**, 15 Eylül 2002

Dışişleri eski Bakanlarından Henry Kissinger da, Başkan Bush'un BM Genel Kurulu'na yaptığı konuşmayı övüyor, Başkan'ın ortak eylemi tercih ettiğini, tek taraflı eylemi ise son çare olarak ortaya koyduğunu, ayrıca evrensel bir "önleyici eylem" stratejisi de sunmadığını, Irak'ın BM kararlarını ihlalleri üzerinde durduğunu, başka ülkelerde rejim değişikliği istemenin ABD'nin hakkı olduğu iddiasında da bulunmadığını söylüyordu. Kissinger, Başkan Bush'un konuşmasıyla, uluslararası sistemi, terör çağının yaratacağı sıkıntılarla mücadeleye ortak bir şekilde uyarlamak konusunda önemli bir kapı açtığını, uluslararası düzen açısından en önemli tehdidi kitle imha silahlarının yayılmasının teşkil ettiğini, Bush'un bu tehdide karşı işbirliği yapılmasını önerdiğini, diğer ülkelerin bu fırsatı kaçırmamaları gerektiğini belirtmekteydi.[328]

ABD'deki etkin isimlerin BM sürecinin izlenmesine verdikleri bu destek, göreve geldiği günden itibaren özellikle Pentagon ekibi tarafından yıpratılan Dışişleri Bakanı Powell açısından da rahatlatıcı olmuştu. Artık Powell'ı bekleyen en önemli görev, BM'den ABD'nin istediği doğrultuda bir kararı çıkarmaktı.

Powell, ABD'nin yeni karar tasarısında üç unsurun yer alması gerektiği düşüncesinde olduğunu söylüyordu. Powell'a göre bu üç unsur; Irak'ın mevcut bütün BM kararlarını açıkça ihlal ettiği husus; Irak'ın bundan sonra yapması gerekenler ve Irak'ın bundan sonra yapması gerekenleri yapmaması durumunda alınacak önlemlerdi. Powell, kararda Irak'ın atması gereken adımlara ilişkin belirli süreler bulunması gerektiğini belirtmekte, ayrıca ABD'nin kararın makul bir süre zarfında birkaç hafta içinde çıkmasını hedeflediğini söylemekteydi. Powell, özellikle Fransa'yı kastederek; Güvenlik Konseyi'ndeki bazı üyelerin Irak'ın BM kararlarını ihlal ettiğine ilişkin ifadenin ve bundan sonra alması gereken önlemlerin bir kararda, Irak'ın yapması gerekenleri yapmaması durumunda alınacak önlemlerin ise ayrı bir kararda yer almasını savunduklarını, ancak ABD'nin bütün bu unsur-

---

328) Henry Kissinger, "*Consult and Control: Bywords for Battling the New Enemy*", **The Washington Post**, 16 Eylül 2002

ları içerecek tek bir karar alınmasını tercih edeceğini belirtiyordu. Powell, kararın müzakereler sonucunda belli olacağını, BM Genel Kurulu vesilesiyle New York'ta bulunan BM Güvenlik Konseyi'ne üye ülkelerin Dışişleri Bakanlarıyla görüşerek, ABD'nin bu düşüncelerini aktardığını belirtiyor, ancak BM Güvenlik Konseyi'nden çıkacak kararın ABD'nin ulusal güvenlik çıkarlarına uygun göreceği önlemleri almasını engellemeyeceğini de vurgulamaktan çekinmiyordu.[329]

Irak: "BM Denetçilerini Kabule Hazırım"

Irak ise yeni bir manevra peşindeydi. ABD'nin kararlı tutumu ve BM Güvenlik Konseyi'nin daimi üyelerinin ABD'nin BM sürecine başvurmasına verdikleri destek, hemen Bağdat üzerinde etkisini gösterdi. Irak Hükümeti, BM Genel Sekreteri Annan'a bir mektup göndererek, BM denetçilerinin ülkeye koşulsuz dönüşüne izin verdiğini bildirdi. Irak'ın esas amacı, denetçilerin ülkeye koşulsuz dönmesine izin vererek, BM Güvenlik Konseyi'nden özellikle bir askeri harekâta ışık yakacak yeni bir karar çıkartılmasını önlemek, denetimlerin eski usullere göre icra edilmesini sağlamaktı.

ABD Yönetimi, Irak'ın bu açılımını, BM'nin harekete geçmesini engellemeye yönelik, başarısız kalacak taktik bir adım olarak görmekteydi. ABD'ye göre, Irak, BM Güvenlik Konseyi'nin bütün kararlarına uyacağı taahhüdünde bulunmamıştı.[330]

Irak'ın bu açılımı, Fransa, Rusya ve Çin başta olmak üzere, uluslararası alanda olumlu tepkiler almıştı. Ancak, ABD Yönetimi bütün hızıyla planlarını hayata koymakta kararlıydı. Başkan Bush, 19 Eylül'de Irak'a yönelik bir askeri harekât için Kongre'den savaş yetkisi kararı talep ederek, "ABD Silahlı Kuvvetlerini Irak'a Karşı Kullanmak İçin Ortak Karar" başlıklı bir karar tasarısı sundu.[331] Böylelikle Amerikan Yönetimi, içerde Kongre'den savaş yetkisi almak, uluslararası

---

329) *"Face The Nation"*, CBS, 15 Eylül 2002
330) Statement By the Office of the deputy Press Secretary, 16 September 2002
331) Jeanne Cummings, David Rogers ve David S. Cloud, *"Bush Seeks Authority to Use Force in Iraq"*, The Wall Street Journal, 20 Eylül 2002

alanda ise BM Güvenlik Konseyi'nden yeni bir karar çıkartmak şeklindeki iki yönlü stratejisinde ilk somut adımı atmıştı. BM Güvenlik Konseyi'nden karar çıkartılması için Dışişleri Bakanı Powell, New York'ta BM Genel Kurulu için bulunan BM Güvenlik Konseyi üyesi ülkelerin Dışişleri Bakanlarıyla yoğun bir diplomasi trafiği yürütmekteydi.

ABD bir yandan aba altından sopa göstermeye de devam ediyordu. Beyaz Saray sözcüsü A. Fleischer, 20 Eylül'de yaptığı açıklamada, Başkan Bush'un BM Genel Kurulu'na hitaben yaptığı konuşmadan önce, CENTCOM Komutanı General Tommy Franks'ten Irak'a yönelik bir askeri harekâtın planları ve operasyon seçenekleri hakkında brifing aldığını açıkladı. Harekât seçenekleri, Başkan Bush'a verilen brifingden sonra Genelkurmay Başkanlığına da iletilmişti. Fleischer, Başkan Bush'un önünde seçenekler bulunduğunu, ancak henüz bir karar alamadığını belirtmekteydi. Aslında Genelkurmay Başkanı Orgeneral Richard Myers, İkinci Başkan Orgeneral Peter Pace'le birlikte, Temmuz ayından itibaren Beyaz Saray'da yapılan gizli toplantılarda, Başkan Yardımcısı Cheney, Ulusal Güvenlik Danışmanı Rice, Savunma Bakanı Rumsfeld ve Dışişleri Bakanı Powell ile birçok defa bir araya gelmişlerdi.

Bush, Yeni Ulusal Güvenlik Stratejisini Resmileştiriyor

Bu sırada Başkan Bush, Kongre'ye gönderdiği ABD'nin yeni ulusal güvenlik stratejisini 20 Eylül'de basına açıkladı. Ulusal Güvenlik Stratejisi başlıklı belgenin en önemli özelliği, Başkan Bush'un 1 Haziran günü West Point Harp Akademisi'nde yaptığı konuşmada kullandığı "önleyici eylem" stratejisini, ABD'nin ulusal güvenlik stratejisinin temeli olarak kabul etmesiydi. Böylelikle, ABD'nin Soğuk Savaş'ın başlamasından sonra yıllarca kullandığı ve geçerliliğini halen koruyan "caydırıcılık" stratejisi resmen bir kenara bırakılmaktaydı.

Aynı dönemde ABD ile Rusya arasında, Irak konusunda hararetli müzakereler başlamıştı. ABD Dışişleri Bakanı C. Powell ve Savunma Bakanı D. Rumsfeld, Rusya Dışişleri Bakanı Igor İvanov ve Rusya Savunma Bakanı Sergey İvanov ile 19-20 Eylül'de Washington'da bir araya geldi. Toplantı, ABD ile Rusya arasında Savunma ve Dışişleri Bakanlarının katıldığı "Stratejik Konular İstişare Kurulu" mekanizması kapsamında gerçekleştirilmişti. İstişarelerin başlıca gündem maddeleri, Irak, Gürcistan ve Afganistan'dı.[332] ABD ile Rusya arasındaki temaslar, Savunma ve Dışişleri Bakanlarıyla sınırlı değildi. Başkan Bush, Rusya Devlet Başkanı Putin'i arayarak, Irak konusundaki değerlendirmelerini paylaşmış, BM Güvenlik Konseyi kararı konusunda desteğini talep etmişti. Ancak Rusya'nın özellikle askeri harekât konusundaki muhalefeti devam etmekteydi.[333]

Bush'tan Sharon'a: İşimizi Zorlaştırmayın

Bu arada, ABD Yönetimi, Filistin-İsrail ihtilafındaki şiddet olaylarının, Irak politikasına etkilerini de azaltmak peşindeydi. Başkan Bush, İsrail Başbakanı Sharon'a bir mektup göndererek, İsrail'in Filistin lideri Arafat'ın karargâhındaki ablukayı kaldırmasını istemişti. Bush'tan sonra Ulusal Güvenlik Danışmanı Rice ve Dışişleri Bakanı Powell da İsrailli karşıtlarıyla görüşmüş, Arafat'ın abluka altında tutulmasının ABD'nin Irak politikasını olumsuz etkilediğini bildirmişlerdi.[334]

Muhalefet cephesinde işler INC'nin istediği yönde gelişmekteydi. Başkan Bush, ABD'nin INC şemsiyesi altındaki muhalif örgütlere mensup 5.000 kişiye silahlı eğitim verilmesi için 3 Ekim'de bir Ulusal Güvenlik Direktifi yayınlamıştı. Savunma Bakanlığı bütçesinden bu amaçla 92 milyon dolarlık kaynak tahsis edilmekteydi. Eğitim ve-

---

332) "Powell Says U.S., Russia, Open to Each Other's Arguments on Iraq", Washington File, 20 Eylül 2002

333) Elizabeth Bumiller ve James Dao, "*Bush Lobbies Putin to Back U.S. Action Against Iraq but Still Meets Resistance*", **The Washington Post**, 21 Eylül 2002

334) Keith B. Richburg, "*US Asks Sharon to End Siege at Arafat Compound*", **The Washington Post**, 28 Eylül 2002

rilecek kişiler INC tarafından tespit edilecek, Pentagon'un onayından sonra nihai karar verilecekti. Eğitimin ABD dışındaki bir yerde, bir Ortadoğu ülkesinde yapılması planlanmaktaydı.[335]

BM'de Çetin Pazarlıklar

BM cephesinde ise, ABD-İngiltere ile Fransa-Rusya ve kısmen Çin arasında BM Güvenlik Konseyi kararı üzerinde yoğun müzakereler sürmekteydi. ABD-İngiltere ikilisi, BM silah denetim kurallarını tamamen değiştirecek bir taslak karar sunmuştu. Bu taslağa göre, silah denetçileri silahlı BM güvenlik güçlerince korunacak ve denetçilere tüm Irak topraklarına derhal ve koşulsuz giriş imkânı sağlanacaktı. Güvenlik Konseyi kararı, BM Genel Sekreteri Kofi Annan tarafından Irak'a tebliğ edilecek, Irak'ın 7 gün zarfında karara uymayı kabul etmemesi halinde, Irak'ı bu şartlara uymaya zorlamak için askeri önlemler de dahil olmak üzere "gerekli bütün önlemler"in alınmasına izin verilecekti. ABD-İngiltere taslağında, Irak'ın kararı kabul ettikten sonra kitle imha silah programları ve uzun menzilli füze sistemleri hakkında BM'ye eksiksiz, nihai ve tam bir açıklamada bulunması zorunlu kılınmaktaydı. ABD, özellikle hassas bölgelere ve sahalara girecek BM denetçilerinin sayısını kısıtlayan 1996 tarihli "Ekeus-Bağdat Mutabakatı" ile denetimlerden önce Irak'a haber verilmesini ve denetçilere en az iki diplomatın refakat etmesini öngören 1998 tarihli "Annan-Bağdat Mutabakatı"ndan kurtulmak istemekteydi.[336] ABD tarafından sunulan taslağın bir diğer önemli yönü, Irak'ın 11 yıldır bütün BM Güvenlik Konseyi Kararları'nın "maddi ihlal"i içinde bulunduğuna atıfta bulunulmasıydı. ABD, "Maddi ihlal" ve "Ge-

---

335) Karen DeYoung ve Daniel Williams, "*Training of Iraqi Exiles Authorized U.S. to Ready 5,000 Foes Of Hussein for Combat*", **The Washington Post**, 19 Ekim 2002

336) Colum Lynch, "*U.S. Goal Is Wider Access to Iraq Sites*", **The Washington Post**, 28 Eylül 2002; Michael Gordon, "*U.S. Plan Requires Inspection Access to All Sites*", **The New York Times**, 28 Eylül 2002

reken her türlü önlem" ifadeleriyle, askeri harekâtın önünü açmaya çalışmaktaydı.

Fransa, Rusya ve Çin ise ABD'nin bu yaklaşımına karşı çıkıyorlardı. Fransa, BM Güvenlik Konseyi'nin Irak'ın yapması gerekenlere ilişkin bir karar, yapması gerekenleri yerine getirmemesi durumunda karşılaşacağı sonuçlara ilişkin ikinci bir karar alınması şeklinde iki aşamalı bir yöntem izlenmesi gerektiğinde ısrar ediyordu. Fransa, Irak'ın yükümlülüklerine uymaması halinde, bir askeri harekâta otomatik olarak imkân tanıyacak bir kararın kabul edilmesine karşı çıkıyordu. Başkan Bush'un Fransız karşıtı Chirac ile yaptığı görüşme ve Dışişleri Bakanlığı Müsteşarı M. Grossman'ın Paris'e yaptığı ziyaret, Fransa'nın tutumunu yumuşatmamıştı. Rusya ise, BM denetçilerinin Irak'a dönüşünün daha fazla geciktirilmemesi gerektiğini söylüyordu. Rus Dışişleri Bakanı İvanov, Irak'ın kitle imha silah programları hakkında İngiltere tarafından açıklanan belgeden, Irak'ın kimyasal, biyolojik veya nükleer silahlara sahip olup olmadığının anlaşılmadığını açıklamıştı. Çin ise, Irak'ın BM kararlarına tam olarak riayet etmesi gerektiğini, ancak Irak'ın egemenliğine ve toprak bütünlüğüne saygı gösterilmesinin de önem taşıdığını açıkladı. Çin Başbakanı Zhu Rongji, BM Güvenlik Konseyi'nin desteği olmaksızın Irak'a karşı bir askeri harekât yapılmasına imkân olmayacağını, aksine bir tutumun çok ağır sonuçlar doğuracağını belirtmekteydi.[337]

Irak, ABD-İngiltere taslağını reddederek, silah denetimlerini ağırlaştıracak yeni koşullara razı olmayacağını bildirdi. Başbakan Birinci Yardımcısı Tarık Aziz, ülkesine bir saldırı olduğu takdirde, sonuna kadar savaşacaklarını söylemekteydi.[338]

ABD-İngiltere taslağı üzerinde Güvenlik Konseyi'nin daimi üyeleri arasında çetin pazarlıkların devam ettiği sırada, 30 Eylül'de BM ile Irak arasında silah denetimleri müzakereleri de başladı.

---

337) Bill Sammon, "*Bush Will Give Peace a Chance*", **The Washington Times**, 29 Eylül 2002

338) "*Iraq Rejects of U.N. Resolution; U.S. and Britain Seek Support*", **Reuters**, 29 Eylül 2002

Amerikan Yönetimi içeride askeri güç kullanmak için Kongre'den yetki almak konusundaki girişimleri de başarıyla sürmekteydi. Nitekim Yönetim ile Kongre'nin Temsilciler Meclisi kanadı arasında 2 Ekim'de karar tasarısının metni konusunda uzlaşmaya varıldığı açıklandı.

Uzlaşmaya varılan karar taslağında, Başkan Bush, ABD'nin ulusal güvenlik çıkarlarını, Irak'tan kaynaklanan tehdit karşısında korumak ve Irak'a ilişkin bütün BM Güvenlik Konseyi Kararları'nın uygulanmasını sağlamak üzere, ABD silahlı kuvvetlerini gerekli ve uygun gördüğü şekilde kullanmaya yetkili kılınmaktaydı. Ayrıca diplomatik yolların tüketilmesine de atıfta bulunulmaktaydı. Başkan'ın askeri güce başvurmadan önce veya başvurduktan sonra Kongre'yi bilgilendirmesi öngörülmekte, askeri güç kullanma yetkisi, diplomatik çabalardan sonuç alınamaması ve askeri harekâtın terörizmle mücadele ile uyumlu olması şartlarına bağlanmakta, ancak bu konuda takdir Başbakan'a bırakılmaktaydı.

Demokratların çoğunlukta bulunduğu Senato ile görüşmeler ise henüz devam etmekteydi.

ABD, Rusya'yı Irak Konusunda İkna İçin Enerji İşbirliğini Devreye Sokuyor

ABD, Rusya'nın Irak konusundaki planlarına muhalefetini engellemeye çalışmaktaydı. 1 Ekim'de ABD Enerji Bakanı Spencer Abraham'ın ev sahipliğinde Teksas/Houston'da "ABD-Rusya Ticari Enerji Zirvesi" düzenlendi. ABD ve Rus Hükümet yetkilileriyle birlikte, iki ülkedeki petrol endüstrisi yetkilileri zirvede buluşmuşlardı. Amaç, enerji alanında ABD-Rusya arasında işbirliğini artırmaktı. Aslında OPEC üyesi olmayan ve spot piyasada petrol satan Rusya, giderek ABD'nin petrol ithalatından üst sıralara çıkmaya başlamıştı. Hatta ABD'nin stratejik petrol rezervlerinin tam kapasiteye ulaştırılması için ABD uzun süredir Rus petrolünü ithal etmekteydi. Rusya ise, her yıl petrol ihtiyacı büyüyen ABD'yi ciddi bir pazar olarak görüyordu. ABD Enerji Bakanı'nın 2001'de California'da baş gösteren enerji açığından sonra Rusya ile enerji alanında işbirliği yapılması gündeme gelmiş ve bu amaçla bir çalışma grubu oluşturulmuştu. Zirvenin zamanlaması, ABD ile Rusya arasında Irak konusundaki müzakerelerin sürdüğü bir döneme rastlamıştı. Kısacası ABD ile Rusya arasında BM Güvenlik Konseyi'nde Irak kararı üzerinde yapıldığı sanılan müzakereler aslında Saddam sonrası Irak'ta Rusya'nın ekonomik ve özellikle petrol çıkarlarının korunmasına yönelik petrol pazarlığından ibaretti.

Bush: Saddam Ya Kendisi Silahsızlanır, Ya Da Biz Silahsızlandırırız

Başkan Bush, Irak konusundaki üçüncü önemli konuşmasını 7 Ekim akşamı Ohio eyaletinin Cincinnati kentinde yaptı:

> *Bu akşam, barışa yönelik büyük bir tehdit ve Amerika'nın bu tehdide karşı koymak için dünyaya önderlik yapmak konusundaki kararlılığını anlatmak için kısa bir zamanınızı almak istiyorum.*
>
> *Tehdit Irak'tan gelmektedir. Tehdit, doğrudan Irak rejiminin kendi yaptıklarından kaynaklanmaktadır... Irak bütün yükümlülüklerini ihlal etmiştir...*
>
> *Yakın tarihimizdeki acı olayları da hiçbir zaman unutmamamız gerekmektedir. 11 Eylül 2001'de Amerika, saldırılara karşı ne kadar açık olduğunu gördü. O gün kararlıydık, bugün de kararlıyız, hangi kaynaktan gelirse gelsin ABD'yi acıya boğacak ve ani terör yaratacak bütün tehditlere karşı koyacağız...*
>
> *Hepimiz Irak diktatörünün bir tehdit olduğu ve silahsızlandırılması gerektiği hususunda mutabıkız... Bu olguyu hepimiz kabul etmekteyiz. Temel soru bu hedefe nasıl ulaşacağımızdır.*
>
> *Birçok Amerikalı meşru sorular yöneltmektedir: Irak'tan kaynaklanan tehdidin niteliği, eyleme geçmek için acele edilmesinin nedeni, neden şimdi, Irak'ın kitle imha silahları inşa etmesiyle teröre karşı verilen geniş kapsamlı mücadele arasındaki ilişki, bunlardan bazılarıdır. Bunlar, Yönetim olarak derinlemesine ve bütün yönle-*

riyle irdelediğimiz konulardır. Bu akşam bu değerlendirmelerden bazılarını sizlerle paylaşmak istiyorum.

Birincisi, bazı kimseler Irak'tan kaynaklanan tehdidin, kitle imha silahlarına sahip diğer ülkelerden neden farklı olduğunu sormaktalar. Dünyanın birçok tehlikeyi barındırdığı gerçektir, ancak Irak özel bir durum teşkil etmektedir, çünkü çağımızın birçok tehlikesini aynı anda barındırmaktadır. Irak'ın kitle imha silahları, bu silahları binlerce insanı öldürmek için kullanmış bulunan cani bir diktatörün elindedir. Bu tiran, Ortadoğu'yu kontrolü altına almaya çalışmış, küçük bir ülke olan komşusunu vahşice işgal etmiş, diğer ülkelere savaş ilan etmeksizin saldırmıştır. ABD'ye dinmeyen bir kin ve düşmanlık gütmektedir...

Bazıları, bu tehlikenin ABD ve dünya açısından ne kadar muaccel olduğunu sormaktadırlar. Tehlike ciddidir ve gün geçtikçe daha da derinleşmektedir. Saddam Hüseyin'in kitle imha silahlarına sahip olduğunu biliyorsak -ki bilmekteyiz- Saddam'a karşı koymak için daha da güçlenmesini ve daha da tehlikeli silahlar geliştirmesini beklemenin ne anlamı olduğu sorusunu sormalıyız.

Başkan Bush, Irak'ın kitle imha silahları geliştirmeye çalıştığını örnekleriyle izah ettikten sonra, Irak'ın uzun yıllardır teröre destek verdiğinden, bu çerçevede Ebu Nidal'in yıllarca Irak'ta barındığından söz ediyordu. Bush, Irak ile El-Kaide'nin ABD'yi ortak düşman olarak gördüklerini, Irak'ın sahip olduğu kitle imha silahlarını ABD'ye karşı eylem yapmak isteyecek terör örgütlerine ve teröristlere vermesinin ABD'nin ulusal güvenliği açısından büyük bir tehdit olduğunu vurguluyordu. Bush konuşmasına şöyle devam ediyordu:

Bazıları, Irak'tan kaynaklanan tehdide karşı koymamızın, ABD'yi terörle mücadele hedefinden saptıracağından söz etmektedir. Tam aksine, Irak'ın yarattığı tehdide karşı gelmek, terörle mücadelenin kazanılması bakımından hayati derecede önemlidir...

Birçok insan Saddam Hüseyin'in bir nükleer silah yapmaya ne kadar yakın olduğunu sormaktadır. Doğal olarak, yanıtını tam bil-

miyoruz, temel sorun da aslında budur. Körfez Savaşı'ndan önce güvenilir istihbarat raporlarına göre, Irak'ın nükleer silah yapması için 8-10 yıl gerekliydi. Savaştan sonra, BM silah denetçileri Irak'ın nükleer bomba yapmasının çok daha kısa süreceğini, Savaş olmasa, 1993'te tamamlanmış olacağını tespit ettiler...

Kanıtlar, Saddam Hüseyin'in yeniden nükleer bomba yapmaya çalıştığına işaret etmektedir... Uydu fotoğrafları, Saddam Hüseyin'in daha önceki nükleer programının parçası olan tesisleri yeniden inşa ettiğini açığa çıkartmıştır. Irak, nükleer bomba için gerekli olan zenginleştirilmiş uranyumu elde etmek için kullanılan gaz santrifüjü için gereken dayanıklılığı yüksek alüminyum borular ve diğer malzemeleri almaya çalışmaktadır.

Irak rejimi, bir tenis topundan daha küçük miktarda zenginleştirilmiş uranyum üretebildiği ya da satın alabildiği veya çalabildiği takdirde, bir yıl içinde nükleer bomba yapabilecektir. Buna izin verdiğimiz takdirde, çok zor bir duruma düşeceğiz. Saddam Hüseyin, saldırganlığına karşı duran herkese şantaj yapacaktır. Ortadoğu'yu domine edecek ve nükleer teknolojiyi teröristlere aktaracak bir konuma ulaşacaktır.

Bazı vatandaşlarımız, 11 yıldır bu tehditle yaşadıktan sonra neden şimdi harekete geçme ihtiyacı duyduğumuz sorgulanmaktadır. Bu sorunun tek cevabı, 11 Eylül'de yaşadığımız acı tecrübedir...

Bu gerçeklerin farkında olduktan sonra, ABD giderek büyüyen tehdit karşısında hareketsiz kalamaz. Tehlikenin somut emareleriyle burun buruna geldikten sonra, bir mantar kafası şeklindeki bir bulutla gelecek[339] *nihai delili bekleyemez...*

Başkan Bush, 1991'den itibaren bütün dünyanın, Irak'ın oluşturduğu tehdide karşı silah denetimleri, diplomatik ve ekonomik baskı yöntemlerini denediğini, bunların hepsinin akamete uğradığını söyleyerek devam ediyordu. Bush'a göre, 11 yıldır uygulanan bütün önlemler sonuçsuz kalmış, çevreleme stratejisi çökmüştü. Yeni bir de-

---

339) Burada kastedilen, nükleer bomba saldırısıdır.

netim, yaptırım veya diğer mekanizmaların daha öncekilerden farklı olacağı da meçhuldü ve ABD bu nedenle BM Güvenlik Konseyi'nin yeni ve sert bir karar kabul etmesine çalışmaktaydı. Bush konuşmasına şu şekilde devam etmekteydi:

> *İnkâr, aldatma ve ihmal etme dönemi artık sona ermiştir. Saddam Hüseyin, ülkesini kendi başına silahsızlandırmalıdır, yoksa ABD olarak, barışın gereği olarak kendisini silahsızlandıracak bir koalisyona önderlik yapacağız...*
>
> *Bu hedeflerimize ulaşmak için bir askeri harekâta gerek kalmamasını umarım, ancak gerek olabilir. Askeri çatışmalar zor olabilir, yıkılacağını gören Irak rejimi çaresizlikten gaddar eylemlere başvurabilir. Saddam Hüseyin bu önlemlere başvurduğu takdirde, generallerine bu emirleri reddetmeleri tavsiyesinde bulunuyoruz. Saddam'ın emirlerine karşı gelmedikleri takdirde, savaş suçlusu olarak yargılanacaklarını anlamaları gerekmektedir. Harekete geçmemiz zorunlu hale geldiğinde, gerekli bütün önlemleri alacağız. Planlarımızı dikkatlice yapacak, ABD ordusunun bütün gücünü kullanacak, bize eşlik edecek müttefiklerimizle hareket edecek ve sonuçta galip geleceğiz.*
>
> *Hiçbir eylem kolay değildir veya risksiz olmayacaktır. Bazıları beklememiz gerektiğini, bunun da bir seçenek olduğunu ileri sürmektedir. Bana göre bu yaklaşım bütün seçenekler arasında en tehlikelisidir. Çünkü beklediğimiz her gün Saddam Hüseyin daha da güçlenecek ve gözü kara hale gelecektir...*
>
> *Bazıları, Irak'ta rejim değişikliğinin istikrarsızlığa yol açmasından ve durumu daha da kötüleştirmesinden endişe etmektedir. Durumun bundan daha kötü olmasına imkân yoktur...*
>
> *Askeri harekât gerekli olduğu takdirde, ABD ve müttefikleri, Irak halkının ülkesini yeniden inşa etmesine, komşularıyla barışık, birleşik bir Irak'ta özgür kurumların tesis edilmesine yardımcı olacaktır...*[340]

---

340) "*Remarks By the President on Iraq*", The White House Office of the Press Secretary, 7 Ekim 2002

Başkan Bush'un bu etkileyici konuşmasının en önemli yönlerinden birisi, BM'nin harekete geçmemesi halinde, ABD'nin gerekeni yapacağını ima etmesiydi.

Kongre Bush'a Savaş Yetkisi Veriyor

ABD Kongresi'nin Temsilciler Meclisi kanadı, Başkan Bush'a Irak'a karşı askeri güç kullanma izni veren kararı 10 Ekim akşamı 133'e karşı 296 oyla kabul etti. 215 Cumhuriyetçi, 81 Demokrat üye lehte, 6 Cumhuriyetçi ve 126 Demokrat üye aleyhte oy kullanmıştı. Böylelikle, Başkan Bush, Irak'tan kaynaklanan sürekli tehdit karşısında ABD'nin ulusal güvenliğini korumak ve Irak'a ilişkin BM Güvenlik Konseyi Kararları'nın uygulanmasını sağlamak amacıyla askeri güç kullanmaya Temsilciler Meclisi'nce yetkili kılınıyordu. Başkan Bush, Temsilciler Meclisi'nden ABD halkının göğsünü kabartacak bir sonuç çıktığını, dünyaya ve BM Güvenlik Konseyi'ne net bir mesaj gönderdiğini, Irak'ın oluşturduğu tehdidin kesinlikle önlenmesi gerektiğini açıkladı. Bush, oylamanın Irak rejimine de önemli bir mesaj verdiğini, Irak rejiminin silahsızlanması ve mevcut bütün BM Güvenlik Konseyi kararlarına uyması gerektiğini, yoksa zorla uymasının sağlanacağını, başka bir çıkar yolunun bulunmadığını, Irak rejimiyle müzakere edilmeyeceğini, Irak'ın başıbozuk bir devlet olma günlerinin sonunun geldiğini belirtmekteydi.

Kongre'nin Senato kanadında ise karar tasarısı üzerindeki görüşmeler sürmekteydi. Senato İstihbarat Komitesi Başkanı Bob Graham 4 Ekim'de, CIA Direktörü George Tenet'e bir mektup göndererek, Başkan'a savaş yetkisi verilmesi için Senato'da yapılmakta olan görüşmelere katkıda bulunmak amacıyla, daha önce Senato'da CIA yetkilileriyle yapılmış olan oturumların tutanaklarının gizlilik derecesinin kaldırılmasını istedi. Tenet cevabında, İstihbarat Komitesi'ne sunulan belgenin gizlilik derecesinin kaldırılmasının, ABD'nin istihbarat analizlerinin anlaşılmasına ve istihbarat zaaflarının ortaya çıkmasına yol açabileceğini belirterek, sadece belli bir bölümün gizliliğinin kaldırıldığını bildirdi. Bu bölümde, CIA'in, Saddam Hüseyin'in kendi geleceğini tehlike altında görmediği takdirde ABD'ye yönelik bir saldırıda bulunmasının düşük bir ihtimal olduğu, ancak kendisinin tehlikeye düştüğüne kanaat getirmesi halinde kitle imha silahları kullanmaktan çekinmeyeceği değerlendirmesi yer almaktaydı. Tenet, El-Kaide yöneticilerinin Iraklı yetkililerle yaptıkları görüşmelere dair güvenilir kanıtlar da bulunduğunu belirtmekteydi[341]

Senato, Temsilciler Meclisi'nde Başkan Bush'un Irak'a karşı kuvvet kullanmasına izin, veren kararın aynısını 11 Ekim'de 23'e karşı 77 oyla kabul etti. Başkan Bush, istediğine kavuşmuş, ABD Kongresi'nden ciddi bir destek almıştı.[342]

BM'de Irak Pazarlıkları: Kelimelerin Derin Manası

Kongre'nin Başbakan'a verdiği güçlü destekle, ABD'de askeri harekâta ilişkin senaryolar yeniden gündeme gelmeye başlamıştı. BM Genel Sekreteri Annan, ABD'ye tek başına hareket etmeme çağrısında bulunuyordu.[343] ABD Yönetimi ise artık bütün mesaisini BM Güvenlik Konseyi'nden istediği gibi bir karar çıkartmaya ayırıyordu. Aslında Güvenlik Konseyi'nin 5 daimi üyesi, denetimlerin kesintisiz ve koşulsuz olmasında mutabıktı, sorun ABD'nin kararda yer almasını istediği Irak'ın yükümlülüklerini yerine getirmemesi halinde alınacak ve otomatik olarak devreye girecek önlemler konusunda yaşanmaktaydı. Tartışmalar bir askeri harekâta izin verecek "maddi ihlal" tanımı ve yeni ihlaller yaşanması halinde otomatikman devreye gire-

---

341) "*Analysts Discount Attack By Iraq*", **The Washington Post**, , 9 Ekim 2002; "*CIA Letter to Senate on Baghdad's Intentions*", **The New York Times**, 9 Ekim 2002

342) 1991'de I Bush, Körfez Savaşı için yetki kararını, Senato'da ancak 47'ye karşı 53 oyla geçirebilmişti.

343) Betsy Pisik ve Dave Boyer, "*Annan says U.S. Must Not Act Alone*", **The Washington Times**, 12 Ekim 2002

cek önlemler üzerinde yoğunlaşmıştı. ABD ve İngiltere, Irak konusunda otomatikman devreye girecek önlemler içeren tek bir karar alınmasında ısrar ediyordu. Ancak Konseyin İngiltere dışındaki daimi üyeleri iki farklı karar çıkartılmasını savunmaktaydı.[344]

Gelişmeler, ABD-İngiltere ikilisinin hazırladığı taslağın bu haliyle Güvenlik Konseyi'nden geçmeyeceğini göstermiş, ABD'nin taviz vermesi gerektiği ortaya çıkmıştı. ABD Yönetimi içinde karar taslağında hangi noktalarda tavizler verileceği de Pentagon ile Dışişleri arasındaki görüş ayrılıklarını yeniden gün yüzüne çıkartmıştı. Dışişleri Bakanı Powell, taslakta bazı tavizler verilmesine razıydı, karşılığında BMGK üyelerinin tam desteğine sahip bir karar çıkacaktı. Başkan Yardımcısı Cheney ve Rumsfeld cephesinde ise, Başkan Bush'un karar metninde tavize yanaşmayacağı görüşü hakimdi. Her iki kesim de Başkan'ın tam desteğine sahip olduklarını ileri sürmekte, bu durum dış dünyaya farklı mesajlar verilmesine neden olmaktaydı.[345]

ABD'nin yaptığı bütün girişimlere rağmen, Fransa ve Rusya ikna olmadı. Bunun üzerine Başkan Bush, ABD'nin kararda yer almasını istediği "gereken bütün önlemler" tanımının metinden çıkartılmasını kabul etti. ABD, askeri harekâttan bahsedilmese de, Irak'ın kararın gereklerini yerine getirmesi durumunda "ciddi sonuçlarla karşılaşacağı" ibaresini içerecek güçlü bir karar çıkartılmasını, gerektiğinde askeri harekât için yeterli bir dayanak olarak görmekteydi. Rusya ve Fransa temkini elden bırakmıyor, ABD'nin otomatikman bir askeri harekâta imkân sağlayacağı şeklinde yorumlayacağı ibarelerin metinden çıkartılmasında diretiyorlardı[346]

Ancak ABD'nin yaptığı açılım, kararın önündeki önemli bir engeli kaldırmıştı. Fransa ve Rusya'nın bundan sonraki hedefi, Irak'a yö-

---

344) Betsy Pisik ve Dave Boyer, "*Annan says U.S. Must Not Act Alone*", **The Washington Times**, 12 Ekim 2002

345) Karen De Young ve Walter Pincus, "*U.N. Pressed for Tough Stance on Iraq*", **The Washington Post**, 14 Ekim 2002

346) Dana Milbank, "*Bush Bids to End Impasse at U.N., Outlines Iraq Plan*", **The Washington Post**, 12 Ekim 2002

nelik bir askeri harekât ve Saddam Hüseyin sonrası Irak'taki çıkarlarını garanti altına almak olacaktı.

Rusya ve Fransa: Önce Çıkarlarımız

Rusya'nın Irak'ta önemli çıkarları bulunmaktaydı. Rusya'nın, Irak'tan 8 milyar dolar alacağı vardı ve bu alacağı Saddam sonrası dönemde de Irak'tan tahsil etmeyi bekliyordu. Moskova ayrıca, Rus firmalarının petrol zengini Irak'taki çıkarlarını korumak istiyordu. Bugüne kadar Rusya, Saddam Hüseyin'e vereceği desteğin BM yaptırımlarının kaldırılmasını sağlayacağına ve böylelikle alacaklarını tahsil etmesine yol açacağı ve Irak'ın petrol sahalarında söz hakkına sahip olacağı beklentisi içindeydi. Ancak ABD, Saddam Hüseyin'i devirmeye kararlıydı ve Rusya, Washington'ı yolundan çevirecek imkânlardan yoksundu. Dolayısıyla, Saddam Hüseyin devrildikten sonra işbaşına gelecek Irak Hükümetinden alacaklarını tahsil etmeyi ve Saddam zamanında imzalanan petrol sözleşmelerine sadık kalmasını sağlamayı garantileme gayretindeydi. 1997'de Bağdat ile Güney Irak'taki sahalarda petrol üretimi için anlaşma yapan uluslararası konsorsiyumda Rus petrol şirketi LUKoil % 75'lik hisseye sahipti. 23 yıl süreli projede toplam 5.1 milyar varil petrol üretilmesi ve petrol fiyatlarıyla bağlantılı olarak 60 ila 70 milyar dolar gelir elde edilmesi öngörülmekteydi. Kısacası, Moskova, Irak'a yönelik bir askeri harekâta istekli olmasa da, muhalefet etmesinin bir yarar getirmeyeceğinin farkına varmıştı.[347]

Fransa'nın da Irak bağlamında önemli ekonomik çıkarları mevcuttu. Fransa, 2001 yılındaki 1.5 milyar dolar ticaret hacmiyle Avrupa ülkeleri arasında Irak'la en çok ticaret yapan ülkeydi. Petrol Karşılığı Gıda Programı kapsamında Irak'la yapılan ticarette ise, programın başladığı 1996'dan itibaren yaptığı 3.1 milyar dolarlık ticaretle

347) Natali Yefimova, "*Moscow's Softening Stance on Saddam*", The Moscow Times, 18 Mart 2002

Fransa üçüncü sırada yer almaktaydı. (Rusya 4.3 milyar dolarla ilk sıradaydı, ikinci sırada ise Mısır bulunmaktaydı.) Fransız petrol şirketi TotalFinaElf İran sınırında 10 milyar varil rezerve sahip olduğu tahmin edilen Mecnun ve günde 440.000 varil üretim kapasitesi olan Bin Umar sahalarında petrol imtiyazlarına sahipti. Kısacası Fransa, Irak'ta en çok petrol imtiyazına sahip ülke konumundaydı. Fransız otomobil şirketi Peugeot, Irak'a çok sayıda araba ihraç etmekteydi ve Fransız Alcatel firması, Irak'ın telefon hatlarının tamir edilmesi için Irak'la sözleşme imzalamıştı.[348]

Kısacası, ABD'nin önündeki en büyük engel, BM Güvenlik Konseyi'nden bir karar çıkartabilmek için Fransa ve Rusya'yı Saddam sonrası Irak'ta çıkarlarının korunacağına ikna etmekti.

ABD, aynı anda birçok cephede savaşmaktaydı. Başkan Bush, İsrail Başbakanı Ariel Sharon'la 16 Ekim'de Beyaz Saray'da görüştü. Bush, Sharon'dan Irak'a olası bir harekât bağlamında Arapların tepkisini çekecek eylemlerden kaçınmasını istedi. Sharon ise, Irak'a yönelik bir harekât sırasında gerçekleşecek terör eylemleri ve saldırılar karşısında İsrail'in tepkisiz kalmasının beklenmemesi gerektiğini söylemişti. Görüşmede, ayrıca İsrail'i Irak'ın füze saldırılarından korumak amacıyla, ABD-İsrail ortak füze savunma sistemi kurulması konusu da ele alınmıştı.[349]

Fransa ve Rusya'yla sürdürülen çetin pazarlıklar sonucunda ABD 21 Ekim'de BM Güvenlik Konseyi üyelerine yeni bir karar tasarısı metni sundu. Bu tasarıda, ABD'nin askeri harekât için kullanacağı üstü kapalı terimler metinden çıkartılmış, ancak denetimlerin şartları ağırlaştırılmıştı. ABD, BM Güvenlik Konseyi'nde karar karşısında direnci kırmakta, ancak denetimlerin icra kuvvetini olabildiğince genişleterek, muhtemel bir askeri harekât için en azından yasal zemini

---

348) John Taglibaue, "*Europeans Strive to Strengthen Trade Ties With Iraq*", **The New York Times**, 19 Eylül 2002

349) Joesph Curl, "*Bush Plans to Keep Israel Out of Any War With Iraq*", **The Washington Times**, 16 Kasım 2002

muhafaza etmeyi hedeflemekteydi. Başkan Bush, ABD Yönetimi'nin Irak'ta rejim değişikliği politikasının kararlılıkla sürdüğünü söylemekteydi.[350]

Rus Dışişleri Bakanı İvanov, ABD'nin tasarısının halen Moskova'nın taleplerini tam olarak karşılamadığını, tasarının müzakere edilmesinin gerekli olduğunu açıkladı.[351] Fransa ise karara ilişkin güçlü çekinceleri bulunduğunu bildirdi.

ABD sadece BM Güvenlik Konseyi'nin İngiltere dışındaki diğer üç daimi üyesini değil, Konseyin geçici diğer 10 üyesini de ikna etmek için yoğun çaba sarf etmekteydi. BM Güvenlik Konseyi'nin daimi üyelerinden herhangi birisinin veto kullanması durumunda Konsey'den karar çıkması mümkün değildi. Ancak, Güvenlik Konseyi daimi üyelerinin bir kararı veto etmemeleri, kararın çıkmasını sağlamaya yetmiyordu, bunun için 9 üyenin olumlu oy kullanması gerekmekteydi.

Başkan Bush, Çin Devlet Başkanı Jiang Zemin'i 25 Ekim günü Teksas'taki çiftliğinde ağırladı. Başkan Bush'un, Zemin'le yaptığı görüşmenin temel gündemi Irak'tı. Kuzey Kore, Tibet, Çin-Tayvan ilişkileri gibi konular da ele alınmıştı. Başkan Bush, BMGK kararının Irak'ı silahtan arındırmaya yetecek etkili bir karar olması ve etkili bir kararın da sonuçlardan bahsetmesi gerektiğini söyledi. Bush, BM üzerine düşeni yapmadığı ve Irak silahtan arındırılmadığı takdirde, ABD'nin bu işi yapacak koalisyona liderlik yapmakta tereddüt etmeyeceğini belirtmekteydi.

BM Güvenlik Konseyi'nde gelişmeler hızla sürüyordu. Fransa ve Rusya, ABD taslağına karşı bir taslak hazırlamış, ancak ABD acele ederek kendi taslağını 24 Ekim'de Konsey'e resmen sunmuştu. Güvenlik Konseyi'nin 15 üyesi iki kampa bölünmüştü.

---

350) "*US Offers Concessions in U.N. Draft on Iraq*", **The Washington Post**, 22 Ekim 2002

351) "*Russian official praises one aspect of U.S. draft resolution on Iraq, but says more work is necessary to win Russian support*", **AP**, 23 Ekim 2002

Başkan Bush, gelişmeleri yakından izliyordu. BM Güvenlik Konseyi'ndeki direncin kırılmasının zorluğu karşısında Bush, 27 Ekim günü Meksika'da yaptığı açıklamada, BM Güvenlik Konseyi'nin Irak'la ilgili güçlü bir karar kabul etmemesi halinde, ABD'nin BM'yi "by-pass" edebileceğini bildirdi. Beyaz Saray'a göre, BM kararı olmasa da ABD'nin Irak karşısında bir uluslararası koalisyon toplaması zor değildi.[352]

BM'de işlerin çıkmaza sürüklenmesi, ABD'deki sertlik yanlısı ekibin sabırlarını zorlamaktaydı. William Safire, BM Güvenlik Konseyi'ndeki müzakerelerin, "maddi ihlal" tanımında kilitlendiğini, kararda bu ibareye yer verilmesine engel olacak ülkelerin, harekâtın dışında kalmanın ekonomik sonuçlarına katlanmaları gerekeceğini söylemekteydi. Safire, Fransa ve Rusya'nın Güvenlik Konseyi'ni "yatıştırma" patikasından aşağı sürüklediği takdirde, ABD'nin gerçek dostlarıyla birlikte Irak'ın kurtulması için gerekeni yapacağını belirtmekteydi. Safire'a göre, güçlü Türk ordusu Irak'a karşı bir savaşı kısaltmak için ciddi şekilde devreye girerse, Türkiye'nin Kerkük petrollerine yönelik yıllardır süren talepleri nihayet karşılanabilecekti.[353]

BM Kararı: "Irak'a Son Defa Şans Verilmektedir"

Irak karar tasarısı üzerinde ilk tur görüşmeler Güvenlik Konseyi'nde 30 Ekim'de tamamlandı. Fransa, Rusya veya Çin veto tehdidinde bulunmamış, ayrıca alternatif bir karar tasarısı sunarak ABD tasarısını çıkmaza sokmak yoluna gitmemişlerdi. Ancak Güvenlik Konseyi üyeleri arasında "maddi ihlal" tanımına ilişkin görüş farklılıkları sürmekteydi. Fransız yetkililer, bu tanımın kararda yer alması halinde, Bush Yönetiminin Irak'la denetimler başlamadan ya da denetimler başladıktan sonra çıkacak en küçük bir anlaşmazlıkta Güvenlik Konseyi'ne danışma ihtiyacı duymaksızın savaşa gideceğinden

---

352) "*Bush: U.S. Can Bypass U.N. on Iraq*", **AP**, 27 Ekim 2002
353) William Safire, "*In Material Breach*", **The New York Times**, 28 Ekim 2002

endişe etmekteydi. Fransa, Irak'ın denetimlerde sorun çıkartması durumunda ne yapılacağı konusunda ABD'nin yeniden Güvenlik Konseyi'ne gelmesini istemekteydi. Rusya'nın BM Büyükelçisi Sergey Lavrov, kelimelerin değil, bu kelimelerin ne şekilde yorumlandığının önem taşıdığı görüşünü gündeme getirmekteydi. Moskova, "Irak'ın BMGK kararını ihlal etmesi durumunda, bir sonraki adımın BM Anlaşması'na uygun olarak belirlenebilmesi için konunun tekrar Güvenlik Konseyi'ne getirilmesi"ni öngören bir yazım istemekteydi.

Ancak, bu görüş farklılıklarına rağmen, ABD'li yetkililer, Güvenlik Konseyi'nden bir karar çıkmasının yakın olduğu görüşündeydiler.

UNMOVIC İcra Başkanı Dr. Hans Blix ve UAEA Genel Direktörü Mohammad Al-Baradei, 30 Ekim'de Washington'a giderek, Başkan Bush, Başkan Yardımcısı Cheney, Ulusal Güvenlik Danışmanı Rice ve Dışişleri Bakanı Powell'la görüştüler. Amaç, BM'den çıkacak karar tasarısı kapsamında denetimlerin ne şekilde icra edileceği hususunda ABD Yönetimi'ni bilgilendirmekti. Kısacası, yapılacak denetimlerin etkin olacağı ve Saddam tarafından sulandırılmayacağı hususunda ABD'ye taahhüt verilmekteydi. ABD'nin denetimlerin etkinliği konusundaki endişelerinin giderilmesiyle, BM Güvenlik Konseyi'nden bir karar çıkmasının da önü açılmıştı.[354]

ABD, gözden geçirilmiş yeni bir taslak hazırladı. Ancak taslağı 6 Kasım'da Güvenlik Konseyi'ne sunmadan önce yoğun bir diplomasi atağına geçti. Başkan Bush, Güvenlik Konseyi'nin geçici üyelerinden Meksika Devlet Başkanı Vicente Fox'u arayarak destek istedi. Dışişleri Bakanı Powell, İngiliz, Fransız, Rus karşıtlarıyla sürekli telefon görüşmeleri yapıyordu.

Bu defa karar tasarısının kısa zaman içinde geniş çaplı bir destekle kabul edileceği düşünülüyordu. Sadece Suriye'nin çekimser oy kullanması beklenmekteydi. Irak Devlet Başkanı Saddam Hüseyin de

---

354) Julia Preston, "*No Veto Threat From Security Council*", The New York Times, 31 Ekim 2002

BM Anlaşması'na ve uluslararası hukuka uygun olduğu sürece Irak'ın BM Güvenlik Konseyi kararını dikkate alacağını açıklamıştı.[355]

ABD-İngiltere, ortak hazırlayıcısı oldukları gözden geçirilmiş karar tasarısını, 6 Kasım'da BM Güvenlik Konseyi'ne sundu. Karar tasarısında, "maddi ihlal" kavramı korunmaktaydı. Yeni eklenen bir paragrafla, silahsızlanma yükümlülüklerini yerine getirmesi için Irak'a son bir fırsatın tanınmakta olduğu belirtilmekteydi. Irak'ın "maddi ihlal"lerinin BM Güvenlik Konseyi'nde yeniden görüşüleceği yer almaktaydı. Böylelikle Fransa'nın en çok ısrar ettiği, otomatik önlemlerin devreden çıkartılması talebi karşılanmış olmaktaydı. Ancak, Irak'ın ihlallerin devamı halinde "ciddi sonuçlarla karşılaşacağı" yönündeki uyarı metinde muhafaza edilmişti.

ABD, yeni taslağın kabul edilmesi için ağırlığını koydu. Başkan Bush, 7 Kasım'da Rusya Devlet Başkanı Putin'i ve Fransa Cumhurbaşkanı Chirac'ı arayarak, kararı kabul etmelerini istedi. 7 Kasım akşamında, yapılan son dakika değişiklikleriyle kararın büyük çoğunlukla kabul edilmesi kesinleşmişti. Oylamada 14 üyenin olumlu oy kullanması, Suriye'nin ise çekimser kalması beklenmekteydi. İngiltere ve Fransa'nın devreye girmesiyle Güvenlik Konseyi'nden oydaşmayla bir karar çıkmasının önü açıldı.

BM Güvenlik Konseyi'nin 8 Kasım sabahı, ortak sunuculuğunu ABD ve İngiltere'nin yaptığı 1441 sayılı kararı oybirliğiyle kabul etti.

Kararın ana hatları şunlardı.

- Güvenlik Konseyi, Irak'ın bugüne kadar ve halen 687 sayılı karar da dahil olmak üzere, BM Güvenlik Konseyi tarafından alınmış bütün ilgili kararların, özellikle BM denetçileri ve Uluslararası Atom Enerjisi Ajansıyla (UAEA) işbirliği yapmamak suretiyle "maddi ihlal"i içindedir.
- Irak Hükümeti, silahsızlanma yükümlülüklerine uymaya başlamak için, iki yılda bir yapması gereken bildirimlere ek ola-

355) Julia Preston, "*U.S. Refines Resolution on Iraq as Hopes Rise*", The New York Times, 5 Kasım 2002

rak, UNMOVIC'e, UAEA'ya ve Güvenlik Konseyi'ne bu kararın kabul edildiği tarihten itibaren 30 günü geçmemek kaydıyla, biyolojik, kimyasal ve nükleer silahlar geliştirmeye yönelik programlarının bütün ayrıntıları hakkında yeni, tam ve eksiksiz bildirimde bulunacaktır.

- Irak'ın, bu karar doğrultusunda yapacağı bildirimin yanlış veya eksik bilgi içermesi ve herhangi bir zamanda karara uymaması ve uygulanması için tam işbirliği yapmaması, Irak'ın yükümlülüklerinin bir kez daha "maddi ihlal"i olacak ve görüşülmek üzere Güvenlik Konseyi'ne bildirilecektir.
- Güvenlik Konseyi, UNMOVIC ve UAEA'nı bu kararın kabul edilmesinden itibaren 45 gün zarfında denetimlere başlamasını ve denetimlerin başlamasının ardından 60 gün zarfında Güvenlik Konseyi'ni bilgilendirmesini emreder.
- Güvenlik Konseyi, BM Genel Sekreteri'nin, Irak'ı bu bağlayıcı karar hakkında derhal bilgilendirmesini, Irak'ın 7 gün zarfında bu karara uyacağını bildirmesini talep eder. Güvenlik Konseyi, Irak'ın derhal, koşulsuz ve aktif bir şekilde UNMOVIC ve UAEA ile işbirliği yapmasını ister.
- UNMOVIC İcra Başkanı ve UAEA'nın Genel Direktörünü, Irak'ın denetim faaliyetlerine yönelik herhangi bir müdahalesini, bu karar kapsamındaki denetimlere ilişkin yükümlülükleri ve silahsızlanma yükümlülüklerine uymaktaki herhangi bir başarısızlığını derhal Güvenlik Konseyi'ne bildirmelerini emreder.
- Güvenlik Konseyi, bu karar doğrultusunda kendisine sunulacak rapor üzerine, durumu ve ilgili bütün kararlar çerçevesinde uluslararası barış ve güvenliği korumaya ihtiyaç olup olmadığını gözden geçirmek üzere derhal toplanacaktır.
- Güvenlik Konseyi, yükümlülüklerini ihlal etmesi nedeniyle ciddi sonuçlarla karşılaşacağı hususunda Irak'ı müteaddit defalar uyardığını teyit eder.

Kararda, BM Güvenlik Konseyi'nin, Irak'a yükümlülüklerine uyması için "son bir şans" tanıdığı da belirtilmekteydi.

Karar kapsamında, oluşturulan takvimin işleyişi ise şöyleydi:

Irak kararı kabul ettiğini ve karara uyacağını 15 Kasım'a kadar bildirecek; UNMOVIC İcra Başkanı Hans Blix ve UAEA Genel Direktörü Muhammed Al-Baredei 18 Kasım'da yanlarında 25 kadar denetçiyle Bağdat'a giderek haberleşme, ulaşım, ofis ve laboratuvarlar kuracak; 25 Kasım'da 10 kadar bir ön denetçi heyeti Irak'a gidecek ve çalışma planı hazırlayacak ve bazı denetimler icra edecek; Irak 8 Aralık'a kadar, kitle imha silahları geliştirmeye ve fırlatmaya yönelik bütün programları ve askeri amaçla kullanıma uygun bütün sivil malzemeler hakkında Güvenlik Konseyi'ne tam, kesin ve doğru bildirimde bulunacak; yaklaşık 80-100 denetçi 23 Aralık'a kadar denetimlere başlayacak; 21 Şubat 2003'e kadar denetçiler Güvenlik Konseyi'ne raporlarını sunacaktı.[356]

BM Kararına Tepkiler

ABD ve İngiltere, BM Güvenlik Konseyi'nde iki aydır verdikleri diplomasi mücadelesinde büyük bir zafer kazanmışlardı. Başkan Bush, kararın kabulüyle BM Güvenlik Konseyi'nin kuruluş amacına uygun bir adım attığını söyledi. Bush, Irak'ın yıllardır BM kararlarının maddi ihlali içinde olduğunu vurgulamakta, dünyanın artık Irak'ın kararın uygulanmasındaki ihlallerin önemli-önemsiz ayrımı yapmaması; her ihlali ciddi olarak görmesi gerektiğini, ABD'nin bir tek karar alacağını, bunun da Irak'ın Güvenlik Konseyi kararına uyup uymadığını tespit etmek olacağını belirtti. Bush, Irak'tan kaynaklanan tehdide karşı ABD'nin dünyadan destek istediğini, eyleme geçmek gerektiği takdirde ABD'nin bütün dünyanın çıkarlarını gözetecek şekilde harekete geçeceğini söyleyerek; Irak'ın kitle imha silah-

---

356) UN Security Council; S/2002/1198; http://ods-dds-ny.un.org/doc/UNDOC/GEN/N02/682/26/PDF/N0268226.pdf?OpenElement

larından tamamen arındırılacağını, Irak rejiminin bunun ne şekilde gerçekleşeceğine karar vermesi gerektiğini, ABD'nin her halükârda bunu sağlayacağını vurguladı.[357]

İngiltere Başbakanı Tony Blair, Irak'ın yıllardır bütün BM kararlarının "maddi ihlali" içinde olduğunu ve Irak meselesine en iyi çözümün BM çerçevesinde bulunabileceğini, Saddam Hüseyin'in BM ile işbirliği yapmaya ve silahlarını bırakmaya kendi rızasıyla yanaşmaması halinde zorla silahsızlandırılacağını açıkladı.

Rus Dışişleri Bakanı İvanov, oybirliğiyle kabul edilen ve uluslararası toplumdan geniş destek gören kararın savaş ihtimalinin önlenmesini sağladığını ve Irak meselesine siyasi-diplomatik bir çözüm bulunmasına giden yolu açtığını söyledi. İvanov, kararın, uluslararası hukukun üstünlüğünü savunanların zaferi olduğunu söylemekte, kararın uygulanmasında sorun yaşanması durumunda, BMGK'nin durumu değerlendirmek için yeniden toplanacağını belirtmekteydi. İvanov, nihai kararın BMGK tarafından verilmesi gerektiğini vurguluyor, BM Güvenlik Konseyi'ndeki işbirliğinin sürekli olması gerektiğini açıklıyordu.

Fransa, kararın BM Güvenlik Konseyi'nin barış ve güvenlik alanındaki rolünü ve önemini güçlendirdiği düşüncesindeydi. Fransa, kararın Irak'ın barışçıl yöntemlerle silahsızlandırılmasına imkân vereceğini, Fransa'nın daha ilk günden itibaren bu saikle hareket ettiğini açıkladı.

Karar hakkında Türk Dışişleri tarafından yapılan açıklamada, Türkiye'nin kararın Güvenlik Konseyi'nde oybirliği ile kabul edilmiş olmasından memnuniyet duyduğu, Güvenlik Konseyi'nin uluslararası barış ve güvenliği ilgilendiren bir konuda tam uzlaşmayla hareket etmiş olmasının uluslararası meşruiyetin gereği olduğu belirtilmekteydi. Türkiye, "Artık bu aşamada Irak'ın kararın hükümlerini aktif ve süratli şekilde uygulaması ve silah denetimi sürecinin kararda öngörülen zaman dilimleri içinde başarıyla tamamlanması"nın en temel beklentisi olduğunu söylüyordu.

---

357) "*Transcript of Bush's Remarks on the Security Council's Iraq Resolution*", The New York Times, 9 Kasım 2002

Karara, Suudi Arabistan, Mısır, Ürdün, Kuveyt, Bahreyn gibi bölge ülkelerinden olumlu tepki gelmişti. Almanya da karardan memnuniyet duyduğunu açıklamıştı.

BM Güvenlik Konseyi kararı, sadece Irak'ın silahsızlandırılması anlamında değil, Yönetim içi dengeler itibariyle de önem taşımaktaydı. Göreve geldiği günden bu yana özellikle Irak ve Arap-İsrail ihtilafına ilişkin yaklaşımları nedeniyle şahinlerin büyük eleştirilerine uğrayan, hatta görüşlerinin dikkate alınmaması nedeniyle görevinden istifa edeceği söylentileri çıkartılan Dışişleri Bakanı Powell, BM Güvenlik Konseyi'ndeki zaferin mimarı olarak görülmekteydi. ABD basınındaki yorumlarda, Powel'ın geri dönüşünden bahsedilmekteydi.

Irak: "Denetçileri Kabule Hazırız"

Irak, 1441 sayılı kararı uygulayacağını, Dışişleri Bakanı Naci Sabri tarafından kaleme alınan bir mektupla 13 Kasım'da BM Genel Sekreteri Kofi Annan'a bildirdi. Ancak mektupta, ABD ve İngiltere'yi kınamakta, BM Güvenlik Konseyi üyelerine ve BM'ye ağır eleştiriler yöneltilmekteydi.

Mektuba göre, BM silah denetçilerinin 1998 yılında ülkeyi terk etmelerinden bu yana Irak kitle imha silahları üretmiyordu ve bu silahlara sahip değildi. BM Güvenlik Konseyi'ne 1441 sayılı kararı alması hususunda baskı yapanların hedefleri başkaydı. İçeriğiyle mutabık olmamakla birlikte, Irak 1441 sayılı kararı uygulayacak, öngörülen takvim çerçevesinde denetçileri kabul edecekti.

Irak, denetimlerin profesyonel bir anlayışla ve uluslararası hukuka uygun olarak yapmalarını beklemekteydi. Böylelikle, kötü niyetlilerin yalanları gözler önüne serilecek ve Güvenlik Konseyi hedefine ulaşacaktı. Ancak bu aşamadan sonra Güvenlik Konseyi'nin Irak üzerindeki abluka ve adil olmayan diğer yaptırımları kaldırması gerekmekteydi.[358]

---

358) http://ods-dds-ny.un.org/doc/UNDOC/GEN/N02/690/99/PDF/N0269099.pdf?OpenElement

13 Kasım'da Washington'ı ziyaret eden BM Genel Sekreteri Kofi Annan, ABD Başkanı George W. Bush'la görüştü. Annan, Bush'la görüştükten sonra yaptığı açıklamada, Dr. Blix ve ekibinin 18 Kasım'da Irak'a giderek çalışmalarına başlayacağını, Başkan Bush'un Irak'ın silahsızlandırılmasında kararlı olduğunu, asıl meselenin kararın kabulü değil uygulanması olduğunu bildirdi.

Dr. Blix ve ekibinin Irak'a 18 Kasım'da ayak basmasıyla denetimler başladı. Şimdi bütün soru, Irak'ın karara uyup uymayacağından ziyade, hangi noktada kriz çıkacağıydı. Zira, ABD Saddam Hüseyin rejimini devirmekte kararlıydı.

Irak 1441 sayılı karar doğrultusunda 8 Aralık'ta BM güvenlik Konseyi'ne, kitle imha silah programları hakkında, tam ve eksiksiz olduğunu söylediği 12.000 sayfalık bir bildirimde bulundu. Amerikan Yönetimi bildirimi incelediğini, ancak önemli eksikler olduğunu düşünmekteydi. Dışişleri Bakanı C. Powell, 19 Aralık günü bir açıklama yaparak, Irak'ın bildiriminde önemli eksikler ve atlamalar bulunduğunu, böylelikle Irak'ın maddi ihlallerine bir yenisini eklediğini ve kendisine tanınan son fırsatı da teptiğini bildirdi. Bununla birlikte Powell, ABD'nin bu konuda BM Güvenlik Konseyi ile istişarelere devam edeceğini söylemekteydi.

Ocak 2003 itibariyle Amerikan Yönetimi UNMOVIC'ın 26 Ocak'ta BM Güvenlik Konseyi'ne sunacağı kararı beklemekteydi. Dünya da nefesini tutmuş, ABD'yle birlikte bekliyordu. Askeri harekât bağlamında on ikiye beş kalmıştı.

10
ABD'NİN IRAK POLİTİKASININ İDEOLOGU: BERNARD LEWİS FAKTÖRÜ

WOLFOWİTZ-PERLE EKİBİ VE BERNARD LEWİS

ABD'de Irak'ta "rejim değişikliği" politikasını savunan, bu politikanın 31 Ekim 1998 tarihli "Irak Kurtuluş Yasası"yla resmi devlet politikası haline gelmesini sağlayan ve nihayetinde Bush Yönetimi içindeki önemli görevleri nedeniyle rejim değişikliğinin bir askeri harekatla gerçekleştirilmesi bakımından itici gücü oluşturan, Wolfowitz-Perle ekibinin akıl hocalığını ve ideologluğunu, Yahudi asıllı ünlü Ortadoğu tarihçisi Prof. Dr. Bernard Lewis yapmaktadır.

Bernard Lewis ile Perle'ün ilişkileri çok eskiye dayanmaktadır. Perle'ün, İran'daki İslam Devrimi öncesinde CIA'nin yaptığı hatalara ilişkin anısı, aslında Lewis-Perle ilişkisini de açıklayacak mahiyettedir:

> *1979'da Senatör Jackson'ın ofisinde çalışırken İran Şahı tahtından düştü düşecekti. Paris'in banliyölerinde, basın sözcüsüyle birlik-*

te Ayetullah Humeyni isimli karanlık bir şahsiyet yaşıyordu. Bu kişiler rutin olarak evlerinin önünde Irak'taki gelişmeler hakkında basına açıklamalar yapıyor ve bu açıklamalar basında geniş yankı buluyordu. Birkaç hafta sonra, bölge konusunda saygıdeğer bir akademisyen –bence en seçkin olanı- Profesör Bernard Lewis, bana telefon açarak, 'Humeyni isimli gizemli şahsiyet" tanımını bir kez daha duyduğu takdirde çığlık atacağını söyledi. Lewis'e göre, Humeyni'nin hiçbir gizemli tarafı yoktu, birçok kitap yazmıştı ve faaliyetleri yakından bilinmekteydi. Bernard, herkesin Ayetullahı (Humeyni) anlamakta neden bu kadar zorlandığını kavrayamıyordu. Bana daha fazla bilgi vermesini söylemem üzerine Humeyni'nin kitaplarından birkaç paragraf okudu.

Genç bir senato uzmanı olarak ABD kamuoyuna duyurulması gereken sansasyonel bir bilgi aldığımı düşünüyordum. Profesör Lewis'in, The New York Times'da yayınlanmak üzere bu konuda bir köşe yazısı yazarak bana göndermesini istedim. Yazıyı gönderdi, ben de New York Times'a ilettim. Fakat birkaç gün sonra New York Times'daki arkadaşım beni arayarak, gazetenin yazıyı yayınlamayı reddettiğini bildirdi. New York Times, iddiaları Humeyni'nin basın sözcüsünden araştırmış, sözcü yalan olduğunu, Humeyni'nin hiçbir zaman böyle bir kitap yazmadığını söylemiş, gazete makaleyi yayınlamaktan vazgeçmişti.

Bunun üzerine, gazeteci arkadaşıma ne yapabileceğimi sordum. Böyle bir kitabın bulunduğuna ispatlamamızı önerdi. O zaman bunun kolay olacağını sanıyordum. Senato'daki CIA irtibat görevlisi Jack Murray ile temas ederek, CIA İran analistlerinin Humeyni'nin kitabının fotokopisini inceleyerek, böyle bir kitabın bulunup bulunmadığını öğrenmesini istedim.

Jack, birkaç gün sonra geldi ve CIA'de hiç kimsenin bu kitabın doğru olup olmadığını söyleyebilecek durumda olmadığını belirtti. Dahası, hiç kimse fotokopinin sahte olmadığını bile düşünmüyordu. Cevabı Bernard Lewis'e ilettiğimde, kulaklarına inanamadı.[359]

---

359) Richard Perle'ün, David Wurmser'ün "Tyranny's Ally" isimli kitabına yazdığı ön sözden alınmıştır. David Wurmser, a.g.y., s. xiii-xxiv

Bernard Lewis'in Ortadoğu ve Irak Konusundaki Görüşleri

Irak konusunda sert görüşleriyle bilinen Prof. Lewis, 11 Eylül saldırılarından sonra Başkan Yardımcısı Dick Cheney ile birçok defa bir araya geldi. Bernard Lewis'in Başkan Yardımcısı Cheney'le temaslarının, Wolfowitz-Perle ekibinden, Cheney'nin ulusal güvenlik konulardaki danışmanı I. Lewis "Scooter" Libby ve Eric S. Adelman tarafından sağlanmış olması da kuvvetle muhtemel.

Başkan Yardımcısı Cheney'nin Lewis'in Ortadoğu, Irak ve İslam dünyası ile Batı dünyası arasındaki ilişkilere dair görüşlerinden oldukça etkilenmişti.[360]

Peki, Bernard Lewis kimdi?

1919 yılında dünyaya gelen Bernard Lewis İngiltere'de yaşamış bir Yahudiydi. İlk kitabını 1939'da Haşhaşiler üzerine yayınlamış, daha sonra Ortadoğu konusunda onlarca esere ve yüzlerce makaleye imza atmıştı. ABD'de Princeton Üniversitesinde Ortadoğu konusunda yıllarca ders vermiş ve emekliye ayrıldıktan sonra da İsrail, ABD ve İngiltere arasında mekik dokumaya başlamıştı.

Lewis'in ismi 11 Eylül saldırılarından sonra ABD kamuoyunda sıklıkla gündeme gelmeye başlamış, özellikle saldırılardan sonra yayınladığı ve İslam dünyasındaki gelişmeleri ele aldığı "Ne Yanlış Gitti" isimli eseri ABD kamuoyunda 11 Eylül saldırılarını açıklayan başvuru kaynağı olmuştu.

Lewis, 11 Eylül olaylarını, "ABD'yle yapılacak nihai savaşa zemin hazırlamak üzere girişilecek büyük ölçekli bir bombardımanın başlangıcı" olarak nitelendirmektedir.[361] Lewis, ABD'nin 1991 ve 1995 yıllarında ayaklanmaları desteklemeyerek Irak halkına ihanet ettiği görüşündedir.[362] Ortadoğu ülkelerini İran ve Irak gibi, ülke halkı ABD yanlısı olan anti-Amerikan diktatörlükler; Mısır ve Suudi Arabistan gibi ülke halkı ABD karşıtı ABD yanlısı diktatörlükler, Türki-

---

360) "*Democracy for the Arabs*", **The Daily Telgraph**, 26 Haziran 2002
361) Pete Du Pont, "*Kill the Snake*", **The Wall Street Journal**, 18 Eylül 2002
362) Carla Anne Robbins and Jeanne Cummings, "*How Bush Decided That Hussein Must be Ousted form Atop Iraq*", **The Wall Street Journal**, 14 Haziran 2002

ye ve İsrail gibi hem halkı hem de rejimi ABD'ye dost olan ülkeler olarak üç kategoriye ayırmaktadır. Lewis, Saddam Hüseyin'in konvansiyonel güçlerinin azalmasına göz yumarken, kitle imha silahlarına yatırım yaptığını ve böylelikle iktidarda kaldığı her geçen gün daha büyük bir tehdit haline geldiğini ileri sürmektedir.[363]

Lewis, ABD'de Irak'a yönelik bir askeri harekata karşı çıkan çevrelerin, askeri harekatın Irak'ta rejim değişikliğinde başarıya ulaşsa bile, Ortadoğu'nun diğer bölümlerinde istikrarsızlığa yol açacak etkilerde bulunacağı ve bölgede genel bir çatışma ve karmaşa ortamı doğuracağı görüşünü de dile getirmektedir. Lewis'e göre, Irak'ta rejim değişikliği ihtimalinin Ortadoğu'daki rejimlerde yarattığı haklı kaygıyı anlamak mümkündür. Ancak temel sorun, Saddam'ın nasıl veya kimler tarafından devrileceğinden ziyade, yerine kimin getirileceğidir. ABD'deki bazı etkili gruplar, rejim değişikliğinin yaratacağı tehlikeleri önlemek açısından Saddam Hüseyin'in yerine, Amerikan çıkarlarına ve ihtiyaçlarına uygun daha ılımlı ve yumuşak bir diktatör getirilmesini istemektedir. Aslında, Irak'ta demokratik bir rejim ihdas edilmesinden kaygı duyan Ortadoğu'daki sözde Amerikan müttefikleri de bunu istemektedir. Ancak Lewis ABD'nin bu yolu tercih etmemesi gerektiğini savunmaktadır. Zira, ABD'nin terörist düşmanlarının çoğu sözde ABD'nin dostu ülkelerden gelmektedir ve bölge halklarının gözünde, başlarındaki diktatörlüklerinin devam etmesini ABD sağlamaktadır ve bu nedenle nefret ABD'ye yönelmektedir.

Lewis, bir rejimin devrilmesinin kaçınılmaz olarak, öncelikle rejim değişikliğinden sonra ne olacağı ve bölge ülkelerine ne gibi etkilerde bulunacağı gibi sorunlara yol açacağını; rejim değişikliğinin riskli olabileceğini, bununla birlikte bazı hallerde eyleme kalkışmamanın, eyleme geçmekten daha tehlikeli olabileceğini belirtmektedir.[364]

Lewis ekolüne göre, Irak önemli bir sorundur, çünkü totaliter bir diktatörlüktür. Diktatörlük rejiminin mahiyeti icabı, saldırgan ve Batı

363) Robert L. Batley, "*Thinking Things Over, Liberate Iraq, Unleash Democracy*", **The Wall Street Journal**, 17 Aralık 2001.
364) Bernard Lewis, "*Time for Toppling*", **The Wall Street Journal**, 28 Eylül 2002.

karşıtıdır. Irak sorunuyla etkin bir şekilde mücadele etmek için, ABD sadece diktatörü (Saddam Hüseyin) değil, diktatörlük rejimini de yıkmalıdır. ABD, uzun yıllardır başlıca iki nedenle Ortadoğu'daki despot rejimlere hoşgörüyle bakmış, hatta bu rejimler karşısında boyun eğmiştir. Bunlardan birincisi, istikrarı korumak; ikincisi Arap dünyasındaki devrimci eğilimlere karşı hassasiyet göstermek suretiyle ABD'nin antiemperyalist olduğunu göstermeye çalışmaktır. Bu yaklaşım sonucunda ABD'nin Ortadoğu politikası, baskıcı, istikrarı tehdit eden ve Amerikan karşıtı Baas despotizmine göz yummuştur.

ABD bu yaklaşımdan hareketle, Arap milliyetçiliğini, Arap dünyasında özellikle İslami köktendincilik karşısında ilerici bir güç olarak algılamıştır. Bu çerçevede, Suriye'nin Lübnan'ı işgaline ve Filistin Özerk Yönetimi'nin insan hakları ihlallerine göz yummuştur. Irak-İran Savaşı'nda Irak'ın yanında yer almıştır.

Ancak istikrara odaklanmış bu ABD stratejisi, totaliter Baas rejimlerinin sıklıkla kullandıkları şiddet nedeniyle beklenen sonucu vermek bir yana, bizzat bölgede istikrarsızlığa yol açmıştır.

ABD'nin Ortadoğu stratejisi, Arap milliyetçiliğiyle ve özellikle Baas ideolojisiyle mücadele etmelidir. Aksi takdirde, Amerikan karşıtlığı ve şiddet bölgeyi çepeçevre kuşatacaktır.[365]

Irak ve İsrail-Filistin İhtilafı Araslında Kurulan Bağlantı ve Lewis Ekolü

Irak'a yönelik bir askeri harekat bağlamındaki tartışmaların en önemli yönlerinden birisi, Irak'a askeri harekat ile İsrail-Filistin ihtilafı arasında kurulan ilişkidir.

---

365) ABD'deki şahinlerin özelde Irak, genelde Ortadoğu'ya yönelik ABD politikasına ilişkin düşünceleri en ayrıntılı olarak, Perle-Wolfowitz ekibinden ve Bernard Lewis ekolünden David Wurmser'ın, Perle'ün yönetim kurulunda olduğu muhafazakar düşünce kuruşu "Amerikan Girişimciler Enstitüsü" (AEI) tarafından 1999 yılında yayımlanan "Diktatörlüğün Müttefiki: Amerika'nın Saddam Hüseyin'i Mağlup Etmekteki Başarısızlığı" başlıklı kitabında ayrıntılı şekilde yer almaktadır.

Irak'a bir askeri harekat yapılmasına muhalefet eden özellikle Ortadoğu devletlerinin ülkelerinin başını çektiği ülkeler, Irak'a bir askeri harekata girişilmeden önce, İsrail-Filistin ihtilafında 2000 yılından beri tırmanan şiddetinin önünün kesilmesi ve belirli bir rahatlama sağlanması gerektiğini, Saddam Hüseyin'e karşı bir askeri harekata ancak bu aşamadan sonra girişilmesi gerektiğini ileri sürmüşlerdir. Bu teze göre, Ortadoğu bölgesi, iki ayrı büyük sorunu anı anda kaldıramayacaktır. Ayrıca, Arap-İsrail ihtilafındaki şiddet ve özellikle İsrail'in şiddet eylemlerine karşı aşırı şiddet önlemleriyle cevap verdiği bir ortamda, bölge ülkelerinin iç kamuoyu baskısı nedeniyle bir Arap devleti olan Irak'a karşı yapılacak bir harekâta destek vermelerine imkan bulunmamaktadır. Uluslararası toplumun desteğine sahip bu görüş, ABD Yönetimi içinde Dışişleri Bakanlığı'nın da pozisyonunu yansıtmıştır. Bu yaklaşım "Bağdat'a giden yol Kudüs'ten geçmektedir" şeklinde özetlenmiştir.

ABD Yönetimi içinde Saddam Hüseyin'in derhal devrilmesi gerektiğini savunan çevrelere göre, Arap-İsrail ihtilafıyla Irak meselesi arasında bağlantı kurmak yanlıştır. İhtilafın çözümünün önündeki en büyük engel, Filistin lideri Yaser Arafat'tır. Arafat, uzlaşmaz tutumunda retçi cepheden destek almaktadır. Bu retçi cephe dört kamptan oluşmaktadır. Birincisi Irak, Suriye ve Libya; ikincisi İran; üçüncüsü cihat hareketleri ve Usame Bin Ladin'in takipçileri, dördüncüsü intihar saldırılarının İsrail'in Batı Şeria'dan çekilmesini sağlayacağını sanan Filistinlileri de içine alan "Arap caddesi"dir. Bu retçi cephenin desteği olmaksızın, Arafat'ın uluslararası baskıya karşı koymasına imkan bulunmamaktadır. Bu retçi cephenin mevcudiyeti, göreli olarak daha pragmatik olan ve Arafat'a güvenmeyen Mısır Devlet Başkanı Hüsnü Mübarek ve Ürdün Kralı Abdullah'ın Arafat'a kapıyı açık tutmalarının da nedenidir. Taliban'ın çökmesi ve Usame Bin Ladin'in ortalıktan kaybolmasıyla, Saddam Hüseyin, ABD, İsrail ve barış karşıtı bu retçi cephenin en ileri gelen ismi olmuştur. Saddam Hüseyin, intihar saldırılarına da mali destek sağlamakta, saldırılarda "şehit" olanların ailelerine 10.000 ila 25.000 dolar arasında yardım yapmaktadır. Saddam Hüseyin'in iktidardan düşürülmesi ve rejiminin yıkılması, retçi cepheyi çökertecek, Ortadoğu'daki ve İslam dünyasındaki güç dengesi ve siyasi propagandayı temelinden değiştirecektir. Suriye'ye, Suriye'nin güney Lübnan'daki müttefiki Hizbullah'a ve İran'daki mollalara kuvvetli bir mesaj verilecektir. Cihatçılara ve Bin Ladin kalıntılarına Taliban'ın ve Saddam'ın yıkılmasından sonra sırada kendilerinin de olduğu mesajı verilecek, Filistin idaresinin başında kalsa bile Arafat marjinalleşecektir. Saddam Hüseyin'in devrilmesi, radikal liderlerin bir gecede değişmelerini sağlamayacaksa da, güçleri azalacak ve destek toplamaları zorlaşacaktır. Saddam'ın devrilmesi ve İran'ın da izole edilmesiyle retçi cephenin çökertilmesi, İsrail halkını ve hükümetini de etkileyecektir. Irak'ın İsrail'e SCUD füzeleriyle saldırdığı 1991'den itibaren, İsrail açısından en büyük tehdit Filistinliler değil, Saddam Hüseyin ve İran'daki ayetullah rejimidir. İsrail, kendisini bu İsrail karşıtı cepheyle özdeşleştiren Arafat ile barış yapılabileceğine inanmamakta, daha fazla tavize yanaşmamaktadır. Irak tehlikesinin bertaraf edilmesiyle, İsrail büyük ölçüde rahatlayacak, kalıcı bir barış yapılması için Filistinlilere taviz verme konusunda daha cesur hale gelecektir.[366]

ABD'de bu görüş, Bernard Lewis'in akıl hocalığını yaptığı Wolfowitz-Perle ekibi ve Başkan Yardımcısı Cheney tarafından desteklenmektedir. Prof. Lewis, Arap-İsrail ihtilafının Arap medyasında çok büyük ilgi gördüğünü, ancak bölgede birçok üzücü sorunlar bulunduğunu, ancak bunlardan sadece Arap-İsrail ihtilafının kamuoyuna yansıtılabildiğini söylemektedir. Lewis'e göre, Ortadoğu ülkelerinin İsrail'le bir barış anlaşması imzalanmasını gerçekten isteyip istemedikleri şüphelidir, zira bu ihtilaf, Ortadoğu ülkelerinde baskı altında yaşayan halkların kendilerini yöneten rejimlere yönelecek nefret ve tepkilere karşı bir emniyet sübabı işlevi görmektedir ve bu ülkeler bu

---

366) Ehud Sprinzak and Robert E. Lieber, "*Oust Saddam First, Then Pursue Peace*", **The Los Angeles Times**, 28 Haziran 2002; William Shawcross, "*Let's Take Him Out*", **The Guardian**, 1 Ağustos 2002.

tür bir emniyet sübabından mahrum kalmak istemeyeceklerdir. Lewis, birçok ümit vaat eden anlaşmanın, tam başarılı olacağının düşünüldüğü anda başarısızlığa mahkum olmasından, Ortadoğu ülkelerinin ihtilafın kontrolden çıkmayacak şekilde çözümsüz kalmasını tercih ettikleri sonucunun çıkartılmasının mümkün olduğunu ileri sürmektedir. Lewis'e göre, Saddam Hüseyin meselesiyle ilgilenmek için, Arap-İsrail ihtilafında bir çözümü ön şart olarak göstermek, Saddam'a bu tür bir çözüme engel olmak için gerekli bütün saikleri vermek anlamına gelmektedir. Aslında Saddam Hüseyin'in bu sinyali almıştır ve intihar saldırılarında ölen Filistinlilerin ailelerine 10-25 bin dolar maddi yardım yapması bunun en önemli göstergesidir. Lewis, 50 yıldır devam eden Arap-İsrail ihtilafında çözümü, Irak'a yönelik bir eylem için ön koşul yapmanın, bu yönde bir eylemin sonsuza kadar yapılamamasıyla aynı anlama geleceğini savunmaktadır.

Lewis, Arap-İsrail ihtilafıyla, Irak meselesi arasında bir bağ bulunduğunu, ancak bu bağın genelde düşünüldüğünün aksine, önce Arap-İsrail ihtilafı, sonra Irak değil, önce Irak, sonra Arap-İsrail ihtilafı şeklinde olduğunu söylemektedir.[367]

Askeri harekat düzenlenmesini savunan çevrelerin kontrolündeki Pentagon Savunma Politikaları Danışma Kurulu'nun da üyesi olan, ABD Dışişleri eski Bakanlarından Henry Kissinger da, "The Washington Post"ta 7 Ağustos 2002'de yayımlanan makalesinde, ABD'nin Irak'a bir askeri harekat gerçekleştirmesinden önce İsrail-Filistin ihtilafında çözüm gerekli olduğu tezine karşı çıkarak, "Bağdat'a giden yolun Kudüs'ten geçtiği doğru değildir. Daha muhtemeldir ki, Kudüs'e giden yol Bağdat'tan geçecektir" demiştir.[368]

ABD ve dünya kamuoyunda Arap-İsrail ihtilafı ve Irak meselesi arasındaki "bağlantı"yla ilgili tartışmalarda, Başkan Bush'un ve ABD Yönetiminin ağırlığını "Kudüs'e giden yol Bağdat'tan geçer" anlayışına oturttuğu artık açıktır.

---

367) Bernard Lewis, "*Time..*", The Wall Street Journal, 28 Eylül 2002
368) Henry Kissinger, "*The Road to Baghdad*", The Washington Post, 7 Ağustos 2002

Ancak, Irak'a askeri harekat yapılması düşüncesini sürükleyen kesimler tarafından kabul edilsin veya edilmesin, iki konu arasında bağ günümüzün bir gerçeğidir. Saddam'a karşı her türlü baskıya başvuran ABD'nin, İsrail'in Oslo Anlaşmalarını uygulamaktaki isteksizliği ve Filistinlilere karşı giriştiği saldırgan tutum karşısında sessiz kalması çifte standart oluşturmaktadır. Diğer yandan, Irak meselesi ve günümüzle ilgisiz olsa da, Ortadoğu'daki tarihsel gelişmelere bakıldığında, Arap-İsrail ihtilafında 1947 yılından bu yana yaşanan her gerginlik ve ortaya çıkan bütün önemli çatışmalar, ABD'nin Körfez politikasının ve çıkarlarının zarar görmesine neden olmuştur. Örneğin 1967 Arap-İsrail Savaşı sırasında, Bahreyn ve Suudi Arabistan'da düzenlenen gösterilerde, bölgedeki ABD şirketlerine büyük zararlar verilmiştir. 1973'teki Arap-İsrail Savaşı'ndan sonra, Araplar ABD'ye petrol ambargosu uygulamaya başlamış, Bahreyn ülkesinde ABD donanması bulunmasına izin veren anlaşmayı iptal etmiştir.

Ayrıca, Arap ülkelerinde, ABD ve İsrail'e karşı beslenen olumsuz duygular dikkate alındığında, bu ülkelerdeki rejimler, ABD'yi ve özellikle de Irak'a askeri harekat gibi yerel halkın makbul bulmadığı politikaları desteklerken, aşırı dikkatli hareket etmek zorunda kalmaktadırlar. Arap-İsrail ihtilafındaki şiddet ve tırmanma, özellikle ılımlı Arap ülkelerinde tepki ve memnuniyetsizliğe yol açmakta, bölge halklarının duyduğu kızgınlık, sadece İsrail'e değil, İsrail'in en büyük destekçisi olarak görülen ABD'ye de yönelmektedir.[369]

Lewis: "Irak'ta Yeniden Haşimi Monarşisi Kurulabilir"

Haşimi Formülü

12-14 Temmuz 2002'de Londra'da INC'nin ev sahipliğinde 70 eski üst düzey Iraklı subayın katılımının açılışına Ürdün Prensi Hasan Bin Tallal'ın katılarak bir konuşma yapması, bir anda dikkatleri kapalı kapılar ardında konuşulduğu ve Pentagon'daki sevil ekibin savunduğu ileri sürülen "Haşimi Formülü"nü gündeme getirdi.

369) Kenneth M. Pollack, a.g.y., s.182-183.

Ürdün ve Irak, İngiliz sömürgesi olmaktan kurtulduktan sonra, Osmanlı İmparatorluğu'na karşı İngiliz ajan Lawrence tarafından organize edilen ayaklanmanın önderi, Şerif Hüseyin'in ailesi tarafından krallıkla idare edilmeye başlamış, Kral II. Faysal'ın 1958'de bir darbeyle iktidardan düşürüleceği ana kadar Irak-Ürdün federasyonu kurulmuştu. Kral Faysal'ın öldürülmesinin ardından, Haşimi hanedanı Irak'ı terk etmek zorunda kalmış, Irak-Ürdün federasyonu da son bulmuştu.

1980-1990'lı yıllarda Ürdün ile Irak arasındaki ilişkiler genelde iyi seyretmiş, Ürdün Kralı Hüseyin Körfez Savaşı sırasında Saddam Hüseyin'in yanında yer almıştı.

1993'te İsrail-Filistin arasında imzalanan Oslo Barış Antlaşması, ardından İsrail'le Ürdün arasında imzalanan 1995 tarihli antlaşmayla, Ürdün-İsrail arasındaki ilişkiler normalleşmiş, Ürdün, ABD-İsrail yörüngesine kaymıştı. Kral Hüseyin'in bu işbirliğinden beklentisi, ülkesindeki Filistinli mülteciler arasında baş göstermesi muhtemel bir ayaklanmayı, ABD ve İsrail'den sağlayacağı destekle kontrol altında tutabilmekti. Aslında Kral Hüseyin, 1960'lı yıllardan itibaren Yaser Arafat'ın liderliğindeki Filistin Kurtuluş Ordusunun, Ürdün'deki Filistinli mülteciler vasıtasıyla kendisini devirmesinden ve Hafız Esad'ın ülkesini işgal etmesinden derin kaygı duymaktaydı. ABD-İsrail ve bir ölçüde Türkiye safına geçmekle, güçlü bir koruma altına girmeyi planlıyordu.

1995'te Saddam Hüseyin'in damadı Hüseyin Kamil'in Ürdün'e iltica etmesinin ardından Kral Hüseyin, ülkesindeki Filistinli mülteciler üzerinde büyük ağırlığı bulunan Saddam Hüseyin'e karşı da bu nedenle ABD'nin safına geçmişti.

Irak bağlamında "Haşimi Formülü" kendisi de Haşimi olan Kral Hüseyin tarafından gündeme getirilmişti. Kral Hüseyin, etrafındakilere, kuzeni son Irak kralı II. Faysal'ın yasal varisinin ve veliahdının kendisi olduğunu söylemeye başlamıştı. Kral Hüseyin'e göre, 1958'de son bulan Irak-Ürdün federasyonunun yeniden canlandırılması, Irak'taki bütün etnik, dini ve mezhep gruplarının kabul edebileceği bir formüldü ve Saddam Hüseyin'in devrilmesi için en iyi alternatifti.

Nitekim Kral Hüseyin, bu görüşlerini 23 Ağustos 1995'te Ürdün ve Irak halkına hitaben yaptığı konuşmada açıkladı. Konuşmasına, Irak'ın Haşimi bağlantısını Abbasi Hilafetinden, İslamda Şiiliğin kökenleri ve Osmanlı'ya karşı yapılan "Büyük Ayaklanma" örnekleriyle başlayan Kral Hüseyin, Ürdün halkının kalbinde, Irak'ın, Irak halkının ve ordusunun özel bir yeri olduğunu söylemekteydi.

Kral Hüseyin, Şii İslamın çıkışında Haşimilerin rolüne; hanedanın Hz. Muhammed'in soyundan olduğuna ve Irak Kralı II. Faysal'la akrabalık ilişkilerine dikkat çekiyordu. Kral Hüseyin'in konuşması, ince bir taktikle kaleme alınmıştı. Kral Hüseyin ve Haşimi hanedanı Sünni'ydi, ancak Hz. Muhammed'in soyundan olduğuna ve Şii İslamın çıkışında Ehli Beyt'in oynadığı role vurgu yapmak suretiyle, Irak Şiilerine de mesaj verilmesi hedeflenmekteydi.

Kral Hüseyin, 1958 darbesinden sonra, Haşimi hanedanının bütün etnik ve dini gruplar arasında büyük hassasiyetle oluşturduğu birlikteliğin parçalandığına ve Irak'ın karanlık günlere sürüklendiğini belirtiyordu. Kral Hüseyin konuşmasına şöyle devam etmekteydi:

> *Irak'ın içinde bulunduğu tam karanlıktan çıkarak aydınlığa kavuşmasından başka bir beklentim yoktur. Ürdün ve Irak'ı bir araya getiren Arap Birliği'nde Kral II. Faysal'ın vekili ve varisi bendim. Kral Hüseyin erken bir yaşta, Arap vatanındaki ve dışındaki düşmanların komplolarına kurban giderek aramızdan ayrıldı.*

Kral Hüseyin, Irak'ta Haşimilerin oynayabileceği rol konusunu daha sonraki konuşmalarında da sürekli gündeme getirdi. İngiltere'deki meşhur "Chatham House" isimli kuruluşta yaptığı konuşmada Irak'taki koşullara değinerek, sözü Haşimi Krallığının Irak'ın sosyal dokusunu sürdürmekteki muhtemel role getiriyor ve bu defa kendisinden de bahsediyordu:

> *Bizim (Haşimi Hanedanı) açımızdan bakıldığında, ne yapabiliriz? Iraklılar bizi yıllardır tanımaktadır ve ailemiz bu ülkede birleştirici bir faktör olmuştur. Irak'ı bölgemizde istikrarlı bir ülke olarak*

görmekten başka bir amacımız olmadığını bilmektedirler. Kısacası, Irak halkının çoğunun güvenine ve itimadına sahibiz. Bu vasfımızı, Iraklıları ülkelerini kurtarmak için bir araya getirmek amacıyla kullanmaktayız.

Kral Hüseyin'in bu konuşmalarında verdiği mesaj gayet açıktı: Saddam sonrası Irak"ta, Ürdün ile Irak arasında 1958'de Kral II. Faysal'ın öldürülmesiyle sona eren bir Haşimi konfederasyonu kurulabilirdi.[370]

Hz. Muhammed'in Haşimi Nesli
Haşimi Şeceresi

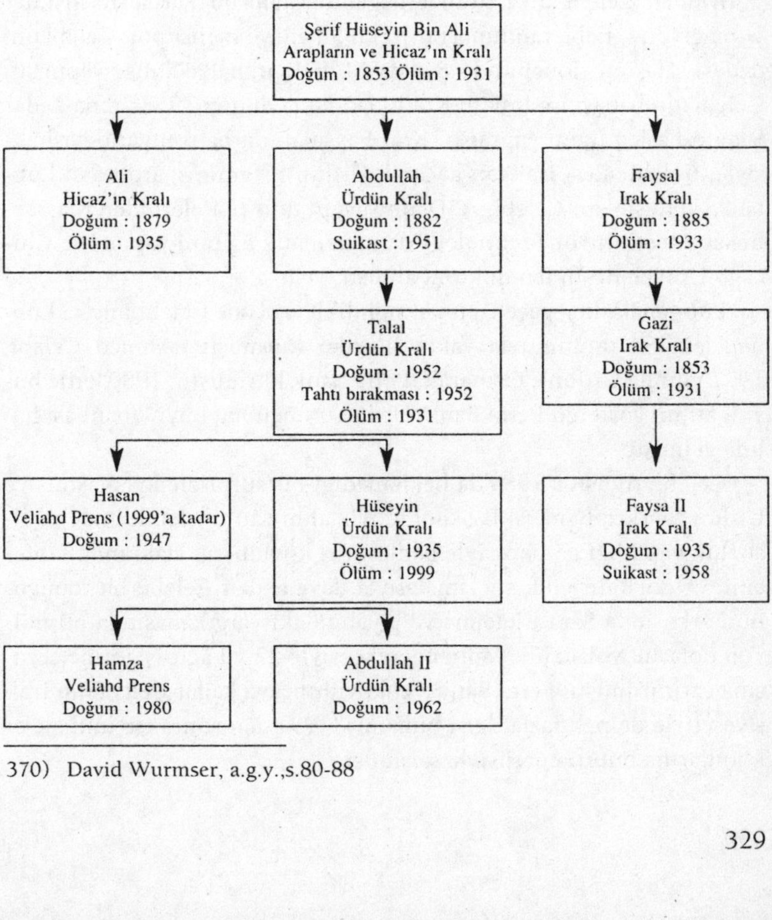

370) David Wurmser, a.g.y.,s.80-88

Çelebi ve Haşimiler

Aslında, Kral Hüseyin, bu hayalini gerçekleştirmek için, kapısını Irak muhalefetine açmıştı. Bu bağlamda, Ürdün, INC'nin Saddam Hüseyin'den kurtulmak için hazırladığı Irak vizyonunu kabul ettiğini, INC ve K. Irak'taki gruplar da dahil olmak üzere INC'ye üye gruplarla temaslar gerçekleştirdiğini açıklamış, Eylül 1995'te Kral Hüseyin Londra'ya giderek INC Başkanı Ahmed Çelebi ile görüşmüştü. Bu tarihten sonra, Kral Hüseyin ve kardeşi Veliaht Prens Hasan, sık sık Londra'ya giderek Çelebi'yle sık sık bir araya geleceklerdi.

Ahmed Çelebi'nin Ürdün'le bağlantısı tam bir karmaşık ilişkiler yumağıydı. Çelebi, tanınmış bir Iraklı Şii aileye mensuptu. Çelebi'nin dedesi, Haşimi döneminde 8 defa Milli Eğitim Bakanlığı yapmıştı. Çelebi'nin babası ise Irak'ın Krallıkla idare edildiği 1958 yılına kadar Senato başkanlığını yapmıştı. Kral Faysal'ın darbe sonucu devrilmesiyle, Çelebi ailesi Irak'tan kaçarak Ürdün'e sığınmış, ardından Lübnan'a yerleşmişti. Çelebi, ABD'nin saygın üniversitelerinden Massachusetts Institute of Technology'de matematik eğitimi yapmış ve Chicago Üniversitesinden doktora almıştı.

Lübnan'da her geçen gün zenginlikleri artan Çelebi ailesi, Lübnan'daki Şii toplumuyla yakın ilişkiler kurmuştu. Ahmed Çelebi, 1977 yılında Ürdün'e taşınarak, Petra Bank kurmuştu. 1980'lerde büyük atılım gösteren Petra Bank, Ürdün'ün üçüncü büyük bankası haline gelmişti.

Çelebi, Ağustos 1989'da beklemediği bir sürprizle karşılaşmış ve Ürdün Merkez Bankası Başkanı, döviz alım-satım işlemlerinde usulsüzlük yapıldığı gerekçesiyle bankaya el koymuştu. Hakkında sahtecilik ve dolandırıcılık suçlamalarıyla dava açılan Çelebi, bir kamyonun arkasında Şam'a kaçmış ve gıyabındaki yargılamasında 60 milyon dolarlık yolsuzluk yaptığı gerekçesiyle 22 yıl ağır iş görme cezasına çarptırılmıştı. Petra Bank'a el koyuluncaya kadar Çelebi'nin Irak siyasetiyle de pek fazla ilgisi olmamış, 1991'den sonra ise muhalefet konularına bütün enerjisiyle sarılmışı.

Petra Bank skandalıyla ilgili olarak rivayetler muhtelifti. ABD'de Ahmed Çelebi'yi destekleyen çevrelere göre, Çelebi'nin kurduğu "Petra Bank", Ürdün'ün nüfusunun çoğunluğunu oluşturan Filistinlilerin, Ürdün ekonomisindeki ağırlıklarını azaltmış, 1989'da Saddam Hüseyin'in Ürdün Kralı üzerindeki baskısıyla göreve gelen Filistin asıllı ve Irak yanlısı Başbakan ve Bakanlar Çelebi'yi elimine etmek istemişlerdi.

Çelebi ise, ABD Senatosunda katıldığı bir oturumda Petra Bank olayının sorulması üzerine şu cevabı veriyordu:

> *1980'li ve 1990'lı yıllarda Ürdün Saddam Hüseyin'in müttefikiydi. Benim ve ailemin Ürdün Kraliyet ailesi ile çok uzun geçmişe dayan bir ilişkimiz bulunmaktadır...*
>
> *Ürdün'de Petra Bank'ı kurdum. Saddam Hüseyin'e muhalefetim ise herkesçe bilinmekteydi. 1989'da Saddam, Kral Hüseyin'e baskı yapmaya başladı ve Ürdün'de Saddam'ın müttefikleri iktidara geldi. Ürdün'de sıkıyönetim ilan edildi, bankaya sıkıyönetim kararı ile el konuldu. Bir yıl boyunca bankayı yönetmeye çalıştılar, ancak başarılı olamayıp tasfiye ettiler. Askeri mahkemede suçlu bulundum, kısacası kurban seçildim.*
>
> *Bu olaydan sonra Kral Hüseyin ile birçok defa bir araya geldim. Beni çok defa kucakladı ve Irak'ın geleceği konusunda görüş teatisinde bulunduk. Veliaht Prens (Hasan bin Tallal) ile de çok defa kamuya açık toplantılarda bir araya geldim, Ürdün Kraliyet ailesi ile ilişkilerim halen sürmektedir. Hakkımdaki bu sorunu çözmeye çalıştılar, ancak Ürdün'de mevcut durum çok karışıktır. Saddam Hüseyin karşıtı birisine yardımcı olduklarına dair bir görüntü çizebilecek durumda değillerdir. Çünkü ülke içinde sorunlarla karşılaşmaları muhtemeldir.*[371]

Kral Hüseyin-Prens Hasan ile Çelebi arasındaki yakın işbirliğinde, ABD'deki şahinlerin önemli bir etkinliği bulunduğu açıktı. Şahinler, Saddam Hüseyin'i devirmek amacıyla kurulabilecek en etkin

---

371) "Iraq: Can Saddam Be Overthrown", s.19.

organizasyonun Haşimi Hanedanı-INC işbirliği olduğu düşüncesindeydi.

Haşimi-INC koalisyonu, kanser tedavisi gördüğü ABD'den, ölüm döşeğinde olduğu halde, son anda kardeşi Hasan bin Tallal'ın yerine oğlu Abdullah'ı veliaht ilan etmek için ülkesine dönen Kral Hüseyin'in 1999'da öleceği güne kadar devam etti. Veliahtlıktan azledilmiş olmasına rağmen, Arap dünyasında önde gelen entelektüelleri arasında sayılan Prens Hasan Bin Tallal ile INC bağlantısı hiçbir zaman sona ermedi.

Bu ilişkiler ve Kral Hüseyin'in Haşimi Hanedanının Saddam sonrası Irak'ta oynayabileceği role ilişkin görüşleri dikkate alındığında, Prens Hasan bin Tallal'ın Londra'daki muhalefet toplantısına katılması çok da büyük bir sürpriz değildi.

Ürdün Hükümeti, Prens Hasan'ın toplantıya kendi adına katıldığını ve Ürdün Hükümetinin resmi tutumunu yansıtmadığını açıklamakta gecikmemişti.[372] Ancak bütün bu yorumlar, Pentagon'daki sivil kanat-Çelebi-Prens Hasan arasındaki yakın ilişkileri göz ardı etmekteydi. Pentagon'daki sivil ekibin ve şahinlerin, 31 Ekim 1998'de ABD Kongresi'nde kabul edilen Irak Kurtuluş Yasasını çıkartmalarının asıl nedeni olan INC'nin düzenlediği ve Iraklı eski subayların katıldığı bir toplantıyla Prens Hasan'ın resme girmesi, Pentagon'daki sivil kanadın, Saddam Hüseyin sonrası Irak'ta Haşimi formülü üzerinde çalıştığının işaretiydi. Nitekim Prens Hasan, şahinlerin önderi Wolfowitz'le 8 Nisan'da Pentagon'da görüşmüş, görüşmenin içeriği gizli tutulmuştu.[373]

ABD'deki "şahinler"in kalesi konumundaki Amerikan Girişimciler Enstitüsü'nün Irak konusundaki uzmanlarından Michael Rubin, Şerif Ali bin Hüseyin'in Irak'ta 1958'de devrilen Kral Faysal'a en yakın hanedan mensubu olduğunu ileri sürse de, Prens Hasan'ın Ortadoğu'daki meselelere Şerif Ali Bin Hüseyin'den çok daha vakıf oldu-

---

372) "*Iraqi Officers Elect Military Council*", BBC, 16 Haziran 2002.
373) Brian Whitaker, "*Jordan Prince Touted to Succeed Saddam*", The Guardian, 19 Haziran, 2002.

ğunu belirtmekte; Prens Hasan'ın ilgilenmesi halinde, tecrübesi ve Hz. Muhammed'in soyundan olması itibariyle, adı geçenin Saddam Hüseyin sonrası Irak'ı uluslararası toplumun bir üyesi yapabileceğini ve ülkedeki geçiş döneminin sancısız atlatılmasını sağlayabileceğini söylemekteydi. Rubin, Saddam Hüseyin'in devrilmesinden söz edildiği bir dönemde, Prens Hasan'ın INC toplantısına katılmasının Iraklıların geçmişe kıyasla parlak bir geleceğe sahip olacaklarının bir emaresi olduğunu savunmaktaydı.[374]

Irak'ta "Haşimi Formülü"nün fikir babasının da, Prof. Lewis olduğu anlaşılmıştı. Lewis, monarşi konusunda şunları söylüyordu:

> *Cumhuriyetle idare edilen bir ülkeye monarşi getirmek Amerikalıların kolaylıkla düşünebilecekleri bir yöntem değildir. Bununla birlikte, Ortadoğu'daki çok sayıda ülkede monarşinin tesis edilmesinin, istikrarlı ve aynı zamanda saygın bir rejimin kurulması için en iyi çare olduğu da bir gerçektir. Bu olgu, beraberinde halefiyet meselesini de getirmektedir. Herhangi bir rejimin istikrarı, rejimin meşruiyetinin bulunmasını gerektirmektedir. Bölgede monarşik gelenek halen canlıdır. Bence, geçmişi ve geleneği bulunan ve belli düzeyde saygı gören gerçek bir monarkın, başarılı olma şansı hasta bir cumhuriyetten çok daha fazladır.*
>
> *Irak'ta monarşi kurulması ihtimali ve arzusu konusuna gelince, ilk soru, Haşimi hanedanının bunu isteyip istemediği ve buna ehil olup olmadığıdır. Haşimi hanedanından bir çok isim bu işe ehildir. Birçok kişiden, Irak'ta krallıkla yönetildiği dönem hakkında özlem dolu güzel sözler işittim. Bu durumda, Irak'ta monarşiye geçilmesinin, (Saddam sonrası) geçi dönemi ve halefiyet meselesi için bir çare olabileceğini düşünüyorum.*
>
> *Haşimilerin kendilerine bu yönde bir çağrıda bulunulduğunda, kabul edeceklerinden şüphe duymamaktayım, ancak bu role kendiliklerinden soyulacakları konusunda da oldukça müteredddidim.*[375]

---

374) Michael Rubin, "*If Iraqis Want a King, Hassan of Jordan Could Be Their Man*", **The Washington Post**, 19 Haziran 2002.
375) David Wurmser, a.g.y., s.87-93.

Lewis'in sözlerinden çıkartılacak sonuç basitti. Saddam sonrası Irak'ta, Haşimilerin başını çektiği monarşik bir düzene geçilmesi en makul çözümdü, ancak teklif başkalarından, örneğin Saddam Hüseyin'in devrilmesiyle sonuçlanacak bir askeri harekattan sonra ABD tarafından, ya da Irak muhalefetinden gelmeliydi.

Haşimi Formülü ve Ortadoğu'daki Güç Dengeleri

Bernard Lewis'in ve şahinlerin Irak'ta Haşimi formülünün bu kadar savunuculuğunu yapmaları, Saddam Hüseyin sonrası Irak'ın toprak bütünlüğünün ve istikrarının korunması gibi masum gerekçelerin dışında bir amacı olduğu açıktır. Amaç, "Kudüs'e giden yol, Bağdat'tan geçer" cümlesinde ifadesini bulduğu üzere, Irak'ta rejim değişikliğinin sağlanmasıyla, İsrail-Filistin ihtilafında bir çözümün önünü açmaktır.

Haşimi formülünü savunan kesimlere göre, Irak'ın yönetiminde köklü bir değişiklik olması, Suriye'nin Lübnan'daki kontrolünün sona ermesini sağlayacaktır. Baas rejimlerinin Irak Şiileri üzerindeki baskıcı politikaları nedeniyle, Şiiliğin merkezi Necef ve Kerbela'dan İran'a kaymıştır. Irak'ta yönetim değişikliğiyle, Necef ve Kerbela yeniden Şiiliğin merkezi konumuna gelecektir. Tarihsel ve sosyal olarak Lübnan Şiileri, geleneksel olara İran'dan ziyade, Irak Şiileri ile yakın bağlar içindedir. Lübnan Şiileri, Necef'teki Şii dini liderleri, manevi önderler olarak kabul etmişlerdir. Ancak Saddam Hüseyin'in Irak'taki Şii toplumunu imha etmesi, Lübnan'daki Şiilerin başıboş kalmasına ve dolayısıyla İran'ın kendi fikrilerini empoze etmesine yol açmıştır.

Suriye, Lübnan Şiileri vasıtasıyla İsrail'e karşı mücadeleyi sürekli canlı tutmaya çalışmıştır. İsrail'in 1984'te Lübnan'ın büyük bir bölümünden çekilmesinde sonra, Suriye, İran'la işbirliği yaparak, Lübnan'daki Şii toplumunu denetim altına almakta başarılı olmuştur.

ABD açısından bakıldığında, Lübnan Şiilerinin, İran Şiiliğinin etkisinden kurtulmasını sağlayacak her formül Batı'nın çıkarlarına hizmet edecektir. Bu tür bir strateji, Suriye'nin Lübnan'daki işgalinin de sonunu getirecektir.

Saddam Hüseyin devrildikten sonra Şii öğretisinin, Necef ve Kerbela'da yeniden canlandırılmasıyla, Lübnan Şiilerinin İran etkisinden kurtularak, yeniden Irak Şiiliğiyle geleneksel ilişkilerini kurmasını sağlayacaktır. Bu durum, bölgedeki stratejik dengeleri temelden değiştirecektir, zira Lübnan Şiileri üzerinde İran'ın ideolojik egemenliği olmadığı takdirde, Suriye'nin Lübnan Şiileri üzerindeki egemenliği kaçınılmaz olarak son bulacaktır. Irak'taki Baas rejiminin çökmesi, Suriye'deki Baas rejiminin, hatta Şii toplumu vasıtasıyla, İran'daki devrimin de çöküşüne yol açabilecektir.

Lübnan'daki kontrolünü kaybedecek Suriye, İsrail'e karşı çatışma stratejisini sürdüremeyecektir. Aslında, Şam'ın bu durumun farkına varmasıyla, geleneksel olarak birbirlerinden nefret eden Hafız Esat ve Saddam Hüseyin'in, ABD-İsrail-Ürdün-Türkiye ittifakına karşı işbirliğine yönelmeleri de, bu durumun farkına varmalarından kaynaklanmıştır.

Irak, Ortadoğu'daki güç dengelerinin kalbinde yer almaktadır. Güç dengesinin bir tarafında, Suriye, İran ve Suudi Arabistan gibi Batı karşıtı güçler; diğer tarafından İsrail-Türkiye-Ürdün gibi ABD ve Batı yanlısı ülkeler bulunmaktadır. Saddam Hüseyin iktidarda kaldığı müddetçe Irak, Batı karşıtı ittifakta yer alacaktır. Irak'ın Batı yanlısı bloğa dahil olması, Ortadoğu'daki dengeleri, ayrıca, Suriye, İran ve Suudi Arabistan gibi komşu ülkelerdeki iç siyaseti de temelden değiştirecektir. Batı yanlısı ittifakın, Irak'ın da katılmasıyla sağlayacağı üstünlükle, İran ve Suriye hizaya gelmek zorunda kalacak; neticede Arap-İsrail ihtilafındaki çözümsüzlüğün önü açılmış olacaktır.[376]

Bir diğer rivayete göre, Irak'a yönelik askeri harekat sırasında, İsrail Batı Şeria ve Gazze'deki Filistinli mültecileri Ürdün'e sürmeyi planlamakta, Ürdün Kralı Abdullah bu durumdan endişe etmektedir.

Ancak, kesin olan bir şey varsa, o da ABD'deki Irak şahinlerinin fikir babasının Bernard Lewis olduğu, şahinlerin Irak Şiileri konu-

---

376) David Wurmser, a.g.y., s.94-121

sundaki görüşleriyle Ortadoğu'da pandoranın kutusunu açacak kadar tehlikeli sularda yüzdükleridir.

Nitekim ABD'de Bernard Lewis ekolünün Irak'a derhal bir askeri harekat düzenlenmesi yönündeki görüşlerine karşı çıkan çevreler de bulunmaktadır.

ABD'de Askeri Harekata Muhalefet Eden Çevreler

ABD'de Irak'a yönelik askeri harekata girişilmesine karşı çıkan çevreler de vardır. Bunlardan birincisi, ABD'nin Körfez Savaşı'ndan bugüne kadar izlemiş olduğu Irak politikasına karşı çıkan gruptur. Ünlü dilbilimci Noam Chomsky bu grupta yer almaktadır. Chomsky, daha Irak'a askeri harekat ihtimalinden söz edilmediği dönemde bile, ABD'nin Irak politikasına ciddi eleştiriler yöneltmiş ve şunları söylemiştir:

> *Boston Globe'a göre Saddam Hüseyin, 'Kendi yurttaşlarına karşı kimyasal ve biyolojik silah kullanan kindar bir despottur'...*
>
> *Öyleyse bir tek soru soralım: Saddam Hüseyin kendi halkına karşı kimyasal silah kullanırken ABD'nin ve İngiltere'nin tepkisi ne olmuştur? Saddam Hüseyin gerçekten kimyasal silah kullanmıştır. Kendi halkına karşı kimyasal silah kullanan kindar bir despot olduğuna kuşku yoktur. Bu kesinlikle doğrudur. 1988'de Kürtlere karşı geniş çaplı bir gaz saldırısı gerçekleştirmiştir. O sırada sona ermekte olan Iran savaşında da sinir gazını ve diğer kimyasal silahları kullanmıştır. Hatta, savaşın bitmesine yakın zamanlarda giderek daha fazla kimyasal silah kullanmıştır. Ama ABD ve İngiltere'nin buna gösterdikleri tepki, bu gözde canavarlarına verdikleri destekleri iyice arttırmak yönünde olmuştur..."*
>
> *1996'da televizyonda Madeleine Albright'a, Irak'a uygulanan yaptırımlar sonucunda bu ülkede 500 bin çocuğun ölmesi hakkında ne düşündüğü sorulmuştu. Albright bunun 'çok ağır bir seçenek' olduğunda hemfikirdi, ama 'bizce bu bedele değerdi.' İşte biz, Irak'ın*

insan hakları ihlallerine 500 bin Iraklı çocuğu öldürerek müdahale etmiştik. 'Biz' o bedeli ödemeye hazırdık. Bunu duymak hoş bir şeydi doğrusu!

1990 Nisan ayında, Halepçe katliamının üzerinden iki yıl geçmişti. Bu durum Kuveyt'in işgal edildiği güne kadar aynı şekilde devam etmiştir. Saddam Hüseyin'in cinayetlerinin büyük bir kısmı bu dönemde gerçekleştirilmiş ve ABD de kendisini sonuna kadar desteklemiştir. Hüseyin'e aynı desteği İngiltere de vermiştir. Bu da bize, basit bir mantıkla, canavarı yok etmek zorunda olduğumuzun söylenmesinin nedeninin işlediği bu suçlar olmadığım göstermektedir.

Peki, Saddam Hüseyin'in oluşturduğu tehdide ne diyeceğiz? Bu tehdit gerçektir. Üstelik bu tehdit bizim desteğimiz sayesinde 1980'li yılların sonlarında doruk noktasına ulaşmıştır...

ABD'nin Irak'taki politikasının nedeni Saddam Hüseyin'in cinayetleri olamaz...[377]

Ancak Chomsky tarzında düşünürlerin temsil ettiği bu görüşü savunanların sayısı, ABD'nin politikalarında belirleyici olamayacak kadar önemsizdir.

ABD'de Irak'la savaşa karşı çıkan ikinci grup ise, ABD'de Arap karşıtı ve Müslüman karşıtı bir ırkçılığın hakim olduğunu savunan çevrelerdir. Bu çevrelerin ideolojik öncüsü Filistinli bir Hıristiyan olan ve halen ABD'de yaşayan ünlü düşünür Profesör Edward Said'dir. Edward W. Said'e göre, büyük ölçüde Batı'nın "kendi" Ortadoğu petrol kaynakları üzerindeki kontrolünü haklı göstermek ihtiyacı nedeniyle, yıllardır "*Batı politikasına ve gazete yorumlarına bir 'İslami tehdit' velvelesi hakim olmuştur.*"

"*Kendi gelenekleri, kültürleri ve kimlikleri olan bir Arap halkı fikri ABD açısından kabul edilemez bir şeydir. Araplar insanlıktan çıkmış, her an cinayet işlemeye ve bombalamaya hazır, şiddet yanlısı mantıksız teröristler olarak görülmüşlerdir... Araplara yönelik bu marazi, saplan-*

---

377) Anthony Arnove, **Kuşatma Altında Irak**, Everest Yayınları, İstanbul, 2001, s. 52-64.

tılı korku ve nefret, ABD dış politikasının İkinci Dünya Savaşı'ndan beri ön planda tuttuğu kalıcı temalarından biri olmuştur."

Bu grupta yer alanlara göre, Edward Said'in yıllar önce gündeme getirdiği bu görüşün doğrulanması için "Medeniyetler Çatışması" kuramının fikir babası muhafazakar düşünür Samuel Huntington'ın yapıtlarını incelemek yeterli olacaktır. Huntington sık sık, 'Müslüman ve Müslüman-olmayan halklar arasındaki çağdaş küresel mücadeleler'den söz etmektedir. Örneğin, Clinton döneminin Ulusal Güvenlik Danışmanı Sandy Berger, 1999 sonunda Amerikalıları, Müslümanların kutsal ayı olan 'Ramazan ayı sonunda' Amerikalılara karşı 'terörist eylemler riskinin artacağı' konusunda uyarılarda bulunmuşsa da, hükümet yetkilileri daha sonra 'ABD içinde özel veya inandırıcı bir tehdit almadıklarını, açıklamışlardır.

11 Eylül saldırıları, ABD'de Müslümanlara ve Araplara karşı duyulan ve Yahudi sermayesinin kontrolündeki Amerikan basını tarafından körüklenen öfke ve tepkiyi tepe noktasına çıkartmıştır. Aslında, daha 11 Eylül saldırılarından önce İngiliz ve Amerikan basınında durmadan Müslümanları terörist ve deli olarak niteleyen ırkçı yazılar çıkmıştır. 1992'de Times'da çıkan bir karikatürde, bir Müslüman, arkasında öldürülmüş bir kadın yatarken kanlı bıçağını bir İngiliz bayrağına silerken tasvir edilmiştir.

ABD'de askeri harekata muhalefet eden üçüncü grup, Saddam Hüseyin'in sahip olduğu kitle imha silahlarıyla ABD'nin hayati çıkarlarına tehdit oluşturduğunu kabul eden, ancak bu tehdidin açık ve yakın olmadığını düşünen çevrelerdir. Bu çevreler, Saddam Hüseyin'in askeri harekata varmayan önlemlerle kontrol altında tutulacağına inanmaktadır. Bu gruba göre, ABD'nin terörle mücadelesi devam etmektedir, Usame Bin Ladin henüz yakalanmamıştır, Afganistan'da olaylar her an kontrolden çıkabilecektir. Bu nedenle ABD öncelikle başladığı işi bitirmeli, Irak meselesine daha sonra eğilmelidir.

Dördüncü grup, askeri harekatın çok sayıda Amerikan askerinin ölmesine yol açacak olması; ABD'ye getireceği ek mali yük ve Irak'ın geleceğinde ABD'nin yıllarca sürecek bir sorumluluk altına girmesi gibi nedenlerle Irak'la savaşa karşı çıkan çevrelerdir. Bu gruba göre, ABD büyük bir sorumluluk altına girecektir, ayrıca Irak'la savaşın Ortadoğu'da pandoranın kutusunun açılmasıyla sonuçlanması, ABD'nin beklediğinden çok daha ağır bir sorumluluğu üstlenmesi söz konusu olacaktır.

ABD'nin Irak Politikasına Muhalefet

ABD'nin, 11 Eylül'le birlikte global politikasında değişimler yaşanmaya başlanması ve bu değişimlerin sonuçlarından birisi olan ABD'nin Irak'a yönelik olası savaş planlarının gündeme gelmesi; Amerikan ve dünya entelektüelleri arasından önemli tartışmalar başlattı. Konuyla ilgili olarak, ABD yönetiminin mevcut politikasından farklı yaklaşımlar sergileyen birçok araştırmacının, Amerikan sistemi tarafından akredite edilmiş kurumlarla organik bağlarının bulunması tartışmaların ciddiyetini gösteriyor.

ABD'nin Irak politikasına muhalif görüşler şöyledir:

"Savaşın maliyetini kimse tahmin edemez."

Olası bir Irak Savaşı'nın ABD ekonomisi üzerindeki potansiyel etkileri gündeme geldiğinde, Beyaz Saray'a yakın uzmanlar Irak'a yönelik bir operasyonun ABD'nin GSMH'nın sadece yüzde 1-2'si üzerinde etkili olacağını iddia ediyor. Dünyadaki en etkili 40 iş dünyası gurusundan birisi olarak gösterilen Peter Cohan, bu görüşü şöyle eleştiriyor:

"Şu an savaşla ilgili yapılan tahminler, güvenilir olup olmadığı belirli olmayan kabullere dayanmıyor. Bu tahminler, Irak'a yönelik bir savaş kararına desteği artırmak için uygulanan politik stratejinin bir parçası olabilir. Oysa gerçek şudur: Kimse böyle bir savaşın maliyetinin ne olacağını tahmin edemez.

Kötü bir senaryo, yapılan bu tahminlerden çok daha büyük bir maliyetin oluşmasına yol açacaktır. Örneğin; Teröristler, Batı çıkarlarına yönelik bir nükleer saldırı düzenlerse, bu saldırılar birçok ekonomik merkezin kapanmasına yol açarsa, bunun ekonomik maliyeti ne olacaktır? Eğer Saddam'ı bulmak uğruna şehir ortamında 5 yıl boyunca sürecek bir askeri operasyon düzenlenirse ve yüz binlerce asker ölürse bunun ekonomik maliyeti ne olacaktır? Yine bu savaş petrol fiyatlarının birkaç yıl için $50-100 varile yükselmesine neden olursa bunun ekonomik maliyeti ne olacaktır?"

"Mevcut Senaryolar Politik Amaçla Üretiliyor."

Cohan, operasyonun olası politik sonuçlarıyla ilgili olarak şu değerlendirmeleri yapıyor:

"Eğer başka ülkeler de tek taraflı olarak, bazı ülkelere rejimi değiştirmek ve istemedikleri liderleri yönetimden uzaklaştırmak için saldırırsa bunun maliyeti ne olacaktır?

'En kötü' olduğu iddia edilen olasılıkların en kötü senaryo mu yoksa olması muhtemel sonuçlar mı olduğunu bilmek gerçekten çok zor. Yine bu sonuçların maliyetinin gerçekte ne olacağını tahmin etmek de oldukça zor. Ancak üzerinde tartışılan mevcut tahminlerin, politik bir amaç için üretildiği ve çok daha korkunç senaryoların olası olduğu konusunda hiçbir şüphem yok."

Cohan savaşın özellikle savunma sanayiiyle ilişkili alanlarda olumlu etkisi olacağı yönündeki iddiaları ise şöyle reddediyor:

"Bu iddiaların altında, savaş maliyetinin GSMH' nın sadece yüzde 1'ini oluşturacağı yönündeki kusurlu bir mantık yatıyor. Bu iddiaları savunan kişiler dönüp de 'Savaşın GSMH' nın sadece yüzde 1'ini oluşturacağı iddiaları yanlıştır ve aslında ekonomi üzerinde çok daha büyük etkileri olacaktır' diyemezler. Savaşın ekonomiye olumlu etki yapacağı iddiaları yanlıştır. Savaş yandaşları, politik amaçlarını desteklemek amacıyla hazırlanan ekonomik analizler ortaya koyacaklardır.

Olası bir Irak Savaşı, gündemi değiştirerek Bush yönetiminin birçok başarısızlığı üzerinde yeterince konuşulmamasını sağlayacaktır. Bu konular arasında ABD yönetiminin terörist saldırıları önlemekte yetersiz kalması ve şirket skandalları gibi konular bulunmaktadır. Bu gerçek de savaşın nedenleri arasındadır."

Cohan, petrol fiyatlarıyla ilgili olarak yaşanabilecek senaryolar konusunda şu değerlendirmeleri yapıyor:

"Bush, yeniden başkan seçilmek için çalışıyor. Bu nedenle de Saddam'a tek taraflı olarak saldırmayı planlıyor. Bu da Bush'a politik olarak zarar veren ekonomik durumlarla ilgili konuşmaların yapılmamasına neden oluyor. Eğer Bush, Saddam'a saldırırsa, petrol fiyatlarının $60 / varile yükselmesi gibi çok ciddi ekonomik riskler bulunuyor. Eğer fiyatlar bu düzeye yükselirse, petrol tüketicisi ülkeler durgunluğa girer ve bunun sonucunda da petrole talep azalır. Bu da fazla petrol kapasitesi oluşmasına yol açarak fiyatların düşmesini sağlayacaktır. Eğer fiyatlar uzun süre düşük kalırsa, ekonomi yeniden düzelebilir. Ancak bu olumlu bir senaryodur. Diğer yandan savaş Saddam'ın büyük miktarda petrol tedarikini kesmesine yol açarsa, talep azalsa bile fiyatlar yüksek düzeyde kalacaktır.

"Ekonomik başarı, savunma harcaması gerektirmiyor."

Washington Üniversitesi'nden Prof. Murray Weidenbaum özellikle II. Dünya Savaşı'ndan bugüne kadar geçen süreçte askeri harcamaların ABD ekonomisi üzerindeki etkilerini inceliyor. Weidenbaum, birçok akademisyenin aksine savunma harcamalarının ekonomiye uzun soluklu katkı sağlamayacağını iddia ediyor. Weidenbaum, konuyla ilgili şunları anlatıyor:

"Askeri harcamalarda yaşanan patlama, II. Dünya Savaşı'nın sonuna kadar devam eden ekonomik bunalımın sona ermesinde anahtar rol oynadı. Soğuk savaşın sona ermesinden sonra, askeri harcamaların yerine önceliği sivil harcamalar aldı. Bu da ekonominin güçlenmesine katkıda bulundu. Silahlanma harcamaları; üretim, işsizlik ve gelir gibi alanlarda yaşanan sorunların çözümünde ilk etapta olumlu etki yaratabilir. Askeri ürünlerin üretimi toplum için doğrudan katkı yaratmaz. Ancak askeri ürünler, sivil ürünlerin üretimi gibi bir ekonomik rol üstlenmez. Gerçekte, ancak sivil harcamalar ekonomiye uzun vadeli katkı sağlar. Zaten son Afganistan ve Körfez savaşlarına baktığımızda ekonomide limitli bir durgunluk yaşandığını görüyoruz. Ulusal öncelikler ve savunma harcamaları konusunda özetle şunlar söylenebilir: ABD'nin gelecekteki ekonomik başarısı önemli miktarlarda savunma harcaması gerektirmiyor. Askeri harcamalar konusunda karar alınırken öncelikli olarak ulusal güvenlik dikkate alınmalıdır. Sonuç olarak Irak'ta savaşa gerekçe olarak ekonomik nedenler öne sürülemez. Eğer Irak'la sorun savaş dışında bir yöntemle çözülmek istenirse, ABD bunun bedelini ödeyebilir."

"Bazı şirketler ABD politikasını savaşa yönlendiriyor."

Özellikle bazı savunma şirketlerinin ABD yönetimi üzerinde, askeri harcamaların artırılmasını sağlamak amacıyla lobi faaliyetlerinde bulunduğu ve bu faaliyetlerin zaman zaman şirketler açısından olumlu sonuçlar verdiği genel olarak kabul edilen bir gerçektir. Son dönemde Irak'a yönelik savaş olasılığını ciddi oranda güçlenmesi bu şirketlerin faaliyetlerini yeniden gündeme getirdi. Wharton Üniversitesi'nden Prof. Eric Orts, ABD'nin Irak politikasında yaşanan gelişmeleri dikkate alarak konuyla ilgili şu çarpıcı tespitlerde bulunuyor:

"Özellikle bazı şirketler, normalde kaçınılabilecek askeri çatışmalardan para kazanmaya çalışıyor. Bu durum, eğer kontrol edilmezse son derece tehlikeli bir "savaş lobisinin" oluşmasına zemin hazırlayabilir. Devletler, şiddet üzerindeki tekellerini gittikçe kaybediyor. Artık ticari işletmeler, savaş ve barış gibi konularla kendilerini ilişkilendirmemekten kaçamazlar. Şirketler, global politik düzende gittikçe daha büyük rol oynuyorlar. Benim korkum, ABD'nin 11 Eylül olaylarına aşırı tepki vererek Irak ve başka bölgelerde askeri güce başvurmasıdır."

"Savaşın nedeni petrol ve silah ticareti ."

Avrupalı tanınmış muhalif bilim adamlarından **Dr. Peter Custers**, olası bir Irak savaşının gerçek nedenlerinin şu faktörler olduğunu ifade ediyor:

"Bu savaşın dünya ve Amerikan ekonomisi açısından gerçek iki ekonomik nedenine dikkat çekmek istiyorum. Öncelikle silah ve savaş sistemlerinin üretim ve ihracı açısından bu savaşın etkileri olacaktır. Bu nedenleri daha genel anlamda, ABD ekonomisindeki "iş döngüsü (business cycle)" ve dünya ekonomik konjonktürü olarak adlandırabiliriz. Özellikle, II. Dünya Savaşı'ndan itibaren ABD silah üretimi ve ABD askeri bütçeleri ABD'nin iş döngüsü açısından düzenleyici etkiler yapmıştır.

Olası bir savaşın diğer bir ana nedeni de petrolle ilişkilidir. Buna göre ABD ve diğer güçler dünyadaki mevcut enerji kaynakları üzerinde kontrol sağlamak istiyor. Burada da konunun, dünyadaki ve ABD'deki iş döngüsüyle ilintili olduğunu görüyoruz. Bu iki ana nedenin Körfez Savaşı dönemi de incelenerek kapsamlı şekilde tartışılması gerekmektedir.

Körfez Savaşı, kısa süren bir ekonomik durgunluğun yaşandığı dönemde gerçekleşti. Bu savaş, ABD ekonomisinin motor gücü olan savunma sektörünün yerini bilişim sektörünün almasında önemli rol oynadı. Yine bu dönemde, ABD yönetimi savunma şirketlerini ihracata daha fazla yoğunlaşmaları için destekledi. Bu nedenle, 1991 yılından bugüne gelinceye kadar ABD'nin silah ihracatındaki payının arttığını görüyoruz.

Biraz önce belirttiğim üzere son 10 yılda iş döngüsünde liderliği iletişim sektörünün aldığını görüyoruz. Ancak bu sektörünün gücünü yitirmesiyle birlikte yeni ekonomik politikalara ihtiyaç duyuldu. Bu yeni politikalarda savunma sektörünün potansiyeli ve savunma bütçesinin iş döngüsündeki düzenleyici etkisi yeniden dikkate alındı.

Bu yeni yapılanma Clinton yönetiminin son döneminden itibaren gözlenmeye başlandı. Bu politika, Bush'un 2001 ve 2002 yıllarında bütçede savunma harcamalarına daha fazla yer ayırmasıyla fiili olarak uygulanmaya başlandı. 11 Eylül olayları bu duruma yeni bir ivme kazandırdı. Ancak 1990'lı yıllarda dahi ABD'nin askeri harcamalarının tüm potansiyel düşmanlarının toplam harcamalarından daha fazla olduğunu unutmamalıyız.

Irak'a karşı olası bir savaş, Bush yönetiminin savunma sektörünü, iş döngüsünün tamamen düzenleyici mekanizması olarak yeniden yapılandırma planlarının işaretidir. Bu savaşla birlikte ABD, Amerikan silahlarını, pazarda yeniden gösterme fırsatı bulacak ve silah ihracatçısı olarak pozisyonunu koruyacaktır. Diğer taraftan savaş kısa bir sürede bitse dahi silah firmaları yeni siparişler alacaktır.

ABD'nin ekonomik sorunlarını çözmek için çok büyük insan ve materyal kaynakların tüketilmesini gerektiren savunma sanayiine bel bağlaması, ABD'nin ekonomik politikasının çözümsüzlüğünü göstermektedir. Tarih savunma sektörünün itici güç olduğu ekonomik modellerin bedeli olduğunu göstermektedir. Bu model üretici olmayan bir ekonomik yapıya dayanmaktadır.

Konuya petrol merkezinde gelişen güç ilişkileri çerçevesinde baktığımızda öncelikle bugün Körfez Savaşı dönemiyle kıyaslandığında Batının Ortadoğu'da petrol üretimi üzerindeki kontrolünün daha da belirsiz olduğunu görüyoruz. Bu duruma verilebilecek en güzel örnek, Pentagon'a yakınlığıyla bilinen tanınmış düşünce kuruluşu Rand Corporation'ın gerçekleştirdiği özel toplantıdır. Bu toplantıda; Suudi Arabistan, ABD'nin düşmanı olarak tanımlandı. Burada, Suudi Arabistan'daki bazı unsurların El-Kaide gibi terörist grupları finanse ettiği iddia edildi. Yine, Suudi Arabistan'ın olası Irak operasyonuna uzun süre ayak diremesi, ABD ile ilişkilerindeki sorunların önemli bir göstergedir.

Özetle durum şudur ki; Amerikalı ve İsrailli stratejistler Irak'ın yanı sıra, Suudi Arabistan ve İran'a yönelik olarak da potansiyel savaş operasyonları üzerinde kafa yoruyorlar.

Irak'a yönelik operasyonda amaç, Bağdat'ta Amerikan çıkarlarına uygun bir rejim kurarak, Ortadoğu'da petrol kaynakları üzerindeki belirsizliği azaltmaktır. Yine ABD'deki savaş taraftarları, Irak'ın işgali ile ABD'nin OPEC üzerindeki etkisinin artacağını umuyorlar. Ayrıca, bu şekilde Suudi Arabistan'ın şu anki ve gelecekteki yöneticilerine artık ABD'nin Suudi Arabistan'a güvenmediği mesajı verilmiş olacaktır. Bu mesaj, gerektiğinde ABD'nin Ortadoğu'daki petrol kuyuları üzerinde kontrolü tamamen sağlayacağıdır. Bu yılın (Geçtiğimiz yıl) başında dile getirilen "preventive strike-önleyici vuruş" isimli ABD'nin yeni savaş doktrininin Irak ve İran'a yönelik olduğu görülmektedir. Ancak bu yaklaşım gerektiğinde Suudi Arabistan'a da yönlendirilebilir. Bu durumda; ABD, Suudi petrolü üzerinde doğrudan askeri kontrolü sağlayacaktır.

Sonuç olarak savaş ABD savunma sanayii şirketlerinin çıkarlarını korumak ve ABD'nin Ortadoğu petrol kaynakları üzerindeki kontrolünü artırmak için gerçekleştirilecektir."

Hiçbir demokratik ülke "preemptive war-önleyici savaş" yapmadı

Yale Üniversitesi Uluslararası İlişkiler Bölümü Dekanı Bruce Russett, ABD yönetiminin olası bir Irak savaşının "preemptive war; mevcut bir tehlikeyi önceden önlemeye yönelik savaş" olacağı yönündeki iddialarına karşı çıkıyor. Russett, bu nitelikte bir savaş kararının ancak düşmanın birkaç gün içinde saldıracağına karar verilmesi durumunda alınabileceğine dikkat çekiyor. Russett, şu görüşleri dile getiriyor:

"Bu tür savaşlar çok yüksek maliyetleri nedeniyle oldukça nadir görülür. Şu an Irak, ciddi bir tehlike oluşturmuyor. Saddam'ın elinde bir nükleer silah veya iddia edilenden daha fazla biyolojik ve kimyasal silah bulunduğu yönünde herhangi bir kanıt göremedik. Yine ani bir saldırı gerçekleştirmeyi planladığı yönünde de herhangi bir kanıt bulunamadı.

3 yüzyıl boyunca büyük güçler tarafından çıkarılmış 20 "preemptive savaşın" hiçbirinin demokratik yönetime sahip ülkeler tarafından başlatılmadığını görüyoruz. Demokratik liderler genellikle maliyeti yüksek ve riskli davranışlardan kamuoyu baskısı nedeniyle çekinirler. Halkın, oylarıyla bu tip liderleri yönetimden uzaklaştıracağını inanırlar.

Belki de bu nedenle ABD yönetiminden bu tür bir savaşı kazanmanın ve zarar görmüş Irak'ı temizlemenin kan ve hazine anlamında maliyeti konusunda çok az şey duyduk.

Dünya tarafından böyle bir savaşın kabul edilmesi için Kongre ve BM tarafından onaylanması gerekmektedir."

"Bush, halkı bedel ödemeye ikna etti."

Kuşkusuz, ABD politikalarının ana belirleyici unsurlarından birisi de ABD kamuoyudur. ABD'nin en prestijli dış politika dergisi Foreign Policy araştırmacılarından John Feffer, ABD kamuoyunun son dönemdeki gelişmelere nasıl baktığıyla ilgili olarak şu değerlendirmeleri yapıyor:

"Bugün ABD'de liberal ve tutucuların arasında ABD'nin ezici bir askeri güce sahip olması ve ekonomik süper güç olmaya devam etmesi konusunda bir konsensus bulunuyor. Aralarında şu tür konularda bazı görüş farlılıkları olabilir: Politikaları uygularken müttefiklere danışıp danışmamak veya onların görüşlerini dikkate almadan hareket etmek veya etmemek?

Bu tür yaklaşım farklılıkları bazen "barış veya savaş" kararını almak gibi son derece kritik konularda belirleyici olabilirken, bazen de sadece üslup farklılığı anlamına geliyor.

Amerikalılar, genelde imparator olmanın avantajlarından yararlanırken mutlular. Ancak imparator olmanın maliyetine katlanmak konusunda çok da memnun değiller.

Bu nedenle Amerikan kamuoyu, kendi yaşam tarzını etkileyeceği korkusu olmadığı takdirde, savaşa gitmek konusunda isteksiz. 11 Eylül öncesinde Amerikalılar, imparator olmanın maliyetine odaklanmışlardı ve ABD'nin Suudi Arabistan'daki askeri varlığı gibi olguların ABD'ye karşı çok fazla öfke yarattığını düşünüyorlardı. Bu noktada; Bush yönetimi, Amerikan kamuoyunu teröristlerin Amerikan yaşam tarzını tehdit ettiğine ve imparator olmanın tüm bedellerinin kabul edilebileceğine ikna etti.

Ben, Amerikan imparatorluğu fikri konusunda çok fazla sayıda Amerikalının rahat olduğunu sanmıyorum. En son seçim sonuçları, Amerikalıların başkanı kriz döneminde destekleme fikrinden kaynaklanıyor. Ben, birçok Amerikalının Irak'la savaşmak fikrinden rahatsız olduğuna inanıyorum.

Savaş ekonomisinin Bush yönetimini nasıl etkileyeceği konusuna gelince, bütçe açığının sadece "terörizmle savaş" konusuyla ilişkili olmadığını düşünüyorum. "Anayurdun güvenliği" de bu bütçe açığının oluşmasındaki en önemli nedenlerden bir tanesi. Burada Demokratların ortaya ciddi bir ekonomik alternatif koyamadıklarını görüyoruz. Çok büyük miktarlardaki "askeri" ve "anayurdun güvenliği" bütçelerini desteklediklerini görüyoruz.Bu nedenle Amerikan kamuoyu; Demokratlar veya 3. bir parti ciddi bir alternatif ortaya koymadıkça, savaş ekonomisine karşı çıkamayacaktır.

"Petrol Savaşları yolda..."

Prof. Michael Klare, Berlin Duvarı yıkıldıktan sonra, gelecek yıllarda dünyada enerji kaynakları nedeniyle çatışmalar yaşanabileceğine dikkat çeken ilk araştırmacı.

Klare, ABD yönetiminin dünya kaynaklarına yönelik stratejik yaklaşımında transformasyon yaşandığını iddia ediyor ve önümüzdeki dönemde ABD'nin dahil olacağı seri petrol savaşlarının yaşanacağını savunuyor. Klare'e göre dünyanın mevcut haritasında birçok potansiyel sorun yaşanılabilecek bölge bulunuyor. Bu bölgelerden bazıları şunlar: Körfez, Hazar Denizi, Karayipler, Venezüella, Güney Çin Denizi ve Afrika'nın bazı bölgeleri.

"11 Eylül, ABD-Suudi Arabistan ilişkisi nedeniyle gerçekleşti."

Klare, 11 Eylül'den yaklaşık dört ay önce yazdığı "Kaynak Savaşı" kitabında savunduğu düşüncelerin ilerleyen dönemde şu şekilde doğrulandığını savunuyor:

"Yaşanan bazı olaylar kitapta savunduğum iddiaları doğruladı. Özellikle, 11 Eylül olayları, kısmi olarak ABD ile Suudi Kraliyet Ailesi arasındaki petrol işbirliği nedeniyle gerçekleşti. 1945'te kurulan işbirliğine göre ABD; Suudi Arabistan ve Kraliyet ailesinin güvenliğini sağlıyor, karşılığında da Suudi petrolüne ulaşabiliyordu. Bu işbirliği, Suudi bölgesindeki ABD askeri varlığından ve ABD-İsrail işbirliğinden rahatsız olan bazı Suudileri kızdırdı. 11 Eylül saldırıları, Usame bin Ladin ve onun taraftarları (11 Eylül saldırılarını gerçekleştiren 19 uçak korsanından 15'i de bunlara dahil) gibi Amerika karşıtı Suudiler nedeniyle gerçekleşti. ABD bir taraftan terörizme karşı savaşırken diğer taraftan Körfez, Hazar Bölgesi ve Kolombiya gibi yaşamsal petrol üretim merkezlerinde kendi pozisyonunu güçlendirme yoluna gitti."

Klare, ABD'nin Afganistan operasyonunu, Taliban'ı ve onların Usame bin Ladin ve El-Kaide'ye verdiği desteği ortadan kaldırmak için gerçekleştirdiğini savunuyor. Klare, bu operasyonun da Suudi Arabistan'da yaşanan gelişmelerle ilişkili olduğuna inanıyor. Buna göre; Usame bin Ladin ve El-Kaide, ABD'nin en önemli petrol tedarikçisi olan Suudi Devleti için tehdit oluşturuyordu.

Klare'e göre ABD'nin Saddam'a karşı muhalefetinin şu temel hedefleri bulunuyor:

"ABD'nin petrol tedarikçisi olan Suudi Arabistan ve Kuveyt üzerindeki Irak tehdidini ortadan kaldırmak. Kimsenin ABD'nin üstünlüğüne meydan okuyamayacağını göstermek. Dünyanın ikinci büyük rezervleri olan Irak'ın petrol rezervleri üzerinde kontrol sağlamak."

Klare, dünyanın farklı bölgelerinde petrol kaynakları üzerinde kontrol sağlamak amacıyla rekabetin artacağını savunuyor. Klare'e göre Bush yönetimi; ABD'nin yerel kaynaklarındaki sürekli azalmayı karşılamak için dünya enerji kaynakları üzerinde kontrol sağlamak istiyor. Klare, sözlerini şu görüşlerle sürdürüyor:

"ABD önümüzdeki dönemde gittikçe daha fazla Körfez gibi tehlikeli bölgelerdeki petrol kaynaklarına bağımlı olacak. Bu nedenle

ABD, petrole ulaşımının güvenliğini sağlamak amacıyla bu bölgelerde asker bulunduracak veya askeri güç kullanacak. Sonuçta; eğer ABD petrol konusundaki iştahını sınırlamayı öğrenmez veya alternatif ulaşım şekilleri geliştirmezse sonsuz sayıda "petrol savaşları" yaşanacak."

11
ASKERİ HAREKÂT

ABD'NİN IRAK POLİTİKASININ GEREKÇELERİ

ABD'nin Irak Politikasının Gerekçeleri

ABD, Irak'a yönelik bir askeri harekat için geri sayıma başlamıştır. Bush Yönetiminin işbaşına gelmesinden sonra sürekli gündemde tutulan Irak meselesinde, Saddam Hüseyin açısından sona yaklaşılmaktadır. Sonuçları ne olursa olsun, askeri harekat Ortadoğu ve Körfez Bölgesi dengeleri üzerinde büyük değişikliklere yol açacaktır. Bu açıdan bakıldığında, ABD'deki hakim çevrelerin Saddam Hüseyin'in sonunu getireceğine inandığı askeri harekat, Ortadoğu coğrafyasını 21. yüzyılda şekillendirecek gelişmelerin de ilkini oluşturacaktır.

Irak ordusunun bugünkü gücü, Körfez Savaşı'ndaki düzeyinin altında olmakla birlikte, uzmanların görüşüne göre Irak askeri açıdan kolay bir lokma değildir. Askeri harekatla, ABD, kendisi için de özellikle askeri birliklerinin can güvenliği bağlamında önemli bir risk alacaktır.

ABD'nin, bir anda Irak'a bu denli yoğunlaşmasının gerekçelerini anlayabilmek için öncelikle ABD'nin tehdit değerlendirmesinin ve bu değerlendirme doğrultusunda Saddam Hüseyin'e hangi gözle baktığının incelenmesi gerekmektedir:

1) 11 Eylül saldırıları, ABD'nin tehdit değerlendirmesini temelden değiştirmiştir. ABD, Pearl Harbour'dan sonra ilk defa kendi evinde vurulmuş ve terörist saldırılara açık olduğunun farkına varmıştır. Bu durum, ABD'nin, ulusal güvenlik stratejisini ve savunma konseptini değiştirmesine yol açmıştır.

20. yüzyılın büyük bir bölümünde ABD'nin savunması "çevreleme" ve "caydırıcılık" stratejisine dayanmıştır. Bu stratejiler bugün de kısmen geçerli kalmaya devam etmektedir. Ancak, ortaya çıkan yeni tehditler yeni stratejiler gerektirmektedir. Zira "caydırıcılık" savunacak vatandaşı veya ülkesi olmayan teröristler karşısında anlamlı bir strateji değildir. Ayrıca, sahip olduğu kitle imha silahlarını ABD ve müttefiklerine karşı kullanmaktan çekinmeyecek veya terörist örgütlere verecek dengesiz diktatörler karşısında "çevreleme" stratejisi uygulanması artık mümkün değildir. Bu nedenle, ABD'nin güvenliği ancak "önleyici eylem"le sağlanabilecektir.[378]

20. yüzyılda en büyük tehdit, kitle imha silahları ve terörist devletlerin bu silahları elde etmek için birbirleriyle yarışmalarıdır. İran, K. Kore, Libya, Suriye gibi terörist ülkeler kitle imha silahları edinmeye çalışmaktadırlar. Ancak hiçbir terörist ülke, ABD halkının güvenliğine ve dünya istikrarına Saddam Hüseyin rejimindeki Irak'tan daha fazla ve daha yakın tehlike oluşturmamaktadır.

Dünyada yaşayan hiçbir diktatör, komşularına ve ABD'ye karşı, Saddam Hüseyin'den daha fazla tehdit oluşturmamıştır.[379]

---

378) Başkan Bush'un "West Point" Akademisinde 1 Haziran 2002'de yaptığı konuşma, http://www.whitehouse.gov/news/releases/2002/06/20020601-3.html

379) Savunma Bakanı Rumsfeld'in Senato Silahlı Kuvvetler Komisyonu'na 18-19 Eylül'de Yaptığı Konuşma

Bölgesel ve küresel güvenlik ve istikrar açısından daimi bir tehdit olan Saddam Hüseyin'in kitle imha silahlarına sahip olması dünyanın selameti açısından tahammül edilemeyecek bir sonuçtur. [380]

Saddam Hüseyin'in rehabilite edilmesine yeniden uluslararası topluma entegre edilmesine imkan bulunmamaktadır. Bu sonuca varılmasında Saddam Hüseyin'in bugüne kadarki davranışları etkili olmuştur ve Saddam hiçbir zaman kitle imha silahları edinmeye çalışmaktan, bölgeye, ABD çıkarlarına ve kendi halkına karşı tehdit olmaktan vazgeçmeyecektir. Bu yaklaşım, ABD'nin önyargılarına değil, Saddam'ın izlediği politikalara dayanmaktadır.[381]

Saddam Hüseyin rejimi, dünyada insan haklarını en sistematik ve en gaddar şekilde ihlal eden rejimlerden birisidir.[382]

Saddam Hüseyin'in bugüne kadarki icraatları, iktidarda kaldığı müddetçe, bölge barış ve güvenliğine tehdit oluşturmaya devam edeceğini açıkça göstermektedir. Elinde kalan kitle imha silahlarını teslim etmeye razı olmayacaktır. Komşularıyla barış içinde yaşamayacaktır. Irak halkına zulmetmekten vazgeçmeyecektir. Saddam Hüseyin rejiminin iflah edilmesi veya uluslararası toplumun yeniden sorumluluk sahibi bir üyesi haline getirilmesi mümkün değildir. Tecrübe bu gerçeği sabit kılmaktadır.

Saddam rejimi kendi halkına ve komşularına karşı kitle imha silahları kullanmıştır. Biyolojik silahlar geliştirmiştir ve faal bir nükleer silah programı bulunmaktadır. Bu programlarının açığa çıkmasını engellemek için yıllarca BM silah denetçilerine güçlükler çıkartmıştır.[383]

---

380) "**United States Policy Toward Iraq**", Hearing Before the Committee on International Relations United States House of Representatives, 106th Congress, Us Government Printing Office (23 Mart) 2000, s. 47-48.

381) "**U.S. Policy Toward Iraq: Mobilizing the Opposition**", Hearing Before the Subcommittee on Near Eastern and South Asian Affairs of the Committee on International Relations United States Senate, 106th Congress, US Government Printing Office (23 Haziran) 1999, s. 5.

382) "**United States Policy Toward Iraq**".. s. 47-48.

383) "**Saddam's Iraq: Sanctions and US Policy**", Hearing Before the Subcommittee on Near Eastern and South Asian Affairs of the Committee on International Relations United States Senate, 106th Congress, US Government Printing Office (Mart 22) 2000, s. 5-6.

Yaptırımlar ve BM silah denetimleri sayesinde, Saddam Hüseyin'in kitle imha silahlarına sahip olma özlemleri kontrol altına alınabilmiştir. Ancak, Saddam Hüseyin, BM denetçilerinin ülkede bulunduğu dönemde dahi, kitle imha silah programlarına ara vermemiştir. BM silah denetçilerini Aralık 1998'de Irak'tan attıktan sonra, bu programları sürdürmediğini düşünmek için hiçbir gerekçe yoktur.

Irak, engellenemediği takdirde birkaç yıl zarfında nükleer silah yapabilecek durumdadır. Saddam Hüseyin'in nükleer silaha sahip olması, kabul edilemez bir tehdittir.[384] Uluslararası toplum Saddam Hüseyin karşısında bugüne kadar gereğinden fazla sabretmiştir.

Irak rejimi 11 yıldır bütün BM kararlarını çiğnemiştir ve BM'ye ve dünyaya kafa tutmaktadır.[385]

Hiçbir önlem, Saddam Hüseyin'i emellerinden vazgeçirememiştir. "Çevreleme" siyaseti, Saddam Hüseyin'den kaynaklanan tehdidi ortadan kaldıramamıştır.

Dünyada, kitle imha silahlarına sahip tek terörist ülke Irak değildir. Irak'I diğerlerinden farklı kılan, başındaki diktatördür. Bu diktatör, kendi halkına ve komşu ülkelere karşı kitle imha silahları kullanmakta tereddüt etmemiştir.

Dolayısıyla, Saddam Hüseyin'in ve Baas rejiminin yıkılması elzemdir. Bu strateji "rejim değişikliği"dir. Rejim değişikliği sağlandığı takdirde, bölgesel ve küresel ölçekteki bir tehdit ortadan kaldırılmış olacak, Irak'ta yeniden barış ve istikrar tesis edilecektir. Aksi halde, Ortadoğu'da barış ve istikrarın sağlanması ihtimal dışıdır.

Saddam Hüseyin'in ve rejiminin yıkılması, 11 Eylül sonrasında ABD'nin teröre karşı başlattığı savaşın gereğidir. Aslında bu bir Amerikan politikasının sonucudur. Çünkü 11 Eylül ile Irak arasında bir bağlantının ne olay ne de teröristler açısından belgesi, bulgusu ortaya çıkmamıştır. Ama Amerikan yönetimi özellikle petrol-silah sana-

---

384) Savunma Bakanı Rumsfeld'in Senato Silahlı Kuvvetler Komisyonu'na 18-19 Eylül'de Yaptığı Konuşma.
385) http://www.cnn.com/2002/US/09/12/bush.transcript/

yiinin devlerinin bastırması ve Musevi şahinlerin diretmesiyle böylesine bir saplantının içine düştüler.

ABD kamuoyu hararetli biçimde Irak konusunu tartışmaktayken, bir yandan da Yönetimin Irak politikası konusunda bölündüğü haberleri basında yer almaktaydı.

ABD'nin Seçenekleri

Yukarıdaki değerlendirmeler, ABD'nin, Saddam Hüseyin'in ve rejiminin yıkılmasını, Irak'tan kaynaklanan "tehdidin" bertaraf edilmesinin tek yolu olarak gördüğünü göstermektedir. Nitekim, ABD Kongresi'nin 1998'de kabul ettiği "Irak Kurtuluş Yasası"yla, "çevreleme" stratejisinden, "rejim değişikliği" stratejisine geçilmiştir.

Irak'ta rejim değişikli stratejinin hayata geçirilmesi amacıyla ABD'nin önünde çeşitli seçenekler bulunmaktadır.

Güçlendirilmiş Çevreleme Stratejisi ve Caydırıcılık

Saddam Hüseyin ve rejiminden kaynaklanan tehdidin ortadan kaldırılması bakımından ABD'nin önündeki ilk seçenek, Irak'ın "çevrelenmesi" stratejisini, güçlendirilmiş yaptırımlar ve silah denetimleriyle sürdürmektir.

Bu strateji, diplomatik, siyasi, ekonomik açılardan maliyeti en düşük stratejidir. ABD ve Ancak, Körfez Savaşı'ndan itibaren ABD'nin 11 yıl boyunca uyguladığı bu strateji, ABD'nin asgari beklentisi olan Saddam Hüseyin rejiminin kontrol altında tutulmasını ve komşularına karşı yeni bir saldırganlığa girişmesini engellemekte başarılı olmuştur.

Bununla birlikte, askeri harekatı savunan çevrelere göre, "çevreleme" stratejisi, silah denetimleri ve yaptırımlar itibariyle BM Güvenlik Konseyi kararlarına dayanmasına rağmen Irak'ın silahsızlandırılmasını sağlayamamış, Saddam Hüseyin'i kitle imha silah programlarını izlemekten vazgeçirememiştir. Çevreleme siyasetinin sürdürülmesi, bölge ülkelerinin ve uluslararası toplumun desteği gibi ABD'nin kontrolü dışındaki birçok faktöre bağlıdır. Hiçbir bölge ülkesi, çevreleme siyasetinin en önemli ayağı olan yaptırımlar nedeniyle, daha fazla ekonomik kayba uğramak istememektedir.

Çevreleme stratejisinin askeri boyutu olan caydırıcılığın sürdürülmesi de giderek güçleşmektedir. ABD'nin Körfez Bölgesinde sürekli asker bulundurması yerel halkın ve rejimlerin tepkilerine neden olmaktadır. Ayrıca, 36. paralelin kuzeyindeki ve 33. paralelin güneyindeki uçuşa yasak bölge uygulamalarının sonsuza kadar devam ettirilmesi de mümkün değildir.

Son olarak, güçlendirilmiş bir çevreleme siyaseti, Saddam Hüseyin'in birkaç yıl içinde nükleer güce ulaşmasını da engelleyemeyeceği gibi, bu imkana kavuşacak Saddam Hüseyin'in devrilmesi tamamen imkansız hale gelecektir.

Kısacası, şahinlere göre "çevreleme" siyaseti, Irak'tan kaynaklanan tehdidin bertaraf edilmesini sağlamak bir yana, tehdidin sürekli gelişmesini engelleyememektedir.

Örtülü Operasyonlar

Saddam Hüseyin'in devrilmesi bakımından, ABD'nin önündeki ikinci seçenek, örtülü operasyonlardır. Diğer seçenekler ile kıyaslandığında, riski az ve maliyeti düşüktür.

Irak düzleminde üç tür örtülü operasyon ihtimali; suikast, içerden askeri darbe veya Irak muhalefetinin ayaklanmasıdır.

1) Suikast

Saddam Hüseyin'in bir suikastle devrilmesi açısından yanıtlanması gereken ilk soru, bunun ne ölçüde mümkün olduğudur.

Her şeyden önce, ABD'de istihbarat faaliyetlerini düzenleyen "İstihbarat Faaliyetlerine Kısıtlamalar" başlıklı ve Başkan Reagan döneminde 4 Aralık 1981'de yayınlanan 12333 sayılı Başkanlık Emrine göre, ABD

Hükümetine mensup görevlilerin veya ABD adına hareket eden kişilerin suikastlere karışmaları yasaklanmıştır.[386] Ancak bu yasak Irak'ta ve 11 Eylül sonrasında hedef ülkelerde fiilen uygulanmamaktadır.

Bu emirde yapılacak herhangi bir değişiklik, ülke içinde ve uluslararası alanda ABD'nin saygınlığına gölge düşürecek tartışmalara neden olacaktır. Ayrıca, suikast, yasal, ahlaki ve siyasi problemleri de beraberinde getirmektedir.

Bununla birlikte, suikast seçeneğindeki asıl sorun, ABD mevzuatına göre, suikast düzenlenmesinin yasaklanmış olması değil, suikast gerçekleştirilmesinin zorluğudur. Çünkü yasak bulunmasına rağmen fiilen suikast girişimleri desteklenmektedir.

Fidel Castro, Muhammed Kaddafi, Usame Bin Ladin örnekleri, ABD'nin düşman olarak gördüğü şahısları suikastle ortadan kaldırmakta başarısız olduğunun ispatlarıdır.[387]

Düşmanlarını suikastle yok etmek konusundaki en başarılı ülke şüphesiz İsrail'dir. Mossad, 1972 Münih Olimpiyatları sırasında İsrailli sporcuları öldüren Filistinli teröristlerin sistematik şekilde teker teker öldürülmesi gibi bugüne değin yüzlerce Arap teröristi suikastle ortadan kaldırmıştır. Ancak, Mossad'ın Saddam Hüseyin'e karşı suikast girişimleri başarısız olmuştur.

Sovyetler Birliği döneminde de, KGB ülke dışındaki birçok rejim düşmanına suikast düzenlemiştir. Leon Trotsky'e 1940 yılında Meksika'nın başkenti Mexico City'de suikastle öldürebilen KGB, İran Şahı Phelevi'ye karşı iki suikast girişiminde başarısız olmuştur.[388]

Aynı durum, Türkiye açısından da geçerlidir. Örneğin Milli İstihbarat Teşkilatı'nın, Apo'ya karşı Suriye'nin başkenti Şam'da düzenlediği suikastten sonuç alınamamıştır.

---

386) http://www.odci.gov/cia/information/eo12333.html

387) CIA Başkan Kennedy döneminde, Küba'da komunist ihtilalle işbaşına gelen Fiedel Castro'ya suikast düzenlemek için, zehirli puro ve Castro'nun dalgıç kıyafetine ölümcül zehir koymak gibi birçok yaratıcı fikirler geliştirmiş, ancak hepsinde de başarısız olmuştur.

388) Kenneth M. Pollack, a.g.y., s.284-285.

Kısacası, suikast, başarı şansı tartışmalı ve başlı başına güç bir örtülü operasyon şeklidir. Saddam Hüseyin'in, suikastle devrilmesi bakımından ilave güçlükler bulunmaktadır. Bunların başında, Saddam Hüseyin'in etrafındaki güvenlik çemberi gelmektedir.

Her diktatör gibi Saddam Hüseyin de güvenliği konusunda aşırı hassasiyet sergilemekte, güvenlik düzenlemeleriyle bizzat ilgilenmekte, hiçbir masraf ve tedbirden kaçınmamaktadır. Şahsi güvenliğinden sorumlu "Murafikin" kendileri ölünceye kadar Saddam Hüseyin'i müdafaa etmeye yemin etmiş kişilerden ve genel olarak Saddam Hüseyin'in yakın ailesinden ve akrabaları arasından seçilmektedir.

Saddam Hüseyin, çelik yelekle dolaşmakta, çoğu zaman dublör kullanmakta, yemeklerini yemeden önce mutlaka bir çeşniye tattırmakta, bir yerden diğerine aynı model birkaç zırhlı araçla seyahat etmekte, bineceği aracı son anda belirlemekte, hatta bazı durumlarda arabayı bizzat kendisi sürmektedir. Saddam Hüseyin'in, aynı yerde üst üste iki gece kaldığı durumlar çok nadirdir. O akşam kalacağı yere karar vermeden önce, 5-6 farklı öncü ekipleri farklı yerlere göndermekte, kalacağı yere son anda karar vermektedir. Nitekim, Saddam Hüseyin'in askeri istihbaratının eski başkanı Vefik Samarrai, Körfez Savaşı sırasında koalisyon uçaklarının Saddam Hüseyin'in bulunduğu yerlere 10 km. dahi yaklaşamadığını söylemiştir.

Saddam Hüseyin'in kaldığı yer ve seyahat programı ve şekli hakkında kesin ve zamanlıca bilgi sahibi olmayı önleyen bütün bu faktörler, Saddam Hüseyin'e karşı dışarıdan düzenlenecek bir suikastı hemen hemen imkansız hale getirmektedir. Irak rejiminin kapalı niteliği suikast seçeneğini zorlaştıran bir diğer faktördür.

Nitekim, Saddam Hüseyin'e karşı içeriden düzenlenen bütün suikast girişimleri de akim kalmış, her defasında girişimler daha hazırlık aşamasındayken ortaya çıkartılmış, suikast planlarında bir şekilde ismi geçen herkes, yakınlarıyla birlikte idam edilmiştir.

Bununla birlikte, Saddam Hüseyin'in, dış kaynaklı bir suikastle öldürülmesi seçeneği bir kenara bırakıldığında, yakın çevresindeki bir kişi, örneğin bir koruması tarafından öldürülmesi ihtimali de göz ardı edilmemelidir. Amerika bunu da planlamaktadır. Ancak, bu da oldukça zayıf bir ihtimaldir.

Suikast düzenlenmesindeki güçlük bir kenara bırakıldığında, suikastin ABD'nin Irak'ta "rejim değişikliği" hedefine ne ölçüde hizmet edeceği de tartışmalı bir konudur. Zira, her şeyden önce, Saddam Hüseyin öldürülebilse dahi, rejiminin aynı şekilde sürmesi ve yerine iki oğlundan birisinin veya yakın halkasındaki insanlardan birinin geçmesi güçlü bir ihtimaldir. Bu durumda, değişen tek şey, diktatörün kendisi olacak, diktatörlük müessesi ve Baas rejimi Saddam Hüseyin'i aratmaksızın devam edecektir.[389] Amerika şu anda bunu dahi kabule hazır durmaktadır. Petrol denetimi şartıyla tabii.

2) Darbe

ABD açısından, Saddam Hüseyin'in yıkılmasına yönelik örtülü operasyonlar bağlamında ikinci seçenek darbedir.

Darbe seçeneğinin gerçekleştirilmesi için başlıca iki yöntem bulunmaktadır. Bunlardan ilki, Saddam Hüseyin'in, diasporada yaşayan Irak muhalefetinin ülke içindeki bağlantılarıyla devrilmesidir. Körfez Savaşı'ndan itibaren ABD bu seçeneği zorlamıştır. Savaştan hemen sonra, Beyaz Saray'da Saddam'ın bir "altın kurşun"la öldürüleceği beklentisi hakim olmuş, Başkan Bush, CIA'ye, Saddam Hüseyin'in devrilmesi için gerekli koşulların yaratılması emri vermiştir. CIA, 1996 yılına kadar Irak Ulusal Birliği (INA) ile darbe hazırlıkları yapmış, ancak her defasında Saddam Hüseyin darbe hazırlıklarını önceden haber alarak, hazırlıklara karışanları idam etmiştir.[390]

INC'nin, Saddam Hüseyin'in bir halk ayaklanmasıyla devrilmesi için yaptığı hazırlıklar da akim kalmış; INC, K. Irak'ta faaliyetlerinin sona ereceği Eylül 1996'ya kadar KDP ve KYB dışında saflarına ancak birkaç yüz Iraklı katabilmiştir.

---

389) Kenneth M: Pollack, a.g.y., s.286-287

390) 1990'lı yıllarda, Saddam Hüseyin'e karşı çoğu ABD güdümünde 6 darbe girişimi yapılmış, ancak hepsi Irak İstihbaratı tarafından hazırlık aşamasında ortaya çıkartılmıştır. The New York Times, 28 Nisan 2002

Saddam Hüseyin'i darbeyle devirmeye çalışan tek ülke ABD olmamıştır. İran, Suriye ve İsrail değişik dönemlerde Saddam Hüseyin'den darbe yoluyla kurtulmak istemiş, ancak Saddam'ın güvenlik çemberini aşamamışlardır.

Aslında, CIA'nin de yabancı devlet başkanlarını devirmek konusunda çok da başarılı bir geçmişi bulunmamaktadır. CIA, İran'da Muhammed Musaddık'ın, Güney Vietnam'da Ngo Dinh Diem'in, Guatemala'da Jacobo Arbenz Guzman'ın devrilmesinde başarılı olmuştur. Kongo'da Patrick Lumamba, Dominik Cumhuriyetinde Rafael Trujillo, Şili'de Salvador Allende ABD'nin arzuladığı şekilde devrilmiş, ancak bu darbeler CIA'nin gruplarınca değil, desteklediği gruplar tarafından gerçekleştirilmiştir. CIA, Arnavutluk'ta Enver Hoca, Küba'da Fidel Castro, Libya'da Muammer Kaddafi, Panama'da Noriega ve Irak'ta Saddam Hüseyin'i devirmek konusunda tam bir hezimete uğramıştır.

Bugün itibariyle, Irak içinde Saddam Hüseyin'i darbeyle devirecek tek örgütlü yapı ordudur. Ancak, Saddam Hüseyin'in suikast girişimlerine karşı kişisel güvenliği için uyguladığı tedbirler bir yana, coğrafi halkalar halinde uygulanan genel güvenlik önlemleri de darbe seçeneğini hemen hemen imkansız hale getirmektedir. Bu bağlamda, Saddam Hüseyin'in en az güvendiği normal ordu kışlaları Bağdat'a en uzak mesafede yer almaktadır. Normal ordu ile Bağdat arasında 6 Cumhuriyet Muhafızları tümeni görev yapmaktadır. Bağdat'ın çevresindeki güvenliği 3 zırhlı Cumhuriyet Muhafızı tümeni sağlamaktadır. Bağdat'ın içinde ise, 25-30 bin çok iyi eğitimli askerden oluşan Özel Cumhuriyet Muhafızları görev yapmaktadır.

Saddam Hüseyin'in güvenliğini sağlamak için konuşlandırdığı askeri birliklerinin sayısı karşısında, darbe girişiminin başarılı olabilmesi için, darbeye çok sayıda katılım sağlanması gerekmekte, katılacak kişi sayısı arttıkça da darbenin Muhaberat tarafından ortaya çıkartılması ihtimali güçlenmektedir.

Ayrıca, darbe hazırlıklarına yabancı güçler karıştığı ölçüde de başarı şansı düşmektedir. Zira, Irak istihbaratı, ülkedeki yabancıları çok sıkı gözetim altında tutmakta, bu durumda yabancıların ülke içinde Irak istihbaratından habersiz seyahat etmeleri ve temaslarda bulunmaları güçleşmektedir. Rejim, yabancı ülkelere seyahat eden Iraklıları da sıkı denetim altında tutmaktadır. Son olarak, Irak, ülke dışı bütün haberleşmeyi çok sıkı takip etmekte, yabancı istihbarat örgütlerinin, Irak rejiminin haberi olmaksızın ülke içindeki bağlantılarıyla haberleşmeleri imkansız olmasa da büyük güçlük arz etmektedir.[391]

Nitekim, CIA Direktörü George Tenet, Haziran 2002'de Beyaz Saray'a sunduğu raporda ve Kongre'ye verdiği brifinglerde, Saddam Hüseyin'in CIA güdümlü bir darbeyle içerden devrilmesi ihtimalinin ancak %10-15 olduğunu belirtilmiştir.[392]

Saddam Hüseyin'in bir darbeyle devrilmesinin uygulanabilir olup olmadığı, Amerika'nın bunu başaramaması bir yana, ABD'de örtülü operasyon seçeneklerinin bugünkü şartlarda yanlış olduğu görüşü yaygındır. Bu çerçevede, örtülü operasyonların, Saddam Hüseyin'in veya Saddam'la birlikte yakın çevresinin devrilmesini sağlasa bile, ülkede rejim değişikliğine yol açmayacağı, bir diktatörün yerini başkasının alacağı varsayılmaktadır. Nitekim Irak muhalefeti, Saddam'ın başka bir diktatörle değiştirilmesini kabul edilemez bulduklarını birçok defa açıklamıştır. Diğer yandan, Saddam devrilse bile, Baas ya da benzeri bir totaliter rejimin devam etmesi, Kürtler tarafından bağımsızlık özlemlerini hayata geçirmek için bir argüman olarak kullanılacaktır.

İkincisi, ABD'nin 1991'den itibaren Saddam Hüseyin'i devirmek konusundaki başarısızlığı, özellikle bölge ülkelerinde ABD'nin gerçek niyetleri konusunda şüpheler uyandırmış, çoğu hallerde ABD'nin Saddam Hüseyin'i devirmek istemediği, mevcut durumu bölgedeki askeri mevcudiyetini, dolayısıyla da petrole vaziyet etmesini rasyonalize etmek için bahane olarak kullandığı sonucuna varmalarına yol açmıştır. Nitekim, ABD'nin Körfez Savaşı sırasında elinde çok iyi bir fırsat olmasına rağmen Saddam Hüseyin'i neden devirmediği konu-

---

391) Kenneth M. Pollack, a.g.y., s. 284-285.
392) Jim Hoaghland, "*A Flawed Quasi-War*", The Washington Post, 23 Haziran 2002.

sundaki spekülasyonların bitmek bilmemesi de bunun önemli bir göstergesidir. ABD'nin rejim değişikliği hedefinde, örtülü operasyonlar gibi genelde diğer stratejilerin yedeklemesi mahiyetindeki bir eylem sonucunda Saddam Hüseyin'i ve rejimini devirmekte bir kez daha başarısız olması durumunda, güvenilirliği ve inandırıcılığı büyük yara alacaktır.

Üçüncüsü, hiçbir bölge ülkesi, başarısız bir örtülü operasyon sonucunda işbaşında kalacak ve ABD'den intikam almak için saldırganlaşacak Saddam Hüseyin ile uğraşmak istememektedir.

Dördüncüsü, müttefik ülkelerden ve bölge devletlerinden destek alınacak olsa bile, ABD'nin Irak'ta bir örtülü operasyona girişmesi için uzun bir hazırlık dönemi gerekecektir.

Bütün bu hususlar kapsamında, ABD açısından artık Saddam Hüseyin'in örtülü operasyon yoluyla devrilmesi, cazip ve makul bir seçenek olma niteliğini kaybetmiştir.

Irak Muhalefetinin Ayaklanması ve Afgan Yaklaşımı

Saddam Hüseyin'in devrilmesi için bir diğer seçenek, ABD'nin Irak muhalefetine para ve silah yardımları yapması ve muhalefeti hava gücüyle desteklemesidir.

ABD'nin 11 Eylül terör saldırılarından sonra 7 Ekim 2001'de Afganistan'da başlattığı "Sürekli Özgürlük Harekatı", siyasi terminolojiye "Afgan Yaklaşımı" olarak geçen bir strateji kazandırmıştır. ABD, Taliban rejimini yıkmak ve ülkedeki El-Kaide kamplarını temizlemek amacıyla hava harekatına girişmiş, Taliban rejimine karşı yıllardır mücadele veren Kuzey İttifakı, ABD'nin hava desteğiyle Kabil'i yeniden ele geçirmiş ve Taliban rejimini yıkmıştır.

Aslında, "Afgan Yaklaşımı", Washington'da Sürekli Özgürlük Harekatı'nın başlamasından önce ilk defa Irak bağlamında çok daha dar kapsamda gündeme gelmiş bir stratejiydi. INC, 1997 yılında ABD Yönetimine bir plan sunmuştu. INC, planında, 5 ila 10 bin INC mensubuna ABD'nin askeri eğitim vermesini istiyordu. Plana göre, hafif silahlarla ve tanksavarlarla donatılacak bu silahlı güç, ABD hava kuvvetlerinin sağlayacağı hava korumasıyla Kuveyt'ten Irak'a girecek ve Irak'ın Fırat nehrinin güneyindeki bölgelerini ele geçirecekti. Böylelikle, Saddam Hüseyin rejimi Bağdat ve mücavir bölgelere sıkıştırılmış olacak, kaçınılmaz olarak bir halk ayaklanması çıkacak ve nihayetinde Saddam devrilecekti. INC, Saddam'a sadakatle bağlı kalacak Cumhuriyet Muhafızları ile baş edebileceğine inanıyordu. INC, harekat sırasında ABD'den hava koruması, destek ve Irak kara birliklerinin manevralarının önlenmesini talep etmekteydi. INC'nin bir diğer varsayımı, ABD'nin bayrak göstermesiyle Irak halkının ve ordusunun kendi saflarına geçeceğiydi.

CENTCOM ve Pentagon, INC'nin planının ciddiye dahi almamıştı. Her şeyden önce hafif silahlarla ve tanksavarlarla teçhiz edilecek 5-10 bin kişilik INC birliklerinin, Irak ordusu karşısında tutunmasına hiçbir şekilde imkan yoktu.

Ancak, CENTCOM ve Pentagon'un planlarının ciddiye almaması INC'yi kararlı tutumundan vazgeçirmedi. İlk planın, henüz olmayan askeri birliklerine ve sınırlı ABD desteğine dayanması nedeniyle reddedildiğini düşünen INC, zamanla ABD'li danışmanlarının da tavsiyesiyle, ABD'nin askeri açıdan daha fazla müdahil olmasını içeren yeni bir plan geliştirdi.[393]

Bu plan, Afganistan'da Sürekli Özgürlük Harekatı'nın Kuzey İttifakı'nın desteğiyle başarıya ulaşmasıyla, INC'yi destekleyen Pentagon'daki sivil ekip tarafından gündeme getirildi. Plana göre, ABD'nin hava bombardımanı ve sınırlı sayıdaki özel kuvvetlerin desteğine dayanacak Kürtlerin kuzeyden, Şiilerin de güneyden saldırıya geçerek, Saddam Hüseyin'i devirmeleri öngörülmekteydi. Ancak, sivil ekibin bu planına sadece Dışişleri Bakanlığı değil, Pentagon'un askeri kanadı da muhalefet etmekteydi.[394]

---

393) Kenneth M. Pollack, a.g.y., s.293-294.
394) Rowan Scarborough, "*Pentagon Uses Afghan War as a Model for Iraq*", The Washington Times, 4 Aralık 2001.

ABD'de Irak'a yönelik askeri harekat tartışmalarının yoğunlaştığı günlerde "Afgan Yaklaşımı"nı sıklıkla atıfta bulunulmaya başlandı. Pentagon'daki sivillerin hararetle desteklediği bu stratejinin Yönetim içindeki en büyük savunucularından biri, Başkan Bush'un kontr-terör danışmanı General Wayne Downing'di. Downing, yoğun hava bombardımanının ardından, ABD özel kuvvetlerinin INC önderliğindeki Irak muhalefetinin Bağdat'ı ele geçirmesine yönelik bir harekat planı hazırladı. Ancak, ABD Genelkurmay Başkanı Richard Myers ve CENTCOM komutanı General T. Franks'in, Downing'in bu tür bir askeri harekat planı hazırlamaya yetkili olmadığını söylemeleri, bu yetkililerin Savunma Bakanı Rumsfeld tarafından desteklenmesi üzerine General Downing 27 Haziran'da istifa etti.[395]

Aslında Afgan Yaklaşımının en zayıf yönünü, Irak muhalefetinin ülke içinde etkinliğinin bulunmaması ve kendi içindeki bölünmüşlüğü teşkil etmektedir.

Birincisi, Irak, Afganistan değildir, gücü azalmış da olsa, halen Ortadoğu'daki en ciddi askeri güce sahip ülkelerden birisidir, işleyen bir devlet mekanizması bulunmaktadır. Bu durumda, Afganistan Yaklaşımı'nın Saddam Hüseyin'in askeri güçleri karşısında başarılı olması çok düşük bir ihtimaldir.

İkincisi, Irak ordusu karşısında Irak muhalefetinin askeri gücü, Taliban karşısında Kuzey İttifakı'nın oynadığı rolle kıyaslanamayacak derecede zayıftır.

Üçüncüsü, Irak muhalefeti kendi içinde bölünmüş, Kürtler ve SCIRI dışında diaspora muhalefeti niteliğindedir. Birleşik, güçlü bir muhalefet oluşturmak yıllar alacaktır. Bu süre zarfında, ABD'nin, Irak'tan kaynaklanan doğrudan tehditlere karşı koymak için başka bir politika benimsemesi gerekecektir.

Dördüncüsü, Irak muhalefeti birleştirilip, belirli bir askeri güce kavuşturulsa ve Afgan Yaklaşımına başvurulacak olsa dahi, Irak hal-

---

395) Thomas E. Ricks, "*Downing Resigns As Bush Aide*", The Washington Post, 28 Haziran 2002.

kının Saddam Hüseyin'e karşı ayaklanıp ayaklanmayacağı önemli bir bilinmeyendir.

Irak muhalefetine doğrudan ancak sınırlı askeri yardım sağlamak daha da tehlikelidir. ABD prestijini ortaya koyacak ve ABD askerlerinin can güvenliği tehlikeye atılacaktır. Muhalefete sağlanacak sınırlı askeri yardımla ABD önemli bir taahhüt altına girecek, bu çabaların yeterli olmaması halinde, kaçınılmaz olarak Irak'ı işgalle sonuçlanacak büyük ölçekli bir askeri müdahaleye kalkışmak zorunda kalacaktır.

Beşincisi, Afganistan örneği dikkate alındığında, Pakistan türünde bir müttefike ihtiyaç duyulacağı kesindir. Türkiye ve diğer bölge ülkeleri çeşitli muhalif grupların hedefleri hakkında derin kaygılar taşımaktadır. Ayrıca, hiçbir bölge ülkesi, başarı şansı tartışmalı bir operasyona destek vererek, Saddam'ın düşmanlığını kazanmayı göze almak istemeyecektir.

Altıncısı, coğrafi ve etnik sıfatlarla anılan muhalif gruplara ABD'nin sağlayacağı desteğin, özellikle Sünni Müslüman subaylardan oluşan ordunun Saddam'ın etrafında kenetlenmesine yol açması kuvvetle muhtemeldir.

Yedincisi, Afgan Yaklaşımı kapsamındaki bir askeri harekat başlar başlamaz, Saddam Hüseyin Kürtlere saldırmak için vakit kaybetmeyecektir. Nitekim, Kürtler, nihayetinde Saddam Hüseyin'in devrilmesi konusunda garanti içermeyecek hiçbir eyleme kalkışmayacak, zaten bu durumda Afgan Yaklaşımı ölü doğmuş olacaktır.

Son olarak, Afgan Yaklaşımı sonucunda Saddam Hüseyin'in devrilmesi ve rejiminin yıkılması sağlanabilecek olsa bile, muhalif grupların farklı çıkar çatışmalarının Irak'ı bir kaosa sürüklemesi ve istikrarlı bir hükümetin tesis edilememesi kuvvetle muhtemeldir. Bu durumda, ABD, dünyanın ikinci büyük petrol rezervlerine sahip Irak'ın kargaşadan çıkması için devreye girmek zorunda kalacaktır.

Askeri Harekât

Askeri harekatı savunan çevrelere göre, yukarıda incelenen seçeneklerin hemen hepsindeki temel sorun, ABD'nin Irak'ta "rejim değişikliği" hedefini gerçekleştirmek açısından büyük ihtimalle yetersiz kalacak olmalarıdır.

Bu görüşü savunanların temel argümanları şöyledir:

1) Irak'ta rejim değişikliği, sadece Saddam Hüseyin'in devrilmesiyle gerçekleşmeyecek ve rejiminin bütün unsurlarının Saddam-Baas kadrolarından ve ideolojisinden arındırılması gerekecektir. Bu düşünce, II. Dünya Savaşı'ndan sonra Almanya'nın Nazilerden temizlenmesi ile özdeşleştirilmektedir.
2) Saddam Hüseyin sonrasında Irak'ın toprak bütünlüğünün ve istikrarının korunması bakımından, ABD'nin askeri mevcudiyetinin devam etmesi gerekecektir. Kürtler ve Şiiler gibi merkezkaç güçlerin Bağdat'a entegre edilmesi, Irak'ın yeniden bütünleştirilerek, çoğulcu-katılımcı bir yönetim yapısının kurulması ve ülkede istikrarın tesis edilmesi belirli bir zaman alacaktır.
3) Bir askeri harekattan sonra bir otorite boşluğunun doğması, etnik, dini gruplar ve kabileler arasında intikam çatışmalarının başlamasına yol açabilecektir. Bu tür bir çatışma, ülkeyi istikrarsızlığa sürükleyecek ve ayrılıkçı eğilimlerin güçlenmesine neden olacaktır. Çatışmalar Irak'a yönelik farklı hedefleri olan komşu ülkelerin devreye girmesiyle daha da derinleşebilecek, Irak'a istikrar getirmek imkansız hale gelebilecektir. Örneğin bir Türkmen-Kürt çarpışmasının Türkiye'nin, Şii-Sünni çatışmasının ise İran'ın müdahalesiyle sonuçlanması kaçınılmazdır. Hatta Kürt grupların kendi aralarındaki çatışmalarda dahi dış aktörlerin devreye girmeleri kuvvetle muhtemeldir. Bu durum, özellikle etnik ve dini çatışmaların yaşanması ihtimalinin en güçlü olacağı geçiş döneminden ülkede istikrarın tam anlamıyla tesis edileceği güne kadar, ABD'nin Irak'taki askeri mevcudiyetini daha da gerekli kılmaktadır.

4) Irak'ın kitle imha silahlarından ve programlarından tamamen arındırılması için ABD işgali gereklidir. Bu nedenle, ABD, Irak'ta rejim değişikliği hedefinde gerçekçi ve kararlı olduğu takdirde, bu hedefe ulaşmak için en makul ve etkin çözüm, büyük çaplı ve ülkenin geçici bir süre işgal edilmesini öngören askeri harekattır.
5) Bu tür bir askeri harekatın, başlıca iki hedefi olacaktır: Birincisi, Saddam Hüseyin'in ve Baas rejiminin devrilmesi; ikincisi Irak'ın toprak bütünlüğünün korunması, etnik veya dinsel temelde parçalanmalara izin verilmemesi ve Irak'ta demokratik ve çoğulcu bir yönetim yapısının ihdas edilmesidir.

Bu bağlamda, askeri harekatı savunan çevrelere göre Irak'ın geçici süre işgalini de öngörecek büyük çaplı bir askeri harekatın başlıca avantajları şunlardır:

1) Büyük çaplı bir askeri harekat, maliyeti ve riskleri yüksek olmakla birlikte, Saddam Hüseyin'in ve rejiminin devrilmesi hedefi bağlamında askeri sonuçları hemen hemen kesindir. Irak ordusunun, ABD ve koalisyon birlikleri karşısında başarılı olması mucizelere bağlıdır.
2) Taktik açıdan bakıldığında, ABD'nin büyük çaplı bir askeri harekata girişmesi, savaşın gidişatını belirleyecek, Saddam Hüseyin güçleri ABD karşısında uzun süre dayanamayacaktır. Harekatın süresinin kısalmasıyla, can kayıpları azalacak ve ülkedeki farklı etnik ve dinsel gruplar arasında çatışma yaşanması ihtimali azalacaktır.
3) Büyük öneme sahip bu bölge ve dünya Saddam'ın yarattığı tehdit ve istikrarsızlıktan kurtulacaktır. Ortadoğu'nun istikrarının önündeki en büyük engel, Saddam Hüseyin'dir. Saddam'ın devrilmesiyle, Irak'tan dünya piyasalarına petrol akışının devamı garanti edilecektir.

4) Sadece Saddam Hüseyin ve rejiminden kurtulmakla kalınmayacak, aynı zamanda Irak'ta komşularına tehdit oluşturmayacak, istikrarlı bir hükümet kuruluncaya kadar ABD bölgede kalacaktır.
5) Irak'ın kitle imha silah programları ve bu alandaki mevcut imkan ve kabiliyetleri ortaya çıkartılarak imha edilecektir. Bu durum, bölgede istikrar ve barışa önemli katkıda bulunacaktır.
6) Dünyanın ikinci büyük ispatlanmış petrol rezervlerine sahip olan, ancak yaptırımlar nedeniyle petrol sektörüne gerekli yatırımları yapamayan Irak, ABD petrol endüstrisine açılacaktır. Ayrıca, Irak'ın yeniden imarı ve Irak pazarının açılacak olması, bölge ülkeleri ve Batılı devletler açısından yeni iş imkanları yaratacaktır. ABD'nin desteği ile işbaşına gelecek bir Hükümetin, ABD'li firmalara öncelik vermesi de muhtemeldir.
7) Irak'tan kaynaklanan tehdidin bertaraf edilmesiyle, Irak meselesiyle İsrail-Filistin ihtilafı arasında kurulan bağ ortadan kalkacak, Barış Sürecinde ilerleme sağlanması mümkün olacaktır.
8) Irak'ın "hizaya getirilmesi", Amerika açısından bölgede baş ağrısı olan İran, Suriye ve diğer rejimler için emsal teşkil edecektir.
9) Terörizmle mücadele kapsamında, terörün ve saldırganlığın cezasız kalmayacağı ispatlanacaktır. İç kamuoyuna da mesaj verilecektir
10) ABD, dikkatini diğer uluslararası sorunlara yöneltebilecek, Çin, Fransa ve Rusya gibi ülkelerle BM Güvenlik Konseyi'nde sürekli tartışma konusu olan bir mesele ortadan kalkmış olacaktır.
11) Son olarak, büyük ölçekli askeri harekat ve işgal seçeneği, yeni bir Irak kurulmasının da önünü açacaktır.

Irak'a yönelik bir askeri harekata karşı çıkan çevrelerin gündeme getirdiği karşı gerekçeler ise şöyledir:

1) Irak'a yönelik askeri harekatın taşıdığı en önemli risk, Saddam'ın kitle imha silahlarını kullanması ihtimalidir. Bu defa ölüm-kalım mücadelesi verecek Saddam'ın, Körfez Savaşı'nda

olduğu gibi İsrail'e birkaç füze saldırısıyla yetinmesini beklemek gerçekçi değildir. Saddam, ayakta kalabilmek için bütün imkanlarını kullanmak isteyecektir. Dolayısıyla, ABD askeri birliklerine ve İsrail'e sahip olduğu füze ve kitle imha silahlarıyla saldırma ihtimali bulunmaktadır. Bu durumda, ABD ve müttefik devletler büyük zayiat verecektir.

2) ABD'nin bir İslam devletini işgal etmesi, İslami köktendinci terör örgütlerinin eleman bulmak için yararlanacakları bir propaganda aracı yaratacaktır. Sovyetler Birliği'nin Afganistan'ı işgal etmesinin bütün dünyada İslamcı radikalleri harekete geçirdiği unutulmamalı, aynı durumun ABD'nin Irak'ı işgal etmesinde de yaşanabileceği dikkate alınmalıdır.
3) Irak'a yönelik bir askeri harekat, ABD'yi kendi ülkesine saldırmış bir terör örgütünü temizlemek ve liderini ortadan kaldırmak hedefinden saptıracaktır. Irak'ın 11 Eylül saldırılarıyla bağlantılı olduğuna dair kanıt yoktur. Bu durumda, Irak'a karşı girişilecek savaşın ABD'nin terörle mücadele hedefiyle ne derece bağdaştırılacağı ve uluslararası destek bulacağı meçhuldür.
4) Irak'tan kaynaklanan tehdit abartılmaktadır. Kitle imha silahları edinmeye çalışan Suriye, Libya, K. Kore, İran, Pakistan ve Suudi Arabistan gibi despotik ülkeler de vardır. Suriye, Libya ve K. Kore de komşu ülkeleri işgal etmiş, ayrıca örneğin Libya 1980'de Çad'la savaştığında kimyasal silahlar da kullanmıştır. Dahası, Irak ordusu 1991'deki Körfez Savaşı'ndan sonra yaptırımlar nedeniyle neredeyse çökme noktasına gelmiştir. Amerikan halkı, Irak'ın, Irak'tan daha tehlikeli komşuları yanında niçin daha öncelikli hedef olduğunu sormalıdır.
5) Tatmin edici olmasa da, Irak'ın çevrelenmesi siyaseti başarıya ulaşmıştır. Eğer ABD, Sovyetler Birliği gibi bir diğer süper gücü rejimi çökünceye kadar 40 yıl boyunca çevrelemekte başarılı olabildiyse, küçük bir ülkenin başındaki diktatörü de iktidardan düşeceği veya öleceği güne kadar çevrelemekte başarılı olabilir.

6) Irak'a karşı gerçekleştirilecek askeri harekat Türkiye, Ürdün, Mısır, Kuveyt ve Suudi Arabistan gibi ABD'nin müttefiki ve dostu olan ülkelerde sorunlara yol açacaktır.
7) Askeri harekattan sonra, ulus inşası olarak nitelendirilen dönemin, savaştan daha zor geçme ihtimali mevcuttur. Irak'ta, Kürtler ve Şiilerin, merkezi yapıya entegre edilmelerinin beklendiği kadar kolay olmaması veya ülke çapında istikrarsızlıkların yaşanması durumunda, ABD askeri birliklerinin Irak'ta tahmin edilenden çok daha uzun bir süre kalması gündeme gelebilecektir. Irak'ın, ABD'nin açıkladığı demokratik ve çoğulcu bir sisteme bir gecede geçmesi de mümkün olmayacaktır, buna hazır olup olmadığı da ayrı bir sorundur. Diğer taraftan, ABD'nin totaliter ve otoriter rejimlerin hüküm sürdüğü Ortadoğu'daki imajı, demokrasiyi silah zoruyla dayatan ülke olacaktır. Ayrıca, Irak'a komşu ülkelerin her biri, yeni rejimi kendi arzularınca şekillendirme gayretine gireceklerdir.
8) Kurulacak geçiş hükümetinin başarısız olması durumunda, ABD, Irak'ta uzun bir süre kalmak mecburiyeti ile karşılaşacak, ulus inşası aşamasında bütün sorumluluk ABD'nin omuzlarına yüklenecektir.
9) Harekat sırasında, sivil Irak halka verilecek zayiat, sebebi ne olursa olsun Arap dünyasında ve uluslararası alanda, hatta ABD iç kamuoyunda tepkiyle karşılaşacaktır. Böyle bir gelişme, özellikle Arap ülkelerindeki Amerikan karşıtlığını körükleyecek, radikal unsurların elini güçlendirecektir.
10) Askeri harekatın, 1441 sayılı kararında BM Güvenlik Konseyi'nden alınacak yeni bir karara dayanmaması halinde, ABD, dünya jandarmalığına soyunmakla ve tek taraflı davranmakla itham edilecektir. ABD'nin bütün aksi varsayımlarına rağmen, terörle mücadelede uluslararası alanda sağladığı desteğin dağılması ihtimal dahilindedir.

11) Askeri harekatın maliyeti yüksek olacak, ayrıca, Irak'ın tehdit olmaktan çıkmasıyla Ortadoğu devletlerinin silah alımları düşecek, bu durum ABD silah endüstrisinin gelirlerini azaltacaktır.

Askeri Harekat ve ABD Kamuoyu/İç Politika Dengeleri

ABD kamuoyunda, Saddam Hüseyin'in ABD'nin ulusal güvenliğine yönelik en ciddi tehditlerinden biri olduğu yaygın bir kanıdır. Bush Yönetimi, Saddam Hüseyin'in sahip olduğu kitle imha silahlarını ön plana çıkartmak ve 11 Eylül saldırılarının ABD'nin güvenlik kavramında oluşturduğu değişikliği de kullanmak suretiyle, ABD kamuoyunda zaten mevcut olan bu kanıyı güçlendirmekte başarılı olmuştur.

Saddam Hüseyin'in sahip olduğu kitle imha silahlarıyla ABD'nin ulusal güvenliğine ve küresel barış ve istikrara büyük tehdit oluşturduğu ve Saddam rejiminin değiştirilmesi ABD kamuoyunda genel kabul gören bir varsayım olmakla birlikte, bu tehdit karşısında alınacak önlemler konusunda bir mutabakat bulunmamaktadır. Gerçi ABD bu tehdit konusunda uluslararası kamuoyuna hiçbir ciddi belge sunamamıştır.

Bugün Bush yönetimi, büyük ölçüde, yeni muhafazakarlar olarak adlandırılan ve ABD'nin dış politikasında tek süper güç olma vasfını gerektiğinde askeri güce başvurarak da kullanması gerektiğini savunan, aşırı İsrail yanlısı ekipten oluşmaktadır. ABD'nin ulusal güvenlik ve dış politika konularından sorumlu hemen bütün kilit görevlerde, çoğunluğu Yahudi olan yeni muhafazakarlar görev yapmaktadır.

Bu kitabın daha önceki bölümlerinde de yer aldığı üzere, 1997-1998 yıllarında Irak politikasına yönelttikleri ağır eleştirilerle dönemin Başkanı Clinton'a zor günler yaşatan, ABD'yi Irak karşısında zaafa sürüklenmekle suçlayarak, ABD'nin tek hedefinin Saddam Hüseyin rejiminin yıkılması olması gerektiğini savunan Cumhuriyetçi Parti'ye mensup yeni muhafazakarlar, Bush Yönetiminde kilit noktalara gelmişlerdir.

Başkan Bush'un kendisi de, yeni muhafazakarların en önemli temsilcisi durumundadır. Nitekim, o dönemde Teksas Valisi olan George Bush, Cumhuriyetçi Parti'nin Başkan adaylığı yarışını, Senatör Joseph McCain karşısında Hıristiyan Sağ İttifakı'ndan sağladığı destekle kazanmış,[396] bu durum karşısında Senatör McCain, Bush'u aşırı sağın yobazı olmakla itham etmiş ve Bush'u "Pat Robertson Cumhuriyetçisi" olarak nitelendirmiştir.[397]

Bush Yönetiminde, Irak politikası konusunda başlangıçta görülen iki farklı eğilim, askeri harekatı savunan Perle-Wolfowitz ekibinin, Başkan Yardımcısı Cheney'nin, Savunma Bakanı Rumsfeld'in ve nihayetinde de Başkan Bush'un kesin desteğini kazanmalarıyla ortadan kalkmıştır. Artık, Yönetim içindeki görüş, Irak'ta rejim değişikliği hedefine yönelik bir askeri harekatın ve sonrası dönemde izlenecek politikaların başarıyla yürütülmesidir.

Bush Yönetimi, Irak'a yönelik bir askeri harekat konusunda ABD Kongresi'nin de büyük desteğini kazanmıştır. Başkan Bush'a askeri güç kullanma yetkisi veren kararın, Kongre'nin Temsilciler Meclisi Kanadı'nda 133'e karşı 296 oyla, Senato'da 23'e karşı 77 oyla kabul etmesi bunun önemli bir göstergesidir.

Körfez Savaşı'ndan önce I. Bush'un Kongre'den talep ettiği yetkinin, 47'ye karşı 53 oyla kabul edildiği düşünüldüğünde, ABD Kongresi, Başkan Bush'a askeri harekat konusunda önemli bir destek sağlamıştır. Kongre'de bu sonucun alınmasında, 11 Eylül saldırılarının kamuoyunda yarattığı etki ve ABD'nin ulusal güvenliğini korumaya çalışan Başkana engel olmama saiki de etkili olmuştur.

---

396) Pat Robertson, Demokrat Parti adayı Al Gore karşısında, sadece Bush'un kazanabileceğini ve Kongre'deki Cumhuriyetçi çoğunluğun devam edebileceğini, böylelikle ABD Anayasa Mahkemesi'ndeki sağ kesimin denetimin sürebileceğini söylemiştir.

397) Bush'u aşırı sağın adamı olmakla suçlayan McCain'in, Cumhuriyetçi Parti'nin en muhafazakar mensuplarından birisi olması ve muhafazakarlık bakımından Bush'tan aşağı kalır olmaması, Hristiyan Koalisyonu ile aynı çizgide bulunan ve Cumhuriyetçi Parti başkan adaylığı için yarışan Gary Bauer ile birlikte hareket etmesi de ilginç çelişkiler olarak ortaya çıkmaktadır. Bauer, bilahare McCain lehine adaylıktan çekilmiştir.

Kongre, Başkana somut destek vermiş olmakla birlikte, askeri harekat konusunda ihtiyatlı bir iyimserlik içindedir. Neticede, Kongre, ABD'nin ulusal güvenliğini doğrudan ilgilendiren, ekonomiye maliyeti, ABD askerlerinin can güvenliklerinin riske edilecek olması gibi faktörleri de dikkatle izlemeye devam edecektir. Bu nedenle, Körfez Savaşı'ndan daha uzun sürecek ve özellikle Irak'ta ulus inşasıyla devam edecek bu harekatın Kongre tarafından sonuna kadar desteklenmesi gerekecektir.

Ayrıca, harekat sırasında verilecek asker kayıplar göz önünde bulundurulduğunda, ABD kamuoyunun askeri harekatın gerekliliği konusunda tereddüte düşmemesi de önemlidir. Örneğin Körfez Savaşı'nda bazı yorumcuların Amerikan askeri kayıplarının 10.000 kişi olabileceğini belirtmiş olmalarına rağmen, harekata kamuoyu desteği %80 oranında olmuştur. Başkanın arkasındaki kamuoyu desteğinin yeterli olmaması halinde, birkaç askerin hayatını kaybetmesiyle, ülke içinde hoşnutsuzluğun başlaması kaçınılmaz olacaktır.[398]

Irak meselesinin, ABD iç politikasını doğrudan ilgilendiren bir diğer yönü, 2004'te gerçekleştirilecek Başkanlık seçimleridir. Başkan Bush, göreve geldikten hemen sonra, 2000 seçimlerindeki en önemli vaadi olan vergi indirimine giderek, ekonomideki durgunluğun önünü kesmek istemişse de, ABD ekonomisinde işler iyi gitmemektedir. Enron skandalıyla başlayan ve büyük şirketlerin iflaslarıyla devam eden ekonomik sorunlar karşısında Bush Yönetimi piyasada güveni tesis edecek adımları atmakta başarı gösterememiştir.

Borsadaki düşüş, emeklilik yatırımlarını borsaya yapmış olan emekli kesimi derinden sarsmıştır. Bankacılık, finans ve enformasyon teknolojisi alanında faaliyet gösteren firmalarda çalışan çok sayıda insan işini kaybetmiştir.

Ekonomideki kötü gidişat, ABD Merkez Bankası'nın faiz hadlerini aşağıya çekmesiyle engellenmeye çalışılmaktadır. Düşük faizler,

---

398) Patrick L. Clawson, **U.S. Strategy Review: Options for U.S. Policy**, The Washington Institute For Near East Policy, Wasghington, 1998, s. 127.

özellikle emlak ve otomobil piyasasındaki hareketliliğin devamı sayesinde ABD ekonomisindeki canlılık sürmektedir.

Nitekim, ekonomide işlerin iyi gitmemesi, Başkan Bush'un Aralık 2002'de Hazine Bakanı dahil olmak üzere, ekonominin üst düzey kadrosunu tamamen görevden almasıyla sonuçlanmıştır.

Kısacası, mevcut tablo, Irak meselesini, sadece ABD'nin 1991'den bu yana gerçekleştireceği en büyük dış politika girişimi olmanın ötesinde, Başkan Bush'un ikinci defa seçilmesini de etkileyecek bir nitelik arz etmektedir. Başkan Bush, ABD kamuoyunun ulusal güvenliğe atfettiği önemi, Irak'ta kazanacağı bir zaferle iç politikaya ithal etmeye çalışacaktır.

Ayrıca, Bush yönetimi, ABD kamuoyunu, askeri harekata hazırlamıştır. Başkan Bush ve yönetim yetkilileri, yaptıkları açıklamalarla, Irak'ta rejim değişikliği konusunda kendilerini belirli bir taahhüt altına sokmuş durumdadır.

Başkan Bush'un, bu noktadan sonra geri adım atması, Ancak Irak'ta beklenmedik bir gelişmeyle Saddam Hüseyin'in iktidardan uzaklaşması, ya da ABD'nin sürpriz bir ekonomik veya ulusal güvenlik bunalımına sürüklenmesi halinde mümkün olacaktır.

Askeri Harekatın Uluslararası Yasal Boyutu

Harekatın 1441 Sayılı Karara Dayanması

ABD ve uluslararası hukuk açısından bakıldığında, Irak'a yönelik bir askeri harekatın uluslararası alanda gerek hukuki gerekse siyasi meşruiyetinin sağlanması açısından en önemli araç, askeri harekata açıkça imkan verecek BM Güvenlik Konseyi'nden bir karar çıkartılmasıdır.

Bu kitabın "Bush Yönetimi" başlıklı bölümünde ayrıntılı şekilde anlatıldığı üzere, Irak'a yönelik askeri harekatın dayanacağı yasal temel konusunda BM Güvenlik Konseyi'ne gidilip gidilmemesi gerektiği konusunda ABD Yönetimi içinde de tartışmalar cereyan etmiştir.

Bu tartışmalar sırasında kullanılan başlıca argümanlar şunlar olmuştur:

1) Saddam Hüseyin, 1991'den bu yana kabul edilen 16 BM Güvenlik Konseyinin "maddi ihlal"i içindedir. Ayrıca, Saddam Hüseyin, 1991 tarihli 687 sayılı ateşkes koşullarını belirleyen BM Güvenlik Konseyi kararına, dolayısıyla ateşkes koşullarına riayet etmemiştir. BM Anlaşması gerektiğinde üye ülkelere, BM Güvenlik Konseyi kararlarının "maddi ihlali" içinde olan ülkelere karşı, askeri harekat da dahil olmak üzere tek başına ya da birlikte harekete geçme imkanı tanımaktadır. Kısacası, ABD'nin Irak'a karşı bir askeri harekata kalkışması için yeni bir Güvenlik Konseyi kararına gerek bulunmamaktadır.
2) Mevcut BM kararları askeri harekat içine yeterli çerçeveyi oluşturmakla birlikte, ABD'nin tek başına hareket etmesi, terörle mücadeleye sağladığı uluslararası desteğin son bulmasına neden olacak; ayrıca "önleyici eylem" stratejisini uygulamaya koymakla, ABD tek taraflı bir müdahale hukukuna emsal yaratacaktır. Bu nedenle, harekatın yaratacağı uluslararası tepkileri önlemek ve özellikle AB ülkeleri kaynaklı tek taraflı davranma ithamlarını göğüsleyebilmek, askeri harekatın uluslararası siyasi meşruiyetini sağlamak için, BM Güvenlik Konseyi sürecine bir şans verilmelidir. BM sürecinden sonuç alınamaması durumunda, ABD, gerekli gördüğü önlemleri tek başına veya bir koalisyon desteğiyle gerçekleştirme imkanına her zaman sahiptir.
3) BM Anlaşması'nın 51. maddesi kapsamında üye ülkeler, ulusal güvenliklerini sağlamak için meşru müdafaa hakkına sahiptirler. Diğer yandan, BM Anlaşması, ABD'nin, hayati güvenlik çıkarlarını korumak için gerek gördüğü önlemleri almasının önünde bir engel teşkil edemez.

Bu tartışmalardan sonra Başkan Bush'un BM sürecine başvurulmasını uygun görmesiyle ABD, mevcut BM kararlarıyla zaten meşru bir amaç olan Irak'ın kitle imha silahlarından arındırılması ve BM iradesinin Irak'a kabul ettirilmesi takdimiyle Irak meselesini BM Güvenlik Konseyi'ne götürmüştür.

BM Güvenlik Konseyi'nin 7 Kasım'da oybirliğiyle kabul ettiği 1441 sayılı Güvenlik Konseyi, temelde Irak'ın kitle imha silahlarından arındırılması ve ilgili BM kararlarındaki bütün yükümlülüklerine uyması yönünde bir karar olarak kabul edilmiştir.

Karar, Irak'a yükümlülüklerine uyması için "son bir şans tanındığı", "aksi takdirde ciddi sonuçlarla karşılaşacağı", bugüne kadarki kararların "maddi ihlali" içinde olduğu gibi, ABD'nin gerektiğinde askeri harekat için dayanak gösterebileceği unsurlar içermektedir. Aslında, Fransa ve Rusya her ne kadar kararı askeri harekata otomatik olarak imkan tanıyacak ibarelerden arındırtmakta başarılı olsalar da, karar lehinde oy kullandıkları gün, siyaseten ABD'nin askeri harekatının önünü açtıklarının da farkında olmuşlardır.

Kararda bu unsurlar yer almakla birlikte, BM silah denetimlerinin devam ettiği bir sırada, ABD'nin ciddi bir gerçekçe göstermeksizin askeri harekata kalkışması mümkün değildir. Bu nedenle, ABD, Irak'ın 1441 sayılı karar kapsamında yapacağı en küçük bir ihlale dahi tahammül etmeyecek, pireyi deve yapmaya çalışacaktır.

ABD'deki bugünkü tartışmaların bir diğer yönü, Irak'ın 1441 sayılı karara uymaması halinde, Amerikan Yönetiminin BM Güvenlik Konseyi'nden askeri harekat için yeni bir karar çıkartmayı gerekli görüp görmeyeceğidir.

ABD'de yaygın kanaat, 1441 sayılı kararın askeri harekat için yeterli yasal dayanağı oluşturduğu yönündedir. Ancak bir görüşe göre, ABD, BM Güvenlik Konseyi'nden askeri harekata olanak tanıyacak yeni bir karar çıkartmayı tercih edecektir. Böylelikle, harekatın meşruiyeti tartışması ortadan kalkacak, özellikle AB ülkeleri kaynaklı "tek taraflı" davranma suçlamaları bertaraf edilecek, ayrıca ABD harekatın doğuracağı olumsuz sonuçlardan tek başına sorumlu tutulmaktan kurtulacaktır. Bununla birlikte, ABD'nin, bir kez daha BM sürecine gitmesinin çeşitli zorlukları bulunmaktadır. Bu bağlamda, Rusya, Fransa ve Çin gibi veto gücü olan daimi üyelerin ikna edilmesi, kararın çıkması için yapılacak görüşmelerin uzaması, nihayetinde hiçbir kararın çıkmaması gibi sonuçlarla karşılaşılması bunlardan bazılarıdır.

Askeri harekat için yeni bir BM kararına gerek olup olmadığı tartışmalarındaki ikinci görüş, ABD'nin, Irak'ın kendisine tanınan son fırsatı da heba ettiği, bütün siyasi ve diplomatik yolların tüketildiği, askeri harekattan başka başka bir çözüm yöntemi kalmadığı ve 1441 sayılı kararın ve diğer BM kararlarının yeterli hukuki dayanağı teşkil ettiği gerekçeleriyle, yeni bir karara gerek olmaksızın askeri harekata kalkışmasının mümkün olacağıdır.

ABD'nin BM Güvenlik Konseyi'nden yeni bir karar almaya çalışıp çalışmayacağı bilinmemekle birlikte, BM süreci, ABD'yi Irak'a yönelik askeri harekattan alıkoymayacak, ABD planlarını hayata geçirmekten geri kalmayacaktır.

Irak, 1441 Sayılı Karara Tam Riayet Ederse Ne Olur

Irak'ın 1441 sayılı karara tam olarak uyması halinde ABD, askeri harekatı dayandıracağı en temel yasal dayanaktan mahrum kalacaktır. Ancak, ABD, Irak'ın yükümlülüklerine uymasını çok zayıf bir ihtimal olarak görmekte, Saddam Hüseyin rejiminin bugüne kadarki davranışları bağlamında denetimler sırasında muhakkak bir sorun çıkacağına inanmaktadır.

Nitekim, ABD, Irak'ın, 1441 sayılı karar doğrultusunda, kitle imha silah programları hakkında BM Güvenlik Konseyi'ne 8 Aralık'ta sunduğu bildirimde yanlış ve eksiklikler bulunduğunu açıklamıştır. Dışişleri Bakanı Powell, 19 Aralık'ta yaptığı konuşmada, Irak'ın kendisine tanınan son fırsatı da harcadığını ve Bağdat'ın 1441 sayılı kararın maddi ihlali içinde olduğunu söylemiş; bu açıklamayı müteakiben ABD, BM Güvenlik Konseyi üyeleri nezdinde yoğun bir diplomasi atağı başlatmıştır.

ABD'nin, Irak'ın yaptığı bildirimdeki yanlış ve hataları "maddi ihlal" olarak tanımlaması, BM Güvenlik Konseyi'nden bu yönde bir değerlendirme yapılmadığı takdirde, sadece ABD'nin kanaat bildirmesinden ibaret kalacaktır. Ancak, bu durum, ABD'nin Irak'ın bundan sonra yapacağı en ufak bir hataya dahi tahammül etmeyeceğini göstermektedir.

Diğer yandan, çok zayıf bir ihtimal olmakla birlikte, Irak'ın 1441 sayılı karara bundan sonra tam uyması ve ABD'nin askeri harekat için 1441 sayılı kararı kullanamaması halinde, ABD'nin rejim değişikliği stratejisini ne şekilde hayata geçireceği bir belirsizlik olarak kalacaktır. Bu durumda, ABD'nin, 1441 kapsamı dışında yöntemlere başvurması gerekecektir. Örneğin, Uçuşa Yasak Bölgeleri denetleyen ABD uçaklarından birinin Irak tarafından düşürülmesi, Irak'ın terörle bağlantısı olduğunu ispatlayacak herhangi bir delil, Irak'ın asker kaydırması ve kitle imha silahları kullanma hazırlıkları yaptığına dair en küçük bir işaret, ABD'nin "önleyici eylem"e geçmeye karar verdiğini açıklaması için yeterli gerekçeler olacaktır.

Askeri Harekat ve Bölge Ülkelerinin Askeri Harekat Bağlamındaki Rolleri

Suudi Arabistan, Kuveyt ve Körfez Ülkeleri

Körfez Savaşı'nda olduğu gibi, bugün de bir askeri harekat açısından Suudi Arabistan, gerek askeri, gerekse siyasi açıdan önemli bir müttefik konumunda olacaktır. ABD, askeri açıdan, Suudi üslerine, limanlarına, lojistik ve ulaşım altyapısına ihtiyaç duymaktadır. Suudi Arabistan'ın desteği, pasif de olsa, en az iki imkanı kapsamalıdır:

- Suudi Arap üslerinden müttefik saldırı uçakları ve diğer uçakların yararlanmalıdır. Çöl Fırtınası Harekatında, 11 Suudi üssünde 1000'den fazla uçak konuşlandırılmıştır. Saldırı uçaklarının başka yerlere konuşlandırılması mümkün olmakla birlikte, bu durumun müttefik devletlerin hava harekatının etkinliğini sınırlandırması kaçınılmazdır.

- Suudi limanlarından, lojistik ve ulaşım tesislerinden yararlanılması gerekmektedir.

Suudi Arabistan'ın desteği, siyasi açıdan da vazgeçilemez öneme sahiptir. Riyad'ın, Arap dünyasında ve özellikle küçük kardeşleri olan Körfez ülkelerinde büyük siyasi ağırlığı bulunmaktadır. Suudilerin, askeri harekatın yanında yer almaları, Avrupa ve Asya'dan destek sağlanması açısından da önem taşıyacaktır. Dahası, ABD, askeri harekatın dünya petrol piyasasında ciddi sarsıntılar yaratmaması için Suudi Arabistan'ın desteğini isteyecektir. En önemlisi ise, Suudi Arabistan'ın harekata aktif ya da pasif destek vermemesi durumunda, ABD'nin diğer Arap ülkelerinden veya Avrupa devletlerinden destek bulması pek mümkün olmayacaktır.[399] Bu nedenle, ABD-Suudi Arabistan ilişkilerinde son dönemde ortaya çıkan bütün gerginliğe ve Suudi rejiminin, Irak'a yönelik bir askeri harekatta ülkesindeki üslerin kullanılmasına müsaade etmeyeceği açıklamalarına rağmen ABD, Suudi Arabistan'ı muhakkak yanına almak isteyecektir. Ayrıca, Suudi Arabistan'ın desteğinin sağlanmasıyla, ABD, kuzeydeki Kürtleri korumak dışında harekat için gerekli bütün lojistik imkanlara kavuşmuş olacaktır.

Askeri harekatın Suudi Arabistan'ın veya diğer bölge ülkelerinin pasif desteğiyle gerçekleştirilmesi mümkün olmakla birlikte, Kuveyt'in aktif katkısı önemlidir. Diğer bir ifadeyle, Irak'a yönelik bir askeri harekatın başarılı olması bakımından, Kuveyt'in koalisyonun hava ve kara güçlerinin üslerini kullanmasına ve askeri harekatın ana merkezinin Kuveyt olmasına izin vermesi gerekmektedir. Her halükarda, Kuveyt'in siyasi, mali ve moral desteği, askeri katkısından çok daha önem taşımaktadır.

Askeri boyut bir kenara bırakıldığında dahi, Kuveyt'in aktif katkısı olmaksızın ABD'nin uluslararası alanda askeri harekat için gerekli

---

399) Patrick L. Clawson, a.g.y., s.122-123.

desteği bulmasına imkan kalmayacaktır. Irak'ın oluşturduğu tehdidi en iyi algılayan ülke olan Kuveyt'in, Saddam Hüseyin'e yönelik bir askeri harekatı en başta destekleyecek ülke olması beklenmelidir.[400]

Körfez Savaşı sırasında koalisyon uçakları, Katar, Bahreyn, Umman ve Birleşik Arap Emirliklerindeki üslerden yararlanmıştır. Halihazırda, Bahreyn, ABD Deniz Kuvvetleri Beşinci Filosu'nun karargahına ev sahipliği yapmaktadır. Ayrıca, ABD'nin Katar'da inşa ettiği El-Udeyd askeri üssü, CENTCOM'un Ortadoğu'daki en önemli komuta ve kontrol merkezine sahip Suudi Arabistan'daki Prens Sultan üssünü ikame edecek bir üsse dönüşmeye başlamıştır. Bu durumda, Körfez devletlerinin askeri harekata katılımı, özellikle Suudi Arabistan'ın destek vermemesi veya desteğini sınırlı tutması durumunda ABD açısından daha da önemli hale gelecektir.

Suudi Arabistan, Kuveyt ve Körfez ülkeleri, harekata verecekleri destek karşılığında ABD'den muhtemelen üç talepte bulunacaklardır:

1) İsrail ile Filistinliler arasındaki şiddet olaylarının, ABD'nin askeri harekatıyla çıkabilecek iç huzursuzlukları kontrol edebilecekleri ölçüde azaltılması, diğer bir ifadeyle, harekatın halkta yaratacağı tepkinin, İsrail-Filistin ihtilafındaki şiddetin artmasıyla körüklenmemesi;
2) Askeri harekatın, Saddam Hüseyin'in olabildiğinde çabuk şekilde iktidardan devrilmesiyle sonuçlanacak şekilde icra edilmesi ve başlanılan işin yarım bırakılmaması;
3) Irak'ın yeniden inşa edilmesi için ABD'nin belirli bir plan sunması ve Irak'ın toprak bütünlüğünün ve siyasi birliğinin korunarak, kaosa sürüklenmesinin engellenmesi.

Türkiye

Suudi Arabistan gibi, Türkiye de, askeri harekata aktif katılımı harekatın etkinliğini büyük ölçüde artıracak, ancak pasif katlımı ha-

400) Patrick L. Clawson, a.g.y., s.123-124.

rekatın gerçekleştirilmesine yeterli olacak bir ülkedir. Irak'a yönelik bir askeri harekat açısından Türkiye'nin en önemli katkısı, müttefik uçaklarının İncirlik ve diğer üslerden yararlanmasına izin vermesi olacaktır. Ancak, bununla birlikte Türkiye'nin aktif desteğinin sağlanması önem taşımaktadır. Zira, kara savaşı sırasında koalisyon güçlerinin Bağdat'a yaklaşması durumunda, Cumhuriyet Muhafızlarının kuzeye doğru çekilmeleri ihtimal dahilindedir. Bu takdirde, askeri harekat planlaması açısından, temelde havadan ve ilave olarak karadan bir askeri blok oluşturulması gerekecektir. Bu bloğun, Çöl Fırtınası Harekatında olduğu gibi Girit açıklarında konuşlandırılacak uçak gemilerinden, Yunanistan'dan ve İtalya'dan kalkacak savaş uçaklarıyla tesis edilmesi imkan dahilinde olmakla birlikte, Türkiye'nin desteğine şiddetle ihtiyaç duyulacaktır. Ayrıca, K. Irak'a, koalisyon özel kuvvetlerinin ve kara birliklerinin girmesi açısından da Türkiye'nin izninin sağlanması önemlidir.

Dahası, Türkiye'nin tutumu, Irak'ı kargaşaya ve yeni bölgesel çekişmeler yerine yeni kurulacak bir hükümete teslim etmeyi planlayan müttefik askeri harekatının başarısı açısından da kritik derecede önem sahiptir. Bu nedenle, Washington, Ankara'nın desteğini alablmek için gereken her şeyi yapıyor. Türkiye'nin desteği olmaksızın K. Irak'ın, Amerika'nın bölgedeki her şeyi olan Kürt grupların korunması mümkün gözükmüyor.

Mısır

Askeri harekata Mısır'ın aktif katılımı, harekata pan-Arap ve İslam kisvesi kazandırılması açısından fevkalade yararlı olacaktır. Mısır'ın, aktif olmasa da pasif katılımı hayati derecede önemlidir. ABD, askeri uçakları için Mısır'ın üs uçuş ve Körfez'de kara ve deniz güçlerinin konuşlandırılması bakımından Süveyş kanalından transit geçiş izni, ayrıca ABD uçaklarına üst-uçuş izni vermesi muhakkak gereklidir. Zira, Batı Pasifik'te Guam Adası'ndan, Hint Okyanusu'nda Dieogo Garcia veya Umman'a kadar ABD askeri üssü olmadığı dikkate alındığında, ABD'nin askeri harekat katılacak uçaklar için tek alternatifi İsrail ve Ürdün hava sahasını kullanması, ABD deniz kuvvetlerinin ise Pasifik veya Afrika etrafından dolaşarak Basra Körfezi'ne gelmeleridir. Bu durum, harekata siyasi ve lojistik açısında büyük engel oluşturacak, hatta askeri harekatı imkansız hale getirebilecektir.

Mısır, geçmişte ABD'nin bölge politikalarına şiddetle karşı çıktığı durumlarda dahi, ABD savaş gemilerine ve uçaklarına geçiş izni vermeyi bir kez dahi reddetmemiştir. Mısır, Süveyş Kanalı'ndan geçecek nükleer reaktörle çalışan gemilere izin vermemekle birlikte, ABD gemilerine birçok defa istisnai izin vermiştir.[401]

İran

Askeri harekat bağlamında İran'dan Amerikan beklentisi, destek sağlamasından ziyade, aktif muhalefet yapmamasıdır. İran'ın, çatışmaya girmese dahi, askeri harekata müdahil olması, ABD'nin Basra Körfezi'ni İran'ın deniz ve hava saldırılarından korumak için önemli sayıda güç ayırmasını gerektirecektir.

Bu itibarla, İran'ın, askeri harekat süresince ve özellikle de işgal aşamasında tarafsız kalmasının sağlanması elzem gözükmektedir.

İsrail

Körfez Savaşı'nda olduğu gibi İsrail'in oynayacağı en önemli rol, harekata müdahil olmayarak, gelişmeleri izlemekle yetinmesidir.

İsrail'in muhtemel müdahaleleri, Irak'a yönelik bir askeri harekatı sadece daha da karmaşık hale getirecektir. Ayrıca, bugün İsrail'in katılımı 1991'deki şartlarla kıyaslandığında çok daha zordur. İsrailli yetkililer, sürekli olarak 1991'de Irak'ın yaptığı Scud saldırılarına karşılık vermemelerinin, caydırıcılıklarına olan güvenin sarsıldığını ileri sürmüşlerdir.

---

401) Patrick L. Clawson, a.g.y., s.124-130; Kenneth M. Pollack, a.g.y., s.350-358.

Ayrıca, Saddam Hüseyin'in devrilmesine yönelik bu tür bir harekatta, Saddam'ın İsrail'i çatışmaya çekerek Arap caddesinin desteğini sağlamak veya sadece intikam hisleriyle İsrail'e kitle imha silahlarıyla saldırması muhtemeldir.[402]

ABD Yönetimi, Arap ülkelerinin desteğini kazanabilmek bakımından İsrail'in Filistinlilere karşı şiddet olaylarını tırmandırmaması için Tel Aviv nezdinde girişimlerde bulunmaktadır. Sonuçta bu savaşın sonuçlarından biri de İsrail'in bölgesel varlığının temellerini pekiştirmek amaçlıdır.

Ürdün

Askeri harekat açısından Ürdün'ün katkısı da önem taşımaktadır. Özellikle Saddam'ın İsrail'e füze saldırılarında bulunması ihtimali dikkate alındığında, Ürdün'e konuşlandırılacak füzesavar sistemleri daha etkili olacaktır. Körfez Savaşı'nda Saddam yanında yer alan Ürdün'ün, bu defa ABD'nin yanında saf tutması büyük bir ihtimaldir.

Ürdün'ün, harekat sırasındaki önemi, Saddam Hüseyin'in sahip olduğu füzeleri İsrail'e fırlatabilmesi için Batı Irak'ı kullanmak zorunda olmasıyla da bağlantılıdır. ABD, askeri harekatın başlar başlamaz, Irak'ın İsrail'e karşı füze saldırılarına girişebileceği Batı Irak'taki füze rampalarını, ABD özel kuvvetlerinin Ürdün'den gerçekleştireceği operasyonlarla imha etmeyi planlamaktadır.

Suriye

ABD'nin askeri harekatına Suriye'nin destek vermesi, askeri açıdan ziyade, Suriye'nin BM Güvenlik Konseyi'nin geçici üyesi olması nedeniyle siyasi bakımdan değer taşımaktadır. Ancak, ABD, Suriye'nin tarafsız ya da sessiz kalmasıyla da yetinecektir. Suriye İngiltere ile geliştirdiği yeni politikalarla Saddam sonrasında bölgede etkin olmayı amaçlamaktadır.

---

402) Patrick L. Clawson, a.g.y., s.125-126.

Askeri Harekat ve Uluslararası Koalisyon

ABD, yeni bir BM Güvenlik Konseyi kararına dayansın ya da dayanmasın, Irak'a yönelik askeri harekata mümkün olduğunda geniş bir uluslararası koalisyon desteği sağlamaya çalışacaktır.

Salt askeri açıdan bakıldığında, dünyanın en modern ve en iyi donanımlı ordusuna sahip ABD'nin, Irak'a yönelik bir askeri harekatta, muharebe bağlamında başka ülkelerin sağlayacağı desteğe ihtiyacı bulunmamaktadır. Koalisyon desteği, ABD'nin gözünde askeri değil siyasi açıdan değer taşımaktadır. Bu nedenle, harekata ne kadar geniş uluslararası destek sağlanırsa, siyasi meşruiyeti o kadar güçlendirilmiş olacaktır. Nitekim, 31 ülkenin aktif askeri katkısıyla yürütülen Çöl Fırtınası Harekatında, birçok ülkenin katkısı askeri harekat açıdan marjinal kalmış, bu katkının esas önemi siyasi alanda kendini göstermiştir. Örneğin Körfez Savaşı'nda Cumhuriyet Muhafızlarıyla çarpışmalara sadece Amerikan ve İngiliz askerleri katılmış, Basra Denizi'nin kuzeyinde sadece Amerikan ve İngiliz askeri gemileri konuşlandırılmıştır. Hava saldırılarına, ABD ve İngiltere dışında 10 ülkenin uçakları katılmış, ancak hava harekatına toplam katkıları %10 düzeyinde kalmıştır.[403]

Harekata, bölge ülkelerinin vereceği destek, diğer ülkelerin vereceği desteğin ötesinde önem taşımaktadır. Zira, harekatın gerçekleştirilmesi, ABD'nin, Türkiye, Kuveyt, Suudi Arabistan'daki üslerden ve bu ülkelerin topraklarından yararlanmasına bağlıdır. Bölge ülkelerinin desteği, askeri olduğu kadar siyasi açıdan da önem taşımaktadır. Zira, harekat başarıya ulaştıktan sonra, Irak'ta tesis edilecek yönetimin ve yapının istikrarı, bölge ülkelerinin bu yeni rejim karşısında sergileyecekleri tutuma bağlı olacaktır. Bu itibarla, askeri açıdan bakıldığında, bölge devletlerinin vereceği destek, ABD'nin özel müttefiki İngiltere dışındaki diğer ülkelerin desteğiyle kıyaslanamayacak kadar önemlidir.

Diğer taraftan, harekata uluslararası destek sağlanamadığı takdirde ya da bir diğer ifadeyle, bütün dünyanın askeri harekata karşı çıktığı bir

403) Patrick L. Clawson, a.g.y., s.122

durumda, bölge ülkelerini harekata destek vermeye ikna etmek oldukça zorlaşacaktır. Kısacası, bölge ülkelerinin harekata ilişkin tutumlarıyla, bölge dışı devletlerin tutumları karşılıklı etkileşim içindedir.

Ayrıca, Saddam Hüseyin'in devrilmesinden sonra ABD'nin karşısında Irak'ın yeniden inşası gibi zor bir konu olacaktır. ABD, Irak'ın yeniden bütünleştirilmesini, yeni bir rejim kurulmasını gerektiğinde tek başına başarabilecek güçtedir. Ancak, uluslararası desteğe sahip olması halinde bu süreç her açıdan çok daha kolay geçecektir.

Askeri harekatın, harekatı meşru kılacak yeni bir BM kararına dayanması halinde, ABD arzuladığı şekilde bir uluslararası koalisyon desteğini bulmakta zorlanmayacaktır. BM kararının olmaması halinde, ABD'nin, NATO çerçevesinde destek sağlamaya çalışması da bir diğer seçenektir.

Ancak ABD, askeri harekat BM kararına dayansın veya dayanmasın uluslararası destek sağlamakta zorlanmayacağı anlayışındadır. Bizzat Başkan Bush, birçok defa, BM üzerine düşen görevi ifa etmediği ve Irak silahtan arındırılmadığı takdirde, ABD'nin bu işi yapacak koalisyona liderlik yapmakta tereddüt etmeyeceğini açıklamıştır.

ABD'deki diğer bir anlayış, dünyanın teke süper gücü olan ABD'nin askeri harekata kalkıştığı takdirde, birçok ülkenin de kendisini izleyeceği yönündedir. Nitekim, ABD, BM kararı olsun veya olmasın, askeri harekat sırasında kendisine destek verecek, Avustralya, Japonya, Yeni Zelanda, Kanada, Umman gibi yaklaşık 20 ülkeden oluşan bir uluslararası koalisyon oluşturmuş durumdadır.

Askeri Harekat-Saddam Hüseyin'in ve Rejiminin Yıkılması

Harekatın Zamanlaması

ABD'nin Irak askeri harekatını ne zaman başlatacağı belli değildir. Ancak Temmuz 2002'den beri Körfez Bölgesi'ndeki üslere yaptığı takviyeler Ocak 2003 ortalarında tamamlanacaktır.

Bütün emareler, askeri harekatın Şubat 2003 ortalarında ya da Martın ilk haftasında başlayacağını göstermektedir.

Temel Stratejik Faktörler

Irak askeri harekatından sorumlu olacak CENCTOM tarafından hazırlanan ve ABD basınına sızan askeri harekat planlarının ayrıntılarını içeren "Centcom Eylem Planı" başlıklı belgede, yaklaşık 250.000 askerden oluşacak ABD hava ve kara birliklerinin Irak'a kuzeyden, güneyden ve Batı'dan saldırması öngörülmektedir. Plana göre, güneyde Kuveyt'ten yapılacak saldırıya 10.000 deniz piyadesi katılacak, Türkiye ve Katar'ın da aralarında bulunduğu sekiz ülkedeki hava üssünden kalkacak ABD uçakları Irak havaalanlarını, ulaşım yollarını ve fiber-optik haberleşme sistemlerini bombalayacaktır. Özel kuvvetler ve CIA'in örtülü operasyon birlikleri, Irak'ın kitle imha silahlarına ve bu silahların takılacağı füzelerin bulunduğu şüphelenilen depo ve ambarlara karşı özel operasyonlar gerçekleştirecektir. Hava bombardımanında, Irak'ın bütün füze ve hava savunma sistemlerinin ve komuta-kontrol merkezlerinin imha edilmesi öngörülmektedir.[404]

CENTCOM'un bu planı, harekatın genel çerçevesini ortaya koymakla birlikte, bu plan veya sonrasında hazırlanmış başka planların uygulamada ne şekilde gerçekleşeceğini belirleyecek birçok faktör bulunmaktadır.

Bu faktörlerin başında, askeri harekat sırasında Irak halkının Saddam Hüseyin'i ne ölçüde destekleyeceği gelmektedir. Saddam Hüseyin rejiminin, Irak silahlı kuvvetlerinin çeşitli birimlerinde veya askeri harekatın gerçekleşeceği bölgelerde ne ölçüde desteğe sahip olduğunu veya olmadığını kestirmek güçtür. Cumhuriyet Muhafızlarının, Özel Cumhuriyet Muhafızlarının, düzenli ordun birliklerinin rejime sadaket düzeylerinin farklı olması da muhtemeldir.

Irak halkının, Saddam Hüseyin rejime karşı düşmanlık beslediği iddiaları da tartışmalı bir konudur. Krallıklar Prensi Richard Perle'e

---

404) **The New York Times**, 4 Temmuz 2002.

göre, "*Irak halkı Saddam Hüseyin'den nefret etmektedir ve devrileceği belli olduğu andan itibaren hiç kimse Saddam'ı savunmak için savaşmayacaktır. Dolayısıyla, illa bir bir benzetme yapmak gerekirse, II. Dünya Savaşı'ndan sonraki Almanya örneğinin yerine, Çavuşesku'nun devrildiği Romanya'yı örnek vermek doğru olacaktır*".[405]

Ancak, Irak rejiminin, Irak halkını yanında tutabilmek amacıyla, diasporadaki Irak muhalefetinin ülkeyi etnik ve mezhepsel hatlarda bölmeye çalıştığı; ABD'nin Irak halkına BM yaptırımlarıyla bir savaş yürüttüğü; İsrail-Filistin ihtilafında, İsrail'in Filistinlilere karşı şiddet kullanmasından ve Filistin halkının çektiği ıstıraptan ABD'nin sorumlu olduğu propagandasını etkin bir şekilde kullanacağı da kesindir.

Irak ordusunun askeri harekat karşısında takınacağı tutum, harekatın askeri yönünden ziyade siyasi nedenlerle de önemlidir. Irak halkı, ABD ve koalisyon birliklerini desteklediği takdirde, aksine bir durumda Arap dünyasında karşılaşılacak tepkiler görülmeyecek, harekata katılan veya bir şekilde destek veren ülkeler rahatlayacaktır.[406]

İkinci önemli faktör, Saddam Hüseyin'e bağlı kalacak güçlerin, savaşı sokak çatışmalarına dönüştürmesi ihtimalidir. Dünyanın en iyi donanımlı ve en iyi eğitilmiş ordusu da olsa, savaşın sokak çatışmalarına dönüşmesi halinde, ABD ve koalisyon birliklerinin Bağdat girmeleri zorlaşacak, savaş uzayacak ve can kaybı artacaktır.[407] Sokak çatışmalarının başlaması ihtimali en yüksek şehir Bağdat'tır. Saddam Hüseyin, kendisine sadık Cumhuriyet Muhafızlarının zırhlı birliklerini, Özel Cumhuriyet Muhafızlarını, Saddam'ın Fedaileri isimli özel birlikleri ve rejimin diğer güvenlik güçlerini Bağdat'ta konuşlandıracaktır. Koalisyon birlikleri, neticede Bağdat'taki direnci kırmakta başarılı olacaksa da, çatışmalarda çok sayıda koalisyon askerinin ölmesi kaçınılmaz olacak, özellikle ABD kamuoyunda tepkilerin büyüme-

---

405) Richard Perle, "*The Day After: Planning for a Post-Saddam Iraq*", AEI Conference, 3 Ekim, 2002.
406) Kenneth M. Pollack, a.g.y., s. 380.
407) Antony H. Cordesman, "*An Attack on Iraq: The Military, Political and Economic Consequences*", CSIS, Washington DC, 2002, s. 7-8.

sine yol açacaktır. Ayrıca, sokak çatışmaları sırasında çok sayıda sivil Iraklı da can verecek ve Arap kamuoyunda ABD karşıtı sesler yükselecektir. ABD, bu ihtimali başından bertaraf etmek amacıyla, harekatın daha ilk anlarında Irak silahlı kuvvetlerinin direncini kırmaya yönelik propaganda faaliyetlerine de başlayacaktır.

Askeri harekat bağlamında üçüncü, ancak diğerlerinden daha önemli bir faktör, Saddam Hüseyin'in savaş sırasında, koalisyon askeri birliklerine, komşu ülkelere ve İsrail'e karşı kitle imha silahları kullanıp kullanmayacağıdır. Saddam Hüseyin, İran-Irak Savaşı'nda, savaşın gidişatının Irak aleyhine döndüğü andan itibaren, İran birliklerine karşı kimyasal silah saldırılarında bulunmakta tereddüt etmemiş, kimyasal silahlarla dengeyi Irak lehine çevirmiştir. Irak, 1980'lerden itibaren biyolojik silahlar da geliştirmiş bulunmaktadır.

Saddam Hüseyin, 1991'de Körfez Savaşı sırasında ABD ve koalisyon birliklerine karşı kitle imha silahları kullanmamış, İsrail'e fırlattığı Scud füzelerine kimyasal veya biyolojik savaş başlıkları takmamıştır. Saddam'ın bu tutumunda, dönemin ABD Dışişleri Bakanı James Baker'ın Çöl Tilkisi Harekatı'nın başlamasından hemen önce Iraklı yetkililerle yaptığı görüşme etkili olmuştur. Baker, Irak'ın kitle imha silahlarını kullanması halinde, ABD'nin daha ağır silahlarla mukabelede bulunmaktan çekinmeyeceğini söylemiştir. Saddam Hüseyin, Baker'ın bu tehdidini, ABD'nin nükleer bomba kullanacağı olarak algılamış, neticede Irak koalisyon birliklerine ya da İsrail'e karşı kimyasal veya biyolojik silahlar kullanmaktan kaçınmıştır.[408]

ABD öncülüğündeki askeri harekatın, Körfez Savaşı'ndan çok farklı olarak, kendi iktidarını yıkmayı amaçladığını ve kendisi için bir ölüm-kalım mücadelesinin başladığını dikkate alacak Saddam Hüseyin'in, bu defa kitle imha silahları da dahil olmak üzere, sahip olduğu her türlü imkan ve kabiliyetle ABD'ye karşı koymaması için hiçbir neden bulunmamaktadır. Nitekim, CIA Direktörü George Tenet, Senato'ya sunduğu "gizli" raporda, Saddam Hüseyin'in kendi gelece-

---

408) "U.S. **Policy Toward Iraq**", Hearing Before the Senate Armed Services Committee, (23 Eylül) 2002, US Government Printing Office, s. 33-34.

ğini tehlike altında görmediği takdirde ABD'ye yönelik bir saldırıda bulunmasının düşük bir ihtimal olduğunu, ancak kendisinin tehlikeye düştüğüne kanaat getirmesi halinde kitle imha silahları kullanmaktan çekinmeyeceğini bildirmiştir.[409]

Askeri harekat sırasında ABD birliklerinin, muhtemel biyolojik veya kimyasal silahlara karşı hazırlıklı olacağı ve bu tür bir saldırıda çok sayıda can kaybı vermeyeceği düşünülse dahi, Irak'ın kitle imha silah kullanması ihtimali, ABD ve koalisyon birlikleri açısından önemli bir tehdit olacak, neticede harekatın süresi kaçınılmaz şekilde uzayacaktır.

Irak'ın kitle imha silahları kullanması ihtimali ABD'yi ciddi şekilde endişelendirmektedir. Bush Yönetiminin üst düzey yetkilileri, Saddam Hüseyin'in nükleer silah üreterek dünyaya şantaj yapma imkanına kavuşmasından ise, bütün risklerine rağmen Irak'ın bugünden kitle imha silahlarından arındırılmasının bir zorunluluk olduğunu söylemektedir. Başkan Bush, bütün seçenekler arasında en tehlikelisinin eylemsizlik olduğunu, zira beklenen her gün Saddam Hüseyin'in daha da güçleneceğini ve gözü kara hale geleceğini açıklamıştır.

Bununla birlikte, ABD, Saddam Hüseyin'in, harekat sırasında ABD birliklerine veya teröristler aracılığıyla ABD hedeflerine karşı kitle imha silahları kullanmasını önceden engellemeye yönelik bir propaganda da geliştirmiştir. Bu bağlamda, Başkan Bush, 7 Ekim'de Cinncinnati'de yaptığı konuşmada, "*Askeri çatışmalar zor olabilir, yıkılacağını gören Irak rejimi çaresizlikten gaddar eylemelere başvurabilir. Saddam Hüseyin bu önlemlere başvurduğu takdirde, generallerine bu emirleri reddetmeleri tavsiyesinde bulunuyoruz. Iraklı generallerin, Saddam'ın emirlerine karşı gelmedikleri takdirde, savaş suçlusu olarak yargılanacaklarını anlamaları gerekmektedir*" demiştir.[410]

---

409) "*Analysts Discount Attack By Iraq*", The Washington Post, 9 Ekim 2002; "*CIA Letter to Senate on Baghdad's Intentions*", The New York Times, 9 Ekim 2002.

410) "*Remarks By the President on Iraq*", The White House Office of the Press Secretary, 7 Ekim 2002.

ABD'nin, Iraklı generallere yaptığı tehdit dolu bu çağrının ne derece etki göstereceği, askeri harekatın başlamasından sonra belli olacaktır. Ancak, Irak'ın kitle imha silahları kullanması, askeri harekat bağlamında en tehlikeli faktör olmaya devam edecektir.

Askeri harekatın sonucuna İsrail'in tutumu; Irak'ın petrol üretiminin harekat sırasında dünya piyasalarından çekilmesiyle doğacak açığın ne şekilde telafi edileceği; Suudi Arabistan başta olmak üzere OPEC ülkelerinin tutumu; Arap ülkelerinin siyasi tepkileri; Türkiye ve İran gibi Irak'ın iki stratejik komşusunun tutumları; dünya ekonomik piyasalarındaki gelişmeler ve harekat sırasında ABD'ye karşı terörist saldırı yapılıp yapılmayacağı gibi faktörler de etkide bulunacaktır.

Irak Ordusu

ABD, dünyada en gelişmiş orduya sahiptir. ABD, Körfez Savaşı'ndan bu yana, lazer güdümlü akıllı bomba alanında önemli gelişmeler kaydetmiştir. Bu bağlamda, Körfez Savaşı sırasında ABD'nin Irak'a karşı saldırılarda kullandığı akıllı bombaların oranı %7'yken, Afganistan harekatında bu oran %70'in üzerine çıkmıştır. Bu dönemde, ABD'nin istihbarat imkan ve kabiliyetleri de önemli gelişme kaydettiği sanılmaktadır. Bu noktada Kürtlerin savaş sırasındaki etkinliği de önemli rol oynuyor.

ABD'de, Irak harekatının süresi ve kolaylığı konusunda iki farklı görüş çarpışmaktadır. Birinci görüş, harekatın çok kısa sürede, birkaç hafta zarfında tamamlanacağı ve Saddam Hüseyin'in devrileceğini anladığı andan itibaren Irak halkının ayaklanacağı ve rejiminin çok kolay yıkılacağıdır. Bu görüş, Pentagon'daki sivil kesim tarafından ileri sürülmektedir.[411]

Genelde askerler tarafından savunulan, ancak emekli olmuş subaylar tarafından gündeme getirilen görüş ise, askeri harekatın beklenildiği kadar kolay olmaması ihtimalidir. Bu teze göre, Körfez Sa-

411) "U.S. Policy Toward Iraq", ... s. 8-9

vaşı'na ve ordusunun ve savaş gücünün %40'ını kaybetmiş olmasına rağmen Irak halen Basra Körfezi'ndeki en güçlü orduya sahiptir. Irak'ın, 424.000 kişilik ordusu, 2.600 tankı, 2.400 savaş topu, yarısı operasyonel durumda olan 316 savaş uçacağı vardır.

Irak silahlı kuvvetleri, düzenli ordunun yanı sıra, askeri açıdan iyi eğitimli ve donanımlı 6 Cumhuriyet Muhafızları, 4 Özel Cumhuriyet Muhafızları Tümenlerinden oluşmaktadır. Saddam Hüseyin rejimine son derece sadık 10-15.000 kişiden müteşekkil güvenlik ve paramiliter güçler de bulunmaktadır.

Irak, bugün dahi, dört bölgeye ayrılmış dünyada en yoğun hava savunma sistemlerinden birisine sahiptir. Kuzey'de Kerkük'te, Doğu'da Kut el Hay'da, güneyde Basra'da, Batı'da Ramadiya'da bölgesel hava savunma merkezleri vardır. Ana komuta ve kontrol merkezlerinin çoğu hava saldırısına karşı muhkem yer altı sığınaklarında bulunmaktadır.[412]

Harekat

Irak'ta Saddam'ın devrilmesi ve rejim değişikliğine yönelik bir askeri harekat hava bombardımanıyla başlayacak, kara harekatıyla devam edecektir. Saddam'ın, harekatın herhangi bir aşamasında devrilmesi söz konusu olsa da, müttefik ülke askeri güçlerinin Irak'ta istikrar ve güvenliği sağlayacak yeni bir hükümet oluşturuluncaya kadar ülkede kalmaları gerekecektir.

Irak askeri harekatı, Türkiye, Bahreyn, Kuveyt ve Katar'daki üslerden kalkacak, Diego Garcia'daki ve Umman'daki saldırı uçaklarıyla desteklenecek ABD ve İngiliz uçaklarının hava bombardımanıyla başlayacaktır.

Hava saldırısında öncelikli hedefler, Irak lider kadrosu, kitle imha silah tesisleri ve bu silahları kullanma imkan ve kabiliyetlerine sahip birlikler, stratejik komuta ve kontrol merkezleri, haberleşme sistemleri, askeri karargahlar, Özel Cumhuriyet Muhafızları ve Cumhu-

---

412) Antony H. Cordesman, a.g.m., s.15-16.

riyet Muhafızları karargahları ve kışlaları, rejime sadık diğer güvenlik ve istihbarat birimleri olacaktır. Irak'ın yerden havaya savunma sistemlerinin, Scud füze rampalarının, savaş uçaklarının ve helikopterlerinin imha edilmesine öncelik verilecektir.

Bu aşamada, ABD Özel Kuvvetleri, Kürtler ve Şiileri, askeri harekatı desteklemek üzere organize edecektir.

Hava harekatının başlamasıyla, ABD özel kuvvetleri Batı Irak'a girecek, Irak'ın füze rampalarını ve kitle imha silah başlıklarını imha edeceklerdir. Bu operasyon, Ürdün üzerinden gerçekleştirilecektir. ABD birlikleri bu amaçla Ürdün'de hazırlıklarını sürdürmektedir.

ABD ve İngiliz kara birlikleri, tercihen Suudi Arabistan'dan gerçekleştirilecek ana saldırıda çölden geçerek, Kerbala/El-Hillah üzerinden Bağdat'a yöneleceklerdir. Hava kuvvetleri, kara birliklerinin yolunu tehlikelerden temizleyerek, Irak mevzilerini dağıtacak ve ana yolların ve köprülerin güvenliğini sağlayacaktır. Bu manevrayla, koalisyon güçlerinin saldırısına açık hale gelecek Bağdat etrafında mevzilenmiş Cumhuriyet Muhafızlarının dağılmaları veya geri çekilmeleri söz konusu olacaktır. Koalisyon güçleri, cephede kalan Irak askerlerini bertaraf edecektir. Bu harekatla eşzamanlı olarak, Kuveyt'ten sevk edilecek kara destek kuvvetleri, Basra üzerinden Fırat-Dicle Vadisine doğru ilerleyeceklerdir.

Cumhuriyet Muhafızlarının ve diğer askeri birliklerin, koalisyon kuvvetlerinin kara harekatı sırasında Bağdat'ın kuzeyine doğru çekilmeleri muhtemeldir. Cumhuriyet Muhafızlarının K. Irak'a girerek dağlık bölgelere çekilmelerini engellemek açısından Musul-Erbil-Kerkük hattında ABD birlikleri hava destekli kara müdafaa hattını önceden kurmuş olacaktır. Gerektiği takdirde, bu hattın hava indirme tugayları tarafından da desteklenmesi mümkün olacaktır. Basra üzerinden destek saldırısına katılan birlikler ve bu harekatlara katılmamış birlikler Bağdat ve nüfusu kalabalık diğer yerleşim birimlerini işgal edecek, Saddam rejiminin sembolleri yok edilecektir. Her aşamada, özel kuvvetler ve psikolojik harekat birlikleri ana harekatı desteklemek üzere operasyonlar gerçekleştirecekler ve özellikle Saddam muhalifi Iraklıların yardımlarını sağlamaya ve Irak ordusunun profesyonel olmayan birliklerinin çatışmaya girmelerini engellemeye çalışacaklardır.

Saddam'ın kitle imha silahları kullanmaması veya Bağdat'ta sokak çatışmalarına başlamaması durumunda, iyimser bir tahminle müttefik kayıpları 3000-4000 civarında gerçekleşebilecektir. Ancak, kitle imha silahlarının kullanılmasıyla bu sayının ciddi şekilde artması muhtemeldir.[413]

ABD askeri harekatının muharebe aşaması, örgütlü Irak direnişinin sona ermesi ve Saddam Hüseyin'in ve rejiminin yıkılmasıyla sona erecek, bu aşamadan sonra Irak'ın yeniden yapılandırılması süreci başlayacak, bu dönem zarfında harekatın ABD'li komutanı olacak CENTCOM Komutanı Orgeneral Tommy Franks Irak'ın idaresini üstlenecektir.

Askeri Harekat Senaryoları

Askeri harekatın sonuçlarını önceden tahmin etmek imkanı bulunmamaktadır. Ancak askeri harekat senaryolarının üç başlık altında incelenmesi mümkündür.

En iyi senaryo, askeri harekatın ABD öncülüğündeki koalisyon birliklerinin 4-6 hafta içinde, Irak ordusunu kesin mağlubiyete uğratması ve Saddam Hüseyin'in ve rejiminin yıkılmasıdır. Bu senaryoda, Irak kitle imha silahları kullanamayacak, sivil ve asker kaybı sınırlı sayıda kalacak, İsrail veya İran gibi ülkelerin harekatın gidişatını engelleyecek girişimleri olmayacak, Irak'ın petrol kuyuları ve altyapısı fazla zarar görmeyecek, etnik veya dinsel gruplar arasında çatışma yaşanmayacaktır.

İkinci senaryo, Irak ordusunun beklenenden fazla direnmesiyle harekatın 6-12 haftaya uzamasıdır. Bu senaryoda, harekatın sona ermesinin ardından düşük yoğunluklu sivil gerginlik ve çatışmaların

413) Patrick L. Clawson, a.g.y., s.128-131.

başlaması, rejimin ana unsurlarının Saddam Hüseyin'e sadakatle bağlı kalmaya devam etmeleri, Sünnilerin çoğunlukta oldukları şehirlerde yer yer sokak çatışmaları çıkması, belirli sayıda sivil can kaybı olması, Irak'ın altyapısının ve bazı petrol tesislerinin ciddi zarar görmesi, Irak'ın bölge ülkelerindeki petrol kuyularına saldırması, Irak'ın çok can kaybına yol açmayacak taktik kitle imha silahları kullanması, İsrail'e kitle imha silah başlıkları taşıyacak füze saldırılarında bulunması, Suudi Arabistan'ın ABD ile pasif işbirliği yapması ve petrol üretimini yeterince artırmaması söz konusu olacaktır.

Göreceli olmakla birlikte, en kötü senaryoda, savaş uzayacak, Irak ordusu sonuna kadar direnecek, savaş ülkenin birçok yerinde sokak çatışmalarına dönüşecek, koalisyon askerlerinin çok sayıda kayıp vermesiyle ABD'de savaş karşıtı gösteriler başlayacak, ABD BM'de desteğini kaybedecek, İngiltere, Türkiye veya Körfez'deki müttefik ülkelerden birisi harekata desteğini çekecek, Suudi Arabistan petrol üretimini artırmaktan vazgeçecek, Irak koalisyon güçlerine, bölgedeki petrol kuyularına, Türkiye, İsrail veya Arap ülkelerine kitle imha silahlarıyla saldıracak, savaşa İsrail de girecek, ABD ve İngiltere, Arap dünyasının yıllarca sürecek nefretiyle karşılaşacaktır. Amerikan rüyası kabusa dönüşecek, bölgede yeni bir Dünya savaşının tohumları atılabilecektir. Ve bu göz ardı edilecek bir senaryo değildir.

Askeri Harekat ve Irak Muhalefeti

Askeri harekat sırasında Irak muhalefetinin ne tür bir rol oynayacağının da incelenmesi gerekmektedir.

Irak muhalefeti içinde, sadece Kürtler K. Irak'ın belli bir bölümünü kontrol etmektedir. KDP ve KYB birliklerinin sayısı hakkında 50.000 ila 100.000 arasında farklı rakamlar telaffuz edilmektedir. İran'ın kontrolündeki SCIRI'nın da çoğu İran'da bulunan ve Bedir Tugayları adını taşıyan yaklaşık 10-15.000 silahlı askeri mevcuttur. Bu gruplar dışındaki muhalefet örgütleri, genelde diaspora muhalefeti niteliğindedir ve silahlı birlikleri bulunmamaktadır.

ABD, askeri harekat sırasında hafif silahlarla donatılmış, tanksavar ve tanklardan yoksun KDP-KYB ve SCIRI birliklerine askeri açıdan muhtaç olmadığı gibi, askeri harekat sırasında sadece Kürtler ve Şiilerden oluşan birliklerin Irak ordusuna karşı savaşması, rejiminin Sünni çekirdeğinin Saddam Hüseyin'in etrafında kenetlenmesine yol açması da muhtemeldir.

Bununla birlikte, ABD, Irak'ın kurtarılması ve Irak halkının özgürlüğüne kavuşturulması olarak takdim edeceği askeri harekatın meşruiyeti bağlamında Kürt gruplardan ve muhalefet örgütlerinden, istihbarat, tercümanlık, yol gösterme gibi lojistik amaçlarla yararlanmak isteyecektir.

Aslında KDP ve KYB, askeri harekat sırasında Irak ordusu karşısında kendilerini korumak için ABD'den hafif silahlar ve özellikle tanksavar silahları talep etmiş; ABD bu talebi değerlendirmiş, ancak Türkiye'nin şiddetli muhalefeti nedeniyle Kürtlere silah vermekten vazgeçmiş gözükmektedir. Türkiye'nin Kürtlerin savaşta rol oynayacakları rol konusundaki muhalefeti de ABD tarafından dikkate alınmıştır.

Askeri Harekatın Mali Boyutu

Askeri harekatın bir diğer önemli boyutu, askeri harekatın finansmanı olacaktır. Körfez Savaşı'nın toplam 60 milyar dolarlık maliyetinin (bugünün rakamları ile bu miktar 80 milyar dolardır) %80'i Kuveyt, Suudi Arabistan ve Japonya tarafından karşılanmıştır.

Körfez Savaşı'ndaki şartlar bugün bulunmamaktadır. Kuveyt işgal atında değildir, Suudi Arabistan harekat konusunda isteksiz davranmaktadır. Ayrıca, Suudi Arabistan ekonomisi 1991'deki konumunda değildir. Dolayısıyla, ABD'nin önündeki bir diğer engel 100 milyar dolara mal olacak ve hatta ABD askerlerinin Irak'ta konuşlandırılması süresinin uzamasıyla daha da artabilecek harekatın finansmanının ne şekilde sağlanacağıdır.

ABD, 100 milyar doları tek başına karşılamak istemeyecektir. Bu bağlamda ABD'nin başvurabileceği ilk yöntem, Irak'ın petrol satışlarından elde edeceği gelirlerin ve halihazırda BM hesaplarında bulunan Irak'ın petrol karşılığı gıda programı kapsamında birikmiş alacaklarının bir bölümünü kullanmak olacaktır. Bu yöntem de başka bir çok sorunun kaynağı olacaktır.

Harekata fiili askeri destek vermeyecek Japonya gibi ülkelerin, ABD'ye sınırlı finansman desteği sağlaması da mümkündür. Ama bu çok düşük bir ihtimal olarak görülmektedir.

Savaşın ABD Ekonomisine Maliyeti

Amerikalı ünlü iktisatçı William D. Nordhaus, (Yale Üniversitesi Ekonomi Bölümünden) yaptığı hesaplamalara göre olumlu senaryolar dikkate alınırsa, savaş başladıktan sonra geçen 10 yıl içersinde (2003-2012) savaşın toplam ekonomik maliyeti 99 milyar dolar olarak gerçekleşecek. Bu sonuç; askeri, diplomatik ve ulus inşa kampanyalarının başarılı olduğu öngörüsüne dayanıyor.

Savaşın maksimum maliyeti hesaplanırken; birçok olumsuz gelişmenin bir arada yaşandığından yola çıkılıyor. Buna göre; Irak'ın işgali çok uzun süren bir gelişme. Yeniden inşası çok pahalıya mal oluyor, savaş Irak'ın altyapısının büyük bir kısmına zarar veriyor... Bu durumda Irak'taki savaşın toplam maliyeti 1.9 trilyon dolar olarak gerçekleşecek. Bu işin felaket kısmı.

Uzmanlar yukarıdaki rakamların iki "uç değer" olduğunu hatırlatarak; savaşın ABD ekonomisine muhtemelen 99 ile 1.9 trilyon dolar arasında bir rakama mal olacağını öngörüyor. Bu rakamlar, savaşın ABD ekonomisi üzerinde yaratacağı tüm ana masraf kalemlerini kapsıyor.

Savaşın Toplam Maliyeti (2002, milyar $)

Maliyet Kaynağı	Düşük (Kısa ve kabul edilebilir)	Yüksek (Uzamış ve kabul edilemez)
Doğrudan Askeri Harcamalar	$ 50	$ 140
Diğer maliyetleri		
İşgal ve barışı koruma	75	500
Yapılanma, ulus inşası	30	105
İnsani yardım	1	10
Petrol piyasalarına etkisi	-40	778
Makroekonomik etki	-17	391
Toplam	$ 99	$ 1,924

Irak'la Savaşın Ekonomik Sonuçları

Dünyada yaşanılan savaşlar, ulusların sürekli olarak askeri sorunların ekonomik maliyetini küçümsediklerini gösteriyor. Vietnam Savaşı bu gerçeğe güzel bir örnek:

Vietnam Savaşı'nın maliyeti, özellikle savaştan önce olduğundan çok daha düşük tahmin edildi. Savaş öncesi 1966 yılında yapılan bütçe tahmininde maliyet 10 milyar dolar ve Gayri Safi Yurtiçi Hasılası'nın (GSYH) yüzde 1.5'i olacağı öngörüldü. Temmuz 1967'de sona ereceği tahmin edilen savaş, 1973 yılına kadar devam etti ve tahmini maliyet gerçekleşenden yüzde 900 daha yanlış hesaplandı. Savaşın toplam doğrudan maliyeti 110-150 milyar dolar arasında değişiyordu. Doğrudan olmayan maliyetleri tahmin etmek çok daha zordu. Ama bazıları şunlardı: yüksek enflasyon, ekonomik istikrarsızlık, sivil huzursuzluk ve devlete güvensizlik.

Irak'la olası bir savaşın potansiyel ekonomik maliyeti incelendiğinde Türkiye gibi ülkeler için durum çok kötü gözüküyor. Savaş maliyeti hesaplanırken savaş sonrasında Irak'ı işgal altında tutma, insani yardım, yeniden yapılandırma ve ulus inşası gibi farklı maliyet kalemleri buna dahil ediliyor. Yine gerçekleştirilen hesaplamada, petrol piyasalarındaki gelişmelerin ve makroekonomik sonuçların yol açacağı maliyetler de göz önünde bulunduruluyor.

Savaşın potansiyel ekonomik sonuçları ortaya koymak için iki ana senaryo dikkate alınıyor. Birinci senaryoda; savaşın kısa süreceği ve büyük anlaşmazlıkların olmayacağı varsayılıyor. İkinci senaryoda Irak'ın zor ve pahalı bir şekilde işgal edileceği; savaş sonrasında zor ve pahalı şekilde yeniden yapılandırılacağı öngörülüyor.

Bu iki temel senaryodan hareketle savaş sonrası 10 yıllık süreçte savaşın ABD'ye toplam maliyetin 100 milyar ile 1.9 trilyon dolar arasında değişeceği hesaplanıyor.

Savaşın ana kazanımı olarak, Irak'ı kitle imha silahlarından arındırmak ve ABD'ye düşman bir liderliği iktidardan uzaklaştırmak olarak gösteriliyor.

Irak'ta Ekonomik Durum

Uzmanlar, Irak'ın çok büyük petrol kaynaklarına sahip olduğuna inanıyor. Irak, bugün dünyada ispatlanmış petrol rezerv ve kaynakların yüzde 10'una sahip. Enerji Bilgi Ajansı'nın (EIA) yaptığı çalışmaya göre:

Irak 112 milyar varil ispatlanmış petrol rezervine sahip. Bu açıdan 220 milyar varil muhtemel ve olası kaynağa sahip Suudi Arabistan'dan sonra en büyük ikinci devlet. Irak'ın gerçek potansiyeli bu rakamlardan çok daha yüksek olabilir. Çünkü uzun savaş ve ambargo dönemi nedeniyle, ülkedeki kaynaklar göreceli olarak keşfedilmemiş durumda. Büyük batı çöllerinde yer alan derin petrol oluşumları şu an keşfedilmemiş, ancak gelecekte önemli petrol ve doğal gaz kaynakları bulunabilir.

Irak'ın petrol kaynakları ABD'nin mevcut petrol ithalatını yaklaşık 100 yıl boyunca karşılayabilecek düzeydedir.

Irak'ın 2000 ve 2001 yıllarında ortalama petrol üretimi günlük 2.5 milyon varil (mbpd) olarak gerçekleşti. Bu rakamın 1 mbpd'si

Kuzeydeki Irak Kürdistan'ın da yer alan Kerkük bölgesinden sağlandı. Geri kalanı büyük ölçüde güneydeki bölgelerden elde edildi.

Bilinen hiçbir büyük uluslararası kuruluşta Irak ekonomisinin son 10 yılıyla ilgili güvenilir veri bulunmuyor. Irak ekonomisi çok uzunca bir süredir, büyük oranda petrol üretimine bağımlı kaldı. Ambargo veya savaş gibi nedenler dolayısıyla petrol üretiminin kısıtlanmadığı dönemlerde petrol üretimi en yüksek noktası olan 3 mbpd rakamına ulaştı. Bu yıllık 1 milyar varil rakamına karşılık geliyor.

Bu gelir 1970 yılların son döneminde Irak'ın GSYH'sının yarısını oluşturdu. Irak'ın GSYH'sı 1979 yılında en yüksek noktası olan -bugünkü rakamlarla- 9.000 dolar rakamına ulaştı. 1979 yılı aynı zamanda Saddam'ın iktidara geldiği dönemdi. Bu yıldan itibaren Irak modern tarihin gördüğü en büyük ekonomik çöküntülerden birisini yaşadı. 2001 yılında GSYH'sı 1000-1200 dolara düştü. Buna göre Irak'ta yaşam standartları Saddam'ın iktidarda kaldığı 23 yıl boyunca yaklaşık yüzde 90 oranında geriledi. Güvenilir istatistikler bulunmamakla birlikte 1990'lı yıllarda Irak'ın ortalama GSYH'sı 25 milyar dolar olarak gerçekleşti.

Saddam rejimi boyunca savaş ve yaptırımlar nedeniyle gerçekleşen toplam kayıp üretim, sermaye ve finansal kayıplar düşünüldüğünde Irak'ın 20 yıllık GSYH kaybına eşit.

Uzmanlar, İran-Irak savaşının Irak'a toplam maliyetinin 450 milyar dolar olduğunu tahmin ediyor. Bu rakam o dönemde Irak'ın 8 yıllık GSYH'sına karşılık geliyordu. Körfez savaşının Irak'a şu ek zararları da oldu: Savaş ülkenin 230 milyar dolarlık altyapısını yok etti. BM yaptırımları nedeniyle 1991-2002 yılları arasında ortalama petrol üretimi 1.4 mbpd olarak gerçekleşti. Irak'ın bu dönemde 3 mbpd petrol üretimi gerçekleştirebileceği düşünülürse bu açıdan 150 milyar dolar ek bir ekonomik kayıp söz konusu.

Uluslararası bir kuruluş tarafından son yayınlanan raporda ekonomik çöküşün günlük yaşama etkileri şu şekilde anlatılıyor:

BM müeyyideleri sonucunda bebek ölümleri iki katına çıktı. Ülkede protein eksikliğine bağlı rahatsızlıklar çok yaygın. Nüfusun büyük bölümü yıllarca yarı-açlık konumunda yaşadı. 1997 yılında yapılan bir çalışmaya göre genç erkeklerin yüzde 25'i, genç kadınların yüzde 17'si kronik enerji eksikliği sorunu yaşıyor. Müeyyidelerden önce şehir nüfusunu yüzde 93'ü, köy nüfusunun yüzde 70'i musluk suyuna sahipti. Şu an kırsal nüfusun yarısından fazlası temiz suya sahip değil.

Geçmişteki Savaşların ABD'ye Doğrudan Maliyetleri

ABD'nin olası bir Irak operasyonu konusunda son derece cesur davranmasında, geçtiğimiz Körfez Savaşı'nın doğrudan masraflarının, ABD ekonomisi içinde son derece küçük bir yüzde oluşturması da etkili olmuştur. ABD'nin gerçekleştirdiği son 3 büyük savaşta, savaşların ekonomi içinde gittikçe küçük bir pay oluşturduğunu görüyoruz. Aşağıdaki tablo bu konudaki durumu son derece somut şekilde anlatıyor.

Bu tablo savaşların ABD'ye doğrudan maliyetlerini gösteriyor. Buradaki maliyetler sadece savaşın ABD federal bütçesindeki payını anlatıyor.

ABD'nin Son Savaşları ve Maliyetleri

ÇATIŞMA	Toplam Doğrudan Maliyet (milyar)		Kişi başına maliyet	Maliyet
	(O dönem $)	(2002 $)	(2002 $)	(Yıllık GSYH'nın %)
Kore (1950-1953)	54	335.9	2,226	15
Vietnam (1964-1972)	111	494.3	2,204	12
Körfez Savaşı (1990-1991)	61	76.1	306	1

Askeri Senaryolar

Irak'la savaşın maliyeti, hiç kuşkusuz savaşın nasıl sonuçlanacağına dayanıyor. Olası savaşla ilgili olarak farklı senaryolar üretiliyor. Bu senaryolar savaşın nasıl ilerleyeceği, oluşabilecek olası düşmanlıklar, savaşın petrol piyasaları üzerindeki etkisi ve makroekonomik etkileri gibi farklı alanlarda yaşanabilecek gelişmeler dikkate alınarak hazırlanıyor.

Çok kapsamlı askeri stratejiler ortaya koymak çok zor olsa da "çabuk zafer" ve "uzun anlaşmazlık" başlıklı iki farklı, temel senaryo ortaya konulabilir ve bunlara bağlı maliyet hesabı yapılabilir.

Savaşla ilgili olarak; iyi ve kötü diye nitelendirilecek iki durum arasındaki fark; kimin savaşın galibi olacağıyla ilgili değil. Askeri uzmanlar ABD'nin ezici bir kuvvetle savaşa girerse galip geleceği konusunda kuşku bulunmadığı dile getiriyor:

Bu iki durum arasındaki fark; savaş sonrası anlaşmazlıkların ne kadar süreceği, savaşın Irak'ta yaratacağı toplam zarar, sivillerin göreceği zarar, konvansiyonel olmayan savaş ihtimali ve anlaşmazlıkların Irak dışına sıçrama olasılığına dayanıyor.

Yapılan farklı çalışmalarda, ABD'nin ezici bir güç kullanması için 150-350 bin arası askere ihtiyacı olduğu tahmin ediliyor. Yine Türkiye, Ürdün ve Suudi Arabistan'daki askeri üslerin ve hava sahaların kullanılmasıyla savaşın daha kısıtlı hale gelebileceği ifade ediliyor. Eğer ABD mevcut rejimi değiştirmek istiyorsa, işin tamamen bittiğine emin oluncaya kadar yeterli miktarda güç kullanmak zorunda. Geliştirilen tüm senaryolar Bağdat'ın işgali ve Saddam ile Irak üst yönetiminin yok edilmesi veya yakalanmasıyla son buluyor.

İyi senaryo, Saddam Hüseyin ve diğer Irak liderlerinin yakalanması, Irak'ın kara güçlerinin hızla çevrelenmesi, Kürt bölgesinde veya güneyde sivil düzensizliğin önlenmesini öngörüyor. Bu senaryo 30-60 gün arasında gerçekleşecek hava operasyonu, 2.5 ay sürecek kara savaşı ve sonrasında askerlerin savaş sahasını işgal altında bulundurmasına dayanıyor. Bu senaryoda ABD'nin Körfez savaşında olduğu gibi 150 ölü vermesi öngörülüyor.

Kötü senaryo ise "uzun anlaşmazlık" diye isimlendiriliyor. 11 Eylül'de olduğu gibi insanların düşünemediği olumsuz bir durumun gerçekleşebileceği veya önlenmesi mümkün olmayan gelişmelerin yaşanabileceğine dikkat çekiliyor. "Kötü durum" senaryosunun şu gelişmelere bağlı olarak yaşanabileceğine dikkat çekiliyor:

Irak "şehir savunma stratejisi" uygulayabilir. Bu durumda birçok şehirde ayrı ayrı savaş yaşanabilir. Bu da maliyeti çok artırır. Sivil kayıplar artar. ABD askeri kayıplarının sayısı 5000'e, hatta bu rakamın birkaç katına yükselebilir.

Irak "kimyasal ve biyolojik silahları" kullanabilir. Ayrıca, Irak'ın nükleer silaha sahip olduğu konusunda şüpheler bulunuyor.

Savaş Irak'ın dışına sıçrayabilir. Irak Körfez ülkelerinin petrol kaynaklarına ve büyük şehirlerine saldırabilir. Dünyanın diğer bölgelerinde kargaşa yanabilir. Örneğin: Pakistan'da fundamentalistler iktidara gelebilir. İsrail komşuları ile savaşabilir. El-Kaide saldırıları yaşanabilir. Irak, İsrail'e saldırabilir ve İsrail de karşılık verebilir. Bu durum İsrail Arap ve ABD-Arap ilişkilerinde büyük sorunlar yaratır.

ABD, hızlı ve göreceli olarak kansız bir zafer için savaşın yayılmasını önlemek zorunda. "Şehir savaşı", "konvansiyonel olmayan savaş" ve "savaşın yayılması" istenmeyen üç ana sonuç olarak karşımıza çıkıyor.

Savaşın Askeri Maliyeti

Savaşın maliyet hesabı yapılırken birkaç yöntem üzerinde duruluyor. Bu yaklaşımlardan birincisine göre:

Burada savaşın ordunun mevcut, halihazırdaki masraflarına ne kadar ek masraf getireceği dikkate alındı. Bu yaklaşımla hesaplamaya gidildiğinde kısa bir savaşın maliyeti şaşırtıcı şekilde küçük olacaktır. Çünkü zaten ordunun birçok masrafı halihazırda mevcut savunma bütçesinden ödenmiş bulunuyor.

ABD yönetimi tarafından bugüne kadar savaşın maliyetiyle ilgili kamuoyuna dolaylı şekilde de olsa açıklanan tek maliyet tahmini şu oldu:

Buna göre üst maliyet sınırı 100-200 milyar dolar arası olabilir. Bu rakam ABD, GSYH'sının sadece yüzde 1-2'sini oluşturuyor. Bu tahmine göre savaş sonrası Irak'ın petrol üretimi artacak bu da ABD ekonomisi için olumlu sonuçlar yaratacak. Bu tahmine göre petrol fiyatlarını kontrol etmenin en kısa yolu ABD'nin biran önce savaşa girmesinden geçiyor. Ancak hükümete yakın bazı kaynaklar bu tahmini rakamın çok yüksek olduğunu savunuyor. Yine genel kanı Irak'ın 2001 yılı petrol üretim rakamının sürdürülebilir düzeyde olduğu, marjinal bir üretim artışına gitmenin zor olduğu yönünde.

Diğer yandan Hükümetin bütçe uzmanları tarafından Kasım 2002'de gerçekleştirilen 2 yayınlanmış çalışma bulunuyor.

Bunlardan Beyaz Saray bütçe komisyonu tarafından hazırlanan çalışmaya göre yukarıdan aşağıya doğru bir hesaplama yöntemi kullanıldı. Bu hesaplamada olası savaşın maliyeti, 90-91 savaş senaryosu dikkate alınarak bulunmaya çalışıldı. Gerçekleşmesi en muhtemel olan "Yeni Savaş A" başlıklı senaryoya göre savaşta 250 bin asker kullanılacak. Bu senaryoya göre savaş, 48-60 milyar dolar arasında bir maliyet oluşturabilir. Bu rakam, 80 milyar dolara mal olan Körfez savaşından biraz daha düşük.

Körfez Savaşı ile Olası Irak Operasyonunun Maliyet Karşılaştırması

(2002'nin değerleriyle, $ milyon)

Maliyet kategorileri	Körfez Savaşı	Yeni Savaş A
Hava üssü - deniz üssü inşası	10,6	6,6
Personel ve personel desteği	21,5	11,3 - 13,4
Operasyon desteği ve yakıt	32,2	14,6 - 24,1
Yatırım	10,1	10,1
Diğer	5,6	5,6
Irak'ı yenmenin toplam maliyeti	79,9	48,3 - 59,8

Bu hesaplamada maliyetin büyük kısmını yakıt ve yeniden yapılanma masrafları oluşturuyor. "Yatırım" kalemi altındaki masraflar silah, cephane, silah sistemleri ve diğer cihazların yerine konulması için gerekli harcamaları kapsıyor. Bu operasyonun maliyetinin Körfez savaşına göre daha düşük hesaplanmasının nedeni, Körfez Savaşı'na göre yüzde 50 daha az askeri güç kullanılmasının öngörülmesinden kaynaklanıyor.

Kongre Bütçe Komisyonu'nun yaptığı tahminde şu yöntem ve senaryolar dikkate alınıyor:

Bu çalışma, "Yoğun kara" ve "yoğun hava" başlıklı iki savaş senaryosunu gündeme alarak aşağıdan yukarıya doğru yapılmış bir hesaplamaya dayanıyor.

"Yoğun kara" senaryosunda 370 bin askeri personelin kullanılması, "Yoğun hava" senaryosunda ise yoğun hava operasyonu destekli 250 bin personelin kullanılması öngörülüyor. Bu çalışmaya göre 30 günlük savaş ve savaş sonrası bölgede 2.5 aylık varlık toplam 44 milyar dolara mal oluyor.

Beyaz Saray Bütçe komisyonunun çalışmasına göre yukarıdaki süreler dikkate alınarak maliyet hesaplandığında maliyet rakamı 48-60 milyar dolar arasında değişiyor.

Bu iki çalışma dikkate alındığında, kısa ve başarılı bir savaşın maliyetinin yaklaşık 50 milyar dolar olacağı tahmini yapılabilir. Bu rakam üzerinde düşünürken, Körfez Savaşı'nın bugünkü kurlarla maliyetinin 80 miyar dolar olduğunu hatırlamakta fayda var.

Bu iki senaryoda uzun bir savaşa göre hazırlanmış değil. Askeri uzmanlar 6 aylık bir kara işgalinin askeri operasyonun (zaman anlamında) üst limitini oluşturduğunu iddia ediyor.

Eğer Irak kara savunma stratejisini benimserse, bazı komşu ülkeler hava sahasını ve üstlerinin kullandırmak istemezse, anlaşmazlığın çözümü 1 yılı alabilir. (Not: Son olarak Suudi Arabistan da hava sahasını ve hava üslerini kullandıracağını açıkladı) Bu durumda savaşın maliyeti "yoğun hava" operasyonda öngörülen 50 milyar dolar rakamından 140 milyar dolara yükselecektir. Bu da GSYH'nın yüzde 1.5'ini oluşturacaktır.

Yukarıda bahsedilen iki çalışma, askeri olmayan birçok potansiyel maliyet kalemlerini kapsamıyor. Başlıca şu maliyet kalemleri eksik: İşgal altında tutma, barışı koruma, demokratikleştirme, ulusun yapılandırılması ve insani yardımlar. Yine bu çalışmalarda, kitle imha silahlarının kullanılmayacağı ve terörist saldırıların olmayacağı öngörülüyor.

Ayrıca, diğer ülkelerin ABD'yi desteklemelerini sağlamak için harcanması gereken para; savaşın petrol fiyatları, makroekonomik aktiviteler ve federal bütçe üzerindeki etkileri dahil edilmiyor.

SAVAŞ SONRASI İŞGAL ALTINDA TUTMA VE YENİDEN YAPILANDIRMA MALİYETİ

İşgal Altında Tutma ve Barışı Koruma

Uzmanlar, Irak'ta güvenliğin sağlanması için ilk etapta 250-300 bin arası bir askeri güce ihtiyaç olduğunu; bu gücün 5 yıl sonra 100 bin düzeyine inebileceğini tahmin ediyor. CBO (Kongre Bütçe Ofisi) yetkilileri, savaş sonrası Irak'ta barışı korumak için yılda 17-46 milyar dolar arası bir paraya ihtiyaç olduğunu savunuyor. Ya da barış koruma görevlisi başına 250 bin dolara ihtiyaç olduğunu belirtiyor. Ancak Irak'ta savaş sonrası ortam ABD'ye karşı düşmanca olursa bu rakamın daha da yükseleceği kaydediliyor.

Bu konuda geçmiş örneklere bakıldığında işgal-barışı koruma maliyetlerini ve süresini tahmine etmenin son derece güç olduğu dikkat çekiyor. Buna göre, Japonya'nın işgal altında tutulması 7 yıl sürerken; ABD, Güney Kore'de 50 yıl boyunca 30 bin asker bulundurmak zorunda kaldı.

Ancak, Irak'ın büyüklüğü ve operasyonun yapısı dikkate alındığında; Balkanlardaki barış koruma operasyonları göz önünde bulundurulduğunda 10 yıl süresince minimum 75 milyar dolar, maksimum 500 milyar doların gözden çıkarılması gerekiyor.

Yeniden Yapılanma ve Ulus İnşası

ABD yönetiminin Irak politikasında öne çıkardığı en önemli hedeflerin başında ulus inşası ve Irak'ın demokratikleştirilmesi geliyor. Amerikan Başkanı Bush 7 Aralık'ta yaptığı konuşmada şunları söylüyordu:

"Eğer askeri harekat gerekliyse, ABD ve müttefikleri Iraklı insanlara ekonomilerini yeniden yapılandırmaları ve özgürlük kurumlarını oluşturmaları konusunda yardımcı olacak"

Ancak uzmanlara göre bu tür bir projenin ne kadar süreceği son derece belirsiz. Yeniden yapılanma ihtiyaçları; savaş sırasında ne kadar zararın oluşacağına ve Irak ekonomisinin mevcut durumuna bağlı olarak değişecek.

Uzmanlar, kısa savaş olduğu takdirde Irak'ın altyapısının Körfez Savaşı öncesindeki durumuna getirmek için minimum ihtiyaçlar dikkate alındığında 30 milyar dolar bir paraya ihtiyaç duyulacağını kaydediyor.

Eğer ABD'nin geçmişte bazı ülkelere yaptığı Marshall yardımı gibi daha iddialı bir yardım söz konusu olacaksa; ve Marshall yardımında yapılan yardım miktarları dikkate alınacaksa, yaklaşık 60 milyar dolar tutarında bir yardımın yapılması gerekecektir.

Ancak Marshall yardımını yapıldığı ülkelerin savaş öncesi bir demokrasi altyapısı ve sivil toplumu vardı. Bu açıdan Irak daha geri durumda bulunuyor. Ayrıca İslam Cumhuriyeti ve kökten dinci rejim gibi korkular da dikkate alındığında, Irak için 4 değil 6 yıllık bir proje gerekecektir. Bu da 75 milyar dolarlık bir harcama anlamına gelmektedir.

Sonuçta yeniden yapılanma ve ulus inşası projeleri için toplam 105 milyar dolar gerekmektedir.

İnsani Yardım

Geçmiş deneyimler dikkate alınarak Irak'ta 2-4 yıllık bir insani yardım ihtiyacının söz konusu olacağı tahmini yapılıyor. Bu da 1-10 milyar dolar arası bir yardım anlamına geliyor.

Maliyeti Kim Ödeyecek?

Yukarda belirtilen toplam bedeli karşılamak açısından Irak'ın; Afganistan, Sırbistan, Bosna ve Kosova ile kıyaslandığında petrol gibi çok önemli bir avantajı bulunuyor. Eğer petrol üretim rakamı tekrar, günlük 3 milyon varil rakamına çıkarılırsa; mevcut petrol fiyatlarıyla düşünüldüğünde yıllık 25 milyar dolarlık bir gelir söz konusudur.

Ancak bu konuda birçok tartışma bulunuyor. Çünkü bu gelirin öncelikle gıda, ilaç ve diğer günlük yaşamsal ihtiyaçlar için kullanılması gerekiyor. Gelirin bir kısmı Irak'ın ekonomik altyapısını yeniden inşa etmek ve modernleştirmek için kullanılmalı. Buna ilave olarak Irak'ın100 milyar dolara yakın dış borcu ve Kuveyt'in talep ettiği tazminat iddiaları bulunuyor. Yine 2002 yılı itibarıyla 78 milyar dolar tutarında Irak'tan ticari alacak iddiaları bulunuyor ve Irak şu ana kadar bunun sadece 3.6 milyar dolarlık bölümünü ödedi.

Tüm bu alacaklar toplandığında Irak'ın toplam yükümlülükleri 300 milyar dolar gibi bir tutara ulaşıyor.

Bu durum dikkate alındığında; Irak'ın fonlarını ABD işgalini karşılamak için kullanmak ekonomik ve politik açıdan büyük bir hata olacaktır.

Irak'ın öngörüldüğü şekilde yapılandırılması için gerekli paranın nereden bulunacağı buradaki en kritik sorudur.

Körfez Savaşı'nda olduğu gibi ABD'nin diğer ülkelerden mali destek bulması bir yana; bazı ülkeleri koalisyona dahil etmek için hibe ya da borç ertelemesi şekilde mali yardımda bulunması gerekebilir. Beyaz Saray çalışmasına göre, ABD'nin bu amaçla Türkiye'nin borçlarının 4 milyar dolarlık bölümü affetmesi gerekebilir.

BM'nin yıllık barış koruma bütçesinin 2.6 milyar dolar olduğu düşünüldüğünde, BM'den bir şey beklenemeyeceği de ortaya çıkıyor.

ABD Tek Başına Bu Masrafı Karşılar mı?

Geçtiğimiz 40 yıla baktığımızda ABD'nin bu konudaki politikasının genellikle "vur-kaç" olduğunu görüyoruz. En son yaşanan Afganistan savaşı buna güzel bir örnek: 2002 Eylül ayı sonu itibarıyla ABD savaş için 13 milyar dolar harcarken, sivil çalışmalara ve insani yardıma sadece 10 milyar dolar harcadı.

Konuya bu açıdan baktığımızda ve ABD'nin tüm dünya için yıllık 15 milyar dolar yardım paketi ayırdığını düşündüğümüzde, bu kadar kapsamlı sivil çalışmaların yapılmayacağını öngörebiliriz.

Sonuç olarak, ABD muhtemelen iddialı bir ulusal-yapılandırma projesi yerine "yarı-yapılandırmayı" tercih edecek; ayrıca Irak savaşının maliyetini, Irak'ın petrol gelirinden karşılamak isteyecektir.

DAHA GENİŞ EKONOMİK ETKİLER: PETROL PİYASALARI VE EKONOMİNİN GENELİ

Irak'la savaşın maliyeti büyük bir olasılıkla doğrudan bütçe maliyetlerini aşacaktır. Bu durumda, ithal petrolün fiyatının artması, üretim artışının yavaşlaması ve muhtemel ekonomik durgunluk tehdidi etkili olacaktır.

Savaşın daha geniş ekonomik etkilerini irdelemek için; savaşın petrol fiyatlarına etkisi, savaş uzadığı takdirde yaşanacak psikolojik reaksiyonlar gibi faktörlere dikkat edilmeli. Yine son 30 yılda yaşanan tüm ekonomik durgunlukların doğrudan veya dolaylı olarak petrol piyasasındaki çalkantılar, terörizm veya savaşla ilintili olduğu gerçeğine dikkat etmek faydalı olacaktır. Bu nedenlerle öncelikli olarak savaşın enerji ve petrol piyasalarındaki etkisine, sonra da ekonominin daha geniş kısmı üzerindeki etkisine bakmak doğru olacaktır.

Petrol Piyasaları

Dünya kamuoyunda olası bir Irak savaşının gerçek nedeninin, petrolün güvenliğinin artırmak ve Irak'ın petrol kaynaklarının kontrolünü sağlamak olduğuna dair genel bir inanç son derece yaygın durumda.

Petrol kaynaklarının fiziksel zarar görmesi veya üreticilerin savaş sonrası üretimi kısması gibi nedenlere bağlı olarak petrol fiyatları sert bir şekilde yükselebilir. Bu durumda ekonominin geneli ciddi şekilde etkilenecektir.

Petrol fiyatlarında yaşanacak herhangi bir gelişmeden, hiçbir ülke ben güvenli kaynaklardan petrol alıyorum diyerek kendini soyutlayamaz. Çünkü petrol piyasalarındaki herhangi bir gelişme tüm ithalatçılar için fiyatları etkilemektedir.

Şu an OPEC ülkeleri 4 mbpd miktarda fazla üretim gerçekleştiriyor. OPEC dışındaki üreticilerin, üretim fazlası yok denecek kadar az. Geçmişte üretim fazlası 4 mbpd rakamının altına düştüğünde petrol fiyatları sert bir şekilde yükselmişti.

Bu gerçeklerin ışığında konuya bakıldığında, savaşla ilgili en önemli korkulardan birisi Irak'taki ve Kuveyt, İran ve Suudi Arabistan gibi ülkelerdeki petrol üretim kapasitelerinin zarar görmesidir. CSIS'den Cordesman gibi bazı uzmanlar, Saddam'ın bu tür bir etkinliğe girmesini ciddi bir olasılık olarak görüyor ve Irak'taki liderlik tamamen devre dışı bırakılmadıkça bu tür bir riskin devam edeceğini vurguluyor.

Bir diğer tehdit de 1973 Arap-İsrail savaşı sonrasında olduğu gibi ABD ve diğer batılı ülkelere yönelik bir boykot ihtimali.

1970'li yıllarda olduğu gibi petrol-fiyat şokunun gerçekleşmesi ve "kötü durum" senaryosunun yaşanması durumunda, savaşın ABD ekonomisine savaşı izleyen 10 yılda toplam 778 milyar dolar tutarında olumsuz bir etkisi olacaktır. Bu etkinin büyüklüğü, fiyat şokunun büyük veya az olmasına bağlı olarak değişecektir.

Petrolde Mutlu Son Senaryosu

Diğer yandan birçok uzman, Irak'taki başarılı bir savaşın Iraklılarla birlikte Irak petrolünü de özgürleştireceğini iddia ediyor.

Bazı uzmanlar çabuk bir zaferin petrol fiyatları üzerindeki baskıyı azaltarak fiyatların 10dolar / varile kadar düşebileceğini iddia ediyor. Ancak, bu oldukça iyimser senaryonun önünde ciddi engeller bulunuyor:

Petrol sahalarının genişletilmesi için fiziki ve mali ihtiyaçlar, OPEC kotası, OPEC ve diğer üretici ülkelerin Irak'taki petrol üretim artışına karşı çıkmaları, petrol ithal eden ülkelerin Körfez petrolüne daha fazla bağlı kalma yönündeki isteksizlikleri...

Bu senaryonun gerçekleşmesi için ABD'nin Irak'ta yeni petrol bölgeleri oluşturması gerekiyor. Bu da son derece sorunlu ve uzun bir süreç gerektiriyor. Ayrıca, Irak'ın petrol üretim artışı gerçekleştirmesinin önünde en büyük engel olarak OPEC üyeliği bulunuyor.

"İyi durum" senaryosunun 10 yıllık bir dönemde ABD ekonomisi üretim rakamlarını 40 milyar dolar dolayında artıracağı tahmin ediliyor. Bunun ekonomiye toplam etkisi ABD'nin ulusal gelirinde artış ve çok düşük işsizlik oranları olacaktır.

Petrol Piyasalarının Ekonomiye Etkileri (Maliyetler, milyar $, 2002 Fiyatları)

Durum (Vaka)	İthal Petrolün Değeri	Reel Potansiyel Üretim	Reel Ulusal Gelir
Petrol Fiyatı Şoku			
İlk Yıl Etkisi	148	-27	-175
2-9. Yıllar Etkisi	-34	-637	-603
Toplam Etki	114	-665	-778
Üretim Artışı			
İlk Yıl Etkisi	-3	1	5
2-9. Yıllar Etkisi	3	38	35
Toplam Etki	0	40	40

Savunma Harcamalarının Etkisi

Değişik çevreler, ABD'nin Irak'a yönelik olası bir savaş istemesinin başlıca gizli gerekçelerinden birisinin; ABD'deki savunma sektörünü canlandırmak olduğunu iddia ediyor. Bu çalışmaya göre; Bu etki, bu savaş için hayati bir gerekçe değil ve son Körfez Savaşı verileri de bunu gösteriyor. Aşağıdaki tablo çalışmadaki bu tezi ciddi şekilde destekliyor.

Savunma Harcamalarının Geçmiş Savaşlara Ekonomik Etkisi

Savaş	Periyodu	GSYH'nın bir yüzdesi olarak savunma harcamalarındaki (%)	İnşa periyodunda reey GSYH büyümesi (%)
Kore Savaşı	1950:3 ile 1951:3	8,0	10,5
Vietnam Savaşı	1965:3 ile 1967:1	1,9	9,7
Körfez Savaşı	1990:3 ile 1991:1	0,3	-1,3

Savaşın Ekonomiye Toplam Etkisi

2002 yılının ilk dönemlerinden itibaren piyasaların bir savaşa çok da olumlu bakmadığı görülüyor. Hisse değerleri yüzde 25 düşüş yaşadı, dolar değer kaybetti, petrol fiyatları sertçe yükseldi. Böylece kısa bir savaşta ortaya çıkabilecek olumsuz psikolojik yaklaşımlar şimdiden gerçekleşti.

Petrol fiyatlarının istikrarlı olduğu ve zaferin hızlı gerçekleştiği bir durumda, 90-91 yılında yaşanan ekonomik durgunluk muhtemelen gerçekleşmeyecek ve makroekonomik gelişmeler olumlu olacaktır.

Eğer savaş istenmeyen bir biçimde gelişirse, makroekonomik sonuçlar olumsuz olarak gerçekleşebilir. Savaşın uzaması gibi olumsuz gelişmeler yaşanırsa, Irak'ın 1990 yılındaki işgali ve 11 Eylül saldırılarından sonra görüldüğü gibi keskin ekonomik düşüşler yaşanabilir. Bu olumsuz ekonomik gelişmelerin nedeni petrol-fiyat şoku olacaktır. Petrol-fiyat şoku yaşanan son beş ekonomik durgunluğun en az üçü ile bir şekilde ilgilidir.

Olumsuz bir senaryoda petrol fiyatlarındaki artışın etkisinin 2 yıl içersinde son bulacağı düşünülürse, petrol-fiyat etkisinin ekonomiye net maliyetinin 391 milyar dolar olacağı öngörülebilir. Eğer toplam etki göz önünde bulundurulacak olursa bu rakam 492 milyar dolar olacaktır. Bu rakam Körfez Savaşı'nın sonucunda iki yıl boyunca yaşanan ekonomik durgunluk sonucu oluşan üretim kaybı olan 490 milyar dolara yakındır.

Yukarıdaki yaklaşımdan hareket edilerek iyi senaryo için petrol fiyatlarının 2 yıl boyunca dönemsel etkisi hesaplandığında toplam 17 milyar dolar ekonomik kazanç görülecektir.

Irak Savaşının ABD İçin Muhtemel Ekonomik Sonuçları

Bu savaşın ekonomik durumunu Amerika açısından özetleyecek olursak:

a- İyi Durum:

Uzmanlar bu olasılığın yüzde 40 ile 60 arasında bir olasılıkla gerçekleşeceğini tahmin ediyorlar. Yani savaş ortada. Irak çantada keklik değil.

Bu senaryoda ABD ve müttefikleri 4 ile 6 hafta arasında; herhangi ciddi bir engelle karşılaşmadan hızlı ve kesin bir zafer kazanacaklar. Uzmanlar bu senaryoda şu faktörlerin gerçekleşeceğini tahmin ediyorlar:

- Saddam rejimi son bulacak
- Ana kent savaşları birkaç bölgeyle sınırlı kalacak
- Sınırlı sayıda sivil ölecek

- ABD askerlerine, İsrail'e veya bölge ülkelerine karşı ciddi boyutta bir kitle imha silahı kullanılmayacak.
- OPEC tarafından petrol üretim ve ihracında herhangi bir kısıtlamaya gidilmeyecek.
- Suudi Arabistan petrol üretimini artıracak.
- Dost bölge ülkelerine karşı; müttefik ülkelerde önemli ve yaygın bir karşı koyma görülmeyecek.
- ABD, İngiltere veya müttefik ülkelerde ciddi bir terörist hareket yaşanmayacak.
- Irak veya başka bir ülkede petrol üretiminde önemli bir zarar yaşanmayacak.

b- Orta Durum

Uzmanlar bu olasılığın yüzde 30 ile 40 arasında bir olasılıkla gerçekleşeceğini tahmin ediyorlar.

Bu senaryoda savaşın 6 ile 12 hafta arasında son bulacağı tahmini yapılıyor. Ancak uzmanlar bu senaryoda kilit unsurun zaman olmadığı uyarısını yapıyorlar. Yetkililer bu senaryonun ana ve en önemli elementlerinin şu gelişmeler olacağını belirtiyor. Ancak "Orta Durum" senaryosunun gerçekleşmesi için aşağıdaki gelişmelerin hepsini yaşanması gerekmiyor. Bu gelişmelerden birkaçının bir arada yaşanması durumunda dahi bu senaryo gerçekleşiyor:

- Irak'ta belenmeyen bir askeri direniş gerçekleşecek.
- Ana savaş sona erdikten sonra düşük düzeyde sivil çarpışma ve gerilimler yaşanacak.
- ABD ve İngiltere'deki hedeflere yönelik gizli saldırı planları açığa çıkarılacak ve önlenecek; veya sınırlı düzeyde hasar oluşturacak.
- Bazı bölgelerde ciddi kent savaşları yaşanacak.
- Orta düzeyde sivil ölümler yaşanacak, ciddi ikincil zararları görülecek; basında olumsuz haberler yer alacak.

- Irak bölgedeki petrol kaynakların saldıracak ve sınırlı zarar oluşacak.
- Irak ABD askerleri ve İsrail'e karşı sınırlı veya büyük ölçüde ama etkisiz kitle imha silahlarını kullanacak.
- İsrail sınırlı ölçüde müdahale edecek ve bölgede politik gerilim artacak.
- Suudi Arabistan pasif işbirliği sergileyecek. Petrol üretimi artacak ama bu yavaş gerçekleşecek.

c- Kötü Durum

Uzmanlar bu olasılığın yüzde 5 ile 10 arasında olasılıkla gerçekleşeceğini tahmin ediyorlar.

Bu senaryoda savaş 90 ile 180 gün arasında son bulacak. Bu senaryonun anahtar faktörleri şu gelişmeleri içerebilir. Uzmanlar bu gelişmelerin hepsinin bir arada gerçekleşme olasılığının düşük bir ihtimal olduğunu kaydetmekle birlikte, bu gelişmelerin birkaçının gerçekleşmesi en kötü senaryoya yol açacak:

- Irak'ta uzun bir askeri dirençle karşılaşılacak.
- Şiddetli kent savaşları görülecek.
- Ciddi kayıplar ve bunlara bağlı ikincil hasarlar yaşanacak.
- ABD ve İngiltere'de önemli politik problemler ve savaş karşıtı harekatlar başlayacak.
- Iraklılar ABD ve İngilizlere aktif düşmanlık gösterecek.
- ABD, BM'de desteğini kaybedecek.
- İngiltere, Türkiye veya bir müttefik körfez ülkesi ittifaktan ayrılacak.(Türkiye'nin savaştaki rolü Amerikalılara göre kesin)
- Irak kitle imha silahları ile bölgedeki petrol kaynaklarına saldıracak ve önemli ölçüde zarar verecek.
- Irak Arap ülkelerindeki ve Türkiye'deki üslere veya şehirlere başarılı saldırılar gerçekleştirecek.
- Irak ABD askerlerine kitle imha silahları ile saldıracak ve bunların öldürücü etkileri görülecek.

- Irak İsrail'e kitle imha silahları ile saldıracak ve bunların öldürücü etkileri görülecek.
- İsrail savaşa ciddi ölçüde katılacak ve kitle imha silahlarının kullanımı söz konusu olacak.
- Bölgede büyük politik kargaşalar oluşacak.
- Bölgedeki ABD ve İngiltere çıkarlarına karşı ciddi terörist saldırılar gerçekleştirilecek.
- Irak veya sempatizanları ABD ve İngiltere'de gizli saldırılar gerçekleştirilecek.
- ABD'nin kontrol edemeyeceği ölçüde belirli sivil çatışmalar gerçekleşecek.
- ABD'nin insani çabaları yetersiz olacak.
- ABD ve İngiltere sadece Irak halkının düşmanlığıyla karşılaşmayacak, ilerleyen yıllarda daha geniş ölçüde Arapların düşmanlığıyla karşılaşacak.

Çıkan bu askeri ve politik sonuçları; petrol pazar uzmanları, makro ekonomi modelcileri ve mali piyasa uzmanları tarafından değerlendirildi. Sonuçta bu senaryolara bağlı olarak ABD için üç temel ekonomik senaryonun yaşanacağı tespit edildi.

Buna göre bu üç senaryonun ekonomik yansımaları şu şekilde gerçekleşecek;

İyi Durum

Bu senaryo gerçekleştiği takdirde; savaşın ekonomi üzerindeki etkileri son derece sınırlı olacak. Savaşın gerçekleşmemesi durumuyla kıyaslandığında, ekonomi birinci yıl daha hızlı büyüyecek. Toplam talepteki olumlu gelişmeler yüksek devlet harcamalarından ve özellikle de piyasalardaki rahatlamalardan kaynaklanacak. Piyasalardaki rahatlama; savaşın olup olmayacağının bilinmemesinden ve olduğu takdirde nasıl sonuçlanacağının tahmin edilememesinden kaynaklanan belirsizliğin dağılmasından kaynaklanacak. Bu senaryoda enflasyon bir miktar artacak. Bu artış savaşın ilk döneminde petrol fiyatlarındaki çıkıştan kaynaklanacak. Ama savaşın petrol fiyatlarındaki etkisi sınırlı ve geçici olacak. Sonuçta enflasyon hızla düşecek.

Orta Durum

Bu senaryoda, savaşın petrol fiyatlarındaki etkisi daha büyük ve sürekli olacak. Bunda OPEC'in bir grup üyesinin Irak petrol üretimindeki düşüşü karşılamak için petrol üretiminde artışa gitmek istememesinden kaynaklanacak. Bunun sonucunda reel zenginlik, reel gelir ve tüketici güveninde düşüş yaşanmasıyla birlikte tüketici harcamaları düşecek. Bu da tüketici harcamalarında daha büyük ve uzun süreli olumsuzlukların yaşanmasına yol açacak. Benzer şekilde savaşın yatırımlar açısından da büyük ölçüde olumsuz etkileri gözlenecek. Yatırımlardaki bu düşüş hisse senedi değerlerindeki düşüş ve yüksek borçlanma maliyetinden kaynaklanacak. Üretimin azalmasıyla birlikte gelirler ve tüketici harcamaları daha fazla düşecek. Savaş olmadığı durumla kıyaslandığında, 2003 yılında ABD ekonomisindeki büyüme yüzde 1.75 oranında yavaşlayacak. Yine savaş olmadığı durumla kıyaslandığında işsizlik oranı biraz daha yüksek gerçekleşecek ve 2004 yılında bu yüksek seviyede kalacak.

Kötü Durum

Bu senaryoda, petrol fiyatları ilk aşamada dalgalanarak yükselecek. Bunda Irak ve bölgedeki petrol üretim kaynaklarının zarar görmesi etkili olacak. Zamanla petrol fiyatları düşmesine rağmen, başlangıç dönemine göre oldukça yüksek seviyede kalacak. Savaş olmaması ihtimaliyle kıyaslandığında büyüme oranı yüzde 4.5 oranında daha düşük gerçekleşecek ve ekonomi durgunluğa girecek. İşsizlik oranı yaklaşık yüzde 7.5'e yükselecek. Birinci yılın sonunda ekonomi yeniden düzelmeye başlayarak işsizliğin düşmesine yol açacak. Ancak yine de 2004 yılı sonuna kadar işsizlik yüzde 7'nin üzerinde kalacak. Enflasyon ilk etapta keskin şekilde yükselecek ama petrol fiyatları düştükçe ve işsizlik oranları ciddi şekilde arttıkça, enflasyon 2004 yılında savaşın gerçekleşmediği durumdaki düzeye düşecek.

12
ASKERİ HAREKÂT SONRASINDA: IRAK'IN YENİDEN YAPILANDIRILMASI

ABD'NİN IRAK'I İŞGAL ETME ZORUNLULUĞU

Askeri harekatın beklendiği şekilde başarılı olması ve sonucunda Saddam Hüseyin'in ve rejiminin yıkılmasıyla, ABD Irak'ta ilk önemli hedefine ulaşmış olacak, ABD ulusal güvenliğine ve dünya barışını tehdit ettiğini ileri sürdüğü çok önemli bir baş ağrısından kurtulacaktır. Ancak Saddam Hüseyin'in yıkılması, ABD açısından Irak meselesinin sona ermesi anlamına gelmeyecektir. Zira, ABD ve müttefikleri, Saddam Hüseyin devrildikten sonra, Saddam'la başlamamış ve Saddam'ın devrilmesiyle de ortadan kakmayacak, yıllarca süregelen çatışmalarla malul bir ülke devralacaklardır.

Irak, dünyanın en hassas ve kırılgan bölgelerinden birisi olan Ortadoğu ve Körfez Bölgesi'nde, rejiminden bağımsız olarak stratejik değeri büyük bir ülkedir. Bu olgu, "Saddam sonrası Irak?" sorusunu,

Saddam Hüseyin rejiminin yıkılması kadar önemli bir mesele haline getirmektedir.

ABD, Saddam Hüseyin sonrası Irak'ın çoğulcu, katılımcı, toprak bütünlüğü ve istikrarı korunan ve komşularıyla barış içinde yaşayan bir ülkeye dönüştürülmesini istediğini açıklamıştır. Ancak, Saddam sonrası Irak'ta istikrarlı bir yeni düzenin nasıl tesis edileceği, Irak'ın komşularının müdahalesiyle veya iç çatışmalarla parçalanmaya sürüklenmesinin önüne nasıl geçilebileceği, ayrıca bu hedefe ne kadar sürede ulaşılabileceği gibi her biri diğerinden önemli sorulara, henüz ABD Yönetimi de tatmin edici yanıtlar getirememiştir.

Irak'ın toprak bütünlüğünü ve istikrarına büyük önem verdiklerini sürekli açıklayan bölge ülkeleri, Kürtler başta olmak üzere bütün Iraklı muhalif gruplar, ABD'nin Saddam sonrası Irak'a ilişkin bu sorunlara ne şekilde eğileceğini bilmek istemektedir.

ABD'nin Saddam sonrası Irak'taki rolü konusunda, birbirine tamamen zıt iki farklı görüş bulunmaktadır. Bunlardan birincisi, Pragmatik Yaklaşım, diğer ise yeniden yapılandırma yaklaşımıdır.

Pragmatik yaklaşım olarak adlandırılan görüş, Afganistan örneğinde olduğu gibi, ABD birliklerinin ülkeden kısa sürece çekilmesini sağlayacak ve Irak'ın ekonomik ve siyasi dönüşümünü gerçekleştirmek için ABD'nin uzun süreli ve büyük masraf gerektirecek taahhütlere girmesine gerek bırakmayacak bir modele odaklanmaktadır. Bu görüşü savunanlara göre, sonucu ne olursa olsun ABD'nin Irak'ta uzun süre askeri birlik bulundurması, Irak'ı Amerikan boyunduruğuna almaya yönelik emperyalist bir uğraş olarak görülecek ve ABD Irak'ta kaldığı müddetçe Arap dünyasında ABD karşıtı tepkiler artacaktır. Irak'ta ulus inşasına kalkışma girişiminin kendisinin başarısız olması kadar, ABD'nin Ortadoğu'daki diğer müttefiklerinde de ihtilaller meydana gelmesi muhtemeldir.

Irak'taki mevcut istikrarsızlık unsurları dikkate alındığında bu yaklaşımın, Irak'ta iç kargaşaya ve çeşitli güç merkezleri arasında çatışmalara yol açması kaçınılmazdır. Bu bağlamda, ABD birlikleri çekilir çekilmez Kürtler, Şiiler ve Sünnilerin, rakip etnik ve mezhep grupların federal veya merkezi hükümeti kontrol etmelerini engellemeye; federal ya da merkezi hükümetin kontrolünü tek başlarına ele geçirmeye veya federal veya merkezi hükümete katılımlarını ülkenin zengin ekonomik kaynaklarını olabildiğince kendi çıkarlarına kullanmaya yönelmeleri ve bu durumun bir iç savaşa neden olması muhtemeldir.

Saddam sonrası Irak'ta ABD'nin oynayacağı rol konusundaki ikinci görüş olan Irak'ın yeniden yapılandırılması yaklaşımına göre, Irak'taki mevcut siyasi ve sosyal ortam, istikrarlı ve meşru bir hükümet kurulması için elverişli değildir. Nitekim 1932'den bu yana, meşruiyet eksikliği, ülkede sürekli istikrar bunalımlarına neden olmuş, bugüne değin sadece Saddam Hüseyin göreli bir istikrar tesis edebilmiş, ancak bunu totaliter yöntemlerle, kitlesel katliamlarla, sürekli savaş haliyle sağlamıştır.

Bu görüşün temel çıkış noktası, ABD'nin Saddam Hüseyin'i büyük ölçekli bir askeri harekatla devirdikten sonra, Irak'ın yeniden diktatörlüğe veya iç savaşa sürüklenmesine izin vermesinin kabul edilemez olacağıdır.

Bu yaklaşım, Irak'ta siyasi ve ekonomik dönüşümün sağlanması için ABD'nin gerekli kaynakları sarf etmesini gerekli kılmaktadır. Bu bağlamda, ABD ve müttefik ülkelerin askeri birlikleri, Irak'ta yeni bir hükümet ve bu hükümetin kontrolünde olacak yeni bir ordu kuruluncaya kadar Irak'ta kalacaklardır. ABD ve müttefikleri, Irak'ta işleyen bir ekonomik sistem tesis edilmesine yardımcı olacaklar, tam bir Batılı demokrasi ayarında olmasa bile, belki de ilk Arap türü demokrasi olan çoğulcu ve katılımcı bir demokratik sistem kuracaklardır.

Bu görüşü benimseyenlere göre, Irak'ın yeniden yapılandırılması yaklaşımının en önemli avantajı, uzun vadede Irak'ın sorunlarının çözülmesi bakımından en iyi seçenek olmasıdır. Bu yaklaşım Irak'ta farklı etnik ve dini gruplar arasında uzlaşma doğmasını veya en azından bu sorunların güç kullanılmaksızın ele alınmasına imkan sağlayacak siyasi mekanizmaların kurulmasını, ayrıca hiçbir gruba baskıda bulunmayacak meşru bir Irak Hükümetinin tesis edilmesini sağlayacaktır. ABD, bu yaklaşım sayesinde kısa vadede Irak'ın bütün kitle imha silahlarından arındırılmasını sağlayacak ve askeri harekattan sonra insani felaketlerin yaşanmasını engellemiş olacaktır. Uzun vadede, Arap dünyası nezdindeki görüntüsünü değiştirebilecek, istikrarlı, katılımcı ve ekonomik gönence sahip bir Irak yaratmak suretiyle, Arap dünyasının geleceğiyle ilgili olduğunu gösterecektir. ABD'nin yardımıyla, Irak'ta ihdas edilecek bir tür Arap demokrasisi ve Arap türü serbest piyasa ekonomisi, diğer Arap ülkeleri için de bir model teşkil edecektir. Son olarak, ABD, Irak'ta istikralı bir hükümet kurarak, gelecekte Irak'ın içişlerine karışma niyetinde olmadığını gösterecek, Ortadoğu'da yeni bir müttefike kavuşmuş olacaktır.

Yeniden yapılandırma yaklaşımına karşı çıkanlar ise, bu yaklaşım benimsendiği takdirde ABD ordusunun Irak'ta 6 ila 12 muharip tümen bulundurması gerekeceğini, bunun ABD'nin dünyanın diğer bölgelerinde askeri harekat gerçekleştirme imkanlarını büyük ölçüde azaltacağını ileri sürmektedir.[414]

Bush Yönetimi, Saddam Hüseyin sonrası geçiş dönemine ilişkin bu sorular karşısında, bugüne kadar parçalanmaması ya diktatörlük rejimleriyle ya da dış güçlerin müdahalesiyle sağlanabilmiş Irak'ı bir arada tutmak için on binlerce ABD askerinin en az iki yıl ülkede kalması yönünde bir politika benimsemiştir.[415]

İşgal yaklaşımının savunanlara göre, Ortadoğu'nun ve bölge ülkelerinin güvenlik ve istikrarı ve ABD'nin bölgedeki çıkarları; Kürtler ve Şiilerin Saddam sonrası geçiş döneminde yönelebileceği maceraların Irak'ı kargaşaya sürüklememesi; gelişmelerin komşu ülkelerin Irak'a müdahalede bulunmaların yol açmaması gibi önemli değişkenler; ABD'nin Saddam sonrası geçiş döneminde ülke idaresine el koymasını zorunlu hale getirmektedir. Kısacası, Bush Yönetimi, Irak'ta istikrarlı bir hükümet kuruluncaya ve ülkede genel istikrar ve güvenlik sağlanıncaya kadar, ABD ve müttefik birliklerinin Irak'ta kalmasını gerekli görmektedir.

---

414) Kenneth M. Pollack, a.g.y., s.387-395.
415) "*After Hussein: Ethnic, Religious Rifts Test U.S. Hopes for A Stable Iraq*", **The Wall Street Journal**, 12 Kasım 2002.

Bu takdirde, ABD veya koalisyon askerlerinin Irak'taki mevcudiyetlerinin belirli bir hukuki temele dayandırılması ihtiyacı da doğacaktır. Askeri harekatın, BM Güvenlik Konseyi'nden alınacak yeni bir karara dayandırılmış olması durumunda, Irak'ta kalacak ABD ve koalisyon askeri birliklerinin görev mandasının yine bu karar çerçevesinde veya BM Güvenlik Konseyi'nden çıkartılacak yeni bir kararla belirlenmesi yoluna gidilecektir. Askeri harekatın, BM Güvenlik Konseyi'nin yeni bir kararına dayanmaması ve ABD'nin öncülüğündeki bir uluslararası koalisyonun girişimi olarak gerçekleşmiş olması halinde ise, ABD ve müttefik ülke güçleri, Irak'ta kalışlarının Irak halkının talebine dayandırıldığını ileri sürebilecek ve bu bağlamda Irak muhalefetinden yararlanacaktır.

Askeri harekatın ardından ABD ve müttefik ülkelerin birinci önceliği, Irak genelinde güvenliği sağlamak olacaktır. ABD ve müttefikleri bu bağlamda, Irak halkına karşı güç kullanılmamasını ve herhangi bir grubun siyasi gündemini diğerlerine dayatmak için güç kullanmamasını sağlamak durumunda kalacaktır.

Müttefik birliklerin ikinci büyük önceliği, BM kurumlarının ve Hükümet Dışı Kuruluşların devreye girerek bu vazifeyi üstleneceği ana kadar, Irak halkının acil insani ihtiyaçlarını karşılamak olacaktır.

Irak halkının ve Arap dünyasının gözünde işgalci güç görüntüsü vermek istemeyecek ABD, yönetimi kendi güdümünde kuracağı bir geçiş hükümetine devredecektir. ABD'nin, Irak muhalefeti ile özellikle son bir yılda yoğunlaştırdığı temasların arkasında da Saddam sonrası Irak meselesine bugünden yanıt aranması unsuru önemli rol oynamıştır. ABD, Saddam sonrası dönemde kurulacak bu hükümetin ülke içinde meşruiyetinin sağlayabilmesini istemekte ve Irak'ın, Şii ve Sünni Araplar, Kürtler ve diğer gruplardan oluşan mozaik yapısının Hükümete de yansımasını öngörmektedir.

Ancak, Irak halkını temsil edecek bir Hükümetin kurulması zaman alacak, bu süre zarfında Irak'ı ülkedeki ABD birliklerinin başında bulunacak CENTCOM komutanı Orgeneral Tommy Franks idare edecektir.

ABD ordusu, Saddam Hüseyin rejimini devirerek, sonrasında Irak'ta güvenlik ve kamu düzenini sağlaması başarsa da, Irak muhalefeti ve geçici uluslararası bir yönetimin Irak'ın yönetimini devralması gerekecektir. ABD'deki yaygın kanaat, ABD'nin II. Dünya Savaşı sonrasında Almanya ve Japonya örneklerinde olduğu gibi yıllarca Irak'ta kalmak zorunda kalmaması gerektiğidir. Buna göre, ABD ordusu belirli bir süre Irak'ta kalacak olmakla birlikte, nihayetinde Hükümetin Irak halkınca kurulması gerekmektedir.[416]

ABD'nin Irak'ta yeni bir hükümet kurulması için iki farklı yöntem izlemesi muhtemeldir. Birincisi, çatışmaların sona ermesinin ardından geçecek 6 veya 12 ay zarfında yeni anayasayı hazırlamak üzere bir kurucu meclis oluşturulması, çatışmaların sona ermesinden sonra geçecek 12-24 ay zarfında ise kurucu meclis tarafından nüfus sayımı yapılarak, olağan meclis ve hükümet seçimlerinin gerçekleştirilmesi ve hükümetin kurulmasıdır. Böylelikle, Irak'ın idaresi çok kısa bir sürede Irak halkına teslim edilmiş olacaktır. ABD ve müttefik ülkeler, Hükümete ve siyasi kurumlara eski rejimle bağlantısı olmayan yeni isimler getirecektir.[417]

Ancak bugün Irak gerçekleri hakkında her bir kafadan ayrı seslerin çıktığı bir ortamda, bu planın ne ölçüde uygulanabilir olacağı büyük bir bilinmez olarak kalmaya devam edecektir.

IRAK'IN YENİDEN YAPILANDIRILMASI SÜRECİNDEKİ DEĞİŞKENLER VE BELİRLEYİCİ FAKTÖRLER

Genel

Saddam sonrası Irak bakımından demokratik ve çoğulcu, toprak bütünlüğünü ve siyasi birliği muhafaza edilmiş, aynı zamanda da istikrara kavuşmuş bir Irak yaratılması, Kürtler, Şiiler ve Sünnilerin ser-

416) Patrick L. Clawson, a.g.y., s.120.
417) Kenneth M. Pollack, a.g.y., s.407.

gileyecekleri tutum, komşu ülkelerin yaklaşımları gibi, ABD'nin Irak'taki askeri mevcudiyetinin süresini ve şeklini belirleyecek birçok değişkene dayanmaktadır. Ülkedeki dini ve etnik grupların farklı hedef ve beklentileriyle, komşu ülkelerin, ayrıca ABD'nin Irak'taki çıkarlarının bağdaştırılması, kolaylıkla gerçekleşecek hedefler değildir.

Her şeyden önce, Saddam Hüseyin sonrası Irak'la ilgili planları hazırlayan ABD'li uzmanların çoğu, hayatlarının hiçbir döneminde Irak'ta bulunmamışlardır ve ABD, ayrıntılı bir plan hazırlamak için gerekli sağlıklı bilgilerden yoksundur.[418]

Irak Halkının Tutumu

ABD'nin, Irak halkı tarafından ne şekilde algılanacağı da önceden tahmin edilmesi zor bir değişkendir. Bu bağlamda, ABD, Irak halkı tarafından kurtarıcı olarak algılanması, ABD'nin inisiyatifiyle kurulacak Irak Hükümetini Irak halkı nezdinde meşru kılacak, ABD'nin işgalci olarak algılanması halinde, kurulacak Hükümetin meşruiyeti sorunu doğacaktır.

ABD, II. Dünya Savaşı'ndan sonra Almanya ve Japonya'da uzun süre askeri birlik bulundurmuş ve bu ülkelerde ulus inşasında başarılı olmuştur. Ancak Almanya ve Japonya'da işlerin iyi gitmesi, ABD'nin bu ülkelerde mevcut kurumlardan yararlanması ve mümkün olduğunca az değişiklik yapmasından ve Soğuk Savaş'ın yarattığı özel koşullardan kaynaklanmıştır. Irak açısından ise en azından bugün itibariyle böyle bir durum geçerli değildir.

Diğer yandan, Arap dünyasında, İsrail-Filistin ihtilafında İkinci İntifada'nın başlamasının ardından ABD'nin izlediği politikalar büyük rahatsızlık yaratmıştır. İsrail'in kurulmasının ardından bu devletin her zaman yanında olan, ancak Filistin tarafıyla da belirli bir denge gözetmeye çalışan ABD'nin, İkinci İntifada'dan sonra şiddete karşı aşırı şiddet yöntemini kullanan İsrail Başbakanı Sharon'un politi-

418) Anthony Cordesman, "*Rebuilding Iraq*", CSIS, Washington, 2002, s.2.

kalarına basit açıklamalar dışında ses çıkartmaması, ancak İsrail-Filistin ihtilafındaki çözümün ancak Arafat'ın işbaşından uzaklaştırılmasıyla mümkün olacağına dair bir yaklaşım benimsemesi, Arap dünyasında ABD karşıtlığını üst seviyelere çıkartmıştır. İsrail'in dışındaki hiçbir ülke ABD'nin Arap-İsrail ihtilafında aşırı derecede İsrail yanlısı tutum benimsediği konusunda görüş ayrılığı taşımamaktadır. ABD'nin İsrail yanlısı tutum, ironik bir şekilde geleneksel olarak ABD'deki Yahudi toplumunun oy kullandığı Demokratların değil, Cumhuriyetçilerin iktidarda olduğu bir dönemde gerçekleşmesi dikkat çekicidir. Bunda, ABD'deki İsrail yanlısı muhafazakar Hıristiyan sağ çevrelerin Cumhuriyetçi Parti içindeki ağırlığı ve Bush'un güneyli muhafazakar bir Baptist olması da şüphesiz etkili olmuştur.

Bu çerçevede bir diğer önemli faktör, Irak halkının ABD'yi ne şekilde algılamakta olduğudur. Dış dünyaya kapalı bir rejimde yaşayan Irak halkının Körfez Savaşı'ndan bu yana çektiği acılardan ne kadarından ABD'yi, ne kadarından Saddam Hüseyin'i sorumlu gördüğü bu noktada kestirilmesi mümkün olmayan bir değişkendir.

ABD askeri harekatının, süresi ve Irak halkının harekat sırasında ne ölçüde zarar göreceği de, ABD'nin Saddam sonrası Irak'ta ne şekilde algılanacağını belirleyecek önemli bir etken olarak karşımıza çıkmaktadır.

Askeri harekat sonrasında, Irak halkının günlük yaşam koşullarının, en azından kısa vadede bugünküne kıyasla çok daha gerilemesi kaçınılmaz olacaktır. Bu bağlamda, Irak halkı Saddam Hüseyin'den kurtulduğuna sevinecek olsa bile, ABD ve müttefik ülkelerin Irak halkının acil sorunlarına ivedilikle çözüm getirememesi halinde, ABD açısından işlerin sarpa sarması ve ülkede genel bir hoşnutsuzluk ikliminin doğması kaçınılmaz olacaktır.

Etnik ve Dini Grupların Tutumları

Saddam sonrası Irak'ın geleceği bağlamında en önemli belirleyicilerden birisi, harekat sırasında, etnik ve dini gruplar arasında çatışma yaşanıp yaşanmayacağı olacaktır. Bu bağlamda, örneğin harekat sırasında Kürtler ile Sünni Araplar, Kürtler ile Türkmenler, Şiiler ile Sünniler arasında meydana gelecek şiddet eylemleri ve çatışmalar, Saddam sonrası dönemde bu gruplar arasında bir uzlaşma tesis edilmesini ve bu grupları aynı çatı ve rejim altında buluşturmayı imkansızlaştıracaktır.

Bu bağlamda bir diğer önemli etken, etnik ve dini grupların Irak'ın geleceğine ilişkin farklı özlemleri arasında bir denge ve uzlaşma tesis edilip edilemeyeceğidir. Şiilerin ve dahası Kürtlerin yeni rejime ne şekilde entegre edilecekleri, ya da edilip edilemeyecekleri üzerinde düşünülmesi gereken ciddi istikrarsızlık unsurları olarak gözükmektedir.

Irak Muhalefeti ve Irak Halkı

Bir diğer önemli değişken, kendi içinde bölünmüşlüğüne ve gündemlerinin farklılığına rağmen, Saddam Hüseyin'in ve rejiminin yıkılması konusunda bugün görüş birliğine sahip Irak muhalefetinin, Saddam Hüseyin sonrası dönemde ne denli bir uzlaşma kültürü sergileyecekleridir.

Bu grupların, birbirinden farklı demokrasi ve federalizm anlayışlarının, Saddam sonrası Irak düzlemine ne derece oturtulabileceği de belirsizdir. Ayrıca, Irak'ın idaresinin, Kürtler hariç tutulduğunda yıllardır ülke dışında yaşayan Irak muhalefetine devredilmesi meşruiyet ve idarenin Irak halkı tarafından benimsenmesi açılarından büyük sorunlara yol açacaktır. Diğer yandan Irak muhalefeti, ülkenin bütün idaresini kendi başına üstlenecek kadrolara ve yıllardır ülke gerçeklerinden kopuk olmaları itibariyle de ülke idaresi için gerekli siyasi kültüre de sahip değildir. Bu itibarla, yönetime Baasçılardan arındırılmış yerel Iraklıların katılımı meşruiyet ve yeni idarenin Irak halkıyla kan uyumu açısından bir zorunluluk olarak ortaya çıkmaktadır. Bu durumda, Irak muhalefetiyle, yerel Iraklılar arasında ülke idaresinde görüş birliği sağlanması da kolaylıkla gerçekleşmeyecektir.

Komşu Ülkelerin Tutumları

Saddam sonrası Irak'ta ihdas edilecek rejim ve işbaşına getirilecek hükümet, Irak'ın komşuları olan Türkiye, Suriye, Ürdün, Suudi Arabistan, İran açısından büyük öneme sahip olacaktır.

Türkiye'nin öncelikli hedefi, Irak'ın toprak bütünlüğünün ve siyasi birliğinin korunması ve ülkede en kısa zamanda istikrar tesis edilmesidir. Türkiye, K. Irak'ta bağımsız bir Kürt devleti kurulmasına ve Irak'ın etnik veya dinsel kıstaslar temelinde bölünmesine karşı çıkmaktadır. Türkiye'nin kaygıları sadece bağımsız Kürt devleti ile de sınırlı değildir. Türkiye, aynı zamanda, Bağdat'ta merkezi ve güçlü bir hükümetin kurulmasını, ayrıca Türkmenlerin haklarının gözetilmesini isteyecektir.

Kuveyt ve Suudi Arabistan da, Irak'ın Afganistan benzeri bir kargaşaya sürüklenmemesi için Bağdat'ta güçlü bir hükümetin bulunmasını tercih edecekler, Körfez'deki diğer ülkeler kendi iç dinamikleri itibariyle, yeni hükümette Irak Şiilerin ağırlıklı rol oynamasına karşı çıkacaklardır. Irak'ta demokratik bir rejimin kurulmasından da en çok bu ülkeler rahatsız olacaklardır.

İran, Irak'ta Şiilerin ağırlıkta olacağı bir yapıyı tercih edecektir. Bağdat'ta, ABD ile yakın bağları bulunacak bir rejimin işbaşına gelmesi ve sınırının hemen ötesinde ABD askeri birliklerinin bulunması İran'ı rahatsız edecektir. İran'daki aşırı unsurların, Irak içindeki Şii bağlantılarını kullanarak ABD birliklerine karşı çeşitli eylemler gerçekleştirmeleri de ihtimal dahilindedir. Ancak, özellikle Başkan Bush'un 29 Ocak 2002'de yaptığı Birliğin Durumu konuşması kapsamında, Tahran, ABD'nin reflekslerini harekete geçirecek bu tür bir yaklaşımdan kaçınacaktır.

Ürdün, Irak'taki hükümetle iyi ilişkiler geliştirerek, Irak'tan ucuz petrol ithal etme imkanının devam etmesini isteyecektir. Ürdün'ün veya Ürdün'deki belirli kesimlerin, Irak'ta 1958 yılında sona eren Haşimi Krallığı'nın yeniden kurulmasını istemeleri de muhtemeldir.

Suriye ve Mısır, yönelim ve eğilimi fark etmeksizin Irak'ta zayıf bir hükümetin bulunmasını arzulayacaklardır. Mısır açısından bakıldığında, güçlü bir Irak, Arap dünyasının liderliğinde kendisine önemli bir rakip olacaktır. Suriye ise, Türkiye'ye ilaveten yeni bir güçlü komşuyu istemeyecektir. Ayrıca, Irak'ta ABD askerlerinin uzun bir süre kalması, kendi iç dinamikleri itibariyle Suriye'yi rahatsız edecektir.

Bu tablodan bakıldığında, ABD'nin önündeki temel mesele, bölge ülkelerinin kendi içlerinde ve dahası Irak'ın farklı etnik ve dini gruplarının özlemleriyle çatışan çıkarlarıyla, ABD'nin bölgedeki hedef ve çıkarları arasında bir denge kurmak olacaktır.

ABD'nin bölgedeki belli başlı temel hedefleri, ucuz petrol akşının sağlanması ve saldırgan bir bölgesel Hükümetin ABD'nin bu ve İsrail, Ürdün ve Mısır gibi müttefiklerinin güvenliklerinin korunması gibi diğer çıkarlarını tehdit edecek kadar güçlenmemesidir. Bu çıkarların korunması, ya ABD'nin nüfuzu altında olacak güçlü bir Irak'la, ya da daha bağımsız ancak güçsüz bir Irak'la gerçekleşebilecektir.[419]

Ancak, Saddam Hüseyin devrildikten sonra Irak'ın yeniden yapılandırılmasının, özellikle ülkenin parçalanıp parçalanmayacağı ve Irak'ta istikrar kurulup kurulmayacağı açılarından çok daha geniş bir perspektifte incelenmesi gerekmektedir.

---

419) Patrick L. Clawson, a.g.y., s.140.

13
ASKERİ HAREKÂT VE IRAK'IN GELECEĞİ

GENEL

Bugün dünyanın en güçlü ve donanımlı ordusuna sahip ABD'nin, büyük ölçekli bir askeri harekata girişmesi halinde, Saddam Hüseyin'in devrileceğinden kimse kuşku duymamaktadır. Ancak ABD de dahil olmak üzere herkes Saddam Hüseyin sonrası dönemin nasıl olacağı sorusuna yanıt aramaktadır.

Saddam sonrası Irak sorunu temelde aşağıdaki sorularla ele alınmaktadır:

1) Irak'ın parçalanması önlenerek, toprak bütünlüğü korunabilecek midir?
2) Irak'ta istikrar tesis edilebilecek midir?
3) Irak'ta ne tür bir rejim ve yönetim yapısı kurulacaktır?

Bu soruların yanıtı şüphesiz Saddam Hüseyin devrildikten sonra kesinleşecektir. Ancak, başta Türkiye olmak üzere bütün bölge ülkeleri, bu soruların yanıtlarının bir askeri harekattan önce bugünden verilmesi gerektiğini düşünüyorlar.

Aslında, ABD'nin Irak'a karşı bir askeri harekat düzenlemesine özellikle bölge ülkelerinin muhalefet etmesinde, bu ülkelerin Saddam Hüseyin liderliğindeki Irak'tan algıladıkları tehdidin, ABD'nin tehdit değerlendirmeleri ile örtüşmemesi kadar, Saddam Hüseyin sonrası döneme ilişkin bu belirsizliklerden duydukları endişe önemli rol oynamaktadır.

Saddam Hüseyin sonrası döneme ilişkin belirsizlikler, büyük ölçüde etnik ve dinsel farklılıkların Irak'ta bir parçalanmaya veya yıllarca sürecek bir kargaşaya yol açmasıyla bağlantılı görülmektedir. Bugüne kadar, Bağdat'a entegre edilememiş bulunan Kürtler ile Araplar arasındaki etnik farklılığın yanı sıra, Arap halkın da Sünni Arap-Şii Arap olarak ikiye ayrıldığı görülmektedir. Tarihi ve siyasi nedenlerle bu farklılıklar, karşımıza etnik ve dini bir zenginlik olarak değil, potansiyel istikrarsızlık unsurları olarak çıkmaktadır. Bu çerçevede, Kürtlerin 1919-1991 arasında Bağdat'la zaman zaman kesintiye uğrasa da hiç sona ermeyen mücadeleleri, tarihsel nedenlerin en tipik örneğini teşkil etmektedir.

Irak'taki etnik ve dini farklılıklara ilaveten, feodal yapı da halen etkinliğini korumaktadır. Saddam Hüseyin'in yakın çevresinin Tıkrıt kasabasından olması, korumalarının kendi aşiretinden seçilmesi, Irak'ta aşiret düzeninin ve bağlarının halen sosyal yapıda önemli bir etken olduğunu göstermektedir.

Yukarıda belirtilen bu soruların yanıtları aşağıda incelenmektedir.

Irak'ın Parçalanması İhtimali

ABD önderliğindeki bir askeri harekat sonrasında bölge ülkelerinin en çok endişe ettikleri husus, Irak'ın parçalanması ihtimalidir.

Bir senaryoya göre, Irak ya Kürtlerin bağımsızlık ilan etmeleriyle ikiye bölünecek, ya da Kürtlerin yanı sıra, Sünni Arap ve Şii Arap olarak üçe parçalanacaktır.

Bağımsız Kürt Devleti Kurulması

K. Irak Kürtlerinin tarihi, aslında büyük ölçüde Bağdat'a karşı ayaklanmaların tarihidir. Kürtler, Bağdat'a karşı ne kadar zorluk çıkartmış olursa olsun, nihayetinde büyün bu çatışmalar Bağdat'ın ezici üstünlüğüyle son bulmuş, ayaklanmalar kanlı şekilde bastırılmış, sivil Kürt halkı da çatışmalardan nasibini almıştır.

Bu ayaklanmaların hepsinde, bir "dış faktör" devrede olmuştur. Ancak, bu "dış faktör" her seferinde Kürtlerin mücadelesini Irak'a yönelik farklı hedefleri için bir araç olarak görmüş, mücadelenin amacıyla hiçbir şekilde ilgilenmemiştir. Bunun Kürtler açısından her defasında büyük bir trajediye yol açan sonucu, "dış faktör"ün hedefine ulaştığını düşündüğü anda desteğini geri çekmesiyle Bağdat karşısında tek başlarına kalmaları olmuştur.

1969-1975 ayaklanmaları sırasında ABD, İsrail aracılığıyla Kürtlere silah ve para yardımı yapmıştır. Amaç, ABD'nin Ortadoğu'daki jandarması Şah Pehlevi iktidarındaki İran'la, Sovyetler Birliği'yle işbirliği yapan Irak arasındaki Şattül Arap ihtilafında İran'ı kollamaktır. Kürt ayaklanmalarını bastırmakla uğraşan Irak'ın, İran karşısında taviz vermek ve 1975 Cezayir Anlaşması'nın imzalamak zorunda kalmasıyla, hedefine ulaşan ABD'nin Kürtlere desteği son bulacaktır.

İran-Irak savaşı sırasında 1987'de Kürtler bu defa, Tahran'ın desteğiyle ayaklanmış, netice değişmemiştir.

Şubat-Mart 1991 ayaklanmasında da, yine ABD Başkanı Bush'un, Irak halkına ve ordusuna Saddam'a karşı ayaklanma çağrısı etkili olmuştur. Kürtler, bu çağrıyı bağımsızlık yolunda kendilerine yakılan bir yeşil ışık olarak algılamış, bu çağrının aslında kendilerine değil, Irak ordusuna yönelik olduğunu ve Saddam'ın devrilmesi amacıyla sınırlı olduğunu anlayamamıştır. Bu algılama hatasının neticesinde,

1.5 milyon Kürt mülteci durumuna düşmüş, binlercesi hayatını kaybetmiştir.

Nisan 1991'den sonra, "Çekiç Güç" şemsiyesi altına giren ve belirli bir süre ortak hedefler doğrultusunda çalışan Kürtler, 1994'ten itibaren bu defa kendi aralarında, temelinde güç mücadelesi bulunan, ekonomik saiklerle de körüklenen bir savaşa girişmişlerdir. Bu çatışmalarda, her bir taraf -KDP ve KYB- diğerine karşı üstünlük kurmak için yine bir "dış faktör"ü devreye sokmak ihtiyacını duymuş, hatta kendilerine tarihlerindeki en büyük zulmü yaptıklarına inandıkları Saddam Hüseyin'in yardımını istemekten de çekinmemişlerdir. Ağustos 1996'da KYB'nin İran'ın desteğiyle Erbil'i ele geçirmesi, KDP'nin ise Saddam Hüseyin'in güçlerini arkasına alarak karşı saldırıya geçmesi, "dış faktör" olgusunun en tipik örnekleridir.

Bağdat'a karşı ayaklanmalarında ve kendi aralarındaki çatışmalarda "dış faktör" desteğini arayan KDP ve KYB'nin, aralarındaki çatışmaların son bulması da yine "dış faktör"lerin devreye girmesiyle son bulmuştur. 1996'daki Ankara Süreci, 1998'deki Washington Anlaşması bunun akla gelen örnekleridir.

Ancak, dış faktörlerin devreye girmeleri de Kürtlerin birbirlerini öldürmelerine son vermek gibi yalın gerekçelere dayanmamıştır. Türkiye, KDP ve KYB arasındaki çatışmanın PKK'nın bölgedeki etkinliğini giderek artırması ve bunun terörle mücadelesinde yarattığı sorunlar nedeniyle arabuluculuğa soyunmuş, ABD ise Kürtlerin birbirlerini öldürmelerinin, Kürtlerin güvenliğini sağlama iddiasındaki Çekiç Gücü ve dolayısıyla Saddam Hüseyin'i çevreleme siyasetinin temel unsurlarından biri olan Uçuşa Yasak Bölge uygulamasını anlamsız hale getirmesinden duyduğu endişeyle devreye girmiştir.

KDP ve KYB'nin, zaman zaman sergiledikleri işbirliğinde de yine bir dış faktör unsurunun devreye girmesi gerekmiştir. Bu çerçevede, KDP ve KYB arasındaki çatışmaların ekonomik gerekçelerinin ortadan kalkmasında, Petrol Karşılığı Gıda Programından sağlanan gelirin %13'ünün Kürt bölgelerine aktarılması etkili olmuştur.

Zaman zaman çatışan ve yeri geldikçe işbirliği yapan, ancak aralarındaki güç mücadelesi hiçbir zaman sona ermeyen KDP ve KYB'nin üzerinde tereddütsüz uzlaştıkları temel hedef, "şartlar elverdiği" takdirde bağımsız Kürt devleti kurulmasıdır.

Barzani: "Bağımsızlık Hepimizin Hayalidir"

Bir ülkede azınlık konumunda bulunan bir etnik grubun, "etnik" ya da "mikro-milliyetçilik" ideolojisine sarıldığı her durumda, o grubun temel hedefi bağımsızlıktır. Balkanlarda son 10 yıldır bitmek tükenmek bilmeyen çatışmalar bu durumun yakın tarihteki en tipik örneğini oluşturmaktadır.

Irak Kürtlerinin bu olgunun istisnasını teşkil etmeleri için de gerekçe bulunmamaktadır. Irak Kürtlerinin Bağdat'a karşı hemen bütün ayaklanmalarında bağımsızlık güçlü bir motif teşkil etmiştir. Bugün de, KDP ve KYB'nin bağımsız Kürt devleti kurma özlemi taşımaları, Kürt milliyetçiliğinin doğal bir sonucu olarak ortaya çıkmaktadır. Bu olgu en çok KDP lideri Barzani'nin "Bağımsız Kürdistan hepimizin hayalidir" sözünde ifadesini bulmuştur.

Irak Kürtlerinin bağımsızlığı arzulamaları kadar, Türkiye başta olmak üzere, bölge ülkelerinin ve Arap dünyasının, Irak'ta bağımsız bir Kürt devletine son derece karşı oldukları da bir gerçektir. Hatta Türkiye, bu tür bir gelişmeyi "casus belli" (savaş nedeni) sayacağını da ilan etmiştir. Türkiye her ne pahasına olursa olsun Kürt devleti kurulmasına müsaade etmeyecektir ve bunu hem Kürt grupların kendilerine, hem de ABD'ye bildirmiştir.

ABD, Kürt Devleti Kurulmasını İstiyor mu?

Irak Kürtlerinin bağımsız bir devlet kurup kuramayacakları, ne kendilerinin arzularına, ne de bölge ülkelerinin tutumlarına bağlıdır. Nihayetinde, K. Irak'ta bağımsız bir Kürt devletinin kurulup kurulamayacağının belirleyicisi ABD'nin tutumu olacaktır. Bugünkü uluslararası gerçekler dikkate alındığında, ABD'nin K. Irak'ta bağımsız bir Kürt devleti kurmak istemesi durumunda, hiçbir bölge ülkesi bu gelişmeyi engelleyecek güce sahip değildir.

Burada kastedilen, Türkiye'nin veya bölge ülkelerinin böyle bir gelişme karşısında sessiz kalacağı veya askeri önlemlere başvurmayacağı değildir. Kastedilen, ABD'nin desteğiyle bir Kürt devleti ilan edilmesi ve bu devletin ABD başta olmak üzere uluslararası planda tanınması halinde, Türkiye'nin veya bölge ülkelerinin, K. Irak'ı "işgal" veya "ilhak" etmesi de dahil olmak üzere alacağı hiçbir önlemin, "bağımsız Kürt devleti"nin kurulmuş ve tanınmış olduğu gerçeğini değiştirmeyeceğidir. Üstelik, Türkiye veya diğer devletler BM Anlaşması'nı ihlal etmiş olacaklar ve "işgalci" ülkeler konumunu düşeceklerdir.

Yukarıda belirtilen düşünce sistematiğinin doğrudan akla getirdiği ilk soru, ABD'nin bugün K. Irak'ta bir Kürt devleti kurulmasını isteyip istemediğidir.

1991'den itibaren bütün ABD Yönetimleri, Irak'ın toprak bütünlüğünün korunmasına büyük önem verdiklerini ve K. Irak'ta bağımsız bir Kürt devleti kurulmasına karşı olduklarını birçok vesileyle açıklamış bulunmaktadır.[420] Yönetimlerin resmi tutumu bir yana bırakıldığında, ABD'nin bu türden bir "gizli gündemi" bulunup bulunmadığı da sürekli bir tartışma konusu teşkil etmiştir.

Bölgesel ve uluslararası dinamikler ile K. Irak'taki durum dikkatle incelendiğinde, ABD'nin en azından bugün itibariyle, K. Irak'ta bir Kürt devleti kurmak gibi bir "hedefi" bulunmamaktadır. Ancak bu tespit, ABD'de bir Kürt devletinin kurulmasına taraftar olanların bulunmadığı veya bu seçeneğin üzerinde ciddiyetle düşünülmediği anlamına da gelmemektedir. Nitekim özellikle Çekiç Güç'ün ilk yıllarında ABD'de Kürt devleti kurulmasını savunan kesimlerin Kürt devleti kurulması amacına matuf, Türkiye'nin büyük tepkisiyle karşılaşan davranışları da olmuştur.

---

420) ABD Dışişleri Bakanlığı sözcüsü, örneğin 23 Ekim tarihli basın toplantısında bu konudaki bir soruya cevaben, ABD'nin Irak'ın toprak bütünlüğünü desteklediğini ve Kürt devletine karşı olduğunu açıklamıştır.

Burada temel soru, bağımsız Kürt devletinin ABD'ye ne tür yararlar sağlayacağı, diğer bir ifadeyle Kürt devletinin sağlayacağı yararlar ile ABD'nin bölge devletleriyle ilişkileri ve bölgedeki çıkarları arasında ne tür bir "ödünleşmeye"[421] gitmesi gerekeceğidir. Özetle, temel soru, bağımsız Kürdistan'ın ABD açısından ne getireceği ve ne götüreceğidir. Bu soruya verilecek yanıt, büyük ölçüde, ABD'nin Ortadoğu'ya yönelik politikasında Irak'ın nereye oturduğuyla da bağlantılıdır.

K. Irak'ta Bağımsız Kürt Devleti Kurulmasının ABD Açısından Avantajları

K. Irak'ta bir Kürt devletinin ABD açısından sağlayacağı yararlar oldukça tartışmalıdır. Bunlardan ilki, Ortadoğu'daki en büyük devletsiz toplum olan Kürtlerin, nihayet bir devlete kavuşmuş olacaklardır. İkincisi, Kürt devletinin kurulmasıyla Ortadoğu'da Arap devletlerinin dikkatlerinin "Kürdistan" devletine yönelmesiyle, Arap-İsrail meselesi arka plana düşecek, Arap devletlerinin dikkatlerini bu meseleye yoğunlaştıracak olmalarıyla İsrail'in güvenliğinin garanti altına alınması olacaktır.

K. Irak'ta Bağımsız Bir Kürt Devleti Kurulmasının ABD Açısından Dezavantajları

1) ABD'nin destek verip vermediğinden bağımsız olarak K. Irak'ta bir Kürt devleti kurulmasının yaratacağı ilk doğrudan sonuç, ABD-Türkiye ilişkilerinin etkilenmesi ve Türkiye'nin bölgeye müdahale etmesi ihtimalidir.

Bu devletin kurulmasında ABD'nin bir rolü olduğu takdirde, Washington-Ankara ilişkileri ciddi yara alacak ve "stratejik ortaklık" şeklinde nitelendirilen bu ilişkilerin, en azından Ankara bakımından yeniden tanımlanması ihtiyacı doğacaktır. Türk-Amerikan ilişkilerinin niteliği gereği, karşılıklı bağımlılıktan ziyade, Türkiye'nin Kıbrıs,

---

421) "Trade-off".

AGSP ve AB üyeliği gibi uluslararası; savunma sanayii ve askeri malzeme ihtiyacının karşılanması gibi ikili konularda ABD'ye daha fazla muhtaç olduğu ve bağımlılığın tek yönlü tecelli ettiği görülmektedir. Ancak, ABD açısından bakıldığında, Müslümanlıkla demokrasiyi ve laikliği bağdaştırabilmiş bir müttefike, hele İslamcı damgası taşıyan bir AKP iktidarı ve Recep Tayip Erdoğan gibi bir siyasi lidere duyduğu büyük ihtiyaç ortadadır. ABD'nin özellikle terörle mücadelesinin İslama karşı olmadığı söylemini ön plana çıkarttığı bu dönemde Türkiye'ye ve AKP iktidarına her zamankinden daha fazla ihtiyaç duyacağı da bir gerçektir. Kısacası, ABD, Balkanlar'dan Kafkasya'ya ve Afganistan'a kadar uzanan bir coğrafyada işbirliği yaptığı temel bir müttefiki yabancılaştırmaktan bir yarar görmeyecektir.

Ancak bu görüşü savunurken, yine de ihtiyatın elden bırakılmaması gerekmektedir. ABD'deki Kürt devleti kurulması taraftarı çevrelerin, yapılan son anayasa değişiklikleriyle demokratik reformlarını tamamlamış ve AB üyeliği yolunda ilerleyen Türkiye'nin, K. Irak'ta bir Kürt devleti kurulmasından korkması için bir gerek bulunmadığı tezini işlemesi, hatta bu tezi bir ileri aşamaya götürerek, Türkiye'nin böyle bir devlete karşı çıkmaktansa, kendi güdümünde bir devlete dönüştürmeye çalışmasının daha mantıklı olacağı görüşünü savunmaları muhtemeldir. Ancak bu tezin ekonomik ayaklarını oluşturmaya dönük çabalar örneğin petrol bölgelerinin, Kerkük ve Musul gibi Türkiye'nin denetiminde olması görüşü bu çevrelerce şiddetle reddedilmektedir. Türkiye bölgede olacaktır ama petrol ve diğer ekonomik varlıklarla ilişkilenmeyecektir. Bu Türkiye için biçilen rolün geri planını net olarak ortaya koymaktadır.

Ayrıca, bazı çevreler, fiiliyatta bir Kürt devletinin doğduğunu, ABD'nin yapması gereken tek şeyin durumun tescil edilmesinden ibaret olduğunu, dünyada yaklaşık 20 milyon nüfusa sahip Kürtlerin artık bir devlete sahip olmaları gerektiğini ileri sürmektedirler.

Diğer yandan, Türkiye'nin bağımsız bir Kürt devletinden korkması için bir gerek olmadığı tezinin, ABD kamuoyundan önce Türkiye'de işlenmeye başlamış olması da zamanlama itibariyle bir hayli ilginç bir gelişmedir.[422]

2) Irak'ın parçalanmasıyla, İran-Irak dengesi son bulacak ve İran Körfez'deki başat güç haline gelecektir.

3) K. Irak'ın kopması halinde, Irak büyük ölçüde Şii nüfus ağırlıklı bir devlet haline dönüşerek, ülkedeki Şiilerin oranı %65'ten yaklaşık %85'e çıkacak, İran ile Irak Şiileri arasındaki muhtemel bir işbirliği, bütün Körfez'in Şii nüfuz haline dönüşmesine yol açabilecektir. İran ile Şiileşmiş bir Irak arasındaki bu işbirliği, Basra Körfezi'nin bir Şii nüfuz alanı haline gelmesine ve Ortadoğu'daki güç dengesinin temelinden sarsılmasına neden olacak, bu durum İsrail'in güvenliğini de tehlikeye sokabilecektir.

Ancak, askeri harekatı sürükleyen şahinler başta olmak üzere ABD'deki çeşitli kesimler bu görüşe karşı çıkmaktadır. Bu bağlamda, Irak Şiilerinin Arap, İran Şiilerinin ise Farsi olduğu ve Irak Şiilerinde Araplık ve Iraklılık bilincinin Şiilik kimliğinden daha önem taşıdığı ileri sürülmekte, bu duruma örnek olarak 1980-1988 yıllar arasındaki İran-Irak Savaşı'nda, Irak Şiilerinin İran'a karşı ön saflarda sadakatle çarpıştıkları gösterilmektedir.

Bununla birlikte, Kürtlerin, ABD'nin desteğiyle bağımsızlık ilan etmeleri, Irak tarafından tepkiyle karşılanacak ve özellikle geleneksel olarak ABD karşıtı tutum sergileyen Şii çoğunluğun ABD karşıtı radikalleşme eğilimlerine girmesi söz konusu olacaktır. Bu tür bir gelişmenin, İran'daki mollalar tarafından körükleneceği de kesindir.

Irak'ın bağımsız Kürt devletinden algıladığı tehdit değerlendirmesi, kendi Kürt azınlığı ve bu devletin kendisine karşı ABD-İsrail üssü haline gelmesinden endişe duyacak İran'ın tehdit değerlendirmesiyle örtüşebilecek ve Bağdat-Tahran arasında işbirliği ihtimali güçlenecektir.

Bahreyn'de nüfusun %70 oranında Şii olduğu, Suudi Arabistan'ın Irak sınırına yakın petrol bölgelerinde de Şii Arap nüfusun yoğun ol-

---

422) Örneğin Ertuğrul Özkök bu isimler arasındadır.

duğu dikkate alındığında, bir anda bütün Basra Körfezi Şii nüfus alanı haline gelecek, diğer bir ifadeyle petrol Şiilerin denetimine girecektir.

4) ABD, Arap dünyasının gözünde bir Arap ülkesini parçalamış devlet olarak görülecek, bölgede mevcut ABD karşıtı radikal İslami akımlar güçlenecektir.

Arap dünyasında, her geçen gün ABD karşıtı radikal akımlar güçlenmektedir. Bu akımlar özellikle Arap-İsrail ihtilafından beslenmekte ve İsrail'in yakın müttefiki ABD'yi "siyonizm"in bekçisi olarak görmektedirler.

Diğer taraftan, ABD'nin Ortadoğu'daki en yakın müttefiklerinden biri olan Suudi Arabistan'da, ABD karşıtı radikal unsurların güçlenmesi ve bu ülkenin yönetiminin tedricen bu unsurların eline geçmesi ihtimali Washington'ı derinden kaygılandırmaktadır. Aslında, bugün bile bölge devletlerinin bir çoğunda halkın ABD askeri üslerine ve birliklerine karşı duyduğu tepkinin, Hükümetlerin tutumundan bağımsız bir şekilde arttığı görülmektedir.

K. Irak'ta bir Kürt devletinin kurulması, Arap dünyasında İsrail'in kurulması çağrışımlarına neden olacak, ABD'ye duyulan tepki bir anda en üst düzeye çıkacaktır.

5) Bölgedeki bütün devletlerin düşman olacağı denize çıkışı olmayan (landlocked) bir devlet ortaya çıkacaktır.

ABD, bölge ülkeleriyle ilişkilerinin gerilmesi bir yana, bu defa İsrail kadar güçlü olmayan bir devletin güvenliğini sağlamak ve ekonomisini ayakta tutmak gibi ağır bir sorumluluk altına girecektir. Türkiyesiz bunu yapabilmesi mümkün değildir. Bunun için Amerika için çok önemli bir yorumda bulunan stratejist Yaşar Kişi'nin sözünü hatırlatmadan geçmemek gerekiyor: "Amerika Washington'dan vazgeçer ama Türkiye'den asla..."

Diğer taraftan, ABD'nin K. Irak'ta bir Kürt devleti kurmayı istememesi kadar, bu tür bir gelişmenin kendisinin herhangi bir müdahalesi olmaksızın gerçekleşmesi durumunda ne tür bir yaklaşım sergileyeceği de önemlidir.

Bu konuyu biraz açmak gerekirse, muhtemel bir ABD askeri harekatı sırasında, Kürtlerin Kerkük'e girmek istemeleri gibi Saddam Hüseyin'e bağlı olmayan Arapların da tepkisine yol açacak bir davranış, olayları kontrolden çıkartabilecek ve bir Kürt-Arap çatışmasına yol açabilecektir. Böyle bir çatışmanın farklı sebeplerden, Saddam döneminde veya sonrasında çıkması da ihtimal dahilindedir. Böyle bir durumda, Kürtlerin "Bundan sonra Araplarla aynı çatı altında yaşamamıza imkan kalmamıştır" iddiasıyla bağımsızlık ilanı yoluna gitmeleri ve örneğin bir Avrupa ülkesinin bu devleti tanıması durumunda, ABD'nin izleyeceği tutum hayati derecede önem kazanacaktır. ABD'nin bu devleti tanıdığını ilan etmese de, karşı çıkmaması veya sessiz kalması, kaçınılmaz şekilde siyasi "tanıma" olarak yorumlanacaktır.

Kısacası, ABD'nin bağımsız bir Kürt devleti kurmak hedefinin bulunmaması kadar, böyle bir ihtimal gerçekleştiğinde izleyeceği tutum -aktif karşıtlık veya sessiz kalmak- bu devletin akıbetinin belirleyicisi olacaktır.

ABD'nin, yapacağı askeri harekat sonucunda, kendisi böyle istemese de bağımsız bir Kürt devletinin doğmasının bölge ülkeleriyle ilişkilerinde yol açacağı sorunları dikkate alarak, hadiseleri oluruna bırakacak bir tutum izlememesi daha kuvvetli bir ihtimal olarak gözükmektedir.

KDP ve KYB: "Bağımsızlık Özlemimiz, Ancak Gerçekçi Değil"

Bölgesel ve uluslararası dinamiklerin farkında olan KDP ve KYB, ABD'nin bağımsız Kürt devletine karşı en ciddi muhalefeti gösteren Türkiye gibi stratejik öneme sahip bir ülke ile Kürtler arasında tercih yapmak durumunda kalması halinde, tercihini Türkiye'den yana kullanacağından tereddüt duymamaktadır. Bu değerlendirme Kürtlerin bağımsızlık özlemlerinin önündeki başlıca engeli oluşturmaktadır. Aksi takdirde, bir kere bağımsızlık ilan ettikleri ve ABD'nin tarafsız kalması durumunda Türkiye'nin K. Irak'ı işgal etmesi, KDP ve KYB'nin bağımsızlık karşılığında üstlenmeyi göze alabilecekleri bir risktir. Kürtler açısından tek önemli farkı, daha önce yıllarca Bağdat'a karşı verdikleri mücadelenin bu defa Türkiye'ye karşı verilecek olması teşkil edecektir. Bağımsızlık elde edildikten sonra, bu mücadelenin başarılı olup olmaması ve verilecek kayıp bir anlamda marjinal önem taşıyacaktır. Zira, bu durumda Türkiye her anlamda bir "işgalci güç" konumuna düşecektir. Burada Amerika'nın Türkiye'de kendi güdümünde veya desteğindeki İslamcı bir partinin iktidarını istemesi kadar doğal bir sonuç yoktur. İslamcı kimlikli bir iktidar Amerikancı tutumuyla bölgenin anahtarı olabilecek yaklaşımları Amerika adına sergileyebilir.

KDP ve KYB'nin bu değerlendirmeleri söylemlerine de yansımıştır. Barzani ve Talabani, bugünkü bölgesel ve uluslararası şartlarda bağımsızlığı gerçekçi bulmadıklarını, bu nedenle geleceklerini federal ve demokratik bir Irak'ta gördüklerini söylemektedirler. Bu cümle tersten okunduğunda, bölgesel ve uluslararası şartlar elverdiği takdirde, Kürtler açısından bağımsızlık gerçekçi" hale gelecek, KDP ve KYB bağımsızlık ilanında bir dakika dahi tereddüt etmeyeceklerdir.

Burada sorulması gereken soru, Kürtlerin hangi uluslararası ve bölgesel şartları gerçekçi bulacaklarıdır. Bölge ülkelerinin muhalefeti, bağımsızlığın gerçekçi" olmasını engelleyen önemli faktörlerden biridir. Ancak bağımsızlığı tamamen gerçekçi" olmaktan çıkartan faktör, bu aşamada ABD'nin desteğinin bulunmamasıdır.

Diğer taraftan, Türkmenlere göre Türkmen, Kürtlere göre Kürt, Araplara göre de bir Arap şehri olan ve bu etnik gruplardan her birinin iddialarını ispatlamak üzere tarihi belgeler sundukları, zengin petrol kaynaklarına sahip Kerkük'ün Kürtler açısından gerçek önemi, bağımsızlığı gerçekçi yapacak olmasından kaynaklanmaktadır. Diğer bir ifadeyle, bağımsızlığın gerçekçi hale gelmesi bakımından uluslararası koşulların elverişli olması kadar, Kerkük'ün de Kürtlere ait olması önem arz etmektedir. Hatta Kerkük Kürtlere ait olmadığı takdirde, uluslararası koşullar uygun olsa da, bağımsızlık en azından ekonomik açıdan gerçekçi olmaktan çıkacaktır. Kürtlerin, Kerkük konusunda bu kadar ısrar etmelerinin arkasında da bu neden bulunmaktadır. Kısacası Kerkük'e sahip olmak, bağımsızlık yolunda atılacak en önemli adımlardan biridir ve muhtemel bir ABD askeri harekatı Kerkük'ü ele geçirmek için eşsiz bir fırsat yaratacaktır.

Aslında, bugün bağımsızlık gerçekçi bir seçenek oluşturmasa da, Irak'taki statükodan en çok Kürtler karlı çıkmıştır. KDP ve KYB, bugün K. Irak'taki Kürt bölgesinde fiilen egemen durumdadırlar ve bölge geçen 11 yıllık sürede fiili devlet konumuna ulaşmış, bağımsız Kürt devletinin nüvesi ortaya çıkmıştır. Bölge, Petrol Karşılığı Gıda Programı kapsamındaki petrol satışından sağlanan % 13'lük gelirle, ekonomik açıdan da, Irak'ın geri kalan bölgelerinden daha müreffeh bir hale gelmiştir.

Geleceklerini Irak'ta gördüklerini sürekli özenle vurgulayan KDP ve KYB, K. Irak'taki fiili durum sayesinde, Irak'ın geleceği ve Saddam sonrası senaryolarda pazarlık masasına diğer muhalif gruplardan çok daha güçlü oturacak konuma ulaşmışlardır. KDP ve KYB, bu avantajlarını sonuna kadar kullanmaktan çekinmemektedirler.

KDP ve KYB, Saddam sonrası Irak'ta, 1970 Özerklik Anlaşması da dahil olmak üzere, kendilerinin bağımsızlığıyla sonuçlanmayacak her türlü düzenlemeyi, bugünkü konumlarından geri dönüş olarak görmektedir ve böyle bir düzenlemeye razı olmayacaklarını ortaya koymaktadır. Her iki parti de, bağımsızlık için gerekli bölgesel ve uluslararası koşulların bulunmadığının, Kuzeyden Keşif Harekatının sağladığı güvenlik şemsiyesinin sonsuza kadar süremeyeceğinin ve ne şekilde olursa olsun Saddam Hüseyin rejiminin son bulması halinde bugünkü geçici koşulların sona ereceğinin farkındadır. ABD'nin yakın zamanda Irak'a yönelik bir askeri harekata girişmesi, Irak'taki geçici koşulların sona ermesini hızlandıracaktır. Gelişmelerin Irak'ın toprak bütünlüğünü ve siyasi birliğini koruyacağını açıklayan ABD'nin arzuladığı istikamette seyretmesi halinde, KDP ve KYB'nin bugünkü geçici koşullardan kaynaklanan "fiili devlet" konumları da son bulacaktır.

Bu durumun farkında olan KDP ve KYB, askeri harekat öncesinde ulaşabileceklerinin azamisini elde etmek ve bugünkü konumlarını Saddam sonrası düzende de koruyabilmek saikiyle hareket etmektedirler.

Askeri harekatın kendileri için doğuracağı sonuçları önceden bilmek ve bu çerçevede, Saddam sonrası Irak'taki konumlarını şimdiden garantiye almak isteyen KDP ve KYB'nin bugünkü koşullar çerçevesindeki ideali Irak'ın federal bir devlet haline gelmesidir.

Her iki parti de "demokratik ve federal Irak" formülünü bütün ilgili tarafları tatmin edecek bir düzenleme olarak takdim etmek çabasına girişmiştir. Bu bağlamda, bağımsız Kürdistan olması yerine federasyonu tercih edeceğini düşündükleri Türkiye'ye, çoğulcu ve demokratik söylemle kendisi de federal bir ülke olan ABD'ye ve Irak içinde tabanı ve Washington'da Kürtler kadar lobi gücü bulunmayan Irak muhalefetine sevimli göründüklerini düşünmektedir.

KDP ve KYB'nin federasyon tezleri "Irak'ta Kurulacak Rejim ve Yönetim Yapısı" başlığı altında ayrıntılı şekilde ele alınmaktadır.

IRAK'IN ÜÇE BÖLÜNMESİ İHTİMALİ: Şİİ MESELESİ

Irak'ın geleceği ve toprak bütünlüğünün korunup korunamayacağı bağlamında, gündemde olan diğer ihtimal, Irak, Kürt, Sünni-Arap ve Sünni-Şii olarak üçe bölünmesidir.

Bu senaryonun çıkış noktası, Irak'ta nüfusun mutlak çoğunluğunu oluşturan, ancak yıllardır Sünni azınlık tarafından idare edilen Şiilerin, kendi devletlerini kurmak isteyecekleri tezidir.

1991'den sonra yaşanan gelişmelerin kuzey Irak bağlamında ortaya çıkardığı sonuç fiili bir Kürt devletinin oluşumu; güney Irak ve Şiiler bağlamındaki sonucu ise artık Şii meselesinin Irak'ın geleceğinde merkezi öneme sahip olacak bir konu haline gelmesi ve Irak devletinin yeniden yapılandırılmasına yönelik bütün plan ve programlarda Şiilerin haklarına yer verilmesinin bir zorunluluğa dönüşmesidir.[423]

Gelişmeler hangi yönde cereyan ederse etsin, Irak'ın geleceğinde Şii meselesi çok önemli bir rol oynayacaktır. Bu nedenle, Şii meselesi tarihsel perspektif içinde aşağıda ayrıntılı şekilde incelenmektedir.

---

423) "*Declaration of the Shia of Iraq*", http://www.iraqishia.com/

Irak, İran ve Bahreyn'le birlikte dünyada Şiilerin nüfusun çoğunluğunu oluşturduğu üç ülkeden birisidir.

Bugün Irak'ın nüfusu yaklaşık 24 milyon olarak tahmin edilmektedir. Nüfusun %97'si Müslüman olan Irak'ta, etnik olarak Araplar nüfusun %75'ini; Kürtler %15'ini, Türkmenler, Asuriler ve diğerleri yaklaşık %10'unu oluşturmaktadır.

Müslüman nüfus kendi içinde Şii-Sünni olarak ikiye ayrılmaktadır. Bu bağlamda, Şiiler nüfusun yaklaşık %60-65'ini; Sünniler %32-37'sini teşkil etmektedir.[424]

Etnik çizgiler ile dinsel çizgiler arasında da kesin bir ayrım bulunmamaktadır. Bu çerçevede, örneğin etnik açıdan farklı olan Kürtlerin ve Türkmenlerin çoğunluğu Sünnidir. Ancak, Şii Kürt ve Türkmenler de bulunmaktadır.

Arap Şii nüfusun büyük bir kesimi Irak'ın güneyinde yaşamakta ve bu bölgede nüfusun büyük çoğunluğunu oluşturmaktadır. Şii Irak, Basra Körfezi'nden başlayarak Şattül Arap'tan kuzeye Basra'ya uzanmakta, Dicle-Fırat vadisinde genişlemekte, Bağdat'ın güneyindeki Samara'da son bulmaktadır.[425] Bağdat'ta da Şiiler çoğunluğu teşkil etmektedir.

Şiilik Irak'ta doğmuştur ve bugün Şii mezhebinin iki kutsal kenti olan Necef ve Kerbela Irak'tadır. Bu iki şehir İslam tarihinde Şii öğretisinin merkezi olmuştur.[426] Necef ve Kerbela, 18. yüzyılın ikinci yarısından itibaren Şiilerin yerleşim merkezi haline gelmiştir.[427]

---

424) **CIA Worl Fact Book**; http://www.cia.gov/cia/publications/factbook/geos/iz.html#Intro

425) Sandra Mackey, **The Reckoning: Iraq and the Legacy of Saddam Hussein**", W.W. Norton Company, New York, 2002, s.76.

426) Sandra Mackey, a.g.y., s.247-261.

427) Necef, Hz. Muhammed'in damadı Hz. Ali'nşin, Kerbela, Hz. Muhammed'in torunu Hz. Hüseyin'in türbesinin bulunduğu kentlerdir. Hz. Muhammed'in nesbi, kızı Hz. Fatma ile Hz. Ali'nin evliliğinden doğan çocuklarıyla devam etmiş, bu alieye mensup kişilerEhl-i Beyt oalrak adlandırılmıştır. Şii mezhebinde Ehli Beyt, kutsal sayılmakta ve Hz. Muhammed'den sonra en şok saygıya mazhar kişiler olarak görülmektedir. Bkz. Yitzhak Nakash, **The Shi'is of Iraq**, Princeton University Press, Princeton/New Jersey, 1994, s. 13-25.

I. Dünya Savaşı'ndan sonra İngiliz sömürgesi olan Irak'ta, 1920 yılında İngilizlere karşı Şiiler ve Sünnilerin işbirliği yaptığı bir ayaklanma başlamış, ancak İngilizler bu ayaklanmayı bastırmıştır. Ayaklanmanın başarısızlığındaki temel etken, ülkede çoğunluğu oluşturan Şiilerin dini liderleri olan müçtehidler ile Sünni politikacılar arasındaki anlaşmazlık olmuştur.

İngilizler Ağustos 1921'de Irak'ın başına Şerif Hüseyin'in oğlu Faysal'ı kral tayin etmişlerdir. 1920'de Şehy İsfahani'nin ölmesiyle başsız kalan ve lider seçmekte başarılı olamayan Irak Şiileri, Faysal'ın krallığını kabul etmek zorunda kalmışlardır. Irak Şiileri, aynı zamanda, Şerif Hüseyin ailesiyle İbni Saud ailesi arasındaki anlaşmazlığı da dikkate alarak, Vahhabi mezhebine mensup Suudlar karşısında, Faysal'ın korumasından istifade edeceklerini hesaplamışlardır. Kral Faysal, kendisini İngilizlerin göreve getirmesine rağmen, temel amacının Irak'ta İngiliz mandasına son vermek olduğu konusunda Şiileri ikna etmekte başarılı olmuştur. Bütün bu faktörler ışığında Şii müçtehidler, Kral Faysal'a şartlı destek vermiş, böylelikle Irak siyasetinde etkin bir rol oynamayı hedeflemişlerdir.

Bununla birlikte, Kral Faysal, Şii müçtehidlerden çekinerek, güçlerini törpüleme yoluna gitmiştir. Şii müçtehidlerin 1923'te düzenlenen Anayasal Meclis seçimlerini protesto etmeleri üzerine Kral Faysal, çoğu Fars asıllı bu müçtehidlerin ülkeyi terk etmelerini emretmiştir. Şiilerin 1923 seçimlerine katılmamaları, ülke siyasetindeki etkinliklerini kırmış, Irak'ta İngiliz mandası sırasında devlet ve siyaset kurumlarının oluşturulması sürecinde, Sünni Arap azınlık, diğer mezhep ve etnik gruplara karşı üstünlük kurmuştur. Pan-arabizm Irak'ta temel milliyetçi akım haline gelmiş ve Hükümetin izlediği politikalar, ülkedeki Şiilerin konumlarını sarsmıştır. Modern devletin doğuşu sırasında Şiiler Irak siyasetine katılımlarını artırmaya ve Şii Iraklı kimliklerini devlet mekanizmasına uyumlu hale getirmeye çalışmışlardır. Şiiler, Irak siyasi hayatında önemli konumlara gelmek istemiş, bu durum Şiiler ile Sünniler arasındaki gerginliği besleyen önemli bir faktör olmuştur.

1920'lerde Sünni Yönetimler, Hükümete sadece bir Şii bakan atamışlar, Şiileri ülke yönetiminden ve kamu hizmetinden uzak tutmaya çalışmışlardır. Yeni Irak devletinde Bağdat'ın temel merkez konumuna yükselmesiyle, Necef ve Kerbela'nın önemi ve Irak politikasındaki etkinliği azalmıştır. Sünni Hükümetler, Şii eliti bölmekte başarılı olmuştur. Büyük aşiret ağaları Irak siyasetinin önemli aktörleri haline gelirken, devletin, siyaset ile din işlerini birbirinden ayrılması çabaları, Şiilerin liderleri olan "müçtehid"lerin ülke siyasetindeki ağırlıklarının azalmasına yol açmıştır.

Modern Irak'ta güçlü bir Şii dini kurumu ortaya çıkmamıştır. Geleneksel güç siyasetinin bir parçası olma vasfını muhafaza edebilmiş ve Pehlevi hanedanının iktidarında ülke siyasetinde etkili olabilmiş İran'daki "ulema"nın aksine Irak Şiileri, ulusal politikaların şekillenmesinde yönlendirici olamamışlardır. Devlet, Şii müçtehidlerin güçlerini azaltmış, medrese ve vakıf gibi Şii kurumlarını kontrol altına almış, Muharrem törenlerini yasaklamıştır.[428]

Irak'ın bağımsızlığını kazandığı 1932 yılından itibaren Sünni Araplar, ülkede Şiileri siyasi bir tehdit olarak algılamış ve devleti tekellerine almışlar, ellerindeki gücü Şiilerin aleyhine Sünnilerin ekonomik ve sosyal çıkarlarını korumak için kullanmışlardır.[429]

Şiiler, bu durumu, bağımsızlığı için herkesle birlikte mücadele verdikleri Irak devletinin, idari ve siyasi işlerinin mezhep esasına göre ve Şii karşıtı olarak yapılandırılması şeklinde yorumlamışlar, kendilerine karşı uygulanan ayrımcılığın tek nedeninin Şii olmalarından kaynaklandığı sonucuna varmışlardır.[430]

Irak'ta ilk büyük Şii ayaklanması 1935'te yaşanmıştır. Ayaklanmanın sebebi, 1933'te Kral Faysal'ın ölmesinin ardından, Ali Cevdet El-Eyyubi Hükümetinin 1934'te meclisi feshederek, yeni meclis seçimlerine gitmesi ve bu seçimlerde Şiilere ayrılmış kontenjanları Bağdatlı Sünnilere vermesidir. 1935 yılının ilkbaharında başlayan ayaklanma, aynı yılın ortalarında bastırılmıştır.

---

428) Yitzhak Nakash, a.g.y., s.271.
429) Kenneth M. Pollack, a.g.y., s.141.
430) "*Declaration of the Shia of Iraq*", http://www.iraqishia.com/

1940 ve 1950'ler boyunca, Şiiler ile Sünniler arasındaki güç mücadelesi, bu dönemde eğitimli Şiilerin sayısının artmasıyla artarak devam etmiştir. Sünni idareciler, Şiilerin yönetimde yer almak için yaptığı baskılar karşısında, kamu hizmetine alınan Şiilerin sayılarını tedricen artırmış, ancak aynı dönemde bürokrasinin genişlemesi sayesinde üstünlüğü muhafaza etmişlerdir.

Irak'ta 1958 darbesiyle Meşrutiyetten Cumhuriyete geçilmesi de Şiilerin durumunu değiştirmemiş, Şiiler ülkede nüfusun büyük çoğunluğunu oluşturmalarına rağmen ikinci sınıf vatandaş muamelesi görmeye devam etmişlerdir.

Iraklı Şiiler, Muhammed Bekir Al-Sadr liderliğinde 1960'lı yıllarda "Al-Dawah al-İslamiyye" (İslam'a Çağrı) isimli örgütü kurmuşlardır. Şii uleması tarafından oluşturulan bu örgüt, 60'lı yıllar boyunca gizli faaliyet göstermiş, 1970'lerin başında Kerbela, Necef ve Kadhimain'de Baas rejimine karşı açık etkinliklerde bulunmaya başlamıştır.

Saddam Hüseyin rejimi döneminde de Şiilere yönelik baskılar artarak devam etmiştir. Şii toplumunu memnun etmek için içlerinden bazılarına önemli görevler verilmişse de, gerçekte bütün güç Sünnilerde toplanmıştır. Dahası, rejime destek veren birkaç Şii aşireti dışındaki bütün Şiiler Saddam rejimi tarafından tehdit olarak algılanmıştır. Bunun sonucunda, güvenlik güçleri Şiiler üzerinde daha fazla baskı kurmuş, Şiiler zor ekonomik koşullarda yaşamışlardır.

Al-Dawah ile Baas rejimi arasında zaman zaman yaşanan gerginlik, İran'da Humeyni'nin başa gelmesiyle sonuçlanan ihtilalden sonra gerginleşmiştir. 1980'lerin ilk günlerinde Saddam Hüseyin, yaklaşık 15.000 İran asıllı Irak vatandaşını sınır dışı etmiş, bu gelişme üzerine Irak Şiilerinin dini önderi Muhammed Bekir el-Sadr, Baas rejimi karşısında Şii-Sünni dayanışması fikrini savunmuştur. Nisan 1980'de Başbakan Yardımcısı ve Devrim Komitesi üyesi Tarık Aziz'e karşı girişilen suikasttan Şiiler sorumlu tutulmuş ve El-Sadr ve kızkardeşi Emine Binti El-Huda Necef'te tutuklanmış, işkenceden geçirildikten sonra öldürülmüşlerdir. Şii kaynakları, Emine Binti El'Huda'ya, kardeşinin önünde defalarca tecavüz edildiğini ileri sürmüşlerdir. Kampanya Al-Dawah'nın lider kadrosunun teker teker öldürülmesiyle devam etmiştir. Humeyni'nin, Irak Şiilerine yönelik Baas rejimine başkaldırı çağrıları durumu daha da kötüleştirmiştir.

Saddam Hüseyin'in 17 Eylül'de kameralar önünde Cezayir Antlaşması'nı yırtmasıyla patlak veren İran-Irak savaşının çıkış nedenleri arasında, Irak Şiilerinin İran'daki devrimden etkilenmesinden duyduğu korku da rol oynamıştır.

Al-Dawah, ideolojik olarak İran Şiilerine yakın olmamakla birlikte, Irak'taki başka bir Şii hareketinin lideri olan Farsi kökenli Muhammed Bekir el-Hakim, 1980'de İran'a kaçmış, İran'daki İslam ihtilali benzeri bir devrimin Irak'ta da gerçekleştirilmesi amacıyla bir "Sürgünde Hükümet" kurmuştur. Humeyni'nin himayesine giren el-Hakim, Irak'ın "Huccetül İslam"ı ilan edilmiş, savaşta saf değiştiren Irak Şiilerinden oluşan bir ordu kurmuş, bu ordu Irak içinde sabotaj eylemleri düzenlemiştir.

Saddam'ın bütün endişelerine rağmen, Irak Şiileri, Sünni Iraklılarla birlikte Şii İran ordusuna karşı savaşmış ve 1980-1988 yıllarında cephede verilen ortak mücadele Şiilerin Bağdat'a karşı bağlılıklarını artırıcı etkide bulunmuştur.[431] Ancak İran-Irak Savaşı'nda Saddam rejimi milyonlarca Şiiyi askere almış olmasına rağmen, örneğin askeri istihbarat gibi hassas görevlere Şiiler yaklaştırılmamış, çok az sayıda Şii subay üst düzey görevlere atanmıştır. Körfez Savaşı'ndan önceki dönemde de Şiiler kötü koşullarda yaşamış, hatta Saddam rejimi Şii tanımının kullanılmasını dahi yasaklamıştır.[432]

Şiilerin Sünni Arapların kontrolündeki Baas rejimine karşı sadakatleri, 1991 yılına kadar devam etmiştir. Körfez Savaşı'nın başlamasıyla, Saddam'ın mutlak mağlubiyetine hükmeden Şiiler, ilk önce 10 Şubat'ta Bağdat'ın yaklaşık 200 km güneyindeki Divaniyya kasabasında ayaklanmışlardır. Şii ayaklanması, Mart ayında genişleyerek yayılmış, 7 Mart'ta Necef ve Kerbela'yı da içine almıştır. Onlarca Baas yetkilisi infaz edilmiştir.

---

431) Sandra Mackey, a.g.y., s.247-261.
432) Kenneth M. Pollack, a.g.y., s.141.

8 Mart'ta İran Cumhurbaşkanı Haşimi Rafsancani, Saddam Hüseyin'i kınayarak istifa etmesi çağrısında bulunmuş, hemen ardından Mart ayının ortalarına doğru Şii ayaklanmasına var gücüyle destek vermiştir.

İran ve Şii faktörü, Kuveyt ve Suudi Arabistan'ı derin endişeye sürüklemiş, neticede ABD'li General Schwarzkopf ile Iraklı yetkililer arasında Safwan'da imzalanan ateşkes anlaşmasında, helikopter uçuşları Irak'ın hava kuvvetlerine getirilen uçuş yasağının kapsamı dışında bırakılmış, Saddam tarafından Koalisyon kuvvetlerine karşı cepheye sürülmemiş olan Cumhuriyet Muhafızları, helikopterlerle bölgeye sevk edilmiş ve Şii ayaklanması kanlı biçimde bastırılmıştır.[433]

Ayaklanma sırasında Necef'te düzen sağlamak için gayret gösteren ve Irak Şiilerinin en saygın ruhani lideri Ayatullah Abu al-Kasım el Hoyi, Bağdat'ın ayaklanma bölgelerini kontrol altına almasının hemen akabinde Saddam Hüseyin tarafından zorla Bağdat'a getirilmiş ve Saddam'la birlikte televizyon kameralarının önüne geçerek, ayaklanmayı kınamıştır.[434]

1991 ayaklanmasının en doğal sonucu, Irak'ın İngiliz mandasına girdiği ve daha sonra bağımsızlığını elde ettiği dönemden itibaren ülke yönetimindeki etkinliklerini ülkedeki Şii çoğunluğuna kaptırmama mücadelesi veren Sünni Arapların, İran destekli yeni bir Şii ayaklanmasından derin kaygı duymaya başlaması oldu.

---

433) Başkan Bush'un Saddam rejimine karşı Irak halkını ayaklanma çağrısına rağmen ABD'nin helikopter uçuşlarını serbest bırakmasının gerçek sebebi, Saddam'ın devrilmesinin, Irak'ı bir kargaşaya, hatta parçalanmaya sürükleyebileceği endişesidir. Diğer yandan, İran'daki Şii devrimine karşı ABD'de duyulan tepki, ABD Büyükelçiliklerine ve askeri tesislerine saldırılar, Şiiler tarafından gerçekleştirilen uçak kaçırma ve rehin alma eylemleri, ABD kamuoyunda Şiilere karşı bir tepki de yaratmıştır. ABD, Ortadoğu'da başka bir Şii devleti yaratmak istememiştir. Bkz. Sandra Mackey, a.g.y., s.285-290 ve 349 Amatzia Baram, a.g.y., s.15-30. Dönemin Ulusal Güvenlik Danışmanı B. Scowcroft daha sonra yaptığı açıklamada, "Görünürde cazip olan Saddam Hüseyin'den kurtulmanın sorunlarımızı çözmeyeceğini ve çıkarlarımıza hizmet etmeyeceğini anladık ve problemli bir alternatifi tercih ettik. Saddam'ı devirmek için savaşa devam etseydik, bugün çok daha kötü bir durumda olabilirdik" demiştir.

434) Sandra Mackey, a.g.y., s.316.

1991'deki Şii ayaklanmasından sonra Saddam Hüseyin'in propaganda makinesinin bu korkuyu körüklemesi, ayaklanma sırasında Şiilerin teslim olan Sünni Baasçıları idam etmeleri de bu kanaati güçlendirdi ve Sünni Arapların Saddam'ın etrafında kenetlenmesine yol açtı.[435]

Saddam Hüseyin, 1991 ayaklanmalarını bastırdıktan sonra Şiilere yönelik baskılarını daha da artırdı. Güney Irak'ı demir yumrukla idare etmeye başladı, çok sayıda Şii lideri idam etti. Birçoğunu hapse attı ya da ülkenin diğer kesimlerinde sürgüne gönderdi.1991 ayaklanmalarını kınamak zorunda kalan, Şiilerin en saygın önderi konumundaki Ayetollah Abul Qasim Al-Huyi, 1992'de Hükümetin göz hapsinde yalnız bir insan olarak öldü.

Saddam Hüseyin'in Şii halka yaptığı baskıların artması, artan uluslararası kamuoyu baskısıyla ABD'nin isteksiz de olsa harekete geçmesine yol açtı ve ABD, Ağustos 1992'de 32. paralelin güneyinde uçuşa yasak bölge ilan etti. Böylelikle, Kürtlerden sonra, Şii Araplar da ABD koruması altına alınmış oldu.

Ancak, Saddam hiçbir zaman kuzeyde yaptığı hatayı tekrarlamadı ve ordusunu güney Irak'tan çekmedi. Neticede, bölgede kesin kontrolünü ve Şiilere yönelik baskılarını devam ettirdi. 1998'de iki Şii lider öldürüldü. Örneğin Eylül 1998'de, yaklaşık 20,000 Şii toplama kamplarına gönderildi, Ocak 1999'da yüzlercesi idam edildi.

Saddam Hüseyin'in Şiiler karşısında aldığı bir diğer etkin önlem, Necef ve Kerbela'nın önemini azaltmaya çalışmak ve bu şehirlerdeki kutsal mekanların ve mezarlıkların birçoğunu çeşitli proje bahaneleriyle yerle bir etmek oldu.

19 Şubat 1999'da Saddam tarafından seçilmiş olan önde gelen Şii lider Ayetullah Muhammed el-Sadr düzenlenen suikastte hayatını kaybetti. El-Sadr bir yıl içinde öldürülen üçüncü Şii liderdi.[436]

---

435) Amatzia Baram, a.g.y., s.31.
436) "**United States Policy Toward Iraq**", Hearing Before the Subcommittee on Near Eastern and South Asian Affairs of the Committee on Foreign Relations United States Senate, 106th Congress, Us Government Printing Office (9 Mart) 1999, s. 7.

Irak Şiileri Ne İstiyor?

Merkezi Bağdat Hükümetlerinin bugüne kadar Şiilere uyguladığı baskı ve sindirme politikaları, Irak Şiilerinin ideolojik ve dinsel kaygılardan uzak kendine özgü bir topluma dönüşmesine neden olmuştur. Diğer bir ifadeyle, Şiilerin ayrı bir entite ve sosyal sınıf olarak ortaya çıkmaları, kendilerinin mezhepsel veya dinsel kaygılarından daha çok, maruz kaldıkları ayrımcılıktan kaynaklanmıştır.[437]

Bu durum çerçevesinde, Şii meselesinin Irak düzlemine tam olarak oturtulabilmesi bakımından aşağıdaki soruların yanıtlanması gerekmektedir:

a) Şiiler, Irak'tan ayrılarak, ayrı bir devlet veya entite kurmak istemekte midir?
b) Şiilerin Irak'ın geleceğine yönelik beklentileri nelerdir?
c) Irak Şiileri ile İran arasındaki ilişkiler nasıldır, bu ilişkilerin gelecekte Körfez Bölgesi'ne muhtemel yansımaları neler olabilir?

Şiiler, Irak'tan Ayrılarak, Ayrı Bir Devlet veya Entite Kurmak istemekte midir?

Şiiler modern Irak tarihinin hiçbir döneminde, ayrı ve bağımsız bir devlet kurma hedefi gütmemişlerdir. Gerek dini Şii akımları, gerek dinsel olmayan Şii akımlar, Irak'ın toprak bütünlüğüne ve siyasi birliğine sadık kalmış, ayrılıkçı eğilimlere sürüklenmemişlerdir. Irak toprak bütünlüğünün ve siyasi birliğinin korunması, hemen hemen bütün Şii muhalif hareketlerin ortak noktası olmuştur. Şiiler, Irak'ın çok etnikli ve çok mezhepli Irak'ın sorunlarının ancak bütünlüğünü muhafaza etmiş bir Irak'ta çözülebileceği görüşünü taşımaktadırlar.[438]

Körfez Savaşı sonrası dönemde, Kürtler ile Şiilerin özlemleri arasındaki farklar da ortaya çıkmıştır. Şiilerde 1921'de Irak devletinin kurulmasından sonra ortaya çıkan Iraklılık bilinci birinci planda yer

---

437) Yitzhak Nakash, a.g.y., s.271.
438) "*Declaration of the Shia of Iraq*", http://www.iraqishia.com/

almıştır. Kürtler ise ayrı bir etnik ve dini grup olarak Kürt kimliklerini muhafaza etmektedir.

Irak Şiilerinin, Sünni Arap rejimlerle zaman zaman yaşadıkları şiddetli sorunlar, Irak'tan ayrılarak bağımsız bir Arap-Şii devleti kurmak istemelerinden değil, nüfus oranlarına göre ülke yönetiminde temsil edilme ve rol oynama istekleri çerçevesinde, Sünni Araplarla yaşadıkları güç mücadelesinden kaynaklanmıştır.

Irak Şiilerinin temel hedefleri, 1991'de başlayan ve kısmen 1992'de devam eden ayaklanmalarda görülmüş, bu kapsamda Şiiler ayaklanmanın devlete değil, Saddam Hüseyin'e ve rejimine karşı olduğu temasını özenle işlemişlerdir. Kürtler ise sürekli olarak daha fazla özerklik peşinde koşmuşlardır.

Körfez Savaşı'ndan sonra Irak muhalefetinin çeşitli unsurları Saddam Hüseyin ve rejimi karşısında ortak bir cephe olarak hareket etmek istemiş, Kürtler, bu gruplarla sınırlı işbirliği yapmış, kendi kendilerini yönetme ve özerkli konusundaki özlemlerini hiçbir zaman arka plana itmemişlerdir. Irak Şiilerinde bu tür bir yaklaşım görülmemiştir.

Şiilerin Irak'ın Geleceğine Yönelik Beklentileri Nelerdir?

Irak Şiileri, Irak'ın gelecekteki yapısındaki beklentilerini, 2001 ve 2002'de Londra'da yaptıkları toplantılar sonucunda yayınladıkları manifestoyla açıklamıştır. Laik, dinsel ve bütün diğer Şii muhalif grupların yayınladıkları manifestoda, Şiilerin beklentileri üç maddeyle özetlenmiştir:

i. Diktatörlüğün lağvedilerek, yerine demokrasinin ihdas edilmesi,
ii. Etnik ayrımcılığa son verilerek, Irak Kürdistan'ı için federal bir yapı kurulması,
iii. Şiilere karşı ayrımcı politikalara son verilmesi.

Manifestoda, Şiilerin Irak vizyonu da aşağıdaki maddelerde yer alan görüşlerle özetlenmekteydi:

i. Bütün etnik ve mezhepsel ayrımcılığa son verilmesi ve bu tür hatalı politikaların yol açtığı izlerin silinmesi,
ii. Bir etnik grubun veya mezhebin, diğerlerine üstünlük kurmasını engelleyecek demokratik parlamenter bir anayasal düzenin kurulması,
iii. Bütün Iraklılar için tek tür bir vatandaşlık sağlayacak ilkelerin güçlendirilmesi, ulusal birliğin tesis edilmesi için tek yol olarak ortak vatandaşlık anlayışının benimsenmesi,
iv. Bütün Iraklıların ulusal, etnik, dini ve mezhepsel kimliklerine tam saygı gösterilmesi,
v. Etnik, dini ve mezhep kimlikleri bağlamında farklılık ve çoğulculuk parametreleri çerçevesinde, Irak devletinin ve halkının birliğinin ve bütünlüğünün teyit edilmesi,
vi. Sivil toplumun ve sivil toplum kuruluşlarının temel unsurlarının inşa edilmesi ve desteklenmesi,
vii. vii. vii. Seçilmiş yerel idareler ve meclislere yetkilerin dağıtımını ve geniş bir ademi merkeziyetçiliği esas alan federal bir yapı tesis edilmesi,
viii. Evrensel insan haklarına tam saygı gösterilmesi,
ix. Irak halkının ve toplumunun İslami kimliğinin korunması.

Şiiler, manifestoda, Irak'ın geleceği bağlamında sahip olmak istedikleri ayrıcalıklı medeni hakları da aşağıdaki şekilde ifade etmişlerdir:

i. Dinsel inanış ve trenlerini serbestçe icra etmek, dini kurum ve mekanlarını meşru Şii kurumları vasıtasıyla özerk şekilde idare etmek,
ii. Dini vecibelerini kendi cami, toplantı mahalli ve diğer kurumlarda tam bir serbestiyet içinde ifa etmek,
iii. Merkezi veya yerel makamların müdahalesi olmaksızın, dini üniversitelerde ve kurumlarda eğitim görmek,
iv. İleri gelen Şii yetkililerinin, ulemanın ve vaizlerin hareket, seyahat ve toplanma özgürlüğünün bulunması ve Şii öğre-

tisini anlatan kesimlere, faaliyetlerini kendilerince uygun görüldüğü şekilde icra etme garantisi verilmesi,

v. Şiilerin kutsal mekanlarının ve şehirlerinin UNESCO'nun dünya kültürel mirası alanlarına dahil edilerek, şaibeli imha ve değişikliklerden korunması,

vi. Şii öğretisi ve kitaplarının yayınlanması ve Şii dinsel kurum ve meclislerinin kurulması için tam bir özgürlük tanınması,

vii. Ulusal eğitim politikası kapsamında, bağımsız okul, üniversite ve diğer öğretim kurumları ve akademiler kurulması hakkı tanınması,

viii. Ulusal eğitim kitaplarına, diğer İslam mezheplerinin anlatıldığı şekilde Caferi öğretisinin koyulması,

ix. Tarih kitaplarından Şiileri hor gören bütün ibarelerin çıkartılması ve Şii karşıtlarının yanlı düşüncelerinden arındırılmış gerçek tarih kitapları yazılması,

x. Şii camileri, toplantı mahalleri ve kütüphaneleri kurulması özgürlüğü,

xi. Şii mezarlıklarına saygı gösterilmesi,

xii. Şii takviminin önemli günlerinin resmi tatil ilan edilmesi,

xiii. Irak'tan zorla sürgün edilmiş bütün Iraklıkların yerlerine dönmelerine izin verilmesi, bütün anayasal ve medeni haklarının iade edilmesi.

Irak Şiileri ile İran Arasındaki İlişkiler Nasıldır, Bu İlişkilerin Gelecekte Körfez Bölgesi'ne Muhtemel Yansımaları Neler Olabilir?

Irak Şiilerinin, İran'la ilişkileri konusunda bugün temelde iki farklı görüş bulunmaktadır. Bu görüşlerden ilki, Irak Şiilerinin, gerek etnik kimlikleri, gerekse dinsel yaklaşımları ve bugüne kadarki tutumları çerçevesinde, İran Şiilerinden farklı oldukları ve Irak Şiileri ile İran arasında dinsel işbirliğinin zayıf bir ihtimal olduğu yönündedir. Bu görüşe göre, genelde Batı kamuoyunda Irak Şiilerini, İran Şiilerinin bir uzantısı olarak görme eğilimi bulunmaktadır, ancak aslında iki toplum arasında derin farklar vardır:

1) Bu farklardan en belirgin olanı, Irak Şiilerinin Arap, İran Şiilerinin ise genel olarak Farsi olmalarıdır. Bu durum sadece kültürel farklılıklar yaratmamaktadır. Her iki toplum da yaklaşık 1000 yıl çatışmalarla dolu bir tarihe sahiptir ve birbirlerine karşı derin güvensizlik beslemektedir.[439]

Kısacası Araplık ve Iraklılık bilinci, Şii kimliğinden önce gelmektedir.

2) İran-Irak Savaşı'nın başladığı sırada, Saddam Hüseyin, güney Iraklı Şiileri, Ayetullah Humeyni'nin İslami Cihat çağrısına hemen icap edecek "beşinci kol" olarak görmüş, Şiileri kitleler halinde güney Irak'tan sürmeye başlamıştır.[440] Ayetullah Humeyni'nin, Irak Şiilerini kurtarma ve Irak'ta Şii teokratik düzeni kurma çağrılarına rağmen, Irak Şiileri savaşta İran'a karşı büyük kararlılıkla en ön saflarda çarpışmıştır. Irak Şiilerinin, İran saflarına geçtiği hadiseler sınırlı sayıda kalmıştır.

3) Irak Şiileri ve İran bağlamında dinsel inancın birleştiriciliği de geçerli değildir. Güney Irak'taki Şii inancı, birçok açıdan İran'dakinden farklıdır. İran, 16. yüzyılda Şiileşmeye başlamış, Irak'ta Şiiliğin yerleşmesi ise göçebe toplumların 19. yüzyılda yerleşik düzene geçmeleriyle ortaya çıkmıştır. Irak Şiiliği, Irak'taki feodal düzenin birçok özelliğini taşımaktadır. İran Şiiliği ise tipik olarak Farsi nitelik göstermektedir.[441]

Bu bağlamda, Irak Şiilinin Arap niteliği Muharrem oruçlarında ve imamlara atfedilen hususiyetlerde kendini göstermiştir. Muharrem ayında İran'da şehitlik ve ahiret hayatındaki mükafatlar ön plandayken, Irak Şiilerinde dürüstlük, iyi insan olmak gibi nitelikler ön planda yer almıştır.

---

439) Yitzhak Nakash, a.g.y., s.271.
440) Khidhir Hamza with Jeff Stein, **Saddam's Bombmaker**", Touchestone, New York, 2000, s.198.
441) Kenneth M. Pollack, a.g.y., s.142-143.

4) Irak'taki ve İran'daki Şii İslam yapılanması da farklılık göstermektedir. İran'daki Şii medreselerle ticari hayat arasında karşılıklı ilişki bulunmasına rağmen, Irak Şiileriyle tüccar kesimler arasında herhangi bir ilişki gelişmemiştir. Ayrıca, Irak'taki tüccar kesimlerde, sınıf bilinci her zaman Şiilik bilincinin önüne geçmiştir.

1946'dan itibaren Şii mezhebinin dinsel merkezi, Irak'tan yeniden İran'a kaymış, İran'ın Kum kentindeki öğrenci sayısı Necef'tekileri katlayarak geçmiştir. Necef, en azından İranlılar bakımından 20. yüzyılın ikinci yarısında en önemli merkez olma rolünü büyük ölçüde kaybetmiştir. Kum kenti daha ziyade Farsilerin eğitim aldığı homojen bir Şii öğreti merkezi olmuştur. Böylelikle Irak Şiiliği ile İran Şiiliği arasındaki eğitim bağları da büyük ölçüde kopmuştur.

5) Diğer taraftan, Irak'taki Sünni Hükümetlerin, ülkedeki Şiilere yönelik olarak İran'daki Pehlevi hanedanları tarafından desteklenen politikaları sonucunda, Irak Şiileri ile İran Şiileri arasındaki bağlar büyük ölçüde kopmuş, Irak'taki Şii finansal ve entelektüel kurumlar giderek gerilemiştir. Sonuçta, Irak'ta, İran'dakinden farklı bir Şiilik anlayışı oluşmuştur.[442]

6) Irak Şiileri, İran'la birleşmek bir yana, Irak'tan ayrılmayı dahi düşünmemektedirler.

7) İran tarafından desteklenen ve finanse edilen SCIRI da dahil olmak üzere, bütün Şii muhalif gruplar, Irak'ın geleceğinde demokratik ve insan haklarına saygılı bir yapı kurulmasını istemekte; İran'daki yarı demokratik ve teokratik düzene karşı mesafeli durmaktadırlar. Ayrıca, Irak Şiilerinin yalnızca üçte biri dinsel kaygıları ön planda tutmaktadır.[443]

Irak Şiilerinin, İran'la ilişkileri bağlamında ikinci görüş, Irak Şiileri ile İran Şiileri arasında yakın bir ilişki bulunduğu ve Irak'ta Şiilerin ülkenin kontrolünü ele geçirmesi durumunda, Suudi Arabistan'ın kuzeydoğu bölgelerini ve Bahreyn'deki Şii toplumunu da kapsayacak şekilde, Körfez Bölgesi'nin bir Şii nüfuz alanı haline dönüşmesi ihtimalidir.

---

442) 441 Yitzhak Nakash, a.g.y., s.7.
443) "*Neighbours From Hell*", **The Economist**, 12 aralık 2002.

Bu görüşün temel çıkış noktaları aşağıdadır:

1) İran, Irak Şiilerini kendi yörüngesine çekmek amacıyla birçok faaliyet içine girmiştir. Şimdiki adı Irak İslam Devrimi Yüksek Konseyi (SCIRI) Irak İslam Devrimi Konseyi, 1980 yılında İran istihbaratı tarafından kurulmuştur. İran bu örgüte her türlü desteği sağlamakta, örgütün lideri Muhammed Bekir Al-Hakim Tahran'da yaşamaktadır. SCIRI'nın silahlı milis gücü olan Bedir Tugayları İran tarafından finanse edilmekte ve silahlandırılmaktadır. Kısacası, Irak Şiilerinin İran'a yönelik ilgilileri sınırlı olsa da, Tahran'daki rejimin, Irak Şiilerinin bir bölümü üzerinde etkinliği bulunduğu bir gerçektir.

Örneğin, 1991'deki Şii ayaklanmaları sırasında, İran Devrim Muhafızları ve Bedir Tugayları vasıtasıyla sağladığı destekle ayaklanmaları İslam devrimine dönüştürmeye çalışmıştır.

2) Irak Şiileri, hiçbir zaman Irak'taki merkezi yapıya entegre edilememiştir. Irak Şiileri, ayrılıkçı eğilimlere sahip olmasalar ve Arap kimliğini ön planda tutsalar dahi, Irak'ın geleceğinde Şii kimlikleriyle nüfusları oranında söz sahibi olmak istemektedirler.

3) Bugün, Kum kenti her ne kadar İran'daki Şii öğretinin merkezi konumuna gelmiş olsa da, Şiiler açısından kutsal yerler Necef ve Kerbela'dır. Irak'ta Saddam Hüseyin'in devrilmesi ve Şiiler üzerindeki baskının ortadan kakmasıyla, Necef ve Kerbela'nın yeniden Şii dünyasının merkezi konumuna gelmeleri muhtemeldir. Böylelikle, İran'ın Kum kentinde yoğunlaşan Şii eğitiminin, Necef ve Kerbela'ya kayması ve bunun sonucunda İran ve Irak Şiiliğinde en azından orta vadede bir yakınlaşma yaşanması mümkündür.

4) İran faktöründen tamamen bağımsız olarak, Irak'ta gelişecek Arap-Şii bilincinin, özellikle Lübnan'daki Şii ulemasıyla bağlantılı olarak, yine Arap ülkeleri olan Suudi Arabistan'ın Şiilerin yaşadığı ve petrol zengini kuzeydoğu bölgesine ve Bahreyn'e sıçraması ihtimal dahilindedir. Bu durumda, İran Şiiliğinden bağımsız bir Arap Şiiliği akımının Körfez Bölgesini etkisi altına alması göz ardı edilemeyecek bir ihtimaldir.

5) Nihayetinde, Irak'ta demokratik ve insan haklarına saygılı bir rejim ihdas edildikten sonra, İran'ın Irak Şiilerine sunabileceği vizyon sınırlı olsa da, Irak Şiileri arasında zamanla serpilecek radikal Şii akımların, İran'daki molla rejimiyle ilişkilerini geliştirmeleri ve Irak içinde bir istikrarsızlık unsuru olarak ülkenin güvenliği ve barışı açısından sorun yaratmaları ihtimal dahilindedir.

Şahinlerin Irak Şiileriyle İlgili Görüşleri

Irak'ın geleceği bakımından hassas bir alan oluşturan Şii meselesi, "muhafazakar-şahinler"in de dikkate aldığı bir konuyu oluşturmaktadır. Bu bağlamda, bu ekibin sorguladığı temel husus, Irak'ta muhtemel bir Şii kontrolü ve Irak Şiilerinin İran'la işbirliği yapması ihtimali karşısında Saddam Hüseyin'in devrilip devrilmemesi gerektiğidir.

Şahin kesim, Şii meselesinin yaratabileceği tehlikeleri dikkate almakla birlikte, bu endişenin Saddam Hüseyin'in devrilmesinin önünde bir engel teşkil etmemesi gerektiğini savunmaktadır. Bu görüşün ana çıkış noktaları şunlardır:

1) Saddam Hüseyin'li veya Saddam Hüseyin'siz, Sünni kontrolündeki, Arap milliyetçisi laik Baas rejiminin, Şii İran karşısında bir siper işlevi göreceği iddiası hayalden ibarettir. Çünkü, ortak öncelikli stratejik hedeflerine hizmet etmesi halinde laik totaliter rejimler ile dinsel totaliter bir rejimle işbirliği yapması her zaman ihtimal dahilindedir. Mikadoist Japonya ile Nazi Almanyası'nın II. Dünya Savaşı'nda yaptığı işbirliği bunun örneğidir.

2) Dinsel veya laik totaliter rejimlerin sorunları, dinsel veya laik olmalarından değil, küstahlıkla gücü birbirine karıştırmaktan kaynaklanmaktadır. Her iki tür devlet de kendi halklarıyla savaş halindedir.

3) Bir totaliter rejimi, diğerine karşı denge unsuru olarak kullanma siyaseti nihayetinde başarısızlığa mahkumdur. Zira, her ikisinin de işbirliği yaparak, ortak nefretlerini ABD'ye birlikte yöneltmeleri mümkündür.

Şahin kesim, Irak Şiilerinin İran'dan farklarına da dikkat çekmektedir. Bu bağlamda, Irak Şiilerinde, İran'daki molla rejiminin dayanağı olan "Vilayeti Fakih" müessesesinin bulunmamasını ve Irak Şiilerinin 20. yüzyılda Arap dünyasının Batı toplumlarını incelemesi telkininde bulunduklarını ileri sürmektedirler.

Şahinler, İran'la muhtemel bir işbirliğinin yaratacağı tehlikeyi de dikkate almaktadır. Bu çerçevede, ileri sürülen bir görüş, ABD'nin Irak politikasının, Saddam Hüseyin rejimini devirmesi ne kadar önemliyse; bu politikanın İran İslam Cumhuriyeti'ne yarar sağlamak bir yana, zarar vermesinin de o kadar önemli görülmesi gerektiğidir. Kısacası, ABD'nin Irak politikasının hedefi, Saddam Hüseyin rejimini yıkmak olduğu kadar, Humeyni'nin İran'ını da baş aşağı etmek olmalıdır.

Şahinlere göre, ABD'nin Irak'ta etkin bir politika izlemesi, İran'daki İslam Devrimini sona erdirmek açısından da önemli fırsatlara yaratabilecektir. Her şeyden önce, Baas rejiminin yıkılması, Tahran'a şok dalgaları gönderecektir. İkincisi, İran'daki Şii kurumlarının çökertilmesi gerekmektedir. Saddam Hüseyin'in devrilmesiyle Necef ve Kerbela gibi kutsal Şii kentleri özgürlüğüne kavuşarak yeniden Şiiliğin merkezi haline gelecek ve Vilayeti Fakih müessesini reddeden Irak Şiiliği, İran'ın Şii dünyasındaki nüfuzunu ve etkinliğini kıracaktır. Dolayısıyla, Irak'ın Şii niteliği, Suudi Arabistan'dan ziyade, İran'a yönelik bir tehdit olacaktır.[444]

Genel Değerlendirme

Irak'ta Şiilerin rolü ve Irak'ın geleceğini ne şekilde etkileyecekleri bağlamında, bu konunun henüz Batı dünyasında ve Türkiye'de yeterince ayrıntılı değerlendirilmediğinin ve yapılan çalışmaların sayısının sağlıklı analizler yapılmasını sağlamaya yetmeyeceğinin belirtilmesi gerekmektedir.

---

444) Bu görüşler, muhafazakar-şahin kanada ve Bernard Lewis ekoolüne mensup David Wurmser tarafından dile getirilmiştir. Bkz. David Wurmser, agy, s.66-79.

Ancak, Şii meselesinin, Irak'ın geleceğini ve dolayısıyla Körfez Bölgesi'nin güvenlik ve istikrarını çok yakından ilgilendirecek bir soru olarak kalmaya devam edeceği açıktır. Kesin olan bir şey varsa, Kürtler gibi artık Şiilerin de Irak'ta geleceklerini garanti altına alacak bir sistem tesis edilmesini arzuladıkları ve bundan sonra Sünni hakimiyetini öngören bir yapıyı kabul etmek istemeyecekleridir.

Bu nedenle, Saddam sonrası Irak'ta kurulacak yapının başarısı, Şiilerin sisteme dahil edilip edilmemeleriyle de doğrudan bağlantılı olacaktır. Irak Şiileri arasında da, İran'da olduğu gibi güç mücadeleleri devam etmektedir. Bu çerçevede, yeni Irak rejimi, Şiilerin çoğunluğu tarafından kabul görecek bir hükümet kurmayı öngördüğü takdirde, laik kampa mensup olanlar da dahil olmak üzere Şiilerin bütün farklı kesimlerinin temsil edilmelerini sağlamalıdır. Yeni rejim, İran'daki radikaller tarafından desteklenen Şii grupların gücü ellerine geçirmelerine müsaade etmemelidir. Zira bu durumda, bu gruplar gücü bırakmak istemeyecek ve dolayısıyla ülkenin demokratikleşmesine ilişkin bütün umutlar sönecektir.

Şiiler, Irak'ın geleceğinde temsil edilmelerinin yanı sıra, devlet kurumlarında görev almak için eşit fırsatlardan yararlandırılmalıdır. Özellikle askeri ve güvenlik makamları toplumun tüm kesimlerini kapsayıcı yapıya kavuşturulmalıdır. Şiilerin, Irak'ın yönetimine katılımlarının önemi kadar, Irak Hükümetinin, ülkenin güneyinde Şii radikallerin kontrolü ele geçirmesinin yaratacağı tehlikelerin de bilincinde olması önem taşımaktadır. Iraklı köktendinci muhalif gruplar içinde, sadece SCIRI ve Al-Dawah'nın ülke içinde etkinliği bulunmaktadır. Bu gruplar, Saddam Hüseyin'in devrilmesinden sonra ülkenin güneyinde kontrolü ele geçirmeye çalışacaklardır ve ne pahasına olursa olsun muhakkak engellenmelidirler.

Yeni rejim, güney Irak'ta Şiilerin yaşam koşullarını da iyileştirmek ve Sünni Arap bölgeleriyle, güney Irak arasında oluşan ekonomik ve sosyal farklılıkları da gidermek zorunda olacaktır.[445]

---

445) Amatzia Baram, "*Viewing Regime Change Through a Historical Lens*", **How To Build a New Iraq After Saddam**, The Washington Institute for Near East Policy, Washington, 2002, s. 80-81.

Irak Şiileriyle ilgili yukarıdaki değerlendirmelerde çıkartılacak sonuç, Şii meselesinin, Irak'ın toprak bütünlüğünü tehlikeye sokacak potansiyel bir sorun olmaktan ziyade, siyasi birliğine ve istikrarına yönelebilecek unsurları barındıran bir mesele olduğu ve bu niteliği itibariyle Irak'ın geleceği açısından önemli bir bilinmez teşkil ettiğidir.

Irak'ın İstikrarının Korunması

Saddam Hüseyin rejiminin bir askeri harekatla devrilmesinden sonra Irak'ın istikrarsızlığa sürüklenmesi, parçalanarak mini devletçiklere bölünmesinden daha güçlü bir ihtimal olarak gözükmektedir.

ABD'nin yapacağı bir askeri harekatla ortaya çıkması muhtemel potansiyel istikrarsızlık unsurları aşağıda incelenmektedir.

1. Kısa vadede en kötü senaryo, ABD'nin girişeceği askeri harekatla Sünni iktidar merkezinin en sağlam dayanağı olan Cumhuriyet muhafızlarının ve güvenlik birimlerinin çökmesiyle, Irak'ın merkezinde ve Batısında, Tikrit, Samarra ve Ramadi ile Musul ve Bağdat'ın bir bölümünde yaşayan Sünni Arapların, Şii Araplar tarafından katledilmesi ihtimalidir.

Irak Şiileri, bugüne kadar Sünni merkezin büyük baskısı altında yaşamıştır. Örneğin 1969'dan bu yana yaklaşık 250-400 bin Irak Şii'si, İran'a sürülmüş, 1991 ayaklanması ve izleyen dönemde 60 bin Şii Saddam Hüseyin rejimi tarafından katledilmiştir. Önde gelen Şii uleması suikastlarda hayatlarını kaybetmişlerdir. Bu durum, Şiiler arasında Sünni merkeze karşı yoğun bir tepki duyulmasına neden olmuştur. 1991'deki ayaklanmalar sırasında da görüldüğü üzere, Şiiler, kontrolü ele geçirdikleri bölgelerde görev yapan devlet yetkililerini ve Baas görevlilerini olay mahallinde öldürmüşlerdir. 1991 ayaklanmalarının Şii bölgelerinde cereyan etmiş olması nedeniyle, Şiilerin Sünnilere yönelik nefret duygularının, sadece Saddam Hüseyin rejimine mensup görevlilere mi, yoksa bütün Sünnilere mi yönelik olduğu konusunda sağlıklı bir değerlendirme yapmak imkanı bulunmamaktadır.

Öte yandan, Şiilerin girişeceği bir intikam hamlesinden endişe duyacak Sünni Arap askeri ve güvenlik birimlerinin de Şiilere karşı saldırılarda bulunması; İran'ın Şiileri korumak için devreye girmesi olayların tamamen kontrolden çıkmasına neden olabilecektir.

2. Kısa vadede ikinci istikrarsızlık unsuru, etnik gruplar arasında çatışma çıkması ihtimalidir. Bu bağlamda, Kürtler ile Araplar, ya da Kürtler ile Türkmenler arasında çatışmalar yaşanması gündeme gelebilecektir.

Örneğin, ABD askeri harekatı sırasında veya sonrasında, Kürtlerin Kerkük'ü ele geçirmek istemeleriyle, Kürtler ile Türkmenler arasında çatışmalar yaşanması; ayrıca ABD ile işbirliği yapan Kürtlere Saddam Hüseyin'e bağlı birliklerin saldırması; ardından Saddam'ın devrilmesiyle Kürtlerin intikam hamlesine girişmeleriyle yıllarca sürecek bir Arap-Kürt çatışmasının başlaması muhtemeldir.

3. Irak'ın istikrarını ilgilendiren bir diğer sorun, ABD askeri harekatı sırasında ve özellikle Saddam sonrası Irak'ta bölge ülkelerinin takınacağı tavırdır. Bu bağlamda, Irak içinde Kürtler ile Türkmenler arasında yaşanacak etnik çatışmalara Türkiye'nin müdahalede bulunması kaçınılmazdır. Şii Araplar ile Sünni Araplar arasındaki çatışmalarda ise İran faktörü devreye girecektir.

Bu nedenle, Irak'ın etnik ve dinsel mozaik yapısı, bölge ülkelerinin şu ya da bu nedenle Saddam sonrası Irak'ta bölge ülkelerinin istediklerinde devreye girmelerine yol açacak, potansiyel bir istikrarsızlık unsuru olarak gözükmektedir.

4. Saddam sonrası Irak'ın istikrarını belirleyecek önemli unsurlardan biri, Şiilerin ve 1991'de bu yana ciddi bir özgürleşme yaşayan Kürtlerin Irak'a yeniden entegre edilip edilemeyecekleridir.

Irak'ta, bütün etnik ve dini grupların özlemlerini karşılayacak bir yapı tesis edilmesinin güçlüğü ortadadır. Demokrasi, hukukun üstünlüğü, insan hakları gibi ortak değerlerin etnik ve dini gruplar arasında birleştirici bir rol oynaması muhtemeldir. Ancak, özellikle kendi otonom devletlerine kavuşmuş bulunan Kürtlerin, Irak'ta demokratik, insan haklarına saygılı ve hukukun üstünlüğü sağlanmış bir rejim ihdas edilmesinden ziyade, kendi fiili özerkliklerini meşrulaştıracak bir yapı kurulması peşinde koştukları bilinmektedir. Kürtler bu yapıyı, federalizm olarak tanımlamaktadır. Ancak aşağıda ele alınacağı üzere, Irak'ta ne tür bir federalizm kurulması gerektiği hususunda bugün Irak muhalefeti arasında ortak bir anlayış oluşmuş değildir.

Kısacası, Irak'taki farklı etnik ve dini grupların, Saddam Hüseyin sonrası rejimin niteliği konusunda uzlaşamamaları ihtimali, başlıca istikrarsızlık unsurunu teşkil etmektedir.

5. Anarşi: Saddam Hüseyin'in devrilmesiyle, yıllardır her türlü baskı ve zulüm altında yaşamış Iraklıların, bir anarşik özgürlük hissine kapılmaları ihtimal dahilindedir. Aşiretler arası kan davası, Şii önderliğinde Sünni karşıtı eylemler, Saddam döneminde sivil halka her türlü baskıyı layık gören Irak İstihbarat Servislerine ve Baas yetkililerine saldırılar gibi çeşitli şekillere bürünecek şiddet ve intikam eylemleri başlayabilecektir.

Dahası, Saddam Hüseyin devrinde ordu, istihbarat ve diğer güvenlik birimlerinde görev yapmış kişilerin işlerinden atılmaları sonucunda genel asayiş sorunları yaşanabilecek ve mafya türü şiddet hadiseleri de cereyan edebilecektir.

Bütün bu tür hadiseler, Saddam sonrası dönemde kurulacak yeni rejimin istikrarına ve meşruiyetine büyük tehdit oluşturacaktır.[446]

6. Irak'ın gelecekteki istikrarı bakımından bir diğer önemli faktör, Saddam Hüseyin sonrası Irak'ta orduya verilecek roldür. Bugün, ABD ve Irak muhalefeti, mevcut Irak ordusunun Saddam Hüseyin yanlılarından ve Baasçı niteliğinden arındırılması gerektiği düşüncesindedir. Ancak bu hedefte ne ölçüde başarılı olunacağı bugünden bilinememektedir. Ayrıca, ordunun rolünden rahatsız olması halinde, Irak'ta sürekli darbe ve hükümet değişiklikleri döneminin başlaması ve demokrasiye geçisin imkansız hale gelmesi muhtemeldir.

Bütün bu istikrarsızlık unsurları, ABD'nin askeri harekat sonrasında, Irak'ta ne kadar süre kalacağıyla doğrudan ilişkilidir. Aslında,

---

446) Amatzia Baram, a.g.m., s.75-76.

Irak'taki potansiyel istikrarsızlık unsurlarının farkında olan ABD Yönetimi, demokratik bir rejim, serbest seçimler yapılıncaya kadar Irak'ta kalmayı planlamaktadır.

Irak'ta Kurulacak Rejim ve Yönetim Yapısı

Demokrasi

Saddam Hüseyin sonrası Irak'ta demokrasinin kurulup kurulamayacağı tartışmasında temelde iki bakış açısı bulunmaktadır. Bunlardan ilki, Arapların demokratik bir hükümet kurmaya ehil olmadıklarıdır. Tamamen Batılı bir bakış açısını yansıtan ve Batılı ülkelerde yaygın görülen bu yaklaşıma göre, Araplar Batılılardan farklıdır ve Batı ne yaparsa yapsın, Arap ülkeleri yolsuzluğa bulaşmış diktatörler tarafından yönetileceklerdir. Bu nedenle, Batılı ülkelerin Arap ülkelerine yönelik politikası, bu diktatörlerle iyi geçinmek olmalıdır.

İkinci görüş, bu ülkelerin demokrasiye geçmelerinde zorluklar yaşanacağı, ancak Batı dünyasının da yardımıyla demokrasi geleneğinin zamanla bu ülkelerde de yerleşmesinin mümkün olduğudur.[447]

Bush Yönetimi'nin üst düzey yetkilileri, ABD'nin, Saddam sonrası Irak'ta demokratik, çoğulcu ve katılımcı, insan haklarına saygılı, komşularıyla barış içinde yaşayan bir rejim kurulmasını hedeflediğini açıklamışlardır. Demokratik bir Irak kurulmasının ne derece gerçekçi bir seçenek olduğu tartışmalı bir alandır. Irak'ta 35 yıldır siyaset yapılamamaktadır. Baas Partisi'nden başka bir siyasi parti yoktur ve rejim tarafından uygun görülmeyen herhangi bir partiye girmek yasaktır. Saddam Hüseyin'i eleştirmek ölüm cezasını gerektiren bir suçtur. Dolayısıyla, ülkede rejime karşı düşmanlık hisleri yoğun olmakla birlikte, ülke içinde rejime muhalif kayda değer hiçbir siyasi oluşum ya da siyasi şahsiyet bulunmamaktadır.

---

447) Bernard Lewis, "*The Day After: Planning for a Post-Saddam Iraq*", **AEI Conference**, 3 Ekim 2002 AEI Conference, 4 ekim 2002.

Dolayısıyla, Saddam Hüseyin devrildikten sonra, öne çıkarak ulusal düzeyde meşruiyet sağlayabilecek ve iktidara el koyabilecek düzeyde Irak halkı tarafından tanınan hiçbir siyasi parti, oluşum ya da şahsiyet yoktur. Bu nedenle, Saddam Hüseyin rejiminin bir askeri harekatla devrilmesi halinde bir siyasi boşluk doğması kaçınılmazdır. Saddam sonrasında birbirleriyle rekabet edecek birçok kişi ve siyasi oluşum ortaya çıkacaktır. Ancak, ülkede katılımcı ve çoğulcu bir anlayışın hakim olması zaman alacaktır.

Bir görüşe göre, Saddam Hüseyin rejiminin yerini alabilecek tek kurum, ülke çapında etkinliği ve örgütlenmesi bulunan Irak ordusudur. Ancak, komuta kademesindeki subayların çoğu Saddam Hüseyin rejiminin işbirlikçileridir ve ordunun reformdan geçirilmesi ve siyasetten arındırılması gerekmektedir. Kısacası, siyaset orduya bırakılamayacaktır.[448]

Bir diğer görüşe göreyse, Irak'ta demokrasinin kurulması açısından ümitli olmak gerekmektedir. Bu görüşe göre, Irak halkı göreli olarak iyi eğitilmiştir. Halkın %85-90'ı okuma-yazma bilmektedir. Bu olgu, Irak'ta hukukun üstünlüğüne dayalı, medeni bir yapının kurulması için önemli bir avantajdır. İkincisi, Batı ülkelerinde eğitim almış ve bu ülkelerde yaşayan iyi eğitimli, mühendis, bilim adamı, doktor, akademisyen ve ticari hayatın her kesimine yayılmış binlerce Iraklı entelektüel bulunmaktadır. Bu entelektüel kesimin, Saddam ve Baas sonrası dönemde ülkede demokratik ilkelerin yerleştirilmesinde etkin bir rol oynamaları kesindir.

Diğer bir önemli faktör, bugün Irak dışında yaşayan ve etnik ve dinsel kıstasların yanı sıra farklı çıkarlar nedeniyle de bölünmüşlük arz eden Irak muhalefetinin, Saddam sonrası dönemde Irak'ta demokrasiye geçilmesinde ortak bir görüntü sergilemeleridir. Nitekim 1992'de Selahaddin'de, 1999'da New York'ta düzenlenen INC toplantıları sonucunda kabul edilen kararların başında Irak'ta demokratik bir rejimin kurulması hükmü yer almıştır.

---

448) "*Final Report on The Transition to Democracy in Iraq*", **Democratic Principles Working Group**, Kasım 2002, s. 17-19.

Iraklı muhalif gruplar arasında İran güdümündeki SCIRI da demokrasiden yana olduğunu açıklamıştır. Irak'tan kaçmış muhalif subayların INC'nin öncülüğünde, 12-14 Temmuz'da Londra'da yaptığı toplantıdan çıkan en önemli sonuç, muhalif subayların bir diktatörün başka bir diktatör veya askeri rejimle değiştirilmesinin kabul edilmeyeceği ve Saddam sonrası Irak'ta demokratik bir rejim kurulacağı kararını aldıklarını açıklamaları olmuştur.[449]

ABD'de, Irak'ta demokrasinin yaşayabilir bir çözüm olduğu düşüncesini savunan çevreler, K. Irak'taki Kürt bölgesini örnek göstermektedirler. Bu çerçevede, Kürtlerin, Saddam Hüseyin'in baskısı ve zulmünden uzak olarak geçirdikleri 11 yıl zarfında demokrasi ve kendini idare alanında kaydettikleri mesafe, Irak'ta demokrasinin yaşayamayacağını savunanlara en iyi yanıttır. Bu görüşe göre, Kürtler, zaman zaman kendi aralarında çatışmalar yaşamışlarsa da, demokrasi yönünde önemli kazanımlar elde etmiş, işleyen bir Parlamento ve Hükümet yapısı kurabilmişlerdir. İki ayrı Kürt bölgesinde de ekonomi, Irak'ın diğer bölgelerine kıyasla oldukça iyi durumdadır ve Kürt bölgelerinde eğitim ve yaşam standartları hızla gelişmiş, basın özgürlüğü sağlanmıştır. Dolayısıyla, Saddam Hüseyin'in zulüm ve baskısından kurtarıldığı ve fırsat tanındığı takdirde, Irak halkının aynı kazanımları elde etmemesi için hiçbir neden bulunmamaktadır.[450]

Bugün Ortadoğu coğrafyasında demokratik rejimlere sahip iki ülke sadece Türkiye ve İsrail'dir. Türkiye'nin 1946'da ilk defa çok partili seçimlerle başlayan ve zaman zaman askeri darbelerle kesintiye uğrayan demokrasi tecrübesi ve bu süreçte yaşadığı sıkıntılar, Irak açısından da önemli bir emsal teşkil edecektir. Bu bağlamda, Türkiye gibi anayasasını ve devlet sistemini çok partili demokrasiye geçişten önce laikleştirmekte başarılı olmuş, egemenliğin kayıtsız şartsız

---

449) Kral Hüseyin, 1999 yılında ölümünden iki hafta önce kanser tedavisi gördüğü ABD'den Ürdün'e dönerek, kardeşi Prens Hasan'ı Veliahtlıktan azletmiş ve yerine kendi oğlu Prens Abdullah'ı veliaht olarak atamıştı.
450) Faisal Istrabadi, "*Prospects for Democracy in Iraq*", 6 Ağustos 2001.

halka ait olduğunu tescil edebilmiş bir ülkede dahi, çok partili demokrasiye geçiş süreci bir gecede gerçekleşmemiştir.

Diğer yandan, Sovyetler Birliği'nin ve Doğu Bloku'nun yıkılmasıyla Kafkasya ve Orta Asya'da yaşanan gelişmeler, totaliter ve baskıcı bir rejimden demokrasiye geçiş sürecinin de sancısız olmadığını; özellikle demokratik bir rejime geçseler de, etnik azınlıklarını yeni rejime entegre etmekte başarısız kalmış ülkelerin istikrarsızlıklara sürüklendiğini göstermiştir.

Irak'ta demokrasinin kurulup kurulamayacağında Saddam Hüseyin'i devirdikten sonra ABD'nin izleyeceği strateji de etkili olacaktır.

ABD Ulusal Güvenlik Danışmanı C. Rice, Saddam Hüseyin devrildikten sonra ABD'nin Irak'ın yeniden inşası için zaman ve para harcamaktan çekinmeyeceğini açıklamıştır. Rice'a göre, özgürlük, demokrasi ve serbest girişimcilik, İslam coğrafyasının sınırında durmamalıdır ve ABD, İslam dünyasında demokratikleşmeye ve özgürlüğe yönelik adımlarla yakından ilgili olacaktır.[451]

Saddam sonrası Irak'ta demokratik bir rejim kurulmasına ilişkin tartışmalarda, bir diğer ilgi alanı demokrasinin ülkede istikrarsızlığa yol açıp açmayacağı ve bölge ülkelerinin sergileyeceği tutumdur. Bir görüşe göre, Irak'ta demokratik bir düzene geçilmesi, bölge ülkelerini istikrarsızlığa sürükleyecektir. INC lideri Çelebi ise, "Irak'ın özgürlüğüne kavuşması ve ülkeye demokrasi gelmesi, bölgede istikrarın düşmanı değildir" demektedir.

Saddam sonrası Irak'ta demokrasiye geçilmesi tartışmalarına Profesör Bernard Lewis farklı bir bakış açısı getirmiştir: "*Kıta Avrupa'sında geçen yarım yüzyılda gördüğümüz gibi, demokrasi, yürütülmesi zor bir sistemdir. Aynı zamanda güçlü bir ilaçtır. Küçük dozlarla ve dozlar yavaş yavaş artırılarak verilmelidir. Aksi takdirde, hastanın ölüm riski vardır. Nitekim Hitler, demokratik bir seçimle işbaşına gelmiştir.*"[452]

---

451) **Financial Times**, 23 Eylül 2002.
452) Bernard Lewis, a.g.y.

Federalizm

Bugün Irak muhalefeti içinde ve ABD'de, Saddam Hüseyin rejiminin devrilmesinden sonra Irak'ın sorunlarının çözümü bakımından, ülkenin yönetim yapısının merkeziyetçi niteliğinin değiştirilerek, federatif bir yapıya dönüştürülmesi gerektiği yaygın görüştür. Hemen hemen muhalefetin bütün unsurlarınca savunulan "federasyon" formülünün şekli ve içeriği konusunda ise bir görüş birliği bulunmamaktadır.

Irak'ta "Federasyon" düşüncesi ilk defa, K. Irak'ta Ekim 1992'de gerçekleştirilen Kürt Parlamentosu seçimlerinden sonra ortaya çıkmıştır. Kürtlerin kendi özerk yapılarını daha ileri düzeye götürecek bir sistem olarak yapıştıkları bu düşünce, Irak Ulusal Kongresi'nin (INC) 1992'de Kürt bölgesindeki Selahaddin kentinde düzenlenen muhalefet toplantısında benimsenmiştir. Irak muhalefetinin federasyon konusundaki bu tutumu, 1999'da New York'ta INC'nin önderliğinde ABD'nin desteğiyle gerçekleştirilen "Irak Ulusal Meclisi" toplantısı sırasında da bir kez daha kabul edilmiştir.

Federalizm ve demokrasi ilişkisi de bu konudaki tartışmalarda sıkça ele alınmaktadır. Bir görüşe göre, ülkenin yönetim yapısının federal olmasından önce, Irak'ta demokrasinin ve demokrasi kültürünün yerleştirilmesi gerekmektedir. Demokrasinin ve demokrasi kültürünün olmadığı bir ülkede, federatif yapının sağlıklı işlemesi mümkün değildir ve bu devletin sonuçta parçalanması kaçınılmazdır. Sovyetler Birliği ve Yugoslavya bunun örneğidir. Karşıt görüşe göre, Irak'taki etnik ve dini istikrarsızlık unsurlarının Bağdat'a yeniden entegre edilebilmelerinin tek yolu federasyondur. Irak'ta federal yapı benimsenmediği takdirde, kurulacak hiçbir rejim demokratik olmayacaktır.[453]

Irak muhalefeti kendi içindeki bütün bölünmüşlüğüne ve güç mücadelesine rağmen, Irak'ın çoğulcu ve katılımcı bir demokrasi olması ve federal yapıda yönetilmesi üzerinde en azından söylem düze-

---

453) "*The Day After: Planning for a Post-Saddam Iraq*", **AEI Conference**, 3 Ekim, 2002.

yinde söz birliği etmiş durumdadır. Ancak, içlerinde eski Baasçıların da bulunduğu bu grupların demokrasiye ve federalizme ne ölçüde inandıkları meçhuldür.

Irak muhalefeti içinde sadece kendi bölgelerini yöneten KDP ve KYB'nin ülke içinde etkinliği bulunmaktadır ve her iki parti de belirli bir etnik grubun genelini temsil etmektedir. Arap muhalefet gruplarının bir çoğunun -örneğin Anayasal Monarşi Hareketi- ya ülke içinde hiçbir tabanı bulunmamakta; ya bulunanların -örneğin SCIRI- etkinliği belirli bir bölge ve belirli dinsel grubun bir kısmıyla sınırlı kalmaktadır. Bu durumda, Irak halkının bütün unsurlarını temsil etmeyen Irak muhalefeti, ülkenin geleceği konusunda karar alacak durumda değildir.

Muhalefetin kendi içinde bölünmüşlüğünün temelinde, geleceğe dönük güç mücadelesi yatmaktadır. Bütün gruplar, Irak'ın geleceğinin ABD tarafından belirleneceğini düşünmekte ve bugün ABD makamları ve muhalefet içinde ulaşacakları konumun, Saddam sonrası dönemdeki konumlarının da belirleyicisi olacağı varsayımıyla hareket etmektedirler.

KDP ve KYB açısından bakıldığında federasyon, bugün için bağımsızlığın alternatifi ve koşullar uygun olacağı ana kadar bağımsızlığa doğru atılmış ilk adımdır. Bu doğrultuda Kürtler, federalizmi, Irak içinde tabanı ve kontrolü bulunmayan Arap muhalefetine dayatmaktadır.

Federalizm temelde, demokrasilerin en önemli özelliklerinden birini oluşturan güçler ayrılığı ilkesine dayanmaktadır. Ancak üniter demokrasiden farkı, güçler ayrılığının yanı sıra, bu güçlerin örneğin çoğunluk ile azınlık arasında paylaştırılmasıdır. Bu açından bakıldığında federalizm, ülkedeki azınlığın haklarının hiçbir şekilde çoğunluğun iradesine kurban edilmemesi demektir.

Irak'ta federalizmden söz edildiğinde temel sorun, federalizmin hangi kıstaslara göre belirleneceğidir. Bugün Irak düzleminde yaygınlıkla ileri sürülen iki kıstas, "etnik", diğer ise "coğrafi" federasyon tezidir.

KDP açıkça "etnik" federasyon tezini savunmakta; her ne kadar "coğrafi" federasyonu savunduğunu ileri sürse de, içeriği incelendiğinde KYB'nin de adı konulmamış "etnik" temele dayalı bir federatif yapıyı önerdiği görülmektedir.

KDP'nin etnik federasyon tezi Ağustos 2002'de açıkladığı "Federal Irak Anayasası"nda açıkça görülmektedir:[454]

- Irak federal bir cumhuriyet olacaktır ve adı Federal Irak Cumhuriyeti (FIC) olarak değiştirilecektir.
- Federal Irak, iki bölgeden oluşacaktır. Arap Bölgesi, Irak'ın orta ve güney kesimleriyle, kuzeyde Musul Valiliği'nin, Kürtlerin nüfusun çoğunluğuna sahip olduğu yerlerin dışındaki bölgelerini içerecektir. Kürt bölgesi, Kerkük, Süleymaniye ve Erbil şehirlerinden (1970 önceki idari sınırları) ve Duhok kasabası ile Aqra, Sheihkan, Sinjar, Zimar, Khaniqin, Badra, ve Al-Wasit kasabalarından oluşacaktır.
- Irak halkı, Arap ve Kürt olmak üzere iki ulustan oluşmaktadır. Bu anayasa, Kürt halkının ulusal haklarını ve bu haklarını federalizm temelinde Kürt bölgesinde uygulanmasını garanti etmektedir.

KDP'nin "Federal Irak Anayasası" taslağıyla birlikte açıkladığı "Federe Kürdistan Anayasası"nda ise, Kürdistan bölgesi halkının Kürtlerden ve Türkmen, Süryani, Keldani ve Arap "azınlık"lardan oluşacağı, başkentinin Kerkük olacağı, azınlıkların Kürtçe'ye ilaveten kendi dillerinde eğitim görebilecekleri belirtilmektedir.

Irak'ta "etnik" temele dayalı federasyon tezinin üç sakıncası bulunmaktadır:

1. Sınırlar "etnisite" esasına göre tespit edildiğinde, etnik grupların toprak taleplerinin ve karşı toprak taleplerinin ardı arkası kesilmeyecektir. Bunun en tipik örneği Kerkük konusunda Türkmenler, Kürtler ve Araplar arasında yaşanan ihtilaftır.

---

454) Bkz, http://www.krg.org/docs/Federal_Const.asp

2. Federasyon, Arap ve Kürt gibi iki etnik gruba göre belirlendiğinde, diğer gruplar, ikisinden hangisinin bölgesinde yaşasa azınlık durumuna düşecekler ve ayrımcılığa maruz kalacaklardır.
3. Etnik temele dayalı federasyon, ülkedeki bütün etnik ve dini grupları kapsayacak bir yapı olmayacaktır. Bu çerçevede, bir Kürt-Arap federasyonu olduğunda, Bağdat'taki Kürtler ile Süleymaniye'deki Arapların statüsü, her iki bölgede yaşayan Türkmenlerin konumu gibi sorunların doğması kaçınılmazdır.

Federasyon konusunda bugün yaygın olan ikinci tez, "coğrafi" federasyondur. Tanımdan da anlaşılacağı üzere, federe devletler/bölgeler coğrafi esaslara göre tespit edilecek, her bir federe bölge, ülke gelirinden (petrolden) nüfusuna göre pay alacaktır.

Coğrafi federasyonu savunanlara göre, farklı etnik grupların yaşadıkları bölgelerde çoğunluğu da oluşturma imkanına kavuşacakları bu yapı, Kürtlerin Kürtlüğüne, Arapların Araplığına zarar vermeyecek, rejim her etnik ve dini grubun "vatandaşlık hakları"na dayanacaktır.[455]

Irak Şiileri de, federasyon tezini savunmaktadır. Şiilere göre, Irak'ın bugün yaşadıkları sorunların en başta gelen nedeni diktatörlük rejimidir. 1921'den itibaren bütün yetkilerin Bağdat'ta toplanması ve sürekli merkeziyetçi hükümetlerin işbaşına gelmesi, farklı bölgelerdeki yerel ihtiyaçların ve gerçeklerin dikkate alınmasının önünde engel teşkil etmiş, Irak'ın karşı karşıya bulunduğu sorunlar kökleşmiştir.

Bu nedenle, tek mantıklı çözüm yolu, Irak'ın farklı etnik, dinsel ve mezhepsel kimliklerinin farklılıklarını gözetecek, ancak ülkenin toprak bütünlüğünü ve birliğini muhafaza edecek bir federal yapı kurulması gerekmektedir. Ancak Irak'ta federal yapı, etnik veya mezhepsel kıstaslara göre değil, idari ve demografik kıstaslara göre oluşturulmalıdır. Böylelikle, mezhep esasına dayalı ve bir noktada Irak'tan ayrılmak isteyecek federatif yapıların oluşması da engellen-

---

455) Kenan Makiya, "*The Day After: Planning for a Post-Saddam Iraq*", AEI Conference, 3 Ekim, 2002.

miş olacaktır. Ayrıca, sosyal ve tarihi deneyimler göz önünde tutulduğunda, Irak'ta güç dağılımını, Lübnan örneğinde olduğu gibi mezhepsel esaslara göre belirleyecek oransal güç paylaşımı, Irak düzleminde uygulanabilir değildir ve içinde bulunulan çıkmazdan kurtulmayı da sağlamayacaktır.

Federal sistemde, bölgelere geniş yasal, mali, adli ve yürütme yetkileri devredilecek, bu sayede baskın bir grubun bütün ülkeyi hegemonyasına almasının da önüne geçilmiş olacaktır.

Şiiler, hukukun üstünlüğüne dayanan katılımcı ve kapsayıcı bir yönetim yapısı oluşturulmasını tercih etmektedirler. Irak Şiileri, ülkenin toprak bütünlüğünü ve siyasi birliğini bozmayı hedeflememektedir.[456]

Federasyon konusunda son dönemde ortaya çıkan bir diğer tez, "idari federasyon" yaklaşımıdır. Bu teze göre, merkezde toplanmış yetkiler, Irak'taki 18 vilayete dağıtılacak, böylelikle, Sünni Arap, Şii Arap ya da Kürtler arasında denge kurulacak ve herhangi bir grubun ülke genelinde diğerlerinin aleyhine hakimiyet kurması engellenecektir. Bu modelde, yetkileri azaltılmış bir hükümet, savunma ve dış politika konularından sorumlu olacaktır.

Her federatif idari bölge, Irak'ın petrol gelirinden nüfus oranına göre pay alacak, böylelikle gelir dağılımındaki kıstas, etnik veya dinsel değil, bölgesel olacaktır.

"İdari federasyon" tezini savunanlara göre, bu tür bir yapının kurulması, Irak'ın parçalanmasına yol açmak bir yana, ülkenin istikrarının korunması bakımından tek yoldur. Zira, ülkedeki zenginliğin bölgeler arasında nüfus oranlarına göre paylaştırılması, etnik ve dinsel çatışmaların çıkmasını önleyecek bir saik teşkil edecektir. Ayrıca, örneğin Kerkük'ün kontrolü için Kürtler ile Türkmenler arasında yaşanacak bir çatışma, bu formülle rahatlıkla önlenebilecektir.[457]

---

456) "*Declaration of the Shia of Iraq*", http://www.iraqishia.com/

457) Michael Rubin, "*Federalism and Future of Iraq*", **How to Build A New Iraq After Saddam**, The Washington Institute for Near East Policy, Washington, 2002, s.44-54.

Federasyon hangi modelde kabul edilirse edilsin, Irak'tan sadece bir "Arap" devleti olarak söz edilmesi artık mümkün olmayacaktır. Bölgedeki Arap devletlerinin bu olguyu sindirmeleri de şüphesiz zaman alacaktır.

Merkeziyetçi Hükümet

Saddam Hüseyin sonrası Irak senaryolarında en az sözü edilen ihtimal, merkeziyetçi bir hükümet yapısının kurulmasıdır.

Bugün Irak muhalefeti içinde hiçbir grup, en azından söylem düzeyinde, Saddam sonrası merkeziyetçi hükümet yapısının korunmasından bahsetmemektedir. Bunun başlıca nedeni, muhalefet grupları içinde sahip oldukları avantajlar nedeniyle önü çeken Kürtlerin ve Şiilerin, federalizmden yana tavır koymaları, diğer muhalif grupların Kürtler ve Şiileri dengeleyecek imkanlardan yoksun bulunmalarıdır.

Kürtler ve Şiiler, Irak'ta yaşadıkları sıkıntıların temelinde, sadece Saddam Hüseyin'in ve başında olduğu Baas rejiminin değil, ülkedeki merkeziyetçi hükümet yapısının da büyük ölçüde etkili olduğunu ileri sürmekte, Saddam Hüseyin sonrası dönemde kaderlerini yerine geçecek merkeziyetçi bir hükümete ve bu hükümeti kontrol edecek herhangi bir etnik veya dini gruba bırakmak istemediklerini söylemektedirler.

Irak muhalefetinin diğer unsurları da, Irak'ta adem-i merkeziyetçi bir yapıyı benimsemiş gözükmektedirler. Ancak askeri harekattan ve Saddam Hüseyin devrildikten sonra Irak'ın geleceğinde bugün ülke dışında yaşayan muhalefetin ne tür bir rol oynayacağı veya ülke yönetiminde ne derece söz sahibi olacakları bilinmeyen bir denklemdir.

Bu konudaki bir teze göre, Saddam Hüseyin'in yerini bir güçlü merkeziyetçi hükümetin alması; geleneksel olarak Irak siyasetinde marjinalleşmiş unsurlar olan Şiilerin, Kürtlerin ve Türkmenlerin petrol sahalarının denetimini sağlamak amacıyla merkezi hükümetle ya da birbirleri arasında çatışmaya girmeleri ihtimal dahilindedir.[458]

---

458) Michael Rubin, a.g.m., s.44-54.

Bu bağlamda, Kürtler ve Şiiler gibi merkez-kaç güçlerin Bağdat'a entegre edilmeleri, Irak'ın yeniden bütünleştirilerek, çoğulcu-katılımcı bir yönetim yapısının kurulması ve ülkede istikrarın tesis edilmesiyle, güçlü bir merkeziyetçi hükümet yapısı arasında ters orantı bulunmaktadır.

Nihayetinde, Irak'ın geleceği büyük ölçüde, bir askeri harekat sonrasında bu değişkenlerin ne şekilde kontrol altında tutulabileceğine ve Saddam sonrası Irak'ta ABD'nin girişeceği ulus inşasının ne ölçüde başarılı olacağına, ayrıca Irak halkının dokusuna ne ölçüde uyacağına bağlı olacaktır.

14
ASKERİ HAREKÂT VE TÜRKİYE

TÜRKİYE'NİN IRAK POLİTİKASI: AÇMAZLAR YUMAĞI

Körfez Savaşı

Irak'ın 2 Ağustos 1990'da Kuveyt'i işgal etmesinin ardından dönemin Cumhurbaşkanı Turgut Özal, hükümeti by-pass etmekten çekinmeyerek, ABD yanlısı aktif bir politika uyguladı.

Özal'a göre, Türkiye aktif bir dış politika izleyerek hala stratejik açıdan önemli bir ülke olduğunu gösterecek, ABD'den ticari ve ekonomik avantajlar sağlayacak, AB'ye girişi kolaylaşacak, Körfez ülkelerinden savaş sonrasında ekonomik kazançlar sağlayabilecek ve savaş sonrasında Ortadoğu'daki yeni yapılanmada önemli bir aktör konumuna gelecekti. Özal bu yaklaşımı "bir koyup, üç almak" şeklinde formüle etmişti.

Aslında, Körfez Krizi'nde, Türkiye'nin dış politika sürecini tayin eden iki temel görüş oluşmuştu. Sivil ve askerî bürokrasi temkinle hareket edilmesini, risklerin hesaplanmasını isterken, Cumhurbaşkanı Turgut Özal, daha aktif bir politika izlenmesini ve bölgede oluşan Kriz sonrasında Türkiye'nin oynayacağı role uygun düşecek bir ağırlık elde etmesini istiyordu. Sonuçta sivil ve askeri bürokrasinin yönelimleri doğrultusunda, Türkiye izleme ve temkinli davranma politikasında karar kılarken, Körfez Savaşı'nın Türk dış politikası üzerine tesirleri umulandan çok daha derin, yıpratıcı ve uzun süreli oldu.

ABD bu kriz sırasında Ankara'dan 3 konuda yardım istedi. İlki Türkiye'deki üslerin Irak'a yönelik hava harekatları sırasında kullandırılması; ikincisi Saddam'ın Kuveyt cephesindeki asker sayısını azaltması için Türkiye'nin Irak sınırına asker yığması; üçüncüsü S. Arabistan'da toplanan müttefik kuvvetlerine Türkiye'nin birlik göndermesiydi. Türkiye, bunlardan ilk ikisine olumlu cevap verirken, üçüncüsüne Özal'ın ısrarına rağmen Türk Silahlı Kuvvetleri'nin karşı çıkması sonucu uymadı.[459]

Özal'ın, Irak karşıtı koalisyonda yer almasının tek nedeni, Soğuk Savaş'ın sona ermekte olduğu bir dönemde, Batı dünyasının ve özellikle de ABD'nin gözünde Türkiye'nin stratejik önemini yeniden artırmak değildi. İran-Irak Savaşı sonrasında Saddam Hüseyin yönetimindeki Irak bölgede Türkiye'yi ciddi şekilde tehdit edebilecek büyük bir askeri güce kavuşmuştu.

Saddam Hüseyin'in, 1975-1978 yılları arasında, savunma ve silahlanma harcamaları, yıllık 5.3 milyar dolardan 8.15 milyar dolara çıkmış, 1980'e gelindiğinde 13.4 milyar dolara ulaşmıştı. Irak ordusu, İran gibi büyük bir devlete 1988'de diz çöktürmüştü ve 1990'da Kuveyt'i işgal ettiğinde, 1 milyon askere, 66 tümene ve özel eğitimden geçmiş Cumhuriyet Muhafızlarına sahip, askeri açıdan modern ve ağır silahlarla teçhiz edilmiş güçlü bir orduya sahipti.

Bu nedenle Özal'ın, Saddam Hüseyin'den algıladığı tehdit, Irak'ın Kuveyt'i işgalinden önceye dayanmaktaydı. Özal, 1988'in ilk aylarında

---

459) İlhan Uzgel, "*ABD ve NATO'yla İlişkiler*", Baskın Oran (ed.), **Türk Dış Politikası, Kurtuluş Savaşı'ndan Bugüne Olgular, Belgeler Yorumlar**, cilt.II, İstanbul, İletişim Yayınları, s.254.

Tahran'ı ziyaret etmiş, Bağdat bu ziyarete tepki olarak, Özal'ın İran'da bulunduğu günlerde Tahran'a sağanak halinde füze saldırısında bulunmuştu. Özal, daha Mart 1990'da, ABD Başkanı Bush'a, Saddam Hüseyin'in dünyanın en tehlikeli insanı olduğunu söylemişti. Özal'ın, Saddam Hüseyin'den duyduğu endişe, Başbakan Yıldırım Akbulut'un Mayıs 1990'da Bağdat'a yaptığı ziyaret sonucunda daha da derinleşmişti. Saddam Hüseyin, kabul etmeden önce saatlerce beklettiği Başbakan Yıldırım Akbulut'a, Türkiye'nin Fırat nehrinin sularını kontrol altına alacak GAP projesini uzun uzadıya eleştirmiş ve "NATO artık önemini kaybetti, ABD size yardım etmeyecek, şimdi size ne olacak?" demişti.[460] Nitekim, Özal'ın, Saddam Hüseyin'e karşı bu olumsuz kanaati, ABD Başkanı I. Bush'un Özal'la 3 Ağustos 1990'da yaptığı telefon görüşmesinde de ortaya çıkacaktı. Bush, Özal'ı aramış, Türkiye'nin stratejik önemine değinerek, Kerkük-Yumurtalık petrol boru hattını kapatmayı düşünüp düşünmeyeceğini sormuştu. Özal, Bush'un talebine doğrudan bir yanıt vermemiş, ancak sinirli bir şekilde Saddam Hüseyin'in dersini alması gerektiğini söyleyerek, II. Dünya Savaşı'nın başlamasından önceki hataların tekrarlanmaması gerektiğini belirtmişti.[461]

---

460) Amatzia Baram, Building Toward Crisis, The Washington Institute for Near East Policy, Washington DC, 1998, s.111

461) George Bush-Brent Scowcroft, a.g.y., s. 326. Özal'ın II. Dünya Savaşı öncesi hatalar olarak kastettiği husus II. Dünya Savaşı'na giden dönemde İngiltere'nin izlediği "yatıştırma" (appeasement) politikasıdır. İngiltere Başbakanı Chamberlain, Hitler'in esas ilgi alanının doğuda olduğuna inandığı için Komunist SSCB'ye karşı kendileriyle ittifaka gireceğini, hatta bir ihtimal Sovyet topraklarına yönelebileceğini ümit etmiş; Almanya'nın denetimli bir şekilde ilerlemesi ve Çekoslovakya sınırları içinde Almanların çoğunluğunu oluşturduğu bölgelerin savaşmadan Almanya'ya terkedilmeleri durumunda Avrupa'da barışın korunabilceğine hükmetmişti. 29 Eylül 1938'de Almanya, ingiltere, Fransa ve İtalya, Çekoslavakya'ya danışmadan Çekoslavakya'nın Sudetler bölgesini Almnya'ya verme kararı almışlardı. İngiltere'nin bu politikası, Hitleri'i durdurmak bir yana, daha da cesaretlendirecek ve II. Dünya Savaşı'nda Avrupa kıtasının büyük bir felakete sürüklenmesine yol açacaktı.Özal'ın Irak bağlamında kasettetiği şey, Irak'ın Kuveyt'ten çıkartılarak cezalandırılmaması halinde, saldırganlığının sonunun gelmeyeceği ve Suudi Arabistan ile diğer bölge ülkelerini de işgale kalkabilceğiydi. Nitekim, bugün ABD'de Irak konusundaki tartışmalarda, sürekli olarak Saddam Hüseyin'i yatıştırma politikasına atıfta bulunulması bu bağlamda bir hayli ilgi çekicidir.

Özal, Türk kamuoyunda bugün yaygın olan kanaatin aksine, ABD'yi gözü kapalı desteklememişti. Ama sonrasına dair planları da gerçekçi değildi. Türkiye'nin BM ambargosuna uyacağını düşünen Irak, 4 Ağustos'ta Ankara'ya bir heyet göndermişti. Özal'ın çıkarttığı sonuç, Irak'ın Kuveyt'ten çıkmaya razı olmayacağı gibi, Suudi Arabistan ve Birleşik Arap Emirliklerine de saldırmayı düşündüğüydü.[462]

Türkiye, BM ambargosu doğrultusunda Kerkük-Yumurtalık petrol boru hattını kapattı. Ancak, Özal, sağlamcılığı elden bırakmamış ve Irak'ın Türkiye'ye saldırması ihtimalini dikkate alarak, Türkiye'nin savunmasının sağlanması için ABD'nin NATO'yu harekete geçirmesini istemişti.[463]

Kısacası, Özal, İran-Irak Savaşı'nın bittiği günden itibaren Saddam Hüseyin'in yeni bir maceraya yönelmesinden endişe etmişti. Irak'ın Kuveyt'e saldırmasını ise Irak'ın askeri gücünün törpülenmesi için önemli bir fırsat olarak değerlendirmek istemişti.

Özal, Körfez Krizi'nden, sadece Türkiye'nin stratejik değerini artırmak ve Irak tahdidinin bertaraf edilmesi açılarından değil, ekonomik bakımdan da yararlanmak istemekteydi.

Özal'ın ABD'den ve Körfez ülkelerinden yüksek oranda yardım beklentisi vardı. Özal bu beklentisini Eylül 1990'da Washington'a yaptığı ziyarette gündeme getirmiş, ABD'den tekstil ithalatına konan kısıtlamanın kaldırılmasını, askeri modernizasyona destek olmasını ve borçların hafifletilmesini talep etmişti. ABD, Türkiye'ye sırasıyla 82 ve 282 milyon dolarlık yardım yapmış, tekstil kotalarında 1991 için 150, 1992 için 200 milyon dolarlık artış sağlamıştı. Bunun dışında; Suudi Arabistan, Birleşik Arap Emirlikleri, ABD ve Kuveyt'in katkılarıyla 4.2 milyar dolarlık bir Türk Savunma Fonu oluşturulmuştu.[464]

---

462) George Bush-Brent Scowcroft, agy, s.331-332. Heyete, Irak Başbakan I. Yardımcısı Taha Yasin ramazan başkanlık etmekteydi ve Irak'ın Türkiye'den talebi Ankara'nın tarafsız kalması ve petrol boru hattını kapatmamasıydı.
463) George Bush-Brent Scowcroft, a.g.y., s.342.
464) İlhan Uzgel, "*ABD..*", s.257-258.

Özal'ın ihtiyatlı tutumu, ABD Dışişleri Bakanı James Baker'ın Kasım ayında bölgeye gerçekleştirdiği ziyaret kapsamında Ankara'daki temasları sırasında da ortaya çıkmıştı. Özal, yine Türk kamuoyunda sanıldığının aksine, Irak'a yönelik muhtemel bir askeri harekatta, müttefik uçaklarının Türkiye'deki askeri üslerde konuşlandırılmasına karşı çıkmamakla birlikte, Irak'a bu üslerden saldırılması düşüncesi konusunda rahatsızlığını belli etmişti.[465]

Bu arada, Türkiye'de Özal'ın, Misak-ı Milli sınırlarında bulunan ancak Milletler Cemiyeti'nin 1926 sayılı kararı ile Türkiye'den koparılan Musul-Kerkük'e girme düşüncesi olduğu da belirtilmekteydi.[466]

Neticede, Körfez Savaşı, Özal'ın beklentilerini kısmen karşılayacak şekilde gelişti. Saddam Hüseyin'in askeri gücü büyük ölçüde budandı. Irak, 687 sayılı BM Güvenlik Konseyi kararıyla sıkı bir denetim altına alındı.

Ancak, Saddam Hüseyin'in, bütün beklentilerin aksine işbaşında kalmaya devam etmesi, Türkiye'nin, kısa vadede Kuzey Irak'ta doğacak otorite boşluğuyla bir Kürt devletçiğini, uzun vadede ise büyük ekonomik kayıplara uğrayacağı ve kendi iktidarıyla değiştiremeyeceği bir durumu kucağında bulmasına yol açtı.

Kuzey Irak: Türkiye'nin Baş Ağrısı

Başlangıçta Türk sınırına yığılan mültecilerin Irak'a dönüşünü sağlamak amacıyla kurulan, ardından da ABD'nin Irak'ı çevreleme stratejisinin en başarılı ayağı haline gelecek 36. paralelin kuzeyindeki Uçuşa Yasak Bölge uygulamasının aracı olan Çekiç Güç'ün Kuzey Irak'ta sağladığı güvenlik şemsiyesi ve Saddam Hüseyin'in Ekim 1991'de Kürt bölgelerinden askeri ve idari görevlileri çekmesiyle ortaya çıkan otorite boşluğu, Türkiye'nin en çok çekindiği gelişmeler-

---

465) George Bush-Brent Scowcroft, a.g.y., s.402-403.
466) Bu konunun ayrıntıları için bkz. İlhan Uzgel, "*Körfez Savaşı'nda Özal'ın Musul-Kerkük'e İlişkin Projesi*", Baskın Oran (ed.), Türk Dış Politikası, Kurtuluş Savaşı'nan Bugüne Olgular, Belgeler Yorumlar, cilt.II, İstanbul, İletişim Yayınları, s.256-257.

den biri olan Kuzey Irak'ta bir Kürt siyasal devletçiğinin doğmasına yol açtı.

Türkiye, Cumhurbaşkanı Özal'ın ağırlığını koymasıyla Kuzey Irak'taki gelişmelerle daha yakından ilgilenmeye başladı. Bu yaklaşım, Türkiye'nin bölgedeki gelişmelere dahil olarak kendi aleyhine bir durumun ortaya çıkmasını önlemesi amacıyla izah edilmekteydi.[467]

Kuzey Irak Kürtlerinin, devletleşme girişimleri, Türkiye'nin tepkilerine yol açmıştı. Böylelikle, İran-Irak Savaşı esnasında oluşan ve Körfez Savaşı ile kronik bir hal kazanan Kuzey Irak'taki jeopolitik boşluk alanı, Türkiye için Soğuk Savaş döneminden Soğuk Savaş sonrası döneme aktarılan en önemli dış politika meselelerinden biri haline dönüştü. Bu jeopolitik boşluk alanının PKK tarafından kullanılması ve bölgeye yönelik bölge-dışı stratejik hesapların bu jeopolitik boşluk alanında yoğunlaşması, Kuzey Irak'ı Türkiye'nin yumuşak karnı haline getirdi.[468]

Kuzey Irak'ta ortaya çıkan Kürt yapılanmasının ve Türkiye'de artan PKK terör eylemlerinin, Türkiye açısından en önemli sonucu, Kürt meselesinin uluslararasılaşması oldu.

ABD, Kürt meselesini ilk aşamada Irak probleminin bir parçası olarak görürken, Avrupa aynı meselesi temelde Türkiye'nin sorunu olarak görmeye başladı. ABD'nin Kürt meselesini Irak düzleminde ele alması, ilk bakışta Türkiye açısından bir sorun teşkil etmediyse de, Kuzey Irak'taki oluşumun Türkiye'ye yapacağı etkiler dolayısıyla Türkiye'nin ABD'nin tavrına şüpheyle yaklaşmasına yol açtı.[469]

Bu durum, Türkiye açısından bir dış sorun olması gereken Kuzey Irak meselesini, PKK ve Kürt meselesi bağlamında giderek bir iç sorun haline getirdi. Çekiç Güç'ün zaman zaman Türkiye'nin tepkilerini çeken bazı güvensizlik yaratıcı davranışları, bölgede NGO'ların

---

467) İlhan Uzgel, "ABD..." s.263. Türkiye'nin Kuzey Irak konusundaki gelişmelerde oynadığı rol için bkz. Baskın Oran, Kalkık Horoz: Çekiç Güç ve Kürt Devleti, Bilgi Yayınları, Ankara, II. Baskı, 1998.

468) Ahmet Davutoğlu, Stratejik Derinlik, Küre Yayınları, 2001, İstanbul, s. 141.

469) Ahmet Davutoğlu, Stratejik Derinlik, Küre Yayınları, 2001, İstanbul, s. 444-445.

Kürt devleti oluşumu için gösterdiği faaliyetler, Türkiye'nin Çekiç Güç'e, dolayısıyla da ABD'nin Kuzey Irak politikasına şüpheyle yaklaşmasına neden oldu. Bunun Türk kamuoyundaki en yaygın ifade şekliyse, ABD'nin bir Kürt devleti kurmak istediğiydi.

Bu olgu, Türkiye'nin Kuzey Irak politikasını da şekillendirdi. Türkiye'nin Kuzey Irak politikasını en iyi analiz etmiş bulunan Prof. Dr. Baskın Oran bu politikayı ve bu politikanın çelişkilerini şu şekilde açıklamaktadır:

> *Türkiye'de iç-dış politika ilişkisinin en çarpıcı örneklerinin başında gelen, bu yüzden de içinde ciddi çelişkiler taşımak zorunda kalan bu politikanın, Dışişleri Bakanlığı'nın bir açıklamasına göre üç hedefi vardır: 1) Irak'ın toprak bütünlüğünün korunması (yani, orada bir Kürt devletinin kurulmasının önlenmesi); 2) Türkiye'nin 'meşru güvenlik endişesinin' gözetilmesi (yani, oradan Türkiye'ye gelen PKK saldırılarının önlenmesi); 3) Bölgedeki Türkmenlerin ezilmesinin önlenmesi.*
>
> *Daha yakından incelendiğinde, bu politikanın biri taktik, diğeri stratejik olmak üzere iki amacının bulunduğu görülür.*
>
> *Taktik amacın iki hedefe yönelik olduğu görülmektedir: a) PKK'yı vurmak ve bölgeden atmak; b) Bölgede PKK'ya yarayan iktidar boşluğunu engellemek.*
>
> *Bu hedeflerden birincisinin yöntemi, bölgeye zaman zaman yapılan (sınır ötesi) askeri operasyonlar şeklinde ortaya çıktı... Sürekli olarak bir yenisine ihtiyaç duyuldu ve 2000'in sonuna kadar sayıları yaklaşık 50'yi bulan bu operasyonlar amacına varamadı (Kuzey Irak'taki PKK varlığının gücünü yitirmesi, çok başka gelişmeler sonucu olacaktır). Çünkü Türkiye'nin Kuzey Irak'ta kalıcı olması mümkün değildi ve gerilla savaşı yapanların düzenli ordu tarafından temizlenmesi çok zordu; üstelik PKK temizlendiği zaman, Türkiye'nin yardımını almak için Kuzey Irak Kürtlerinin elinde koz kalmayacaktı. Diğer yandan, bu yönteme batı Avrupa ülkelerinden ve yanlışlıkla vurulan Kuzey Irak Kürtlerinden ve İran'dan büyük tepki geldi ve Türkiye her seferinde ABD'nin göz yummasına gerek duydu; bu nedenle de, Türkiye kendisini istemeye istemeye Çekiç Güç'e göz yummak ve onun faturasına katlanmak zorunda kaldı.*

Bu hedeflerden ikincisinin yöntemi, Kuzey Irak Kürtlerini güçlendirmek ve birleştirmek olarak ortaya çıktı. Türkiye, bunlara zaman zaman kırmızı pasaport, elektrik, ekonomik yardım vs. verdi, aralarında çatışmamalarını istedi; karşılığında da PKK'nın burada barındırılmamasını talep etti. Fakat Türkiye'nin bundaki büyük çelişkisi şuydu: Güçlendirdiği ve birleştirdiği Barzani ve Talabani güçlenip birleştikçe de, devlet kurabilirler diye paniğe kapılıyordu.

Türkiye'nin Kuzey Irak politikasının stratejik amacına gelince, o da, burada bir Kürt devletinin kurulmasına önlemeye yönelik oldu. Çünkü böyle bir devlet, Türkiye'deki Kürt kökenliler için 'kötü' bir emsal oluşturacak, ayrıca, irredantizm yaparak diğer 3 ülkedeki Kürtlerin yaşadığı toprakları kendisine katmaya kalkışabilecekti. Türkiye'nin bu amacının gerçekleştirilmesi de içinde çelişkiler taşımaktan uzak kalmadı; Çekiç Güç'e izin vermek, Kuzey Iraklı Kürtlere yardım etmek ve Batı NGO'larına geçiş izni vermek zorunlulukları yüzünden Türkiye, burada oluşmaya başlayan Kürt devleti embriyonunu kendi eliyle beslemiş oluyordu...[470]

Körfez Savaşı'nın Türkiye'ye Maliyeti: 100 Milyar Dolar

Körfez Savaşı'nın Türkiye açısından en olumsuz sonuçlarından birisi de ekonomik alanda ortaya çıktı. Başlangıçta, BM ambargosuna uyarak, Kerkük-Yumurtalık petrol boru hattını kapatan ve en büyük ticaret ortağı Irak'la ticareti kesmek zorunda kalan Türkiye, Savaştan asgari zararla çıkmayı ümit etmekteydi.

Ancak Körfez Krizi, 1990'da hızlı bir büyüme temposu yakalamış Türkiye'de pek çok olumsuz etkiye yol açmıştır. Bu etki en açık bir biçimde 1990 yılı Ödemeler Dengesi Bilançosunda görülmüş ve Türkiye anılan yılda 2.6 milyar dolarlık rekor bir açık vermiş, dolar ku-

---

470) Baskın Oran, "Türkiye'nin Kuzey Irak Politikası", Baskın Oran (ed.), Türk Dış Politikası, Kurtuluş Savaşı'nan Bugüne Olgular, Belgeler Yorumlar, cilt.II, İstanbul, İletişim Yayınları, s.268.

ru iki kat artmıştır. Krizin 1991 Ocak ayında sıcak savaşa dönüşmesiyle dünyada ticari ve ekonomik dengeler top yekun bir değişim sürecine girmiştir.[471] Oysa, 1990 yılının ilk 7 aylık ekonomik göstergeleri incelendiğinde, üretimin arttığı, büyümenin hızlandığı, enflasyonun aşağı çekildiği, döviz rezervlerinin yeterli düzeyde bulunduğu görülmektedir.

Körfez Krizinin başlamasını takip eden günlerde petrol fiyatlarında gözlenen artış, tüm dünya ekonomilerini olduğu gibi Türk ekonomisini de önemli ölçüde etkilemiştir. Petrol fiyatlarının 1990 yılı içinde varil başına 15 dolara kadar indikten sonra, Krizin patlak vermesinin ardından, Ekim 1990'da 26 dolara kadar yükseldiği göz önüne alındığında Türkiye gibi petrolde dışa bağımlı olan bir ülkenin ne kadar etkilenebileceği ortaya çıkmaktadır.

Olumsuz etkiler ülke temel ekonomik göstergelerinde de kendini göstermiş ve inişe geçen enflasyon tekrar tırmanışa geçmiş, hedeflenen büyüme hızının yakalanma şansı düşmüş, bütçe açıkları genişlemiş, sanayi faaliyetlerinde yavaşlama başlamıştır.

1990'da yüzde 9.7 büyüme gerçekleştiren ekonominin 1991 büyüme hızı yüzde 1'in altına düşmüş ve büyüme % 0.3 olarak gerçekleşmiştir. Dolayısıyla kişi başına gelir de 2706 dolardan 2600 dolara inmiştir.[472] Savaş olasılığı gündeme gelince, 1990'dan 1991'e iç borç stoku yüzde 63, bütçe açığı da yüzde 209 artış göstermiştir. Toptan Eşya fiyatlarındaki artış, küçülen ekonomiye rağmen yüzde 59'a tırmanmış, özellikle Güneydoğu ve Güney yöreleri Krizden çok zarar görmüş, sınır ticaretinden geçimini sağlayanlar göç etmek zorunda kalmıştır. Özellikle E-24 Karayolu güzergahındaki ve civar illerdeki esnaf ve sanatkarlar Kriz dolayısıyla etkilenmiş ve çok zor duruma düşmüştür.

---

471) Sanver, Ü. (1993) Uluslar arası Piyasalar, Körfez Krizi ve Türkiye Ekonomisindeki Gelişmelerin Işığında Türk Mali Piyasaları ve Bankacılık Sektöründe Beklentiler" (Ankara, Türkiye Bankalar Birliği), s.15.
472) DIE: http://www.die.gov.tr

Körfez Krizi'nin Türkiye'ye etkileri

Ancak, Saddam Hüseyin işbaşında kalmaya, dolayısıyla da BM ambargosunun devam etmesiyle, Türkiye her geçen gün milyonlarca dolar ekonomik zarara uğramaya başladı.[473]

Türkiye'nin ekonomik zararı; petrol boru hattından elde ettiği transit gelirin durması, Irak'la yapılan ticaretin ve sınır ticaretinin büyük ölçüde kesilmesi, bunun Güneydoğu Anadolu'daki işsizliği artırması, Irak'ın Türkiye'ye olan borçlarını ödememesi ve müteahhitlik hizmetlerinin durmasından kaynaklanıyordu.[474]

Körfez Savaş öncesinde Türkiye'nin dış ticaretinde çok önemli bir yere sahip olan Irak'a Birleşmiş Milletler ambargosunun uygulanması sonucunda, Türkiye'nin bu ülkeye yönelik ihracat gelirlerinde büyük düşüş meydana gelmiş, bunun yanı sıra, Kerkük-Yumurtalık Boru Hattı'nın işletilememesi, bazı bankaların Irak'tan alacaklarını tahsil edememesi, müteahhitlik ve turizm gelirleri kayıpları, Irak'a yönelik özellikle Güneydoğu Anadolu bölgesinde doğrudan yapılan ihracat ve taşıma faaliyetlerinin durması sonucunda ortaya çıkan sosyo-ekonomik sorunlar nedeniyle maruz kalınan zararlarla da dikkate alındığında, Türkiye Körfez Krizi nedeniyle en çok zarara uğrayan ülkelerin başında gelmektedir ve Birleşmiş Milletler Güvenlik Konseyi'nin 6 Ağustos 1990 tarihinde aldığı 661 sayılı ambargo kararı dolayısıyla Türkiye'nin uğradığı kayıplara ilişkin farklı tahminler yapılmakla birlikte gerçekte yapılan en ılımlı tahminler bile çok yüksek rakamlara ulaşmaktadır.[475]

---

473) Mustafa Cesar, Körfez Krizi ve Irak'a Uygulanan Ambargonun Türk Ekonomisine Etkilerinin Sayısal Analizi, Haziran 2002, A.Ü. Siyasal Bilgiler Fakültesinde Yapılmış Doktora Ödevi, s. 4-5.

474) İlhan Uzgel, "ABD ve NATO'yla İlişkiler", Baskın Oran (ed.), Türk Dış Politikası, Kurtuluş Savaşı'ndan Bugüne Olgular, Belgeler Yorumlar, cilt.II, İstanbul, İletişim Yayınları, s. 258.

475) Mustafa Cesar, Körfez Krizi ve Irak'a Uygulanan Ambargonun Türk Ekonomisine Etkilerinin Sayısal Analizi, Haziran 2002, A.Ü. Siyasal Bilgiler Fakültesinde Yapılmış Doktora Ödevi, s. 2-3.

Bunun yanı sıra Türkiye, Irak'tan dünya petrol fiyatlarının altında sübvanse edilmiş petrol alıyor ve bedelinin bir bölümünü Irak'a mal satarak ödüyordu. Körfez Savaşı sonrası dönemde, Türkiye bu avantajlı ticaretten de mahrum kalıyordu. Diğer yandan, Irak'la ticaretin kesilmesi, en ağır etkisini Güneydoğu Anadolu'da gösterecekti. Bölgede işsizliğin artması, en çok PKK'nın işine yarayacak, PKK özellikle 1991-1995 yılları arasında Türkiye'ye ve bölge halkına oldukça zor günler yaşatacak, binlerce insan hayatını kaybedecekti. Ayrıca, PKK'nın K. Irak'taki otorite boşluğundan yararlanarak bölgeye yerleşmesi, Türkiye'yi sınır ötesi askeri harekatlar yapmak zorunda bırakacak, neticede Türkiye her yıl terörle mücadele için 7 milyar dolar harcayacaktı. Türkiye'nin teröre karşı mücadelede 100 milyar dolardan fazla kaynak harcadığı belirtilmektedir Ancak, bu konudaki harcamaların tutarının net olarak belirlenmesi mümkün değildir.

Nitekim, Körfez Savaşı'nın Türkiye'ye maliyeti Hazine Müsteşarlığı tarafından Haziran 2002'de yayınlanan ve ayrıntılı kalemler itibariyle zararları açıklayan raporda 100 milyar dolar olarak belirtildi. Ancak örneğin Dış Ticaret Müsteşarlığı tarafından 2002 yazında hazırlanan bir raporda ise bu meblağ 45 milyar dolar olarak belirtilmekte, toplam zararın alternatif maliyetiyle 90 milyar dolara ulaştığı ileri sürülmektedir. Ambargodan en çok etkilenen şehirlerden biri olan Gaziantep Ticaret Odası Başkanı, ambargonun maliyetini 80 milyar dolar olarak açıklamaktadır.[476]

Kısacası, Körfez Krizinin Türkiye'yi zarara soktuğu konusunda hiçbir tereddüt bulunmamasına karşın, bu zararın hangi kalemlerden kaynaklandığı ve hangi boyutlarda olduğu konusunda çok farklı görüşler ileri sürülmektedir. Krizin maliyeti olarak 40 milyar dolar ile 100 milyar dolar arasında değişik rakamlar telaffuz edilmektedir Ayrıca, Türkiye'nin zararlarının hiçbir şekilde karşılanmadığı ve Özal'ın bir koyup üç alma politikasının tam bir fiyasko olduğu yönünde hemen herkes görüş birliği içindedir.

---

476) Aydınlık, 3 Haziran 2001 s. 724.

Körfez Krizinin Türkiye'ye maliyeti tam olarak belirlenememekte ve Türkiye'nin ödediği faturanın miktarı konusunda yetkililer çelişkili açıklamalar yapmaktadır. Devlet resmi olarak bu kaybı 40-45 milyar dolar olarak tahmin etmektedir. Nitekim, Ekonomiden Sorumlu Devlet Bakanı Derviş, 2001 yılında bu zararı yaklaşık olarak 45 milyar dolar olarak açıklamıştır.

Türkiye'nin zararına ilişkin çelişkili açıklamalar da TBMM'de soru bir önergesine konu edilmiş ve devlet yetkililerinin kimi açıklamalarda zararı 40-45 milyar dolar, kiminde ise 100 milyar dolar olarak açıklamaları, SP Ankara Milletvekili Zeki Çelik tarafından Devlet Bakanı Kemal Derviş'e, sorulmuş ve gerçeğin ne olduğu, verilen rakamlardan hangisinin doğru olduğu sorulmuştur.[477] Çelik, Derviş tarafından yanıtlanmasını istediği önergesinde, Başbakan Bülent Ecevit'in cevaplaması isteği ile verdiği bir soru önergesinde, "Irak'a uygulanan ambargo nedeni ile uğradığımız kayıpların ekonomik değeri nedir?'"şeklindeki soruya karşılık Derviş'in verdiği cevapta, "Türkiye'nin uğradığı kayıpların toplamının 40-45 milyar dolara ulaştığı tahmin edilmektedir" dediğini hatırlatmış ve "bugünlerde olabilecek bir Irak müdahalesi konusunda sizin görüşleriniz, 'Türk ekonomisine zararının olmayacağı' ya da 'kayıpların 100 milyar dolar' olduğu şeklinde kamuoyuna yansımıştır. 'Türkiye'nin birinci Körfez Krizi'ndeki gerçek zararı nedir, verdiğiniz rakamların hangisi doğrudur?" diye sormuştur.

Önergeyi yanıtlayan Devlet Bakanı Önal, Türkiye'nin, Irak ile olan yakın komşuluk ilişkisi nedeniyle Körfez Krizinden en çok zarara uğrayan ülkelerin başında geldiğini, zararın parasal karşılığını ortaya çıkarmanın mümkün olmadığını ve uğranılan kayıpların ekonomideki tüm sektörler üzerinde dolaylı etkileri bulunduğundan zararın boyutları ile ilgili farklı açıklamaların bulunmasının doğal olduğunu belirtmiştir.

Türkiye'de zararlara ilişkin olarak yapılan çalışmalarda zarar tahminlerine ilişkin farklı değerlendirmeler ortaya konulsa da, zarar ka-

477) Evrensel, 25.02.02

lemleri üzerinde bir görüş birliği mevcuttur. Bu kalemler, dış ticaret zararları, yapılamayan ihracat ve petrol faturasının yükselmesinin yol açtığı zararlar, boru hattı taşıma gelirleri kaybı, deniz yolu, hava yolu ve Karayolu taşımacılığı kayıpları, turizm kayıpları, hizmet sektörü bankacılık ve müteahhitlik zararları, bölgesel ticaret kayıpları, Türkiye'ye sığınanlara yapılan harcamalar ve askeri harcamalar ve olarak belirlenmektedir.

Güvenlik Konseyi'nin 1995 yılında kabul ettiği ve Irak tarafından 25 Kasım 1996'da uygulanması kabul edilen 986 sayılı Karar ile, Irak'a insani malzeme tedarikinde kullanmak üzere her 90 günde 1 milyar dolarlık petrol satışına imkan verilmiştir. 1996 yılında yürürlüğe giren "BM Petrol Karşılığı Gıda, İlaç ve İnsani İhtiyaç Maddeleri Programı (MOU)" kapsamında uygulanmakta olan bu ambargo halen sürdürülmekle birlikte, bu karar çerçevesinde, Kerkük-Yumurtalık boru hattı tekrar işlemeye başlamış, yine Türkiye BM gözetiminde Irak pazarına girme sürecini başlatmıştır.

Gıda karşılığı petrol programı Türkiye'nin ihtiyaçlarını tamamıyla karşılamamakla birlikte, önemli ölçüde bir rahatlık sağlamıştır. 1999 yılı sonunda Birleşmiş Milletler'in aldığı 1284 no'lu kararla, Irak'ın satabileceği petrol miktarı üzerindeki sınırlama kaldırılmış, ancak insani ihtiyaç maddesi ithal etmek için Yaptırımlar Komitesi'ne bildirimde bulunması yeterli olan Irak'ın diğer maddelere yönelik ithalatı yine Komite'nin iznine tabii tutulmuştur. Sınırlamanın kalkması Irak'ın daha fazla gelir elde etmesi dolayısıyla daha fazla ithalat gerçekleştirebilmesi anlamına gelmektedir. Nitekim, 1284 no'lu BMGK Kararının kabulünü müteakip, Türkiye'den sık sık ticaret heyetleri Irak'ı ziyaret etmeye başlamış ve ikili ticarette özellikle Türkiye'nin ihracatında çok ciddi bir artış gözlemiştir.[478] Ancak Türkiye'nin, 1996 yılından sonra uygulamaya giren Petrol Karşılığı Gıda Programından aldığı pay, Rusya, Fransa, Çin ve Mısır gibi ülkelerle kıyaslanamayacak ölçüde düşük kalacaktı. Nitekim 1998 ve 1999 yı-

478) Mustafa Cesar, Körfez Krizi ve Irak'a Uygulanan Ambargonun Türk Ekonomisine Etkilerinin Sayısal Analizi, Haziran 2002, A.Ü. Siyasal Bilgiler Fakültesinde Yapılmış Doktora Ödevi.

lında açılan ihalelerde, ağırlıklı olarak düşük fiyatlı Rus, Çin ve komşu ülke mallarının tercih edildiği gözlemlenmiştir. İhalelerde BM'de Irak'ı destekleyen ülkelerin firmalarına öncelik verilmiştir.[479] Bu durum, Türkiye'nin Irak'a yönelik ihracatında bir gerilemeye yol açmış ve 1997 yılında ulaşılan 549 milyon dolar seviyeleri neredeyse yarı yarıya azalmış, 1999'da 247, 2000'de 372 milyon dolara gerilemiştir. 1997 seviyesinin geçilmesi ancak 2001 yılında mümkün olabilmiştir. Oysa, bu dönemde Irak çoğunluğu gıda, temizlik maddeleri, ilaç ve dayanıklı tüketim mallarından oluşan ithalatını da program çerçevesinde artırmıştır. Irak'ın 1998'de 5.8 milyar dolar olan ithalatı, 1999'da 12. 4 milyar dolara, 2000 yılında da 18 milyar dolara çıkmıştır.[480] Ayrıca, Türk firmalarının Irak'la imzaladıkları sözleşmelerinin çoğu, "çifte kullanım"a uygun mallar içerdikleri gerekçesiyle ABD ve İngiltere tarafından onaylanmayarak askıya alınacaktı.

Bu nedenle Türk yetkililer, ABD'li muhataplarıyla yaptıkları görüşmelerde, Irak konusu gündeme geldikçe, Türkiye'nin Körfez Savaşı'ndan sonra uğradığı ekonomik kayıpları vurgulayacak, Türkiye'nin kayıplarının karşılanması gerektiğini söyleyecektir. Ancak, Türkiye'nin her defasında uğradığı zararlar konusunda birbiriyle çelişkili ve ne şekilde hesaplandığı belli olmayan rakamlar kullanması, ABD tarafından abartılı bulunacak, neticede Türkiye'nin kayıplarını telafi edecek bir düzenlemeye gidilmeyecektir.

Türkiye, BM Antlaşması'nın, ekonomik yaptırımlara katılım nedeniyle zarara uğrayan devletlerinin bu zararlarının giderilmesi konusundaki 50. maddesini işletmeye çalışacak, Ürdün'e tanınan bu imkan Türkiye'ye verilmeyecekti.[481] Yıllardır petrol pompalanmadığı için çürüme noktasına gelen Kerkük-Yumurtalık Petrol Boru Hattı-

479) DTM (2001) Irak Ülke Raporu, Dış Ticaret Dergisi, C. 6 (20), ss.187-203
480) DEİK Irak Raporu, op.cit.
481) Dönemin ekonomiden sorumlu Devlet Bakanı Kemal Derviş, Türkiye'nin 1996'dan itibaren BM Yasası'nın 50. maddesi uyarınca zararlarının tazminini istediğini, ayrıca Birleşmiş Milletler Yüksek Komiserliği'nde Türkiye'nin Irak'tan petrol ithaline izin verilmesi talebinin ise kayda bile alınmadığını açıklamıştır. Türkiye'nin başvurusunu 1999'da yinelediğini hatırlatan Derviş, "Ancak, anılan başvurumuz da yine kayda alınmamıştır" demiştir.

nın kurtarılması Irak'ın sınırlı miktarda petrol pompalaması gerektiğinde dahi Türkiye, ABD'yi ve BM'yi ikna etmek için büyük uğraşlar vermek zorunda kalacaktı.

Körfez Savaşıyla birlikte Irak'a uygulanan ambargo bu ülke pazarına yönelik iş yapan bir çok firmanın zararına hatta iflasına yol açmış, bu ülke pazarına normal şartlarda ihracat devam etse, çok daha büyüyecek ve başka pazarlara da yönelebilecek olan firmaların piyasadan çekilmesi ambargonun gerçekleşen ihracat kayıpları dışında da, geniş ölçekli zararlara yol açtığını göstermektedir.

Türkiye, bu durum karşısında, Güneydoğu Anadolu Bölgesi'ndeki ekonomik ve sosyal durumu geliştirmek için Irak'la kısıtlı sınır ticareti başlatacaktı. Bu bağlamda, Türkiye, Türk kamyonlarına Irak'tan beraberlerinde kısıtlı miktarda mazot getirmesine izin verecek, ancak bu ticaret ABD'deki kimi çevrelerin ciddi eleştirilerini çekecek, Türkiye BM ambargosunu delmekle itham edilecekti.

Neticede, Türkiye'nin Körfez Krizi'nden kaynaklanan kayıpları daha sonraki yıllarda Türkiye ekonomisini üst üste Krizlere sokacak olan etkiler yarattı.[482]

Burada zararların toplam ekonomik maliyetine ilişkin olarak T.C.BAŞBAKANLIK DIŞ TİCARET MÜSTEŞARLIĞI Anlaşmalar Genel Müdürlüğü"nce hazırlanan bir raporu okuduğumuzda resmi rakamların neyi gösterdiği daha açık bir şekilde ortaya çıkacak. Bunları okurken unutulmaması gereken uğranılan zarar neticesinde BM Güvenlik Konseyi'nin ilgili komisyonun Türkiye'nin uğradığı zararı tazmin için bin 500 dolarlık bir rakamı saptadığı gerçeğidir.

Burada bir de Türkiye'nin olası Irak savaşına girmesi durumunda uğrayacağı zararlar konusuna bakmakta yarar var. En az 14 milyar dolar zarar hesaplanıyor.Aşağıdaki tablo bunu açıkça gözler önüne seriyor:

---

482) Türkiye'nin Körfez Savaşı'ndan sonra uğradığı ekonomik zararlar konusunda Başbakanlık Dış Ticaret Müsteşarlığı Anlaşmalar Genel Müdürlüğü tarafından 2002'de yapıaln çalışma için ve Türkiye'nin uğradığı zararların tablolar halinde dökümü için bkz Ekler.

Olası Irak Savaşı'nda Türkiye'nin Muhtemel Kayıpları

Seçilmiş Kalemlerde Savaş Halinde Olası Kayıplar

(milyon dolar)

Sektörler	Olasılık-1 2003	Olasılık-2 2003
Dış Ticaret	4.400	6.435
a- İhracat	1.800*	3.835**
b- İthalat (ham petrol)	2.600	2.600
Taşımacılık-İletim	1.120	1.120
a- Petrol Boru Hattı	400	400
b- Taşımacılık-İletişim	2.600	2.600
Turizm	5.000	5.000
Müteahhitlik	400	400
Bölgesel tic. kayıp	600	600
Üretim kaybı	2.500	2.500
Mülteci	*200*	*200*
Toplam	***14.220***	***16.255***

* *Mevcut verilere göre olası kayıplar*
** *İhracatta geçmişte yaşanan kayıpların üzerine birikimli kayıplar*

Siyasi Boyut

Türkiye, Körfez Savaşı'ndan sonra özellikle 1993 yılından itibaren Irak'la ilişkilerini normalleştirmeye çalışmış, bu bağlamda Bağdat'taki Büyükelçiliğinin başına Maslahatgüzar unvanıyla Büyükelçi düzeyinde atama yapmıştır.

Türkiye, K. Irak'a gerçekleştirdiği askeri harekatlar ve Çekiç Güç nedeniyle, Bağdat tarafından sürekli eleştiriye maruz kalsa da, ilişkilerini belirli bir düzeyde tutmaya özen göstermiş, bu bağlamda Türk-Irak Dışişleri Bakanlıkları arasında Müsteşarlar düzeyinde siyasi istişareler başlatılmış, 2001 yılında ilişkileri Büyükelçilik seviyesine yükseltmiştir.

Türkiye'nin Irak Politikasının Açmazları

Türkiye, 1991'den sonra Irak'ta beklemediği bir durumla karşılaştı. Saddam Hüseyin'in işbaşında kalmasıyla ekonomik ambargonun sürmesi ekonomik açıdan büyük kayıplara maruz kaldı; ABD'nin Saddam Hüseyin'i kontrol etmek için uyguladığı uçuşa yasak bölgesi ve Çekiç Güç nedeniyle fiili bir Kürt devletini kucağında buldu; K. Irak'taki otorite boşluğu nedeniyle bir terör sorunu olan PKK'yla mücadelesinde binlerce insanını kaybetti; terörle mücadeleye büyük kaynaklar ayırmak zorunda kaldı; Kürt meselesinin uluslararasılaşmasıyla diplomatik ve siyasi alanda zor günler yaşadı; üstelik K. Irak yumuşak karnı haline geldi.

Türkiye bu nedenle, Irak'taki durumu, olağan üstü koşulların dayattığı bir zorunluluk olarak gördü. Ancak Türkiye'nin en büyük zaafı, bu durumu değiştirecek imkanlardan yoksun olmasıydı. Saddam Hüseyin işbaşında kaldığı müddetçe, Bağdat'ın ülke genelinde ve özellikle de K. Irak'ta kontrolü ele almasına imkan yoktu. Bu işi kendi başına üstlendiği takdirde, Türkiye tam bir batağa saplanabilirdi. Aslında, Türkiye'nin sınır ötesi askeri operasyonlarına sadece ABD ses çıkartmamış, bütün Avrupa ülkeler ayağa kalkmıştı. Dolayısıyla bölgeyi askeri güçle kontrol etmek, hem Irak, hem uluslararası toplum, hem de Kürtler tarafından "işgal" olarak tanımlanabilirdi. Bölgedeki otorite boşluğunun, Kürtler tarafından doldurulması ise, bağımsız bir Kürt devletinin doğmasının ilk adımı olmuştu.

Bu süreçte, ABD'nin oynadığı rol ise, Türk-Amerikan ilişkilerinde güven bunalımına yol açmış, ancak PKK elebaşısı Öcalan'ın CIA-

MİT ortak operasyonu kapsamında Türkiye'ye teslim edilmesiyle, ABD, Kürt meselesini sadece bir Irak sorunu olarak ele almak istediğini göstermişti.

ABD, bu yolla Türkiye'ye şu mesajı vermiştir: Öcalan'ın yakalanması ile artık Türkiye içindeki Kürt meselesi kendi iç alanına ve Türkiye'nin tam denetimine çekilmiş bulunmaktadır; dolayısıyla da Irak'ın statüsünün ve Kuzey Irak'taki gelişmelerin Türkiye'yi tedirgin eden yönleri asgariye inmiştir.[483]

Türkiye'nin, Irak gelişmelerini tek başına etkileyecek imkanlardan yoksun olmasının ilk sonucu, Türkiye'nin Irak'ta yıllardır süren durumu, şartların dayattığı "geçici" bir durum olarak nitelendirmesidir.

Bu durumun ikinci yansıması, Türkiye'nin Irak politikasının, Irak'ta dış kaynaklı değişiminin yaratacağı sakıncalar nedeniyle mevcut durumun devamını tercih etme şeklinde tezahür etmesidir. Bu bağlamda Türkiye, siyasi ve askeri gücü 36. paralelin güneyi ile 33. paralelin kuzeyi arasında sınırlandırılmış bulunan Saddam'a duyduğu güvensizliğe rağmen, Saddam'ın işbaşında kalmasını bir anlamda Irak'ın toprak bütünlüğünün devamını sağlayacak bir araç olarak görmüştür. Bu nedenle, Saddam Hüseyin'in dış müdahaleyle devrilmesi senaryolarına, özellikle de Kürtlerin özlemeleri çerçevesinde, Irak'ın parçalanmasına yol açacak bir gelişme olarak şüphe ve temkinle yaklaşmıştır. Türkiye'nin ABD'nin Irak'a gerçekleştirmek istediği askeri harekata bu kadar direnç göstermesi de bu yaklaşımın bir yansımasıdır.

Türkiye'nin Irak politikası, Irak'ın parçalanmaması, istikrarsızlığa sürüklenmemesi ve bağımsız bir Kürt devletinin kurulmaması hedeflerine odaklanmıştır.

Ancak, Türkiye'nin bu süreçteki en önemli açmazı, bugün geçici sayılan durumun süreklilik kazanmasıyla, K. Irak'taki Kürt devletçiğinin ve 32. paralelin güneyindeki Şii oluşumunun giderek gelişme-

483) Ahmet Davutoğlu, Stratejik Derinlik, Küre Yayınları, 2001, İstanbul, s. 445.

sidir. Bugünkü koşullar sürdüğü ölçüde, her iki oluşum giderek daha da güçlenecektir. Petrol Karşılığı Gıda Programından aldıkları % 13'lük gelirle, ülkenin diğer bölümlerine göre ekonomisi gelişen ve Bağdat ile arasındaki uçurum her geçen gün derinleşen Kürtlerin, Irak içinde tutulması zamanla imkansız hale gelebilecektir.

Türkiye'nin en önemli açmazlarından birisi, Saddam Hüseyin işbaşında kaldığı müddetçe, Türkiye açısından sürekli aleyhte gelişen bu koşulların ortadan kakmasının imkansız olmasıdır. Mevcut koşullarda Saddam Hüseyin'in bir iç dinamik ya da ölüm gibi doğal bir sebeple iktidardan düşmemesi halinde, tek alternatif Saddam'ın bir dış müdahaleyle devre dışı bırakılmasıdır.

ABD'nin, Irak'a yönelik bir askeri harekat geçekleştirmesi, Irak'taki geçici koşulların da sonunu getirecektir. ABD'nin bu planı, Türkiye'nin Irak politikasını da bir yol ayrımına getirmiştir. Bu çerçevede, Türkiye, ya askeri harekata katılmamak suretiyle en önemli müttefiki ABD'yi kaybedecek; ya da askeri harekata katılmak suretiyle, belki de Irak'ın parçalanmasına yol açacak bir gelişmeye bizzat katkıda bulunacak; en iyi ihtimalle, barış içinde yaşayacağı, federal bir Irak devletiyle iyi komşuluk ilişkilerini devam ettirecektir.

Türkiye'de, Irak meselesinde ortaya çıkan ve genelde sağduyu çizgisini aşan tartışmalar da esasen Türkiye'nin karşılaştığı bu çelişkili durumdan kaynaklanmaktadır.

ASKERİ HAREKÂT VE TÜRKİYE

Türkiye, Bush Yönetiminin işbaşına gelmesinin ardından Irak'a yönelik askeri harekat senaryolarını dikkatle izlemeye başladı. ABD, henüz kendisinden hiçbir talepte bulunmamasına rağmen Türkiye, bir askeri harekata karşı çıktığını bizzat dönemin Başbakanı Bülent Ecevit'in ağzından bir çok defa gündeme getirdi.

Başbakan Ecevit'in 19-21 Ocak'ta ABD'ye gerçekleştirdiği ve ABD kabinesinin neredeyse bütün önemli yetkilileriyle görüştüğü ziyaretin sıcak gündemi de Irak'tı. Türkiye, Kasım 2001'de tarihinin en büyük ekonomik bunalımlarından birini yaşamış ve krizi ABD'nin IMF aracılığıyla verdiği destekle kontrol altına alabilmişti. ABD'nin karşılığında, Türkiye'den Irak konusunda destek isteyeceği ve Ecevit'in Washington'da birçok Türk Başbakanına ve Cumhurbaşkanının karşılaşmadığı ilgiyi görmesinin de bu nedenden kaynaklandığı yorumları yapılmaktaydı.

Başkan Bush, Ecevit'le Oval Ofis'te yaptığı görüşmede, Saddam Hüseyin'in büyük bir problem olduğunu, ancak Irak konusunda henüz bir karar almadığını, karar almadan öne muhakkak Türkiye ile gerekli danışmalarda bulunacağını, Türkiye'nin görüşlerine değer verdiğini söyledi. Ecevit, Bush'un açıklamalarından memnun olmuş ve bir askeri harekat ihtimalinin yakın zamanda gerçekleşmeyeceği sonucuna varmıştı.

ABD'nin Irak konusunda ne kadar ciddi olduğunun anlaşılması için, Dışişleri Bakanlığı Müsteşarı Uğur Ziyal'in Ekim ayında Washington'a yaptığı ziyareti beklemek gerekecekti. Bu ziyaretten çıkan en önemli sonuç, Irak'ta bir askeri harekatın gelmekte olduğuydu. Nitekim Ziyal'in ziyaretini ilk önce Dışişleri Bakanı Şükrü Sina Gürel'in, ardından Genelkurmay Başkanı Orgeneral Hilmi Özkök'ün Washington ziyaretleri takip etti. Resim iyice belirmişti, ABD, Irak'a askeri harekat konusunda kararlıydı ve harekat planlarında Türkiye'ye de önemli görevler biçilmekteydi. Hatta Amerikan Yönetimi, Türk yetkililere Irak'ın geleceğini birlikte belirlemeyi teklif etmişlerdi.

Ancak, Türkiye, yine de askeri harekat konusunda isteksizliğini belli etmekten geri kalmıyordu.

Türkiye'nin Askeri Harekâta Muhalefetinin Nedenleri

Türkiye, Saddam Hüseyin'e karşı duyduğu güvensizliğe rağmen, daha ilk günden itibaren, Irak'a yönelik bir askeri harekata muhalefet etmiştir.

Türkiye'nin askeri harekata karşı çıkışı, Saddam Hüseyin rejiminden memnun olmasından kaynaklanmamış, önemli gerekçelere dayanmıştır.

Bu çerçevede, Türkiye'nin en başta gelen endişesi, askeri harekatın Irak'ın parçalanmasına yol açması ihtimali olmuştur. Türkiye, askeri harekat sırasında Kürtler ve Şiilerin yönelecekleri maceralardan endişe duymuştur. Türkiye, Abdullah Öcalan'ın Türkiye'ye CIA-MİT operasyonuyla teslim edilmesinin ardından, kendi Kürt sorununda bir psikolojik eşiği aşmış ve K. Irak'taki gelişmelere bakış açısında PKK'nın görece öncelikli önemi denklemden çıkmıştır. Ancak, Türkiye, K. Irak'a bakış açısını belirleyen, bölgede kurulacak bağımsız bir Kürt devletinin Türkiye'ye yansımalarına ve bu bağlamda Türkiye'deki Kürt milliyetçiliğinin körüklenecek olmasına yönelik endişelerinden kurtulamamış, bölge içi dinamiklerin dışarıdan değiştirilmesi anlamına gelen askeri operasyon muhalefet etmeyi sürdürmüştür.

Türkiye'nin, askeri harekata muhalif bir tutum benimsemesinin bir diğer stratejik gerekçesi, askeri harekat sonucunda Saddam Hüseyin'in ve rejiminin devrilmesiyle, toprak bütünlüğü korunsa bile, Irak'ın istikrarsızlığa ve bir kaosa sürüklenmesi ihtimali olmuştur. Türkiye, sınırının hemen yanı başında Lübnan benzeri, dış güçlerin bölgedeki çıkarlarını maksimize etmek için bölge devletlerine karşı kullanacakları bir sorunla karşılaşmaktan, uzun ülke vadede güvenliğine olumsuz yansımalarından haklı bir endişe duymuştur.

Türkiye'nin askeri harekata muhalefetinin üçüncü gerekçesi, tamamen ekonomik nedenlere dayanmıştır. Özal'ın Körfez Savaşı'ndaki "bir koyup, üç alma" söylemi sonucunda 11 yıl zarfında 100 milyar dolar ekonomik kayba uğrayan Türkiye, ABD'nin girişeceği yeni bir askeri harekatın yansımalarını, kırılgan bir dengede ilerleyen Türk ekonomisinin kaldıramayacağını değerlendirmiştir. Bu bağlamda, Türkiye, askeri harekatın ödemeler dengesini tümden sarsacağını, ülkenin en önemli gelir kalemlerinden biri olan turizmi baltalayacağını ve ekonomi üzerinde daha birçok olumsuz etkisi olacağını söylemiştir. Bugün için en iyimser tahminle Irak savaşının Türkiye ekonomisine zararı 17 milyar dolar olacaktır. Savaşın seyri ve süresine göre bu meblağın 50 milyar dolara kadar yükselmesi mümkündür.

Türkiye'nin bu ekonomik gerekçeyle doğrudan bağlantılı bir diğer kaygısı da, 1991'den sonraki gelişmelerin özellikle Güneydoğu Anadolu'da yarattığı sosyal sıkıntıların henüz üstesinden gelinmemişken, bölgede yeni bir ekonomik-sosyal sorunla karşılaşmak istememesidir.

Türkiye, askeri harekat sonrası Irak'ta, federalizm türü bir yapılanmanın kurulmasını ve kurulacak Kürt federe devletinin sınırlarına, Kerkük ve Musul gibi zengin petrol rezervlerine sahip Türkmen kentlerinin dahil edilmesi ihtimalini, çıkarlarına aykırı bir durum olarak görmektedir. Nitekim Türkiye, hem Kürt devleti kurulmasına, hem de Kerkük'ün veya Musul'un Kürt grupların kontrolüne girmesine izin vermeyeceği konusunda ilk andan itibaren kararlı bir tutum sergilemiştir.

Türkiye'nin, bir diğer kaygısı, askeri harekat sırasında gelişmelerin kontrolden çıkması ve Saddam Hüseyin'e bağlı güçlerin Kürtlere saldırmasıyla, Nisan 1991'dekine benzer büyük bir mülteci akınıyla karşılaşma ihtimalidir. Türkiye bu sefer mültecileri sınırlarından içeri almayacak, onları Kuzey Irak'ta tutacaktır. Bu MGK'da kararlaştırılmıştır.

ABD'nin politikalarını beğenmediği bir rejimi askeri harekatla devirmeye yönelik bu yaklaşımını meşru görmemesi, Türkiye'nin tutumunda diğerleri kadar güçlü olmasa bile bir başka etken olmuştur.

Türkiye, bu gerekçelerden hareketle Irak politikasında "kırmızı çizgiler" olarak formüle eden bir strateji benimsemiştir. Türkiye'nin çeşitli düzeydeki yetkililerce açıklanan "kırmızı çizgileri" şunlardır:

1. Irak'ın toprak bütünlüğü ve siyasi birliği korunmalıdır,
2. Bağımsız bir Kürt devleti kabul edilemez,
3. Türkmenler Irak'ın asli unsuru olarak görülmeli, siyasi ve kültürel hakları korunmalı, azınlık muamelesine tabi tutulmamalıdır,

4. Tarihi bir Türkmen şehri olan Kerkük'ün Kürtler tarafından işgal edilmesini Türkiye'nin kabul etmesi mümkün değildir.

Türkiye, Irak'ın gelecekteki yönetim yapısının, dışarıdan dayatmalarla değil Irak halkı tarafından tayin edilmesi gerektiğini açıklamış ve bu bağlamda Irak'ta "federasyon"a karşı olduğunu belirtmiştir.

Askeri Harekât ve Türkiye'nin Seçenekleri

Bu kitabın kaleme alındığı Ocak 2003 itibariyle, askeri harekata karar verdiğini açıklamamış olmakla birlikte ABD'nin Körfez Bölgesi'ne sürekli asker yığması, bölge ülkelerindeki askeri üsleri tamir etmeye başlaması artık harekatın geldiğinin işaretleri olarak görülmekte, basında harekatın Şubat 2003'te başlayacağı yorumları yapılmaktadır.

Bu bağlamda ABD, askeri harekat bağlamında Türkiye'den temelde iki talepte bulunmuştur:

- İncirlik başta olmak üzere, Türkiye'deki askeri üslerden, ayrıca limanlardan harekat sırasında yararlanmak, Türkiye'nin hava sahasını ABD uçaklarına açması ve üst-uçuş izni vermesi,
- ABD ve koalisyon kara birliklerinin, K. Irak'a Türkiye üzerinden girmesine izin verilmesi, Türkiye'de koalisyon kara birliklerinin konuşlandırılması.

Türkiye'nin, ABD'nin askeri harekat bağlamındaki bu talepleri karşısında izleyeceği politika seçenekleri şöyledir:

1) Askeri Harekata Hiçbir Şekilde Destek Vermemek
2) Askeri Harekata Sınırlı Destek Vermek
3) Askeri Harekata Tam Destek Vermek
4) Askeri Harekata Aktif Katılmak

ABD'nin askeri harekat konusunda sergilediği tutum, Türkiye'nin tercihinden bağımsız olarak harekatın gerçekleştireceğine işaret etmektedir. ABD açısından bakıldığında, Türkiye'nin tam desteğinin sağlanmasının en başlıca yararı, kuzey Irak'ın da devreye sokulmasıyla harekatın süresinin kısalması; Kürtlerin güvenliklerinin sağlanması ve Saddam Hüseyin ve rejiminin yıkılması hedefinin daha kolay gerçekleşecek olmasıdır. Türkiye'nin askeri harekata katılmaması ABD'yi kararından vazgeçirmeyecek, ancak işini bir hayli zorlaştıracaktır.

Bu genel değerlendirmeden yola çıkıldığında, harekatın Türkiye'nin katkısından bağımsız olarak gerçekleşmesi halinde, Türkiye'nin harekata konusundaki çekinceleri bir anda karşısına sonuç olarak çıkacaktır. Bu bağlamda, harekat Türkiye ekonomisini olumsuz yönde etkileyecek; Irak'ın parçalanması ya da bağımsızlığa sürüklenmesi ciddi bir ihtimal olarak kalmaya devam edecektir. Türkiye'nin harekata katılım şekli, bu sonuçlardan ne derece etkileneceğini ya da bu sonuçların şekillenmesinde ne ölçüde etkili olacağını belirleyecektir.

Askeri Harekata Hiçbir Şekilde Destek Vermemek

Türkiye'nin ABD askeri harekatına hiçbir şekilde destek vermemesi ve ABD'nin taleplerine toptan hayır demesi, Türkiye için her açıdan en ağır sonuçlara yol açacaktır.

Ankara-Washington ilişkilerinin genel niteliği itibariyle bu ilişkilerde karşılıklı bağımlılıktan çok, Türkiye'nin ABD'ye tek taraflı bağımlılığı söz konusudur. Türkiye'de özellikle son yıllarda tekrarlanan ekonomik krizler nedeniyle, ABD'nin uluslararası finans kurumları üzerindeki ağırlığından yararlanmak zorunda kalmış, neticede ABD'ye giderek daha fazla bağımlı hale gelmiştir.

İlişkilerin bu niteliği dikkate alındığında, ABD'nin Irak'a yapacağı bir askeri harekata Türkiye'nin toptan hayır demesi için makul bir gerekçe bulunmamaktadır. Türkiye'nin bu yolu seçmesinin belki tek nedeni, Türkiye'nin hayır demesinin ABD'yi harekattan vazgeçmeye zorlayacağı değerlendirmesi olabilecektir.

ABD, Türkiye'den hiçbir şekilde destek alamaması durumunda, askeri harekat bağlamında, harekattan vazgeçmek ya da harekatı Türkiye olmadan yapmak seçeneğiyle karşılaşacaktır.

Bu durum, ABD'nin bu seçeneklerden hangisini tercih edeceğinden bağımsız olarak, Türk-Amerikan ilişkilerini derinden sarsacak, son on yılda "stratejik ilişkiler"den "stratejik işbirliği"ne dönüşmesi için Türkiye'nin sarf ettiği bütün çabalar boşa çıkacaktır.

Türk-Amerikan ilişkilerinde yaşanacak gerginliğin olumsuz etkileri, sadece ikili düzeyde kalmayacak, Kıbrıs, Türkiye-İsrail ilişkileri, Bakü-Ceyhan ve enerji projeleri gibi alanlara yansıyacak; ayrıca Türkiye'nin uluslararası ilişkilerinde yalnızlaşma süreci başlayacaktır

Türkiye'deki ekonomik reform programlarına IMF ve Dünya Bankası aracılığıyla sağlanan destek son bulacak, ekonomi yeni ve daha ağır bir krize sürüklenecektir.

Ekonomik açıdan da Türkiye, kurulacak yeni Irak'ın "yeniden yapılanmasında" rol alamayacak; örneğin Saddam Hüseyin zamanında bile devam eden, dünya piyasa fiyatlarının altında Irak'tan petrol alma imtiyazını kaybedecektir.

ABD, Türkiye'nin hiçbir şekilde kendisine destek vermemesine rağmen askeri harekatı yaptığı takdirde, Irak'ın geleceğinde Türkiye'nin söz hakkı olmayacak; Kuzey Irak'ta bir Kürt Devleti oluşması veya Irak'ın İslam devletine dönüşmesi gibi konulardaki gelişmeleri Türkiye dışardan izlemek zorunda kalacak ve bu konularda Türkiye'nin kaygılarının gözetilmesi ABD'nin inisiyatifine bırakılacaktır.

Askeri Harekata Sınırlı Destek Vermek

Türkiye'nin, ABD'nin taleplerinden sadece birincisine olumlu yanıt vermesi, bu çerçevede üslerini ve limanlarını, ayrıca hava sahasını askeri harekat için açması, ABD'nin beklentilerini karşılamayacak; ABD Türkiye'nin bu desteğini sınırlı destek olarak yorumlayacaktır.

Türkiye'nin bu seçeneği tercih etmesi, Türk-Amerikan ilişkileri, Irak'ın geleceği ve ekonomik açılardan "Hiçbir Şekilde Destek Vermeme" seçeneğinde incelenenlere benzer sonuçlara yol açacaktır.

Bu seçeneğin Türkiye açısından bir diğer olumsuz yönü, ABD ve müttefik kara birliklerinin Türkiye üzerinden kuzey Irak'ta ikinci bir cephe açamayacak olmaları nedeniyle, askeri harekatın süresinin uzaması, bu durumun ise Irak'ta bir kargaşa ortamının doğmasına yol açması ihtimalidir. Irak'ın bir kaosa sürüklenmesiyle, etnik ve mezhepsel çatışmalar yaşanabilecektir. Diğer yandan, örneğin Saddam Hüseyin birliklerinin Kürtlere saldırmasıyla, Kürtlerin artık geleceklerini Irak'ta görmek için bir nedenlerinin kalmadığını ileri sürerek bağımsızlık ilan etmesi gibi olayların kontrolden çıkması ihtimali de mevcuttur. Böyle bir ihtimal gerçekleştiği takdirde, Türkiye, K. Irak'a tek başına girmek zorunda kalacak, uluslararası alanda muhtemelen büyük tepkilerle karşılaşacak, çok sayıda Türk askeri Kürtlerle çatışmalarda can verecektir.

Askeri Harekata Tam Destek Vermek

Bu seçenekte, Türkiye, ABD'nin her iki talebini de izin verecek, bu çerçevede askeri harekat sırasında üslerini ve limanlarını, hava sahasını açmasının yanı sıra, Türkiye'de ABD ve müttefik kara birliklerinin konuşlandırılmasına ve Türkiye üzerinden kuzeyde yeni bir cephe açmalarına izin verecektir.

Bu durumda, ABD, Irak'ın yeniden oluşumunda Türkiye'nin "kırmızı çizgileri"ni dikkate alacak ve hayat geçirecek, bu bağlamda Kuzey Irak'ta bir Kürt devleti oluşmayacak, Irak Şii egemenliğine girmeyecek; Kerkük ve Musul Kürtlere veya belli bir etnik veya dini grubun yönetimine verilmeyecek; Türkiye, verdiği büyük destek nedeniyle Irak'ın yeniden yapılanmasında da ekonomik açıdan söz sahibi olacaktır.

Bu seçeneğin başlıca sakıncası, Türkiye'nin "kırmızı çizgileri"nin yaşama geçirilmesini, ABD'nin inisiyatifine bırakacak olmasıdır. Askeri harekat sırasında en azından kuzey Irak bağlamında olayların kontrol dışına çıkması veya Irak'ın kargaşaya sürüklenmesi halinde Türkiye'nin yönlendirici rol oynaması ve örneğin bağımsız Kürt devleti kurulması ihtimali karşısında engelleyici müdahale imkanı çok kısıtlı kalacaktır.

Askeri Harekata Aktif Katılmak

Bu seçenekte Türkiye, ABD'nin taleplerine tam destek verecek, ayrıca Türk Silahlı kuvvetleri de Irak'ta ABD ordusuyla birlikte, "güvenlik sağlama" göreviyle Irak'a girecektir.

Böylelikle, askeri harekat esnasında ve sonrasında bölgede çıkacak kaostan Türkiye etkilenmeyecek; TSK'nın bölgedeki varlığı sayesinde Türkiye'nin "kırmızı çizgilerine" kesinlikle uyulacaktır.

Türkiye'ye yönelik muhtemel bir göç dalgası durdurulacak; ayrıca PKK'nın savaş ortamından yararlanmasının da önüne geçilmiş olacaktır.

Türk ordusunun koalisyon güçlerinin bir parçası olarak gerekli görülecek noktaya kadar K. Irak'a girmesi ve koşullar normale dönünceye kadar bölgede kalması; kırmızı çizgilerine uyulmaması, yani Kürtlerin bağımsızlık ilan etmeleri veya Musul ve/veya Kerkük'e girmeleri durumunda gerektiğinde Kuzey Irak'a tek başına yapmak zorunda kalacağı askeri harekata kıyasla, uluslararası alanda çok daha az tepkiye yol açacaktır. Ayrıca, Kürtlerin bağımsızlık, federalizm ve Kerkük ve Musul'a yönelik emellerinin önünün kesilmesi imkanı doğacak; Türkiye, askeri harekatın uzaması, başarısız olması ve sonrasında Bağdat'ın Kürtlere karşı saldırıya geçmesiyle sınırlarına binlerce insanın yığılması gibi çeşitli istikrarsızlık unsurlarını sınırlarının ötesinde göğüsleyecektir.

Türk Silahlı Kuvvetleri'nin, askeri harekata fiili katılımı, K. Irak'ta yıllardır Saddam'ın zulmü altında yaşadıktan sonra 11 yıldır da Kürtlerin baskısı altında ezilen Türkmenlerin haklarının korunması açısından da en etkili tedbir olacaktır.

Nitekim KDP ve KYB, Türk ordusunun askeri harekat sırasında K. Irak'a girmemesi için ABD'nin kapısını aşındırmaktadır.

Türkiye'nin yukarıdaki seçeneklerden hangisini tercih edeceği, Türk-Amerikan ilişkilerine etkilerinin yanı sıra, Türkiye'nin bundan sonraki dönemde Ortadoğu politikasında da belirleyici olacaktır.

Aslında, Türkiye'nin, ABD'nin taleplerinden birincisine olumlu yanıt vermekte bir sorunu bulunmamaktadır. Türkiye, üslerini ve limanlarını, ayrıca hava sahasını askeri harekat için açmakta zorlanmayacak, bu konuda kamuoyunda gelecek baskı Hükümet açısından tolere edilebilir düzeyde kalacaktır. Nihayetinde, Saddam ile ABD arasında bir seçim yapmak zorunda kalacak Türkiye, sınırlı destekle de olsa ABD'nin yanında yer almayı tercih edecektir.

Ankara için kritik karar, ABD ve müttefik kara birliklerine Türkiye topraklarını açmakta ve Türk askerlerinin bölgeye girip girmemesinde düğümlenmektedir.

Bu karar, askeri harekatın başarısını ve süresini; Türk-Amerikan ilişkilerini; Irak'ın geleceğinde Türkiye'nin oynayacağı rolü ve askeri harekat sonucunda siyasi açıdan karşılaşacağı sonuçları belirleyecek nitelikte bir karar olacaktır.

TÜRKİYE VE KÜRT DEVLETİ

Genelkurmay Başkanlığı ve siyasi kadrolar, bağımsız bir Kürt devleti kurulmasını "casus belli" olarak görmektedirler ve bu algılama en somut olarak "Türkiye'nin bağımsız bir Kürt devletine hiçbir şekilde müsaade etmeyeceği" açıklamalarında somutlaşmaktadır. Ancak, bu açıklamalarda, bu "müsaade etmeme"nin ne şekilde gerçekleşeceği açıkça belirtilmemektedir. Ancak hemen herkesin bu açıklamalardan çıkarttığı ortak sonuç, Türkiye'nin gerekirse bölgenin işgaliyle veya tamamen ilhakıyla sonuçlanacak bir askeri müdahalede bulunacağıdır. Nitekim Kasım 2002 sonunda Türkiye'yi ziyaret eden Wolfowitz'e Kuzey Irak'ta 140 kilometrelik bir bölgede Türk askerinin hakimiyet sağlayacağı plan önerisi askeri yetkililer tarafından yapılmıştır. Ancak bu istek uygun bulunmamıştır. Amerikan tarafı Türkiye'yi bölgesel bir üs ve İngiliz Amerikan askerlerinin Irak savaşında geçiş güzergahı olarak kullanmak istemektedir. Savaş sonrasında bölgenin asayişi yine Türkiye'ye bırakılacaktır. Afganistan örneğinde olduğu gibi. Ama bölgesel gelişmelerden özellikle sıcak savaş durumunda Türkiye'den yararlanma noktasında taleplerden Amerikan tarafı uzak durmaktadır. Oysa Türkiye'deki askeri ve siyasal yaklaşım bölgesel dengelerin değişmesi durumunda Türkiye'nin Musul ve Kerkük üzerinde etkin olmasını istemek şeklinde.Bunun Kürt devletini önlemenin başlıca şartı olduğu da Ankara'da kabul görmekte.

Türkiye'nin Amerika'dan gelecek talepleri AKP iktidarında kabul edecek olması da önemli bir siyasal gelişme. Recep Tayip Erdoğan ile AKP'nin İslamcı kimliği yeni dönem olası Irak savaşında çok etkin bir siyasal koz olacaktır.

Bu değerlendirme karşımıza, Kürtlerin bağımsızlık ilan etmelerine karşı çıkmasının gerekçelerinin; böyle bir ihtimalin vuku bulması halinde Türkiye'nin izleyeceği stratejilerin; iç ve dış faktörlerin izlenecek stratejilere etkilerinin neler olacağı ve nihayetinde bu stratejinin amaca ne ölçüde hizmet edeceği sorularını çıkartmaktadır.

Kuzey Irak'ta koordinasyondan sorumlu olan kurumlar; MGK, MİT, OHAL Koordinasyon Kurulu, İç Güvenlik Koordinasyon Kurulu, İç Güvenlik Değerlendirme Kurulu, Takip ve Yönlendirme Kurulu'ydu. Türkiye, PKK terör örgütünün finans kaynaklarından mahrum edilmesi konusunda çalışıyordu. Dışişleri Bakanlığı'nda, İstihbarat Değerlendirme Kurulu, İstihbarat Planlama Koordinasyon Kurulu vardı. Dışişleri Bakanlığı Kuzey Irak Eşgüdüm Komitesi, Kriz Koordinasyon Kurulu, Bakanlıklar Arası Uygulama Koordinasyon Kurulu (BUKK), Kriz Değerlendirme Takip Kurulu ve İnsan Hakları ile ilgili 3 özel kurul ortaya çıkıyordu. Yani kargaşa ve dağınıklık Türkiye'nin çözümsüzlüğünü getiriyordu.

Türkiye daha sonra Öcalan'ın Kenya'da yakalanmasının ardından, bölgede kurulacak bir Kürt devletinin kendisi için savaş ilanı sayılacağını açıkladı. Ama bu açıklama, halen kurulmasına devam edilen Kürt devleti çalışmalarını durduramadı.

Türkiye Neden Kürt Devletine Karşı?

1) Türkiye'nin, K. Irak'ta bağımsız bir Kürt devleti kurulmasına karşı çıkmasının ilk gerekçesi, bu devletin Türkiye'deki Kürt nüfus ve Kürt milliyetçiliği üzerindeki muhtemel etkileridir.

Aslında, Türkiye'nin Irak'a yönelik bir askeri harekata muhalefeti ABD'de sürekli olarak, K. Irak'taki Kürt meselesiyle ve bunun Türkiye'ye yansımalarıyla irtibatlandırılmaktadır. Bu bağlamda, Ankara'nın en büyük korkusunun, Saddam Hüseyin'in devrilmesinden sonra bağımsız bir Kürt devleti kurulmasının veya Irak'ta federal bir yapının ortaya çıkmasının, Türkiye'deki Kürt nüfusun etkilenecek olduğu tezi işlenmektedir.

Türkiye'nin bu konuda kendisine yöneltmesi gereken soru, Türkiye'deki Kürt nüfusun K. Irak'ta bağımsız veya federatif bir Kürt devletinden ne ölçüde etkileneceğidir.

Böyle bir gelişmenin çeşitli yansımalarının olması kaçınılmazdır. Bunlardan ilk akla geleni, Türkiye'deki Kürt milliyetçiliğinin körüklenecek olması ve bunun PKK terörünün yeniden canlanmasına yol açması ihtimalidir. Bu konuda özellikle büyük kentlerde böylesi bir gelişme sonrası büyük terör olaylarının artması beklenir. PKK kaynakları bu yönde çabalar sergilemektedirler. Türk halkının 1984-1999 yıllarında yaşadığı terör kabusunun etkileri henüz sona ermemiştir ve bu durum Türk kamuoyunun muhtemel tepkilerini de şekillendirmektedir.

Ancak, diğer bir soru bu yansımaların/etkileşimin, boyutlarının ne ölçüde olacağıdır. Türkiye'nin AB'ye tam üyelik perspektifi, her geçen gün Batılı standartlara yaklaşan demokrasisi, ekonomik açıdan daha müreffeh olması gibi faktörler, muhtemel yansımaların etkilerinin azaltacak etkenlerdir. Seçim barajı nedeniyle DEHAP'ın Parlamentoya girememiş olması, Kürtçe eğitime imkan sağlayan reformların uygulanmaması ve Güneydoğu Anadolu Bölgesinin ekonomik ve sosyal koşullarında iyileşme kaydedilememesi gibi etkenler ise, bağımsız veya federatif Kürt devletinin Türkiye'ye yansımalarını artıracak faktörler olarak ortaya çıkmaktadır. Bu durumda, Türkiye'deki Kürt milliyetçiliği hareketlerine meşru deşarj alanları tanınması daha da önemli hale gelmektedir.

Bağımsız veya federatif bir Kürt devletinin Türkiye'ye muhtemel yansımalarının boyutlarını belirleyecek bir diğer önemli faktör, Türkiye'nin bu Kürt entitiye karşı sergileyeceği tavır olacaktır. Örneğin, Türkiye'nin bu Kürt entiteyi "işgal" veya "ilhak" etmesi seçenekleri, yansımaların etkilerinin derinleşmesine yol açacaktır.

Diğer taraftan, başlangıçta kendisini sadece K. Irak'la sınırlayacak bir Kürt devletinin, zamanla ve uluslararası şartlar elverdiği ölçüde Kürt milliyetçiliğine oynaması ve irredantist politikalara yönelmesi de büyük bir ihtimaldir. Nitekim, bugün bile Türkiye'nin Güneydoğusu, KDP ve KYB haritalarında Büyük Kürdistan'ın bir parçası olarak gösterilmektedir. Aynı haritalar çok uzun yıllardan beri Avrupalı devletlerin duvarlarını süslüyordu. 1970'li yıllardan bu yana ABD'nin ilgili birimlerinin duvarlarında da bulunmaktadır.

2) Türkiye'nin ikinci gerekçesi, Ortadoğu'da sınırlar bir kere değiştirilmeye başlandığı takdirde, bunun sonunun gelmeyeceğidir. Bu gerekçe de büyük ölçüde Türkiye'nin kendi iç dinamikleriyle bağlantılıdır.

3) K. Irak'ta bağımsız bir Kürt devleti, bölgede yeni çatışmalara yol açacaktır ve Türkiye sınırlarında yeni bir Lübnan veya İsrail-Filistin ihtilafı istememektedir.

Bu gerekçede büyük bir haklılık payı bulunmaktadır. Türkiye, K. Irak'ta bir Kürt devleti kurulmasına sessiz kalsa da, böyle bir gelişme, kaçınılmaz olarak Irak siyasi ve askeri elitinin düşmanlığını kazanacak, bölge yeni çatışmalara gebe olacaktır. Muhtemel bir Kürt-Arap savaşında "dış faktör"ler, Lübnan örneğinde olduğu gibi devreye girecek ve ardı arkası kesilmeyecek bir çatışma dönemi başlayabilecektir.

Böyle bir ihtimalin gerçekleşmesi, ister istemez Türkiye'yi de etkileyecektir. Türkiye zayıf bir ihtimal de olsa, çatışmaların içine sürüklenebilecek veya yüz binlerce Kürt mülteciyle uğraşmak zorunda kalabilecektir.

Bölgede istikrarsızlığın bir diğer doğrudan sonucu, K. Irak'ın yeniden PKK yatağı haline dönüşmesidir ve bu takdirde, Türkiye sınır güvenliğini sağlamak ve terörle mücadele için yine milyarlarca dolarlık askeri harcama yapmak zorunda kalacaktır.

Bağımsız Kürt devleti ile parçalanmış Irak arasında bir savaş çıkmasa da, Kürtlerin 11 yıllık fiili devlet tecrübeleri, kendi aralarında çatışmaya sürüklenmelerinin göz ardı edilemeyecek bir ihtimal olduğunu göstermektedir. Bu çatışmalar, kendiliğinden veya dış faktörlerin etkisiyle çıkabilecektir. Ancak her iki durumda da çatışma süresince dış faktörler devrede olacak ve istikrarsızlık süreklilik kazanabilecektir.

4) Bir diğer gerekçe, K. Irak'taki bir Kürt devletinin, bölge veya bölge dışı ülkeler tarafından Türkiye'ye karşı bir koz ya da hizaya getirme aracı olarak kullanılması ihtimalidir.

Türkiye'nin, kendi dinamikleriyle Kürt meselesinin üzerinden gelebilmesi durumunda, K. Irak'taki bir Kürt devletinin Türkiye'ye karşı bir koz olarak kullanılma potansiyeli azalacaktır.

Bununla birlikte, uluslararası politikanın önemli aktörleri bir yana, örneğin, Tahran'daki rejimin niteliğinden bağımsız olarak Türkiye açısından orta ve uzun vadede stratejik bir rakip olacak İran'ın veya yine Türkiye'ye hasım tutumundan kurtulamamış bulunan Suriye gibi ülkelerin, bağımsız Kürt devletini kendi politikaları için bir araç olarak kullanmaları ihtimali, Türkiye açısından yeterince rahatsızlık verici bir durumdur.

Saikleri ne olursa olsun Türkiye'nin bütün bu gerekçelerde önemli haklılık payı bulunmaktadır. Türkiye'deki Kürt nüfusun K.

Irak'taki bağımsız bir Kürt devletinden etkilenip etkilenmeyecek olması, bu gerekçelerin meşru olduğu olgusunu değiştirmeyecektir. ABD'nin, Saddam Hüseyin'in devrilmesini hayati güvenlik çıkarlarının bir gereği olarak nitelendirmesinin, Fransa ve RF'nin, BM Güvenlik Konseyi'nde 1441 sayılı kararının müzakerelerini, Saddam sonrası Irak'ta pastadan alacakları payı artırmak için uzatmalarının olağan kabul edildiği bir uluslararası düzende, Türkiye'nin sınırının hemen ötesindeki, ülke güvenliğini yıllarca doğrudan etkileyecek bir gelişmeye kayıtsız kalmak istememesinin meşruiyetinin tartışma konusu dahi yapılmaması gerekmektedir. Kısacası, Fransa ve RF'nin, "ulusal çıkarları"nı korumak dürtüsüyle hareket ettikleri bir ortamda, Türkiye'nin, "ulusal çıkar"dan ziyade "ulusal güvenlik" kaygısıyla hareket ettiği bir gerçektir.

Kuzey Irak Kürtlerin Bağımsız İlan Ettiği Takdirde Türkiye Ne Yapabilir?

Her şeyden önce, K. Irak'ta bir Kürt devletinin bütün Irak halkının özgür iradesiyle gerçekleşmesi durumunda, hangi gerekçeyle olursa olsun Türkiye'nin bu durumu değiştirmeye yönelik bir strateji izlemesinin anlamsız hale geleceğinin vurgulanması gerekmektedir. Türkiye'nin bu durumda Türkmenlerin haklarının korunmasının garanti edilmesini istemek ve gerektiğinde bu yönde sınırlı bir müdahalede bulunmak dışında bir seçeneği kalmayacaktır.

Nitekim aşağıda ele alınacak seçenekler ve durum senaryolarının hepsinde, bağımsızlık ilanının Irak'ın arzusu hilafına gerçekleştiği durumlar incelenmektedir.

KDP ve/veya KYB'nin, Irak halkına rağmen bağımsızlık ilan etmeleri halinde, Türkiye'nin izleyeceği stratejiyi belirleyecek temel faktör, Türkiye'nin bu gelişmeden algılayacağı tehdit değerlendirmesi olacaktır ve bu tehdit algılaması büyük ölçüde yukarıda sözü edilen gerekçelerle örtüşecektir.

Diğer taraftan, K. Irak'ta bir bağımsız bir Kürt devleti kurulmasına karşı şartlandırılmış bulunan Türk kamuoyundan gelecek baskı da izlenecek stratejiyi etkileyecektir.

Yukarıdaki unsurlar, Türkiye'nin izleyeceği stratejinin en azından ilk aşamada doğal olarak tepkisel olacağı sonucunun çıkartılmasına neden olmaktadır. Bu çerçevede, Türkiye, gerekli gördüğü takdirde böyle bir gelişme karşısında kendisiyle tehdit algılamaları örtüştüğü ölçüde bölge ülkeleriyle de -örneğin İran gibi- işbirliği halinde pasif ya da aktif bir strateji izleyecektir.

Pasif stratejiyle, Türkiye'nin kurulacak Kürt devletine karşı çıkmaması değil, bu devlet karşısında askeri harekata varmayan -örneğin ambargo gibi- önlemlere başvurması kastedilmektedir. Askeri güç kullanımına kapsayacak aktif stratejinin ise, sınırlı askeri harekattan, işgale, işgalden ilhaka uzanacak geniş bir yelpazeye yayılması muhtemeldir.

Türkiye'nin izleyeceği stratejilerin analizinin, bu stratejilerin belirlenmesinde ulusal güvenlik/çıkar/tehdit değerlendirmeleri ve iç kamuoyu baskısı kadar önemli bir diğer faktör olan, ABD'nin ve kısmi olarak da uluslararası toplumun Kürt devleti kurulması karşısında sergileyecekleri tutum çerçevesinde yapılması gerçekçi olacaktır.

Birinci Durum: Kürt Devletinin ABD tarafından Tanınması ve Diğer ülkelerin ABD'yi İzlemesi

Bu durumda, Türkiye'nin hareket serbestisi çok büyük ölçüde azalacak, askeri güç kullanımına dayanan aktif önlemler alması, imkansız olmasa da oldukça zorlaşacaktır.

Türkiye'nin sınırlı da olsa bir askeri harekata kalkışmasının yaratacağı en ciddi sonuç, harekatın uluslararası alanda yol açacağı tepkiler ve tanınmış bir devlete karşı girişilecek harekatın "işgal" olarak tanımlanmasının, başta ABD'yle ilişkiler olmak üzere dış ilişkilerinde yaratacağı sorunlardır. Bu sorunların, hassas bir dönemden geçen ve dış desteğe ihtiyacı bulunan ülke ekonomisine sirayet etmesi de kaçınılmazdır.

Buna rağmen, askeri güç kullanımı Türkiye için bir seçenek olarak kalmaya devam edecektir. Türkiye'nin yukarıda belirtilen riskleri göze alarak askeri güç kullanımına karar vermesi durumunda, harekatın "işgal"e veya "ilhak"a dönüşmesi çok düşük bir ihtimaldir. Zira, Türkiye'nin K. Irak'ı işgal etmesi, Kürt devletinin tanınmış ve uluslararası hukukun bir sujesi haline gelmiş bağımsız bir devlet olduğu gerçeğini olgusunu değiştirmeyecek, alınacak her türlü askeri önlem Kürtlere diz çöktürmekten ibaret kalacaktır. Kısacası "işgal"le hedeflenen sonuç elde edilemeyecektir.

"İşgalci güç" konumuna düşecek Türkiye, bu işgali sürdürmenin siyasi zorluklarının yanı sıra, bir süre sonra işgali sona erdirmek ya da bölgeyi tamamen ilhak etmek zorunda kalacaktır. Her iki seçenek de Ankara'yı uluslararası alanda büyük sıkıntıya sokacaktır.

Ankara'nın bu durumda, askeri güç kullanımına varmayan pasif önlemlere başvurması daha güçlü bir ihtimal olarak ortaya çıkmaktadır. Bu önlemlerin başında, Kürt devletine karşı ekonomik ve siyasi ambargo uygulanması gelmektedir. Ancak Türkiye'nin tek başına uygulayacağı siyasi ve ekonomik ambargo, istediği sonuçları elde etmesini sağlamayacağı gibi, Kürt devletinin İran ve Suriye'ye bağımlı hale gelmesi gibi Türkiye açısından hiç de tercih edilmeyecek sonuçlara yol açabilecektir.

Ankara, Kürtlerin ayrılmasıyla parçalanmış ve yeni Kürt devletine karşı düşmanca bir tutum izlemesi muhtemel olan Irak'la birlikte, İran ve Suriye'yi de ambargo uygulamasında yanına çekebildiği takdirde, denize açılımı bulunmayan ve tamamen bu ülkelerle çevrilmiş bir Kürt devletinin ekonomik açıdan yaşamını sürdürmesi imkansız hale gelecektir. Ancak, bu halde de Ermenistan örneğinde olduğu gibi, Türkiye'nin ABD'nin ve Batı dünyasının eleştiri ve baskılarıyla karşılaşması söz konusu olacaktır.

Kısacası, pasif strateji seçeneğinde, Türkiye'nin kendi kontrolü dışındaki birçok etkeni bir arada tutması gerekmektedir.

Uzak olmakla birlikte bir diğer ihtimal, Ankara'nın K. Irak'taki bağımsız bir Kürt devletiyle birlikte yaşama yolunu seçmesi ve bu devleti olabildiğince kendi güdümüne sokmaya çalışmasıdır.

İkinci Durum: Kürt Devletinin ABD Tarafından Tanınmaması, Ancak Avrupa Ülkelerince Tanınması

ABD'nin bağımsız Kürt devletini tanımaması, Avrupa ülkelerinin tanımaları ihtimalini zayıflatmaktadır. Ancak, bu ihtimalin gerçekleşecek olması durumunda, Türkiye'nin izleyeceği stratejiyi tespitinde, AB perspektifi ABD'nin tutumuna kıyasla daha az önemli görülecek, Türkiye'nin izleyeceği stratejiyi tespit sürecinde hareket serbestisi artacaktır.

AB adaylığına ilişkin gelişmelerin Türkiye'nin hareket serbestisini kısıtlayan ya da artıran bir faktör olarak ortaya çıkması da muhtemeldir. Bu bağlamda, AB'nin 12-14 Aralık'taki Kopenhag Zirvesi'nde Türkiye'ye 2004 yılında yapılacak gözden geçirme sonucunda uygun görmesi halinde 2005 yılında katılım müzakereleri için tarih verme kararı alması Türkiye açısından önemli bir gelişme olmuştur.

Bugün itibariyle, AB perspektifi Türkiye'yi, bağımsız Kürt devletine karşı izleyeceği strateji açısından AB ülkelerinin tepkilerine karşı daha duyarlı davranmak durumunda bırakacaktır. Ancak Kıbrıs meselesine 28 Şubat 2003'e kadar bir çözüm bulunamaması halinde Türkiye ile AB arasında yaşanacak bir kriz, Türkiye'nin izleyeceği stratejide AB'nin muhtemel tepkilerine marjinal önem vermesine neden olacaktır.

Üçüncü Durum: Bağımsız Kürt Devletinin Tanınmaması

Kürtlerin bağımsız devlet ilanının ABD ve Avrupa ülkelerince tanınmadığı, hatta ABD'nin bu tür bir gelişmeye tepki gösterdiği durumda, Türkiye'nin hareket serbestisi genişleyecektir.

Ancak, bu durumda Türkiye'nin izleyeceği strateji, ABD'nin ve/veya Avrupa ülkelerinin tepkilerini de şekillendirecektir.

Avrupa ülkeleri açısından bakıldığında, sınırlı askeri harekat, işgal veya ilhak önlemlerinden herhangi birisinin, tepkiyle karşılaşması kuvvetle muhtemeldir. Nitekim, Türk Silahlı Kuvvetlerinin PKK'ya karşı terörle mücadele amacıyla gerçekleştirdiği hedefi ve süresi belli sınır ötesi harekatlar karşısında dahi Avrupa ülkeleri sürekli tepki göstermişledir. Bu defa, bağımsız bir Kürt devleti karşısında Türkiye'nin alacağı, "meşru müdafaa" veya "terörle mücadele" amacıyla açıklanamayacak herhangi bir önleme Avrupa ülkeleri sıcak bakmayacaklardır. Hatta, Türkiye'nin AB'ye üye olmasına karşı çevrelerin, bu durumda Türkiye'yi işgalci bir güç olmakla itham etmeleri ve "Kıbrıs"la irtibatlı benzetmelerle, Ankara'nın üyeliğe ehil olmadığı tezini işlemeleri de söz konusu olacaktır.

Bu senaryoda, Washington'ın Türkiye'nin alacağı önlemlere ilişkin tepkisinde, bu önlemlerin niteliği kadar, Kürtlerin bağımsızlık ilanının, ABD'nin Irak'a yönelik askeri harekatı sonucunda "kazara" gerçekleşmiş olup olmadığı da rol oynayacaktır. ABD'nin, bu sonucun doğmasında sorumluluğunun bulunduğunu düşünmesi halinde, Türkiye'nin alacağı önlemler karşısında daha yumuşak bir tutum izlemesi muhtemeldir. Zira, ABD istemese de Kürtlerin bağımsızlık ilan etmeleri, Türk-Amerikan ilişkilerinde en azından Türkiye bakımından güven bunalımına yol açacaktır ve bu durum, Washington'ı Ankara'nın tepkilerine daha duyarlı hale getirecektir. Ancak, bu değerlendirme, Türkiye'nin alacağı her önlemin ABD tarafından destekleneceği anlamına da gelmemektedir. ABD, sınır ötesi askeri operasyonlarda olduğu gibi, Türkiye'nin meşru güvenlik endişelerini haklı gördüğünü, ancak alacağı önlemlerin geçici olmasını istediğini açıklamak veya kamuoyu önünde olumlu ya da olumsuz bir tutum sergilemekten kaçınmak yoluna gidebilecektir.

Ancak, bu senaryoda, Türkiye'nin girişeceği askeri harekatın, Irak'ın talebi veya onayı üzerine, bölgede geçici denetim sağlamak ve sonrasında kontrolü Bağdat'a iade etmek gerekçesine dayandırılması halinde, ABD'nin ve AB ülkelerinin tepkilerinin önemi azalacaktır.

Ayrıca bu gerekçeye dayanacak bir askeri önlemin, Arap dünyasından da destek görmesi muhtemeldir.

Bununla birlikte, Türkiye'nin en azından iç kamuoyu dengeleri itibariyle, K. Irak Kürtlerini, tamamen Irak rejiminin insafına bırakmaması da önem arz edecektir.

Türkiye'nin Bağımsız Kürt Devletine Karşı İzleyeceği Stratejilerin İç Yansımaları

Irak'ın parçalanarak, bağımsız bir Kürt devletinin kurulması durumunda Türkiye'nin izleyeceği pasif veya aktif stratejilerin herhangi birisinin, Türkiye'de iç yansımalarının olması kaçınılmaz gözükmektedir.

Örneğin, "işgal" seçeneğine gidildiğinde, PKK'nın beli kırılmış olsa da, büyük ölçüde PKK'yla bağlantılı olarak yaygınlaşan, ancak zamanla PKK'dan bağımsız olarak gelişen Kürt milliyetçiliği kamçılanacaktır.[484]

Türkiye'nin "ilhak" seçeneğini tercih etmesi halindeyse, Ankara'nın uluslararası alanda düşeceği zor durum bir yana, bir dış sorunun iç sorun haline dönüştürülmesi söz konusu olacaktır ve böyle bir ihtimal Ankara için belki de K. Irak'ta bağımsız bir Kürt devleti bulunmasından daha zararlı sonuçlar doğuracaktır. Terör Türkiye açısından tıpkı İsrail'de olduğu gibi artık bir savaş hali devamlılığı yaratacaktır.

---

484) Türkiye'de, gerekçelerine hiç değinmeksizin, "K. Irak'ta bir Kürt devleti kurulmasına karşıyız ve bu devleti yaşatmayız" şeklinde son dönemde sıklıkla yapılan ve birbirini takip eden hamasi nitelikteki açıklamaların, içerideki Kürt milliyetçiliğini körükleme ihtimalinin hiç dikkate alınmaması şaşkınlık yaratacıdır.

SONUÇ

Irak'a yönelik askeri harekat için geri sayım başladı. ABD'nin Şubat 2003'ün son haftasından itibaren ya da en geç Mart ayında askeri harekata başlayacağına kesin gözüyle bakılıyor.

ABD, aylardır Körfez'e askeri birlik konuşlandırmaya devam ediyor. Son haftalarda on binlerce ABD askeri, onlarca savaş uçağı, uçak gemileri Körfez bölgesine yığılıyor.

ABD, Irak'a askeri harekat konusunda kararlı. Amerikan Yönetiminin başında, ABD'nin çıkarları söz konusu olduğunda "ya bizimlesiniz, ya da değilsiniz" diyen bir başkan bulunuyor. Dünyanın tek süper gücü Amerika'yı Irak'la savaşta durdurabilecek ne başka bir ülke ne de etkin bir uluslararası örgüt var.

11 Eylül, ABD'nin ulusal güvenlik kavramlarını ve dış politika anlayışını temelden değiştirdi. İlk defa Amerika kıtasında kendi evinde

vurulan ABD, her zaman büyük önem verdiği "ulusal güvenlik" politikasını artık her şeyin önünde tutuyor. Bir anlamda ABD yeniden "America First" (İlk önce Amerika) söylemine dönmüş bulunuyor.

ABD'nin Irak'la savaşa neden bu kadar önem verdiği; Clausewitz'in deyimiyle, politikanın başka yollardan devamı olan savaş düşüncesine neden bu kadar iştiyakla sarıldığını bu kitapta çoğunlukla ABD'nin, kimi zamanda askeri harekata karşı çıkan çevrelerin penceresinden anlatmaya çalıştım. Sebebi ne olursa olsun bu savaşın bütün dünya açısından çok önemli sonuçları olacak.

ABD, bugüne değin onlarca savaşa katıldı. Birinci Dünya Savaşı'nda önemli rol oynadı, II. Dünya Savaşı'nda sonucu belirleyen ve Hitler'i durduran ülke oldu. Kore Savaşı'yla Sovyetlerin yayılmasını önlemeye çalıştı, Türk askerleri çekilen Amerikan askerlerini korumak için canlarını verdi.

Amerika'nın aynı gerekçeyle katıldığı Vietnam Savaşı, yıllarca sürecek bir bataklığa dönüştü. Sovyet yayılmacılığını önlemek isteyen ABD, Vietnam Savaşı'nı prestij meselesi haline getirince binlerce ABD askeri, masum Vietnam halkından on binlerce insan öldü. Amerikan halkı Vietnam'ın acılarını hâlâ unutamadı ve Amerikan askerlerinin can kaybı konusunda aşırı duyarlı hale geldi. Neticede ABD, tarihinin en ağır ve en büyük hezimetlerinden birini alarak Vietnam'dan çekilmek zorunda kaldı.

ABD, Küba'da devrim sonrasında Fidel Castro'yu devirmek istedi, eline yüzüne bulaştırdı. Füze krizi sırasında kendi güvenliği riske düştüğünde, Sovyet yayılmacılığı karşısında cephe ülkesi olan Türkiye'yi satmaktan çekinmedi.

ABD, İran'da İslam devrimi olduğunda rehinelerini kurtarmaya çalıştı, başaramadı. İran-Irak Savaşı başladığında, mollalar rejimine karşı Saddam Hüseyin'i destekledi. Silah, cephane sattı, gerektiğinde uydu fotoğrafları verdi. Ancak Lübnan'daki Amerikan rehinelerini kurtarmak istediği iddiasıyla Savaş sırasında İran'a da silah satmaktan geri kalmadı.

Saddam Hüseyin, savaşın kaderini kimyasal silahlarla değiştirdiğinde ABD hiçbir tepki vermedi. Savaşta binlerce İran askeri ve yüzlerce Iraklı Kürt bu bombalar sonucunda öldüğünce sessiz kalmayı tercih etti. Hatta bir dönem şimdiki savunma Bakanı Donald Rumsfeld, Başkan Reagan'ın özel temsilcisi olarak Bağdat'a giderek Saddam Hüseyin'le görüştü. ABD, kendisi İran'daki rejime karşı savaşmaktansa savaşan başka birini desteklemeyi çıkarlarına uygun gördü.

ABD, İran karşısında denge unsuru olarak gördüğü Saddam Hüseyin liderliğindeki Irak'ı terörü destekleyen ülkeler listesinden çıkarttı. Ardından 1988-1990 arasında tarım kredisi verdi. Ortaya çıkan 1 milyonluk savaş makinesinden hiç endişe duymadı.

Saddam Hüseyin'in Kuveyt'i işgali ABD'nin aklını başına getirdi. Saddam Hüseyin, Ortadoğu'daki güç dengesini değiştirmeye yönelik bir davranışta bulunmuştu. Aslında bugün bile, acaba Saddam Hüseyin'in Kuveyt'te duracağına, yani Suudi Arabistan'a saldırmayacağına inanmış olsa, ABD'nin Irak'a karşı bu savaşı yapıp yapmayacağı sorusu iste, istemez akla geliyor.

ABD, Saddam'ın Kuveyt'i işgalini kendi "hayati çıkarları"na aykırı buldu. Ortadoğu'daki en önemli çıkarı olan petrolün dünya pazarlarına serbest ve makul fiyatlarla akışı tehlikeye girmişti. Birincisi Kuveyt önemli bir petrol ülkesiydi. İkincisi ABD, Saddam Hüseyin'in bir diktatör olduğunun yeni farkına varmıştı. Emmanuel Kant'ın dediği gibi, diktatörler iktidarda kalabilmek için daima savaşmak ve yeni bir düşman bulmak zorundaydı. Yani, Saddam Hüseyin'in, ABD'nin Ortadoğu'da "en kıymetli" müttefiki Suudi Arabistan'a da saldırmaması için bir neden yoktu. Suudi Arabistan'ın Ortadoğu'da "en kıymetli" müttefik muamelesi görmesinin nedeni, krallık ve şeriatla yönetilmesinden değil, tabii ki dünyanın en büyük petrol rezervlerine sahip olmasından ve Suud Hanedanının ABD'nin her söylediğini emir telakki etmesinden kaynaklanmaktaydı. Zaten Amerikan Başkanları ile Suud Hanedanı arasında dostluk ilişkileri kurulmasının arkasında da bu neden bulunmaktaydı.

ABD, arkasına bütün dünyayı aldı. Körfez Savaşı'yla ya da her operasyona bir ad vermeyi çok seven Amerikalıların "Çöl Fırtınası" harekatıyla Saddam Hüseyin, Kuveyt'ten çıkartıldı. ABD, ardından Irak'ı cezalandırmaya yöneldi.

Körfez Savaşı'nda elde edilen kolay zafer, ABD'nin büyük çaplı askeri harekatlara girişmekten duyduğu korkuyu da yenmesini sağladı. Sovyetler Birliği'nin savaş sırasında arkasına takılması, ABD'nin dünya politikasında tek süper güç olarak kalacağının da ilk sinyalleri oldu. Az sayıda Amerikan askeri öldü. Böylelikle Vietnam Sendromunun büyük ölçüde üstesinden gelindi.

Savaşın 60 milyar dolarlık maliyetinin %80'ini Japonya, Kuveyt ve Suudi Arabistan karşıladı. ABD, siyasi olarak her zaman başat güç olduğu Ortadoğu'ya askeri olarak da yerleşti. Bölge ülkelerine silah satmaya başladı. Nitekim Körfez Savaşı'ndan bu yana (1991-2001 arasında) bölgedeki silah harcamalarının toplamı 612 milyar doları buldu. Silah harcamalarını artıran bölge ülkeleri içinde 201 milyar dolarla S. Arabistan ilk sırayı alırken, bu ülkeyi 89 milyar dolarla İsrail, 87 milyar dolarla Türkiye izliyor. Söz konusu dönemde İran 66 milyar, Suriye 46 milyar, Kuveyt 36 milyar, Mısır 26 milyar, Umman 21 milyar, BAE 18 milyar, Ürdün 7 milyar, Yemen 5 milyar ve Bahreyn ise 3 milyar dolar tutarında silahlanma harcaması gerçekleştirdi.[485]

Bugün ABD'nin Irak karşısında neden yeni bir savaş istediğinin gerekçelerini herkes kendince açıklıyor. Amerikan Yönetimine göre, Irak kitle imha silahlarına sahip, başındaki diktatör bunları kullanmaktan çekinmiyor. Irak teröre destek veren, BM kararlarına meydan okuyan bir ülke. ABD'ye göre Saddam Hüseyin'in artık ne çevrelenmesi ne de caydırılması mümkün, bu nedenle de tek çare devrilmesi ve bunun da büyük çaplı bir askeri harekatla yapılması gerekiyor. Amerikan Yönetimi de bu noktaya kolay gelmedi, zaman zaman Yönetim iki ayrı kampa bölündü. Dışişleri Bakanı Powell istifa noktasından döndü.

---

485) İdris Adil, Talip Aktaş, "Türkiye'nin Kayıpları ve Olası Riskler", A ve A Araştırma Danışmanlık ve Tanıtım Hizmetleri.

Irak askeri harekatı, şüphesiz ABD'nin dış politika alanında son 50 yıldır alacağı en büyük dış politika inisiyatiflerinden biri olacak. Amerika'nın Irak'ta rejim değişikliğine kendisini bu kadar angaje ettikten sonra geri adım atması çok zor gözüküyor. Saddam Hüseyin'in ABD'nin ulusal güvenliğine ve hayati çıkarlarına bu kadar önemli bir tehdit oluşturduğunu ağzına sakız yapan ve ABD kamuoyunda Saddam'ın devrileceği beklentisi yaratan Bush Yönetiminin, bundan vazgeçmesi halinde caydırıcılığının ve uluslararası alandaki itibarının zedelenmesi kaçınılmaz olacak.

ABD'nin askeri harekatın yasal dayanağı konusunda sergileyeceği tutum da, BM ve uluslararası hukuk açısından çok önem taşıyor. Harekatın BM Güvenlik Konseyi'nden alınacak yeni bir karara dayanması durumunda, BM'in dünya meselelerindeki önem ve ağırlığı devam edecek. Harekata destek vermek zoruna kalacak ülkelerin üzerindeki baskı da ortadan kalkmış olacak. Yeni bir karar alınmadan yapılacak bir askeri harekat ise meşruiyet tartışmaları yaratacak, BM'nin uluslararası alandaki etkinliğine kaçınılmaz şekilde olumsuz etki yapacak. Harekata katılan devletleri de zor duruma sokacak.

Ancak, ABD'nin, askeri harekatı BM Güvenlik Konseyi kararına dayandırıp dayandırmamasından bağımsız olarak, Rusya ve Fransa gibi bazı ülkeler Saddam sonrası Irak'ta çıkarlarını korumak, Türkiye gibi ülkeler ise harekatın kendisi açısından yaratacağı olumsuz sonuçları mümkün mertebe en aza indirmek, İngiltere gibi ülkeler ise ABD ile yakınlığını sürdürmek, bazı küçük devletler ise sadece ABD, ABD olduğu için, ABD ile birlikte hareket etme sevdasına düşerek Amerikanın arkasından gidecektir.

ABD'nin askeri harekattan beklentileri de, Irak'ta sular duruluncaya kadar üzerinde anlaşmaya varılamayan bir tartışma konusu olmaya devam edecektir. Bu bağlamda, kimileri, ABD'nin amacının, Irak'ı kitle imha silahlarından arındırmak ve uluslararası düzende bir kırılma noktası olan Saddam Hüseyin diktatörlüğüne son vermek olduğunu; kimileri ABD'nin Irak'ın zengin petrol kaynaklarına el koymak ya da vaziyet etmek istediğini söylemektedir.

Irak'ta kitle imha silahları bulunması ve bu silahların Saddam Hüseyin gibi kullanmaktan çekinmeyen bir diktatörün elinde olması, gerçekten de Türkiye dahil bütün bölge ülkelerini, İsrail'i ve nihayetinde ABD'yi endişelendirmesi gereken bir tehdittir. Gerçekte, Rusya, Fransa ve Çin gibi Irak'ı BM Güvenlik Konseyi içinde desteklemiş ülkeler de bu tehdide hak vermektedirler. Dolayısıyla, Irak'ın kitle imha silahlarından arındırılması meşru bir gerekçedir ve dünyada bu silahlara sahip, kontrolü mümkün olmayan başka rejimlerin bulunması da bu gerekçenin meşruiyetini ortadan kaldıramayacaktır.

20. yüzyıl dünya tarihinin şekillenmesinde baş rollerden birini oynayan petrol, bu konumunu uzun bir dönem daha devam ettirecektir. Dünyada ispatlanmış petrol rezervlerinin %65'inin Ortadoğu'da, Suudi Arabistan'dan sonra %11'le ikinci büyük petrol rezervine sahip ülkenin Irak olması, ABD'nin askeri harekat bağlamında petrol faktörünü dikkate almasını gerektirecek bir olgudur. Ancak, bu olgu kadar ABD'nin Ortadoğu petrolüne bağımlılığının son 25 yılda çok büyük oranda azaldığı ve ABD'nin Irak savaşını sadece petrol saikiyle gerçekleştirmek istemediği de bir gerçektir. Zira, bugün itibariyle Irak günde ancak 2.5 milyon varil petrol üretmektedir. Irak'ta petrol üretiminin artırılması için son 11 yıldır yapılamayan yatırımların gerçekleştirilmesi gerekmektedir. Irak'ın günlük petrol üretiminin gelecek 10 yıl zarfında 6 milyon varile çıkartılabildiği halde, Irak'ın yıllık petrol geliri varil başına ortalama 15 dolardan yaklaşık 25-30 milyar dolar olacaktır.

Oysa bugün Irak savaşının ABD'ye iyi senaryoların gerçekleşmesi halinde 50 ila 100 milyar dolar olacağı, bu meblağın harekatın başarısına göre trilyon dolara kadar varabileceği söylenmektedir. Körfez Savaşı'nın 60 milyar dolarlık masrafının (bugünün 80 milyar doları) %80'i Suudi Arabistan, Kuveyt ve Japonya tarafından karşılanmıştı. Bugün ise Kuveyt dışında hiçbir ülke elini cebine atacağa benzemiyor.

Bu durumda ABD, Irak'ın yıllık petrol gelirlerinin tamamına el koysa bile, askeri harekatın masraflarını ancak 5-10 yılda çıkartabilecektir. Kaldı ki, petrol gelirleri, ülke gelirlerinin yaklaşık %90'ını oluşturmaktadır. Aynı zamanda Irak'ın 150 milyar dolar dış borcu bulunmaktadır ve askeri harekat sonrasında 12 yıldır ambargoya maruz kalmış bir ülkenin yeniden imarı, Irak halkının yaşam koşullarının normale döndürülmesi gerekecektir. Irak'ın yeniden yapılandırılması hedefi dikkate alındığında, ABD'nin Irak'ın petrol gelirlerinin tamamına el koyacağını düşünmek gerçekçi değildir.

Bununla birlikte, ABD'nin Irak petrollerini denetimi altına alarak, biraz da sübvanse edilmiş olarak bedeli karşılığında Irak'ta kendi petrol ihtiyacını karşılayacak bir düzenlemeye gitmesi de muhtemeldir. Kısacası, ABD'nin Irak'la savaşa bu kadar kararlı olmasında petrol önemli, ancak tek başına bir sebep değildir.

ABD'de Irak savaşını sürükleyen çevrelerin İsrail'le yakın ilişkiler içinde bulunması, konuya İsrail boyutu da getirmektedir. Irak'ın başında ister Saddam Hüseyin, isterse demokratik bir rejim olsun, dünyada Irak'ın kitle imha silahlarına sahip olmasını kabul edemeyecek tek ülke İsrail'dir. Nitekim İsrail bunun örneğini 1981 yılında Irak'ın Osirak nükleer santralini bombalayarak sergilemiştir. Amerikan Yönetimi açısından İsrail'in güvenliği Amerika'nın güvenliği ile eş tutulmaktadır ve bu yaklaşım Yahudi sermayesinin kontrolünde olan ABD medyası aracılığıyla Amerikan kamuoyuna da benimsetilmiş bulunmaktadır. Kısacası, Irak savaşı, kitle imha silahları boyutu itibariyle İsrail'in güvenliğiyle de doğrudan bağlantılıdır.

Irak savaşının, Ortadoğu'daki dengeler ve İsrail'in güvenliği açısından diğer önemli bir boyutu, Arap-İsrail ihtilafı ve son dönemde İsrail ile Filistin arasında giderek tırmanan şiddet eylemleridir. ABD, 1991'de Körfez Savaşı'ndan sonra bütün gücüyle Arap-İsrail ihtilafına çözüm bulmaya yoğunlaşmış, Saddam Hüseyin meselesini Irak'ı çevreleyerek belirli bir süre için askıya almıştır. Bu bağlamda, Arap-İsrail ihtilafı ve Irak meselesine yaklaşımında "Bağdat'a giden yol Kudüs'ten geçer" anlayışı hakim olmuştur. Ancak, Barış Sürecinin İsrail'de Sharon'ın 2000 yılında iktidar gelmesinin ardından başlayan II.

Filistin İntifadası ile ABD'nin iki konu arasında kurduğu paradigma çökerek, Clinton Yönetiminin bu paradigmaya başından beri karşı çıkan isimlerin görev aldığı Bush Yönetimine bıraktığı kötü bir miras olmuştur.

Bush Yönetimi şimdi bu paradigmayı değiştirmek istemekte, "Kudüs'e giden yolun Bağdat"tan geçeceğine inanmaktadır. Bu yaklaşımın temel varsayımları şunlardır:

"Saddam Hüseyin'in devrilmesinden ve Irak'ta ABD ve Batı yanlısı bir rejim kurulmasından sonra, ABD-Türkiye-Irak-Ürdün-İsrail stratejik ekseni doğacak, bölgedeki güç dengesi temelden değişecektir. Irak'la ambargo dışı ticaretten sağladığı gelirle ayakta durabilen Suriye'deki Baas rejiminin bu eksen karşısında durması imkansız hale gelecek ve çökmesi kaçınılmaz olacaktır. Irak'ın yeniden Arap Şiiliğinin merkezi haline gelmesiyle, İran'ın Güney Lübnan'daki Şiiler üzerindeki manevi otoritesi kırılacaktır. Suriye'nin de Lübnan kontrol ve nüfuzunun sona ermesiyle, Suriye'nin İsrail-Filistin ihtilafını militanlarını Güney Lübnan'daki Şiiler arasında bulan Hamas aracılığıyla Filistin-Arap ihtilafını sürekli çatışma halinde tutma politikası imkansızlaşacaktır. Rejimini koruma telaşına düşecek İran ile köktendinci terör örgütlerine sağladığı destek nedeniyle, hamisi ABD'nin desteğini kaybetme ve kendi rejiminin de yıkılması telaşına düşecek Suudi Arabistan, İsrail-Filistin ihtilafının çözümü için diğer Arap ülkeleri nezdinde ağırlığını koyacak ve "Retçi Cephe"nin çökmesiyle çözümün önü açılacaktır."

Bu varsayımların ne derece gerçekçi olduğunu bugünden tahmin etmek imkansızdır. Zira, ortada ABD'nin kontrol etmesi mümkün olacak ve olmayacak onlarca değişken bulunmaktadır.

ABD'nin savaş planlarında, bu gerekçelerden hangisinin daha önemli yer tuttuğunu sadece Amerikan Yönetimi bilse de, bu gerekçelerden hepsinin savaşa giden yolda önemli bir yer tuttuğu kesindir.

Askeri Harekât: Fransa, Rusya ve Çin'in Tutumu

Fransa ve Almanya gibi ülkelere göre, Saddam Hüseyin tehlikeli bir diktatör. Ancak dünyada başka diktatörlükler ve kitle imha silahları edinmek isteyen başka ülkeler varken, ABD'nin kafasını Irak'a takmasının tek nedeni petrol. ABD dünyada tek süper güç olmasını istismar ediyor. Tek taraflı davranarak istediğini yapıyor.

Rusya, Irak savaşının gerekçesinden çok, Saddam Hüseyin sonrası Irak'ta ekonomik çıkarlarını korumaya çalışıyor. Petrol pastasından alacağı payı sağlama almak istiyor. Putin'in Devlet Başkanlığına gelmesinden siyasi, ekonomik ve moralman toparlanan Rusya, 11 Eylül sonrasında terörle mücadeleyi ABD ile ilişkilerini geliştirmek için kullanıyor. Rusya'ya göre, terörle mücadele Çeçenlere, hatta Çeçen mültecileri barındıran Gürcistan'a karşı da yapılmalı. ABD giderek Rus enerji şirketlerinin pazarı haline geliyor. ABD'nin stratejik petrol rezervlerindeki açık, Rusya'dan alınan petrolle sağlanıyor. Amerikan-Rus şirketleri ve yönetimleri her sene bir araya gelerek, ilişkilerini geliştirmenin yollarını arıyor. Rus petrol ve doğal gaz şirketlerinin sahipleri ise, her biri "oligark" olarak adlandırılan, çoğunluğu Rus yahudisi kimseler bulunuyor.

Irak'la 1990'lı Yıllarda Petrol Sözleşmesi İmzalayan Petrol Şirketleri ve Sözleşme Kapsamına Giren Petrol Rezervleri

Şirket	Ülke	Rezerv (milyar varil)
TotalFina Elf	Fransa	9-20
Lukoil, Zarubezneft, Mashinoimport	Rusya	7.15-15
Total SA	Fransa	3.5-7
China National Petroleum	Çin	< 2
Eni/Agip	İtalya	< 2

Çin, Saddam'ın devrilmesi için yapılacak askeri harekata, Saddam Hüseyin'in iktidardan düşüp düşmemesinden ziyade, bir ülkenin içişlerine karışmama ilkesinin ihlali penceresinden bakıyor, ekonomik çıkarlarını da korumak istiyor. Ancak, Doğu Türkistan'daki Türklerin hakları konusunun dünyanın gündeminden düşmesinden ve burada faaliyet gösteren Türklük bilincine sahip derneklerin, ABD tarafından terörist örgütler listesine alınmasının da keyfini çıkartıyor. ABD'nin beğenmediği bir diktatörü bir "önleyici savaş"la devirmesini ileride Tayvan karşısında kullanabileceği bir koz olarak görüyor.

Askeri Harekât: Bölge Ülkeleri

Bölge ülkelerinin Saddam Hüseyin'den algıladıkları tehdit, ABD'nin yaklaşımlarıyla örtüşmüyor. Saddam'ı bölge devletleri arasında da seven yok. Ancak, Saddam Hüseyin'in ABD tarafından askeri harekatla devrilmesi konusunda Kuveyt dışında her ülkenin kendine öre bir gerekçesi var.

Saddam Hüseyin'den hiçbir ülkenin çekmediği kadar çekmiş bulunan İran[486]*, bir Kürt devletinin kurulmasından ve bunun kendi Kürtlerine etkisinden endişe duyuyor. Ancak İran'ın kaygılarının asıl nedeni hemen yanı başında ABD güdümüne girecek bir devletin ortaya çıkması ve Irak'ta ABD askeri mevcudiyetinin uzun süre devam etmesi. Başkan Bush, 26 Ocak 2002'de yaptığı Birliğin Durumu konuşmasında İran'ı şer cephesi olarak gördüğünü açıkladı. Ardından Amerikan Yönetimi, ABD'nin İran politikasının İran'da rejim değişikliği olduğunu, ancak bu değişikliğin İran halkı tarafından gelmesini beklediklerini, molla rejiminden kurtulmak isteyecek İran halkını desteklediklerini açıkladılar. Böylelikle, ABD, İran rejimini de açıkça düşman ilan etmiş oldu. İran'da öğrenci gösterileri devam ediyor ve İran bölgede Amerikan mevcudiyetinin artmasını kendisine yönelik büyük bir tehlike olarak görüyor.*

İran'ı kaygılandıran bir diğer önemli nokta, Irak'ın ABD çizgisine kaymasıyla ortaya çıkması muhtemel bir ABD-Türkiye-Irak-Ürdün-İs-

486) İran-Irak Savaşı'nın İran'a maliyeti yarım milyon insan, 70 milyar dolar olmuştur. The Economist, 12 Aralık 2002.

rail eksenin bölgede güç dengesini temelden değiştirecek olması. İran bu tür bir dengede kaybeden taraf olacağını biliyor ve bu nedenle de askeri harekata temkinle yaklaşıyor. Bir yandan da ülkesinden barındırdığı SCIRI vasıtasıyla, bu örgüt vasıtasıyla Şiiler üzerinde nüfuz kurarak, Irak'ın geleceğinde söz sahibi olma hesapları yapıyor. Bir yandan da, Irak'ın Basra Körfezi'nden BM ambargosunu delerek yaptığı ve yılarca göz yumduğu kaçak petrol satışına da engel olarak ABD'ye göz kırpıyor.

Suriye ABD'nin askeri harekat planlarına karşı çıkıyor, çünkü Suriye'deki Baas rejimi de bu savaşın orta vadede kendi rejimlerini sarsmasından endişe ediyor. Arap milliyetçiliğinin merkezi olmak iddiasıyla yıllarca birbirlerine karşı mücadele eden Irak ve Suriye arasındaki ilişkilerin özellikle 1997'den sonra gelişmesinde,Türkiye-İsrail arasındaki savunma işbirliği anlaşmalarının önemli etkisi oldu. İran'la sürdürdüğü iyi ilişkilere Irak'ı da dahil eden Suriye, Türk-İsrail işbirliğini dengelemeye çalışıyor, ABD'ye bölgede izole edilemeyeceğini göstermek istiyordu.

Suriye de İran gibi, bir ABD-Türkiye-Irak-Ürdün-İsrail ekseni doğmasından korkuyor. 17 yıl boyunca kapalı olan Irak sınırını 1997'de açan Suriye, bugün Irak'la BM ambargosunu delerek çok karlı bir ticaret yürütüyor. Ülkede ekonomisi zayıf ve ufukta ekonomik krizler gözüküyor. Dış borcu giderek büyüyor, işsizlik %20'leri aşmış durumda. Suriye, 2000'de açtığı Kerkük-Banyas petrol boru hattıyla Irak'tan dünya petrol fiyatlarının yarısına aldığı petrolü iki katına satıyor ve bu ticaretten yılda 2 milyar dolar kazanıyor. Bu meblağ, ekonomik açıdan batağa sürüklenmek üzere olan Baas rejimini ayakta tutuyor. Dolayısıyla Şam, Saddam Hüseyin'in yıkılmasının bu karlı ticaretin de sonunu getireceğini ve bölgede ABD, dolayısıyla da İsrail karşısında diz çökmek zorunda kalacağından korkuyor.

Bununla birlikte, Suriye, ABD'nin askeri harekatına engel olamayacağını biliyor ve Saddam Hüseyin rejiminin olabildiğince hızlı biçimde devrilmesini, sonrasında da Irak'tan sübvanse edilmiş petrol almaya devam etmesini garantilemeye gayret gösteriyor.

Suudi Arabistan da diğer bölge ülkeleri gibi Saddam Hüseyin iktidarının sona ermesinden memnun olacak bir ülke. Ama bugüne değin

Irak'a yönelik bir askeri harekat konusunda ayak süren bir tutum içinde. Ülkesindeki üsleri Irak'a yönelik askeri harekatta kullandırtmayacağını ve karadan bir cephe açılmasına müsaade etmeyeceğini söylüyor. 11 Eylülden sonra Amerikan Yönetimindeki şahinlerin, dünyadaki bütün köktendinci terör örgütlerinin Suudi Arabistan sermayesinden beslendiği ithamları, Suudi Arabistan'ı en yakın müttefiki ABD ile ilişkilerinde sıkıntıya sokuyor. Amerikan yönetimi içindeki ılımlıların verdikleri garantiler rağmen, Riyad İsrail çıkarlarının uzantısı olarak gördüğü çoğu Yahudi olan Amerikan şahinlerinin askeri harekat planlarından ve Saddam sonrası Irak'ın geleceğine ilişkin vizyonundan rahatsız olduğu biliniyor.

Suudi Arabistan'daki Suud Hanedanı-Vahhabi şeyhlerinin işbirliğine, ülkedeki ekonomik şartların da giderek kötüleşmesiyle halk tarafından duyulan tepki her geçen gün artıyor. ABD askerlerinin ülkedeki mevcudiyetine tepkiler giderek büyüyor.

Suudi Arabistan, yine de 60 yıldır Ortadoğu'da kendisine prestij sağlayan Amerika'yla yakınlığını sürdürmeyi istiyor, bu nedenle de kendisini ABD ile işbirliği yapmak zorunda görüyor. Ancak, bunun için de ABD'nin ilk önce bütün diplomatik yolları tüketmesini ve bir BM kararı almasını istediğini belirtiyor.

Ürdün, Irak'a askeri harekat gerçekleştiğinde en hassas konumda olacak ülke. Aynı anda birçok ikilemle karşı karşıya. Nüfusunun yarıdan fazlası Filistinli ve ülkede 350.000 Iraklı yaşıyor. Bu durum ülkede derin bir etnik ayrışmaya yol açıyor. Filistinlilerin ya da Iraklıların ayaklanması ihtimali Ürdün Yönetimini derinden düşündürüyor.

Irak, Ürdün'ün en çok ticaret yaptığı ülke. Ürdün ekonomisi Irak'tan yarı fiyatına aldığı sübvanse edilmiş petrole ve bu ülkeyle yaptığı ticarete bağımlı. Irak, Ürdün'le ticareti ve ucuz petrol satışını kestiği takdire, Ürdün ekonomisinin bir günde çökeceği belirtiliyor.

Ürdün'de faaliyet gösteren Irak şirketlerinde çok sayıda Muhaberat elemanı çalışıyor. Muhaberat sokakta çekinmeden adam vuracak kadar pervasızca hareket etmekten çekinmiyor. Muhaberatın, istediği takdirde ayaklanmalarını sağlayacak kadar Ürdün'de yaşayan Filistinliler ara-

sında etkinliği mevcut. Bütün bu hususlar, Ürdün'ün ABD'nin askeri harekat planları karşısında çok dengeli ve temkinli hareket etmesini gerekli kılıyor.

Bölge ülkeleri arasında Saddam Hüseyin'in devrilmesi konusundan istekli ülke ise, 1990'dan sonra Saddam korkusundan hiçbir zaman kurtulamamış bulunan Kuveyt. Kuveyt, askeri harekat sırasında ABD'ye her türlü imkanı sunacağını belli etmekten çekinmiyor.

Türkiye'nin, askeri harekat konusundaki çekinceleri bölge ülkelerinden temel bir farklılık gösteriyor. Bütün bölge ülkeleri, Irak savaşının kendi rejimlerinin güvenliğini ve devamını tehlikeye sokacağını düşünüyor. Türkiye'nin ise rejim kaygısı gibi bir derdi bulunmuyor, tek istediği Irak'ın toprak bütünlüğünün, siyasi birliğinin ve istikrarının korunması; Türkmenlerin haklarının çiğnenmemesi ve daha fazla ekonomik kayba uğramamak. Bu durum, askeri harekata yönelik yaklaşımları itibariyle Türkiye'yi diğer bölge ülkelerinden farklı kılıyor. Dolayısıyla, AKP iktidarının ABD'nin askeri harekat planları karşısında Türkiye'nin bölge ülkeleriyle politikalarını uyumlaştırmak söylemi ve Abdullah Gül'ün bu amaçla Suriye, Mısır gibi ülkeleri ziyaret etmesi ilk anda etkin bir diplomasi atağı gibi gözükse de sadece istişare anlamında önem taşıyor.

Askeri Harekât: Türkiye

Irak'ın Kuveyt'i işgali ve Körfez Savaşı'ndan, Irak'tan sonra en çok etkilenen ülke Türkiye oldu. Körfez Savaşı'nın Türkiye'ye maliyeti ağır oldu. Siyasi alanda, K. Fiili bir Kürt devleti ortaya çıktı. Ekonomik olarak Türkiye yaklaşık 100 milyar dolar kaybetti. K. Irak'ta doğan jeopolitik boşluktan istifade eden PKK'ya karşı mücadelede milyarlarca dolar harcamak zorunda kaldı. Yapmak zorunda kaldığı sınır ötesi askeri operasyonlar nedeniyle Avrupa ülkelerine hesap vermeye zorlandı. Daha da acısı binlerce masum insanını teröre kurban verdi.

Türkiye'nin kendi iktidarı dışında gelişen hadiseler üzerine, dönemin uluslararası koşullarının dayattığı zorlamalar karşısında şu veya bu nedenle ABD'ye pasif destek vererek katıldığı Körfez Savaşı'nın ortaya çıkardığı bu olumsuz tablo, bugün ABD'nin Irak'a yönelik askeri harekat planlarına Türkiye'de oluşan tepkinin ve duyarlılığın da haklı gerekçesini oluşturmaktadır.

Irak'a karşı yapılacak bir askeri harekat, Türkiye açısından her alanda çok olumsuz sonuçlar doğurmaya gebedir. Bu sonuçlardan ilki, zaten hassas ve kırılgan bir dönemden geçen ve uluslararası finans kuruluşlarından sağlanan ekonomik destekle ayakta kalmaya çalışan Türk ekonomisinin çökme noktasına gelmesidir. İkincisi ise, Irak'ın parçalanarak, Türkiye'nin sınırının hemen yanı başında bağımsız bir Kürt devletinin kurulması ve bunun gerek Türkiye'ye iç yansımaları, gerekse bölgeyi yeni bir kargaşaya sürüklemesi ihtimalidir. Türkiye'nin Irak'ın parçalanması konusundaki hassasiyeti sadece Kürt Devleti ile de sınırlı değildir. Irak Şiilerinin ayrılması ya da Irak'ın bir Şii devleti haline dönüşmesinin bölgede yaratacağı sorunlar da, bir Kürt devleti kadar olmasa bile, Türkiye'yi kaygılandırmaktadır. Üçüncüsü, Irak'ın parçalanmasa bile istikrarsızlığa sürüklenmesi ihtimalidir. Türkiye, haklı olarak sınırın karşı tarafında, bölge içi veya bölge dışı devletlerin kendi çıkarlarını maksimize etmek için müdahalede bulunmaktan kaçınmayacağı Lübnan türü bir devletin ortaya çıkmasını istememektedir.

ABD açısından Türkiye'nin askeri harekat bağlamındaki konumu 1991'deki Körfez Savaşı'na kıyasla çok daha önemlidir. ABD, bu defa 1991'dekinden farklı olarak Irak'ı Kuveyt'ten çıkartmak değil, Saddam Hüseyin'i ve rejimini Irak'ın işgalini gerektirecek büyük ölçekli bir askeri harekata yıkmak istemektedir. Bu nedenle de Türkiye'nin askeri önemi Körfez Savaşı'nda olduğu şekilde sadece hava sahasını, üslerini ve imanlarını kullandırmakla değil, aynı zamanda ABD'nin kuzeyden kara cephesi açmasına da izin vermek noktasında büyük önem taşımaktadır. ABD, kuzeyden cephe açamadığı takdirde, harekatın başarısız ve sonucu hiç olmazsa süre olarak etkilenecek, Saddam Hüseyin karşısında Kürtleri korumak mümkün olmayacak, güneyden yapılacak ana kara saldırısından sonra Saddam Hüseyin rejimine sadık kalacak ve kuzeye çekilecek Irak birliklerinin durdurulması mümkün olmayacaktır. Bu durum, ABD bakımından Türkiye'nin kuzey Irak'tan cephe açılması için ABD birliklerinin Türkiye'den geçmesine izin vermesini çok önemli hale getirmektedir.

Ancak, Türkiye'nin ABD talepleri karşısında sergileyeceği tavır, askeri harekatın başarısını ve süresini etkileyecektir. Bununla birlikte, ABD'nin kendisi vazgeçmediği takdirde, ne Türkiye, ne da başka bir ülkenin takınacağı tutum Amerikan Yönetimini askeri harekattan vazgeçirmeyecektir.

Aslında savaş, hiçbir ülkenin veya halkın son çare olmadığı halde tercih edeceği bir seçenek değildir. Dahası, Türk halkı Irak savaşını kendisinin güvenlik çıkarlarının bir gereği olarak görmemekte, ulusal çıkarlarının zedeleneceğine inanmaktadır. Türk halkının büyük çoğunluğu bazı hallerde askeri harekatın Türkiye' açısından yaratması muhtemel olumsuz sonuçlardan, bazı durumlarda ise duygusal nedenler de savaşa karşı çıkmaktadır. Ancak, bu durum ABD'yi yolundan döndüremeyecektir.

ABD askeri harekatı Türkiye veya Türkiyesiz gerçekleştirme konusunda son derece kararlıdır. Türkiye'nin en büyük açmazı da işte tam bu noktada düğümlenmektedir: Askeri harekatın gerçekleşecek olması karşısında Türkiye, stratejik ilişkilerinin bulunduğu ve en önemli müttefiki olarak gördüğü ABD ile Saddam Hüseyin arasında tercih yapmak durumundadır.

Prof. Dr. Baskın Oran bu çelişkiyi şu şekilde açıklamaktadır:

> "*....sanırım İkinci Dünya Savaşından bu yana ülkemizin geçireceği en zor günler için "vakit zaman geliyor".*
>
> *Çünkü, bir yanda, çaresiz bir Irak'a saldırmak için kaldırmış gelen bir zorbalık timsali var. Çünkü dünya enerji kaynaklarına el koyması, duraklayan ekonomisini canlandırması ve dünyayı korkutarak hegemonluk süresini uzatması lazım. Türkiye'yi de ardı sıra sürüklemek istiyor...*

Ve diğer yanda, Ortadoğu bataklığına girmemeyi prensip edinmiş ve böylesi berbat bir durumda ne yapacağını bilemeyen bir Türkiye var.

Evet, Türkiye Amerika'ya ciddi borçlu: 2001 sonu itibariyle 100 milyar dolarlık iç, 115 milyar dolarlık da dış borç. Yüzde 60'ı aşmaması gereken Kamu Borcu/GSYİH oranı yüzde 143'e vurmuş. Böyle bir durumda yeni dış borç bulabilmesini, ABD'nin İMF'yi "ikna" etmesine borçlu. ABD'nin Apo'yu paketleyip Nairobi'de teslim etmiş olması da borcun manevi yönü...

Yine de, Türkiye bu kadar zor durumda kalmayabilirdi. Bunca borçlu olduğu ABD'nin bunca hegemonluğuna rağmen, "Bu benim savaşım değil!" diyebilirdi. Çünkü o bir "Stratejik OBD". Bir Orta Büyüklükte Devlet ki, boyundan çok büyük stratejik önemi sayesinde büyük... Böyle bir devlet evrensel konularda gıkını çıkartamaz ama, kendi açısından yaşamsal önem taşıyan bölgesel konularda çok acardır; hemen çemkirir. Nitekim, böyle bir sıkışık durumda bile, "BM'den ikinci bir karar çıkartmalısın" diyebiliyor.

Ama bu sefer "Bu benim savaşım değil" deyip kurtulamıyor. 24.12.2002 tarihli Milliyet'e göre artık "BM veya NATO kararı" demeye başladı; bu çok vahim bir gelişme. Çünkü ortada, ABD'nin çok ustaca kullandığı bir Matruşka durumu var: "Türkiye için yaşamsal önemdeki" bölgenin içinde çok yaşamsal önemde bir konu daha yatıyor: Kuzey Irak'ta bir Kürt devletinin kurulması olasılığı. Bu olasılık olmasa, Irak'a bulaşmayı aklından bile geçirmeyecek ama, girmezsem de Kürt devleti kurulursa ve benim Kürt vatandaşlarımı zaman içinde etkilerse, diye korkuyor. Çünkü kendi Kürt vatandaşlarından emin değil.

İşte Türkiye'nin bu endişesi Amerika'nın çok işine yarıyor. Aslında, çok daha mantıklı tehditlerde bulunabilir, örneğin "Savaşa benim yanımda katılmazsan İMF'den taze borç bulmayı unut" diyebilirdi. Bunu, kendi düşünce kuruluşlarındaki bilim adamlarına söyletiyor ve kendisi çok başka bir şey söylüyor: "Barış masasına oturtmam seni." Yani, resmen, Kürt devleti konusunda söz sahibi olamazsın, diyor.[487]

---

487) Baskın Oran, "Irak'ta vakit Zaman Yaklaşırken", Agos, 27 Aralık 2002.

Türkiye'nin, Saddam Hüseyin ile ABD arasındaki tercihinin ABD olacağı kesindir. Bunu, en başta AKP Hükümeti bilmektedir. Ancak, sorun ABD'nin taleplerinin ne ölçüde karşılanması gerektiği noktasında çıkmaktadır.

ABD Türkiye'den "tam destek" beklemektedir. Tam destek, ABD'nin hem Türkiye'nin hava sahasını, üslerini ve limanlarını kullanmasına izin vermek, hem de ABD ve yanında yer alacak ülkelerin kara birliklerinin Irak savaşında kuzeyden yeni bir cephe açmalarına izin vermek anlamına gelmektedir.

Türkiye'nin harekata sağlayacağı desteğin ABD'nin beklentilerini karşılamaması halinde, Türkiye'nin ABD ile ilişkilerinde pürüzlü bir dönemin başlaması kaçınılmaz gözükmektedir. Türkiye'nin bugün içinde bulunduğu durumu şu şekilde açıklamakta fayda var:

1. Türkiye, ya askeri harekata "tam destek" vererek, ABD ile arasındaki stratejik işbirliğini sürdürerek; karşılığında Irak savaşının siyasi, siyasi, ekonomik ve sosyal sonuçlarına katlanacak, bu sonuçların gerek şekillenmesinde, gerekse kendisi için olumsuz olanlarının bertaraf edilmesinde ABD'nin desteğine sahip olacak;
2. Ya da askeri harekata destek vermeyerek ya da sınırlı destek sağlayarak, harekatın dışında kalacak; karşılığında ABD ile ilişkilerinde krize sürüklenecek, harekatın siyasi, ekonomik ve sosyal sonuçlarına tek başına katlanmak zorunda kalacaktır.

Harekatın Türkiye açısından en yakın iki sonucu, ekonomik açıdan uğrayacağı büyük kayıplar olacaktır. Irak savaşının Türkiye'ye getireceği ek yükün özellikle ödemeler dengesinde yaratacağı olumsuz etkiyle 20 milyar doları bulacağı, savaşın uzamasının Türkiye'nin kayıplarının katlanmasına yol açacağı belirtilmektedir.

Irak savaşının Türkiye açısından önemli siyasi sonuçları da olacaktır. Bu olumsuzlukların başında Irak'ın parçalanması ve istikrarsızlığa sürüklenmesi gelmektedir. Saddam Hüseyin sonrası dönemde Irak'ın toprak bütünlüğü ve istikrarının korunduğu hallerde dahi, ülkede etnik ve mezhepsel esasa dayalı bir federatif model kurulması Türkiye'yi rahatsız edecektir.

Türkiye ile ABD arasında Irak konusunda pazarlıklar yapılmakta, ABD askeri harekata tam destek vermesi için Türkiye'yi ikna etmeye çalışmaktadır. Amerikan Yönetimi, Irak'ın toprak bütünlüğünün ve siyasi birliğinin korunmasında Türkiye ile aynı hedefleri paylaştığını, bağımsız bir Kürt devleti kurulmasına izin vermeyeceğini; Türkiye'nin uğrayacağı ekonomik zararların telafi edilmesine çalışacağını söylemekte; Türkiye'ye resmi birlikte çizme teklifinde bulunmaktadır.

Türkiye, ABD ile pazarlıklarında şunları söylemektedir:

1) Irak'ın toprak bütünlüğü ve siyasi birliği korunsun. Türkiye, Irak'ın parçalanmasına ve Kuzey Irak'ta bağımsız bir Kürt devleti kurulmasına kesinlikle izin vermez. Bir Kürt devleti kurulduğunda Türkiye her ne şart altında olursa olsun müdahale eder. Bu nedenle Kürtlerin bağımsızlık özlemleri muhakkak kontrol altında tutulmalıdır.
2) Türkiye, Irak'ın toprak bütünlüğü korunsa bile, ülkenin etnik ya da dini kıstaslara göre bölünmesine, bu bağlamda Irak'ta bu esaslara dayalı bir federatif yapı kurulmasına karşıdır.
3) Irak'ın geleceği dışarıdan dayatmalarla değil, Irak halkının bütün unsurlarınca belirlenmelidir. Hiçbir etnik ya da dini grup, Irak'ın geleceğine ilişkin vizyonunu diğer gruplara dayatma hakkına sahip değildir. Saddam Hüseyin sonrası Irak'ta bütün gruplar eşit söz hakkına sahip olmalıdır.
4) Türkmenler Irak'ın üçüncü büyük etnik grubu ve asli unsurudur. Irak'ın geleceğinde diğer gruplarla eşit söz hakkına sahip olmalı, hakları muhakkak korunmalıdır.
5) Irak'ın doğal kaynakları hiçbir etnik ya da dini grubun kontrolüne bırakılmamalı, Bağdat Hükümetinin denetiminde olmalı ve gelir bütün Irak halkına ait olmalıdır.

6) Türkiye, Körfez Savaşı'ndan en çok zarar gören ülkelerden biridir. Bu zarar 100 milyar doları bulmuştur. Askeri harekat Türkiye'nin makroekonomik dengelerini bozacak, hassas bir dönemden geçen Türkiye'nin uygulamaya çalıştığı ekonomik reform programı ağır darbe alacaktır. Bu nedenle Türkiye'nin olası zararlarının muhakkak karşılanması ve bunun somut garantileri dayandırılması gerekmektedir.
7) Kerkük bir Türkmen şehridir. Kerkük'ün veya Musul Kürtlerin denetimine bırakılmamalıdır. Bu durum Türkiye'nin müdahalesini gerektirir.
8) Askeri harekat sırasında Kuzey Irak'taki Kürt grupları kesinlikle hafif silahlarla donatılsın. Kürtlere ne gerekçeyle olursa olsun tanksavarlar veya bu tür silahlar verilmesin.
9) Irak askeri harekatında kuzeyden cephe açılması Türk kamuoyunda tepki yaratacaktır. Bu nedenle, Türkiye, İngiliz veya Fransızların herhangi bir biçimde Kuzey Irak'a girmesini istememektedir. Türkiye, Kuzey Irak'tan bir cephe açılmasını ancak , 'landing and sending' şeklinde, yani Türkiye'ye inme ve geçiş hakkı olarak düzenleyecektir. Türkiye, ülkesinde yabancı askerlerin konuşlandırılmasını istememektedir.

Bu ilkeler ışığında aslında savaş ortamında Türkiye'nin nasıl tutum takınacağı net olarak görülmektedir.

Ne Olacak?

Türkiye'de Irak savaşıyla yaşanacaklar konusunda Emekli Orgeneral ve I. Körfez Savaşı sırasında İkinci Ordu Komutanı olan Kemal Yavuz'un görüşleri de ilginç bir durum saptaması yapıyor. Yavuz'a göre olacakları şöyle sıralamak mümkün:

> *Türkiye savaş istemiyor. Zira, dışında da kalsa, içinde de olsa, Irak'a yönelik bir askeri harekât sırasında ve sonrasında, ciddi risklere maruz kalacağını biliyor.*

Bununla beraber kabul etmek gerekir ki, bazı uluslararası olaylar, isteminize bağlı olmaksızın, inisiyatifinizin dışında, sizden daha güçlü unsurlarca oluşturulabiliyor. O zaman yapılması gereken, değişik yol ve metotlar kullanarak, olayları mümkün olduğu kadar, kendi görüşünüz istikametinde yönlendirmeye çalışmaya devam ederken, bunun mümkün olamayacağı ihtimaline karşı da, olaydan en az etkilenecek ve de mümkünse, oluşacak yeni istifadelerden pay sahibi olacak durumlar yaratmak olmalıdır. Zira, dış siyasette, bir "Yapmak istedikleriniz" vardır, bir de "Yapabildikleriniz". "Reel politika", "Akıl"a dayanır ve "Realiteleri kabul" ile "Alabileceklerinizin azamisini almayı" hedefler.

Türkiye şu sırada, savaşı önlemeye ve önleyemeyeceği durumda, savaştan en az etkileneceği şartları oluşturmaya çalışıyor. Bunun için, peşin ve geniş açılı üstlenmelere girmekten özenle kaçınıyor. Bunu sağlamak için, mevcut milli ve uluslararası hukuksal ve siyasal zorunlulukları kullanmaya çalışıyor. Bu konuda üç temel enstrüman mevcut. En önemlisi, Anayasa'nın 92'nci maddesi. Bu maddeye göre, "Milletlerarası hukukun meşru saydığı hallerde savaş hali ilanına ve Türkiye'nin taraf olduğu milletlerarası anlaşmaların... dışında, Türk Silahlı Kuvvetleri'nin yabancı ülkelere gönderilmesine veya yabancı silahlı kuvvetlerin Türkiye'de bulunmasına izin verme yetkisi TBMM'nindir." Burada dayanak, "Milletlerarası hukukun meşru saydığı hallerde" ifadesi, zafiyet ise, "milletlerarası anlaşmaların" oluşturduğu istisnadır. Bu konudaki bir diğer hukuki belge, NATO Antlaşması'nın 5'inci maddesidir. Bu madde, NATO üyelerinden birine bir silahlı saldırı halinde, diğer üyelerin, saldırıya uğrayan ülkeye yardımcı olmayı üstlenmesini sağlamaktadır. Fakat burada iki önemli nokta var. Birisi, silahlı saldırıya uğrayan ülkenin, "Bir NATO ülkesi" olması, diğeri "silahlı saldırıya" uğramış olmak. Oysa bu olayda Irak'ın herhangi bir NATO ülkesine "Silahlı saldırısı" bahse konu değildir. Bununla beraber ABD; 1'inci Körfez Harekâtı'nda bu maddeyi işleme koydurmuştur. Gerçekte, Kuveyt bir NATO ülkesi değildi, ama bir "silahlı saldırı" vardı. İçinde bulunduğumuz olayda, böyle bir durum da yok. Ayrıca, NATO Antlaşması'nın bir temel kuralı da, her türlü kararın, üyelerin oybirliği ile alınma-

sıdır. Yani, bu konudaki bir kararı, Türkiye Cumhuriyeti (yani TBMM) uygun görmezse onaylamaz ve karar da uygulanamaz. Üçüncü bir hukuki dayanak, BM Güvenlik Konseyi'nin 1441 sayılı kararıdır. Bu karar Irak'a, BM Silah Denetçileri'ne karşı yükümlülükler getiriyor ve onlardan bu konuda 29 Ocak tarihine kadar bir rapor istiyor. Burada önemli olan nokta, bu rapora göre, "yeniden değerlendirme yapılacağının" ifade ediliyor olmasıdır. Bu üç hususu, olayın hukuki çerçevesini ortaya koymak için açıkladım.

Başta belirttiğim gibi, Türkiye savaş istemiyor; ki şüphesiz en doğru karar budur. Fakat görünen o ki, savaşı önlemek de elinde değil. O zaman, yukarıdaki hukuki dayanakları kullanarak ve de bu çerçeve içinde kalmaya dikkat ederek, konu ile ilgili siyasi manevralarını oluşturmaya çalışıyor.

ABD'nin bu konudaki istekleri, bilindiği gibi bazı havaalanları ve limanların, askeri harekât için kullanılmak üzere tahsisi ve Güneydoğu ve Anadolu'da Irak sınırı yakınında, önemli sayıda bir kuvveti konuşlandırmak üzere "Yığınak Bölgeleri" talebidir. İsteğin birinci bölümü, 1. Körfez Harekâtı sırasında uygulandığı cihetle, "Karşılanabilir" niteliktedir. Fakat ikinci bölümü, üzerinde çok düşünmek gereken bir husustur. Bu uygulamanın, bu harekâtta yaratacağı problemler bir yana, hava alanlarının daha önceki tahsisinin bugün yarattığı duruma benzer şekilde, bugün bu harekât için topraklarımızda yabancı kara birliği konuşlandırılmasına gösterilecek hoşgörü, gelecekte başka olaylar için bir "Hak talebi" doğurabilecektir.

ABD'nin talebi, Irak'a kuzeyden büyük çapta bir kara harekâtı planladığını ortaya koymaktadır. Böyle bir uygulama, bir yandan, topraklarımızın bu harekâtı için kullanılmasına gösterdiğimiz hoşgörü yüzünden, Irak'la bizim aramızda, açık bir "Savaş Durumu" yaratırken, diğer yandan böyle bir harekâtın Kuzey Irak'ta yaratacağı askeri, siyasi ve sosyal kalıcı etkileri de dikkate almak gerekmektedir. Bu etkilerin en önemlisi, şüphesiz bölgedeki Kürtlerin durumudur. Kürt faktörü, büyük ölçüde, PKK faaliyetleri ile ABD'nin dikkatini çekmiş ve bu faaliyetin başarı ihtimalinin artmasına paralel olarak ABD'nin desteğine sahip olmuştur. 1. Körfez Harekâtı son-

rasında ABD, Kürt faktörünün Irak olayında önemli bir unsur olduğunu fark etmiş ve konuya sahip çıkmıştır. Bu sahiplenmeye paralel olarak da Kürtler, bu durumu istismar etmeye ve kendilerine toplumsal ve siyasal bir statü sağlamaya yönelmişlerdir. Mahalli seçime dayalı bir parlamento oluşturmuşlar ve sonra, kendilerine "Bağımsız Devlet" statüsü kazandıracak uygulamalara, adım adım yönelmişlerdir. Bu yönelimde, kendilerine her konuda en ziyade ABD yardımcı olmuş ve onları, Kuzey Irak'ta dikkate alınması gerekli, bir "Güç Odağı" haline getirmiştir. Türkiye, bu durumun kendisi için yaratacağı tehlikenin bilincinde olarak, gelişmeleri yakından izlemiş ve alınması mümkün tedbirleri almak ve girişilmesi mümkün girişimlerde bulunmaktan geri kalmamıştır.

Sonuçta gelinen nokta şudur: bugün Kuzey Irak'ta, kısmen paramiliter, 40.000 kişi olarak tahmin edilen silahlı Kürt mevcuttur. Bunlar, sayıları muhtemelen 600'ü bulan açık veya örtülü ABD personeli tarafından eğitilmekte ve bir "Devlet Düzeni" içinde teşkilatlandırılmaktadır.

Şimdi bu durumda ABD, "Ben Kuzey Irak'a Türk topraklarını kullanarak, kara harekâtı yapacağım" demektedir. Böyle bir harekât ABD'ye, Saddam'ı iki cepheli bir muharebeye zorlayarak, kısa sürede yenilgiye sürüklerken, diğer yandan, Bağdat'ın bütün çıkış yollarını aynı anda tıkayarak Saddam'ın Bağdat içinde sıkışıp yok edilmesini de sağlayacaktır. Ayrıca, şüphesiz ki böyle bir uygulama, Irak'ın Bağdat'ın kuzeyindeki petrol sahalarının, kimse sahiplenmeden, ABD'nin denetimine geçmesini temin etmiş olacaktır.

Peki, bu harekât karşısında Türkiye'nin durumu ne olacaktır ve ne olmalıdır? Türkiye, bu harekât için topraklarının kullanılmasını kabul etmezse, ABD bu harekâtı yapamaz mı? Ürdün'ü veya Doğu Akdeniz'i kullanarak yapar. Fakat, Musul ve Kerkük'ün Ürdün'e olan mesafesi 600 km., Doğu Akdeniz'e ise 880 km.dir. Oysa, Türk sınırından Musul 110, Kerkük 280 km.'dir. Türkiye'nin dahil veya yardımcı olmadığı böyle bir harekâtın sonucu ne olur? ABD, çok daha riskli ve masraflı bir operasyonla, Kuzey Irak'ı kontrolü altına alır. Ve fakat, bu ilave masrafı ve riski, takip eden uygulamalarıyla Türkiye'ye ödetir. En önemlisi, kuracağı bir "Kürt Federe Devleti" üzerinde Türkiye'ye söz hakkı tanımaz.

Diğer bir alternatif olarak, bir şekilde Türkiye'nin imkânları kullanılarak, Kuzey Irak'a bir kara harekâtı nasıl uygulanabilir? ABD'ye kalırsa, bu harekâtı tek başına yapabilir. Ama, gerekli görüyorsa Türkiye de, kısıtlı sayıda askeri birlikle, kendi yanında ve tespit edilecek "Kırmızı Hatlar" içinde kalmak koşulu ile, bu harekâta katılabilir.

"Kırmızı Hat"lar ne demektir? "Kırmızı Hatlar", Türk Silahlı Kuvvetleri'ne Kuzey Irak'ta harekât serbestisi verilebilecek bölgeleri gösteren sınırlardır. Bu bölge muhtemelen, Kuzey Irak'ın batısındaki Türkmen bölgesini kapsayacak ve Musul-Erbil çizgisinden daha güneye inmeye müsaade etmeyecek kısıtlamalar getirecektir. Yani, Türk Silahlı Kuvvetleri'nin Kuzey Irak'ın doğusundaki Kürt bölgesine ve güneydeki petrol sahalarına müdahalesine müsaade edilmeyecektir. ABD'nin, Kuzey Irak harekâtı için öngördükleri, özet olarak, budur.

Bu "Kırmızı Hatlar" meselesi, çok önemlidir. 1. Körfez Harekâtı'nın peşinden uygulanan, ABD ve Türk Silahlı Kuvvetleri'nin kısmen bir arada yürüttüğü "Çekiç Gücü Harekâtı"nda, çok "olumsuz" durumlar yaşanmıştır. Ondan çok daha kapsamlı olacak bu harekâtta, olumsuzluktan çok daha önemli durumlarla karşılaşmak pek olasıdır. Türk Silahlı Kuvvetleri'nin bu durumu bilerek, tedbirlerini ona göre alması doğaldır.

ABD'nin böyle bir planlaması karşısında TSK, muhtemelen ne düşünmektedir? -Bütünü ile kişisel bilgi ve kanaate dayanarak- bu konuda şöyle bir değerlendirme yapılabilir. Kuzey Irak'a karşı yapılacak bir askeri harekât, ister Türk topraklarını kullanarak, isterse kullanmadan yapılsın, yaratacağı sonuçlar itibarıyla, Türkiye Cumhuriyeti'nin gününü ve bilhassa geleceğini önemli ölçüde etkileyecektir. Bu sonuçlar üzerinde TC'nin etki ve söz sahibi olabilmesi için, bölgede, geçici süre için de olsa, TC'nin silahlı gücünün varlığı bir zarurettir. Bu gücün, yeterli etkinliği sağlayabilmesi, bölgeye girecek ABD gücüne yakın bir imkan ve kabiliyette olmasını gerektirir. Bunu, başka bir şekilde ifade edersek, bölgeye girecek ABD askeri gücünün, Türk askeri gücü dikkate alınarak, kısıtlanması gerekebilir.

Ve bütün bu kararlar, doğaldır ki, hükümet tarafından alınmış ve TBMM'ce onaylanmış olmalıdır.

Sonuç olarak, Irak'a yönelik muhtemel bir askeri harekât için TC'nin ortaya koyması gereken esaslar şunlar olabilir:

- *"Uluslararası Siyasi Meşruiyet" mutlaka talep edilmelidir.*
- *"Milli Meşruiyet" için, TBMM'nin bypass edildiği uygulamalardan kaçınılarak, onun ikna edilmesi ve olurunun alınması esas olmalıdır.*
- *Türkiye'nin bir "Cephe Ülkesi" haline getirilmesi ve yabancı askerlerin topraklarımızda uzun süre kalması, kabul edilmemelidir.*
- *Harekât sonrası, Irak'ın toprak ve yönetim bütünlüğü ve mevcut halkın statü eşitliği, ABD tarafından ve yazılı olarak garanti edilmelidir.*
- *Türkiye'nin maruz kalacağı doğrudan ve dolaylı maddi zararların, doğrudan ve dolaylı karşılanması, harekât öncesi, garanti altına alınmış olmalıdır. Fakat bu konuda, hesapsız kitapsız taleplerle ortaya çıkmak ve konuyu bir "Ver parayı, al karayı" haline getirmek çok seviyesiz bir tutumdur. Bu olayı, bir para kaynağı gibi görmekten çok daha ziyade, olayın yaratacağı yeni siyasal coğrafyada, akılcı pozisyonlar kazanmak çok daha önemlidir.*
- *Savaşın, bir "Koalisyon Savaşı" haline getirilmesine çalışılmalı ve bunun için NATO ve bölge ülkelerinin olaya katılımı sağlanabilmelidir.*
- *Kuzey Irak'ta uygulanacak askeri harekâtta, "Emir Komuta Düzeni"nden, harekâtın ve yetkililerin mümkün olan en küçük teferruatına kadar önceden tespit ve kayıt altına alınmış olması, gerek harekât ve gerekse harekât sonrası için, hayati önem taşıyacaktır.*
- *Yukarıdaki hususların sağlanabilmesi için, öncelikle, içte (TBMM-Hükümet-Muhalefet arasında) güçlü bir uyum oluşturulmalıdır.*
- *Savaşa katılmak, kaçınılmaz hale gelecek ise, mutlaka Türk kamuoyunun bu konuda erkenden aydınlatılması ve ikna edilmesi gereklidir.*

- *Ve, savaşa girilecekmiş gibi, her türlü hazırlıklar hiç noksansız yapılmakla beraber, son ana kadar, savaşın olmaması için gereken siyasi girişimlere devam edilmelidir.*

Türkiye'nin, bütün yönlerinin farkında olduğu bu konuda, imkânı içindeki her türlü tedbiri alarak, halkının ve askerinin, istenmeyen olaylardan en az zararla çıkmasını sağlayacağına, inanmalı ve güvenmeliyiz.

Amerika, Diyarbakır'ı, en az beş yıl süre ile karargâh olarak kullanacakmış. Adam kendisini, Afganistan için paspas olarak kullandığı Pakistan'da zannediyor!

EK-1
IRAK'A UYGULANAN YAPTIRIMLAR

GENEL

Irak'ın Kuveyt'i işgal etmesinin hemen ardından BM Güvenlik Konseyi, 6 Ağustos 1990'da aldığı 661 sayılı kararla Irak'a karşı ekonomik ambargo uygulamaya başladı. Bu ambargo kapsamında, petrol ihracatı başta olmak üzere, Irak'ın bütün ihracatına, gıda ve ilaç dışındaki ithalatına ambargo getirildi. Amaç, Saddam Hüseyin'in, ambargonun etkisiyle Kuveyt'ten çıkmasını sağlamaktı. Ancak, BM Anlaşması'nın VII. Bölümü'nde "savaşa varmayan zorunlu önlemler" olarak nitelendirilen bu ambargo, Saddam'ı caydırmaya yetmeyince, koalisyon ülkeleri Çöl Fırtınası harekatıyla Irak'ı Kuveyt'ten püskürttüler.

ABD önderliğindeki koalisyon ülkeleri, Kuveyt'i kurtarmış, dolayısıyla 1990 Ağustosu'ndan itibaren uygulamaya konulan yaptırımlar rejiminin uygulanmasına görünürde gerek kalmamıştı. Ancak, Körfez'deki en ciddi askeri güce ulaşmış bulunan Saddam Hüseyin'in, ABD'nin ve bölge devletlerinin hayati güvenlik çıkarlarını tehdit edecek yeni bir maceraya tekrar kalkışmasının engellenmesi gerekliydi. ABD ve müttefik ülkeler, bu değerlendirmeden hareketle, Irak'ın konvansiyonel askeri gücünün yaptırımlar yoluyla zayıflatılması, sahip olduğu kitle imha silahlarının ve bu amaçla yürüttüğü programların imha ve bertaraf edilmesi amacıyla yaptırımları bir süre daha yürürlükte tutmaya karar verdiler.

BM Güvenlik Konseyi'nin, 3 Nisan 1991'de kabul ettiği 687 sayılı kararla, koalisyon devletleri ile Irak arasındaki resmi ateşkes anlaşmasının koşulları belirlendi. Amaç, "*Irak'ın komşularına ve bölge barış ve güvenliğine bir daha tehdit oluşturmamasını*" sağlamaktı.[488]

Kararın, yaptırımlar bağlamındaki en önemli yönünü, 22. paragraf içermekteydi. Buna göre, Irak'ın sahip olduğu 150 km'den uzun menzile sahip füzelerden ve kitle imha silahlarından ve programlarından arındırılması ile yaptırımların kaldırılması arasında doğrudan bağlantı kurulması teşkil etmekteydi. Bu çerçevede, kararda Irak'ın KİS'lerden ve balistik füzelerden arındırılmasını denetlemek üzere kurulan UNSCOM'un, bu hedefe ulaşıldığını bildirmesinin ardından, Irak'a uygulanan yaptırımların kaldırılması öngörülmekteydi.

Böylelikle, Savaştan önce Irak'ın Kuveyt'ten çıkartılması amacıyla uygulamaya konulan ambargo, yeni bir nitelik kazanarak, bu defa Irak'ın kitle imha silahlarından arındırılması amacına yöneltilmekteydi.

Irak'a karşı uygulanan ambargonun amacı, Irak halkını cezalandırmak değil, Saddam Hüseyin'in özellikle kitle imha silahlarını da kapsayacak askeri gücünü ortadan kaldırmaktı. Güvenlik Konseyi'nin çıkış noktası, ekonomik ambargonun yaratacağı etkiyle, Saddam'ın elinde kalan kitle imha silahlarını ve konvansiyonel silahlarını teslim

---

488) "Status on Iraq: Communication From The President of the United States", Washington D.C., U.S. Government Printing Office, (30 Aralık) 1994, s. 2.

etmekten başka çaresinin kalmayacağı varsayımına dayanmaktaydı. Silahların teslim edilmesine karşı, ambargo kaldırılacaktı.[489]

Irak'ın, 18 Nisan 1991'de 687 sayılı kararı resmen kabul ettiğini açıklamasıyla, silah denetimlerinin önü açılmış oldu.

PETROL KARŞILIĞI GIDA PROGRAMI

BM Güvenlik Konseyi'nin 986 Sayılı Kararı

Irak rejimini BM kararlarına uymaya zorlamak amacına matuf ambargonun, sivil halka vereceği zararları en aza indirmek, dolayısıyla ambargonun uluslararası meşruiyetini korumak önem taşımaktaydı. Bu amaçla, yerinde inceleme yapmak üzere bir BM heyeti Irak'a gönderildi. Heyet, yaptığı inceleme sonucunda, asgari yaşam şartlarını karşılayacak önlemler alınmadığı takdirde, çok kısa sürede Irak'ta büyük bir insani felaketin yaşanmasının kaçınılmaz olacağı sonucuna vardı.

Mayıs 1991'de BM, ambargodan zarar gören Irak halkının acil ihtiyaçlarını karşılamak üzere, bütçesi 944 milyon dolar olan Kurumlar Arası İnsani Yardım Programı oluşturdu.

Ancak Irak'taki insani koşulların daha da kötüleşmesi üzerine, BM Güvenlik Konseyi, 15 Ağustos 1991'de aldığı 706 sayılı kararla, 661 sayılı kararla uygulamaya konan ambargonun devam edeceği bir düzende, Irak'ın, halkın ihtiyaçlarını karşılamak üzere sınırlı petrol satışına imkan tanıdı. Satılacak petrolden elde edilecek gelir, BM Güvenlik Konseyi'nin denetimindeki bir özel hesaba aktarılacak, Irak halkı için alınacak insani malzemelerin ödemesi bu hesaptan yapılacaktı.

Ancak, Irak, 706 sayılı kararı hemen reddetti. Güvenlik Konseyi bir ay sonra aldığı 712 sayılı kararla Irak'a yine aynı teklifi götürdü, ancak bu teklif de öncekinin akıbeti ile karşılaştı.

---

489) Sandra Mackey, **The Reckoning: Iraq and the Legacy of Saddam Hussein**, W.W. Norton Company, New York, 2002, s. 304.

Bundan sonraki yıllarda, BM Güvenlik Konseyi'nin getirdiği bu öneriye karşı Bağdat tutumu değiştirmedi. Saddam, BM silah denetimlerinin kısa bir sürede sonuçlanacağını, bir yandan kitle imha silah programlarını olabildiğince muhafaza ederken, diğer yandan ambargonun kaldırılacağını ümit etmekteydi. Ayrıca, Irak halkının ambargodan gördüğü zararlar ve açlıktan ve yetersiz sağlık hizmetlerinden ölen çocukların görüntüleri, Saddam'a büyük bir propaganda silahı vermekteydi.

BM Güvenlik Konseyi, Irak'ın bütün protestolarına rağmen, 14 Nisan 1995'te yeni bir girişimde bulunarak, 986 sayılı kararı kabul etti. Kararla oluşturulan ve BM çevrelerinde "*Petrol Karşılığı Gıda Programı*" olarak adlandırılan sisteme göre, her üç aylık dönem için Irak'a 1 milyar dolarlık petrol ihraç imkanı tanınmakta, petrol satışından elde edilecek gelirin özel bir BM hesabına yatırılması öngörülmekteydi. Irak, bu geliri, gıda, ilaç ve halkın temel diğer ihtiyaçlarına yönelik malzeme alımında kullanabilecekti.

Kararda, petrol satışından elde edilecek gelirin %13'ünün K. Irak'ta faaliyette bulunan BM Kurumlar Arası İnsani Yardım Programının yürütülmesi, %30'unun ise Irak'ın Kuveyt'i işgalinden kaynaklanan zararların tazmin edilmesi amacıyla kullanılması öngörülmekteydi. %4'lük bölümü BM bünyesinde kurulan Irak Program Ofisi'nin harcamaları için kullanılacak, Irak'ın payına gelirin %53'ü düşecekti.

Kararın açıklanmasının hemen ardından, Irak Ulusal Meclisi ve Devrim Komuta Konseyi, kararı sert bir şekilde reddetti. Bağdat'ta, kitlesel gösteriler yapıldı.

Irak, gelirlerine BM tarafından "*el konulmasını*" egemenlik haklarına aykırı görmekte, konuya insani kaygılardan öte, siyasi saiklerle bakmaktaydı. Bağdat, her şeyden önce, Kürtlere petrol satışından ayrılacak %13'lük payın, Kürtlerin Bağdat'tan kopma eğilimlerini kamçılamasından endişe etmekteydi.

Bağdat'ın kararı kabul etmemekte direnmesinin bir diğer sebebi ise, UNSCOM'un, Irak'a kitle imha silah programları bağlamında temiz raporu vereceğinden söz edilmesiydi. Bu raporun verilmesiyle, ambargo otomatikman kalkacak, Saddam iki hedefine de birden ulaşmış olacaktı.

Ancak, 9 Ağustos 1995'te, Saddam'ın damadı, ve Irak'ın kitle imha silah programlarının başında olan Hüseyin Kamil'in Ürdün'e sığınmasıyla, Saddam Hüseyin, UNSCOM'a elindeki kitle imha silah programlarına ilişkin binlerce sayfa belge sunmak zorunda kaldı.

Irak'ın daha önce iddia ettiğinin aksine, büyük miktarlarda antrax, botulinum zehri ve diğer biyolojik ajanlar ürettiği anlaşılmış, kitle imha silahlarının denetiminde yıllardır oynadığı oyun ortaya çıkmıştı. Bunun en tabii sonucu ise, Bağdat'ın ambargonun kaldırılacağına dair ümitlerinin son bulması olacaktı.[490]

Bu arada, ülkede genel ekonomik durum günden güne daha da kötüleşmekteydi. Mayıs-Haziran 1995'te % 47 oranında değer kaybeden Irak dinarı, Temmuz-Ağustos'ta % 4, Eylül'de % 19, Ekim'de % 15 değer kaybına uğradı.

Enflasyondaki bu zıplama karşısında, Saddam Hüseyin ciddi tedbirler almak zorunda kaldı. 2 Aralık 1995'te, yeni para basılmayacağı açıklandı. Yeni vergiler koyulmakta ve Hükümetin sağladığı temel hizmetlere uygulanan sübvansiyon azaltılmakta, ancak gıda maddelerinin piyasa değerinden %10 ucuza satılması öngörülmekteydi. Ancak, Irak halkı, petrol satışı olmadan ekonominin yoluna gireceğine güvenmemekteydi. Nitekim dinar değer kaybetmeye devam etti.[491]

Silah denetimlerinin yakın zamanda sona ermeyecek, dolayısıyla da ambargonun kaldırılmayacak olması, 1995'te Irak ordusunun, Celal Talabani'ye bağlı peşmergeler ve Irak Ulusal Kongresi'ne bağlı güçler tarafından püskürtülmesi, Saddam'ın damadı General Hüseyin Kamil'in ülkeden kaçması, geri dönmesi ve öldürülmesiyle Saddam'ın akrabaları arasında çıkan kanlı çatışmalar, en yakın çemberindeki insanların giriştiği suikast teşebbüsleri, en büyük destekçisi

---

490) Amatzia Baram, **Building Toward Crisis: Saddam Husayn's Strategy For Survival**, The Washington Institute For Near East Policy, Washington, 1998, s. 69-71.

491) Amatzia Baram, a.g.y., s. 8.

olan kabileler arasında artan gerginlik, yaptırımların neden olduğu büyük ekonomik sorunlar ve bunun rejimi üzerindeki baskısı, Saddam Hüseyin'in 1996 yılına kadar reddettiği "petrol karşılığı gıda" programını ve buna ilişkin 986 sayılı Güvenlik Konseyi kararını kabul etmesiyle sonuçlandı.[492]

Irak Başbakan Yardımcısı Tarık Aziz, 16 Ocak 1996'da dönemin BM Genel Sekreteri Bhutros Gali'ye bir mektup göndererek, Irak'ın 986 sayılı kararı müzakere etmek istediğini bildirdi. Bağdat'ın, 20 Ocak'ta, 986 sayılı kararı kabul ettiğini açıklamasıyla ülkede sevinç gösterileri düzenlendi.

Aslında, Saddam Hüseyin, 986'yı kabul etmekle, ambargonun sivil halk üzerinde yarattığı etki propagandasından mahrum kalacak, ambargonun kaldırılması amacıyla uluslararası kamuoyu nezdindeki girişimleri güçleşecekti.

Ancak, 986'ya öncülük eden ABD de aynı kaygıdan yola çıkmıştı. Irak rejimini kitle imha silahlarından arındırmak amacıyla sürdürülen ambargonun etkilerinin, Saddam Hüseyin ve yakın çevresinden ziyade sivil halkın üzerinde görülmesi, ambargonun devamını uluslararası kamuoyunun ve özellikle de Arap kamuoyunun tepkileri açısından güçleştirmekte, ABD'ye yönelik eleştirilerin giderek artmasına yol açmaktaydı. ABD, Petrol Karşılığı Gıda Programı ile bir yandan Saddam'ın elindeki önemli bir propaganda silahını alacağını, diğer yandan da meselesinin Irak'taki sivil halkla değil, Bağdat'taki rejimle olduğu mesajını işleyebileceğini ve nihayetinde ambargonun devamı sağlayabileceğini hesap etmekteydi.[493]

986'nın ne şekilde uygulanacağı hususunda Irak ile BM arasında başlayan müzakereler ancak 20 Mayıs 1996'da ayında sonuçlanabildi. Bununla birlikte, BM ile Irak arasında varılan mutabakatın hemen uygulanması mümkün olmadı. BM'nin bütün ısrarlarına rağmen, Bağdat uzunca bir müddet teknik detaylarda ayak sürümeye devam etti.

---

492) Amatzia Baram,a.g.y., s. 4-7.

493) Patric Clawson, "The Stakes in the Iraq Oil Sales Dispute", **Policy Watch**, The Washington Insistute for Near East Policy, Mayıs 14, 1996.

Bu kitabın, "Irak Muhalefeti" başlıklı bölümünde ayrıntılı şekilde anlatılan Ağustos-Eylül 1996'da KDP-KYB arasındaki çatışmalarda, KDP lideri Barzani'nin daveti üzerine Irak ordusunun Erbil'e girmesiyle, Saddam Hüseyin'in ülke içindeki itibarı güçlendi. ABD ise, 986 sayılı Güvenlik Konseyi kararının uygulanmasına ilişkin çalışmaları durdurdu.[494]

Ancak çatışmaların sona ermesi ve Irak ordusunun daha önceki mevzilerine geri çekilmesiyle, 986'ya ilişkin görüşmeler yeniden başladı. Saddam'ın Erbil olaylarından güçlenerek çıkmasının doğrudan sonuçlarından birisi de, Bağdat'ın 25 Kasım 1996'da, 20 Mayıs'ta BM ile imzalanan Mutabakat Zabtını hemen uygulamaya koymaya hazır olduğunu açıklaması oldu.

BM ile Irak arasında varılan mutabakata göre, Irak, 6 aylık bir sürede 2 milyar dolarlık petrol satacak, gıda ve ilaç gibi temel ihtiyaç malzemelerine ilişkin, ülkenin hangi bölgelerine de dağıtılacağını içerecek ayrıntılı bir plan sunacak, Güvenlik Konseyi'nin bu planı onaylaması halinde, program hayata geçirilecekti.

Petrol Karşılığı Gıda Programı, BM Genel Sekreteri'nin raporu üzerine Güvenlik Konseyi tarafından uygun görüldüğü takdirde, 6 aylık dönem sonunda yine 6 ay için uzatılacaktı.

BM Genel Sekreteri'nin, BM Güvenlik Konseyi'ne 986'nın uygulanmasına ilişkin bütün ayrıntıların sonuçlandırdığını bildirmesiyle, Irak Ağustos 1990'dan sonra ilk defa 10 Aralık 1996'da Kerkük-Yumurtalık petrol boru hattından petrol pompalamaya başladı. Satıştan elde edilen ilk gelirler, 15 Ocak 1997'de Banque Nationale de Paris'in New York şubesindeki özel hesaba akmaya başladı.

Güvenlik Konseyi'nin, Ocak ayında ilk sözleşmeleri onaylamasıyla, Irak'a ilk gıda sevkıyatı 20 Mart 1997'de Habur sınır kapısından yapıldı. Nisan ayında, ülke çağında buğday dağıtımı başladı, Irak'a program kapsamındaki ilk ilaç sevkıyatı ise Mayıs 1997'de gerçekleşti.

---

494) "Status on Iraq..." s. 1-2.

13 Ekim 1997'de, Petrol Karşılığı Gıda Programının uygulanmasını güçlendirmek ve yürütmek amacıyla, BM Genel Sekreteri tarafından Irak Program Ofisi kuruldu.

986'nın Saddam Hüseyin Açısından Avantajları

- Petrol satışı, Irak'ın bölgesel ve uluslararası konumunu büyük ölçüde düzeltti. Birçok ülke, Irak'la iş yapmaya ve karşılığında diplomatik destek vermeye yöneldi. Özellikle, ileriki yıllarda 986'nın genişletilmesiyle, Irak, RF ve Fransa'yı, verdiği ihalelerle kendi yörüngesine çekmekte başarılı oldu.
- Dağıtılan gıda ve ilaç, halkın çektiği acıların, dolayısıyla, rejim üzerindeki baskının azalmasına yol açtı.
- Saddam Hüseyin, elindeki diğer maddi olanakları, yakın çevresine yönlendirmekte serbest kaldı.

986'nın Saddam Hüseyin Açısından Dezavantajları

Bağdat, "Irak halkının çektiği ıstıraplar" propagandasından mahrum kaldı. Bununla birlikte, bu iddiayı ısrarla izlemeye devam etti.

PETROL KARŞILIĞI GIDA PROGRAMININ GENİŞLETİLMESİ

BM Güvenlik Konseyi'nin 1153 Sayılı Kararı

1 Şubat 1998'de BM Genel Sekreteri, Güvenlik Konseyi'ne sunduğu raporda, Irak halkının ihtiyaçlarının karşılanması bakımından her altı aylık dönem için Irak'ın petrol ihracatının 3 milyar dolardan, 5.4 milyar dolar çıkartılmasını önerdi.

Güvenlik Konseyi 20 Şubat 1998'de kabul ettiği 1153 sayılı kararla, Petrol Karşılığı Gıda Programında BM Genel Sekreteri'nin önerdiği artışı kabul etti. Kararda ayrıca, BM Genel Sekreteri, Irak'ın petrol üretim kapasitesini ve yeden parça ve malzeme ihtiyaçlarını tespit etmek üzere petrol uzmanlarından oluşacak bir heyet kurmakla görevlendirilmekteydi.

ABD kamuoyunda ise, Petrol Karşılığı Gıda Programın kapsamında, Irak'ın yılda 10.8 milyar dolarlık petrol satışına imkan tanıyan bu kararın, yaptırımların sonunu getireceği ileri sürülmekteydi. Bu çevrelere göre, 1981-1989 yılları arasında Irak'ın petrol ihracatından elde ettiği ortalama yıllık 9.54 milyar dolardı ve enflasyon dikkate alındığında bu rakam 11 milyar dolara tekabül etmekteydi ve 1153 sayılı kararla, aslında Irak'a, Kuveyt'i işgalinden önceki kadar petrol satma imkanı tanınmaktaydı.[495]

Hatta Irak Başbakan Yardımcısı Tarık Aziz, BM Güvenlik Konseyi'ne gönderdiği mektupta, ambargonun etkisiyle Irak'ın yıllık petrol üretimi kapasitesinin ancak 8 milyar dolar olabileceğini, kararda öngörülen rakamın kapasitelerinin çok üzerinde olacağını bildirmişti.[496]

Aslında BM Güvenlik Konseyi'nin 1153 sayılı kararı, UNSCOM ile Irak arasında Aralık 1997'de "Devlet Başkanlığı Sarayları/Sahaları"nın denetimi konusunda çıkan kriz henüz sona ermemişken ve BM Genel Sekreteri'nin Irak'la yaşanan anlaşmazlığı sona erdirmek amacıyla Bağdat'ta bulunduğu sırada alınmıştı Bu durum, 26 Ocak 1998'de Başkan Clinton'a göndermiş oldukları mektupta, Yönetimin Irak politikasına sert eleştiriler getiren ve Saddam Hüseyin karşısında ABD'yi zaafa düşürdüğü iddiasıyla Clinton Yönetimi aleyhinde, Kongre'deki bağlantılarıyla da etkin bir kampanya başlatan Cumhuriyetçi "muhafazakar-şahin" kesimin elini güçlendirecekti. Bu kesime göre, Saddam Hüseyin, denetimler konusunda ABD'ye ve BM'ye meydan okumuş, karşılığında cezalandırılmak yerine, üretim kapasi-

495) Patric Clawson, "Oil for Food or the End Of Sanctions", **Policy Watch**, The Washington Insisute for Near East Policy, 26 Şubat, 1998.
496) BM Güvenlik Konseyi Basın Açıklaması, No: 6478.

tesinden daha çok petrol satmasına izin verilmesiyle adeta mükafatlandırılmıştı ve büyük bir zafer kazanmıştı.

Ancak ABD Yönetimi, Petrol Karşılığı Gıda Programının, sivil Irak halkının ihtiyaçlarının karşılanması amacıyla genişletildiğini, Irak'ın petrol satışından elde ettiği gelirin BM tarafından kullanıldığını ve Saddam rejiminin kasasına değil, BM hesabına gittiğini belirtmekteydi.

Clinton Yönetimine göre, Petrol Karşılığı Gıda Programı olmadığı takdirde, Irak'ın kitle imha silah programlarının ve askeri yapılanmasının önüne geçmek bakımından ABD'nin seçenekleri çok sınırlı olacak, dahası yaptırımların tümden kaldırılması gündeme gelebilecekti. Kısacası mükemmel olmamakla birlikte bu program, sivil halka zarar verilmeksizin, yaptırımların sürdürülmesini sağlayan temel etkendi. Irak'ın bu programın uygulanmasında zaman zaman sorun çıkartması da aslında bu durumun ispatıydı.[497]

"Muhafazakar-şahin kesim" 1998'in ilk aylarından itibaren ve özelikle de 1153 sayılı kararın kabulünden sonra Clinton Yönetimi üzerindeki baskılarını artırmaya başladı.

Bu kesimin önde gelen isimlerinden Richard Perle, Senato Dış İlişkiler Komitesi ve Enerji ve Tabii Kaynaklar Komitesi'nde 21 Mayıs 1998'de düzenlenen "Irak: Yaptırımlar Çöküyor mu?" konulu ortak oturumda, yaptırımlarla birlikte ABD'nin Irak politikasının da çökmekte olduğunu söylemekteydi:

"*Yaptırımlarla birlikte, ABD'nin Irak politikası da çökmektedir. Aslında, ABD'nin politikasını, yaptırımlardan ayırt etmek çok zordur, zira ABD'nin Irak politikası, etkinliği giderek azalan yaptırımlara umutsuzca sarılmak, arada bir sızlanmak, sıkça atıp tutmak, siyaseten caymak ve askeri açıdan felç olmaktan ibarettir. Yönetimin çevreleme siya-*

---

497) "Iraq: Are Sanctions Collapsing", Joint Hearing Before the Committee on Foreign Relations United States Senate and Committee on Energy and Natural Resources United States Senate, 105th Congrtess, U.S. Government Printing Office, Washington (Mayıs 21) 1998.

seti dediği, ABD açısından utanç kaynağı haline gelmiştir... 6 yıl aradan sonra Saddam, bu yüzyılın ikinci yarısındaki en zayıf Amerikan dış politika ekibini saf dışı etmektedir."[498]

Richard Perle, konuşmasında yaptırımlar ve ABD'nin Irak politikası bağlamında 10 temel sonucun çıkartılabileceğini söylemekteydi:

1) *Mevcut yaptırımların, Saddam Hüseyin'in iktidardan düşürülmesini ya da kitle imha silah programlarından vazgeçmesini sağlayacağına inanmak için hiçbir neden yoktur.*
2) *Yaptırımların yumuşatılması konusunda yapılan baskıyla, Irak'ın yıllık 10 milyar dolara ulaşabilecek petrol gelirleri azalmayacak, hatta artacaktır.*
3) *RF, Fransa ve diğer ülkeler, yaptırımların daha da esnetilmesi amacıyla çalışmalarını sürdürecek ve ABD daha fazla taviz vermek zorunda kalacaktır.*
4) *Halihazırda, zaten yaptırımlar ciddi şekilde ihlal edilmektedir ve bu ihlaller aratarak sürecektir. BM, yaptırımların sıkı biçimde uygulanmasını sağlayacak ve gözetecek durumda değildir.*
5) *Saddam'ın, sağlık ve açlık sorunlarını istismar etmesi, Irak halkının yaşadığı sağlık ve beslenme sorunlarının, Saddam Hüseyin'in gıda dağıtımını maniple etmesinden değil de, sanki yaptırımlardan kaynaklandığı kanaatinin yerleşmesine neden olmuştur.*
6) *Bölgede hiçbir ülke, ABD'nin, Saddam Hüseyin'i devirmek bakımından etkili olacak bir politika benimseyeceğine inanmamaktadır. Bunun sonucu, Saddam Hüseyin karşısında ABD'ye verilen desteğin azalması ve bölge ülkelerinin Saddam'a yanaşması olmuştur.*
7) *Yaptırımlar kaçınılmaz bir şekilde bir gün tamamen etkinliğini ve meşruiyetini kaybedecek, Saddam Hüseyin'in zaferi tamamlanacak ve Irak Körfez Bölgesi'nde egemen güç haline gelecektir.*

---

498) "Iraq: Are Sanctions Collapsing", **Joint Hearing Before the Committee on Foreign Relations United States Senata and Committee on Energy and Natural Resources United States Senate**, 105th Congrtess, U.S. Government Printing Office, Washington (21 Mayıs) 1998, s. 33.

8. *Saddam Hüseyin'in siyasi zaferini, askeri gücünün yeniden inşası izleyecektir.*
9. *Bölgede yeterli destek bulacak tek politika, Saddam Hüseyin'in devrilmesine yönelik bir politika olacaktır.*
10. *Clinton Yönetimi üzerinde yasama ve diğer baskılar olmadığı takdirde ABD'nin mevcut Irak politikası değişmeyecek, ABD'nin bölgedeki ve dünyadaki itibarı telafisi mümkün olmayacak ölçüde zedelenecektir.*[499]

BM Güvenlik Konseyi'nin 1284 Sayılı Kararı

"Muhafazakar-şahin" kesimin bütün bu eleştirilerine rağmen, Clinton Yönetimi, Irak politikasında radikal bir değişikliğe gitmedi. 31 Ekim 1998'de ABD Kongresi'nin kabul ettiği Irak Kurtuluş Yasasıyla, Irak'ta rejim değişikliği, ABD'nin resmi politikası haline geldi. Ekim-Aralık 1998'de Irak ile UNSCOM arasında yeniden yaşanan sorunlar ve ardından gerçekleştirilen Çöl Tilkisi Harekatıyla ABD, Irak karşısında kararlılığını bir kez daha ortaya koymuşsa da, BM silah denetimleri tamamen sona ermişti.

Kısacası, çevreleme siyasetinin BM kapsamındaki en etkili uygulama aracı olarak bir tek yaptırımlar kalmıştı.

BM, ABD'nin elinde etkili Aralık 1999 tarihinde alınan 1284 sayılı kararla ise, Petrol Karşılığı Gıda Programı kapsamında istediği kadar petrol ihraç etmesine olanak tanındı. Bu kararla aynı zamanda, UNSCOM lağvedilerek, yerine UNMOVIC kurulmaktaydı.

Irak bir kez daha denetimler konusunda BM'ye meydan okumasının ardından, istediği kadar petrol satmasına olanak verilerek adete mükafatlandırılmıştı.

BUSH YÖNETİMİ: AKILLI YAPTIRIMLAR

Ocak 2001'de göreve gelen Bush Yönetimi, Irak'ın katlanarak büyüyün ambargo dışı ticaretini engellemek ve yaptırımları yeniden

499) "Iraq: Are Sanctions...., s. 33-34.

güçlendirmek amacıyla "akıllı yaptırımlar" adı verilen bir proje oluşturdu. Aslında, ABD bürokrasisinin üzerinde birkaç yıldır çalıştığı ve seçimleri Al Gore kazansa da ABD tarafından gündeme getirileceği belirtilen bu sistemde, yaptırımların ekonomik sınırlamalarının kaldırılarak, Irak'ın askeri ve kitle imha silah programlarının engellenmesine odaklanması hedeflenmekteydi.

Akıllı yaptırımlarla, Petrol Karşılığı Gıda Programı kapsamında imzalanan sözleşmelerin BM'deki onay süreci hızlandırılacak, "çifte kullanım" kapsamına giren malzemelerin listesi yeniden düzenlenecek, Irak'a komşu ülkelerde görevlendirilecek BM ekipleri, bu ülkelerden Irak'a girecek her türlü malzemeyi yerinde denetleyecekti.

ABD'nin, yaptırımların tamamen anlamsız hale gelmesini önlemeye yönelik bu girişiminin önündeki temel engel, Irak'a girecek malların, ambargodan en çok zarar görmüş bulunan Irak'a komşu ülkelerde denetlenmesinin öngörülmüş olmasıydı. Türkiye, Suriye ve Ürdün'ün, kendi sınırlarından geçecek malzemelerin denetimini BM ekiplerine bırakmaları ve bir anlamda egemenlik haklarını ihlal edecek böyle bir düzenlemeye razı olup olmayacaklarının ötesinde, bir diğer temel sorun, akıllı yaptırımların BM Güvenlik Konseyi'nden geçirilip geçirilemeyeceğiydi.

ABD, bütün gayretlerine rağmen akıllı yaptırımlar konusunda RF'yi ikna edemedi. RF'nin, Güvenlik Konseyi'nde bu doğrultuda bir karar çıkmasını veto edeceğini bildirmesiyle, ABD geri adım atmak ve akıllı yaptırımlar önerisini geri çekmek zorunda kaldı. Aslında, ABD Dışişleri Bakanlığı, ilgili ülkeleri ikna etmek bakımından, akıllı yaptırımların geçmemesi halinde, ABD'de Irak'a karşı saha sert tedbirler alınmasını öngören çevrelerin elinin güçleneceğini söylemekteyse de, bu yaklaşımın akılı yaptırımları hayata geçirmek amacıyla üretilmiş bir argüman olduğu varsayılmaktaydı.[500]

BM Güvenlik Konseyi, ABD'nin girişimiyle kabul ettiği 1409 sayılı kararla, "Gözden Geçirilmiş Mal Listesi"ni yeniden düzenledi ve

500) Kenneth M: Pollack, **The Threatening Storm**,Random house, New York, 2002, s. 214.224.

Petrol Karşılığı Gıda Programı kapsamında imzalanan sözleşmelerin onay sürecini hızlandıracak bir sistem benimsedi.

Ancak, ABD Dışişleri Bakanlığı'nın blöf yapmadığı ortaya çıkmış ve ABD Yönetiminde, Irak'ta rejim değişikliğini savunan kesimlerin önderliğinde Irak'a yönelik muhtemel bir askeri harekattan söz edilmeye başlanmıştı.

YAPTIRIMLARIN DEĞERLENDİRMESİ

Genel Sonuçlar

Daha ilk günden itibaren delinmeye başladığı bir gerçekse de, yaptırımlar, çevreleme siyasetinin en temel aracı olarak, Irak'ın ordusunu yeniden Körfez Savaşı sırasındaki düzeye çıkartmasını ve Saddam Hüseyin'in kitle imha silah programlarını geliştirmesini engelleyen temel etkeni oluşturdu.

Zamanla yaptırımlara sağlanan uluslararası desteğin azalması, ambargonun Irak halkını değil, Irak rejimini hedef aldığını ileri süren ABD açısından yaptırımların devamını sağlamayı öncelikli hedef haline getirdi.

Yaptırımların sivil Irak halkı üzerindeki etkisinin azaltılması amacıyla devreye sokulan Petrol Karşılığı Gıda Programı, bu hedefinde nispeten başarılı oldu. Dünya Sağlık ve Gıda Örgütü'ne göre, programın uygulanmasından önce kişi başına günde 1275 kaloriye düşen beslenmenin, programın uygulanmasının ardından 2100 kaloriye yükselmişti.[501]

Petrol Karşılığı Gıda Programı, sivil halkın yaşam koşullarının iyileşmesine sağladığı katkıyla Saddam Hüseyin'in elindeki önemli

---

501) New Proposals to Expand Iraqi Oil For Food: The End of Sanctions", Joint Hearing Before the Committee on Foreign Relations United States Senata and Committee on Energy and Natural Resources United States Senate, 105th Congrtess, U.S. Government Printing Office, Washington (17 Mart) 1999, s.17.

bir propaganda malzemesini aldı. Ayrıca, yaptırımların devamını sağlayarak, aslında temel hedef olan Irak'ın komşularına ve uluslararası güvenliğe tehdit oluşturmasının önlenmesi ve bu bakımdan kitle imha silahlarından arındırılmasına yönelik BM denetimlerinin devamının sağlanması açısından da etkili oldu.

Ancak, başlangıçta önemli bir propaganda silahını kaybedeceği ve egemenliğini daha da sınırlandıracağı düşüncesiyle Petrol Karşılığı Gıda Programına karşı çıkmış bulunan Saddam Hüseyin, zamanla bu programı kendi lehine çevirmeyi başardı. Her ne kadar petrol satışından elde edilen gelirleri doğrudan kontrol etme imkanından mahrum kalmışsa da, Saddam Hüseyin, yıllık 11-17 milyar dolar gelir sağladığı Petrol Karşılığı Gıda Programını, pastadan pay almak isteyen ülkelere karşı önemli bir koz olarak kullanmaya başladı ve RF ve Fransa gibi BM Güvenlik Konseyi'nin daimi üyelerini yanına çekmekte başarılı oldu. BM Güvenlik Konseyi'nin uygulamaya koyduğu Petrol Karşılığı Gıda Programı sayesinde, Güvenlik Konseyi'ne ve ABD'ye meydan okuyacak ve gerektiğinde kafa tutacak imkana kavuştu.

Yaptırımların, başlangıçta öngörülmeyecek kadar uzun bir süreye yayılmasının Irak'a komşu ülkelerin ekonomileri üzerinde yarattığı olumsuz etki, yaptırımların delinmesinin de temel sebeplerinden birisini teşkil etti. Yaptırımların ihlali durumunda, Irak'a veya ihlal eden ülkeye yönelik zorlayıcı bir önlem alınmasını içeren bir yöntem ve yaptırımları ihlal eden ülkeleri cezalandırmak hususunda uluslararası iradenin bulunmaması, yaptırımların aşınmasına neden olan diğer önemli faktörlerdi.

Diğer yandan, yaptırımların sayısız insan kaybına neden olduğunu gösteren kanıtlar her vesileyle doğrulanmış ve hatta üst düzey hükümet yetkilileri tarafından kamuoyu önünde açıkça dile getirilmiştir. Nitekim bunlardan en önemlisi, kendisine yaptırımlar sonucunda 500 bin Iraklı çocuğun ölmesinin haklı görülüp görülemeyeceği sorulduğunda, "*Biz bu bedele değer olduğunu düşünüyoruz*" diyen Clinton döneminin Dışişleri Bakanı Madeleine Albright'tır.

Bu yüzden ABD ve İngiltere, tartışmaları sürekli olarak yaptırımlardan uzaklaştırıp Saddam Hüseyin'in sorumlu olmasına çekmeye çalışmışlardır. Bu devletlerin uyguladıkları başlıca taktik, yaptırımları ve statükoyu sürdürmek için ellerinden gelen her şeyi yaptıkları halde, (Saddam Hüseyin kendisine sunulan silahların kontrol edilmesi gibi mantıklı önerileri kabul ettiği takdirde) Londra ve Washington'un yaptırımların kaldırılması için her şeyi yaptıklarını söylemektir.

ABD yetkilileri Saddam Hüseyin'in kimyasal ve biyolojik silahlarını yeniden yapmaya çalıştığı hakkında ellerinde kesin bir kanıtı olmadığını söyledikleri ve Uluslararası Atom Enerjisi Derneği de Irak'ın nükleer silahı olmadığını açıklamış olduğu için, izlenecek politikalarla ilgili planların hazırlanmasından sorumlu kişiler Irak'ın Batı'yla ilişkilerinin normalleşmesi ihtimalinden duydukları kaygıları sık sık ifade etmişlerdir. RAND Corporation isimli düşünce kuruluşunun analizcisi Daniel Byman, Foreign Affairs'de çıkan bir yazısında, ABD ve müttefikleri için en gerçekçi sonucun (silah) kontrolünde bir açmazla karşılaşılması" olduğunu belirtmiştir. "En tehlikeli" senaryo, *'Saddam Hüseyin'in işbirliğine yanaşmasıdır ki... bu da yaptırımların sonu olabilir.*"

Ekonomist ve eleştirmen Edward S. Herman ise bu noktada şu gözlemini dile getirmiştir:

"Emperyalizmin hilelerinden biri de, hedef alınan düşmana bir uzlaşma seçeneği sunulmuş gibi davranmak, hemen ardından bu seçeneğin reddedildiğini söylemek ve sonra da acımasızca saldırmak veya ağır insan kaybına neden olan yaptırımları sürdürmektir. Bu sistemin güzelliği, atılan bombalardan dolayı kaç kişi ölürse ölsün, yaptırımlar sonucu ne kadar çok sayıda çocuk hayatını kaybederse kaybetsin, 'Suç bizde değil,' demek; onların (bizim tanımımızla) mantıklı 'uzlaşma' önerimizi reddettiklerini iddia etmektir. Kısacası, saldırıya hedef olanlar belayı kendileri aranmışlardır!"

1999 Aralık ayında Güvenlik Konseyi'nin 1284 sayılı kararının, kabul edilmesinden sonra Face The Nation programında dönemin

Ulusal Güvenlik Danışmanı Sandy Berger şöyle demiştir: "*Bizim Irak'a, silahsızlanmayı kabul ettikleri takdirde yaptırımların kaldırılmasını önermiş olmamız ve onların da bu öneriyi reddetmeleri nedeniyle, yaptırımlar dünyanın gözünde daha büyük bir meşruiyete sahip olacak ve daha rahat benimsenecektir.*" New York Times da 1284 sayılı kararla yaratılan silah denetim mekanizması Irak tarafından kabul edilmediği takdirde, "*yaptırımların sonu olmayan bir süre devam edeceğini... ve Washington'da pek çok kimsenin bu durumu memnuniyetle karşılayacağını*" yazmıştır.

Londra ve Washington, yaptırımların süresini uzatmak için hedefleri hep genişletmişler ve böylece Irak'ın BM kararlarına uyması için hiçbir özendirici çaba harcamamışlardır. Fransa Dışişleri eski Bakanı Hubert Vedrine, Fransa'nın 1284 sayılı kararın oylamasında kendi ülkesinin neden çekimser kaldığını açıklarken şöyle demiştir: "*Bunun bazı devletlere işbirliğinin yapılmadığını ve ambargonun kaldırılamayacağını sonsuza kadar söyleyebilme yorumunu yapma fırsatını vereceğini düşünüyoruz.*"

Washington'daki yetkililer, yaptırımların Saddam Hüseyin iktidarda kaldıkça devam edeceğini yorulmak bilmeden tekrarlamaktadırlar. Clinton döneminin Dışişleri Bakanı Albright 2 Ocak 2000'de ABD'nin Irak'ta "*bir rejim değişikliği için çalıştığı*"nı ve "*gerektiği takdirde tek taraflı veya çok taraflı eyleme geçmek için daha önce sağlanan fırsatlara sahip olmaya devam ettiği*"ni söylemiştir.

Bugünkü Durum

Aslında, 1999'a kadar, Irak ile Irak'a komşu ülkeler arasındaki ambargo dışı ticaret, yaptırımlar açısından ciddi bir tehdit oluşturmamaktaydı. 1990'lı yıllar boyunca Türkiye-Irak petrol ticaret hacmi (tanker ve kamyonlarla gerçekleştirilen) 100 milyon dolar, Irak-Ürdün ticaret hacmi 225, Basra Körfezi'nden yapılan kaçak petrol ihracatı ise 15 ila 50 milyon dolara tekabül etmekte, böylelikle Irak'ın ambargo dışı yıllık geliri 300-350 milyon dolar tutmaktaydı.

2002 itibariyle, Irak'ın yaptırımlar dışı geliri, 1999'daki 350 milyon dolardan, 2.5-3 milyar dolara düzeyine yükselmiştir ve Irak'ın net gelirinin %15-22'sini oluşturmaktadır. Yaptırımlar açısından en ciddi sorun, Irak ile Suriye arasındaki ticarettir. Bağdat, Irak-Suriye petrol boru hattından günde 180-200 bin varil petrol pompalamaktadır. Bağdat ve Şam, günlük 800 bin varil kapasitesi bulunan bu hattan sevk edilen petrol miktarını 250 bin varile çıkartma planları yapmaktadır. Bu miktara ilaveten, Irak-Suriye sınırından günde 30-40 bin varile ulaşan tanker trafiği gerçekleşmektedir. Suriye, bu ticaretin karşılığında Irak'ın ithal etmek istediği bütün ürünlere izin vermektedir. Irak'ın, bu ticaretten yıllık kazancı 2 milyar dolara ulaşmış durumdadır.

2001 itibariyle, Irak-Türkiye tanker trafiğinden Bağdat'ın elde ettiği ambargo dışı gelir 340-400 milyon dolara ulaşmıştır. Irak, Ürdün'le ambargo dışı petrol ticaretinden 450 milyon dolar, Basra Körfezi'nden İran'ın yardımıyla gerçekleştirilen kaçak petrol satışından ise yaklaşık 500 milyon dolar gelir sağlamaktadır.

Haftalık Petrol İstihbarat Dergisi'ne göre, 2001'de, Irak Petrol Karşılığı Gıda Programı kapsamında günde ortalama 1.67 milyon varil, ambargo dışı 365 bin varil petrol ihraç etmektedir.

Irak, aynı zamanda BM sistemi çerçevesindeki petrol satışından sağladığı geliri de artırmaya yönelik girişimlerde bulunmuş, bu bağlamda 2000 yılından itibaren, Irak, kendisinden Petrol Karşılığı Gıda Programı kapsamında petrol satın alan ithalatçılardan 20 ila 70 sent ilave bedel talep etmeye ve bu ilave bedeli Irak'ın BM sistemi dışındaki hesaplarına yatırmalarını istemeye başlamıştır. Irak, petrol fiyatlarını dünya petrol fiyatlarından 35 ila 65 sent aşağı tutarak, petrol şirketlerinin yaptırımları delmelerini teşvik etmeye çalışmıştır. Irak'ın bu çabaları sonucunda, Kasım 2000-Mayıs 2002 arasında, Petrol karşılığı Gıda Programı kapsamında sattığı petrole uyguladığı ilave bedelden elde ettiği gelir, 300 milyon dolara ulaşmıştır. BM, Irak'ın ihraç ettiği petrolün fiyatını dünya fiyatlarından aşağıda tutmaya ve karşılığında firmaların kendisine BM sistemi dışında ilave bedel ödemesini sağlamaya yönelik bu girişimlerini önlemek amacıyla, Bağdat'ın petrol fiyatlarını aşağı çekmesini engellemiş, böylelikle ilave bedel ödenmesini cazip olmaktan çıkartmaya çalışmıştır.

Irak'ın ambargo dışı petrol gelirlerinin 2-3 milyar dolara ulaşmış olmasının en önemli sonucu, yaptırımların tamamen çökmesi ve askeri amaçlı ve kitle imha silah programlarında kullanılacak türden malzemelerin Irak'a girişini engellemenin giderek zorlaşması ihtimalidir.

ABD ve BM açısından bugün en önemli sorun, yıllık ambargo dışı 2-3 milyar dolar gelir elde eden Bağdat'ın ithalatını kontrol altında tutmanın hemen hemen imkansız hale gelmesidir. Örneğin, Hindistan Hükümeti, Haziran 2002'de, Irak'a atomize edilmiş alüminyum pudrası ve titanyum motor parçaları satan bir firmanın yöneticilerini mahkemeye sevk etmiştir. Sebebi, Hindistan Savunma ve ARGE Kurumu'nun, sevkıyatın miktarı dikkate alındığında, tek kullanım amacının kimyasal silahlar ve balistik füze üretimi olabileceği sonucuna varmış olmasıdır. Bir başka olay ise, Çin'in, Irak'ta ülke çapında fiber-optik kablo sistemi döşediğinin ortaya çıkmasıdır. Burada da temel kaygı, ambargo kapsamına giren bu sistemin Irak askeri ve istihbarat birimlerince haberleşme amacıyla kullanılacak olmasıdır.

ABD, bu olayları BM yaptırımlarının uygulanması konusunda uluslararası desteğin kaybolmasının yeni bir işareti olarak algılamıştır.

BM Güvenlik Konseyi'nin 25 Eylül 1990 tarihli 670 sayılı kararında, Irak'a gerçekleştirilecek uçuşlara üye ülkelerin uçuş izni vermemesi ve bu tür uçuşların BM Güvenlik Konseyi'nin iznine tabi olması öngörülmüş olmasına rağmen, Ağustos 2000'e kadar uygulanan bu yasak, Rusya'nın, BM Güvenlik Konseyi'nin izni ve denetimi olmaksızın Bağdat'a ilk ticari uçuşu gerçekleştirmesiyle delinmiştir. Bu durumu fırsat bilen Bağdat, petrol karşılığı gıda programından yararlanmak isteyen ülkeleri, Irak'a ticari uçuşlar başlatmaya zorlamasıyla, Rusya'yı, Ürdün, Yemen, Fas, Tunus, Türkiye, Birleşik Arap Emirlikleri, Cezayir, Libya, Mısır, Lübnan, İrlanda, İzlanda, Yunanistan ve Fransa izlemiştir. Ürdün, Mayıs 2001'de Irak'a düzenli ticari uçuşlar başlatacağını açıklamıştır.

Yaptırımların Yeniden Canlandırılması Mümkün mü?

Yaptırımların yeniden canlandırılması ve etkin hale getirilmesi bugünkü ortamda imkansız gibi gözükmektedir. Her şeyden önce, mevcut sistemde, Irak'ın Petrol karşılığı Gıda Programından elde ettiği gelirden pay almak isteyen ülkeleri istediği gibi maniple etme imkanı bulunmaktadır.

Irak'ın katlanarak artmış bulunan ithalatını denetlemek de hemen hemen imkansız hale gelmiştir ve Türkiye gibi yılardır büyük kayıplara uğramış Irak'a komşu ülkeler ilave kayıplarla karşılaşmaya güçlü şekilde karşı çıkmaktadır.

Bu çerçevede, yaptırımların yeniden etkin bir hale getirilmesi bakımından en azından aşağıdaki koşulların yerine getirilmesi gerekli olacaktır:

- Ekonomik yaptırımlar tamamen kaldırılmalı, yaptırımlar temel hedefi olan Irak'ın askeri ve kitle imha silah programlarında kullanılacak türden malzemeleri ithal etmesini önleyecek şekilde düzenlenmelidir.
- Yaptırımların diğer unsurlarını ihlal eden ülke ve firmalara yönelik ağır cezai tedbirler koyulmalıdır.
- Irak'ın, bütün petrol ihraç güzergahları sıkı denetim altına alınmalıdır.
- Irak'ın komşularına, yaptırımlara uymalarını sağlayacak teşvikler verilmelidir.
- Irak'ın dış ticaretini etkin bir şekilde denetlemek ve yasaklanmış malların ülkeye girişini önlemek amacıyla BM denetçilerinin sayısı artırılmalıdır.
- Irak'ın yaptırımları ihlal etmesi durumunda, sınırlı askeri güç kullanımına re'sen izin verilmelidir.

Irak Kurtuluş Yasası ile 31 Ekim 1998 tarihinden itibaren Irak'ta rejim değişikliği ABD'nin Irak politikasının temel hedefi haline gelmiştir ve ne kadar güçlendirilirse güçlendirilsin yaptırımlar bu hedefe ulaşmak bakımından yeterli olmayacaktır. Üstelik, 12 yıldır devam eden yaptırımların sonsuza kadar sürdürülmesi de mümkün değildir.

PETROL KARŞILIĞI GIDA PROGRAMININ BİLANÇOSU

Petrol Karşılığı Gıda Programının Aşamaları

AŞAMA	BAŞLANGIÇ	BİTİŞ
I	10 Aralık 1996	7 Haziran 1997
II	8 Haziran 1997	4 Aralık 1997
III	5 Aralık 1997	29 Mayıs 1998
IV	30 Mayıs 1998	25 Kasım 1998
V	26 Kasım 1998	24 Mayıs 1999
VI	25 Mayıs 1999	11 Aralık 1999
VII	12 Aralık 1999	8 Haziran 2000
VIII	9 Haziran 2000	5 Aralık 2000
IX	6 Aralık 2000	3 Temmuz 2001
X	4 Temmuz 2001	30 Kasım 2001
XI	1 Aralık 2001	29 Mayıs 2002
XII	30 Mayıs 2002	25 Kasım 2002

Irak'ın Petrol Karşılığı Gıda Programı Kapsamındaki Petrol İhracatı

4 Ekim 2002

AŞAMA (I-VII)	Petrol Miktarı (milyon varil)	İhraç Edilen Petrolün Değeri (milyon $)
I	120	2,150
II	127	2,125
III	182	2,085
IV	308	3,027
V	360.8	3,947
VI	389.6	7,402
VII	343.4	8,302
VIII	375.7	9,564
Toplam	2,206.5	$38,602
Aşama	**Petrol Miktarı (milyon varil)**	**İhraç Edilen Petrolün Değeri (milyon €)**
IX	293	€6,668 (ya da $5,638)
X	300.2	€6,004 (ya da $5,350)
XI	225.9	€4,886 (ya da $4,589)
XII	129.1	€3,264 (ya da $3,220)
Toplam	**3,154.7**	**€20,822 (ya da $18,797)**

Irak'ın Petrol Karşılığı Gıda Programı Kapsamında Yaptığı İthalat

31 Ağustos 2002

AŞAMA (I-X II)			BMGK Tarafından Onaylanan Kontratlar		Irak Ofisi Tarafından Onaylanan Kontratlar		Askıdaki Kontratlar		Ulaşanlar
Sektör	Sayı	$m	Sayı	$m	Sayı	$m	Sayı	$m	$m

Gıda	4,248	$13,02	1,352	$5,760	2,275	$7,127	0	$0	10,018
Gıda Maddeleri	1,964	$3,758	1,143	$2,591	344	$287	139	$390	$1,838
Sağlık	3,896	$3,203	2,125	$1,883	1,103	$840	152	$291	$1,990
Petrol Parçaları	6,025	$4,424	3,178	$2,071	1,476	$1,240	519	$623	$1,469
Elektrik	1,977	$4,766	1,594	$3,128	30	$28	111	$704	$1,702
Su ve Su Arıtma	1,039	$2,396	680	$1,591	51	$170	134	$416	$1,042
Tarım	2,339	$4,510	1,273	$2,700	383	$550	222	$735	$2,024
Eğitim	897	$1,361	457	$708	96	$234	133	$276	$447
Telekomünikasyon/ Ulaşım	1,037	$2,509	657	$1,736	15	$23	121	$450	$873
Konut ve Yapı	1,416	$2,857	777	$2,070	208	$479	107	$185	$1,360
Özel Tesisat	120	$844	28	$108	25	$42	21	$169	$0
Gençlik ve Spor	1	$0.2	0	$0	0	$0	0	$0	$0
Kuzey Vilayetleri	5,952	$1,493	4,989	$1,316	723	$119	5	$0.5	**1,532
Toplam	31,012	$45,141	18,253	$25,663	6,729	$11,135	1,664	$4,239	$24,293

EK-2
IRAK VE KİTLE İMHA SİLAHLARI

7 Haziran 1981 günü akşam saatlerinde Irak hava sahasına tanımlanamayan yabancı askeri jetler girdi. İran-Irak savaşı tüm hızıyla devam etmekteydi. Ancak uçaklar İran'ın envanterinde bulunmayan F-15 ve F-16'ydı ve hedefleri Irak'ın askeri güçleri değil, 1972 yılından itibaren bir nükleer bomba yapma sevdasıyla tutuşan Saddam Hüseyin'in büyük paralar karşılığında Fransızlara inşa ettirdiği Osirak nükleer santraliydi. Saatler 18.25'i gösterdiğinde, art arda duyulan patlama sesleri, Saddam'ın nükleer bombasına yakın zamanda kavuşma hayalini de sona erdirecekti.

Bir çok devlet, bir Arap devletinin nükleer güce sahip olmasına karşıydı, ancak ulusal güvenliği açısından buna tahammül edemeyecek tek ülke İsrail ve Likud Partisi'nin lideri Başbakan Meneham Begin'di.[502]

Mart 1988'de ise bu defa dünya televizyonlarına bir vahşet görüntüsü yansıyacaktı. Saddam, İran'la işbirliği yaptıkları gerekçesiyle Saddam Halepçe isimli Kürt kasabasına kimyasal silahlarla saldırmış, 5000 kişi hayatını kaybetmişti.

Ağustos 1990'da Kuveyt'i işgal ederek 19. vilayeti ilan eden Saddam Hüseyin, Ortadoğu'nun en güçlü ordularından birisine sahipti.

Saddam'ın biyolojik ve kimyasal silahlara sahip olduğu ve nükleer bomba yapmaya yönelik bir program yürüttüğü, Sovyetler Birliği'nden çok sayıda balistik füze satın aldığı biliniyordu.

Ancak dünya, Saddam'ın sahip olduğu biyolojik ve kimyasal silahlar ve nükleer bomba programlarının gerçek boyutundan haberdar değildi.

UNSCOM: KENDİNE ÖZGÜ BİR DENETİM MEKANİZMASI

ABD ve koalisyon güçleri, yoğun hava bombardımanından sonra başlattıkları kara harekatıyla Kuveyt'i kısa bir süre zarfında yeniden özgürlüğüne kavuşturdular. Saddam'ın büyütülen askeri gücü ABD ve koalisyon askerleri karşısında varlık gösterememiş, Irak birlikleri koalisyon kuvvetleri karşısında ciddi bir çarpışmaya girmeden geri çekilmişlerdi.

Ancak, Saddam'ın seçme birlikleri olan Cumhuriyet Muhafızları savaştan pek zarar görmeden çıkmış, Irak silah kapasitesini büyük ölçüde muhafaza etmişti.

---

502) Uzun yıllar Irak'ın nükleer bomba programlarından sorumlu olan, ancak 1994'te Irak'tan kaçarak ABD'ye sığınan Khıdhır Hamza, nükleer santralde çalışan Fransız uzman ve bilimadamlarının, sıradışı bir toplantı bahanesiyle saldırı öncesinde santralden ayrıldıkların ileri sürmekte, saldırının, Irak uçaksavar birliklerinin, akşam yemeği yedikleri ve radarlarını kapattıkları bir sırada gerçekleştirilmiş olmasını Mossad'a içerden bilgi sızdıranların bulunmasına bağlamaktadır. Khidhir Hamza with Jeff Stein, **Saddam's Bombmaker**", Touchestone, New York, 2000, s.128-131.

Kuveyt kurtarılmıştı, ancak Saddam Hüseyin'in, ABD'nin ve bölge devletlerinin hayati güvenlik çıkarlarını tehdit edecek yeni bir maceraya tekrar kalkışması muhakkak engellenmeliydi. Bunun en önemli aracı ise, Irak'ın konvansiyonel askeri gücünün yaptırımlar yoluyla zayıflatılması, sahip olduğu kitle imha silahlarının ve bu amaçla yürüttüğü programların imha ve bertaraf edilmesiydi. Elde edilen bilgilere göre, Irak, nükleer bomba yapma aşamasına gelmişti ve büyük miktarlarda kimyasal silahlara sahipti.[503]

BM Güvenlik Konseyi'nin, 3 Nisan 1991'de kabul ettiği 687 sayılı karar, koalisyon devletleri ile Irak arasındaki ateşkes resmi ateşkes anlaşmasının koşullarını belirledi.

Kararın amacı, "*Irak'ın komşularına ve bölge barış ve güvenliğine bir daha tehdit oluşturmamasını*" sağlamaktı. [504]

A ve B bölümlerinde Irak'ın Kuveyt sınırını tanımasına ilişkin hükümlerin yer aldığı kararın C bölümünün 7-13. maddeleri, Irak'ın sahip olduğu kitle imha silahlarının ve 150 km'den fazla menzili bulunan balistik füzelerin uluslararası denetim altında imha edilmesine ilişkin hükümler içermekteydi.

Kararda, Irak'ın kitle imha silahlarıyla bağlantılı malzemeleri üretmesinin ve elde etmesinin önlenmesine yönelik hükümler de yer almaktaydı. Ayrıca, Birleşmiş Milletler Özel Komisyonu (United Nations Special Commission-UNSCOM) isimli doğrudan Güvenlik Konseyine bağlı çalışacak özel bir organ teşkil edilmekteydi. UNSCOM, 687 sayılı kararın nükleer konularla bağlantılı olmayan, biyolojik, kimyasal silahların ve 150 km'den uzun menzile sahip balistik füzelerin imha ve bertaraf edilmesinden sorumlu olmakta, nükleer konularda ise sorumluluk Uluslararası Atom Enerji Ajansına (Inter-

503) Irak'ın Körfez Savaşı'na kadar yürüttüğü kitle imha silah programlarının kapsamlı bir incelemesi için bkz. Amatzia Baram, "An Analysis of Iraqi WMD Strategy", **The Nonproliferation Review**, Yaz 2001, s. 25-39.

504) "**Status on Iraq: Communication From The President of the United States**", Washington D.C., U.S. Government Printing Office, (30 Aralık) 1994, s.2.

national Atomic Energy Agency-IAEA) verilmekte, UNSCOM'un bu çalışmalarda IAEA'ya yardımcı olması öngörülmekteydi.[505]

Irak 18 Nisan 1991'de 687 sayılı kararı resmen kabul ettiğini açıkladı. BM Genel Sekreteri'nin raporunun Güvenlik Konseyi'nde kabul edilmesiyle UNSCOM kuruldu..

UNSCOM'un görevleri şu şekilde belirlendi:

- Irak'ın biyolojik, kimyasal ve füze imkan ve kabiliyetlerine ilişkin zaman geçirmeksizin yerinde denetim yapmak,
- Bütün kimyasal ve biyolojik silahlar ve bu silahlarla bağlantılı her türlü malzeme, alt-sistem, parça ve her türlü araştırma, geliştirme, destekleme ve üretim imkanlarına, imha ve bertaraf etmek veya zararsız hale getirmek üzere el koymak,
- 150 km'den uzun menzile sahip balistik füzelerin ve bunlarla bağlantılı bütün temel parçaların, tamir ve üretim tesislerinin, Irak tarafından imha edilmesini denetlemek,
- Irak'ın, yukarıda sözü edilen maddeleri üretmeme, kullanmama, geliştirmeme veya satın almamaya ilişkin sorumluluklarını yerine getirip getirmediğini gözetlemek ve kanıtlamak.

687 sayılı kararda, UNSCOM Irak'ta her türlü denetimi yapmaya yetkili kılınmakla birlikte, bu denetimlerin ne şekilde icra edileceği belirlenmemişti. Bu konuya ilişkin ayrıntılar ve hukuki temel, 1 Mayıs 1991'de, UNSCOM, BM Genel Sekreteri ve Irak Dışişleri Bakanları arasında yapılan ve anlaşma niteliği taşıyan mektup teatisi yöntemiyle tespit edildi.

BM Genel Sekreteri, 1 Mayıs'ta aldığı diğer bir kararla, Komisyon'da yer alacak ülkeleri, Avustralya, Avusturya Belçika, Kanada, ÇHC, Çek Cumhuriyeti, Finlandiya, Fransa, Almanya, Endonezya, İtalya, Japonya, Hollanda, Nijerya, Norveç, Polonya, RF, İngiltere, ABD ve Venezuela olarak açıkladı.

---

505) http://www.un.org/Depts/unmovic/index.htm

UNSCOM'un İcra Başkanlığı görevine, İsveçli bir diplomat olan Rolf Ekeus getirildi. Atama, BM Genel Sekreteri'nin teklifi ve Güvenlik Konseyi'nin uygun görmesi üzerine gerçekleşti.[506] UNSCOM personeli ise, teknik vasıflar ve uzmanlık esasına göre seçilecekti.

UNSCOM'u bu ölçüde geniş yetkilerle donatırken BM Güvenlik Konseyi'nin, Irak'ı silahsızlandırmak için dört aşamalı bir sistem ihdas etmekteydi:

Birinci aşamada, Irak, yasaklanmış bütün silahlarını ve bu silahların yapımında kullanılan araçları dürüstçe açıklayacaktı. 687 sayılı kararda, Irak'ın karar kapsamına giren silah ve programlar hakkında UNSCOM ve Atom Enerjisi Ajansına 15 gün zarfında eksiksiz ve nihai bildirimde bulunması öngörülmekteydi.

İkinci aşama, Irak'ın verdiği bilgilerin UNSCOM ve IAEA tarafından doğruluk derecesinin tespit edilmesinden oluşacaktı. Bu aşamanın birkaç ay sürmesi beklenmekteydi.

Üçüncü aşamada ise, ilk iki aşama sonucunda ortaya çıkartılan yasaklanmış silahlar ve programlarının, UNSCOM görevlilerinin doğrudan gözetimi altında imha ve bertaraf edilmesi ve zararsız hale getirilmesi gerçekleştirilecekti.

Dördüncü aşama, kitle imha silahlarının üretiminde kullanılan sahaların ve tesislerin gözetim altında tutulmasında oluşacaktı.[507]

Irak ile koalisyon güçleri arasında nihai ateşkes anlaşması niteliğindeki 687 sayılı kararla, Irak'ın Kuveyt'i işgal etmesinden sonra kabul edilen Güvenlik Konseyi kararlarının devamına hükmedilmişti.

687 sayılı karar, BM Antlaşması'nın askeri güç kullanımına da imkan tanıyan VII. Bölümü kapsamında alınmış olmasının yanı sıra, bir diğer önemli özellik daha taşımaktaydı. Irak'a uygulanan yaptırımların kaldırılmasıyla Irak'ın kitle imha silahlarından arındırılması arasında doğrudan bir bağ kurulmuştu. Buna göre, UNSCOM ve IA-

---

506) http://www.un.org/Depts/unmovic/index.htm

507) Richard Butler, **The Greatest Threat**, Public Affairs, New York, 1998, s. 41-42.

EA'nın, Irak'ın 687 sayılı kararın hükümlerine doğrultusunda kitle imha silahlarından tamamen arındığını Güvenlik Konseyi'ne bildirmeleri halinde, yaptırımlar doğrudan kaldırılacaktı. Böylelikle, hem Irak üzerinde baskı kurulmuş, hem de kitle imha silahlarından arınması için Bağdat'a bir saik verilmiş oluyordu.

BM Genel Sekreteri ve IAEA Genel Direktörü, 687 sayılı karar uyarınca, uzun vadeli gözetlemeye ilişkin dördüncü aşama hakkında Güvenlik Konseyi'ne iki ayrı rapor sundular. Güvenlik Konseyi bu raporları 11 Ekim 1991'de 715 sayılı kararla resmileştirdi. Irak, UNSCOM tarafından görevlendirilen denetçilerin ve diğer personelin, ülkeye koşulsuz girişlerini ve görevlerini koşulsuz yapmalarını kabul etmek zorundaydı.

Irak, 715 sayılı kararla kabul edilen bu gözetleme ve doğrulama planlarının hukuka uygun olmadığını ve karara uymayacağını açıkladı.

Irak'ın Denetimlere Karşı Genel Tutumu

Irak, BM denetimlerinin başlamasından itibaren, kitle imha silah programlarının gerçek ve tam boyutunu gizlemek amacıyla UNSCOM ve BM ile kedi-fare oyunu oynadı. Irak'ın başvurduğu yöntemler, eksik ve yanıltıcı bilgilendirme, engelleme, karşı istihbarat ve UNSCOM'a casus sızdırma, kanıtları yok etme, denetimleri zorlaştırma ve çeşitli yanıltma ve inkar teknikleriydi.[508]

Unscom ve İstihbarat Faaliyetleri

Irak'ın UNSCOM ve IAEA denetimlerini etkisiz hale getirerek, kitle imha silah programlarını gizlemeye yönelik çabaları, UNSCOM açısından istihbarat bilgileri önemli hale getirdi.

---

508) Jonathan B. Tucker, "Monitoring And Verification In A Noncooperative Environment: Lessons From The U.N. Exprience In Iraq", **The Nonpoliferation Review**, Spring-Summer 1996, s. 4-10.

UNSCOM'un istihbarat faaliyetleri temelde dört şekilde gerçekleşmekteydi.

Birincisi, UNSCOM'da yer alan ülkeler, Irak'ın KİS programları hakkında UNSCOM'la bilgi paylaştılar. Bunların başında ABD vardı. İkincisi, Irak'ın kitle imha silah programlarının yürütüldüğü tesislerin tam bir dökümünün çıkartılabilmesi açısından ABD, UNSCOM'a bir U-2 casus uçağı tahsis etti. UNSCOM'un üçüncü ve bir diğer önemli istihbarat kaynağı, insan kaynaklı istihbarattı.[509] UNSCOM'un, istihbarat alanındaki dördüncü kaynağı, UNSCOM bünyesinde kurulan ve ABD'li Scott Ritter'ın başında olduğu özel istihbarat birimiydi.

1992-1993 Karşılıklı Güç Denemesi

Irak ile UNSCOM arasında 1992-1993 yıllarında çeşitli krizler yaşandı. Irak'ın BM silah denetçilerini sürekli taciz etmesi ve işbirliğine yanaşmaması karşısında ABD ve İngiltere 1992 ve 1993'te Irak'a karşı askeri güç kullanma tehdidinde bulundu. ABD'nin bu baskısı ve tehditleri karşısında Irak tırmandırma taktiğinden geri adım atarak, denetimlere uymak kaldı, Bununla birlikte, bu defa, sahip olduğu kitle imha silah ve füze programları hakkında bilgi saklamaya ve mevcut silahların ve programların hepsini imha ettiği iddiasıyla yeni bir aldatma taktiğine yöneldi.[510]

UNSCOM ile Irak arasında Haziran ve Temmuz 1993'te yaşanan krizin çıkış nedeni ise, UNSCOM'un balistik füze motorlarının test edildiği tesisleri gözetlemek üzere uzaktan kontrollü kamera yerleştirmesine Bağdat'ın karşı çıkmasıydı. BMGK, Irak'ın davranışını 687 sayılı kararın "kabul edilemez ve maddi ihlali" olduğunu açıkladı.[511]

---

509) Jonathan B. Tucker, a.g.m., s.4

510) Dan Byman and Matthew Waxman, **Confronting Iraq: US Policy and the Use of Force Since the Gulf War**, Santa Monica, RAND, 2000, s.41

511) BM Antlaşması'na göre, Güvenlik Konseyi'nin kararlarının "açıkça ihlali", BM'nin VII. Bölüm çerçevesinde askeri güç kullanmaya varacak tedbirler almasının yolunu açmaktadır.

Bu karar, BM Güvenlik Konseyi açısından da bir son teşkil etti. Güvenlik Konseyi'nde bir daha, Irak'ın, BM kararlarını "kabul edilemez şekilde ve maddi ihlal" ettiğine dair ne başkanlık açıklaması yapıldı ne de bu yönde bir karar çıktı.[512]

Saddam'ın Ateşle İmtihanı: Kuveyt Sınırına Asker Yığma - Ekim 1994

1994'e gelindiğinde, nükleer, uzun menzilli balistik füzeler, kimyasal ve biyolojik silahlara ilişkin denetimler açısından çözüme kavuşturulamamış bir çok sorun mevcuttu. Irak, bu programlara ilişkin belgeleri imha ettiğini iddia etmekteydi. Bu nedenle, UNSCOM'un faaliyetlerinin, denetimler kadar önem arz eden bir diğer yönü, "*etkin, kapsamlı ve sürdürülebilir* bir gözetleme rejiminin" ihdas edilmesiydi.[513]

Ancak, gözetleme ve doğrulama faaliyetleri konusunda alınmış 715 sayılı kararı uzun süre kabul etmekte direnmiş bulunan Irak, gözetleme faaliyetlerine karşı çıkmakta ve bu açıdan sürekli zorluklar çıkartmaktaydı.

5 Ekim 1994'te ise ABD istihbarat birimleri, Irak'ın Irak-Kuveyt sınırına yakın bölgelere iki Cumhuriyet Muhafızları tümeni konuşlandırdığını tespit etti. Saddam Hüseyin 6 Ekim'de bir ültimatom yayınlayarak, 10 Ekim'e kadar yaptırımların kaldırılmasını, aksi takdirde UNSCOM'la işbirliğine son vereceğini açıkladı. Saddam Hüseyin, Irak, ABD ve BM'ye büyük bir meydan okumaya kalkışmıştı. Ateşle oynamakta ve ABD'nin iradesini testten geçirmekteydi. Ancak ABD, "*Irak'ın komşularını tehdit etmemesi, BM'ye gözdağı vermemesi ve bir*

---

512) "Iraqi Violations Of UN Resolutions Since The Gulf War", **Policy Watch**, The Washington Institute for Near East Policy, 30 Ekim, 1997, s. 3

513) "**Status on Iraq: Communication From The President of the United States**", Washington D.C., U.S. Government Printing Office, (30 Aralık) 1994, s.3

daha hiçbir zaman kitle imha silahları edinmemesi konusunda ısrarlı tutumunu" sürdürmeye kararlıydı.[514]

ABD, bu gelişme karşısında duraklamaksızın tepki gösterdi. "Operation Vigilant Warrior" adı verilen bir harekatla, bölgeye çok sayıda uçak ve askeri birlik sevk etti. ABD, Irak'ın askeri birliklerini geri çekmemesi durumunda büyük çaplı saldırı başlatacağı tehdidinde bulundu. Fransa bir destroyer, İngiltere ise bir firkateyn ve destroyer göndererek ABD'nin yanında oldukları mesajını verdi.[515]

ABD'nin kararlı tutumu karşısında, Saddam Hüseyin, 10 Ekim'de Irak askeri birliklerinin geri çekileceğini açıkladı.

Ancak 12 Ekim'deki açıklamasında ise, Kuveyt'in toprak bütünlüğünü tanımasının, ekonomik yaptırımların hafifletilmesine bağlı olduğunu söylemekteydi.[516]

BM Güvenlik Konseyi bu gelişmeler karşısında hemen toplanarak 15 Ekim 1994'te 949 sayılı kararı kabul etti. Irak'ın Kuveyt sınırına asker yığmasının kınandığı kararda sıralanan talepler şunlardı:

1. Irak, G. Irak'a sevk ettiği bütün askeri birliklerini ivedilikle orijinal pozisyonlarına geri çekmelidir,
2. Komşularını veya BM'nin Irak'ta sürdürdüğü faaliyetleri tehdit etmek amacıyla bir daha askeri birliklerini veya başka herhangi güç kullanmamalıdır,
3. G. Irak'tan çekilecek askeri birlikleri yeniden bölgede konuşlandırmamalı veya G. Irak'ta askeri kapasitesini herhangi bir şekilde yeniden artırmamalıdır,
4. UNSCOM ile tam işbirliği yapmalıdır.[517]

---

514) "**Status on Iraq: Communication From The President of the United States**", Washington D.C., U.S. Government Printing Office, (30 Aralık) 1994, s. 2.
515) Dan Byman and Matthew Waxman, a.g.y., s. 55.
516) "Iraqi Violations..." s. 3.
517) "**Status on Iraq**.., s. 2.

Ancak kararda, Irak'ın yükümlülüklerini "maddi ihlal"i içinde olduğuna ve "ciddi sonuçlara" katlanmak zorunda kalacağına dair bir ibare bulunmamaktaydı.[518]

Güvenlik Konseyi'nin 949 sayılı kararı ve Irak'ın bu karara uymaması halinde ABD'nin askeri güç kullanma konusundaki kararlı tutumu karşısında Saddam, 32. paralelin güneyine sevk ettiği Cumhuriyet Muhafızları birliklerini ve krizden önce de bölgede bulunan Cumhuriyet Muhafızları birliklerinin bir bölümünü 32. paralelin kuzeyine geri çekti.

Irak bununla da kalmadı ve 10 Kasım 1994'te kesin ve değiştirilemez şekilde, Irak-Kuveyt sınırını, BM sınır komisyonunun belirlediği şekilde tanıdığını ve Kuveyt'in egemenliğini, toprak birliğini ve siyasi bağımsızlığını tanıdığını açıkladı. Bu gelişme, ABD ve Kuveyt açısından önemli bir zaferdi.

Ancak, Saddam karşıtı uluslararası koalisyonun dağılmakta olduğu da ortaya çıkmıştı. ÇHC ve Rusya Federasyonu, ABD'nin talebi üzerine bölgeye zoraki birlik göndermiş, Fransa ise katılımını bir destroyerle sınırlı tutmuştu. Bununla birlikte, Saddam'ın bu manevrası, ABD'nin yaptırımların devamının gerekliliği konusundaki tutumunun uluslararası alanda bir süre daha destek görmesine yol açtı.[519]

Irak, Kuveyt sınırını ve Kuveyt'in egemenliği, toprak bütünlüğü ve siyasi bağımsızlığını tanıdığını açıklamakla birlikte, 949 sayılı karara ve başta 687 olmak üzere BMGK'nin diğer kararlarına uymamayı ısrarla sürdürdü.

1995-1996: BM GÜVENLİK KONSEYİ'NDE BÖLÜNME SİNYALLERİ

Nisan 1995'te Irak'ın nükleer silah programlarını haberleri duyulmaya başladı. Uzun yıllar Irak'ın nükleer programlarının başında bu-

518) "Iraqi Violations..." s.3
519) Dan Byman and Matthew Waxman, a.g.y., s.56-57.

lunan Khıdhır Hamza, Irak'tan kaçarak ABD'ye sığınmış ve nükleer programlar hakkında önemli bilgiler vermişti Bu bilgilere göre, Saddam Hüseyin'in 1971'de verdiği talimat doğrultusunda Iraklı bilim adamları nükleer bomba yapmak için çalışmalara başlamıştı. Saddam'ın hedefi, yılda 6 adet nükleer bomba yapılmasıydı. Bu hedef gerçekleştiği takdirde, 1990'ların sonuna gelindiğinde, Irak'ın nükleer gücü Çin'i geçecekti.

Hamza'ya göre, "nükleer silah programının en hararetle sürdürüldüğü 1993-1994 yıllarında bu amaçla 2000'den fazla mühendis çalışmaktaydı. Sadece mekanik dizayn alanındaki mühendis sayısı 200'den fazlaydı. Fizik, kimya, biyoloji, kimya ve nükleer alanda 300 doktoralı mühendis vardı. 800'den fazla mühendis ise yüksek lisans yapmıştı. Binlerce teknisyenle birlikte, nükleer silah programında çalışanların sayısı 12.000'den fazlaydı. 1980'li yılların sonu itibariyle, Irak'ın nükleer bomba yapmak için harcadığı para 10 milyar doları geçmişti. Irak, nükleer bomba yapımına çok yaklaşmıştı. Birkaç kilo ton TNT'nin yaratacağı patlamaya eşdeğer bomba düzeneği yapılmıştı. Nükleer bomba için eksik olan tek şey, nükleer çekirdekti. 1981'de İsrail uçaklarının bombaladığı Osirak nükleer santralinden bomba yapımına elverişli 25 kilo uranyum yakıtı kurtarılmıştı. Bunun 12 kilogramı %93 oranında zenginleştirilmiş uranyum, kalanı ise %80 oranında zenginleştirilmiş uranyumdu. Rus yapımı nükleer santralden işlenmemiş ilave uranyum sağlama imkanı bulunmaktaydı. Bunlar, nükleer bomba için gereken 18-20 kilo zenginleştirilmiş uranyumu sağlamak için yeterliydi. Ancak, Körfez Savaşı nedeniyle, uranyumun yakıttan ayrılması için yeterli zaman kalmamıştı. Saddam Hüseyin, yakın korumasını sağlayan Özel Güvenlik Kuvvetlerine, bomba parçalarına el koyma ve saklama görevi vermişti. Körfez Savaşı'ndan sonra ise, Irak, nükleer bomba programlarının bulunduğunu inkar etmiş, BM denetçilerini kasıtlı olarak yanıltmıştı... Irak bilim adamları, çok daha hafif berilyum ve grafit yansıtıcılar yapmak için çalışmaktaydı ve bu faaliyet de BM denetçilerinden gizli bir şekilde sürdürülmekteydi. Nükleer bomba yapımında Irak'ın karşılaştığı en önemli güçlük, bombaya elverişli uranyum sağlanmasıydı. Irak, ilk önce zenginleştirilmiş uranyum elde etmek için başvurduğu difüzyon yönteminin başarısız olduğunu ileri sürmüştü. Zenginleştirilmiş uranyum sağlamak için bir diğer yöntem, karaborsadan satın almaktı. En elverişli kaynak, Sovyetler Birliği'nin dağılmasından sonra işsiz ve parasız kalmış, rüşvete açık Rus yetkililer, diğeri ise Irak'ın füze programlarına geçmişte gizlice yardımda bulunan ve 50 kilo zenginleştirilmiş uranyuma sahip olduğu söylenen Sırbistan'dı."

Hamza, Körfez Savaşı'ndan sonra BM denetçilerinin ve ambargonun etkisiyle yavaşlasa da, Irak'ın nükleer programlarının sürdüğünü söylemekteydi.[520] Bu gelişme üzerine, Irak'ın nükleer programlarını denetlemekten sorumlu IAEA ve bu kuruma yardımla görevli UNSCOM araştırmalarını derinleştirdi. Saddam Hüseyin, BM denetimlerine ve yıllardır süren ambargoya rağmen kitle imha silahlarından vazgeçmemek, ABD ise buna izin vermemekte kararlıydı.

Ağustos 1995'in ilk haftasında Irak, daha da uzlaşmaz bir tutuma yöneldi. Başbakan Birinci Yardımcısı Tarık Aziz başta olmak üzere Iraklı yetkililer basın açıklamalarında ve BM'li yetkililerle görüşmelerinde, BM Güvenlik Konseyi'nin 31 Ağustos 1995'e kadar yaptırımları kaldırmaması halinde, Irak'ın misliyle mukabelede bulunacağı tehdidine başvurdu. Bu açıklamalar karşısında ABD, İngiltere ve Fransa'nın BM nezdindeki Büyükelçileri, Iraklı muhataplarıyla görüştü. Bu tehditler kabul edilemezdi ve Irak BMGK'nin bütün kararlarına harfiyen uymalıydı.

9 Ağustos 1995'de ise dünya basının gündemine bomba gibi düşen bir diğer gelişme yaşandı. Saddam'ın iki damadı, Hüseyin ve Saddam Kamil Hasan al-Macid'in, eşleriyle Irak'tan kaçarak Ürdün'e sığındı. Hüseyin Kamil, Saddam'ın en sadık adamı ve Irak'ın kitle imha silah programlarının başındaydı ve birçok önemli sorumluluk taşımaktaydı. Hüseyin Kamil'in, Irak'ın kitle imha silah programlarına ilişkin sırları ifşa etmesinin, BM'nin gazabına yol açacağı korkusu,

---

520) Khidhir Hamza with Jeff Stein, a.g.y., s. 333-337.

hiç beklenmedik şekilde Saddam'ın, balistik füze, kimyasal, biyolojik ve nükleer silah programları hakkında UNSCOM'a binlerce sayfa belge ve sayısız video görüntüsü sunmasına yol açtı ve Saddam, BM denetçilerini daha önce açıklamadığı kitle imha silah programlarını incelemek üzere Bağdat'a davet etti. Saddam Hüseyin'e göre, Kamil Hüseyin bu silah programlarına ilişkin bilgileri hem BM denetçilerinden hem de kendisinden saklamıştı.[521]

Bu belgelerden elde edilen en çarpıcı bilgi, Irak'ın daha önce iddia ettiğinin aksine, büyük miktarlarda antrax, botulinum zehri ve diğer biyolojik ajanlar ürettiğinin ortaya çıkması oldu. Aslında bu bilgilerden önce, UNSCOM, füze ve kimyasal silah alanlarında Irak'a temiz belgesi vermeye hazırlanmaktaydı. Irak'ın, kitle imha silah programları konusunda yıllardır oynadığı oyununun ortaya çıkmasıyla, Bağdat'ın, ambargonun kaldırılacağına dair ümitleri de son bulmuştu.[522]

Saddam Hüseyin'in kitle imha silahlarından vazgeçmeye niyeti olmadığı bir daha ispatlanmıştı.

715 sayılı kararın 7. paragrafında, yasaklanmış silah programlarında kullanılabilecek türdeki çifte kullanıma elverişli malzemelerin diğer ülkeler tarafından Irak'a satışının gözetlenmesi amacıyla bir mekanizma ihdas edilmesi öngörülmekteydi. Bu mekanizma, BM Güvenlik Konseyi'ndeki uzun tartışmalardan sonra, 27 Mart 1996'da oybirliğiyle alınan 1051 sayılı kararla oluşturuldu.

Bu mekanizmaya göre, Irak ve Irak'a mal ihraç edecek ülke, çifte kullanıma elverişli mallar hakkında UNSCOM ve IAEA'ya bildirimde bulunacaktı. Irak, bu malların kullanım amaçlarını açıklayacak, ihracatı gerçekleştiren ülke ise, malların sevk tarihi, varış noktası hakkında UNSCOM'u ve IAEA'yı bilgilendirecekti. Denetim grupları, bu malları nihai kullanım alanlarında inceleyerek, kullanım amaçları

---

521) "**Status on Iraq: Communication From The President of the United States**", Washington D.C., U.S. Government Printing Office, (23 Ekim) 1995, s. 1.
522) Amatzia Baram, **Building Toward Crisis: Saddam Husayn's Strategy For Survival**, The Washington Institute For Near East Policy, Washington, 1998, s. 8.

hakkında değerlendirme yapacak, malların yasaklanmış silah programlarında kullanılmaması amacıyla bir gözetim mekanizması tesis edecekti. 1051 sayılı kararın en önemli özelliği, BM Antlaşması'nın VII. Bölümünde kabul edilmiş olması ve bu bağlamda, BM üyesi bütün ülkelerin karar uyarınca bildirim yapmalarının bir zorunluluk teşkil etmesiydi.

Mekanizmanın bir diğer yönünü ise, Irak'ın yasaklanmış maddeleri satın alma girişimleri hakkında bilgi edinecek bütün ülkelerin bu konuda UNSCOM'u bilgilendirme mecburiyetlerinin bulunması teşkil etmekteydi. Yasaklanmış maddeler veya çifte kullanıma uygun mallar, 687 sayılı karar çerçevesinde imha edilecekti. Irak'ın ithalat sırasında bilgi sunmadığı çifte kullanıma uygun malzemelerin, yasaklanmış silah programlarında kullanılacağına re'sen hükmedilecekti.

Haziran aynının ilk haftasında, ABD'nin Irak'ta darbe hazırlıkları açığa çıkmış ve Saddam Hüseyin hazırlıklarda yer alan 200 kişiyi idam etmişti. Bu darbe girişimi, Irak'ın UNSCOM denetimlerini engellemek için aradığı argümanı bulmasına yol açtı ve Bağdat, Haziran ayında, casusluk yaptıkları gerekçesiyle UNSCOM görevlilerinin denetlemek istedikleri sahalara girmelerini engelledi.

Kriz, UNSCOM Başkanı R. Ekeus ile Başbakan Birinci Yardımcısı Tarık Aziz arasında varılan mutabakatla çözüme kavuşturuldu. Irak, UNSCOM'un bütün tesislere girmesine izin verecek, UNSCOM ise Irak'ın "meşru" güvenlik endişelerini dikkate alacaktı.[523] Bağdat, UNSCOM'un elde ettiği hassas bilgilerin, ABD'ye verildiğinden ve bu bilgilerin muhtemel bir bombalama sırasında kendisine karşı kullanılacağından endişe duymaktaydı.

Ağustos aynın son günlerinde ise tüm dengeleri yerinden oynatan bir gelişme daha meydana geldi. KDP ve KYB arasındaki çatışmalar sırasında, Saddam Hüseyin, KDP lideri Barzani'nin yardım talebini

---

523) Rolf Ekeus, "Dismantling Iraq's Weapons of Mass Destruction: A Progress Report", Special Policy Forum Report, **Policy Watch**, The Washington Institute for Near East Policy, 5 Şubat, 1997, s. 2.

kabul etmiş ve Irak ordusu, ABD'nin uyarılarına rağmen K. Irak'a girerek kontrolü ele almış, ABD'nin Irak Ulusal Kongresi aracılığıyla bölgede kurduğu istihbarat altyapısını çökertmiş ve 1990'daki Körfez Savaşı'ndan bu yana ilk defa önemli bir kazanım elde etmişti. ABD, G. Irak'taki uçuşa yasak bölgeyi 32. paralelden 33. paralele genişletmiş, güneyden sınırlı füze saldırısında bulunmuştu.

Rusya Federasyonu, ABD'yi açıkça eleştirmiş, İngiltere tarafından Güvenlik Konseyi'ne sunulan ve Irak'ın Kürtlere karşı askeri harekatını kınayan karar tasarısını veto etmiş, ÇHC de aynı yönde tutum izlemişti. Fransa, ise Güvenlik Konseyi'nde nispeten yumuşak bir açıklamaya katılmaya razı olmuş, hemen ardından Çekiç Güç'ten çekildiğini açıklamıştı.

Saddam Hüseyin'in bu gelişmeden çıkarttığı en önemli sonuç, Irak'ın Ağustos 1990'da Kuveyt'i işgal etmesinden bu yana kararlı bir tutum izleyen ve Irak'ın kitle imha silahlarından arındırılması konusunda taviz vermeyen uluslararası koalisyonun dağılmaya yüz tuttuğuydu. BM Güvenlik Konseyi'nin İngiltere ve ABD dışındaki diğer daimi üyeleri olan RF, ÇHC ve Fransa'nın tutumları değişmeye başlamış ve BMGK içindeki oydaşma son bulmuştu.

Saddam, bu tarihten itibaren Güvenlik Konseyi içindeki bölünmeye oynayacaktı.

Irak'ın, temelde çifte kullanıma uygun malları ithalatını denetlemek amacıyla 27 Mart 1996'da kabul edilen 1051 sayılı Güvenlik Konseyi kararı ile oluşturulan mekanizma 1 Ekim'de uygulamaya konuldu.

Kasım ayındaki krizin konusu ise, Irak'ın, imha ettiğini ileri sürdüğü 130 SCUD füzesinin motorlarının incelenmek üzere ülkeden çıkışına müsaade etmemesiydi. UNSCOM denetçileri, Irak'ın imha ettiği füze motorlarının, aslında ülkede üretilmiş düşük menzilli SCUD füze motorları olduğundan ve Bağdat'ın Sovyetler Birliği'nden aldığı yüksek menzilli füze motorlarını saklamaya çalıştığından şüphelenmekteydi.UNSCOM, ayrıca, Irak'ın operasyonel halde bulunan çok sayıda başka SCUD füzesine sahip olduğuna ve bu füzelerden bazılarının kimyasal silah başlıkları taşıdığına inanmaktaydı.[524] UNSCOM Başkanı R. Ekeus, Irak'ın, füze, füze rampaları, destek vasıtaları, füze yakıtı ve kimyasal ve biyolojik savaş başlıklarından oluşan ve daha önce tahmin edilenden çok daha büyük ve geniş kapasiteli füze gücünün bulunduğunu açıkladı.[525]

Irak, tutumunu değiştirmedi. Bağdat'a, bu şekilde davranma cesaretini veren, BMGK'nde UNSCOM'a verilen desteğin giderek aşınmasıydı. Irak'ın çıkarttığı bütün sorunlara rağmen, Güvenlik Konseyi'nin yıl içinde aldığı kararlarda, Irak'ın BM kararlarını "maddi (açıkça) ihlal" ettiği belirtilmemişti.[526] Fransa, RF ve ÇHC'nin, askeri güç kullanılmasına karşı çıkmasının yanı sıra, Kasım ayında gerçekleştirilecek Başkanlık seçimleri nedeniyle müttefik ülkelerle sorun yaşamak istemeyen Clinton Yönetimi, BMGK'nde istediği yönde bir karar çıkartılmasında ısrarcı davranmamıştı.[527]

9 Aralık'ta 1996 BM Genel Sekreteri, 986 sayılı kararla ihdas edilen Petrol Karşılığı Gıda programının yürürlüğe konulması bakımından bütün şartların karşılandığını bildirdi ve 10 Aralık'ta Irak'ın altı aylık dönemde 2 milyar dolar petrol satmasına imkan tanıyacak program yürürlüğe girdi. Oluşturulan sisteme göre, Irak'ın petrol satışından elde edeceği gelir, BM'nin denetimindeki bir hesapta toplanacak, gıda ve ilaç gibi Irak halkının günlük yaşamsal ihtiyaçlarının karşılanması için kullanılacaktı.

UNSCOM-IRAK ARASINDA SÜREKLİ KRİZ DÖNEMİ: 1997-1998

Krizin İlk Sinyalleri

1997'nin Ocak ayında BM Güvenlik Konseyi içindeki bölünme giderek belirgin hale gelmişti. Konseyin daimi üyelerinden bazıları

524) Michael Eisenstadt, "Iraq and UNSCOM: A Crucial Test for U.S. Policy", Policy Watch, The Washington Institute for Near East Policy, 21 Ocak,1997, s. 2.
525) Rolf Ekeus, a.g.m., s. 2-3.
526) Rolf Ekeus, a.g.m., s. 3.
527) Michael Eisenstadt, a.g.m., s. 2.

(Fransa, RF ve Çin), Irak'ın 687 sayılı karara tam uyması durumunda, kararda öngörüldüğü şekilde yaptırımların kaldırılması gerektiğini savunuyor, ABD ise, Irak'ın sadece 687 sayılı karar değil, ilgili bütün BM kararlarına uyması halinde yaptırımların kaldırılabileceğini ileri sürüyordu. ABD'nin temel endişesi, yaptırımların bir kez kaldırılması durumunda, Irak'ın kitle imha silah programlarını yeniden başlattığının tespit edilmesi halinde, yaptırımları yeniden uygulamaya koymak için Güvenlik Konseyi'nde yeterli desteği bulamayacağıydı.

Bu sırada, Clinton Yönetimi, Irak politikası konusunda özellikle Cumhuriyetçi Parti'nin "şahin-muhafazakar" kesiminin baskısıyla karşılaşmaya başlamıştı. Senato'da çoğunluğu elinde bulunduran Cumhuriyetçi Parti, Başkanın Irak politikasını eleştirmekte ve Clinton'ı pasiflikle suçlamaktaydı.

Irak, 23 Şubat 1997'de UNSCOM'un 130 füze motorunu ABD ve Fransa'da testten geçirilmek üzere ülkeden çıkartmasına izin verdi.

ABD Dışişleri Bakanı M. Albright, Mart 1997'de, Saddam Hüseyin silahsızlanma rejimine uysa da, ABD'nin Saddam Hüseyin devrilmeden ambargonun kaldırılmayacağını açıkladı. Irak bu açıklamayı hemen önemli bir propaganda aracı olarak kullanmaya başladı. BM Genel Sekreteri Kofi Annan bu gelişme üzerine, Albright'la yaptığı görüşmede, BM kararlarının Saddam Hüseyin'in iktidardan düşürülmesine ilişkin hükümler içermediğini hatırlattı.[528] Albright'ın açıklamasının yarattığı tepkiler üzerine konuya açıklık getirmek zorunda kalan ABD Yönetimi, ABD'nin BM kararlarına uyacağını bildirdi.[529]

İsveç'in Washington Büyükelçiliğine atanan UNSCOM Başkanı R. Ekeus'un istifa etmesiyle, yerine 1 Temmuz'dan itibaren Avustralya'nın BM nezdindeki daimi temsilcisi Büyükelçi Richard Butler atandı. Mesleki yaşamının büyük bir bölümünde, silahsızlanma ve nükleer silahların yayılmasının önlenmesi konularında çalışan Butler, denetimleri 687 sayılı karar çerçevesinde taviz vermeden icra etmek konusunda kararlıydı.

528) Richard Butler, a.g.y., s. 49.
529) Richard Butler, a.g.y., s. 50.

Haziran ve Ağustos ayları arasında, Irak, UNSCOM denetimlerini sistematik bir şekilde engellemeye başladı. UNSCOM helikopterlerine sorun çıkardı ve denetçilerin birçok sahaya girmesine izin vermedi. Eylül ayında "hassas bölge"lerin denetiminde. UNSCOM ile Irak arasında yeniden kriz çıktı. UNSCOM-Irak mutabakata göre, denetlenecek sahanın "hassas bölge" ilan edilmesi durumunda, denetçi sayısı dörtle sınırlandırılmaktaydı. 27 Eylül'de gerilimi iyice tırmandıran hadise, bir laboratuarın arka kapısından kaçmaya çalışan iki Iraklı subayın taşıdıkları çantada "antrax" ve "botulinum toxin" türündeki biyolojik silahların üretiminde kullanılan maddelerin çıkması üzerine, UNSCOM'un Saddam Hüseyin'in şahsi güvenliğinden sorumlu Özel Güvenlik Örgütünü denetlemek istemesiydi.[530]

Butler, Ekim ayında BMGK'na sunduğu altı aylık raporunda, Irak'ın denetlenecek sahaları keyfi bir şekilde "hassas bölge" olarak nitelendirmeye başladığını ve Irak'ın bu bölgelerin denetlenmesine ilişkin kurallara riayet etmediğini, diğer taraftan Irak'ın Güvenlik Konseyi kararları hilafına daha önce gündemde olmayan "Devlet Başkanlığı Sahaları/Sarayları" iddiasını ileri sürdüğünü belirtti. BM Güvenlik Konseyi, bu rapor üzerine kabul ettiği 1134 sayılı kararda, Irak'ın bu uzlaşmaz tutumu karşısında "derin endişesini" gündeme getirmekte, ancak "maddi ihlal" ibaresinden özenle kaçınmaktaydı. Kararın oylamasında, Konseyin beş daimi üyesinden üçü, RF, ÇHC ve Fransa çekimser oy kullandı. Güvenlik Konseyi'ndeki bölünme artık iyice su yüzüne çıkmıştı.

Birinci Kriz: Irak'ın UNSCOM'un ABD'li Personeli Sınır dışı Etmesi ve RF'nin Arabuluculuğu (Ekim-Kasım 1997)

Tarık Aziz, Güvenlik Konseyi Dönem Başkanlığına gönderdiği 27 Ekim tarihli mektupta, UNSCOM'un Amerikalı personelinin artık Irak'ta hiçbir denetim faaliyetine katılmasına izin verilmeyeceğini, bu kararın 30 Ekim 1997 itibariyle uygulamaya konulacağını bildir-

530) Richard Butler, a.g.y., s. 89.

di. Aziz'e göre, UNSCOM, "*ABD'nin yasadışı ve gayrı-meşru hedeflere ulaşmayı amaçlayan düşmanlık politikasının etkisi altında olan bir kuruluştu*" ve objektif olma vasfını kaybetmişti.[531]

UNSCOM'u İsrail ve ABD adına casusluk yapmakla suçlayan Irak, UNSCOM'un ABD'li görevlisi David Kay'in, Irak'a ilişkin belgeleri 1992 yılında BM'den önce ABD'ye verdiğine ve Scott Ritter'ın U-2 keşif uçuşlarına ait belgeleri İsrail'e ilettiğine dair kanıtlar ortaya koymuştu.[532]

Irak gerginliği tırmandırma politikasını sürdürmekte ısrarlıydı. Irak'ın BM nezdindeki Daimi Temsilcilik Geçici İşgüderi 6 Kasım'da UNSCOM Başkanı Butler'a gönderdiği mektupta, U-2 uçağının Irak hava kuvvetleri tarafından düşürülebileceği uyarısında bulundu.

Genel Sekreter Annan'ın Özel Temsilcileri 7 Kasım'da Başbakan Birinci Yardımcısı Tarık Aziz ile bir araya geldiler. Irak, 29 Ekim tarihli kararından geri adım atmadı ve UNSCOM'un ABD'nin politikalarına alet olan bir kuruluş olduğunu ve yapısının değiştirilmesi gerektiğini bir kez daha açıkladı. BM Güvenlik Konseyi, Irak'ın blöfünü gördü ve 12 Kasım'da oybirliğiyle aldığı 1137 sayılı kararla, Irak'ın 29 Ekim tarihli kararını geri almasını istiyor ve Iraklı üst düzey görevlilere seyahat kısıtlaması getirileceğini bildiriyordu.

Bağdat, Güvenlik Konseyi'nin bu kararına rağmen, gerilimi tırmandırmaya yönelik başka bir adım daha attı. Bağdat'taki UNSCOM ofisinin İsveçli başkanı 13 Kasım'da Irak Dışişlerine çağırılarak, ABD'li personelin Bağdat-Amman karayoluyla gece yarısına kadar Irak'tan ayrılması talep edildi. Personel arasında milliyetlerine göre ayrım yapılmasını kabul etmeyen UNSCOM Başkanı Butler, UNSCOM'un Irak'taki bütün görevlilerinin 14 Kasım'da ülkeden ayrılmaları talimatı verdi. Butler'ın, Amerikalı personelin de, ülkeden havayoluyla ayrılması talebi, Irak tarafından kesin bir dille reddedildi.

---

531) Richard Butler, a.g.y., s.91-92.

532) Sandra Mackey, The Reckoning: Iraq and the Legacy of Saddam Hussein, W.W. Norton Company, New York, 2002, s.356-363.

ABD, bu gelişmeler karşısında bölgedeki askeri güçlerini takviye etti..[533] Clinton, "*Bu kriz Saddam tarafından çıkartıldı, bunun geri çevrilmesi, ancak Saddam'ın bir daha uluslararası toplumu kitle imha silahlarıyla tehdit edemeyecek duruma getirilmesiyle mümkün olabilir*" demekteydi.[534]

Tarık Aziz, 18-20 Kasım'da Moskova'yı ziyaret ederek, Dışişleri Bakanı Y. Primakov ile ayrıntılı görüşmeler gerçekleştirdi. Bu sırada, Saddam Hüseyin ile RF Devlet Başkanı B. Yeltsin arasında karşılıklı mesaj alışverişi devam etmekteydi. Aziz ve Primakov, 20 Kasım'da yaptıkları ortak açıklamada, Irak'ın, bütün UNSCOM görevlilerinin denetimlere yeniden başlamak üzere ülkeye dönüşünü kabul ettiğini açıkladılar. Açıklamada, RF'nin, Irak'a uygulanan ve özellikle silahsızlanma ile bağlantılı yaptırımların kaldırılmasına çalışacağı vurgulanmaktaydı.[535] Rusya, Irak'ın, UNSCOM'a karşı sergilediği bu tavrın, Fransa ve RF'nin Irak'a uygulanan yaptırımların kaldırılmasına yönelik çabalarını sekteye uğrattığı konusunda Saddam'ı ikna etmişti.[536]

Aynı gün Saddam Hüseyin'in başkanlığında toplanan Irak Devrim Komuta Konseyi, UNSCOM'u yeniden ülkeye davet etti Güvenlik Konseyi'nin beş daimi üyesi, RF-Irak ortak açıklamasını destekleme kararı aldılar ve UNSCOM personeli Irak'a döndü. Ancak ABD, "*RF ile Irak arasındaki herhangi bir anlaşmanın ne kendisini ne de BM'yi bağlayacağı*" düşüncesindeydi.[537]

---

533) "**Status on Iraq: Communication From The President of the United States**", Washington D.C., U.S. Government Printing Office, (23 Ekim) 1995, s. 2.
534) "America, Iraq And UNSCOM: On The Record", **Policy Watch**, Washington Institute for Near East Policy, 13 Ağustos, 1998, s.1
535) Dönemin UNSCOM Başkanı Butler, RF'nin Irak taraftarı bu politikasında, eskiden beri Irak'ın RF'nin özellikle petrol ve silah gibi stratejik mallarda önemli bir ticari partnörü olması, bir müslüman ülkeyle iyi ilişkiler sürdürmesinin ülkesindeki müslümanlar üzerinde yaratacağı olumlu etki ve Soğuk Savaş sonrasında dünyanın tek kutuplu hale gelmesi konusunda ÇHC ve Fransa ile paylaştığı kayal kırıklığının yanısıra, Dışişleri Bakanı Primakov'un, Irak'tan yüklü miktarlarda para almasının da etkili olduğunu ve bu konuda teyid edilmiş istihbart raporlarının bulunduğunu ileri sürmektedir. Bkz. Richard Butler, a.g.y., s. 105-106.
536) Amatzia Baram, a.g.y., s. 1.
537) "**Status on Iraq: Communication From The President of the United States**", Washington D.C., U.S. Government Printing Office, (26 Kasım) 1997, s.1-2 .

Böylelikle ilk büyük kriz atlatılmıştı. Ancak, dikkatler, Irak'ın 687 sayılı kararı uygulayıp uygulamamasından ziyade, UNSCOM'un davranışlarını yönelmiş, hava Irak'ın lehine dönmeye başlamış, BM Genel Sekreteri Kofi Annan, konuya daha fazla müdahil olmaya karar vermişti.

İkinci Kriz: Annan'ın Saddam'la Valsi (Aralık 1997-Şubat 1998)

Irak, UNSCOM ve IAEA'nın nükleer ve füze denetimlerinin son bulması gerektiğini savunmaya devam ediyordu. Ancak, UNSCOM ve ABD'ye göre ortada henüz çözüme kavuşturulamamış sorunlar mevcuttu.[538] Kasım'ın son günlerinden itibaren UNSCOM denetimlerinde yeniden sorunlar çıkmaya başladı. Irak, bu defa UNSCOM denetimlerini engellemek için sıklıkla "Devlet Başkanlığı Sarayları" argümanını kullanıyordu.

12 Ocak 1998'de ise, yeni bir krizin ilk sinyalleri görülmeye başladı. UNSCOM'un, 12-Ocak tarihlerinde icra edeceği denetimlere, Bağdat'taki Abu Gharib hapishanesini de dahil edilmişti. Irak'tan kaçanlar, bu hapishanede yatan mahkumlar üzerinde 1994 yılında biyolojik silah denemeleri yapıldığını ileri sürmüşlerdi ve UNSCOM Hapishane kayıtlarını incelemek istemekteydi. Irak, ABD'li Scott Ritter'ın başkanlığındaki denetim ekibinin "Anglosakson", yani Amerikan ve İngiliz personel ağırlıklı olduğunu iddia ederek, denetimi engelledi.

Saddam konuyu egemenlik meselesi haline getirmişti. Irak Hükümeti 17 Ocak'ta BM yaptırımlarına karşı "cihad" çağrısında bulundu ve 1 milyon Irak vatandaşını askeri eğitime çağırdı. Saddam, 17 Ocak 1998'de BM'ye bir ültimatom vererek, Mayıs 1998'e kadar bütün yaptırımların kaldırılmasını, aksi takdirde Irak'ın UNSCOM ile bütün işbirliğini keseceğini açıkladı.[539]

---

538) "**Status on Iraq: Communication From The President of the United States**", Washington D.C., U.S. Government Printing Office, (23 Ekim) 1995, s. 3.
539) Amatzia Baram, a.g.y., s. 1.

Saddam bir kez daha ABD'ye kafa tutuyordu.

Butler, 19 Ocak'ta Bağdat'a giderek, Tarık Aziz'le bir araya geldi. Aziz, "Devlet Başkanlığına Ait Sahalar"ın denetlenmesi konusunun, Butler'ın Güvenlik Konseyi'ne altı aylık raporunu sunacağı Nisan ayına kadar ertelenmesini talep etti. Aziz'in, zaman kazanmak istediğini düşünen Butler, bu doğrultudaki bir kararın ancak Güvenlik Konseyi tarafından verilebileceğini belirtti. Aziz'in yanıtı sert oldu. Irak, "*yaptırımların kaldırılacağı ümidiyle*" UNSCOM ile işbirliği yapmaktaydı. Yaptırımların kaldırılması ihtimali yoksa, işbirliğine devam etmeye neden bulunmamaktaydı. Irak, "*savaş da dahil her türlü sonuca katlanmaya hazırdı*".

UNSCOM'un tarihinde ikinci büyük kriz patlamış, Saddam Hüseyin yine kendisini sıkıntıya sokacak bir yola girmişti. Ekim 1997'de BM Güvenlik Konseyi'ndeki oylama sonrasında Saddam Hüseyin, RF, Fransa ve ÇHC'nin kendisini destekleyeceğini düşünmekteydi. Irak'ın kitle imha silahlarından arındırılmasına yönelik birinci önceliğin yerini artık yaptırımların kaldırılması almıştı.

ABD ve UNSCOM, "Devlet Başkanlığı Sarayları/Sahaları/Binaları" tanımına karşı çıkmaktaydı. ABD'ye ve UNSCOM'a göre, öncelikle, bu bölgeler, ne Saddam Hüseyin'in, ne de korumalarının ikamet ettiği veya çalıştığı yerlerdi. UNSCOM'a ulaşan bilgilere göre, kitle imha silah programlarının planları bu sahalarda hazırlanıyor ve uygulamaya konuluyor, hatta bu silahların bazı parçaları bu bölgelerde saklanıyordu. ABD'ye göre, Irak'ın her yerinde bulunan bu saraylar, kilometrekarelerce alan üzerine yayılmış ve her türlü silahların saklanabileceği tesislerdi.[540]

Başkan Clinton, ABD'nin askeri harekat da dahil olmak üzere gereken her türlü önleme başvuracağını açıkladı. Ancak bu defa, ABD Başkanı'nın arkasında uluslararası koalisyon yoktu. RF ve Fransa, Güvenlik Konseyi'nde, Başkanlık saraylarının denetimi sorunu yüzünden Irak'a karşı askeri güç kullanımına izin verecek herhangi bir

540) Sandra Mackey, a.g.y., s. 356-363.

kararı veto edeceklerini açıkladı. BM Güvenlik Konseyi'nden istediği kararı çıkartamayan ABD, bu defa "*ulusal çıkar*" kavramına başvurdu. Dışişleri Bakanı M. Albright yaptığı açıklamada, "*Güç kullanmak zorunda kalırsak, ABD olduğumuz içindir*" diyordu. ABD, Körfez'e 44.000 asker, 440 uçak, 34 gemi gönderdi. Bu konuşlandırmanın maliyeti 1.4 milyar dolardı. Pentagon savaşa hazırdı. Sadece Başkan Clinton'ın emir vermesi bekleniyordu.[541]

Ancak, Clinton Yönetimi, askeri harekata yeterince uluslararası destek sağlayamamış olmasının yanı sıra, Ramazan bayramının yaklaşması nedeniyle harekata kalkışmadı.[542] Ancak bu sırada, Başkan Clinton'ın, Beyaz Saray stajyeri Monica Lewinsky ile seks maceraları açığa çıkmıştı ve ABD bu skandalla çalkalanmaktaydı.

ABD Kongresi'nin Senato ve Temsilciler Meclisi kanadındaki Cumhuriyetçi Parti liderleri, 22 Ocak 1998'de Başkan Clinton'a bir mektup göndererek, ABD'nin Irak politikasına ilişkin endişelerini dile getirdiler.[543]

ABD Dışişleri Bakanı Albright, BM Genel Sekreteri Kofi Annan ile 5 Şubat 1998'de bir araya gelerek, ABD'nin Irak'ın yerine getirmesini istediği "kırmızı çizgileri" açıkladı: UNSCOM gerekli gördüğü her yeri hiçbir sınırlama olmadan ve koşulsuz denetleyebilecekti. ABD, Irak'tan bu şartlara uymamasının çok ciddi sonuçlar doğuracağını anladığı konusunda yazılı belge istiyordu.[544] BM Genel Sekreteri Annan, krizin bir çatışmaya dönüşmemesi için devreye girmesinin zamanı geldiğine hükmetti ve 16 Şubat'ta Güvenlik Konseyi'nin beş daimi üyesiyle yaptığı istişare sonucunda, sorunu çözüme kavuşturmak için Bağdat'a gitmesine karar verildi. Annan, 22 Şubat'ta Saddam Hü-

---

541) Sandra Mackey, a.g.y., s. 356-363.
542) "United States Policy in Iraq: Public Diplomacy And Private Policy", **Hearing Before The Subcommittee on Near Eastern and South Asian Affairs of the Committtee on Foreign Relations United States Senate,** U.S. Government Printing Office, 9 Eylül, 1998, s. 6.
543) Dan Byman and Matthew Waxman, a.g.y., s. 41.
544) Sandra Mackey, a.g.y., s. 356-363.

seyin'le bir araya geldi. Saatler süren görüşme sonunda, bir mutabakata varıldığı açıklandı ve 23 Şubat 1998'de düzenlenen törenle Tarık Aziz ve Annan, bir "Mutabakat Zabtı" imzaladılar.

Mutabakat Zabtında, Irak'ın ilgili bütün BM Güvenlik Konseyi kararlarını kabul ettiği, BM silah denetçileriyle tam işbirliği yapma sorumluluğunu teyit ettiği, UNSCOM'un ise, "Irak'ın ulusal güvenlik, egemenlik ve onuruna ilişkin meşru endişelerine" uygun davranacağı kaydedilmekteydi. Mutabakat Zabtının ekinde belirtilen sekiz "Devlet Başkanlığı Sahası"ndaki denetimler, BM Genel Sekreteri tarafından seçilecek üst düzey diplomatlar, UNSCOM ve IAEA uzmanlarından oluşacak ve yine BM Genel Sekreteri'nin atayacağı bir görevli başkanlığındaki "Özel Grup" tarafından icra edilecekti.

Annan, New York'a döner dönmez gizli bir oturumda Güvenlik Konseyi'ne Bağdat'a yaptığı ziyaret ve Mutabakat Zabtı hakkında bilgi sundu. Annan, oturumda, BM silah denetçilerini Irak'ın hassasiyetlerine saldıran ve sorumsuzca hareket eden "kovboylar" olarak nitelendirmişti. Güvenlik Konseyi toplantısından çıkışında düzenlediği basın toplantısında Annan, oturumda bulunan yetkililerin basına sızdırdıkları bu ifadeyi kullandığını reddetmekle birlikte, denetçilerin Irak'a karşı onur kırıcı davranışla sergilememeleri gerektiğini tekrarladı.[545] Annan, Saddam Hüseyin'in cesaretini, esnekliğini ve mantıklılığını övmekte ve Saddam'dan "iş yapabileceğim bir insan, kararlılığından etkilendim" şeklinde söz etmekteydi.[546]

BM Güvenlik Konseyi, Genel Sekreterin tavsiyesine uyarak, 2 Mart 1998'de Mutabakat Zabtını destekleyen 1154 sayılı kararı kabul etti. İkinci kriz sona ermişti. Ancak Saddam birçok kazanım elde etmişti. BM Genel Sekreteri K. Annan'la müzakere edecek konuma gelmiş, denetimleri engelleme politikasından sonuç almıştı. UNSCOM ve IAEA denetimleri yıpranma sürecine girmiş ve etkinliği sınırlan-

---

545) Jeffrey Smith, "Annan's Accord Is Spare on Details", **Washington Post**, 25 Şubat, 1998

546) "Reversing Course on Iraq", Editorial, **Washington Post**, 26 Şubat, 1998

dırılmış, güç kullanmaktan kaçınan ABD'nin caydırıcılığı darbe almıştı.[547]

Saddam iki yönlü bir strateji izlemekteydi. Bir yandan yaptırımların kaldırılmasına çalışırken, diğer yandan kitle imha silah programlarını muhafaza etmeye çalışıyordu. Petrol Karşılığı Gıda Programı kapsamında Fransa ve RF'ye verilen ihaleler, meyvelerini vermeye başlamış, Saddam, uluslararası alanda yeniden dikkate alınan bir aktörü konumuna gelmişti. Arap ve dünya kamuoyu, ambargodan dolayı hayatını kaybeden Iraklı çocukların görüntüleriyle sarsılmıştı. Birçok devlet Saddam karşıtlığını sürdürmekle birlikte, Irak halkının çektiği acıların son bulması gerektiğini düşünmekteydi.

Bu ortamda, üçüncü krizin patlaması çok gecikmeyecekti.

D. Üçüncü Kriz: Irak'ın Ateşle İmtihanı (Ağustos-Kasım 1998)

27 Mart'ta "Devlet Başkanlığı Sahaların"ın ilkinde icra edilen denetimlerde, helikopter kullanılması ve fotoğraf çekimleri konusunda ilk anlaşmazlık baş gösterdi. Ancak, UNSCOM Irak'ın uyarılarına rağmen faaliyetlerine devam etti.

UNSCOM, Haziran ayında, Irak'ın tek taraflı olarak imha ettiği füze başlıklarının parçalarını laboratuar testinden geçirmek üzere ABD'ye gönderdi. Test sonuçları başlık parçalarında sinir gazı (VX) bulunduğu yönündeydi. Hiçbir zaman VX gazı üretmediğini iddia eden Irak, bu sonuca itiraz etti. Parçalar, İsviçre ve Fransa'daki laboratuarlarda da testten geçti, ancak VX gazı bulunduğuna ilişkin kati bir sonuç çıkmadı.[548]

Butler, 17-23 Temmuz tarihlerinde Bağdat'ta Tarık Aziz ile biyolojik silah programı hakkında görüşmelerde bulundu. Görüşmenin

---

547) Michael Eisenstadt, "Asssesing the UN-Iraq Accord: Impact on Iraq, UNSCOM and U.S. Policy", **Policy Watch**, The Washington Institute for Near East Policy, 24 Şubat, 1998, s. 1-4.
548) Kenneth Katzman, "Iraqi Compliance With Cease-Fire Agreements", **CRS Report For Congress**, Library of Congress, 21 Şubat, 2001, s. 8.

ana konularından biri VX gazıydı. Irak pozisyonunu ısrarla muhafaza etti. Aziz'e göre, taraflar arasındaki "derin uçurum"un kapatılmasına imkan yoktu.

Kriz kapının eşiğindeydi.

30 Temmuz'da, Irak Devrim Komuta Konseyi, Güvenlik Konseyi'ne bir açıklama göndererek, yaptırımların altı ay zarfında kaldırılmaması halinde, ciddi önlemlere başvuracağı tehdidinde bulundu. Ancak, daha önceki tehditlerde olduğu gibi, Irak'ın ne tür bir eyleme kalkışacağı belirtilmemekteydi. Açıklamada, daha ziyade, UNSCOM'a yönelik sert ifadeler yer almaktaydı. Butler, UNSCOM'un eylem planının ikinci aşamasını görüşmek üzere yeniden Bağdat'a gitti, ancak Butler-Aziz görüşmesi sonuçsuz kaldı.

İki gün süren sessizlikten sonra Tarık Aziz, Saddam Hüseyin'in, UNSCOM'un gözetim dışındaki bütün faaliyetlerine son verdiğini, öte yandan bu tarihten itibaren IAEA ile de işbirliği yapmayacağını açıkladı. Bağdat, sadece UNSCOM ve IAEA'nın faaliyetlerine son vermekle kalmıyor, UNSCOM'un yapılanmasında da değişikliğe gidilmesini talep ediyordu. UNSCOM ve IAEA, 11 ve 12 Ağustos tarihlerinde Güvenlik Konseyi'ne, Irak'ın bu kararıyla silah denetim faaliyetlerinin durduğunu bildirdiler.

26 Ağustos'ta ise, UNSCOM'u derinden sarsan bir gelişme yaşandı. UNSCOM'un, Irak'ın gizlediği kitle imha silah programlarını açığa çıkartmaktan sorumlu biriminin başındaki ABD'li Scott Ritter sansasyonel şekilde istifa etti. Ritter, UNSCOM Başkanı Butler'a gönderdiği 26 Ağustos 1998 tarihli istifa mektubunda, BMGK tarafından alınan son kararların Irak'ın UNSCOM'la işbirliğine son verme teşebbüsünün ciddiyetinin Konsey tarafından önemsemediğini gösterdiğini, Güvenlik Konseyi'nin kendi kararı ile kurduğu UNSCOM'un görevini 687 sayılı kararda tanımlandığı şekilde ifa etmesini istemediğini ileri sürüyor, BM Genel Sekreteri ve Özel Temsilcisinin, Genel Sekreterin ofisinin Irak'ın yakınmalarının merkezi haline gelmesine izin verdikleri, ayrıca Genel Sekreterin "kapsamlı gözden geçirme" talebinin, denetçilerin denetlenir hale gelmesine yol açacağını, Irak'ın çıkardığı

bütün güçlüklere bir de Güvenlik Konseyi'nin kendi kararının uygulamama yönündeki yaklaşımının eklendiğini belirtiyordu. Ritter, istifa mektubunda, hayali bir silah kontrolü rejiminin, hiç silah denetimi olmamasından daha büyük tehlike arz ettiğini söylüyordu.[549]

Ritter, bir anda ABD kamuoyunun en çok merak ettiği isim haline gelmişti. Her akşam başka bir televizyon kanalında konuşan Ritter, UNSCOM Başkanı Butler'ın ABD Hükümetinden talimat aldığını ve bu talimatlar uyarınca bazı denetlemeleri ertelediğini, ayrıca UNSCOM'un ABD istihbarat örgütlerinin oyuncağı haline geldiğini ileri sürüyordu.[550]

Aslında, Ritter'ın söylediklerinde haklılık payı vardı. UNSCOM'un BM Güvenlik Konseyi'nin eleştirilerine giderek daha fazla maruz kaldığını düşünen ve çıkacak bir krizin Saddam'ın elini daha fazla güçlendirmesinden endişe duyan ABD, Butler'dan iki denetimin zamanlamasının "ayarlanmasını" istemişti. Bu denetimlerden birisi Saddam tarafından engellenmiş, diğeri ise Butler'ın ABD'nin talebini kabul etmesi üzerine ertelenmişti.[5501]

---

549) "Resignation Letter of William S. Ritter, Jr." **Center for Nonproliferation Studies**, http://cns.miis.edu

550) Dönemin UNSCOM Başkanı Butler, ABD'den talimat almasının söz konusu olmadığını, diğer taraftan UNSCOM'un istihbarat faaliyetleriyle bağlantılı olarak, birkaç hususun dikkate alınması gerektiğini, bu bağlamda, ilgili Güvenlik Konseyi kararlarının, üye ülkelerin UNSCOM'a mümkün olan her türlü yardımı sağlaması çağrısında bulunduğunu ve buna istihbarat paylaşımının dahil edilmesinin doğal görülmesi gerektiğini, UNSCOM'un Irak'ın gizlediği programları açığa çıkartmak için eski Başkan R. Ekeus zamanında bir birim kurduğunu, öte yandan ABD'li personelin kendi bilgisi dışında bazı istihbari bilgileri ABD'ye iletmiş olabileceğini, ancak dünyanın en gelişmiş isitihbarat teknolojisine sahip ülkesinin 35 yıllık U-2 uçağından ve 30 yaşındaki helikopter uçuşlarından sağlanan istihbarat bilgilerine bel bağladığını düşünenlerin, gerçeklerden kopuk olması gerektiğini belirtmektedir. Bkz. Richard Butler, a.g.y., s.181-185.

551) Clinton Yönetiminin denetimleri erteletmeye yönelik bu yaklaşımı ve Scott Ritter'ın suçlamaları, Kongre'deki "muhafazakar-şahinler" tarafından Clinton'ın Irak politikasında yeni bir gedik olarak takdim edilecek ve Yönetim üzerindeki baskının artmasına yol açacaktı. Dönemin Yakın Doğu konularından sorumlu Dışişleri Bakan Yardımcısı M. Indyk, RF, ÇHC ve Fransa'nın yaptırımların kaldırılması için büyük baskı yaptıkları ve denetimler konusunda UNSCOM'a yoğun

Ritter'ın bu ifadeleri, Fransa, RF ve ÇHC'nin baskısı altında bulunan UNSCOM'un ciddi bir yara almasına yol açtı.

BM Güvenlik Konseyi, 9 Eylül'de kabul ettiği 1194 sayılı kararla, Irak'ın 5 Ağustos tarihli kararını geri alması çağrısında bulundu. Kararda, Güvenlik Konseyi'nin, Irak'ın ilgili BMGK kararlarını ne derece uyguladığına ilişkin "kapsamlı gözden geçirme" yapılacağı belirtilmekteydi. BM Genel Sekreteri Annan, kapsamlı gözden geçirmeye ışık tutacak ilkelerin belirlenmesi amacıyla bir çalışma başlattı. Tarık Aziz, Eylül ayının son haftasını, "kapsamlı gözden geçirme"nin ayrıntıları hakkında görüşmelerde bulunmak üzere New York'ta geçirdi.

Annan, BM Güvenlik Konseyi'ne 5 Ekim'de "kapsamlı gözden geçirme"ye ilişkin planının bizzat sundu. Belgede, "kapsamlı gözden geçirme"nin iki aşamadan oluşması öngörülmekteydi. Birinci aşamada, Irak'ın 687 sayılı kararın silahsızlanmaya ilişkin C Bölümündeki yükümlülüklerine, ikinci aşamada ise kararın diğer bölümleriyle tespit edilmiş yükümlülüklerine uyup uymadığı ele alınacaktı.

BM Güvenlik Konseyi, Annan'ın sunduğu "kapsamlı gözden geçirme"ye ilişkin görüşünü Ekim ayı sonunda tespit etti. Irak'ta kitle imha silahlarının bulunmadığını ispat sorumluluğu, daha önceki BM kararları doğrultusunda Irak'a yüklenmekteydi. Mektup bazı üyelerin itirazlarına rağmen Güvenlik Konseyi'nde kabul edildi.

Irak'ın tepkisi gecikmedi. Irak, 31 Ekim'de, Devrim Komuta Konseyi ve Baas Partisi'nin 5 Ağustos tarihli kararını genişleterek, UNSCOM'un diğer faaliyetlerinin yanı sıra gözetim faaliyetlerine de son verdiğini açıkladı. Böylelikle, UNSCOM'un bütün faaliyetleri son buluyordu. Bağdat, ayrıca, yaptırımlar kaldırılmadığı, UNSCOM yeniden yapılandırılmadığı ve R. Butler başkanlıktan uzaklaştırılmadığı müddetçe UNSCOM ile kesinlikle işbirliği yapmayacağını bildirdi.

BM Güvenlik Konseyi aynı gün Irak'ın kararını kınayan bir açıklama yaptı.

---

eleştiriler yönelttikleri bu dönemde, ABD'nin ve UNSCOM'un üzerindeki baskıların daha fazla artmasına yol açmamak ve Saddam Hüseyin'e yeni bir kriz çıkartma fırsatı vermemek amacıyla, ABD'nin UNSCOM başkanı Butler'dan denetimlerin belirli bir süre ertelenmesini istediğini ileri sürecektir. Bkz. "United States Policy in Iraq..." s.9-13.

Bu sırada, "muhafazakar-şahinler"in girişimleriyle Mayıs 1998'de Kongre'ye sunulmuş bulunan "Irak Kurtuluş Yasası" (ILA) Kongre'de ezici çoğunlukla kabul ediliyordu.

ABD ve İngiltere ise, Irak'ın 31 Ekim tarihli kararı karşısında, Irak'a karşı güç kullanımına imkan sağlayacak bir karar tasarısı üzerinde çalışmaktaydı. Ancak askeri harekat konusunda Konsey bölünmüş durumdaydı. Uzun müzakereler sonucunda BM Güvenlik Konseyi 5 Kasım'da 1205 sayılı kararı kabul etti. Kararda, Irak'ın UNSCOM'la işbirliğine son vermesinin, Irak'ın yükümlülüklerinin apaçık ihlali olduğu belirtiliyor ve Irak'ın 5 Ağustos ve 31 Ekim tarihli kararlarını hemen ve koşulsuz olarak geri alması çağrısında bulunuluyordu. 1205 sayılı karar, aslında BM Anlaşması'nın güç kullanımına imkan veren VII. Bölümü kapsamında alınmıştı, ancak kararın uygulanması bakımından Irak'a yönelik herhangi bir tehdit içermemekteydi.

ABD, askeri harekat konusunda Güvenlik Konseyi'nde Fransa, RF ve ÇHC'nin itirazlarıyla karşılaşmıştı. Bununla birlikte, Clinton Yönetimi, Irak'a askeri harekat gerçekleştirilmesi ve ABD'nin tek başına hareket etmesi bakımından yeterli yasal dayanağın bulunduğunu düşünmekteydi. Bu defa, ABD yalnız da değildi, Mısır, Suriye ve Körfez Bölgesi'ndeki 6 ülke ABD'yi desteklemekteydi. Clinton yeniden bölgeye asker gönderme kararı aldı, 11 Kasım itibariyle Körfez'de askeri birlikleri, saldırı emri bekliyorlardı.[552]

ABD, 10 Kasım'da UNSCOM'a Irak'ta bulunan bütün personelini tahliye etme çağrısında bulundu. Annan, 13 Kasım'da Saddam Hüseyin'e bir mektup gönderdi. Annan mektubunda, soruna diplomatik çözüm bulunması için gerekli adımları atması yönünde Saddam'a şahsen çağrıda bulunduğunu belirtiyordu. Tarık Aziz, Annan'ın mektubuna verdiği yanıtta, Saddam Hüseyin Başkanlığında toplanan Devrim Komuta Konseyi'nin ve Baas Partisi'nin, UNSCOM ve IAEA ile işbirliğine yeniden başlama ve bu kuruluşların görevlerini ilgili Güvenlik Konseyi kararları doğrultusunda yapmalarına izin verme kararı aldığını açıklamaktaydı. Aziz, Irak'ın niyetinin, UNSCOM ve

552) Sandra Mackey, a.g.y., s.356-363.

IAEA ile ilişkilerine zarar vermek ve 687 sayılı kararın C bölümündeki yükümlülüklerini yerine getirmeyi durdurmak olmadığını açıklamaktaydı. Aziz, Irak'ın gösterdiği esnekliğin BM Genel Sekreteri'nin ve ÇHC, Fransa ve RF'nin çağrısı üzerine gerçekleştiğini kaydetmekte, ayrıca Richard Butler ve UNSCOM'un oluşumu ve faaliyetleri gibi sorunların Güvenlik Konseyi tarafından ele alınmasının büyük önem taşıdığını vurgulamaktaydı.

ABD Ulusal Güvenlik Danışmanı Sandy Berger aynı sıralarda yaptığı açıklamada, Irak'ın BM Genel Sekreteri Annan'a gönderdiği mektubun, çeşitli koşullar içerdiğini ve bu itibarla kabul edilemez olduğunu, bunun Irak'ın BGM Güvenlik Konseyi kararlarına uymaya niyetinin olmadığını gösterdiğini, ABD'nin bundan sonra atacağı adımlar hakkında müttefik ülkelerle danışmalara başladıklarını kaydediyordu. Başkan Clinton ise, ABD'nin, Irak politikasının "rejim değişikliği" olduğunu ve Irak Kurtuluş Yasasını uygulamak için harekete geçeceğini açıkladı.

Akşam saatlerinde, Irak'ın BM nezdindeki Daimi Temsilcisi Büyükelçi Nizar Hamdoon, Güvenlik Konseyi'ne kendi imzasıyla ikinci bir mektup sundu. Hamdoon'un mektubunda, Irak'ın UNSOM ve IAEA ile işbirliğini durdurma yönünde 5 Ağustos ve 31 Ekim tarihlerinde verdiği kararların geri alındığı belirtilmekteydi.

BM Güvenlik Konseyi 14 Kasım'da bu defa gece saatlerinde toplandı, Amerikan temsilci, gelişmeleri Washington'a aktaracağını bildirmekle yetindi. Toplantı sona erdiğinde, ABD'nin ne yapacağı merakla bekleniyordu.

15 Kasım sabahı NBC kanalındaki "Meet the Press" programına, Oval Ofis'ten konuk olan ve sinirli olduğu her halinden anlaşılan Başkan Clinton, ABD uçaklarının yolda olduğunu gören Saddam Hüseyin'in son dakikada geri adım attığını, Irak'ın verdiği garantileri dikkatle inceledikten ve İngiltere Başbakanı Tony Blair ile istişarelerden sonra, askeri harekatı durdurma emri verdiğini, ancak Irak'ın sözünden bir kez daha cayması halinde yeni bir uyarı ve görüşmeye gerek kalmaksızın ABD'nin ivedilikle askeri harekat düzenleyeceğini açıkladı.

BM Güvenlik Konseyi aynı gün öğle saatlerinde toplandı ve Tarık Aziz ve Nizar Hamdoon'un mektuplarıyla, Irak'ın, 5 Ağustos ve 31 Ekim tarihli kararlarını geri almış olduğuna hükmetti. UNSCOM, görevine hemen, koşulsuz ve herhangi bir kısıtlamaya tabi olmaksızın başlayabilecekti.

Üçüncü kriz de geçmişti, ABD, Irak'a son defa bir şans tanımıştı. Cumhuriyetçi Parti, Başkan Clinton'ı, irade zayıflığı ve ABD'nin dış politikasını BM'ye havale etmek iddiasıyla topa tutmaktaydı. Clinton Yönetiminin üst düzey yetkililerinin, Irak'ın uzlaşmaz tutumu karşısında sabrı taşmıştı, ancak karşılarında çok az kişinin yanıtlayabileceği bir ikilem durmaktaydı: ABD, ya güç kullanacak ve Güvenlik Konseyi'nde bölünmeyi derinleştirecek, ya da güç kullanmaktan vazgeçecek ve Saddam'ın denetimleri baltalamasına, Güvenlik Konseyi'nin otoritesine meydan okumasına ve ABD'yi acze düşmüş göstermesine izin verecekti. ABD Yönetimi, bu defa güç kullanmamakla kendisini köşeye sıkıştırmıştı: Saddam bir kez daha denetimleri engellediği takdirde, daha önce üç defa son anda geri adım atan Yönetim bir daha güç kullanmazlık edemezdi.[553]

E. Dördüncü ve Son Kriz: Çöl Tilkisi Harekatı (Kasım-Aralık1998)

UNSCOM ekipleri 17 Kasım'da Irak'a geri döndü ve kapsamlı gözden geçirme çalışması başladı. Ancak, Irak, özellikle biyolojik silah programları konusunda ayak sürümeye devam ediyordu.

Butler, 9 Aralık'ta, füze programıyla bağlantılı belgelerin, hatta füze parçalarının saklandığı iddiasıyla Baas Partisi binasında denetim talimatı verdi. Ancak Irak, denetime izin vermedi. Gerilim yeniden tırmanmaya başlamıştı.

Bu arada, Scott Ritter'ın, UNSCOM'un ABD istihbarat kuruluşlarına alet olduğuna yönelik açıklamalarını ve casusluk iddialarını cid-

553) Kenneth M. Pollack, The Threatening Storm, New York, Random House, 2002, s. 91-92.

diye alan BM Genel Sekreteri Annan, UNSCOM hakkında gizli bir soruşturma başlamıştı.

UNSCOM Başkanı Butler'ın, 14 Aralık'ta Güvenlik Konseyi'ne iletilmek üzere BM Genel Sekreteri'ne sunduğu raporda, verdiği bütün garantileri rağmen Irak'ın silahsızlanmaya ilişkin yükümlülüklerini yerine getirmediği bildirilmekteydi.

Genel Sekreter Annan, Güvenlik Konseyi'ne aynı gün üç öneri sundu:

1. Kasım'dan bu yana gerçekleşen hadiselerin "kapsamlı gözden geçirme"nin ilerletilmesi için yeterli dayanak teşkil etmediğine karar vermek,
2. Irak'ın tam işbirliği yapmadığını tespit etmek, ancak yükümlülüklerini yerine getirmesi için ek zaman tanımak,
3. Her şeye rağmen "kapsamlı gözden geçirme"yi sürdürmek.

Ancak, ABD, bu defa Irak'ın cezasız bırakılmamasında ısrarlıydı.

UNSCOM Başkanı Butler, ABD'nin tavsiyesine uyarak, Bağdat'taki UNSCOM görevlilerinin Irak'tan ayrılması talimatı verdi.

16 Aralık günü, Güvenlik Konseyi 16 Aralık'ta UNSCOM'un raporunu ele almak için bir kez daha toplandığında, ABD Kongresi'nin Temsilciler Meclisi kanadında Monica Lewinsky skandalı nedeniyle Başkan Clinton'ın görevden alınmasıyla sonuçlanabilecek "impeachment" görüşmeleri başlıyordu.

Güvenlik Konseyi'ndeki tartışmaların devam ettiği sırada, salona toplantıyı anlamsız hale getiren bir haber ulaştı: Başkan Clinton, Irak'a saldırı emri vermiş ve saat 17.06 itibariyle "Çöl Tilkisi Harekatı" (Operation Desert Fox) başlamıştı.

ABD ve İngiliz askeri birliklerinin dört gün süren büyük çaplı hava ve füze saldırısında, önceden tespit edilmiş, devlet başkanlığı sarayları, istihbarat ve güvenlik birimlerine ait tesis ve binalar ve hava savunma komuta ve kontrol merkezleri ve kitle imha silah tesislerinin yer aldığı yaklaşık 100 hedefe 600 sorti yapıldı, 400 "cruise" füzesi fırlatıldı. Kör-

fez Savaşı sırasındaki Çöl Fırtınası Harekatından bu yana gerçekleştirilen en kapsamlı saldırı olmasına rağmen, harekatın hedefleri sınırlı tutuldu. Müttefik uçakları, Irak'ın kitle imha silah tesislerini imha etmeyi hedeflemekle birlikte, patlamaların etkisiyle oluşacak etkinin binlerce sivil insanın hayatını kaybetmesine yol açacağı gerekçesiyle kimyasal silah tesislerini vurmaktan özenle kaçındılar.

ABD Savunma Bakanı William S. Cohen, harekatın amacının, Saddam Hüseyin'in kitle imha silahlarını üretme ve kullanma kapasitesini düşürmek ve komşularına karşı savaş yürütüme imkanını azaltmak olduğunu, ABD'nin, uluslararası yükümlülüklere aldırmamanın sonuçlarını da göstermek istediğini söylemekteydi.[554]

Saddam ise bilinen retoriğine başvurarak, "büyük halkımız ve cesur silahlı kuvvetlerimiz ABD askerlerine karşı duruyor ve savaşıyor" *demekteydi.*[555]

Harekat dört gün sonra, Ramazan ayı başlamadan 20 Aralık'ta sona erdirildi. ABD, harekata sağladığı uluslararası desteği kaybetmek istemiyordu.[556]

Çin, Fransa, Rusya ABD saldırısının hemen sona ermesi çağrısında bulundular. Türk Dışişleri Bakanı İsmail Cem ise, Türkiye'nin saldırıdan dolayı üzüldüğünü belirtiyor, Irak'a BM kararlarına uyma çağrısında bulunuyordu.[557]

---

554) Dan Byman and Matthew Waxman, a.g.y., s.69
555) Sandra Mackey, a.g.y., s.362
556) Dan Byman and Matthew Waxman, a.g.y., s.68. Ancak, bazı kaynaklar, ABD'nin Ramazan ayı argümanını kullanmasının Harekatın durdurulmasının sebebi değil, bahanesi olduğunu, zira müslüman ülkelerin de kendi aralarında Ramazan aylarında savaştıklarının örnekleri bulunduğunu, Harekatın durdurulmasının gerçek nedenini, Washington'ın, ne kadar güç kullanılırsa kullanılsın Saddam'ın ikna edilemeyeceğine inanmasının ve bu sebeple harekatın siyasi amaçlarını başından belirlememiş olmasının teşkil ettiğini, ABD'nin, harekatı durdurmak için Saddam'dan herhangi bir talepte bulunmayışının da bu yaklaşımdan kaynaklandığını ileri sürmektedir. Bkz. Kenneth M. Pollack, a.g.y., s. 94.
5567) "International Reactions to US Air Strikes On Iraq", **Center for Nonproliferation Studies**, http://cns.miis.edu

UNSCOM'UN SONU, UNMOVİC'İN DOĞUŞU (ARALIK 1998-EYLÜL 2002)

Harekatın sürdüğü günlerde ve sonrasında BM Güvenlik Konseyi'nde, silah denetimleriyle ilgili görüşmeler tüm hızıyla devam etti. BM Güvenlik Konseyi 30 Ocak'ta, mevcut silahsızlanma, devam eden gözetleme ve kanıtlama/doğrulama alanlarında Konseye tavsiyelerde bulunması için üç ayrı panel oluşturma kararı aldı. 27 Mart 1999'da Güvenlik Konseyi dönem başkanına her üç panelin çalışmalarını derleyen bir rapor sunuldu. Raporda, Irak'ın silahsızlanma alanında Güvenlik Konseyi kararlarında yer alan yükümlülüklerine uymadığı belirtilmekteydi.

Butler, 30 Haziran 1999'da görevini tamamlayarak, UNSCOM Başkanlığından ayrıldı. Yerine atama yapılmadı, ABD'li uzman Charles Duelfer vekalet etti.

BM Güvenlik Konseyi, silah denetimlerinin yeniden başlaması için sürdürdüğü çalışmaları yıl sonuna kadar tamamladı ve 17 Aralık 1999'da kabul edilen ve BM Anlaşması'nın VII. Bölümü kapsamında alınan 1284 sayılı kararla UNSCOM lağvedilerek, yerine BM Gözetleme, Kanıtlama ve Denetleme Komisyonu (UNMOVIC) kuruldu. Oylamada, Çin, Fransa, RF ve Malezya çekimser oy kullandılar.

Ancak Irak, Güvenlik Konseyi'nin kararıyla ve UNMOVIC'in kuruluşuyla ilgisinin olmadığını açıklamakta zaman kaybetmedi.

Güvenlik Konseyi, 27 Ocak 2000'de UNMOVIC Başkanlığına Genel Sekreter Annan'ın tavsiyesi doğrultusunda Uluslararası Atom Enerjisi Ajansı'nın 71 yaşındaki eski Başkanı Dr. Hans Blix'i tayin etti.

Unscom ve IAEA Silah denetimleirnin Genel Bilançosu

UNSCOM ve IAEA'nın 1991'den Aralık 1998'e kadar Irak'ta gerçekleştirdikleri faaliyetlerin bilançosu aşağıdaki tabloda sunulmaktadır.

Unscom ve Uluslaraası Atom Enerjisi Ajansı'nın (IAEA) Irak'ın kitle İmha Silahlarıyla İlgili Faaliyetleri Ve Elde Ettikleri Sonuçlar

SİLAH TÜRÜ	BAŞARILANLAR	ÇÖZÜLMEMİŞ SORUNLAR
Genel Durum: Nükleer	IAEA'nın Nisan ve Aralık 1998 raporlarına göre, Irak'ın nükleer proglamları imha edildi ve zararsız hale getirildi	Nükleer dizayn çizimleri, belgeler ve bazı malzemelerin akıbeti
Nükleer Yakıt	Tamamı IAEA tarafından ülke dışına çıkartıldı	-
Nükleer Tesisler	IAEA tarafından söküldü	-
Genel Durum: Kimyasal	Irak'ın bildirimde bulunduğu cephane ve silahlar UNSCOM tarafından imha edildi	Irak'ın VX sinir gazı üretimiyle bağlantılı sorunlar
VX Sinir Gazı Maddesi	Irak 4 ton ürettiğini kabul ediyor	Maddenin akıbeti bilinmiyor
VX Öncü (Precursor) Kimyasalı	191 tonun imha edildiği doğrulandı	200 ton VX gazı yapmaya yetecek kadar yaklaşık 600 ton VX öncü kimyasalın ve olduğu bilinmiyor
Diğer Kimyasal Cephane ve Silahlar	38.537 dolu ve boş cephane cephane UNSCOM tarafından bulunarak imha edildi	31.600 adet cephane, 550 hardal gazı topu ve 107.000 kimyasal kaplamanın akıbeti bilinmiyor
Kimyasal Silah Maddeleri	690 ton UNSCOM tarafından bulunarak imha edildi	3.000 tonun ne olduğu bilinmiyor
Öncü Kimyasallar	3.000 ton UNSCOM tarafından bulunarak imha edildi	4.000 tonun ne olduğu bilinmiyor
Kimyasal Silah Gözetleme Faaliyetleri	UNSCOM'un görev süresince 170 saha gözetim altında tutuldu	UNSCOM ayrıldıktan gözetim yapılmıyor
Genel Durum: Biyolojik Silah Programları	Iraklı yetkililer biyolojik silah programları olduğunu kabul etti	Bu konu, çözümlenemeyen sorunların başında geliyor, UNSCOM Irak'ta biyolojik silah bulamadı
Biyolojik Silah Maddeleri	Irak 19 ton botulunium, 8.4 ton antrax ve 2 ton aflatoxin ve clostridium ürettiğini kabul etti	Irak bu maddeleri imha ettiğini ileri sürüyor, ancak bunun doğrulanması mümkün olamadı
Cephaneler	Irak, 157 bombaya biyolojik silah yerleştirdiğini, ancak bu bombaları imha ettiğini ileri sürdü	Bombaların imha edildiği doğrulanamadı, 500 adet diğer paraşüt bombasının akıbeti bilinmiyor

Biyolojik Madde Üretim Aracı	Irak'a bu malzemeleri satanların kayıtlarına göre, Irak 30 ton ithal etti	Irak makamları 4 tonun hesabını veremedi
Biyolojik Silah Fırlatma Sistemleri	Irak helikopter sprey denemesi yaptığını kabul	Bu sistemlerin akıbeti bilinmiyor
Üretim Tesisleri	Biyolojik silahların üretildiği Salman Pak fabrikası denetimler başlamadan Irak tarafından, Al Hakam fabrikası UNSCOM tarafından yıkıldı	Biyolojik ajanların çok küçük tesislerde üretilebilmesi imkan dahilinde
Gözetleme	UNSCOM döneminde 86 tesis gözetim altında tutuldu	UNSCOM ayrıldıktan sonra gözetim yapılmıyor
Genel Durum: Balistik Füzeler	İthat edilmiş bütün füzelerin dökümü çıkartıldı	Irak'ın kendi füze üretimine ilişkin sorunlar devam ediyor
İthal Edilmiş SCUD Füzeleri	UNSCOM, Irak'ın Rusya'dan ithal ettiği 819 füzenin 817'sini tespit ettiğini bildirdi	UNSCOM'un, hesaplamalarına göre 2 füzenin akıbeti meçhul, ABD ve İngiltere'ye göre 10-12 füzenin durumu bilinmiyor
Kimyasal/Biyolojik Savaş Başlıkları	Irak 75 savaş başlığı bulunduğunu bildirdi. 30 savaş başlığı UNSCOM tarafından imha edildi, 25'i kimyasal savaş başlığı olmak üzere 43 tane savaş başlığının Irak tarafından imha edildiği UNSCOM tarafından doğrulandı	Irak'ın bildirimde bulunduğu kimyasal savaş başlıklarından ikisi kayıp. Ayrıca Irak'ın bildirimde bulunmadığı kimyasal ve biyolojik savaş başlıklarının bulunduğundan şüpheleniliyor
İthal Edilmiş Konvansiyonel Savaş Başlıkları	Irak, güçlü patlayıcı içeren 50 SCUD füzesi savaş başlığı ithal ettiğini kabul etti	Irak makaları, savaş başlıklarının ne olduğunun hesabını veremedi
Yerel Üretilen Füzeler		Irak, 30 savaş başlığının ve 7 füzenin hesabını veremedi
Füze Parçaları		Irak, 300 tonun hesabını veremedi
Üretim Araçları	Irak, 150 ton malzemenin olduğunu kabul etti	akıbeti bilinmiyor
Gözetleme	UNSCOM, görev süresince 63 sahayı gözetim altında tuttu.	687 sıyılı karara göre, Irak'ın, 150 km menzile sahip füzelere sahip olmasına izin veriliyor. ABD, Irak'ın bu füzeleri daha uzun menzilli füzelerin yapımı araştırmalarında kullanabileceğine inanıyor.

* Kaynak: Kenneth Katzman, "The Persian Gulf: Issues for U.S. Policy, 2000", CRS Report for Congress, The Library of Congress, 3 Kasım, 2000, s.29-30

UNSCOM'un son başkanı Richard Butler'a göre, silah denetçileri, Irak'ın kitle imha silah programlarının tam bilançosunu hiçbir zaman ortaya çıkartamamışlar ve mevcut silahların ancak bir kısmını imha edebilmişlerdir.

Butler, UNSCOM denetimleri yapılmamış ve yaptırımlar ve diğer önlemler alınmamış olsa, bugün Irak'ın büyük bir ihtimalle nükleer silah ve çok sayıda biyolojik silaha sahip olacağını, denetimlerin sona ermesinin ardından Saddam'ın KİS programlarını yeniden başlatmış olmasının kuvvetle muhtemel olduğunu belirtmektedir.[558]

UNSCOM ve IAEA'nın, Irak'ın kitle imha silahlarından arındırılmasına yönelik çalışmaları sonucunda, BM Güvenlik Konseyi'nin 687 sayılı kararında öngörülen hedeflere ulaşılamamakla birlikte, 7 yıl süren denetimlerde, ABD ve koalisyon ülkelerinin Körfez Savaşı'nda imha edebildiklerinden çok daha fazla kitle imha silah ve programları bertaraf edilebilmiştir.[559]

UNSCOM tecrübesi, ABD'nin, Saddam Hüseyin'in en büyük hedefinin, yaptırımların kaldırılması değil, kitle imha silahlarını korumak ve bu programları devam ettirmek olduğu yolundaki kanaatinin yerleşmesine yol açmıştır.

Bu değerlendirme, Ocak 2003 itibariyle, ABD'nin Irak'a karşı bir askeri harekat yapılmasının kaçınılmaz olduğuna yönelik yaklaşımının da gerekçesini teşkil etmektedir.

---

558) Dan Byman and Matthew Waxman, a.g.y., s. xv.
559) "United States Policy in Iraq." s. 4.

EK-3
IRAK'IN KİMYASAL SİLAH ÜRETİM TESİSLERİ VE KİMYASAL SİLAH CEPHANELERİNİN BULUNDUĞU ALANLAR

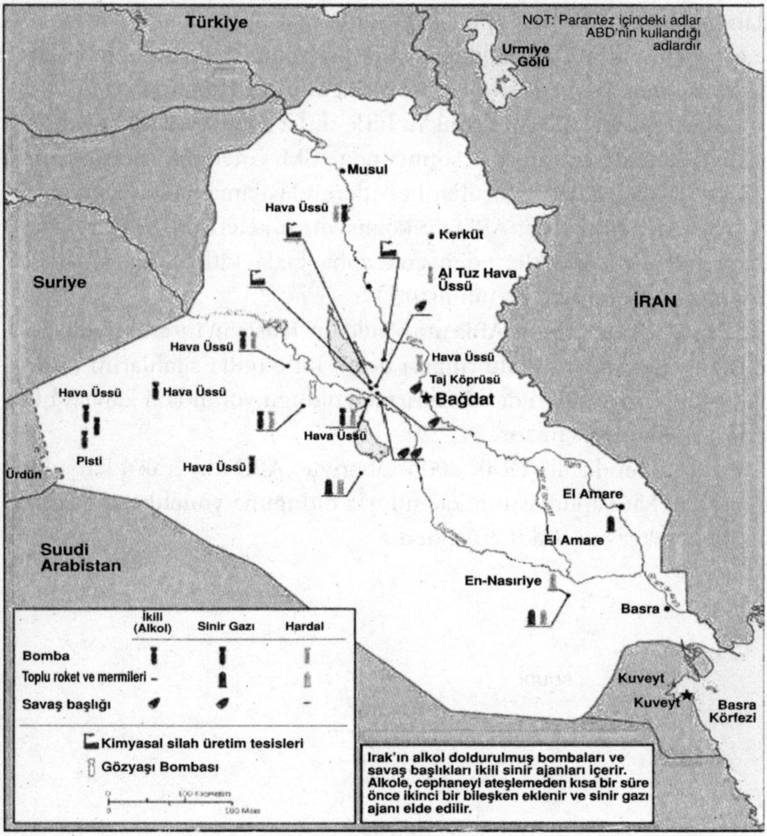

(Kaynak: CIA BKZ: http://www.cia.gov/cia/publications/iraq_wmd/Iraq_Oct_ 2002.-htm#01)

IRAK'IN AÇIKLANMIŞ NÜKLEER TESİSLERİ

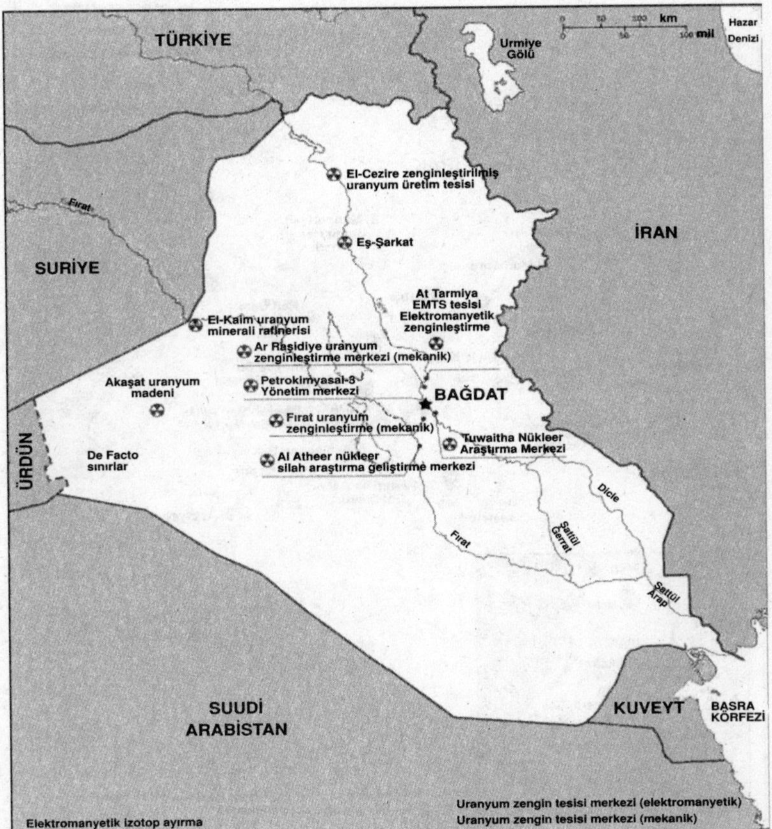

(Kaynak: CIA BKZ: http://www.cia.gov/cia/publications/iraq_wmd/Iraq_Oct_2002.-htm#01)

IRAK'IN BİYOLOJİK SİLAH TESİSLERİ

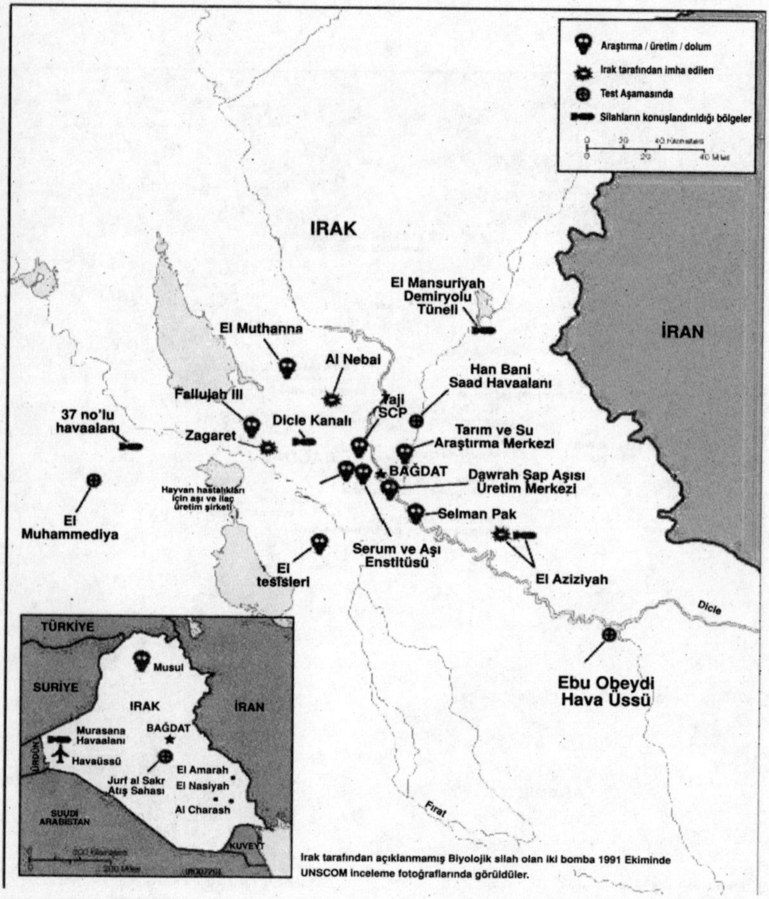

Irak tarafından açıklanmamış Biyolojik silah olan iki bomba 1991 Ekiminde UNSCOM inceleme fotoğraflarında görüldüler.

(Kaynak: CIA BKZ: http://www.cia.gov/cia/publications/iraq_wmd/Iraq_Oct_2002.-htm#01)

IRAK'IN SAHİP OLDUĞU FÜZELER VE MENZİLLERİ

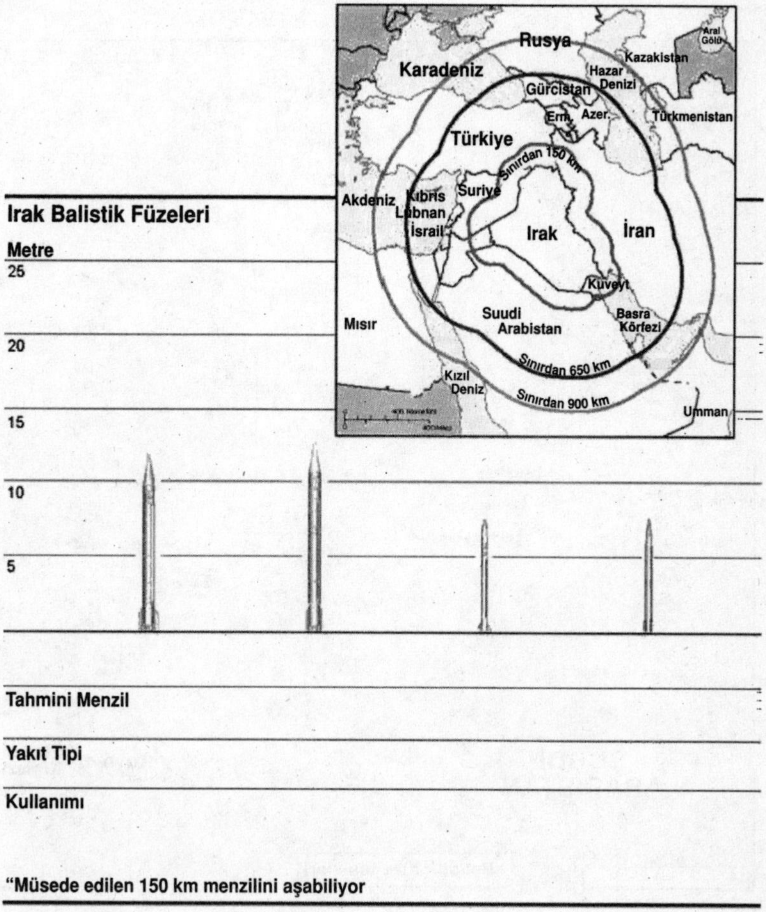

(Kaynak: CIA BKZ: http://www.cia.gov/cia/publications/iraq_ wmd/Iraq_Oct_ 2002.htm#01)

IRAK'IN BALİSTİK FÜZE TESİSLERİ

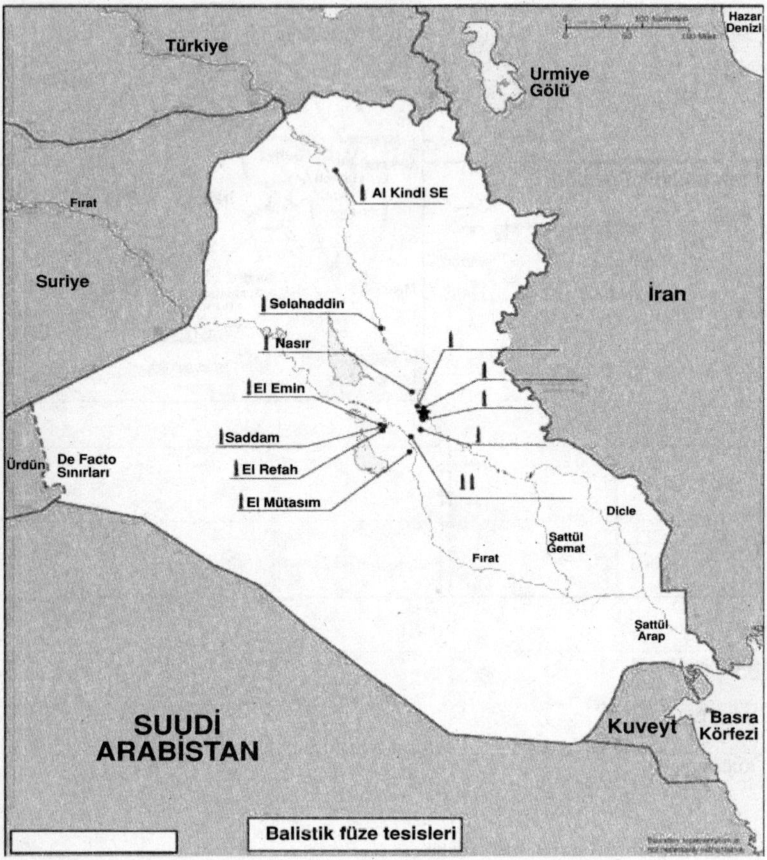

(Kaynak: CIA BKZ: http://www.cia.gov/cia/publications/iraq_ wmd/Iraq_Oct_2002.-htm#01)

ABD'NİN KÖRFEZ'DEKİ BİRLİKLERİ

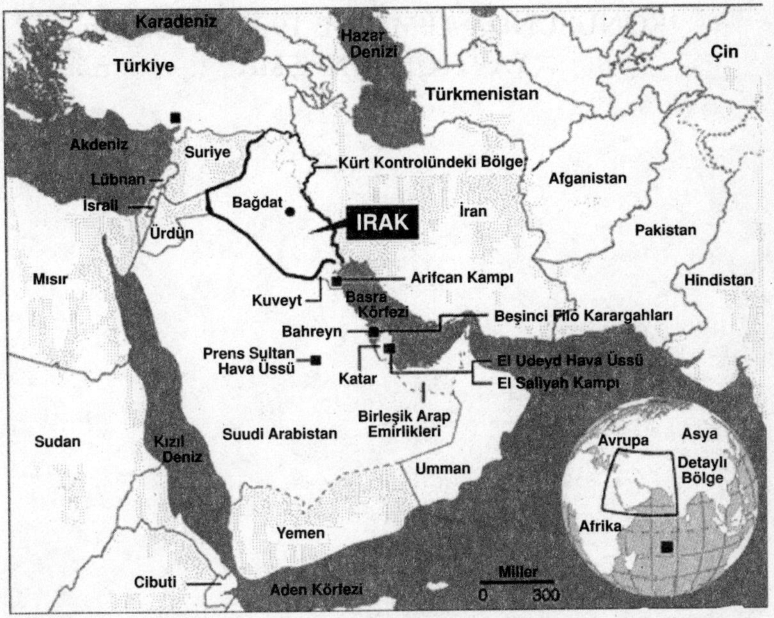

(Kaynak: http://www.nytimes.com/2002/12/08/internationa-l/08PRESENCE-html)

EK-4
ABDULLAH GÜL'ÜN ÇEKİÇ GÜÇ KONUSUNDA TBMM'DE 1992 YILINDA YAPTIĞI KONUŞMA

RP GRUBU ADINA ABDULLAH GÜL (Kayseri) – Sayın Başkan, sayın milletvekilleri, hükümetin sayın üyeleri; Çekiç Güç adıyla bilinen yabancı askeri güçlerin ülkemizdeki kalış sürelerinin uzatılmasıyla ilgili Hükümet tezkeresinin görüşülmesi vesilesiyle Refah Partisi Grubunun görüşlerini bildirmek üzere huzurunuzdayım. Hepinizi saygıyla selamlıyorum.

Sayın milletvekilleri, nedir bu Çekiç Güç ve nasıl bugünlere gelinmiştir? Körfez Savaşının üzerindeki sis perdeleri bugün artık yavaş yavaş yükselmekte, senaryonun nasıl yazıldığı ortaya çıkmaktadır. İran ve Irak'ı senelerdir birbirine düşüren emperyalist güçlerin, Irak'ı nasıl Kuveyt'i işgale teşvik ettikleri Irak'a Kuveyt'e nasıl saldırttıkları da bugün ortaya çıkan belgelerle, gün gibi ortadadır. Amerika

Birleşik Devletlerinin Bağdat'taki sefiresi Bayan April'in, Kuveyt'in işgalinden birkaç gün önce Saddam Hüseyin'le yaptığı konuşmaların zabıtları açıklandığında, bütün Amerikan kamuoyu ve dünya kamuoyu birbirine girmişti. Ayrıca, son Amerikan seçimlerinde, bağımsız adayın, Başkan Bush'u bu konuda nasıl köşeye sıkıştırdığı, televizyonlardan, hepimiz tarafından, hayretle, dehşetle izlenmişti.

Daha sonra ne olmuştur? Savaş sırasında yüz binlerce ton bombayla Irak'ı tarumar eden Amerikan güçleri, bir taraftan Irak'taki Kürtleri, Türkmenleri ayaklandırmış, onları isyana sevk etmiş, yayınlar yaparak "gün bugündür" demiş ve onların isyanı üzerine de hiçbir destek vermeden hepsini yüzüstü bırakmış ve daha da öteye giderek, onların Türkiye sınırları içerisinde akmalarını adeta teşvik etmiş, havadan atılan bildirilerle yol göstermiştir.

Aslında, Amerikan kuvvetleri, isteselerdi, o zaman Irak'taki rejime ve Saddam yönetimine son verebilirlerdi; bu askeri güce sahiptiler. Fakat, Ortadoğu'da daimi durabilmek için, Saddam'ın orada kalması ve devamlı bir bahane olarak gösterilmesi gerekliydi. İşte bu sebeple, kendilerinin sebep oldukları katliamlardan kaçanları koruma iddiasıyla Türkiye'ye yerleşen "Çekiç Güç" namı altındaki bu yabancı güçler, hala topraklarımızdadırlar ve senaryonun devamını oynamakla meşguldürler. Dolayısıyla, Amerika'dan, Avrupa'dan insani gayelerle, Kuzey Irak'taki Müslüman Kürtleri koruma bahanesiyle gelen bu güçler, aslında onlara bu çileyi yaşatan, bu zulme yol açan güçler olmuştur.

Sayın milletvekilleri, Çekiç Güç meselesine dar bir açıdan bakarsanız, gerçekleri göz ardı edersiniz. Bu olaya, geniş bir tarihi perspektiften bakmak, makro açıdan yaklaşmak zorundasınız. Çekiç Güç denen çok uluslu askeri gücü oluşturan Amerikan, İngiliz ve Fransızların, Ortadoğu bölgesiyle ilgileri, Osmanlı devrinin son günlerinde başlamıştır. Bu sebeple, Çekiç Güç'ün başından beri bölgedeki işlevi, Sevr Antlaşmasının o zaman gerçekleştirilemeyen hükümlerinin, bugün gerçekleştirilebilmesi için ortam açmaktır, meydan yaratmaktır.

Evet, geniş bir tarihi perspektiften baktığınızda, Batı'nın yüz sene önce ortaya attığı şark meselesinin devam ettiğini göreceksiniz. Sevr Antlaşmasının Üçüncü Kısmının 62, 63, 64'üncü maddelerindeki Kürdistan sınırlarını ve yine aynı Antlaşmanın Altıncı Kısmının 89 ila 93'üncü maddelerindeki Ermenistan sınırlarını bir kere daha gözden geçirirseniz, Sevr Antlaşmasında çizilen Ermenistan, Kürdistan ve bugünkü İsrail haritalarının birbiri üzerine nasıl oturduğunu gayet açıklıkla göreceksiniz. O zaman, Osmanlı'dan, İngiliz marifetiyle alınan toprakların nasıl bugün Yahudi'lere teslim edildiğini göreceksiniz.

İşte, bu Çekiç Güç vasıtasıyla uzun vadede yapılmak istenen de, bugünkü Kürt kardeşlerimizin bulunduğu toprakların, ileride büyük Ermenistan'a verilme çabalarının bir başlangıcıdır; aynı, elli sene önce Filistin topraklarında yapıldığı gibi...

Sayın Hükümet, Çekiç Güç'ün süresinin uzatılmasına gerekçe olarak, "Kuzey Irak'ta belirsizlikler ve istikrarsızlıklar devam etmektedir" demektedir.

Şimdi soruyorum: Nedir bu istikrarsızlık? Kuzey Irak -sizin de tezkerenizde söylediğiniz gibi- Irak'ın bir parçası değil midir? Yani, Kuzey Irak'ta istikrara kavuşmak için ille de orada resmen bir devletin ilanı mı, ille de orada Amerika, Fransa ve İngiltere tarafından tanınmış bir devletin çıkması mı gerekmektedir? Bu mudur istikrar? (RP sıralarından alkışlar)

Kim ne derse desin, bugün, Çekiç Güç kuvvetleri bir ana rahmi gibi sınırlarımızda yeni bir devletin doğuşuna, oluşumuna yataklık yapmaktadır. Siz bir taraftan bu oluşumu kabul etmediğinizi -biraz önce grubu adına arkadaşımın konuştuğu gibi- ilan edeceksiniz, "Biz orada bir bağımsız Kürt Devletinin kurulmasını kabul etmeyeceğiz, etmiyoruz" diyeceksiniz, öbür taraftan da adım adım bu oluşumu gerçekleştiren yabancı güçleri destekleyeceksiniz, görev süresini uzatacaksınız!

İleride bunun sorumluluğundan, kesinlikle kurtulamazsınız. (RP sıralarından alkışlar)

Ortada, aslında bir de facto olmuştur, aslında her şey gerçekleşmiştir. Siyaset bilimcileri, tarihçiler, herkes, bu oluşumu apaçık gözlemektedir. Yazarlar, çizerle, yazmakta ve çizmektedir.

Şimdi, Sayın Hükümete tarih huzurunda ve Yüce Meclisin değerli üyeleri huzurunda soruyorum: Acaba bizim bilmediğimiz başka sözler mi vardır, gizli anlaşmalar mı yapılmıştır? Varsa böyle şeyler, geliniz, bunları açık açık söyleyiniz; biz de ona göre cevabını verelim. (RP sıralarından alkışlar)

AHMET SAYIN (Burdur) – Gizli işler sizin marifetiniz?

ABDULLAH GÜL (Devamla) – Zaho'daki Halkla İlişkiler Merkezinde bulunan İngilizce Büyük Harita'da, Irak, Suriye, İran ve Güney ve Doğu Anadolu Bölgelerimizi içinde gösteren haritadan muhakkak haberiniz vardır.

Şimdi, bunlar gizli işler değil, bunların hepsi basında ve medyada çıkan şeylerdir. Arkadaşlarım, Sayın Başbakan Londra'ya gittiklerinde, İngiliz Başbakanı Major'ın sözlü olarak taahhütte bulunduğunu, söylüyor.

Türkiye'nin güvenliğini, Türkiye'nin geleceğini, bölgenin güvenliğini, İngiliz Başbakanın sözlü taahhütlerine nasıl bağlayabilirsiniz, nasıl güvenebilirsiniz?! (RP sıralarından alkışlar)

Ta başından beri Çekiç Güç'ü meydana getiren bu yabancı unsurların, bölgenin istikrarını bozucu faaliyetler içinde olduğunu kimse saklayamaz hale gelmiştir. Hele ilk aylarda hiçbir denetim ve kontrol altında olmayan bu güçler, adeta Güneydoğu Anadolu'da cirit atmışlardır. Amerikalıların "special force" denen özel askeri kuvvetleri, sadece askeri amaçlar için değil, bazı gizli ve kirli işlerde de kullanılan bu güçler, altı ay bu bölgede cirit atmışlardır.

Aslında ben, bir arkadaşınız olarak daha önce de bu kürsüde ifade etmiştim. Seçimlerden önce çalıştığım uluslararası kuruluş adına o günlerde gelmiş ve Çekiç Güç'ün helikopterleriyle o bölgeyi dolaşmış, Amerikan askerlerinin nasıl Kürtçe konuştuklarını, bu konuda nasıl eğitildiklerini ve o bölgede nasıl kontrolsüz, cirit attıklarını gözlerimle görmüş ve bütün bunları, Hükümet daha ilk defa bu konuda uzatma kararı alırken de ifade etmiştim.

Çekiç Güç-PKK ilişkileri saklanamaz hale gelmiştir. Türkiye'nin kontrolünün artırıldığı, her defasında söylenilmesine rağmen, yeni bir skandal ortaya çıkmış, yardımlar yapıldığı ortaya çıkmış ve gazeteler devamlı olarak Çekiç Güç-PKK ilişkileri üzerinde haberler vermiş olmasına rağmen, bu hususlar hakkında ikna edici hiçbir açıklama yapılmamıştır, ama bazen, teknik hata olduğu, bazen helikopterlerin yollarını kaybettiği ve bazen de bilinmeyen nedenlerle bu tip yanlışlıkların olduğu söylenerek olaylar hep geçiştirilmiştir. Son Irak operasyonu sırasında ortaya çıkan deliller, PKK'nın kullandığı silahlar, ortaya çıkan pistler, hep PKK-Çekiç Güç ilişkilerini ortaya çıkaran gerçekler olmuştur.

Sayın milletvekilleri, Çekiç Güç'ün faaliyetleri sadece askeri değildir. Daha önceki sözcülerin de ifade ettikleri gibi, Kuzey Irak'ta, Çekiç Güç'ün gölgesi altında hummalı bir çalışmanın devam etmekte olduğu gözden kaçırılmaktadır. Bunlar, "Non governmental organization" denilen "gönüllü kuruluşlar" adı altında geçmekte; fakat hepsi, kilise teşkilatlarının, siyasi kuruluşların uzantıları ve istihbarat kuruluşlarının ajanlarıdır. (RP sıralarından "Bravo" sesleri, alkışlar)

Peki, kimdir bunlar? İnsani yardım adı altında faaliyet gösteren bu kuruluşlar marifetiyle PKK Avrupa'da örgütlenmiş, böylece PKK ile dışarının ilişkileri kurulmuş ve ilişkiler kökleşmiş ve irtibatlar kurulmuştur. Yakalanan kuryeler ve ajanlar bunların delilleri değil midir?

Bakın, çok önemli bir noktaya geliyorum. Ben bu konuşmamı hazırlarken, takdir edeceğiniz gibi, arşivden geçmiş tutanakları satır satır okudum. Bugünkü İktidarın Sayın Başbakanının ve Sayın Başbakan Yardımcısının ve diğer milletvekillerinin, muhalefetteyken yaptıkları konuşmaları tek tek ortaya çıkardım.

İnsan, gerçekten hayretler içinde kalıyor. Bunu sadece, "dün dündür, bugün bugündür" zihniyetiyle açıklayamazsınız.

Bakın, Sayın Başbakan, savaş hakkında neler demiş: "Türkiye oyuna geldi" Bunu Körfez savaşındaki tutumunuzdan dolayı söylüyor. "Ortadoğu yarın, bugünkünden çok daha karışık, tabilitesi çok daha bozuk bir hale gelecektir" demiş ve daha sonra, "Bağdat Büyükelçiliğimizin oraya niçin gitmediğini anlamak mümkün değil. Sefirin, hiç durmadan görevine gitmesi lazım. Irak'la devletlerarası münasebetlerimiz kesik değil, boru hattı açılsın diye heceleniyor. Dünya, Irak'ın üzerine koyduğu ambargoyu daha fazla sürdüremez; çünkü, gayri insani noktaya gelinmiştir. Yumuşatılacaktır. Yumuşama işi Türkiye'den başlamalıdır. Ambargoyu uygularken koşuyordunuz, bugün de yumuşatmaya koşun. Bence ambargo kaldırılmalı, boru hattı hiç vakit kaybetmeden açılmalıdır" şeklinde devam etmiştir.

Şimdi, bir vesileyle Sayın Başbakanın burada söylediği gibi, "namaza sarhoşken yaklaşmayın" şeklinde bir ifade midir bu?

Bu, her şeyiyle bütün bir ifadedir, her şeyiyle bütün bir görüştür. Şimdi yetki Sayın Başbakanın elinde; buyurun, yumuşamayı siz başlatın ve dün söylediklerinizi, bugün siz uygulamaya başlayın. (RP sıralarından "Bravo" sesleri, alkışlar)

Bakın, Çekiç Güç için yine şunları söylediniz: "Bunun caydırıcılığı olur mu? 3 bin kişi Saddam'ı caydırır mı? 3 bin kişi caydıracaksa, bizim orada 100 binden fazla askerimiz var.

Çankaya'nın, 'Bu güç, bizim sınırlarımızı da bekler' gibi bir beyanı var.

Eğer, maksadını aşan bir beyan değilse, bu bir ayıptır.

Bakın daha sonra da şöyle diyorsunuz: "Açıklamalar bence bahanedir, gerekçeler de bahanedir. Orta yerde münasebetsiz bir iş var, ona kılıf arıyorlar. Bence hadise, bağımsız Türkiye Cumhuriyeti topraklarında ahitlerden doğmayan asker bulundurma hadisesidir" ve doğrudur Sayın Başbakan. (RP sıralarından alkışlar) Dün muhalefetteyken söylediğiniz her şey doğrudur.

Bakın daha neler söylediniz, Çekiç Güç'e karşı çıktınız: "Hazır Çekiç'e karşıyız, ülkemizde yabancı askerlerin konuşlandırılmasına biz daima karşıyız" dediniz ve "Türkiye kendi sınırlarını koruyacak durumda değil mi? Ne zaman Türkiye kendi sınırlarını korumak için dışarıdan 3-5 bin kişilik bir kuvvet getirdi? Savunmamız ihale edilemez; bizim bildiğimiz, savunmamız millidir" diye ilave ettiniz.

Yoksa bunlara bugün katılmıyor musunuz?! (RP sıralarından alkışlar)

Sadece Sayın Başbakan değil, Sayın Başbakan Yardımcısı da aynı doğrultuda demeçler verdiler ve "Çevik kuvvet bizi savaşa götürür" dediler.

Sayın Başbakan Yardımcısı şöyle devam ettiniz: "Irak'taki iç huzurun bozulmasına karşı caydırıcılık deniyor. Peki, iç huzur bozulmasın diye, sürekli olarak burada kuvvet mi bulundurulacak? Saddam rejimi gidinceye kadar mı bu güçler burada kalacak."

Devam ediyorsunuz: "Biz buraya bir kuvvet getirdik, oradaki rejim gidinceye kadar bu kuvvet burada kalacak demek, bir ülkenin içişlerine müdahale demek değil midir?" diye dün siz soruyordunuz! (RP sıralarından "Bravo" sesleri, alkışlar)

ŞEVKET KAZAN (Kocaeli) – Yani işgaldir (!)

ABDULLAH GÜL (Devamla) – Değerli arkadaşlar, iktidarda farklı, muhalefette farklı bu kanaatlerin sebebi, bizce dış baskılardır. Aslında, Sayın Demirel ve Sayın İnönü'nün muhalefetteki tespitleri doğrudur. Niye?.. Çünkü, o zaman vicdanlarının sesiyle konuşmuşlardır; fakat bugün, maalesef, o şekilde değil. Bugün Amerikalıların, Fransızların, İngilizlerin gayretlerinin, mesajlarının sesleri duyurulmaktadır! (RP sıralarından, "Bravo" sesleri, alkışlar; CHP sıralarından alkışlar)

Bakınız, Sayın Başbakan, değerli Doğru Yol ve SHP'li milletvekili arkadaşlarımı nasıl ikna etmeye çalışıyor: "Sınırlarımızın korunması, illegal gücü önlemek için Çekiç Güç şarttır" diyor.

Peki, size soruyorum: Kuzey Irak'tan değil de, yarın Gürcistan'dan, Yunanistan'dan, başka sınırlardan Türkiye'ye akın olsa, o zaman yeni Çekiç Güç'ler mi isteyeceğiz? (RP sıralarından "Bravo" sesleri, alkışlar) 800 bin kişilik Türk Ordusu niçin besleniyor?

Sonra, yine arkadaşlarımızı ikna etmek için diyorlar ki: "Biz Çekiç Güç'ün süresini uzatmazsak, o zaman Kıbrıs Rum kesimine gider."

Ve aynı şeyi burada, iktidar partisine mensup arkadaşım da tekrarladılar... (RP sıralarından "Gitsinler" sesleri; RP ve CHP sıralarından alkışlar)

Gitsinler; fakat ondan önce şu var: Şimdi bu şantaj; Amerikalıların, İngilizlerin, Fransızların, yani müttefiklerin şantajları...

Siz şimdi bunları kabul edecek misiniz? Şimdi siz bunlara "evet" mi diyeceksiniz? Sonra, kimdir bunlar?

MUKADDER BAŞEĞMEZ (İstanbul) – Kabul ediyorlar, ediyorlar!..

ABDULLAH GÜL (Devamla) – "Bunlar müttefiktir, bunlar dosttur..."

Peki, dost bildiğiniz, müttefik bildiğiniz kişilerden, ülkelerden, kuvvetlerden, bu şekilde ihanetler, bu şekilde düşmanlıklar bekliyorsanız, umuyorsanız, tahmin ediyorsanız; bu ülkelerle oturup bütün anlaşmaları tekrar gözden geçirmek zorundasınız. (RP ve CHP sıralarından alkışlar)

Değerli arkadaşlar, Çekiç Güç'ün görev süresini uzatmak için Hükümetin diğer bir argümanı -ilk bakışta ikna edici görülmektedir- şudur: "Peki biz Çekiç Güç'e, "git" dersek, yarın Bosna-Hersek'e, Azerbaycan'a nasıl askeri müdahale isteyebiliriz?"

Bu söyledikleri, aslında, gerçekten doğrudur; fakat, Sayın Başbakan, altı ay önce, uzatma kararı burada tartışılırken yine aynı şeyi söylemişti ve sizler "doğru" demiştiniz ve uzatma yönünde oy kullanmıştınız.

Peki ne oldu; Birleşmiş Milletler, Amerikalılar, İngilizler, Fransızlar ne yaptı; Bosna-Hersek'e müdahale mi etti? (RP ve CHP sıralarından alkışlar)

Dünyanın ve çağımızın en acımasız katliamı devam ederken, ikinci bir Endülüs faciası işlenirken, niçin oraya bir çekiç güç istenmiyor? Niçin Amerikan, Fransız, İngiliz dostlar, "oraya da çekiç güç" demiyorlar ve hatta daha da ileri gidiyorlar; sözlü olarak bir Kürdistan'ın kurulmayacağına garanti veren Major, Birleşmiş Milletler Güvenlik Konseyinin Bosna Hersek'teki uçuş yasaklarını çiğneyen Sırplara karşı tedbir alma ihtimalini durdurmak için, orada lobi yapmıyor mu; orada, Birleşmiş Milletlerin ve bazı güçlerin Bosna Hersek'e müdahalesini önlemek için mücadele göstermiyor mu?..

Sayın milletvekilleri, bu iki yüzlülük, bu çifte standart, sizce hiçbir şey ifade etmiyor mu? Hiçbir şüpheye yol açmıyor mu; hiçbir kaygı uyandırmıyor mu sizde? Milli menfaatlerimiz söz konusu olduğunda, bu kadar kolay ikna edilebilir miyiz? Beş dakikalık, on dakikalık brifinglerle "evet" mi diyeceğiz; kanaatlerimizi değiştirecek miyiz?..

Değerli arkadaşlar, bu kararı doğrulamak için boşuna sebep aramayınız. Baskıların değil, vicdanınızın, halkımızın sesini dinleyiniz.

Hepiniz biliyorsunuz ki, Türk halkı Çekiç Güç'ün süresinin uzatılmasına, Çekiç Güç'ün, bu yabancı askeri güçlerin Türkiye topraklarında bulundurulmasına karşıdır; kamuoyu yoklamaları bunu göstermiştir. Kamuoyu yoklamalarında yüzde 80'e varan oranlar, "Evet, Çekiç Güç artık gitsin" demektedir. (RP sıralarından "Bravo" sesleri, alkışlar) Buna sadece halkımız değil, sayın milletvekilleri de aslında bu kanaattedir. Daily News Gazetesinin 293 milletvekiliyle -çoğunuz buradadır- yüz yüze yaptığı anketin neticesi de bunu göstermiştir. Yani, Yüce meclisin yüzde 70'i de aslında bu Çekiç Güç'e "git" demektedir.

Çekiç Güç'ü istemeyen, sadece bizim milletimiz midir veyahut da milletvekilleri midir? Değil. Bakın, Irak'ta Süleymaniye ve Kerkük'teki Türkmenler de aynı kanaattedirler.

Biraz önce diğer grup sözcüsü açıkladı; Irak Türkmen Birliği Partisinin Başkanı "Biz, Irak Türkmen Birliği Partisi olarak Güneydoğu Anadolu'da konuşlandırılmış olan Çekiç Güç'ün süresinin uzatılmasına karşıyız. Çünkü, Çekiç Güç, bölgede emniyeti sağlamak iddiasındayken, Türkmen-Kürt ayrımı yapmaktadır."

İşte, budur bizim kuşkumuz; işte, budur bizim şüphemiz. Çünkü, bu güçlerin, bu bölgeyle ilgisi yeni değildir. Geldikleri yerde karışıklık çıkarmak, bölgenin Müslüman halkını birbirine düşürmektir esas sevdaları.

BAŞKAN – Sayın Gül, süreniz dolmuştur.

ABDULLAH GÜL (Devamla) – Bitirmek üzereyim efendim.

Sayın Başkan, değerli milletvekilleri; konuşmama son vermeden önce bir hususa daha dikkatinizi çekmek istiyorum: Amerika'da yeni yönetim vardır. Bu yeni Clinton yönetiminin, gerek Çekiç Güç, gerekse Kürt meselesine bakışı, biraz daha farklıdır ve biraz daha bu meselenin kökleşmesi yönündedir.

Şimdi burada ikaz ediyoruz: İleride Amerika'nın yapacağı yaptırımlara "yok" diyemeyecek duruma gelebilirsiniz, bugünden bu Çekiç Güç'ün süresine son verin. İleride Amerika ile ilişkilerin daha kötüye gitmesine, ileride Amerika ile olan ilişkilerin daha bozuk, daha sert bir hale gelmesine de bu şekilde şimdiden fırsat vermeyiniz ve bu işi burada bitiriniz.

Değerli arkadaşlar konuşurken, "36ncı paralelde 14 tane tümen var" dediler. Peki, bu tümenlere 1758 kişi ve 30-40 uçakla mı müdahale edeceksiniz? Aslında bu, tamamen siyasi bir tavırdır. Türkiye'nin kendisini korumak için bu 1758 kişiye, tabii ki, ihtiyacı yoktur.

Son olarak, hepimizi etki altına almak için Kuzey Irak'ta bazı tertipler yapılmakta ve bazı Türk kamyonları yakılmaktadır. Bu, o kadar aleni ve o kadar basit bir tertiptir ki, eminim bu, Yüce Meclisin değerli üyelerini etkilemeyecektir.

Sağlıklı düşünme, herhalde muhalefetteyken daha iyi yapılıyor; Sayın Başbakanımızın ve Sayın Başbakan Yardımcısının yaptıkları gibi! Şimdi, Çekiç Güç'ü Türkiye'ye getiren ANAP da bugün aynı görüşlere gelmiştir. Dün Çekiç Güç lehinde olan Anavatan Partisi de, bugün aynı durumlara gelmiştir.

Değerli arkadaşlar, şimdi sözümü şöyle bitirmek istiyorum: Geliniz, Hükümetin maruz kaldığı bu baskıyı Meclis olarak biz göğüsleyelim. (RP sıralarından alkışlar) Geliniz, Parlamentoyu -aynen Batılı demokratik ülkelerde olduğu gibi- devreye biz sokalım. Mazur görelim, belki, Hükümet "hayır" diyemiyor buna; ama, bunu biz göğüsleyelim, Türk halkınızı ve vicdanımızın sesini dinleyerek, Çekiç Güç'ün süresinin uzatılmasına hep beraber, "hayır" diyelim.

Hepinizi saygıyla selamlıyorum. (RP, ANAP ve CHP sıralarından alkışlar)

EK-5
KÖRFEZ SAVAŞI'NIN TÜRKİYE'DE EKONOMİK MALİYETİNE İLİŞKİN İSTATİSTİKLER

TABLO: 1

TÜRKİYE'NİN IRAK'A İHRACAT VE İTHALATI (milyon $).

Yıllar	İhracat	İthalat	Hacim	Denge
1985	961	1.137	2.098	-175
1986	533	769	1.322	-215
1987	945	1.154	2.099	-209
1988	986	1.437	2.423	-450
1989	45	1.650	2.095	-1.204
1990	215	1.047	1.261	-832
1991	122	-	122	122
1992	212	1	213	211
1993	160	-	160	160
1994	141	-	141	141
1995	123	-	123	123
1996	219	32	251	187
1997	549	454	1.003	95
1998	366	247	613	119
1999	247	414	661	-167
2000	371	487	858	-116
2001	839	505	1.344	334

Kaynak: DİE, DTM, İGEME, DEİK

TABLO: 2

KÖRFEZ KRİZİ DOLAYISIYLA İHRACATTA YAŞANAN KAYIPLAR

(milyon $)

Yıllar	Türkiye Toplam *İhracatı*	Değişim	Türkiye'nin Olası Topl.	Olası İhracat Değişimi	Irak'a Yapılan	Irak'a Olası	Irak'a İhracat
	İhracat	*İhracat (***)*	*(yüzde)* *Kaybı*		*İhracatı (*)*		*(yüzde) (**)*
1990	12.959	-	13.781	-	215	1.037	822
1991	13.593	4,8	14.566	5,6	122	1.095	973
1992	14.715	8,2	15.682	7,7	212	1.179	967
1993	15.345	4,2	16.420	4,7	160	1.235	1.075
1994	18.106	18	19.426	18,3	141	1.461	1.320
1995	21.637	19	23.263	19,7	123	1.749	1.626
1996	23.224	7,2	24.878	7,1	219	1.873	1.654
1997	26.261	13	27.794	11,7	549	2.092	1.543
1998	26.974	2,7	18.772	3,4	366	2.163	1.797
1999	26.857	-1,4	28.771	-0,01	247	2.162	1.915
2000	27.775	4,4	29.634	3,1	371	2.229	1.858
2001	31.186	8	32.961	11,0	839	2.475	1.636
Toplam	**258.632**		**275.948**		**3.564**	**20.750**	**17.186**

TABLO: 3

KRİZ DÖNEMİNDE

HAM PETROL VARİL FİYATLARI

(cif - dolar)

Yıl -	Ay	Fiyatı	Tem. '90'a göre Artış Oranı %	
1990 -	Mayıs	16.1	-	
	Haziran	15.6	-	
	Temmuz	16.0	-	
	Ağustos	24.5	53,1	⇨ Irak, Kuveyt'i işgal etti.
	Eylül	32.5	103,1	
	Ekim	37.4	133,5	
	Kasım	33.2	107,5	
	Aralık	30.2	88,6	
1991	Ocak	23.2	45,0	
	Şubat	17.9	11,9	⇨ Irak Kuveyt'ten çıkarıldı.
	Mart	17.9	11,9	
	Nisan	18.5	15.6	

Kaynak: DPT

EK-6
IRAK SAVAŞI'NDA TÜRKİYE'NİN MUHTEMEL KAYIPLARI

SEÇİLMİŞ KALEMLERDE SAVAŞ HALİNDE OLASI KAYIPLAR

(milyon dolar)

SEKTÖRLER	*Olasılık-1* ***2003***	*Olasılık-2* ***2003***
Dış Ticaret	4.400	6.435
a- İhracat	1.800*	3.835**
b- İthalat (ham petrol)	2.600	2.600
Taşımacılık-İletim	1.120	1.120
a- Petrol Boru Hattı	400	400
b- Taşımacılık-İletişim	720	720
Turizm	5.000	5.000
Müteahhitlik	400	400
Bölgesel tic. kayıp	600	600
Üretim kaybı	2.500	2.500
Mülteci	*200*	*200*
Toplam	***14.220***	***16.255***

** Mevcut verilere göre olası kayıplar*
*** İhracatta geçmişte yaşanan kayıpların üzerine birikimli kayıplar*

EK-7

T.C

BAŞBAKANLIK DIŞ TİCARET MÜSTEŞARLIĞI

ANLAŞMALAR GENEL MÜDÜRLÜĞÜ

TÜRKİYE'NİN KÖRFEZ KRİZİNDEN DOĞAN ZARARLARI

- İlişikteki tablo Türkiye'nin Körfez Krizinden doğan zararlarını göstermektedir. Tablodaki değerler, normal şartlarda yıllık artışlar göz önüne alındığında gerçekleşmesi gereken rakamlardan, Körfez krizinden sonra reel olarak gerçekleştirilen değerlerin düşülmesi sonucu elde edilmiştir.

1) Ulaştırma

A) Botaş (Ham Petrol Boru Hattı)

1990 yılına kadar Türkiye'nin Kerkük-Yumurtalık Ham Petrol Boru Hattından yıllık ortalama geliri 400 milyon dolardır. Bu nedenle, 1990 yılında beş aylık gelir kaybı 160 milyon dolar olarak gösterilmiştir.

Bu çerçevede, 1991-1996 yılları arasında Türkiye'nin söz konusu boru hattından yıllık gelir kaybı 400 milyon dolar olarak kaydedilmiştir. 1997-2001 yıllarında ise, BM'nin Irak'a yönelik olarak başlattığı "Petrol Karşılığı Gıda ve İlaç Programı -MOU" çerçevesinde Kerkük-Yumurtalık Petrol Boru Hattından tam kapasite ile olmamakla birlikte petrol çekilmeye başlanması sonucu söz konusu boru hattından yıllık gelir kaybı ortalama 200 milyon dolar düzeyine düşmüştür.

B) Ulaştırma (Hava, Kara, Deniz, Demiryolu Ulaştırması) ve Haberleşme

Ulaştırma sektöründeki kayıplarımız hesaplanırken yolcu ve yük taşımacılığındaki düşüşler ve sigorta primlerindeki artışlar göz önüne alınmıştır.

- Hava Ulaştırması : Transit uçuşlarda; yer ve bakım hizmetleri ve transit uçuş ücretlerinin alınamaması, bölgeye yönelik uçuşlarda Irak ve Kuveyt Havaalanlarının kapanmasından doğan zararlar, daha uzun güzergahların kullanılması, sigorta oranlarındaki artışlar, yolcu ve kargo gelirindeki kayıplar.
- Karayolu Ulaştırması : Türkiye'nin Irak'a ve bölge ülkelerine yönelik mal taşımacılığı, Irak ve bölge ülkelerden ithal malı ve karayolundan petrol taşımacılığı, ülkemiz üzerinden yapılan transit taşımacılıkta meydana gelen kayıplar.
- Denizyolu Ulaştırması : Irak'a ve Kuveyt'e mal taşımalarındaki kayıplar, sigorta giderindeki artışlar, transit taşımalarda ve Mersin ve İskenderun limanlarında verilen hizmetlerdeki kayıplar.
- Haberleşme : Irak ve Türkiye arasındaki haberleşme ve Türkiye üzerinden yapılan Irak ve diğer ülkeler arasındaki haberleşmenin kesilmesine ilişkin zararlar.

BM'nin Irak'a yönelik olarak başlattığı "Petrol Karşılığı Gıda ve İlaç Programı-MOU" çerçevesinde sınırlı da olsa Irak'a yönelik ihracat yapılmaya başlanması nedeniyle, 1997-2001 yıllarına ilişkin ulaştırma sektöründeki kayıplarımız, ekteki tabloda III.kategoride yer alan ihracat kayıplarımızdaki artış ve azalışlar baz alınarak hesaplanmıştır. Örneğin 1997 yılında Irak'a yönelik ihracattaki kaybımız 1 milyar 543 milyon dolar olarak belirtilmiş olup, 1996 yılına göre % 7,2 oranında azalmıştır. Bu veriden yola çıkarak, 1997 yılında ulaştırma gelirlerindeki kayıp bir önceki yılda % 7,2 oranında düşürülerek elde edilmiştir.

II) Turizm

1990 yılında yaşanan Körfez Krizinin Türk turizm sektöründe son derece olumsuz etkisi olmuştur. 1990-2001 yılları arasında turizm sektöründeki kayıplarımız, anılan yıllar itibariyle turizm gelirlerine ilişkin beklentiler ve söz konusu yıllarda elde edilen turizm gelirleri arasındaki fark dikkate alınarak elde edilmiştir.

Türkiye'nin turizm gelirlerinin önemli bir kısmı yüksek harcama grubunda olmaları nedeniyle, OECD ülkelerinden elde edilmektedir. Körfez krizini takiben ülkemize OECD ülkelerinden gelenlerin sayısındaki düşüş sonucu meydana gelen kayıplar, turizm sektöründe oluşan her 1 birimlik talebin, ekonominin diğer sektörlerine olan mal ve hizmet talebini 1.7 oranında artıracağı da göz önüne alınarak hesaplanmıştır.

Ülkemiz turizm gelirleri içerisinde yüksek ortalama harcamaları önemli yer tutan OECD ülkelerinin payının düşmesi, hem gelirin önemli ölçüde düşmesine yol açmış, hem de özellikle OECD ülkeleri turistlerinin kalmayı tercih ettikleri turistik konaklama tesisi yatırımlarında da büyük düşüşe yol açmıştır.

Günümüzde Irak'taki sorunun devam etmesinin ülkemize yönelik turist trafiğinde ve dolayısıyla gelirler üzerinde olumsuz etkisinin devam ettiği görülmektedir.

III) İhracat

Körfez Krizinden önce Irak ile Türkiye arasındaki ticaret hacmi yılda 2 milyar dolar civarında gerçekleşmekteydi.

1985-1989 yılları arasında Irak'a gerçekleştirilen ihracat değerleri ve Türkiye'nin toplam ihracatı içindeki payı aşağıdaki tabloda yer almaktadır.

Yıllar	Irak'a Gerçekleştirilen İhracat	Türkiye'nin Toplam İhracatı	Irak'ın Toplam İhracat İçindeki Payı (%)
1985	961	7,958	12.1
1986	553	7,757	7.1
1987	945	10,190	9.3
1988	986	11,62	8.4
1989	445	11,625	3.8
		Ortalama payı	8,1

Yukarıdaki tabloda da gösterildiği gibi 1985-1989 yılları arasında Irak'a gerçekleştirilen ihracatın Türkiye'nin toplam ihracatı içerisindeki ortalama payı % 8.1'dir. Bu veriden yola çıkarak normal koşullar altında Türkiye'nin 1990 yılında Irak'a gerçekleştirmesi beklenen ihracat değeri bulunmuştur. Söz konusu değer, Türkiye'nin 1990 yılında gerçekleştirdiği toplam ihracatın % 8,1'i olan 1.037 milyon dolardır. Anılan yıl itibariyle Irak'a gerçekleştirilen ihracat değeri ise 215 milyon dolar olup, normal koşullar altında yapılması gereken ihracat değerinden çıkarıldığında (1.037-215 = 822), Körfez krizi nedeniyle ihracattaki kaybımız 822 milyon dolar olarak tespit edilmiştir.

1991-2001 yılları arasında Irak'a yapılan ihracattaki kayıplar ise, Türkiye'nin toplam ihracatındaki artış oranları baz alınarak hesaplanmıştır. Örneğin 1991 yılında Türkiye'nin toplam ihracatı bir önceki yıla göre % 4,8 artarak 12,959 milyar dolardan 13,594 milyar dolara ulaşmıştır. Söz konusu % 4,8 oranındaki artış göz önüne alınarak 1991 yılında normal koşullar altında Irak'a gerçekleştirilmesi beklenen ihracat değeri bulunmuştur.

Normal şartlar altında 1990 yılında Irak'a gerçekleştirilmesi beklenen 1.037 milyon dolar değerindeki ihracat, Türkiye'nin 1991 yılında bir önceki yıla göre ihracat artış oranı olan % 4,8 oranında artırıldığında, 1991 yılında Irak'a gerçekleştirilmesi beklenen ihracat değerine, 1.087 milyon dolara ulaşılmıştır. Bu işlem her yıl için tekrar edilerek, yıl bazında ihracattaki kayıplarımız elde edilmiş olup, söz konusu değerleri içeren tablo aşağıda yer almaktadır.

Yıllar	Türkiye'nin Toplam İhracatındaki	Irak'a Gerçekleştirilmesi Beklenen İhracat	Irak'a Gerçekleştirilen İhracat (Milyon $)	Kayıp (Milyon $)
1990	-	1.037	215	822
1991	4,8	1.087	122	965
1992	8,2	1.177	212	965
1993	4,2	1.227	160	1.067
1994	18	1.448	141	1.307
1995	19	1.728	123	1.605
1996	7,2	1.883	219	1.664
1997	13	2.092	549	1.543
1998	2,7	2.148	366	1.782
1999	-1,4	2.118	247	1.871
2000	4,4	2.211	371	1.840
2001	8	2.387	700	1.687
	TOPLAM	20.543	3.425	17.118

1990-2001 yılları arasında Irak'a gerçekleştirilmesi beklenen ve gerçekleştirilen ihracat arasındaki fark olan 17.118 milyar dolar, söz konusu dönem itibariyle Türkiye'nin kaybını göstermektedir.

IV) İthalat

Körfez Krizinden önce Türkiye'nin Irak'tan ithal ettiği başlıca malları petrol ve petrol ürünleri oluşturmaktaydı. Körfez krizinin çıkmasıyla, petrol fiyatlarının 1990-1991 yıllarında yükselmesi, Türkiye'nin ithalatını söz konusu yıllar itibariyle olumsuz etkilemiş olup, 1990 yılında yaklaşık 860, 1991 yılında ise 60 milyon dolarlık bir zarara yol açmıştır.

V) Müteahhitlik Hizmetleri

Körfez Krizi sebebiyle Irak ve Kuveyt tarafından Türkiye'nin ödenmeyen alacakları ve söz konusu ülkelerdeki müteahhitlik faaliyetlerinin durması nedeniyle Türk müteahhitleri 1990 yılında yaklaşık 420 milyon dolarlık kayba uğramışlardır.

1991-1996 yıllarında ise, Türk müteahhitlik sektörünün Irak ve Kuveyt'te iş alamaması sonucu ortalama yıllık kayıp 200 milyon dolar olarak değerlendirilmektedir. BM'nin Irak'a yönelik olarak başlattığı "Petrol Karşılığı Gıda ve İlaç Programı – MOU" çerçevesinde, 1996 yılında, Irak'ın kontrollü de olsa petrol satmaya başlaması ile altyapı ve müteahhitlik hizmetlerine ayrılabilecek kaynakların artmasına rağmen Türkiye firmalarının Irak'taki müteahhitlik faaliyetlerinde önemli bir artış kaydedilmemiş olması nedeniyle bu sektördeki kayıp 1997 yılından sonra artarak devam etmektedir.

VI) Bankacılık Sektörü

Körfez Krizi nedeniyle Türkiye'nin bankacılık sektöründeki kayıpları, krizden önce Irak bankalarının ve kurumlarının, Türk kamu ve özel bankalarına, iki ülke arasındaki bankacılık işlemlerinden doğan borçları kadardır.

VII) Merkez Bankası ve Eximbank

Merkez Bankası'nın Körfez Krizi nedeniyle uğradığı zarar, kriz öncesi Bankacılık Düzenlemesinden doğan alacakların ve Türk firmalarından Irak'ta gerçekleştirilen projelere ilişkin satın alınan senetlerin tahsil edilememesinden kaynaklanmaktadır.

Geliştirme ve Destekleme Fonu (GDF) ve Eximbank da Körfez Krizi nedeniyle, Irak'tan olan ihracat, müteahhitlik ve nakliye alacaklarını tahsil edemeyen firmalara kullandırılan krediler ve düzenlenen teminat mektupları nedeniyle zarara uğramıştır.

VIII) Bölgesel Ticari Kayıplar

Körfez Krizinden sonra transit kara taşımacılığı ve sınır ticareti faaliyetlerinin sona ermesi nedeniyle, Türkiye'nin Güneydoğu Anadolu Bölgesi ile Kuzey Irak arasındaki ticaret önemli ölçüde azalmıştır. 1994 yılında Habur Sınır Kapısından yapılan sınır ticaretinin tekrar canlandırılmasıyla bölgesel ticari kayıplarımız yıllar itibariyle düşmeye başlamıştır.

X) Military Expenditures

Körfez Krizi nedeniyle Kuzey Irak'taki otorite boşluğu bölgedeki terörist faaliyetlerin artması için uygun bir zemin oluşturmuştur. Bu nedenle, Türkiye, Kuzey Irak sınırında güvenliği sağlamak amacıyla gerekli askeri tedbirleri almış ve bu nedenle 330 milyon dolar askeri harcama yapılmıştır.

Ayrıca, 1990 sonrasında bölgedeki terör tehlikesini ortadan kaldırmak amacıyla Kuzey Irak'a çeşitli askeri operasyonlar düzenlenmiştir. 1990 sonrasında artan terör tehdidi nedeniyle Türkiye'nin yaptığı askeri harcamaları tam olarak tespit edilmesi mümkün olmasa bile, söz konusu tutarın ancak, yüz milyon dolarla ifade edilebileceği bilinmektedir.

X) Üretim Kaybı

1980'li yıllarda Türkiye ekonomisinin yıllık ortalama büyüme oranı % 5 civarlarındayken, bu oran Körfez Krizinden sonra 1991 yılında % 0.5 olarak gerçekleşmiştir. Körfez Krizi nedeniyle Türkiye'nin üretim kaybının 5 milyar dolar civarında olduğu düşünülmekle beraber, bu miktarın bir bölümünün tabloda yer alan I. Ve X. Kategoriler içinde yansıtıldığı değerlendirilmektedir. Bu nedenle, Türkiye'nin uğradığı üretim kaybı 2.5 milyon olarak gösterilmiştir.

KÖRFEZ KRİZİNİN TÜRKİYE EKONOMİSİNE GÖRÜNÜR MALİYETİ (milyon dolar)

SEKTÖRLER	1990	1991	1992	1993	1994	1995	1996	1997	1998	1999	2000	2001	Toplam
Dış Ticaret	1.682	1.035	967	1.075	1.320	1.626	1.654	1.543	1.797	1.915	1.858	1.636	18.106
a- İhracat	*822*	*975*	*967*	*1.075*	*1.320*	*1.626*	*1.654*	*1.543*	*1.797*	*1.915*	*1.858*	*1.636*	*17.186*
b- İthalat	*860*	*60*	-	-	-	-	-	-	-	-	-	-	*920*
Taşımacılık-İletim	580	1.120	750	690	650	650	650	432	467	480	475	452	7.396
a- Petrol Boru Hattı	*160*	*400*	*400*	*400*	*400*	*400*	*400*	*200*	*200*	*200*	*200*	*200*	*3.560*
b- Taşımacılık-İletişim	*420*	*720*	*350*	*290*	*250*	*250*	*250*	*232*	*267*	*280*	*275*	*252*	*3.836*
Turizm	700	1.700	900	600	300	300	300	300	300	300	300	300	6.300
Müteahhitlik	420	200	200	200	200	200	200	250	300	300	350	400	3.220
Bankacılık	140	-	-	-	-	-	-	-	-	-	-	-	2.570
a- Bankacılık	*70*	-	-	-	-	-	-	-	-	-	-	-	*70*
b- Merk. Bank.-Eximbank	*70*	*2.370*	*30*	*30*	-	-	-	-	-	-	-	-	*2.500*
Bölgesel tic. kayıp	250	600	400	350	200	150	150	100	100	100	100	100	2.600
Üretim kaybı	-	2.500	-	-	-	-	-	-	-	-	-	-	2500
Mülteci	100	-	-	-	-	-	-	-	-	-	-	-	100
Askeri harcamalar	330	-	100	-	-	200	200	200	200	200	200	200	1.830
Toplam	4.202	9.523	3.347	2.945	2.670	3.126	3.154	2.825	3.164	3.295	3.283	3.088	44.622

EK-8
CLINTON'DAN ERBAKAN'A CASUSLAR MEKTUBU

September 13, 1996

Your Excellency:

Events in Iraq have shown again that consultation and cooperation among allies are critical to maintaining security and stability in the region and to preventing terrorist elements from exploiting these tragic developments. I appreciate the positive responses of your government to requests for assistance made by senior officials of my administration.

The United States urgently seeks to protect those Iraqi citizens it formerly employed who are still in northern Iraq. The difficult decision taken by your government to permit them and their families to transit Turkey on their way to the United States is a humanitarian act of the highest order. You have my gratitude.

We must now move together as rapidly as possible to implement that decision. I assure you that my government will carry it out as quickly as possible, with full appreciation of Turkey's security concerns.

Sincerely,

/s/

William J. Clinton

His Excellency,
Necmettin Erbakan,
Prime Minister of the
Republic of Turkey,
Ankara.

EK-9
CLINTON'DAN ÇİLLER'E CASUSLAR MEKTUBU

September 13, 1996

Excellency:

The close consultation and cooperation between our governments have been crucial to maintaining stability and security in the region and to preventing terrorist elements from exploiting developments in Iraq. I appreciate the firm stand you have taken in support of the values, interests and objectives which Turkey and the United States have long shared.

I received your message of September 4. I deeply appreciate the sustained commitment of the Turkish government in bringing the Iraqi regime to fulfill all of its obligations under the Security Council resolutions, despite the great economic and security costs to Turkey.

Among my most immediate concerns last week was the safety of American citizens employed by the United States in northern Iraq. Thanks to the Turkish government's rapid response to our request, they have been able temporarily to relocate to Turkey.

The United States also bears a responsibility to the Iraqi citizens it employed in northern Iraq. Turkey's decision to permit them and their families to transit Turkey en route to the United States was a humanitarian act of the highest order. You have my gratitude.

We must now move together as rapidly as possible to implement that decision. I assure you that the United States will carry it out as quickly as possible, with full appreciation of Turkey's security concerns.

Sincerely,

/s/

William J. Clinton

Her Excellency,
Tansu Ciller,
Deputy Prime Minister and
Foreign Minister of the
Republic of Turkey,
Ankara.

IRAK ASKERİ HAREKATINI YÖNLENDİREN AMERİKAN YETKİLİLERİ VE BİRBİRLERİ İLE İLİŞKİLERİ

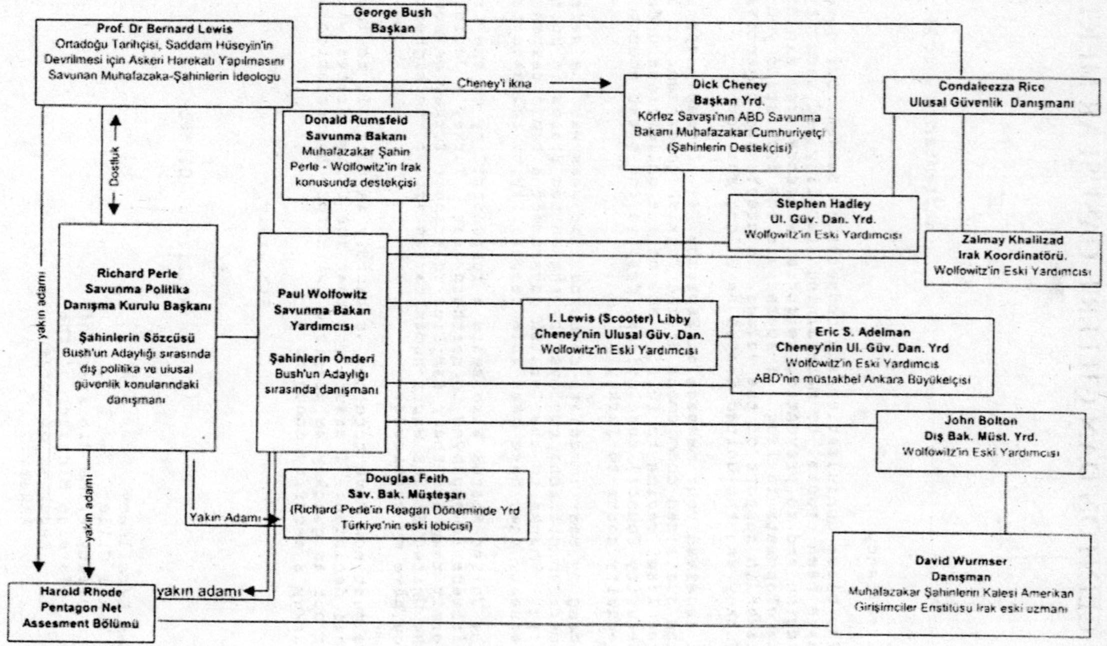

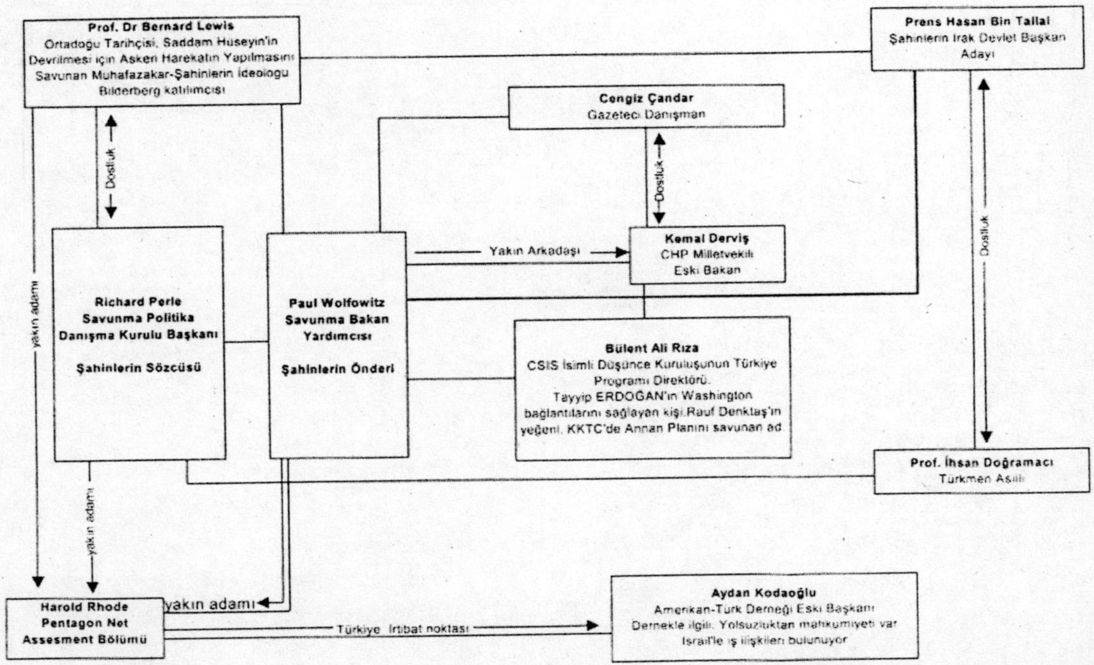
Prof. Dr Bernard Lewis
Ortadoğu Tarihçisi, Saddam Hüseyin'in Devrilmesi için Askeri Harekatın Yapılmasını Savunan Muhafazakar-Şahinlerin İdeologu
Bilderberg katılımcısı
Prens Hasan Bin Tallal
Şahinlerin Irak Devlet Başkan Adayı
Cengiz Çandar
Gazeteci Danışman
Dostluk
Dostluk
Dostluk
Kemal Derviş
CHP Milletvekili
Eski Bakan
Yakın Arkadaşı
Richard Perle
Savunma Politika
Danışma Kurulu Başkanı
Şahinlerin Sözcüsü
Paul Wolfowitz
Savunma Bakan
Yardımcısı
Şahinlerin Önderi
Bülent Ali Rıza
CSIS İsimli Düşünce Kuruluşunun Türkiye Programı Direktörü.
Tayyip ERDOĞAN'ın Washington bağlantılarını sağlayan kişi.Rauf Denktaş'ın yeğeni. KKTC'de Annan Planını savunan ad
Prof. İhsan Doğramacı
Türkmen Asıllı
yakın adamı
yakın adamı
yakın adamı
Harold Rhode
Pentagon Net
Assesment Bölümü
Türkiye İrtibat noktası
Aydan Kodaoğlu
Amerikan-Türk Derneği Eski Başkanı
Dernekle ilgili. Yolsuzluktan mahkumiyeti var
İsrail'le iş ilişkileri bulunuyor